LE DROIT DES MARCHÉS PUBLICS
DANS LES ÉTATS MEMBRES
DE LA CEMAC

DU MÊME AUTEUR

Droit communautaire général, CEMAC, Communauté économique et monétaire de l'Afrique centrale, Collection Sambela, Ccinia communication, Paris, 2013.

Gouvernance et lutte anticorruption en Afrique, ouvrage collectif sous la direction de Jean Didier Boukongo et Laurent Tengo, Presses de l'UCAC, Yaoundé, Cameroun, juin 2015.

Editions Jets d'Encre
81 avenue du Bac
94210 Saint-Maur-des-Fossés
www.jetsdencre.fr

ISBN : 978-2-35523-571-9

LAURENT TENGO

LE DROIT DES MARCHÉS PUBLICS DANS LES ÉTATS MEMBRES DE LA CEMAC

ÉTUDE COMPARÉE

JETS D'ENCRE ÉDITIONS

À mon épouse, Yolande
À mes enfants, Loic, Diva et Laura

SIGLES ET ABRÉVIATIONS

AAO : Avis d'appel d'offres.
AMP : Accord sur les marchés publics.
ARMP : Autorité de régulation des marchés publics.
BIRD : Banque internationale pour la reconstruction et le développement.
BOT : Build, operate and transfer.
CCAG : Cahiers des clauses administratives générales.
CCAP : Cahiers des clauses administratives particulières.
CCC : Cahiers des clauses contractuelles.
CCG : Cahiers des clauses générales.
CCIRAL : Comité consultatif interrégional du règlement amiable des différends et litiges en matière de marchés publics.
CCJA : Cour commune et d'arbitrage.
CCTG : Cahiers des clauses techniques générales.
CGPPP : Code général de la propriété des personnes publiques.
CCP : Cahiers des clauses particulières.
CCTP : Cahiers des clauses techniques particulières.
CEE : Communauté économique européenne.
CEEAC : Communauté économique des États de l'Afrique centrale.
CEMAC : Communauté économique et monétaire de l'Afrique centrale.
CNCCME : Commission nationale de centralisation et de coordination des marchés et contrats de l'État.
CNUDCI : Commission des Nations unies pour le droit commercial international.
DAO : Dossier d'appel d'offres.
DCMCE : Direction centrale des marchés et contrats de l'État.
DGCMP : Direction générale de contrôle des marchés publics.
DGGT : Direction générale des grands travaux.
DSRP : Document de stratégie de réduction de la pauvreté.
DSCERP : Document pour la croissance, l'emploi et la réduction de la pauvreté.
EDF : Électricité de France.
EPIC : Établissement public industriel et commercial.
FCFA : Franc de la coopération franco-africaine.
FMI : Fonds monétaire international.
IDA : Association internationale pour le développement.
IGE : Inspection générale d'État.
IPC : Indice de perception de la corruption.

NEPAD : New partnership for Africa's development (Nouveau partenariat pour le développement en Afrique).

OHADA : Organisation pour l'harmonisation du droit des affaires

OMC : Organisation mondiale du commerce.

ONG : Organisations non gouvernementales.

ONU : Organisation des Nations unies.

PAGGEFP : Plan d'action gouvernemental pour la gestion des finances publiques.

PAGGIP : Plan d'action gouvernemental pour la gestion des investissements publics.

PAREDA : Projet d'actions pour le renforcement de l'État de droit et des associations.

PPTE : Programme pays pauvres très endettés.

PPP : Partenariat public-privé.

PND : Plan national de développement.

PNUD : Programme des Nations unies pour le développement.

PRCTG : Projet de renforcement des capacités de transparence et de gouvernance.

RPAO : Règlement particulier d'appel d'offres.

SNCF : Société nationale des chemins de fers.

UEAC : Union économique de l'Afrique centrale.

VEFA : Vente en l'état futur d'achèvement.

INTRODUCTION GÉNÉRALE

Les États membres de la Communauté économique et monétaire de l'Afrique centrale[1] (CEMAC) effectuent sans cesse des achats publics afin de se procurer des fournitures, des services de base et des prestations intellectuelles pour répondre au mieux aux besoins des usagers. De même, ils doivent construire des infrastructures et des ouvrages adaptés aux évolutions de la société afin, non seulement d'assurer le bien-être des populations, tant dans leur cadre de vie que dans leurs aspirations légitimes, mais également de poser les bases d'un développement effectif et durable. D'aucuns[2] estiment, en effet et à juste titre, que « les principaux freins à la croissance dans les pays en développement reste la faiblesse des infrastructures ». La Banque mondiale elle-même a suggéré que les pays les plus pauvres, pour atteindre les objectifs du millénaire pour le développement (OMD), devraient consacrer au moins neuf pour cent de leur PIB aux dépenses de construction, d'entretien et d'amélioration de leurs infrastructures[3]. Aussi, les États membres de la CEMAC ont-ils placé la construction des infrastructures en priorité, comme l'atteste la forte mobilisation des investissements dans leurs budgets. En effet, en dépit d'une drastique tendance baissière due à l'affaissement du prix du pétrole, les inscriptions budgétaires au titre de l'investissement y demeurent importantes.

À titre d'exemple, elles ont atteint au Congo, nonobstant les conséquences financières y relatives[4], 918 milliards de FCFA en 2017[5], au Cameroun, 1 525 milliards de FCFA en 2016, soit trente-six pour cent du budget total,

---

1. La Communauté économique et monétaire de l'Afrique centrale, instituée par traité signé le 16 mars 1994, à Ndjamena, au Tchad, et révisé le 25 juin 2008 à Yaoundé, au Cameroun, compte six États membres : Cameroun, Centrafrique, Congo, Gabon, Guinée équatoriale et Tchad.
2. Voir Antonio Estache, *Infrastructures et développement : une revue des débats récents et à venir*, dans Revue d'économie du développement, 2007/4, Vol. 15, p. 5.
3. Voir Antonio Estache, *Infrastructures et développement*, préc. p. 5 et s.
4. La baisse des prix internationaux du pétrole inflige des difficultés considérables à l'économie de la République du Congo, qui s'est fortement contracté en 2016. (...). Après un fléchissement significatif en 2015, la croissance économique est devenue négative en 2016, pour la première fois depuis plusieurs années. Selon les estimations préliminaires de la mission, la croissance économique s'est établie à – 2,7 % en 2016, avec une baisse de 3,3 % de l'activité économique non pétrolière ». Voir *Aide-mémoire, Mission du FMI*, du 20 février au 8 mars 2017 - http://afrique.latribune.fr/economie/2017-0310/le-congo-brazzaville-bientôt-sous-programme-du-fmi.html.
5. Sources : Budgets de la République du Congo.

au Gabon, 392,1 milliards de FCFA[6] et en Guinée équatoriale, 1 730 milliards de FCFA en 2015[7]. On peut également ajouter les investissements étrangers qui interviennent soit par le biais des appels d'offres internationaux, soit par celui des investissements directs étrangers (IDE). Cette dernière catégorie, même si elle est relativement insignifiante[8] et en baisse brutale de vingt-deux pour cent[9], dans la période 2010-2017, à cause des effets persistants de la récession du secteur des matières premières, notamment la chute des prix du pétrole[10], garde tout son potentiel et devrait augmenter avec l'avènement de nouveaux investisseurs, comme les BRICS[11], notamment la Chine. En effet, les investissements directs chinois, certes difficiles à évaluer, faute de données fiables[12] mais dont on prévoit une augmentation exponentielle, « qui n'étaient que de 2,1 milliards de dollars sur la décennie 1990-2000 ont atteint 56,5 milliards de dollars en 2009 »[13], pour se situer à 63 milliards de dollars en 2014, soit vingt pour cent des flux entrant en Afrique[14].

Les États membres de la CEMAC réalisent ces achats publics principalement par le biais des marchés publics qui se révèlent ainsi comme le moyen juridique le plus approprié, même s'il en existe d'autres, comme les conventions de délégations de services publics et les conventions de partenariat public/privé, et un formidable outil de politique économique et sociale que ces États utilisent lorsqu'ils désirent atteindre des objectifs économiques et/ou sociaux.

Il en est ainsi dans la plupart des États du monde. En France, par exemple, « les marchés publics et les concessions représentent environ deux cents milliards d'euros par an, soit huit pour cent du PIB[15] ». Les chiffres cités par le ministre des Finances[16] lui-même, situent cette fourchette parfois à environ neuf pour cent du PIB[17]. Christophe Lajoye[18] énonce que les marchés publics « ont été, et sont utilisés, avec des résultats contrastés, dans la lutte contre le chômage pour sauver des emplois ou en créer. À l'instar de la politique du New Deal, pratiquée aux États-Unis par F.D. Roosevelt à partir de 1933, et conformément aux théories de John Maynard Keynes, le développement sensible de la commande publique est conçu comme l'un des moteurs de la

---

6. www.gabonactu.com.
7. www.jeuneafrique.com
8. Environ 0,48 % en 2005 en comparaison de leur volume au niveau mondial. Voir Ibrahim Ngouhouo, *Les investissements directs étrangers en Afrique centrale : attractivité et effets économiques*, Économie et finances, Université du Sud Toulon-Var, 2008, p. 22 et s.
9. *Rapport sur l'investissement dans le monde*, 2018, CNUCED, UNCTAD/PRESS/PR/2018/018, Genève, Suisse, 06 juin 2018.
10. Voir *Le Point Afrique, Investissements directs étrangers : l'Afrique poursuit sa mutation*, publié le 10 juin 2018, www.google.cg.
11. Acronyme anglais pour désigner un groupe de cinq pays (Brésil, Russie, Inde, Chine et Afrique du Sud) qui se réunissent depuis 2011 en sommets annuels.
12. Jean-Raphaël Chaponnière, *L'empreinte chinoise en Afrique*, www.aef.asso.fr.
13. Théophile Dzaka-Kikouta, *L'investissement chinois en Afrique centrale*, in Outre-Terre 2011/4, n°30, p. 207 à 226.
14. Jean-Raphaël Chaponnière, *L'empreinte chinoise en Afrique*, préc.
15. Mathias Amilhat, *Les évolutions du droit de la commande publique : entre (r)évolutions textuelles et précisions jurisprudentielles*, www.journal-du-droit-administratif.fr.
16. Laurent Fabius, *Le Moniteur*, 9 mars 2001, p. 21.
17. Site internet du ministère de l'Économie et des Finances, www.minefi.gouv.fr.
18. Christophe Lajoye, *Droit des Marchés publics*, 4e édition, Gualino, Lextenso éditions, Paris, 2009, p. 13.

relance économique par la demande. Il est encore perçu comme tel par les gouvernements européens et américains qui adoptent des plans de relance de l'économie afin de lutter contre la récession économique qui les frappe à la suite des effets dévastateurs de la crise financière sur l'activité économique ».

Les États membres de la CEMAC ont ainsi établi, pour régir la problématique des marchés publics, chacun en ce qui le concerne son propre droit dédié à cette matière. Cependant, il est loisible de constater que ce droit, en dépit d'être particulier à chaque État membre, est quasiment identique d'un État membre à l'autre.

Cette ressemblance résulte, sans aucun doute, de la tradition juridique française que ces États ont en partage du fait de l'héritage colonial commun, à l'exception de la Guinée équatoriale qui est de colonisation espagnole. La codification des règles applicables aux marchés publics s'est naturellement mise en route à la suite des indépendances, même si celle-ci s'est déroulée de manière très lente, les États de la CEMAC préférant dans un premier temps conserver l'arsenal juridique colonial[19]. Par exemple, le Cameroun n'a édicté souverainement sa première réglementation qu'en 1970[20], dix ans après son indépendance, et le Congo en 1982[21], vingt-deux ans après son indépendance. Dans ce mouvement de codification des réglementations nationales, on peut noter que certains États qui, après la phase relativement calme du renvoi à l'héritage juridique colonial, ont fréquemment procédé à l'adaptation de leurs réglementations aux évolutions du temps et des conjonctures. Il en est ainsi du Cameroun qui a connu une évolution continue[22] de sa réglementation jusqu'en 2018[23], date de la dernière livraison, du Gabon, qui a très récemment et rapidement fait évoluer sa réglementation en six ans, en instituant un nouveau code en 2018[24], alors que le dernier ne datait que de 2012[25], et du Tchad qui a changé en 2015[26] son code qui datait de 2003[27]. D'autres États ont, en revanche, adopté un processus beaucoup plus lent. Tel est le cas du Congo qui n'a fait évoluer sa réglementation que vingt-sept ans après son établissement, en 1982, en adoptant, en 2009 un nouveau code. On peut aussi rappeler le cas de la Guinée équatoriale[28], qui n'a jamais adopté de réglementation nationale, préférant conserver la réglementation coloniale.

19. Infra p. 24 et s.
20.Décret n° 70/DF/1530 du 29 octobre 1970 portant réglementation des marchés publics, complété et modifié par le décret n°75/513 du 5 juillet 1975. Sources : Jacques Biakan, *Droit des marchés publics au Cameroun*, L'Harmattan, 2011, p. 14.
21. Décret n° 82/329 du 22 avril 1982 portant règlementation des marchés publics en République du Congo, voir avis de l'Autorité de régulation des marchés publics, p. 3, www.armp.cg .
22. Voir Jacques Biakan, *Droit des marchés publics au Cameroun*, L'Harmattan, 2011, p. 14 et s. ; Félix Nkou Songue, *Marchés publics au Cameroun : entre recherche d'efficacité et pesanteurs systémiques*, Mémoire Master « administration publique », Université de Strasbourg, mai 2014, p. 27 et 33.
23.Décret n°2018/366 du 20 juin 2018, www.Droit-Afrique.com.
24. Décret n°27/PR/MEPPDD du 17 janvier 2018, www.Droit-Afrique.com.
25. Décret n°0254/PR/MEEDD du 19 juin 2012, www.Droit-Afrique.com.
26. Décret n°2417/PR/PM/2015, www.marchespublics-tchad.com.
27. Décret n°503/PM/SGG/2003 du 5 décembre 2003, www.Droit-Afrique.com.
28. Décret du 23 avril 1965, www.marches-publics-afrique.com.

Cette ressemblance peut aussi s'expliquer par la similitude des besoins de la commande publique, ainsi évoqués plus haut, et surtout de la finalité poursuivie par ce droit : l'optimisation et l'efficacité du système des marchés publics. Cette finalité se décline essentiellement en trois composantes. La première consiste à instaurer la culture de probité et d'éthique dans le système des marchés publics, à assurer le bon emploi des deniers publics et à promouvoir l'efficacité économique de l'achat public. Les marchés publics génèrent, comme on l'a dit, des flux financiers considérables qui, si l'on y prend garde, portent potentiellement en eux les éléments constitutifs d'un environnement corruptif. La deuxième veut répondre aux exigences de loyauté contractuelle, garantir la sécurité de l'ensemble des transactions couvrant les opérations relatives aux marchés publics et mettre en place des mécanismes efficaces et pragmatiques de règlement des différends nés de ces opérations. Pour ce qui concerne particulièrement le contentieux des marchés publics, les différents Codes des marchés publics précités laissent une place prépondérante aux règlements administratifs préalables avant l'implication, le cas échéant, du juge ou de l'arbitre. On note ainsi non seulement l'intégration de l'arbitrage dans le système de résolution des litiges nés des marchés publics mais aussi d'autres innovations, telle l'intervention du juge pénal au côté du juge administratif, autrefois juge exclusif, sinon juge de droit commun, des marchés publics. La troisième vise la modernisation du système des marchés publics, en y incluant des novations provenant de l'application des nouvelles technologies de l'information et de la communication. Les Codes des marchés publics des États membres, excepté celui de la Guinée équatoriale qui date de l'ère coloniale et qui n'a pas évolué depuis 1965, introduisent pour cela le principe de la dématérialisation des procédures de passation des marchés publics, c'est-à-dire la possibilité d'échanger les informations y relatives par voie électronique. Il s'agit particulièrement des documents d'appel d'offres et de consultation, ainsi que les candidatures et les offres. À charge, bien évidemment, pour les parties, plus particulièrement les autorités contractantes ou les maîtres d'ouvrage, de créer les conditions garantissant l'égalité des candidats, l'intégrité des données et la confidentialité des offres. Ces avancées pourront, sans doute, être prolongées à la signature électronique des marchés et, pourquoi pas, à l'exécution des marchés publics, par exemple par le paiement desdits marchés sur le fondement des factures électroniques.

Le droit des marchés publics des États membres de la CEMAC, dont l'étude est proposée ici, est en fait une analyse comparée des règles qui régissent les systèmes nationaux des marchés publics des États membres, c'est-à-dire les règles relatives à la préparation, la passation, l'exécution, la fin, le contrôle et la régulation des marchés publics, ainsi que celles qui encadrent le contentieux pouvant en découler. C'est, comme le dit Pyxis[29], un baromètre de

29. Baromètre (2016) de la réglementation de la commande publique en Afrique sur la zone CEMAC, www.marches-publics-afrique.com.

la réglementation de la commande publique dans la zone CEMAC permettant d'avoir une vision claire de l'état du droit et de la pratique en matière des marchés publics dans les différents États qui composent cette zone. Une telle démarche est intéressante dans la mesure où elle permet d'identifier les différences et surtout les ressemblances entre les arsenaux juridiques nationaux, avec pour perspective d'inciter à leur harmonisation et, in fine, à la gestation d'un droit communautaire des marchés publics en zone CEMAC. La Communauté économique et monétaire d'Afrique centrale n'a pas, en effet, établi, à ce jour, de corpus communautaire en matière de marchés publics, nonobstant l'existence de deux textes communautaires qui peuvent, toutefois, avoir, comme on le verra, quelque influence sur les droits nationaux des États membres. Il s'agit du règlement n°06/09-UEAC-201-CM-20 du 11 décembre 2009 régissant les marchés publics de la CEMAC et la directive n°06/11-UEAC-190-CM-22 du 19 décembre 2011 relative au Code de transparence et de bonne gouvernance dans la gestion des finances publiques.

D'autres communautés ont très tôt réalisé cette évolution. La Communauté européenne, aujourd'hui Union européenne, par exemple, a entamé, depuis les années 70, la réalisation d'un cadre juridique harmonisé et un marché commun[30]. Le mouvement d'européanisation du droit des marchés publics s'est fait par le biais de la transposition de deux directives européennes en la matière[31], même si certains ont toujours souhaité que l'harmonisation des législations nationales se fasse non pas par des directives mais par la technique du règlement pour éviter l'exercice délicat de la transposition et assurer ainsi une identité forte des réglementations dans l'Union[32].

La CEMAC devrait aussi intervenir de manière de plus en plus précise et complète en vue de générer un droit communautaire des marchés publics, sinon de la commande publique. La CEMAC, faut-il le rappeler, a pour vocation de promouvoir le développement harmonieux et intégré des États membres, en favorisant, autant que possible, l'harmonisation de leurs politiques et législations[33]. Son objectif est de créer un marché commun, en mutualisant les efforts et en conjuguant les outils de développement au service du bien commun. Les marchés publics, en raison des flux financiers importants qu'ils génèrent, tant au niveau national que régional, représentent une part importante du PIB et constituent de ce fait l'un de ces outils de développement dont l'harmonisation des règles qui doivent leur être applicables s'impose comme une nécessité, surtout que, comme on l'a évoqué, le droit des marchés publics de ces États présente des similitudes qui laissent croire, dans le fond, voire dans

30. D. Deom & P. Nihoul (2006), *Les marchés publics : concurrence, transparence et neutralité*, Revue générale de droit, 36 (4), p. 804.
31. La Directive 2004/17 du 31 mars 2004 visant les marchés conclus dans certains secteurs particuliers (eau, énergie, télécommunications et transports) et la Directive 2004/18 du 31 mars 2004 visant les marchés conclus dans les autres secteurs, http://eur-lex.europa.eu.
32. A. Ménéménis et P. Flamme, C. Dardenne, *Les marchés publics européens et belges*, Larcier, 2005, 332.
33. Voir Laurent Tengo, *Droit communautaire général*, CEMAC, Collection Sambela, Ed. Ccinia communication, Paris, 2013, p. 22 et s.

la forme et le style rédactionnel, à l'existence d'un droit identique. Il ne peut en être autrement dans la mesure où, comme on l'a aussi évoqué, cinq États[34], sur six que compte la CEMAC, portent en eux les gènes d'un héritage juridique colonial[35] commun et entretiennent entre eux de nombreux et fréquents échanges dans le cadre de la coopération internationale et de l'intégration économique et monétaire qu'ils tentent de mettre en place, en même temps qu'ils participent à d'autres espaces communautaires, telle l'OHADA[36].

La présente étude tente donc de décliner les aspects fondamentaux du droit des marchés publics des États membres de la CEMAC. Dans la première partie, elle pose les fondements de ce droit, c'est-à-dire, ses sources et son champ d'application. Dans la deuxième partie, elle évoque son régime juridique, en l'occurrence, les règles relatives à la préparation, la passation, l'exécution, la fin, le contrôle et la régulation des marchés publics. Dans la troisième partie, elle expose le contentieux des marchés publics, c'est-à-dire les règles susceptibles de résorber les différends qui naissent notamment de la passation et de l'exécution des marchés publics.

34.Cameroun, Centrafrique, Congo, Gabon et Tchad.

35. Infra p. 24 et s.

36. Organisation pour l'harmonisation en Afrique du droit des Affaires dont le traité de création a été signé à Port-Louis, au Sénégal, le 17 octobre 1993, et modifié par le traité de Québec du 17 octobre 2008. Elle compte à ce jour dix-sept États : Bénin, Burkina-Faso, Cameroun, Centrafrique, Côte d'Ivoire, Congo, Comores, Gabon, Guinée, Guinée-Bissau, Guinée équatoriale, Mali, Niger, République démocratique du Congo, Sénégal, Tchad et Togo.

PREMIÈRE PARTIE

LES FONDEMENTS DU DROIT DES MARCHÉS PUBLICS DANS LES ÉTATS MEMBRES DE LA CEMAC

Les fondements de tout droit sont ses sources et son champ d'application. Ils constituent, en effet, les éléments qui permettent de déterminer sa nature et, par conséquent, d'indiquer la branche à laquelle ce droit appartient. Les sources éclairent ses racines ou ses origines, c'est-à-dire son essence, tandis que le champ d'application circonscrit son domaine de définition et d'action.

CHAPITRE 1

LES SOURCES DU DROIT DES MARCHÉS PUBLICS DANS LES ÉTATS MEMBRES DE LA CEMAC

Le droit des marchés publics des États membres de la CEMAC[37] prend naissance dans des sources aussi bien internes qu'externes. Ce propos doit toutefois être nuancé parce que ces sources, selon le cas, n'ont pas la même intensité. En effet, les sources internes ou nationales sont les seules à être, en vérité, créatrices du droit des marchés publics des États membres de la CEMAC. Les autres, c'est-à-dire les sources externes, y compris les sources communautaires en leur état actuel, n'ont qu'une influence secondaire sur la formation des règles et procédures applicables aux marchés publics de ces États. Elles servent, en réalité, à nourrir les droits nationaux aux fins de les rendre conformes aux standards internationaux. La classification des sources du droit des marchés en zone CEMAC, en considération des raisons sus-évoquées, distingue donc les sources internes, comme sources principales, et les sources externes, comme sources secondaires.

I. LES SOURCES INTERNES

Les règles et procédures applicables aux marchés publics dans la plupart des États membres de la CEMAC trouvent leurs sources dans le règlement. Ces États, à l'exception de la Centrafrique[38] qui a choisi la voie légale, ont, en effet, édicté ces règles et procédures par voie réglementaire. Il en est ainsi du Cameroun[39], du Congo[40], du Gabon[41] et du Tchad[42]. La Guinée équatoriale fait

37. Voir, par exemple, Jacques Biakan, *Droit des marchés publics au Cameroun, Contribution à l'étude des contrats publics*, L'Harmattan, Coll. Droits africains et malgache, 2011, p. 21 et s.
38. Loi n°2008-17 du 6 juin 2008, www.Droit-Afrique.com.
39. Décret n°2018/366 du 20 juin 2018, www.Droit-Afrique.com.
40. Décret n°2009-156 du 20 mai 2009, JORC, 51e année, édition spéciale n°2 du 25 mai 2009.
41. Décret n°27/PR/MEPPDD du 17 janvier 2018, www.Droit-Afrique.com.
42. Décret n°2417/PR/PM/2015, www.marchespublics-tchad.com.

exception à ce mouvement. Ce pays continue à appliquer la réglementation coloniale de 1965[43] alors qu'il est indépendant depuis le 12 octobre 1968[44]. On comprendra pourquoi il ne constituera pas, pour cette raison, une référence dans la présente étude. Il est à noter, ainsi qu'on vient de le dire pour le cas de la Centrafrique, qu'exceptionnellement les règles des marchés publics peuvent être édictées par voie légale.

1. Le règlement : la source principale

Les règles et procédures applicables aux marchés publics, dans l'ensemble des États membres de la CEMAC, ont été édictées, on l'a vu[45], par voie réglementaire. La distribution constitutionnelle des attributions dans ces États place ainsi ces règles et procédures dans le giron du pouvoir réglementaire. Cette tradition est, semble-t-il, héritée de la colonisation française.

A. La distribution constitutionnelle en faveur du pouvoir réglementaire

Le choix de faire porter les règles et procédures applicables aux marchés publics par le règlement résulte, sans doute, de la considération que les marchés publics sont au nombre des mécanismes qui permettent aux personnes publiques de remplir leurs missions, notamment celles consistant à satisfaire l'intérêt général. Ce type de mécanismes, notamment le corpus juridique qu'il véhicule, dont la gestion doit demeurer flexible, ne peut s'accommoder de la rigidité de la loi, en particulier en vue de l'adapter aux évolutions souvent nombreuses en cette matière. Il est utile, dans la présente rubrique, d'indiquer le principe constitutionnel qui permet de distribuer les matières entre le pouvoir législatif et le pouvoir réglementaire, avant d'avoir un aperçu sur la nature effectivement administrative, à quelques exceptions près, des textes qui portent les règles et les procédures de la gestion des marchés publics.

A.1. Le principe constitutionnel de la distribution des pouvoirs

Les constitutions des États membres de la CEMAC posent le principe selon lequel les matières qui ne figurent pas dans la liste des compétences dévolues au pouvoir législatif sont du domaine réglementaire. C'est ce qui ressort de l'article 26 de la Constitution du Cameroun[46], de l'article 125 de la Constitution

43. Décret du 23 avril 1965, B.O. del E. – Num 97, www.marches-publics-afrique.com.
44. https://fr.m.wikipedia.org.
45. Supra p. 16.
46. Loi n°96/06 du 18 janvier 1996 portant révision de la Constitution, www.spm.gov.cm.

du Congo[47], de l'article 47 de la Constitution du Gabon[48], de l'article 121 de la Constitution du Tchad[49], et de l'article 80 de la Constitution de la Centrafrique[50]. Aux termes des dispositions précitées, les marchés publics ne sont pas formellement du ressort des matières relevant du domaine de la loi. Ils sont donc considérés comme relevant du domaine réglementaire. Ainsi, on l'a dit, à l'exception de la Centrafrique, les textes qui déterminent les règles applicables aux marchés publics dans les États de la CEMAC sont de nature réglementaire.

A.2. La nature réglementaire des textes régissant les marchés publics

Les textes qui portent ou qui déterminent les règles et les procédures relatives aux marchés publics sont essentiellement les Codes des marchés publics, complétés par des textes subséquents, selon les États, et surtout par les cahiers des charges.

A.2.1. Les Codes des marchés publics

Les Codes des marchés publics des États membres de la CEMAC sont, pour la plupart, portés par décrets[51]. Ce sont donc des actes formellement réglementaires. Le caractère réglementaire des Codes des marchés publics de ces États est, il est vrai, fonction de la nature de l'acte qui les porte, en l'occurrence le décret, mais il l'est aussi en raison de l'esprit que traduisent d'une part leurs objectifs et d'autre part leurs principes. Les objectifs du Code des marchés publics portent, en effet, la ferme volonté des pouvoirs publics d'organiser des conditions meilleures à la réalisation de la commande publique. C'est d'une certaine manière, une façon de rechercher l'efficacité de l'action publique et certainement du service public lui-même. La nature des besoins que l'administration cherche à satisfaire à travers la commande publique justifie nettement une telle perspective.

Le Code des marchés publics est, de ce fait, un outil de gestion du service public. Il en est de même des principes qu'il contient. Il s'agit, en effet, de trois principes fondamentaux : la liberté d'accès aux marchés publics, l'égalité de traitement des candidats et la transparence des procédures. Ces principes doivent s'incarner à travers trois domaines pouvant constituer l'objet d'un marché public : les travaux de bâtiment et de génie civil, les achats de fournitures courantes ou de fournitures industrielles et les prestations de service, qu'elles soient matérielles ou immatérielles. Les objectifs que poursuit le Code

47. Constitution du 6 novembre 2015, JORC, 51e année, Édition spéciale n° 2 du 25 mai 2009.
48. Constitution du 26 mars 1991, dernière modification le 12 janvier 2011, https://fr.m.wikipedia.org.
49. Constitution du 31 mars 1996, révisée le 6 juin 2005, https://democratie.francophonie.org.
50. Constitution adoptée par référendum le 13 décembre 2015 et publiée par Décret n°160218 du 30 mars 2016, JO du 30 mars 2016, édition spéciale, 57e année, n°03.
51. Supra p. 16 et s.

des marchés publics et qui confirment son caractère réglementaire ou public, sont également au nombre de trois : assurer une saine gestion des finances publiques, ouvrir aux entreprises un domaine de développement considérable dans le respect de la liberté du commerce et de l'industrie et mettre en place un système efficace d'achat public.

Les Codes des marchés publics des États de la CEMAC, du fait qu'ils soient des actes réglementaires, revêtent, il faut le souligner, le caractère d'ordre public. Ainsi, les contrats de l'État et des autres collectivités publiques, dont la nature de marchés publics est avérée, sont obligatoirement et impérativement soumis à ces codes. Telle est la portée que les différents Codes des marchés publics des États de la CEMAC donnent, eux-mêmes, à leurs propres dispositions. Ce champ d'application est clairement défini, par exemple, à l'article 3 du code gabonais, à l'article 5 du code tchadien, à l'article 3 du code congolais et à l'article 3 du code camerounais. La jurisprudence, elle aussi, après avoir hésité à reconnaître le caractère impératif de la soumission des marchés publics au code, privilégiant ainsi la commune intention des parties, donc le principe de la liberté contractuelle[52], a tendance actuellement à laisser entendre que les dispositions du Code des marchés publics ont un caractère non pas supplétif mais impératif[53].

A.2.2. Les cahiers des charges

Les cahiers des charges ont pour objet de compléter ou de préciser les dispositions du Code des marchés publics, notamment sur les modalités d'exécution et de fin des marchés publics ainsi que sur le règlement des litiges. L'ensemble des stipulations de ces différents cahiers constituent, lorsque les parties décident de s'y référer, les clauses contractuelles des marchés publics[54]. Les titulaires des marchés publics sont tenus de s'y conformer dans l'exécution desdits marchés. Les Codes des marchés publics du Congo[55], du Cameroun[56], du Tchad[57], du Gabon[58] et de la Centrafrique[59] prévoient, de manière identique, que les cahiers des charges sont divisés en cahiers de clauses générales et en cahiers de clauses particulières.

a. Les cahiers des clauses générales (CCG)

Les cahiers des clauses générales fixent et/ou précisent le cadre général d'application des règles du Code des marchés publics. Ils ont, plus que les

52. CE, 11 février 1976, SA industrielle et européenne de construction.
53. Voir par exemple, CAA Paris, 11 octobre 1994, Editor Tennog c/Commune de Houilles, Rec. p. 663.
54. CE, 31 juillet 1996, Canac, Rec., p. 333.
55. Article 44 du Code des marchés publics.
56. Article 129 du Code des marchés publics.
57. Article 108 du Code des marchés publics.
58. Articles 165 à 169 du Code des marchés publics.
59. Article 83 du Code des marchés publics.

cahiers des clauses particulières qui précisent particulièrement le marché public, ont en principe un caractère réglementaire. Il en est ainsi en France où ils revêtent, suivant l'article 3, alinéa 4, du Code des marchés publics, un caractère réglementaire et sont, à ce titre, susceptibles de recours devant le juge administratif[60]. La question semble un peu plus délicate, et peut être non tranchée dans certains États de la CEMAC. Excepté le code de la Centrafrique qui indique, à son article 83, alinéa 3, que les cahiers des clauses générales sont approuvés par décret, donc ayant une nature administrative, les Codes des marchés publics de certains États n'en donnent aucune indication. Les codes du Gabon, article 165, et du Congo, article 3, alinéa 3, donnent la compétence d'édicter ces documents généraux à l'Autorité de régulation des marchés publics, en concertation avec les autres structures intéressées. La question est de savoir si les actes émanant d'une telle autorité, dont le pouvoir réglementaire n'est pas affirmé, peuvent avoir un caractère réglementaire. Sur le plan strict du droit, la réponse ne peut être que négative.

En effet, de manière générale, les actes tirent leur caractère réglementaire, il est vrai, de leur objet, notamment la satisfaction d'un service public, mais aussi de la nature de l'auteur, surtout de sa capacité à conférer le caractère réglementaire à l'acte qu'il crée. Autrement dit, l'auteur doit disposer du pouvoir réglementaire pouvant lui permettre de créer des actes réglementaires. Or, tel n'est pas le cas de l'Autorité de régulation des marchés publics. De manière générale, la compétence réglementaire est réservée au président de la République, dans le cas du Congo à l'article 88 de la Constitution, et au Premier ministre, à l'article 101 de la Constitution et, par délégation, aux ministres à l'article 104 de la Constitution. Les cahiers des clauses générales, au-delà de ce questionnement, se distinguent en cahiers des clauses administratives générales et en cahiers des clauses techniques générales.

a.1. Les cahiers des clauses administratives générales (CCAG)

Les cahiers des clauses administratives générales fixent les dispositions relatives à l'exécution et au contrôle des marchés publics. Ces cahiers sont spécifiques à chaque catégorie de marchés publics. Il existe donc des cahiers des clauses administratives générales pour la passation des marchés de travaux, des cahiers des clauses administratives générales pour la passation des marchés de fournitures…etc. Ces cahiers constituent ainsi le cadre général des relations contractuelles liant la personne publique au titulaire du marché. En France, les cahiers des clauses administratives générales, ne sont pas obligatoires[61], les parties peuvent décider d'y déroger en tout ou partie[62]. Les différents codes dans

60. CE, 2 juillet 1982, Conseil national de l'ordre des architectes, Rec., p. 255 ; CE, Sect., 27 mars 1998, Société d'assurances La Nantaise et L'Angevine réunies, Rec., p. 109 ; CE, 26 mars 2003, Société Deniau JCP A, 2003, 1478, note Linditch).
61. Voir Marion Ubaud-Bergeron, *Droit des contrats administratifs*, LexisNexis, 2015, p. 274 (article 13 du Code des marchés publics).
62. CE, 31 juillet 1996, Canac, Rec., p. 33.

les États de la CEMAC sont muets sur la question. Ce qui peut permettre de conclure à leur caractère obligatoire.

a.2. Les cahiers des clauses techniques générales (CCTG)

Les cahiers des clauses techniques générales fixent les dispositions techniques générales applicables aux marchés. Ils se déclinent, tout comme les cahiers des clauses administratives générales, en autant de cahiers des clauses techniques générales que de types de marchés publics. Ce sont en principe des documents-types qui traitent des problématiques techniques relatives à la passation et à l'exécution des marchés publics. Par exemple, pour les marchés de travaux, ces problématiques peuvent concerner des questions très précises comme « les terrassements généraux », « les installations de chauffage », « l'étanchéité des ouvrages souterrains », etc.

b. Les cahiers des clauses particulières (CCP)

Les CCP déterminent les clauses propres à l'exécution de chaque marché public. Ces clauses sont, en principe, rédigées par les parties elles-mêmes, notamment par l'administration qui a l'initiative de la commande publique, sur la base des documents standards rendus disponibles par les autorités administratives en charge de la gestion des marchés publics. Les cahiers des clauses particulières sont divisés en cahiers des clauses administratives particulières et en cahiers des clauses techniques particulières.

b.1. Les cahiers des clauses administratives particulières (CCAP)

Les cahiers des clauses administratives particulières fixent les dispositions administratives et financières propres à chaque marché public. Ils indiquent notamment les parties contractantes, le comptable assignataire, les stipulations relatives au prix, au règlement des marchés et à leurs garanties. Les CCAP précisent également les obligations des candidats et des titulaires de marchés publics. Ils sont en principe rédigés à l'avance pour aider les collectivités publiques dans la préparation de leurs documents contractuels. Ils doivent viser, in fine, le CCAG auquel ils se réfèrent.

b.2. Les cahiers des clauses techniques particulières (CCTP)

Les cahiers des clauses techniques particulières comprennent les règles techniques nécessaires à l'exécution des prestations propres à chaque marché public. Ils déclinent également avec précision les prestations commandées. Ces règles permettent ainsi à la personne responsable des marchés publics de veiller au bon déroulement du marché et à sa bonne exécution. À l'instar des cahiers des clauses administratives particulières, les cahiers des clauses techniques particulières doivent indiquer le CCTG auquel ils se réfèrent. Les cahiers des clauses techniques particulières décrivent précisément l'ensemble de la procédure d'exécution des prestations à réaliser ainsi que leurs caractéristiques. L'entrepreneur est tenu de les respecter. Il s'agit pour lui, pour ce qui concerne les marchés publics de travaux, d'exécuter des ouvrages conformes aux prescriptions du marché et exempts de vices. Il a pour cela une obligation de résultat[63]. Pour ce qui concerne les marchés publics de fournitures, les entreprises attributaires doivent livrer des fournitures conformes à la commande, utilisables et dépourvues de vices. Dans tous les cas, il ne devrait pas en être autrement puisque le choix des attributaires se fait sur la base de leurs capacités techniques et managériales. Les entreprises titulaires de marchés publics doivent servir de conseil à l'égard des maîtres d'ouvrage ou des maîtres d'ouvrage délégués. Le juge administratif a estimé, sans que cela ne soit prévu dans le contrat, que l'entreprise titulaire d'un marché de travaux, par sa seule qualité de professionnel de la construction, doit avertir le maître d'ouvrage sur le danger d'effectuer des fouilles près d'un mur[64] ou de la nature des matériaux utilisés[65].

B. Le résultat de l'héritage juridique colonial

La plupart des États membres de la CEMAC, ex-colonies françaises, ont hérité de la tradition réglementaire française[66] en matière de marchés publics. Même la Guinée équatoriale, ex-colonie espagnole, en raison de son propre héritage et sans doute de sa proximité avec des États voisins de culture francophone, n'a pas échappé à cette tradition[67]. Le droit des marchés publics de l'ancienne métropole est donc demeuré un référentiel pour ces États. On peut toutefois noter qu'en France la tradition réglementaire en matière de marchés publics, sous l'impulsion du droit communautaire européen, a tendance à être abandonnée en faveur de la pleine compétence du législateur. Il paraît utile, dans la présente étude, de consacrer quelques développements à cette évolution qui peut avoir quelque influence sur le droit des États membres de la CEMAC.

B.1. La référence au droit des marchés publics de l'ancienne métropole

Le droit français constitue pour le droit des États membres de la CEMAC, ex-colonies françaises, un référentiel, c'est-à-dire un système de référence

63. CE, 26 avril 1972, Raboni, AJDA 1972, p. 414, note Montmerle.
64. CE, 2 octobre 1968, ministre de l'Équipement c/commune de la chapelle-Vielle-Forêt et société auxiliaire de génie civil, Rec. p. 471.
65. CE, 1er février 1961, Société alsacienne de travaux publics, Rec. 1961, p. 71.
66. Voir, Stéphane Braconnier, *Précis du droit des marchés publics*, 4e éd., *op. cit.*, p. 15 ; Voir également les points 49 et 50 de renvoi en bas de page.
67. Supra p. 24.

auquel ils se rapportent pour combler les vides juridiques constatés dans leurs législations ou réglementations, en attendant l'édiction de leurs propres règles dans les matières concernées[68].

La référence au droit de l'ancienne métropole a été, dans un premier temps, la conséquence de la succession d'États[69] qui s'est opérée entre la France et ses anciennes colonies. Celle-ci a consisté à mettre en place un système temporaire de renvoi à l'ordre juridique colonial. On observe encore aujourd'hui que ce système de renvoi ne s'est pas éteint, comme on pouvait l'espérer à la fin de la période transitoire instaurée en vue d'asseoir une bonne succession d'États. Il a survécu et continue à se perpétuer essentiellement en raison de la tradition juridique commune qui a émergé au fil du temps entre les ex-colonies et entre celles-ci et l'ancienne métropole.

B.1.1. Le système de renvoi temporaire à l'ordre juridique de l'ancienne métropole

La succession d'États entre la France et les États membres de la CEMAC, comme pour l'ensemble des ex-colonies françaises, s'est déroulée en deux temps. D'abord dans le cadre de la Communauté[70], instituée par la Constitution française de 1958[71], et ensuite dans le cadre des indépendances[72] que ces États ont fini par proclamer, deux ans seulement après leur participation à la Communauté. Le Cameroun a proclamé son indépendance le 1er janvier 1960[73], le Tchad le 11 août 1960[74], la Centrafrique le 13 août 1960[75], le Congo le 15 août 1960[76] et le Gabon le 17 août 1960[77]. La succession d'États, plus particulièrement dans le cadre des indépendances, avait pour objectif final, la

68. Roland Ziegler, *Les marchés publics dans les pays en voie de développement*, Paris, Institut international d'Administration publique, éd. Armand Colin, 1968.
69. Voir M. Bedjaoui, *Problèmes récents de la succession d'États dans les États nouveaux*, in Recueil des cours de l'Académie de droit international, vol.2, t.130, p. 105.
70. La Communauté, ainsi que définie par le général de Gaulle dans un discours qu'il tint à Brazzaville, au Congo, le 24 août 1958, est un ensemble dans lequel la France et les nouveaux États devaient continuer à cohabiter. Chaque État membre de la Communauté a gouvernement libre et entier de soi-même, mais en mettant en commun un domaine qui, dans l'intérêt de tous, comprend la défense, l'action extérieure, la politique économique, la direction de la justice et de l'enseignement et les communications lointaines. Cette option, préconisée en lieu et place d'une indépendance totale, fut votée massivement par référendum le 28 septembre 1958, à l'exception d'en Guinée Conakry, par les citoyens des Territoires d'outre-mer et ceux de la Métropole, www.jeuneafrique.com.
71. L'article 1er dispose que « la République et les peuples des Territoires d'outre-mer, qui par un acte de libre détermination adoptent la présente Constitution, instituent une Communauté. La Communauté est fondée sur l'égalité et la solidarité des peuples qui la composent ». L'article 77 précise que « dans la Communauté instituée par la présente Constitution, les États jouissent de l'autonomie : ils s'administrent eux-mêmes et gèrent démocratiquement et librement leurs propres affaires. »
72. L'article 86 de la Constitution de 1958 dispose qu'un État membre de la Communauté peut décider de quitter la Communauté pour devenir indépendant. Dans ce cas, il cesse d'appartenir à la Communauté. Le statut d'État indépendant s'obtient soit sur demande de l'État français « soit par une résolution de l'assemblée législative de l'État intéressé confirmée par un référendum local dont l'organisation et le contrôle sont assurés par les institutions de la Communauté. Les modalités de cette transformation sont déterminées par un accord approuvé par le parlement de la République (la France) et l'assemblée législative intéressée. »
73. https://fr.m.wikipedia.org.
74. https://fr.m.wikipedia.org.
75. www.perspective.usherbrooke.ca.
76. Décret n°60-219 du 2 août 1960 portant convocation de l'Assemblée nationale en session extraordinaire, JORC, édition spéciale du 15 août 1960, p. 501.
77. https://fr.m.wikipedia.org.

rupture des liens de dépendance et, par conséquent, le transfert[78] de l'ensemble des compétences étatiques et des domaines constitutifs d'un État moderne, notamment l'ordre juridique, autrefois dévolu à la métropole, aux nouveaux États. En dépit de cette rupture et tenant compte de la faiblesse, voire de l'absence, de législations nationales, les protagonistes des indépendances avaient convenu d'établir des dispositions transitoires permettant l'usage temporaire de l'ordre juridique colonial par les nouveaux États. La plupart des nouveaux États ont ainsi incorporé dans leur constitution, d'abord en tant qu'État membre de la Communauté et ensuite comme État indépendant, la disposition selon laquelle ces États pouvaient maintenir en vigueur, lorsqu'elles n'étaient pas contraires à leur ordre juridique, les dispositions de l'ordre juridique colonial jusqu'à leur modification ou abrogation par les nouvelles autorités nationales. Par exemple, pour la République du Congo, ce système de référence a été établi par l'article 12 de la loi constitutionnelle n°1 du 28 novembre 1958 portant organisation des pouvoirs de la République du Congo et déterminant les conditions de préparation et d'approbation des lois constitutionnelles de la République du Congo. Cet article, dont les termes sont repris dans la plupart des Constitutions des États membres, dispose que :

> *« En tout ce qui n'est pas contraire à la Constitution du 4 octobre 1958 et à la présente loi, les dispositions législatives et réglementaires en vigueur à la date du choix du statut (de membre de la Communauté) restent applicables jusqu'à modification ou abrogation par les autorités compétentes. »*

L'alinéa 2 de l'article précité ajoute que :

> *« [...], les autorités, juridictions et services administratifs, en place à la date du choix du statut, continuent d'exercer leurs fonctions jusqu'à la mise en place des autorités, juridictions et services de la Communauté ou de ses membres appelés à leur succéder. »*

Cette dernière assertion permet de faire une observation intéressante. La continuité juridique signifiait non seulement l'application par les nouveaux États des règles en vigueur dans l'ordre colonial mais aussi la production, par des organes de cet ordre colonial, de nouvelles règles exécutoires de plein droit sur le territoire des nouveaux États. Par exemple, pour le cas de la justice, celle-ci continuait à être rendue par les juridictions françaises, notamment le Conseil d'État et la Cour de cassation. En demeurant compétentes pour statuer sur les affaires intéressant ces États, ces hautes juridictions françaises pouvaient

78. Pour ce qui concerne le Congo, le transfert des compétences a été opéré le 12 juillet 1960 par la signature d'un accord particulier avec la France. Voir : basedoc.diplomatie.gouv.fr. Archives diplomatiques du ministère des Affaires étrangères et européennes. Voir également : loi n°60-44 du 15 août 1960 portant approbation des accords paraphés le 12 juillet 1960 entre le gouvernement de la République française et le gouvernement de la République du Congo, JORC 2010, Célébration du cinquantenaire de l'indépendance de la République du Congo, p. 59.

continuer à produire à travers leur jurisprudence, jusqu'à leur remplacement, du droit pour le compte desdits États. Au Congo, les hautes juridictions françaises, pour ne parler que de ce type d'organes, ont été remplacées en 1961 par la Cour suprême du Congo[79]. La disposition assurant la continuité juridique entre l'ordre juridique ancien et l'ordre juridique nouveau a été reprise par la Constitution de 1961, consacrant le caractère indépendant de la République, à son article 77.

> *« Les lois et règlements actuellement en vigueur, lorsqu'ils ne sont pas contraires à la présente Constitution, restent applicables tant qu'ils n'auront pas été modifiés ou abrogé. »*

La période transitoire de renvoi au droit colonial a permis, sans aucun doute, aux États successeurs de modifier ou d'abroger, selon leur convenance et leur intérêt, les dispositions de l'ère coloniale, évitant ainsi les heurts parfois irréversibles qu'engendrent généralement les ruptures brutales. Il a également permis, ainsi qu'on va le voir, à ces États d'endosser une tradition juridique susceptible de leur servir d'outil de négociation dans les enceintes internationales ou de base d'établissement de règles communes.

B.1.2. L'émergence et la pérennisation d'une tradition juridique commune

La fin de la période transitoire de renvoi à l'ordre juridique colonial, dont le terme, semble-t-il, n'a pas été clairement défini, signifiait à l'évidence que les nouveaux États devaient désormais appliquer leurs propres législations et réglementations, avec sans doute un contenu nouveau adapté à leurs particularismes. On observe toutefois que tel n'est pas le cas. Plus de cinquante après leur indépendance, ces États demeurent influencés par le droit de l'ancienne métropole. Même lorsqu'ils prétendent élaborer un nouveau droit, ils empruntent beaucoup à l'ancien ordre juridique colonial[80]. Ce mimétisme est très caractéristique en matière de marchés publics dans la zone CEMAC. D'abord, parce que les États membres ne se sont pas hâtés à légiférer dans cette matière. La plupart d'entre eux n'ont, en effet, commencé à édicter des règles nationales en matière des marchés publics que dix ans, voire plus de vingt ans, après leur accession à la souveraineté nationale[81]. Ensuite, parce que l'ordre juridique de l'ancienne métropole continue, en dépit de la naissance des ordres juridiques propres aux nouveaux États, à inspirer et à nourrir les réglementations nationales des marchés publics.

---

79. Articles 58 et 76 de la loi n°22-61 du 2 mars 1961 portant adoption de la Constitution de la République du Congo, JORC numéro spécial du 4 mars 1961.
80. Ahmed Mahiou, *Les séquences du changement en Algérie. Cinquante ans de droit* (1962-2012), http://journals.openedition.org.
81. Supra p. 9.

Il n'est pas exagéré de parler aujourd'hui de transfert de tradition juridique plutôt que de rupture ou de succession. La colonisation a eu pour effet de formater les nouveaux États, ex-colonies, non seulement à l'image de la France, ex-État colonial mais aussi à la production des normes identiques à l'ancienne métropole. Il est ainsi très aisé de déceler une parenté profonde entre le droit français et le droit de ces nouveaux États. Les juges, les professeurs de droit et autres praticiens du droit n'hésitent pas à invoquer les règles du droit français pour résoudre ou donner des solutions aux questions de droit qui leur sont soumises. De même, les experts nationaux ou internationaux, invités à proposer aux gouvernants des nouveaux États des textes d'ordre législatif ou réglementaire, recourent simplement à la législation, à la doctrine et à la jurisprudence françaises. Le cas des marchés publics est particulièrement éloquent. La codification des règles et principes applicables dans ce domaine, dans l'ensemble des États membres de la CEMAC, relève simplement de la décalcomanie. Les Codes des marchés publics, y compris celui de la Centrafrique qui est porté par la loi, ressemblent à s'y méprendre au Code des marchés publics français. Les États membres de la CEMAC, comme la plupart des États d'Afrique francophone, ne sont donc jamais sortis du schéma juridique colonial[82]. Leurs ordres juridiques, à quelques exceptions près, ne sont que des reproductions de l'ordre colonial, ou tout au moins de l'ordre français. Certains auteurs[83] ont critiqué ce mimétisme qui pouvait avoir des conséquences négatives sur l'indépendance des nouveaux États. Mais, la question est de savoir s'il pouvait en être autrement ?

Il est vrai qu'il n'est pas aisé de se départir des idées et des comportements qui se sont consolidés sur plus d'un demi-siècle de colonisation, si l'on part du congrès de Berlin de 1885 qui a procédé au partage de l'Afrique noire considérée comme un territoire sans maître jusqu'en 1960, année des indépendances. Les nouveaux États ont, en effet, succédé ou remplacé l'État colonial, en revêtant ses contours ou son architecture institutionnelle. De plus, les hommes et les femmes, ayant accédé aux emplois laissés vacants par les animateurs de l'État colonial, ont été formés soit en immersion au sein de l'administration coloniale soit dans les écoles de l'État métropolitain. Ce double mécanisme a, assurément, forgé en ces nouveaux animateurs de l'État succédant un schéma de pensées comparable à celui des animateurs de l'État succédé.

La succession d'États a consisté, en réalité, en un remplacement des animateurs, sans que la forme administrative de l'État n'en soit modifiée. On se retrouve donc dans une situation où l'État succédant et l'État succédé partagent finalement, et sans doute de manière irréversible, la même tradition juridique.

82.J. John-Nambo, *Quelques héritages de la justice coloniale en Afrique noire*, Droit et société 2002/2, n°51-52, p. 343.

83.J. Buguicourt, *Le mimétisme administratif en Afrique, obstacle au développement*, in RFSP, n°6, p. 1239 ; G. Langrod, *Genèse et conséquence de mimétisme administratif en Afrique*, in Revue internationale des sciences administratives, n°2, p. 119.

Cette irréversibilité est d'autant plus réelle et évidente que le système instauré pendant la période transitoire postcoloniale n'a jamais été officiellement aboli. Au contraire, il a été revivifié par la coopération postcoloniale, qui a tout de suite été enclenchée. Les premiers accords de coopération postcoloniaux ont, en effet, eu pour objectif de perpétuer le lien indéfectible entre la France et ses anciennes colonies.

Les accords de coopération, faut-il le rappeler, se distinguaient en trois catégories : d'abord les accords bilatéraux passés entre la France et chaque ex-colonie, ensuite les accords multilatéraux intéressant la France et l'ensemble des ex-colonies relevant de la même sous-région, et enfin d'autres accords multilatéraux, de portée encore plus large, entre la France et les différentes sous-régions, en l'occurrence la sous-région d'Afrique centrale, la sous-région d'Afrique de l'Ouest et Madagascar[84]. Ces accords, qui couvraient l'ensemble des domaines d'État, ont permis non seulement d'opérer la succession des ordres juridiques mais aussi de transférer la tradition juridique française aux nouveaux États, y compris les éléments de production, de pérennisation et d'exclusivité de cette tradition. Ils ont, certes, été rendus caducs et remplacés par d'autres[85], mais l'esprit de ces derniers est demeuré fondamentalement le même. Même l'évolution du monde, dans le sens de la mondialisation n'a en rien modifié cette problématique. Au contraire, plus les raisons d'une différenciation se sont faites jour, plus la tradition juridique commune s'est renforcée et pérennisée. Les partenaires, pour répondre à l'apparition de nouveaux défis politiques, économiques et sociaux, ont adapté constamment leurs accords ou trouvé d'autres formes de coopération. Cette évolution aurait pu, dans un autre type de relations, venir à bout de la spécificité des rapports existant entre la France et ses ex-colonies.

On aurait pu penser et trouver légitime, qu'un demi-siècle après la proclamation des indépendances, les États africains, ex-colonies de la France, s'orientent vers la construction de leur propre identité, en accentuant leur intégration régionale afin de résoudre par eux-mêmes, leurs problèmes politiques, économiques, militaires et de sécurité intérieure. Malheureusement la réalité est tout autre. L'œuvre de construction communautaire, notamment dans la zone CEMAC, « oscille entre reports et renoncements[86] », au point de continuer à justifier la présence tutélaire de la France.

On aurait pu penser également que le discours de La Baule sur la conditionnalité de l'aide à la démocratisation des régimes, prononcé en 1990 par François Mitterrand, allait briser la continuité de la politique gaullienne en Afrique. Là aussi, il n'en fut rien. La France s'est finalement peu écartée

84. JORC, 2010, p. 13. Voir Le Monde n°4843, 17e année, du mardi 16 août 1960, p. 1.

85. Dans le cas du Congo, ils ont été signés à Brazzaville le 1er janvier 1974 et le 17 juin 1978 et ratifiés en 1975 et en 1978, JORC, 2010, Note de l'éditeur, p. 127.

86. Voir Laurent Tengo, *La Communauté économique et monétaire de l'Afrique centrale : organisation intergouvernementale ou organisation supranationale ?* in Droit en Afrique, janvier 2015, propos conclusifs.

de sa politique traditionnelle. Elle semble avoir privilégié la stabilité contre l'instabilité, « source de terrorisme et porteuse d'émigration[87] ».

On aurait pu penser encore que l'avènement de l'Union européenne, autrefois CEE, à qui revient désormais la charge de définir la politique étrangère des États européens, supplanterait, avec ses propres référents, la France dans les relations avec les ex-colonies françaises. On observe là aussi, même si cette politique revêt une dimension multilatérale, que les liens particuliers entre la France et ses ex-colonies semblent être sauvegardés.

On aurait pu penser enfin que la mondialisation, qui s'affirme partout comme « le besoin d'échapper à l'identique[88] », romprait le bilatéralisme séculaire et exclusif entre la France et ces nouveaux États. Rien de tel ne s'est vraiment produit. La France et les États africains, issus de la colonisation française, ont réussi à préserver leur carré privilégié ou à conserver la « voie singulière » d'une coopération à part, que d'aucuns qualifient, à tort ou à raison, de réseaux de corruption et de détournements de fonds publics[89]. Quel que soit le cadre dans lequel cette coopération se réalise, la seule participation ou implication de la France et de ces nouveaux États suffit à conférer une spécificité aux accords qui y sont signés. Par exemple, il en a été ainsi, à l'échelle européenne, des accords de Lomé qui ont pour but de faciliter l'accès de certains biens produits par les pays africains au marché européen. Ces accords sont apparus comme des occasions, pour la France, de jouer le rôle de médiateur entre les pays du nord et ceux du sud, notamment les pays africains. Il en a été ainsi également dans le cadre des politiques de coopération ou dans la ligne des programmes définis par l'ONU, notamment dans le nouveau partenariat pour le développement de l'Afrique, le NEPAD. Dans un autre registre, on peut citer l'Organisation internationale de la francophonie qui renvoie à une réalité linguistique et culturelle dont l'objectif est d'établir un cadre de coopération particulier entre la France et les pays utilisant le français, particulièrement les pays africains, ex-colonies françaises.

La spécificité des relations entre les États africains, ex-colonies, et la France garantit, ou semble garantir, les intérêts réciproques des deux parties. La première souhaite préserver l'aide au développement, espérer des transferts technologiques et financiers et obtenir en temps voulu le soutien politique et militaire. La deuxième, dans une posture qui peut revêtir une perspective humanitaire, puisqu'elle propose une démarche visant le développement économique des nouveaux États et la paix dans le monde[90], tente de rompre avec l'image d'une puissance coloniale. Mais on se rend vite compte qu'il ne s'agit que de rompre avec l'image et non avec la logique néocoloniale à laquelle renvoie l'ensemble de la démarche qu'elle propose. La France a, en effet, pour

87. Marie-Christine Kessler, *La politique étrangère de la France*, Presses de Sciences Po, 1999, citée par S. Hoffman, *La France dans le monde 1979-2000*, in Politique étrangère, 2/2002.
88. Discours de Dominique de Villepin à l'Institut des hautes études de défense nationale, 13 juin 2003.
89. Voir, François-Xavier Verschave, *Noir silence. Qui arrêtera la Françafrique*, Ed., les Arènes, Paris, 2000.
90. Henri Froment-Meurice, *Une politique étrangère pour quoi faire ?* in Politique étrangère, 2/2002.

objectif d'établir un espace qui peut lui permettre de déployer sa puissance, sur lequel elle peut prélever des matières premières à bon marché, déverser ses produits manufacturés, etc. Dominique de Villepin résume parfaitement la problématique en ces termes : « L'Afrique est une chance pour la France. Elle élargit à la fois notre horizon et notre ambition sur la scène internationale. C'est vrai sur le plan diplomatique, c'est vrai sur le plan économique et c'est vrai sur le plan culturel[91]. » En somme, ces différents cadres théoriques d'appréhension des relations entre la France et ses anciennes colonies se sont révélés être de véritables laboratoires de règles de droit au service des nouveaux États d'Afrique francophone.

B.2. L'évolution du droit des marchés publics de l'ancienne métropole et ses conséquences sur le droit des marchés publics des ex-colonies

Pendant longtemps, la France a eu un droit des marchés publics fondé sur la tradition réglementaire. Stéphane Braconnier rapporte que dans ce pays, « depuis ses origines, que l'on peut faire remonter à la monarchie de juillet, le droit des marchés publics est, presque par tradition, de nature réglementaire[92] ». Un bref historique des règles et procédures dans les marchés publics révèle que les différents Codes des marchés ont jusque-là été adoptés par voie réglementaire. On peut citer le code de 2001 adopté par décret n°2001-210 du 7 mars 2001, celui de 2004, par décret n°2004-15 du 7 janvier 2004 ou celui de 2006, par décret n°2006-975 du 1er août 2006. Celui de 2016, donc le plus récent et en vigueur, a été instauré par ordonnance n°2015-899 du 23 juillet 2015, elle-même complétée par deux décrets qui distinguent les marchés publics « normaux » des marchés publics de la défense ou de sécurité : le décret n°2016-360 du 25 mars 2016 relatif aux marchés publics et le décret n°2016-361 du 25 mars 2016 relatif aux marchés publics de défense ou de sécurité. La situation semble, toutefois, évoluer.

On observe aujourd'hui, en France, sous l'impulsion du droit communautaire une évolution allant dans le sens de l'abandon de la compétence réglementaire au profit d'une compétence quasi législative. Cette évolution trouve son origine dans la transposition des directives communautaires en matière de marchés publics.

Dans un premier temps, la transposition de deux directives communautaires, la directive 2004/18/CE du Parlement européen et du Conseil du 31 mars 2004 relative à la coordination des procédures de passation des marchés publics de travaux, de fournitures et de services, et la directive 2004/17/CE du Parlement européen et du Conseil du 31 mars 2004 relative à la coordination des

91. Intervention de Dominique de Villepin devant l'Assemblée nationale, 18 juin 2003.
92. *Précis du droit des marchés publics*, 4e édition, Le Moniteur, Paris, 2012, p. 15.

procédures de passation des marchés dans les secteurs de l'eau, de l'énergie, des transports et des services postaux, a donné lieu à deux textes nationaux : le décret n°2006-975 du 1er août 2006 portant Code des marchés publics auquel sont soumis les pouvoirs adjudicateurs traditionnels (l'État, les autorités régionales ou locales, les organismes de droit public ou les associations formées par une ou plusieurs de ces autorités ou un ou plusieurs de ces organismes de droit public) et l'ordonnance n°2005-649 du 6 juin 2005 relatives aux marchés passés par certaines personnes publiques ou privées non soumises au Code des marchés publics.

Dans un deuxième temps, la transposition de deux autres directives européennes, n°2014/24/UE et 2014/25/UE, relatives respectivement aux matières reprises dans les deux premières directives précitées, a donné lieu à l'ordonnance n°2015-899 du 23 juillet 2015, réformant, simplifiant et unifiant la réglementation des marchés publics, qui était jusque-là éclatée entre le Code des marchés publics et l'ordonnance du 6 juin 2005. Tous les pouvoirs adjudicateurs sont désormais soumis à un corpus juridique commun, la volonté du gouvernement étant donc de procéder à une simplification de la réglementation, qui doit aboutir à l'entrée en vigueur d'un code plus général de la commande publique, avec la généralisation de la compétence du législateur dans la détermination des règles applicables dans les marchés publics.

La question que soulève l'inexorable extinction de la tradition réglementaire en matière de marchés publics en France, État de référence, est celle de savoir si les États de la CEMAC, sous l'égide de la tradition juridique commune, emboîteront le pas à cette évolution. L'histoire seule le dira. On peut d'ores et déjà dire que la probabilité est forte. En effet, les raisons, notamment d'ordre constitutionnel, pouvant conduire à l'abandon de la tradition réglementaire par ces États ne manquent pas, comme on peut le constater dans la section suivante.

2. La loi : la source exceptionnelle

Les règles et procédures applicables aux marchés publics, conformément au principe constitutionnel de la distribution des compétences dans les États membres de la CEMAC, relèvent, on l'a vu, du pouvoir réglementaire. La Centrafrique est l'exception. Cet État a choisi la voie légale pour déterminer les règles et procédures applicables aux marchés publics passés sur son territoire. Cette posture peut surprendre quand on sait que selon la distribution constitutionnelle organisée dans ce pays, tout comme dans les autres États membres, les marchés publics ne figurent pas parmi les matières relevant de la loi. Il n'est pas impossible que d'autres considérations juridiques ou constitutionnelles aient conduit les pouvoirs publics centrafricains à opter pour la compétence du pouvoir législatif en matière de détermination des règles des marchés publics. En effet, la frontière constitutionnelle en faveur du pouvoir réglementaire en matière de marchés publics dans les États membres de la CEMAC, en fonction du seul principe constitutionnel de distribution des pouvoirs, n'est pas exempte de controverses. L'analyse des autres dispositions constitutionnelles laisse entrevoir que le législateur aurait pu être tout aussi compétent dans la détermination des règles et procédures applicables aux marchés publics. De même, l'exégèse du régime juridique de ces marchés met en évidence certaines règles de valeur constitutionnelle qui peuvent justifier la compétence du législateur.

A. La compétence législative en vertu de certaines dispositions constitutionnelles

Les différentes constitutions des États membres de la CEMAC contiennent des principes fondamentaux applicables aux marchés publics dont la mise en œuvre relève de la loi. C'est le cas du principe constitutionnel relatif à la libre administration des collectivités locales et d'autres principes constitutionnels dont la conception ou la philosophie peuvent faire penser que les règles qu'ils portent pourraient relever de la loi.

A.1. Le principe constitutionnel de la libre administration des collectivités locales

Invariablement, les dispositions constitutionnelles précitées énoncent dans tous les États membres de la CEMAC que la loi fixe également les règles concernant la libre administration des collectivités locales, leurs compétences et leurs ressources. Sur le plan juridique, cette affirmation aurait dû avoir au moins deux conséquences sur la gestion des marchés publics locaux. D'abord, les règles applicables aux marchés publics des collectivités locales auraient dû être déterminées par la loi. Ensuite, la libre administration des collectivités locales, c'est-à-dire la liberté de mettre en œuvre leurs compétences ainsi que de gérer leurs ressources, devrait être totalement protégée par la loi. Cela veut dire que les règles qui lui sont applicables doivent être décidées par le législateur. C'est sans aucun doute sur ce fondement qu'en France le Conseil constitutionnel[93] a reconnu que la liberté contractuelle des collectivités territoriales locales avait une valeur constitutionnelle. Le Conseil d'État[94] l'a, de son côté, érigée en principe général du droit, et donc un principe à valeur au moins législative.

Au total, le régime juridique des marchés publics des collectivités locales aurait dû être différent de celui des marchés publics de l'État. Mais, on peut comprendre l'attitude des pouvoirs publics à vouloir consacrer un régime commun et cohérent en cette matière, dans la mesure où il paraît utile de préserver l'intégrité des règles et procédures dans les marchés publics, qu'ils soient des marchés d'État ou des marchés locaux. Même dans cette hypothèse,

93. CC, 20 janvier 1993, décembre n°93-316, RJC, I, p. 516 ; RFDC, 1993, p. 375, note Favoreu et alii ; Petites affiches, 2 juin 1993, p. 4, note Mathieu et Verpeaux ; RFDA, 1993, p. 902, note Pouyaud.
94. CE, 28 janvier 1998, Société Borg Warner, Rec., p. 20 ; AJDA, 1998, p. 287 ; CJEG, 1998, p. 269, note Moderne.

il aurait fallu que l'intervention du législateur soit rendue nécessaire pour poser le cadre général à partir duquel des dispositions réglementaires auraient pu être prises. Autrement dit, le pouvoir réglementaire n'aurait dû avoir la capacité de s'y immiscer que sur habilitation dûment établie par le pouvoir législatif, comme l'indique, par exemple l'article 158 de la Constitution du Congo : « Le gouvernement peut, pour exécuter son programme, demander au Parlement de voter une loi l'autorisant à prendre, par ordonnance, pendant un délai limité, des mesures qui sont normalement du domaine de la loi. » Le législateur devait également définir le cadre général à partir duquel le pouvoir exécutif prendrait des textes d'application. Il faut sans doute voir là une autre conséquence de l'héritage juridique colonial.

La question se pose, en effet, de la même manière en France. L'article 72 de la Constitution de 1958 protège et organise la libre administration des collectivités locales, dont la détermination des principes fondamentaux relève, en vertu de l'article 34 de la même Constitution, de la seule compétence du législateur. Pourtant, en dépit de ces dispositions constitutionnelles, les règles applicables aux marchés publics des collectivités territoriales locales sont fixées par décret avec le soutien de la jurisprudence. Le Conseil d'État, tout en reconnaissant la compétence du législateur sur les règles régissant la libre administration des collectivités locales, a considéré que le pouvoir réglementaire pouvait fixer les règles applicables aux marchés des collectivités locales sur le fondement de l'habilitation législative en vertu de l'article 38 de la Constitution. Il a ainsi, dans deux décisions d'assemblée[95], signifié que le décret-loi du 12 novembre 1938, pris sur le fondement de la loi d'habilitation du 5 octobre 1938[96], et la loi du 7 août 1957 pouvaient servir de bases à la compétence du pouvoir réglementaire en cette matière.

Le raisonnement du juge administratif suprême peut étonner. Certains auteurs ont qualifié sa démarche de périlleuse d'un point de vue juridique[97], voire contraire à la Constitution[98]. En même temps, on peut comprendre ce raisonnement dans le souci du Conseil de préserver la sécurité et la cohérence juridiques et d'éviter de remettre en cause l'édifice, jusque-là bâti sur le fondement de la compétence exclusive du pouvoir réglementaire. Il n'est pas étonnant que cette situation soit modifiée à la longue. D'abord, parce que la référence à des habilitations aussi lointaines que particulières entre en contradiction avec la définition qu'en donne le Conseil constitutionnel[99],

95. CE, Ass., 29 avril 1981, Ordre des architectes, Rec., p. 198 ; AJDA, 1981, p. 429, note Genevois. CE, Ass., 5 mars 2003, Ordre des avocats à la Cour de Paris, Dr. adm., 2003, comm., n°105, note Ménéménis ; *Contrats et marchés publics*, 2003, chr. n°4, concl. D. Piveteau ; AJDA, 2003, p. 718, chr. Donnat et Casas.

96. La loi du 5 octobre 1938 autorisait le gouvernement à prendre toutes les mesures destinées à réaliser le redressement immédiat de la situation économique et financière de la France. Le décret-loi du 12 novembre, pris en application de cette loi, disposait que « les dispositions des textes législatifs et réglementaires relatives à la passation et à l'exécution des marchés publics de l'État peuvent être étendues par règlement d'administration publique [...] aux départements, aux communes et aux établissements publics relevant de l'État, des départements et des communes. » Gouvernement.

97. Voir Stéphane Braconnier, *Précis du droit des marchés publics*, 4e édition, *op. cit.*, p. 17.

98. Louis Favoreu, *Le Conseil d'État, défenseur de l'exécutif*, Mélanges Boulouis, Dalloz, 1991, p. 237.

99. CC, 25-26 juin 1986, déc. n°86/207 DC, Privatisations, Rec., CC, p. 61 ; AJDA, 1986, p. 575, note Rivero ; *Les grandes*

lorsqu'il indique que les habilitations ne peuvent en aucun cas être trop générales ou imprécises. Ensuite, en raison de la nouvelle orientation qu'impose le droit communautaire européen qui rend désormais nécessaire l'intervention du législateur pour les règles applicables à l'ensemble des marchés publics[100].

A.2. Les autres principes constitutionnels pouvant fonder la compétence législative

Les articles précités des constitutions contiennent dans leurs dispositifs des principes fondamentaux dont la mise en œuvre peut valablement justifier la compétence du législateur dans la détermination des règles applicables aux marchés publics. Il s'agit essentiellement du principe relatif au développement économique et social et celui relatif aux obligations civiles et commerciales.

A.2.1. Le principe constitutionnel du développement économique et social

Il ressort des dispositions constitutionnelles de la plupart des États membres de la CEMAC que la loi fixe également les règles concernant, « le plan de développement économique et social[101] », « la programmation des objectifs de l'action économique et sociale[102] », et « le plan de développement[103] ». Ces dispositions constitutionnelles, en dépit de leur dénomination variable d'un État à un autre, portent la même réalité. Elles se traduisent généralement, comme l'indique l'article 132 de la Constitution du Tchad[104], par les lois de programme qui fixent les objectifs de l'action économique et sociale de l'État et l'organisation des activités productives de l'État. On peut à juste titre considérer que les marchés publics sont concernés par ces dispositions. Ils peuvent, en effet, constituer un instrument essentiel dans le développement économique d'un pays, non seulement parce qu'ils peuvent favoriser la relance économique par l'investissement important qu'ils induisent, mais aussi parce qu'ils peuvent permettre d'inciter ou de développer un secteur producteur de richesse par l'implication de divers acteurs économiques, notamment nationaux. Une telle opinion peut effectivement faire pencher la balance en faveur de la compétence du législateur dans la détermination des règles et procédures applicables aux marchés publics.

décisions du Conseil constitutionnel, n°39.

100. Supra p. 34.

101. Article 125, alinéa 2, de la Constitution du Congo du 6 novembre 2015, JORC, 51e année, Edition spéciale n°2 du 25 mai 2009.

102. Article 26d de la Constitution du Cameroun, Loi n°96/06 du 18 janvier 1996 portant révision de la Constitution, www.spm.gov.cm ; article 47 de la Constitution du Gabon du 26 mars 1991, dernière modification le 12 janvier 2011, https://fr.m.wikipedia.org.

103. Article 80, tiret 17, de la Constitution de la Centrafrique adoptée par référendum le 13 décembre 2015 et publiée par décret n°160218 du 30 mars 2016, JO du 30 mars 2016, édition spéciale, 57e année, n°03.

104. Constitution du 31 mars 1996, révisée le 6 juin 2005, https://democratie.francophonie.org.

A.2.2. Le principe constitutionnel des obligations civiles et commerciales

Les dispositions précitées disposent que la loi fixe également les règles concernant le régime des obligations civiles et commerciales. Ce régime concerne les principes fondamentaux couvrant les contrats. La détermination des règles applicables aux contrats, en tant que ces contrats sont générateurs de droits et devoirs, relève de la loi. Le Conseil constitutionnel a érigé la liberté contractuelle au rang de principe à valeur constitutionnelle[105]. Les contrats concernés sont, de manière globale, ceux conclus par les personnes privées ou par les personnes publiques, donc les contrats privés ou publics. De ce raisonnement, on peut conclure que les conditions d'exercice de la liberté contractuelle dans les marchés publics, notamment les règles applicables à ces marchés, devraient relever du législateur. Raisonner autrement, consisterait à instaurer deux régimes juridiques différents selon qu'il s'agit des contrats de droit privé ou des contrats de droit public, les premiers bénéficiant de la protection de la loi et les deuxièmes placés sous l'égide du règlement.

En France également, en dépit des décisions du Conseil d'État[106] et du Conseil constitutionnel[107] en faveur de la compétence réglementaire sur la détermination des règles applicables aux marchés publics, la controverse demeure vivace. Ces deux hautes juridictions ont, en effet, considéré que « ni l'article 34 de la Constitution ni aucune autre règle de valeur constitutionnelle n'exigent que les conditions de passation des marchés et contrats passés par l'État soient définies par la loi. » L'interprétation des dispositions constitutionnelles tendant à reconnaître la compétence du législateur n'a donc pas lieu d'être retenue. Ce point de vue n'a pas manqué de susciter la réticence de certains auteurs, voire leur incompréhension. D'aucuns ont ironisé que le juge, pour parvenir à une telle conclusion, a dû déployer un certain talent « acrobatique[108] ». D'autres ont considéré que le faisant, il a nié « les exigences de l'article 34 » de la Constitution française de 1958 et neutralisé les « implications de l'article 72 » de la même Constitution[109]. La tradition juridique favorable au pouvoir réglementaire aurait dû, pensent-ils, « céder devant la Constitution de 1958 [...]. Force est de constater que la tradition a su résister, avec un certain succès, à la logique pourtant implacable de la hiérarchie des normes[110]. » La prise de

---

105. CC, 19 décembre 2000, décembre n°2000-437 DC, *Financement de la Sécurité sociale pour 2001*, Rec. CC, p. 190 ; Petites affiches, 22 décembre 2000, p. 5, chr. Schoettl.
106. CE, 29 avril 1981, Ordre des architectes, AJDA 1981, p. 431, note Genevois ; CE ass., 5 mars 2003, Ordre des avocats à la Cour d'appel de Paris, Rec., p. 90, concl. Piveteau ; BJDCP 2003, n°28, p. 209.
107. CC, 22 août 2002, décembre n°2002-460 DC, considération n°11, LOPSI, Rec. CC, p. 198 ; D., 2003, p. 1125, obs. Robes ; Petites affiches, 6 janvier 2003 p. 8, chr. Mathieu et Verpeaux ; AJDA, 2002, p. 1059, note Chérot et Trémeau ; Petites affiches, 11 septembre 2002, p. 12, chr. Schoettl.
108. Voir Louis Favoreu, *Le Conseil d'État, défenseur de l'exécutif*, Mélanges Boulouis, Dalloz, 1991, p. 237.
109. Stéphane Braconnier, *Précis du droit des marchés publics*, 4e édition, *op. cit.*, p. 16 et 17. Cet auteur estime que le Conseil d'État n'aurait pas dû se référer au décret-loi du 12 novembre 1938 devenu illégal, puisque « ce texte pris en application de la loi d'habilitation du 5 octobre (1938) ne pouvait sous-habiliter le pouvoir réglementaire pour une durée supérieure à la période d'habilitation arrêtée par ladite loi. »
110. Stéphane Braconnier, *Précis du droit des marchés publics*, 4e édition, *op. cit.*, p. 15.

position de la jurisprudence française paraît désormais, en déphasage par rapport à l'évolution du droit général, notamment par celle imprimée par le droit communautaire, tendant à homogénéiser et à unifier le droit des contrats[111].

B. La compétence législative en vertu du régime juridique des marchés publics

Le régime juridique des marchés publics contient des règles dont certaines ont une valeur constitutionnelle à part entière. Dès lors, leur détermination aurait pu relever de la loi et donc de la compétence du législateur. Ce régime comporte également des règles considérées comme des exigences constitutionnelles et qui, de ce fait, bénéficient de la protection légale.

B.1. Les règles à valeur constitutionnelle contenues dans le régime des marchés publics

Les règles à valeur constitutionnelle sont les règles qui forment principalement le « bloc de constitutionnalité », c'est-à-dire l'ensemble des normes de valeur dont les lois doivent garantir l'application. Il s'agit essentiellement du principe de la liberté d'accès à la commande publique, comme partie prenante du principe général de la liberté d'entreprendre, du principe de l'égalité de traitement des candidats, en tant que démembrement du principe général de l'égalité devant la loi, et du principe de la propriété des biens publics issus des marchés publics, en qualité de démembrement du principe général de la protection des propriétés publiques. Les deux premiers principes, la liberté d'accès à la commande publique et l'égalité de traitement des candidats, étant particulièrement des règles de passation des marchés publics, seront étudiés dans la rubrique consacrée à cet effet. Seul le principe de la protection des biens publics acquis par le biais des marchés publics fera l'objet de développements dans le présent paragraphe.

La propriété est le droit de disposer, d'user et de jouir de ses biens. On ne peut en être privé que dans les conditions prévues par la loi. Ce principe a un caractère général, puisqu'il concerne aussi bien la propriété privée des particuliers que celle de l'État et des autres personnes publiques. Le Conseil constitutionnel l'a affirmé sans ambiguïté, dans une décision fondatrice du 26 juin 1986[112]. Le Conseil a indiqué que la propriété des personnes morales de droit public sur leurs biens bénéficie d'une protection constitutionnelle « à titre égal » à celle qui couvre la propriété privée. Le Conseil a ensuite reconnu qu'il s'agit d'un principe fondamental ayant un caractère éminent[113] et qui, par

---

111. Voir CEJEC, *La distinction droit public-privé à l'épreuve du droit communautaire des contrats publics : l'inopportune assimilation de la « communautarisation » à la privatisation du droit*, petites affiches, 24 août 2004, p. 3.
112. CC, 26 juin 1986, n°86-207.
113. CC, 21 juillet 1994, n°94-346 DC, Rec., p. 96.

conséquent, doit bénéficier de la protection légale. De ce point de vue, les règles applicables aux marchés publics, en tant que mode d'acquisition par excellence des propriétés publiques, devraient être déterminées, comme le sont celles applicables auxdites propriétés, par la loi au lieu de l'être par le règlement. Les biens publics ou les propriétés publiques, dont il s'agit, il faut le noter, constitue une unité sans qu'il y ait lieu de distinguer leurs catégories, leur nature et l'identité de la personne publique propriétaire. La protection légale s'applique invariablement aux biens du domaine public ou privé[114], à caractère mobilier ou immobilier, appartenant à l'État, aux collectivités locales, aux établissements publics ainsi qu'aux organismes publics ou privés ayant le statut de maîtres d'ouvrage ou de maîtres d'ouvrage délégués.

Le principe de la protection légale des propriétés, qui découle de l'article 17 de la Déclaration des droits de l'Homme et du citoyen de 1789, a été intégré par l'ensemble des États membres de la CEMAC dans leurs constitutions respectives. La Constitution du Congo le proclame dans son article 23 : « Nul ne peut être privé de sa propriété que pour cause d'utilité publique, moyennant une juste et préalable indemnité, dans les conditions prévues par la loi. » Il en est ainsi également au préambule, paragraphe 5, tiret 19, de la Constitution du Cameroun, révisée en 1996, à l'article 41 de la Constitution du Tchad, révisée en 2005, à l'article 1er, alinéa 10, de la Constitution de la République gabonaise de 2011[115], à l'article 29 de la Constitution de la Guinée équatoriale de 1991 et à l'article 18, alinéa 2, de la Constitution de la Centrafrique de 2016.

B.2. Les exigences constitutionnelles déduites du régime juridique des marchés publics

Les exigences constitutionnelles sont des règles qui n'ont pas nécessairement en elles-mêmes de valeur constitutionnelle, mais auxquelles le législateur doit apporter des garanties légales, compte tenu de l'environnement dans lequel elles se réalisent. Le Conseil constitutionnel français a posé ce principe dans sa décision de 1994[116] relative à la constitution de droits réels sur le domaine public[117]. Le Conseil constitutionnel a considéré que le législateur ne peut modifier le droit de la domanialité publique qu'à la condition « de ne pas priver de garanties légales les exigences constitutionnelles qui résultent de la continuité des services publics auxquels le domaine public est affecté[118] ».

114. La distinction des biens relevant du domaine public de ceux du domaine privé n'intervient qu'au titre des modes de gestion ou de cession des biens. Voir E. Fatôme, *À propos des bases constitutionnelles du droit du domaine public*, AJDA, 2003, p. 1193.
115. JORG, 1er février 2011, numéro spécial.
116. CC. 21 juillet 1994, décision n°94-346, considérant n°2, Loi complétant le code du domaine de l'État et relative à la constitution de droits réels sur le domaine public.
117. AJDA 1994, p. 786, note G. Gondouin, RFDC 1994, p. 814, note P. Bon.
118. Voir commentaires de E. Fatôme, *À propos des bases constitutionnelles du droit domaine public*, AJDA 2003, p. 1192.

Jennifer Marchand[119], commentant cette décision, précise qu'il résulte de son considérant n°2, « que le régime juridique des biens du domaine public doit nécessairement comprendre des règles susceptibles de faire en sorte que le respect des exigences constitutionnelles soit obligatoire. Cela ne signifie pas que ces éléments obligatoires ont valeur constitutionnelle en eux-mêmes. Ils doivent seulement faire partie des principes que l'administration doit respecter dans la gestion de ceux de ses biens qui appartiennent au domaine public. Pour prendre l'exemple de l'inaliénabilité, ce ne serait pas parce que celle-ci constituerait un élément constitutionnellement obligatoire qu'elle aurait nécessairement une valeur constitutionnelle. » De telles exigences sont présentes dans le régime juridique des marchés publics. L'exigence de transparence ainsi que celle du bon usage des deniers publics en sont les parfaites illustrations.

Il est vrai que la transparence dans les marchés publics ne peut être considérée, en elle-même, comme un droit fondamental, donc ayant une valeur constitutionnelle. Le Conseil constitutionnel ne l'a pas consacré comme tel. Cependant, le fait que le principe de transparence comporte des éléments qui sont autant d'obligations de l'administration dans la poursuite de ses objectifs d'intérêt général et qu'il s'exerce de manière imbriquée avec les principes de liberté et d'égalité dont la valeur constitutionnelle est avérée, ne peut que lui conférer un caractère fondamental. En effet, la transparence dans les marchés publics suppose la liberté reconnue à chacun d'accéder à la commande publique et l'égalité de traitement des candidats. Elle signifie aussi la clarté et l'intelligibilité. Les marchés publics doivent être clairs et intelligibles dans l'exposition de leurs règles. Leur passation doit être transparente et se dérouler dans des conditions égales et satisfaisantes pour les soumissionnaires. Ces énoncés montrent à suffisance que la transparence dans les marchés publics constitue assurément une exigence constitutionnelle qui doit être garantie par le législateur.

Le Conseil constitutionnel français a fait évoluer sa jurisprudence dans ce sens. D'abord de manière plus large et ensuite dans le cadre précis des marchés publics. Dans le cadre de son action en faveur de la qualité de la loi, et donc de la transparence, il a considéré les éléments composant la transparence comme des exigences ayant un objectif de valeur constitutionnelle « d'accessibilité et d'intelligibilité de la loi[120] » et « de clarté[121] », plus particulièrement encore lors de l'examen de la loi sur l'exigence de clarté et de loyauté de la consultation de la population de Mayotte[122], ou encore sur la loi de financement de la Sécurité sociale[123]. Le Conseil constitutionnel a encore été plus précis sur la loi habilitant

119. *La protection financière du patrimoine public*, Mémoire soutenu à l'Université des Sciences sociales de Toulouse 1, Master 2, Droit public des affaires 2006, www.memoireonline.com.
120. CC, Décision n°99-421 DC du 16 décembre 1999.
121. CC, Décisions n°98-401 DC du 10 juin 1998, (considérant n°7 et 10), Rec., p. 258, chronique AJDA 1998, p. 495.
122. CC, Décision n°2000-428 DC du 4 mai 2000.
123. CC, Décision n°2002-463 DC du 12 décembre 2002.

le gouvernement à simplifier le droit[124], en considérant la transparence comme une garantie d'exigence constitutionnelle au même titre que les autres principes de la commande publique.

Le principe du bon usage des deniers publics n'a pas également, en tant que tel, de valeur constitutionnelle, mais il implique des éléments qui peuvent faire de lui une exigence constitutionnelle. Les marchés publics sont financés à partir des deniers publics, c'est-à-dire sur la base des crédits inscrits au budget de l'autorité contractante. Il s'agit donc pour l'essentiel des financements provenant de l'impôt, donc du contribuable. Il est un principe que l'impôt, autrement dit les deniers publics, doit faire l'objet d'un bon usage. Les deniers publics doivent en effet servir, entre autres, à des investissements qui accroissent le patrimoine du pays, c'est-à-dire à développer les infrastructures essentielles à l'amélioration de la qualité de la vie des citoyens. Ils ne peuvent donc être utilisés pour des dépenses de prestige ou pour des activités dénuées de tout objectif d'intérêt général. Cela équivaudrait à du gaspillage. Comme l'a écrit Christophe Barbier[125] : « En matière de finances publiques, gaspiller, c'est voler deux fois : d'abord, dans la poche du contribuable qui a trop payé ; ensuite, dans celle du Français qui ne profitera pas, faute de bonne gestion, de telle allocation ou de tel service public. »

Les marchés publics sont passés pour servir l'intérêt général. C'est pourquoi leur passation exige préalablement l'accomplissement de deux opérations. Il s'agit d'une part de l'élaboration du plan de passation des marchés publics permettant de définir les besoins qui sont à la base de la commande publique et les crédits nécessaires pour les satisfaire et d'autre part de la mise en œuvre de la procédure de mise en concurrence des candidats. Cette double précaution préalable a pour but non seulement d'identifier l'objectif d'intérêt général attaché au marché public, mais aussi d'obtenir la meilleure offre, c'est-à-dire l'offre la mieux-disante ou la moins-disante pour satisfaire les besoins exprimés par l'autorité contractante, et favoriser ainsi la gestion optimale des deniers publics.

En effet, si la loi fixe les grands principes régissant l'imposition, donc la source essentielle des deniers publics, c'est au pouvoir réglementaire que revient sa mise en œuvre, donc l'utilisation des deniers publics ainsi récoltés. C'est à lui d'en faire bon usage. Et pourtant, l'interprétation combinée des articles 13 et 14 de la Déclaration des droits de l'Homme et du citoyen de 1789 aurait pu tout aussi bien aboutir à une conclusion différente. Ces articles indiquent que les dépenses de l'administration doivent être satisfaites par une contribution également répartie entre les citoyens et que ces derniers ont le droit de constater, par eux-mêmes ou par leurs représentants, la nécessité d'une telle contribution et d'en suivre l'emploi. « Suivre l'emploi » ne signifie ni

124. CC, Décision n°2003-473 DC du 26 juin 2003.
125. L'express, politique, *Du bon usage des impôts*, publié le 5 octobre 2012, www.lexpress.fr.

plus ni moins que veiller au bon usage de l'impôt, donc des deniers publics. Le législateur aurait pu aussi trouver à redire sur l'usage des deniers publics.

C'est sans doute pour résoudre cette problématique que la CEMAC exige désormais que les parlements des États membres délibèrent chaque année sur l'exécution du budget de l'État[126]. Il peut s'agir pour la représentation nationale de vérifier, voire d'éviter que la multiplication des circulaires et des instructions interprétatives de l'administration ne porte atteinte au principe du bon usage des deniers publics, détournant ou déformant ainsi l'intention du législateur.

II. LES SOURCES EXTERNES

Le droit des marchés publics des États de la CEMAC trouve, on l'a vu, sa source dans les dispositifs internes, principalement dans le règlement et exceptionnellement dans la loi. On observe, toutefois, que d'autres actes, relevant notamment de l'ordre communautaire et de l'ordre international, ont une influence certaine dans l'élaboration, dans ces États, des règles applicables aux marchés publics.

1. Les textes communautaires

Les États membres de la CEMAC[127], en même temps qu'ils sont membres de cette communauté[128], appartiennent à d'autres communautés telles la CEEAC[129] et l'OHADA[130]. L'objet principal de ces différentes communautés est de parvenir, autant que possible, à l'harmonisation des règles de droit dans les différents États membres. De nombreuses règles et procédures applicables aux marchés publics dans ces États trouvent donc leurs sources dans les différents dispositifs adoptés au sein de ces communautés.

A. Les dispositions pertinentes de la CEMAC

La CEMAC n'a pas édicté à ce jour de règles particulières dans le but de créer un corpus communautaire spécifique des marchés publics. On note toutefois l'existence de normes communautaires dont l'impact direct sur le droit des marchés publics de chaque État membre est évident. Il s'agit notamment du

---

126. Directive n°06/11-UEAC-190-CM-22 du 19 décembre 2011 relative au Code de transparence et de bonne gouvernance dans la gestion des finances publiques, Annexe, Section II, point 3, www.droit-afrique.com.

127. La CEMAC compte six États : Cameroun, Centrafrique, Congo, Gabon, Guinée équatoriale et Tchad. Elle est créée par un traité signé le 16 mars 1994 à N'Djamena (Tchad), www.izf.net.

128. Pour plus de détails, Voir Laurent Tengo, *Droit communautaire général de la CEMAC*, Collection Sambela, Éditions Ccinia communication, Paris, 2013, p. 25 et s.

129. La CEEAC compte onze États : Angola, Burundi, Cameroun, Centrafrique, Congo, Gabon, Guinée équatoriale, République démocratique du Congo, Rwanda, Sao-Tomé et Principe et Tchad. Elle est créée par un traité signé en octobre 1983 à Libreville (Gabon), www.ceeac-eccas.org.

130. L'OHADA compte dix-sept États : Bénin, Burkina Faso, Cameroun, Centrafrique, Côte d'Ivoire, Congo, Comores, Gabon, Guinée, Guinée-Bissau, Guinée équatoriale, Mali, Niger, RDC, Sénégal, Tchad et Togo. Elle est créée le 17 octobre 1993 à Port-Louis (Île Maurice), www.ohada.org.

règlement n°06/09-UEAC-201-CM-20 du 11 décembre 2009 portant procédure de passation, d'exécution et règlement des marchés publics de la Communauté et de la directive n°06/11-UEAC-190-CM-22 du 19 décembre 2011 relative au Code de transparence et de bonne gouvernance dans la gestion des finances publiques.

A.1. Le règlement n°06/09-UEAC-201-CM-20 du 11 décembre 2009 portant procédure de passation, d'exécution et règlement des marchés publics de la Communauté

Le règlement n°06/09-UEAC-201-CM-20 du 11 décembre 2009 a pour objet de déterminer les règles applicables aux marchés publics que la Communauté elle-même peut passer avec d'autres acteurs économiques. Il s'agit des règles relatives à la passation, à l'exécution et au règlement desdits marchés publics. Mais il est tout à fait admissible que ce type de norme communautaire, dont l'application est automatique dans le droit interne[131] et qui a une nature quasi législative[132] avec un effet *erga omnes*[133], puisse avoir une influence sur le droit des marchés publics des États membres. Les principes que ce règlement communautaire pose, même s'ils ne sont pas destinés directement aux États membres, constituent absolument des référentiels ou des sources d'inspiration pour les droits nationaux. Ainsi que l'indique son sixième considérant : « Les procédures de passation des marchés conclus dans la Communauté (c'est-à-dire dans l'espace communautaire) doivent respecter les principes de libre accès à la commande publique, d'égalité de traitement des candidats, de reconnaissance mutuelle, de non-discrimination et de transparence, et ce à travers la rationalité, la modernité et la traçabilité des procédures de passation de marchés publics. » Ces principes conditionnent, en effet, la stabilité macroéconomique et la croissance durable des États membres. C'est d'autant plus important que l'accélération du processus de mondialisation caractérisée par une mobilité croissante des capitaux à la recherche de rentabilité et de sécurité exige de la part des États, ainsi que des communautés d'intégration auxquels ils font partie, la mise en œuvre de politiques et de procédures financières crédibles et transparentes.

Il est donc utile que toute réglementation en matière de marchés publics dans l'espace de la CEMAC poursuive des objectifs visant notamment à améliorer la productivité de la dépense publique, à encourager la professionnalisation des acteurs de la commande publique, à renforcer l'efficacité de la lutte contre la corruption, etc. La finalité est, en somme, d'améliorer durablement

131. Article 21 de l'additif au Traité CEAMC.
132. CJCE, 21 juin 1958, Wirtschaftsvereinigung Eisen Stahlindustrie, 13/57, Rec., p. 261.
133. CJCE, 20 mars 1959, Nold, 18/57, Rec., p. 89.

les conditions de vie et d'épanouissement global des populations de la Communauté.

A.2. La directive n°06/11-UEAC-190-CM-22 du 19 décembre 2011 relative au Code de transparence et de bonne gouvernance dans la gestion des finances publiques

Les directives sont, aux termes de l'article 21 de l'additif au traité CEMAC, les actes que le Conseil des ministres de l'UEAC ou le Comité ministériel de l'UMAC adoptent dans le cadre de leurs attributions. Elles ont pour but de fixer des objectifs que doivent mettre en œuvre le ou les États membres destinataires, en les transposant dans leur droit interne afin qu'ils y produisent les effets juridiques utiles. Tel est l'objet de la directive n°06/11-UEAC-190-CM-22 du 19 décembre 2011 relative au Code de transparence et de bonne gouvernance dans la gestion des finances publiques. Le Code de transparence et de bonne gouvernance dans la gestion des finances publiques au sein de la CEMAC définit les principes et obligations que les États membres doivent respecter dans leur législation comme dans leurs pratiques, aussi bien pour la gestion des fonds de l'État et celle des autres collectivités publiques. Ce code pose ainsi alternativement les règles portant sur la légalité et la publicité des opérations financières publiques, les attributions et la responsabilité des institutions d'État, l'élaboration et la présentation des budgets publics, la mise en œuvre des recettes et des dépenses, le contrôle des opérations financières, l'information du public et l'intégrité des acteurs publics. Son article 2 prévoit que seront préparées et adoptées, pour son application, d'autres directives complétant le dispositif. Il s'agit des directives sur les lois de finances, sur le règlement général de la comptabilité publique, sur le plan comptable, sur la nomenclature budgétaire de l'État et sur le tableau des opérations financières de l'État.

La directive portant Code de transparence et de bonne gouvernance dans la gestion des finances publiques au sein de la CEMAC pose, ainsi qu'on l'a vu, des règles générales dont certaines ont un impact direct sur les marchés publics et constituent de ce fait des sources effectives d'un corpus juridique particulier en la matière[134]. Tel est le cas de la règle qui dispose qu'aucune dépense publique ne peut être engagée si elle n'est autorisée par la loi des finances, ou celles qui exigent le libre accès de tous et sans discrimination à la réalisation et l'exploitation des actifs publics, ou encore celles qui établissent le principe de la libre concurrence au profit des entreprises publiques ou privées qui souhaitent soumissionner aux contrats avec l'administration. Il en est de

134. Section I - Légalité et publicité des opérations financières publiques, Points 1 à 9. Section VI, Contrôle, Points 1 à 7. Section VIII- Intégrité des acteurs, Points 1 à 6.

même des règles relatives au contrôle qui doit s'exercer sur toutes les opérations impliquant les finances publiques et celles relatives à l'intégrité et à la probité des agents publics, etc.

La directive portant Code de transparence et de bonne gouvernance dans la gestion des finances publiques au sein de la CEMAC peut avoir ainsi sur le dispositif des marchés publics des États membres, un double objectif. Le premier objectif est la détermination d'un standard en matière de marchés publics applicable dans tous les États membres. Le second objectif est la maîtrise et la bonne utilisation des deniers publics. En incitant les États membres à adopter les règles de transparence et de bonne gouvernance dans la gestion de leurs finances publiques, en l'occurrence dans le domaine des marchés publics, la CEMAC envisage non seulement d'assainir leurs économies en vue de les rendre concurrentielles et fortes mais aussi de créer un environnement économique attractif dans le but d'attirer les investisseurs étrangers et partant de renforcer les flux financiers nécessaires à la réalisation des programmes économiques nationaux et régionaux.

Il convient, toutefois, de rappeler que de principe les directives ne produisent d'effet sur le droit interne des États membres qu'après leur transposition par des règles nationales dont la nature dépend du droit de chaque État membre. La question qui se pose est celle de savoir si en l'absence d'une telle transposition les directives peuvent être invoquées devant le juge, en l'occurrence le juge administratif pour les dispositions relatives aux marchés publics.

Il peut être répondu à cette question par l'affirmative, si l'on s'adosse à la jurisprudence française ou européenne. En règle générale, le juge administratif considère qu'à l'expiration du délai imparti aux États membres pour transposer les directives, il est compétent pour contrôler les objectifs des directives. L'État membre ne peut se soustraire de ses obligations vis-à-vis des particuliers sous le prétexte de la non-transposition de la directive invoquée par ceux-ci[135]. Le Conseil d'État a renforcé ces obligations en jugeant que les autorités gouvernementales, Premier ministre et ministres compétents, saisies de demandes en ce sens, devraient tirer toutes les conséquences de la non-transposition ou de la transposition erronée de directives en droit interne[136]. Il a également affirmé, toujours dans le sens de renforcer les obligations des États membres à propos des directives, que l'acte réglementaire qui contrevient sérieusement à la directive, durant le délai de transposition, est frappé d'illégalité[137]. Le juge européen, avant le juge interne, avait reconnu l'illégalité

135. CE, 7 octobre 1988, Féd. française des sociétés de prestation de la nature, Rec., p. 271 ; CE, Sect., 3 février 1989, Compagnie Alitalia, Rec., p. 44 ; *Les grandes décisions*, p. 133 ; CE, Ass., 28 février 1992, SA Rothmans International France, Rec., p. 78, concl. Laroque ; AJDA, 1992, p. 329, chr. Maugüé et Schwartz ; RFDA, 1992, p. 425, note L. Dubouis ; CE, Sect., 23 juin 1995, SA Lilly France, Rec., p. 257.

136. CE, 3 décembre 1999, Association ornithologique et mammalogique de Saône-et-Loire et Association France-nature environnement, Rec., p. 379, concl. F. Lamy ; AJDA, 2000, p. 120, chr. M. Guyomar et P. Collin ; D., 2000, p. 272, note G. Toulemonde ; JCP, 2000, II, n°10319, note S. Evain ; Petites affiches, février 2000, n°30, note Romi ; RDP, 2000, p. 1, art. J. P. Cambry, p. 289, note P. Cassia et E. Saulnier ; RTD civ., 2000, p. note R. Libchaber.

137. CE, 10 janvier 2001, France-Nature Environnement, Dr. adm., 2001, comm. n°69.

des actes réglementaires qui contreviennent aux directives. Il considère que si les États membres ne sont pas tenus d'adopter des mesures de transposition avant l'expiration du délai de transposition, le traité CE impose que « pendant le délai de transposition fixé par la directive pour la mettre en œuvre, l'État membre destinataire s'abstienne de prendre des dispositions de nature à compromettre sérieusement la réalisation du résultat prescrit par cette directive[138] ».

B. Les dispositifs pertinents de la CEEAC

La CEEAC, comme la CEMAC, n'a pas de dispositif communautaire spécifique relatif aux marchés publics. Contrairement à l'Union européenne où les directives européennes[139] sur les marchés publics ont marqué en profondeur le droit national des États membres[140], l'intégration régionale en Afrique centrale, qui aurait pu constituer un levier efficace pour ouvrir et déverrouiller le fonctionnement des commandes publiques, « reste encore trop faible pour permettre aux entreprises de candidater efficacement aux marchés publics d'un pays à l'autre[141] ». On note, toutefois, que plusieurs initiatives y sont prises pour promouvoir l'investissement, notamment privé[142], la lutte contre la corruption[143] et la transparence dans la passation des marchés publics au sein de la CEEAC, elle-même, et dans l'ensemble de son espace[144].

C. Les dispositions pertinentes de l'OHADA

Le Traité de l'OHADA ainsi que les différents actes uniformes qui le complètent constituent des sources directes du droit des États membres. Ainsi que l'énonce l'article 10 du Traité : « Les actes uniformes sont directement applicables et obligatoires dans les États parties, nonobstant toute disposition contraire de droit interne, antérieure ou postérieure. » Les règles que certains de ces textes évoquent concernent aussi et directement les marchés publics. Tels sont les cas de l'acte du 15 décembre 2015 relatif au droit commercial général, en ce qui concerne notamment le statut des acteurs économiques, leur immatriculation ainsi que l'inscription des sûretés mobilières, l'acte uniforme du 15 décembre 2010 portant organisation des sûretés, plus particulièrement

138. CJCE, 18 décembre 1997, Inter-Environnement Wallonie c/Région wallonne, Rec., p. I-7435.
139. Directive « secteurs spécifiques », n°2004/17/CE du 31 mars 2004 portant coordination des procédures de passation des marchés publics dans les secteurs de l'eau, de l'énergie, des transports et des services postaux, JOUE, n°L.134 du 30 avril 2004, p. 1 et la directive générale n°2004/18/CE du 31 mars 2004 relative à la coordination des procédures de passation des marchés publics des travaux, de fournitures et des services, JOUE, n°L.134 du 30 avril 2004, p. 114. Pour plus de détails sur l'évolution de la Communauté européenne d'abord, puis l'Union européenne ensuite, Voir Stéphane Braconnier, *Précis du droit des marchés publics*, 4e édition, *op. cit.*, p. 44-47.
140. Voir sur ce thème, R. Kovar, *Les achats publics et l'interdiction des aides d'État, Contrats et marchés publics*, 2004, étude n°8.
141. *Projet régional de facilitation des affaires dans l'espace CEEAC*, p. 11, www.ceeac-climatdesaffaires.org.
142. Document initial relatif à l'action pour le Programme d'appui aux réformes et au renforcement des capacités institutionnelles de la CEEAC, p. 8, www.ec.europa.eu.
143. Dix États de la CEEAC s'organisent contre la corruption, www.fr.allafrica.com.
144. BAD, Revue thématique trimestrielle Afrique centrale, *Promouvoir l'investissement privé dans les pays de la communauté économique des États de l'Afrique centrale*, www.afdb.org.

pour les sûretés personnelles et mobilières ainsi que les hypothèques, l'acte uniforme du 10 septembre 2015 portant organisation des procédures collectives d'apurement du passif, notamment pour le règlement préventif, le redressement judiciaire et la liquidation des biens ainsi que la faillite personnelle, et l'acte uniforme du 23 novembre 2017 relatif au droit de l'arbitrage, autorisant les acteurs des marchés publics de régler leurs litiges par le biais de l'arbitrage.

2. Les textes internationaux

Le droit des marchés publics des États membres de la CEMAC, sans l'ombre d'un doute, se forme sous l'influence des préconisations énoncées au niveau international, notamment à travers les accords et actes internationaux ainsi que les rapports des organisations internationales.

A. Les accords et actes internationaux

De nombreux accords internationaux ont pour but de réguler le secteur de la commande publique avec pour objectif non seulement de créer une ouverture mutuelle des marchés publics mais aussi de constituer des règles communes à la passation et à l'exécution desdits marchés. On peut utilement évoquer dans cette étude, sans être exhaustif, l'accord sur les marchés publics de l'Organisation mondiale du commerce, la loi type sur la passation des marchés publics de la Commission des Nations unies pour le droit commercial international et la Charte africaine des droits de l'Homme et des peuples.

A.1. L'accord sur les marchés publics de l'organisation mondiale du commerce (OMC)

L'organisation mondiale du commerce offre aux États membres un cadre garantissant l'ouverture mutuelle à leurs marchés publics. Un Code des marchés publics (AMP) a été adopté en avril 1979 lors du Tokyo Round. Après son entrée en vigueur, en janvier 1981, cet accord n'a cessé de connaître des évolutions. Il a été révisé une première fois en 1987, et entré en vigueur en 1988, une deuxième fois en 1994, avec une entrée en vigueur en 1996, et une troisième fois en 2012 avec une entrée en vigueur en 2014. L'AMP énonce des règles prescrivant l'équité et la transparence des conditions de concurrence pour les marchés publics. Ces règles interdisent, en effet, l'introduction dans les législations nationales des mesures favorables aux opérateurs nationaux et discriminantes à l'égard des opérateurs étrangers. Elles ne s'appliquent pas automatiquement à toutes les activités de passation de marchés publics de chaque État partie. Seules sont couvertes, les activités d'une valeur supérieure à des valeurs de seuils spécifiques. Par exemple, pour les marchés de fournitures, le champ d'application de l'AMP ne concerne que les marchés supérieurs au seuil de cent cinquante mille dollars.

Tous les membres de l'OMC peuvent accéder à l'AMP ou être admis comme observateurs. Le nombre d'États parties membres de l'AMP est, à ce jour, relativement faible. Ils sont dix-neuf États parties signataires de l'AMP sur cent soixante-quatre membres que compte l'OMC en juillet 2016. Il s'agit de l'Arménie, du Canada, de l'Union européenne, avec ses vingt-huit États membres, de la Corée, des États-Unis, de Hong Kong, de la Chine, d'Israël, du Japon, du Liechtenstein, de la Norvège, de la Suisse, de Singapour, de la Moldavie, du Monténégro, de la Nouvelle-Zélande, de l'Ukraine, de Taipei et des Pays-Bas pour le compte d'Aruba. Aucun État africain ne figure sur cette liste. Le Cameroun, qui apparaît dans les tablettes de l'AMP, y figure simplement en qualité d'observateur depuis le 3 mai 2001. L'absence d'engouement des États africains envers l'AMP réside sans doute dans leur volonté de ne pas exposer leurs opérateurs économiques à la concurrence des investisseurs étrangers beaucoup plus nantis. Toutefois, même si ces États n'ont pas massivement adhéré à l'AMP, les règles que pose ce mécanisme, notamment l'éthique et la transparence, influencent leurs comportements dans les activités de passation et d'exécution des marchés publics. Elles constituent, de ce point de vue, des sources importantes de leurs droits des marchés publics.

A.2. La loi type de la Commission des Nations unies pour le droit commercial international sur la passation des marchés publics

La Commission des Nations unies pour le droit commercial international (CNUDCI), créée par l'Assemblée générale des Nations unies[145], a pour objet de veiller à ce que les disparités entre les diverses lois nationales, régissant le commerce international, ne constituent pas des obstacles au déroulement des échanges. Elle a mandat général pour encourager l'harmonisation et l'unification progressives du droit commercial international. C'est dans cet esprit qu'elle a suggéré à l'Assemblée générale des Nations unies l'adoption en 2011, en renouvellement d'une loi type de 1994 sur la passation des marchés de biens, de travaux et de services[146], d'une loi type sous l'intitulé de « loi type de la Commission des Nations unies pour le droit commercial international sur la passation des marchés publics[147] ». Cette loi, ainsi que l'a énoncé le préambule de la résolution de l'Assemblée générale des Nations unies, sans s'écarter fondamentalement des règles et des pratiques qui sous-tendaient la loi type de 1994, notamment celles visant à assurer la concurrence, la transparence, l'équité, l'économie et l'efficacité du processus de passation des marchés publics, devrait contribuer à la mise en place d'un cadre juridique international harmonisé et moderne sur la passation des marchés publics. Elle devrait

145. Résolution 2205 (XXI) du 17 décembre 1966.
146. Documents officiels de l'AG, quarante-neuvième session, Supplément n°17 et rectificatif (A/49/17 et Corr.1), annexe 1.
147. Résolution 66/95 du 9 décembre 2011.

aider sensiblement tous les États, en particulier les pays en développement et les pays dont l'économie est en transition, à améliorer leur législation en vigueur en matière de passation de marchés ou à élaborer une telle législation lorsqu'il n'en existe pas, et qu'elle contribuerait au développement de relations économiques internationales harmonieuses et au renforcement du développement économique.

A.3. La Charte africaine des droits de l'homme et des peuples

La Charte africaine des droits de l'Homme et des peuples a été adoptée par la Conférence des chefs d'État de l'Organisation de l'unité africaine, devenue Union africaine, à Nairobi, au Kenya, en juin 1981. Cette charte constitue, à n'en point douter, une source du droit des États membres. Son incidence sur les droits nationaux se manifeste essentiellement à travers ses dispositions que chaque État membre se doit non seulement d'inclure dans sa législation mais aussi d'assurer et de respecter l'application. Cette incidence peut aussi se révéler à travers la possibilité offerte aux ressortissants de ces États de défendre leurs intérêts devant ladite Cour africaine des droits de l'Homme. Pour ce qui concerne particulièrement l'incidence que peut avoir la Charte africaine des droits de l'Homme et des peuples sur le droit des marchés publics des États membres, il peut être utilement évoqué les articles 2 et 3 qui garantissent respectivement la reconnaissance et la protection des droits et libertés de chaque individu, l'égalité de traitement et l'égalité devant la loi. Ces principes sont effectivement au nombre des garanties fondamentales qui entourent la commande publique.

En Europe, et plus particulièrement en France, l'influence des règles relatives aux droits de l'homme sur le droit des marchés publics est perceptible. La Cour européenne des droits de l'Homme a ainsi jugé que le droit de soumissionner à un marché public constituait un droit civil, au sens de l'article 6, paragraphe 1 de la Convention de sauvegarde des droits de l'homme et des libertés fondamentales[148]. Cette Cour avait auparavant admis, au regard de l'article 1 du premier protocole additionnel de la même convention, la validité de la résiliation unilatérale d'un contrat administratif, moyennant une juste indemnisation du cocontractant de l'administration[149]. Elle ajoutait aussi que cette résiliation ne pouvait avoir d'effet à l'égard de certaines clauses essentielles, comme la clause d'arbitrage, par exemple. La Cour de justice de l'Union européenne[150] et le Conseil d'État[151] ont aussi été amenés à reconnaître

---

148. Cour, EDH, 1er juillet 1998, Tinnelly.
149. Cour EDH, 9 décembre 1994, Raffineries grecques Stran et StratisAndreadis, Dr. adm., 1995, comm. n°200.
150. CJCE, 14 février 2008, Varec SA c/Belgique : aff. C-450/06, Contrats, con. consom., 2008, chron.4, M. Bazex, Fr. Rolin et P. Subra de Bieuses ; *Contrats et marchés publics*, 2008, comm. n°80, J.P. Pietri ; Europe, 2008, comm.103, V. Michel.
151. CE, 5 juillet 2004, Société Sud Parisienne de construction, RFDA, 2004, p. 1032 ; AJDA, 2004, p. 2216, note Markus.

les incidences des règles de la Convention de sauvegarde des droits de l'Homme et des libertés fondamentales sur le droit des marchés publics français.

B. Les programmes des Institutions de Bretton Woods et les rapports des organisations non gouvernementales internationales

L'action de certaines organisations internationales, en particulier celles qui régentent et régulent le système financier international, a une incidence sur le droit national des finances publiques, en général, et sur le droit des marchés publics, en particulier. On peut aussi, dans cette rubrique, évoquer les rapports des ONG internationales.

B.1. Les programmes des Institutions de Bretton Woods

Le Fonds monétaire international et la Banque mondiale, habituellement désignés par le vocable « Institutions de Bretton Woods », sont souvent présentés comme les fers de lance de la limitation de la dépense publique dans les États en difficultés économique ou financière. Ces institutions, dans un cadre préalablement déterminé et arrêté, mettent en place dans lesdits États des « programmes d'ajustement » dans les domaines économique et financier. Les dispositions que contiennent ces programmes, et qui sont mises en œuvre au cours des revues périodiques, sont des orientations, voire des instructions, que doivent intégrer les États concernés dans leurs législations ou pratiques. L'ensemble des États de la CEMAC en ont été impactés, et cela de manière récurrente[152]. On peut indiquer, par exemple, que depuis le début de l'année 2017, le FMI a engagé des négociations avec chacun des États membres de la CEMAC, affaiblis par la chute des revenus pétroliers, pour trouver des solutions d'équilibre budgétaire, en réduisant leurs dépenses[153]. Ces négociations portent, entre autres, sur la réglementation à mettre en place pour la gestion des marchés publics.

L'exemple du Congo est très éloquent. Son nouveau Code des marchés publics, adopté en 2009, trouve non seulement son origine dans le cadre du programme appelé « Plan d'action de l'initiative pour les pays pauvres très endettés », PPTE[154], mais son contenu, y compris la rédaction des dispositions, a fortement été inspiré par les experts choisis par le FMI. Pour s'en convaincre, il est intéressant de lire quelques conclusions « sur la réforme du système de passation des marchés publics » de la revue effectuée par la Banque mondiale du 16 au 26 février 2009 à Brazzaville[155].

152. *FMI : voici (re)venu le temps de l'austérité en Afrique centrale*, www.jeuneafrique.com.
153. Voir dossier : CEMAC : craignant une crise économique, le FMI intervient de plus belle, www.jeuneafrique.com.
154. FMI/IDA : *République du Congo – Document du point de décision au titre de l'initiative PPTE renforcé*, 31 janvier 2006, http://www.imf.org/external/pubs/ft/scr/2006/cr06148.pdf.
155. Réf. /09-BIRD/MD-JC

35. Dans la revue des progrès effectués dans le domaine des réformes de marchés publics, la mission s'est appesantie sur (i) les problèmes de coordination et de suivi qui n'ont pas connu d'amélioration, (ii) les observations sur le niveau de satisfaction des corrections apportées au code soumis à l'appréciation des autorités chargées de sa signature, (iii) une revue rapide des quatre textes d'appréciation et (iv) quelques commentaires et recommandations sur les difficultés rencontrées.

38. En outre, des risques potentiels de retard important sont à craindre sur le développement du cadre juridique et institutionnel du système de passation des marchés car le projet de code soumis en décembre 2008 comporte encore des déviations par rapport aux commentaires de (l'IDA), soumis après l'atelier de validation de novembre 2008. Un résumé de ces commentaires est présenté dans l'annexe 2 de cet aide-mémoire, mais les points principaux sont les suivants :

(i) le manque de responsabilisation des autorités contractantes, notamment les ministères dans le processus de passation, d'attribution et d'exécution des marchés ;

(ii) le manque d'indépendance de l'une vis-à-vis de l'autre des institutions (i) les autorités contractantes, (ii) les institutions de contrôle a priori et (iii) l'Autorité de régulation des marchés publics y compris son comité de règlement des différends ;

(iii) le manque d'indépendance de l'Agence de régulation des marchés publics (ARMP), en particulier l'indépendance, l'autonomie et l'autorité nécessaire, pour exercer sa mission,

(iv) la concentration de tous les pouvoirs d'action, de contrôle et de régulation à la présidence de la République, couvre tous les marchés de cinq cents millions de FCFA et plus, ce qui laisse peu de responsabilité aux acteurs chargés de l'exécution des budgets.

40. Un résumé de nos principales préoccupations sur les textes d'application, reçu le 18 février 2009 (et présentées en détail dans l'annexe 2), pourrait être :

(i) l'organisation administrative qui crée une concentration des fonctions de passation, approbation et contrôle au sein d'organes relevant pour la plupart de la présidence de la République (DGGT, DCMCE, CCME) à l'exception de la fonction de passation des marchés en dessous de cinq cents millions de FCFA qui est placée dans les ministères techniques,

(ii) la répartition des fonctions, en particulier entre la DGCMP et l'ARMP affaiblit les compétences de l'ARMP et peut également conduire à la duplication,

(iii) en ce qui concerne spécifiquement l'ARMP qui est la cheville ouvrière du système, il manque les références pertinentes aux fonctions définies au Code des marchés et l'aspect procédures (« due process ») devant le comité de recours et le comité de sanctions n'a pas été traité alors qu'il joue un rôle important en matière de libertés publiques.

41. En outre, l'ARMP ne semble pas disposer du pouvoir de s'autosaisir, ce qui est indispensable à son indépendance afin de mieux exercer ses fonctions.

Les orientations ou recommandations évoquées ci-dessus ont servi de trame pour la rédaction du nouveau Code des marchés publics adopté en 2009. Il est donc clair que les programmes du FMI et de la BIRD sont de véritables sources productrices de droit national.

B.2. Les rapports des organisations non gouvernementales internationales

L'exemple de Transparency international est très éloquent et mérite de constituer la seule illustration. Transparency international est, en matière d'induction de comportements ou de protection de règles au sein des États, l'une des ONG les plus en vue et les plus actives en matière de lutte contre la corruption et pour l'amélioration de la gouvernance. Son projet stratégique[156] est : « Faire progresser la transparence dans la vie publique et dans le monde de l'entreprise et de la finance, inciter les acteurs publics et les acteurs privés à adopter des comportements intègres et responsables vis-à-vis de la société, favoriser la participation des citoyens à l'action publique et à la transparence des organisations dans tout le champ économique et social. » Le classement par pays, sur l'indice de perception de la corruption (IPC) évoluant sur une échelle de 1 à 100 et sur le baromètre de la gouvernance, qu'il dresse chaque année est attendu avec impatience et inquiétude par les gouvernants. Ce classement, dont l'indice ou le baromètre couvrent différents domaines d'actions publiques et privées, est un véritable sésame ou label auquel aspirent les États pour justifier leur bonne gestion, leur modernité et leur vertu. Ce classement a par conséquent, même si les États peuvent se dire ne pas être liés par les rapports de Transparency international, un impact sur les comportements des autorités publiques de ces États, voire sur ceux des dirigeants des entreprises privées. Les éléments d'analyse qui sont ainsi énoncés justifient, d'une manière ou d'une autre, la prise par ces États des normes internes pouvant leur permettre de se hisser au niveau des standards internationaux.

156. Transparency International France, Rapport moral 2015, avant-propos, adopté à l'assemblée générale annuelle du 23 mai 2016, http://www.transparency.org.

CHAPITRE 2

LE CHAMP D'APPLICATION DU DROIT DES MARCHÉS PUBLICS DANS LES ÉTATS MEMBRES DE LA CEMAC

Le champ d'application du droit des marchés publics couvre principalement les marchés publics selon la définition et les contours qu'en donnent les différents Codes des marchés publics des États membres de la CEMAC. Le marché public, en tant que contrat public d'achat public, est donc, par excellence, le domaine d'étude ou de définition du droit des marchés publics. C'est en cela que ce droit se distingue essentiellement du droit de la commande publique[157] qui englobe l'ensemble des contrats d'achats publics susceptibles de satisfaire pleinement les besoins des personnes publiques. Toutefois, en raison de nombreux parallèles que l'on peut établir entre les marchés publics et ces autres modes contractuels qui, pour certaines, sont d'apparition nouvelle, il convient de leur réserver quelques développements dans le présent chapitre.

I. LE MARCHÉ PUBLIC

La notion de marché public, en dépit des variations, désigne la même réalité dans l'ensemble des États membres de la CEMAC[158]. Les marchés publics sont des contrats écrits passés par les autorités contractantes avec les personnes publiques ou privées, appelées titulaires des marchés publics dans le but, moyennant paiement, de réaliser des travaux, d'acheter des fournitures et des services, ainsi que de réaliser des prestations intellectuelles. Ces contrats, qui sont manifestement des contrats administratifs à titre onéreux, revêtent différents types.

157. Sandrine Biagini-Girard, *Droit de la commande publique*, Université de Bretagne Occidentale, www.cours.unijf.fr.
158. Article 1 du Code des marchés publics du Tchad, décret n°2417/PR//PM/2015 du 17 décembre 2015 ; article 2, alinéa 22, du Code des marchés publics du Congo, décret n°2009-156 du 20 mai 2009 ; article 2 du Code des marchés publics du Gabon, décret n°00027/PR/MEPPDD du 17 janvier 2018 ; article 5 w du Code des marchés publics du Cameroun, décret n°2018/366 du 20 juin 2018 ; article 1, tiret 16, du Code des marchés publics de la Centrafrique, loi n°08-017 du 6 juin 2008.

1. Le marché public, un contrat administratif à titre onéreux

Le marché public est un contrat administratif à titre onéreux. Cette assertion soulève deux problématiques. D'abord, elle indique que le marché public est un contrat administratif. Ensuite, elle suggère que le marché public implique une démarche onéreuse, générant des flux financiers importants pour sa réalisation.

A. Le marché public, un contrat administratif

Le marché public, en dépit de sa nature administrative, ainsi qu'on va le voir, est avant tout un contrat qui, comme tout contrat, met en présence deux volontés distinctes et équivalentes.

A.1. La nature contractuelle du marché public

Le marché public est un acte contractuel. Il trouve son fondement d'un accord de volontés émanant de deux ou plusieurs personnes. Ce n'est donc pas un acte unilatéral ou réglementaire dont la caractéristique est de résulter de la volonté d'une seule personne, en l'occurrence une personne morale de droit public. Cette distinction est très intéressante dans la mesure où elle permet de déterminer le régime juridique applicable au marché public. Elle permet par exemple d'observer que dans le cadre du contentieux le marché public, contrairement à l'acte unilatéral ou réglementaire, n'est pas susceptible de recours pour excès de pouvoirs[159]. Cependant, il est à retenir qu'il existe des situations dans lesquelles cette distinction n'est pas aisée à établir, pouvant ainsi provoquer une méprise sur le régime juridique applicable. Il y a, en effet, des situations où l'on croit être en présence d'un acte contractuel alors qu'il s'agit d'un acte unilatéral. C'est le cas de certains actes unilatéraux qui sont pris selon un processus décisionnel qui peut conduire à les confondre avec des actes contractuels. La doctrine[160] les désigne comme des « actes unilatéraux d'apparence contractuelle ». Ce sont, en l'occurrence, des actes administratifs qui sont généralement pris dans le cadre de la démocratie dite participative. En effet, pour la prise de certaines décisions, l'administration recherche souvent l'adhésion des administrés. On peut comprendre que la nature des actes pris dans ces conditions puisse prêter à confusion quant à leur qualification. Mais, la jurisprudence tient, chaque fois que cela est nécessaire, à confirmer leur caractère unilatéral et, par conséquent, la possibilité de les soumettre à un recours pour excès de pouvoirs. Le Conseil d'État a ainsi affirmé, par exemple, que juridiquement les « protocoles d'accord » passés

---

159. Infra p. 383 et s.
160. Voir François Lichère, *Droit des contrats publics*, 2e éd., Dalloz, Paris, 2014, p. 14.

entre l'État et les syndicats de praticiens restaient des actes unilatéraux[161]. Il a même requalifié en acte unilatéral un acte précédemment qualifié de convention[162].

La nature contractuelle des contrats administratifs[163] a pu également être mise en doute à cause de nombreuses prérogatives qu'exerce l'administration ou l'autorité contractante dans sa relation avec le cocontractant ou le titulaire du marché public. Il s'agit, par exemple, du pouvoir de contrôle, de coordination et de direction de l'exécution du marché. La question ne se pose plus aujourd'hui, puisque la nature contractuelle des contrats administratifs est définitivement établie. Cependant, on peut noter que, malgré tout, la jurisprudence n'a jamais consacré ces prérogatives comme appartenant à la catégorie des « règles générales des contrats administratifs. Elle s'attache, au contraire, à ce que le contrat les énonce de manière non équivoque[164]. »

De ce qui précède, on peut dire que la nature contractuelle d'un acte ne va pas de soi. Il ne suffit pas de dire que tel acte est un contrat pour qu'il en soit ainsi. Il paraît donc utile, pour savoir si le marché public est un contrat, de vérifier d'une part, s'il matérialise un accord de volontés produisant des effets juridiques, et d'autre part s'il met en présence, dans un cadre contractuel, deux ou plusieurs personnes, appelées : « parties au contrat ».

A.1.1. L'existence d'un accord de volontés produisant des effets juridiques

Le contrat est le résultat d'un accord de volontés produisant des effets juridiques.

a. L'existence d'un accord de volontés

Le marché public, comme tout contrat, naît de la rencontre de deux ou plusieurs volontés. Il s'agit, en effet, d'un accord de volontés entre un entrepreneur, un fournisseur ou un prestataire de services, personne publique ou privée, qui s'engage envers l'État, une collectivité locale ou une autre personne publique ou encore envers une personne privée poursuivant un but d'intérêt général, en vue, moyennant rémunération, soit de réaliser des travaux, soit de fournir des biens, des services ou des prestations intellectuelles. La nécessité d'un accord de volontés, aux fins d'établir l'existence d'un contrat, tire historiquement et principalement sa source des différentes dispositions du Code civil, notamment de l'article 1101. Pour cet article, le contrat constitue le cadre dans lequel « une ou plusieurs personnes s'obligent, envers une ou

161. CE, 10 juin 1994, Confédération française des syndicats de biologistes, p. 735.
162. CE, 21 octobre 1988, SARL Cetra, p. 364.
163. A. de Laubadaire, F. Moderne et P. Delvolvé, *Traité des contrats administratifs*, t. II, Paris, LGDJ, 2e éd., 1984, p. 366.
164. CE, 3 avril 1925, Ville de Mascara, Rec., p. 382.

plusieurs autres, à donner, à faire ou à ne pas faire quelque chose ». Autrement dit, pour qu'il y ait contrat, il faut qu'existe un échange de consentements à contracter. Il faut que se dégage un comportement actif ou passif permettant de constater que les parties ont clairement exprimé leur volonté à conclure entre elles un contrat. Ces principes issus du droit privé, notamment du droit civil, valent aussi pour le droit public, en l'occurrence le droit administratif[165]. L'accord de volontés doit être manifeste et ferme, en même temps que les volontés doivent être distinctes et autonomes. Il revient au juge de se prononcer, si par extraordinaire venait à se poser une difficulté sur la question de savoir si cette volonté a été exprimée de façon claire[166].

a.1. L'existence d'un accord de volontés écrit ou manifeste

L'accord de volontés doit être formel, c'est-à-dire qu'il doit être manifesté par un écrit. L'ensemble des Codes des marchés publics des États membres de la CEMAC s'accordent à dire que le marché public est un « contrat écrit[167] ». L'exigence d'un acte écrit a été confirmée par la jurisprudence, qui est du reste assez large lorsqu'il s'agit de la caractériser. Ainsi considère-t-elle que l'écrit peut être constaté par un échange de lettres[168] ou par des délibérations concordantes[169]. La jurisprudence a aussi admis que l'accord de volontés peut être exceptionnellement verbal[170] ou tacite. La manifestation tacite de l'accord de volontés est généralement déduite d'un comportement actif faisant valoir l'expression d'une volonté manifeste. Ainsi, elle ne peut résulter d'une simple intention ou encore moins d'un silence. En cette matière, l'adage « Qui ne dit mot consent » n'a aucun effet. Le silence ne vaut pas acceptation. Par exemple, on ne peut pas considérer que l'administration qui n'a pas répondu ou qui a gardé silence à une offre d'un soumissionnaire a accepté celle-ci.

a.2. L'existence d'un accord de volontés ferme

Le droit civil, tout comme le droit administratif, considère que l'accord de volontés s'impose à toutes les parties dès lors qu'il est établi. Autrement dit, une partie ne peut unilatéralement se dédire ou se départir, sans conséquences juridiques, de la volonté à conclure un contrat qu'elle aurait préalablement et

165. Voir D. Truchet, *Le contrat administratif, qualification juridique d'un accord de volontés*, in L. Cadiet (ss dir), Le droit contemporain des contrats Économica, 1987, p. 186 ; D. Béchillon, *Le contrat comme norme dans le droit public*, RFDA 1992, p. 15 ; E. Picard, *La liberté contractuelle des personnes publiques constitue-t-elle un droit fondamental ?* ; AJDA 1998, p. 651.
166. CE, sect., 11 février 1972, OPHLM du Calvados, Rec., p. 135 ; AJDA 1972, p. 245, concl. Guillaume.
167. Article 1 du Code des marchés publics du Tchad, décret n°2417/PR/PM/2015 du 17 décembre 2015 ; article 2, alinéa 22, du Code des marchés publics du Congo, décret n°2009-156 du 20 mai 2009 ; article 2 du Code des marchés publics du Gabon, décret n°00027/PR/MEPPDD du 17 janvier 2018 ; article 5 du Code des marchés publics du Cameroun, décret n°2018/366 du 20 juin 2018 ; article 1, tiret 16, du Code des marchés publics de la Centrafrique, loi n°08-017 du 6 juin 2008.
168. CE, 13 décembre 1967, Chantemerle, Rec. p. 850.
169. CE, 20 mars 1996, Commune de Saint-Céré, Rec. p. 87.
170. CE Sect., 20 avril 1956, Époux Bertin, Rec. p. 167.

formellement signifié à l'autre partie. C'est un principe du droit qui est « coulé dans le marbre » par l'article 1134 du Code civil.

> « *Les conventions légalement formées tiennent lieu de loi à ceux qui les ont faites. Elles ne peuvent être révoquées que de leur consentement mutuel ou pour les causes que la loi autorise. Elles doivent être exécutées de bonne foi.* »

Ce principe est, tout aussi, valable pour les contrats civils que pour les contrats administratifs, en l'occurrence pour les marchés publics. Lorsque ces derniers sont régulièrement établis, ils s'imposent aux parties. Ils ne peuvent être défaits que par consentement mutuel ou dans les conditions préalablement définies par la réglementation des marchés publics.

a.3. L'existence d'un accord de volontés mettant en évidence des volontés distinctes et autonomes

Les volontés, appelées à s'accorder, doivent être distinctes et autonomes. Distinctes, parce qu'elles doivent provenir de deux ou de plusieurs personnes différentes ou distinctes. Dans les marchés publics, par exemple, les volontés qui s'accordent doivent provenir d'une part de l'autorité contractante et d'autre part du soumissionnaire ou du titulaire du marché public. Un accord de volontés entre différents services de l'État, en vue de mener ensemble une opération de travaux publics, ne peut être considéré comme provenant de personnes distinctes. Un contrat passé dans ces conditions n'a pas de valeur juridique dans la mesure où ces services représentent la même personne morale publique. À la limite, il ne s'agirait que d'un quasi-contrat, parce que n'établissant aucun accord de volontés, aux termes de l'article 1371 du Code civil. Dans tous les cas, un tel contrat ne peut être un marché public. Ces volontés doivent être également autonomes, c'est-à-dire que doit exister la capacité pour chaque partie à exprimer sa volonté de façon libre et éclairée et à prendre des actes juridiques l'engageant. Cette autonomie, pour ce qui concerne les personnes publiques, on le sait, a d'abord été « ignorée, elle a ensuite été débattue, en raison de ce qu'elle implique le statut de l'État lui-même[171] », donc avec des implications de souveraineté étatique[172]. Aujourd'hui, la volonté des personnes publiques à contracter ne fait plus débat. Ces personnes bénéficient désormais d'une liberté contractuelle comparable à celle des personnes privées[173], aussi bien dans le domaine des marchés publics que des autres activités économiques.

---

171. Marion Ubaud-Bergeron, *Droit des contrats administratifs*, LexisNexis, 2015, p. 53.
172. Voir B. Plessix, *Autonomie de la volonté et droit des contrats administratifs*, in Droit et philosophie, Annuaire de l'Institut Michel Villey, 2012 ; S. Nicinski, *Le dogme de l'autonomie de la volonté dans les contrats administratifs*, in Contrats publics, Mélanges en l'honneur du professeur M. Guibal, PU de la faculté de droit de Montpellier, 2006, t. I, p. 45.
173. CE, 2 février 1983, Union des transports publics régionaux et urbains, Rec., p. 33 ; CE, sect., 28 janvier 1998, Sté Borg Warner, Rec., p. 20 ; CJEG 1998, p. 269, note F. Moderne.

b. La production des effets juridiques

Le contrat a pour vocation de produire des effets juridiques. Il crée des droits et des obligations à l'endroit des parties. Le juge a refusé d'accorder à un acte le caractère contractuel faute par celui-ci de produire des effets juridiques[174]. Les marchés publics revêtent parfaitement ce caractère. Ils produisent des droits et obligations à l'endroit des parties[175]. Les titulaires des marchés publics ont l'obligation de réaliser, dans les règles de l'art, l'objet des marchés publics qu'elles souscrivent et d'en tirer la juste rémunération, tandis que les maîtres d'ouvrage ou les maîtres d'ouvrage délégués, en compensation, doivent régler, après service fait, le prix convenu dans le contrat.

A.1.2. Les parties aux marchés publics

Le marché public met en présence des parties, qui doivent, ainsi qu'on l'a vu dans le paragraphe précédent, être distinctes les unes des autres, avec des prétentions tout aussi distinctes. Il s'agit, en effet, d'une part de l'autorité contractante, initiatrice du marché public ou destinataire de l'objet dudit marché, et d'autre part du titulaire du marché, ayant l'expertise requise pour exécuter le marché public.

a. Les autorités contractantes

Les autorités contractantes sont les personnes à l'origine des marchés publics. Ce sont elles qui expriment la commande publique, c'est-à-dire « la volonté de contribuer à l'enrichissement du cadre de vie du public et au développement du patrimoine national...[176] ». Elles concluent les marchés publics à travers des organes[177] qu'elles mettent en place et selon des critères[178], des règles et des procédures spécifiques[179]. Les autorités contractantes sont appelées aussi « maîtres d'ouvrage », même si dans certains États, comme le Gabon, on semble les distinguer des maîtres d'ouvrage, considérés comme les bénéficiaires ou les affectataires « de l'ouvrage ou de l'équipement technique, objet du marché[180] ». Cette distinction est, au fond, aléatoire ou inopérante puisque, en général, les autorités contractantes des marchés publics sont souvent, elles-mêmes, les bénéficiaires, donc les maîtres d'ouvrage. Il faut noter que les autorités contractantes ou les maîtres d'ouvrage peuvent déléguer leur

174. CE, 20 mars 2000, M. Mayer, M. Richer, req. n°202295.
175. Infra p. 237 et s.
176. Définition de la commande publique à l'article 2, alinéa 10, du Code des marchés publics du Congo, décret n°2009-156 du 20 mai 2009.
177. Infra p. 158 et s.
178. Infra p. 158 et s.
179. Infra p. 172 et s.
180. Article 2, tiret 32, du Code des marchés publics gabonais, décret n°00027/PR/MEPPDD du 17 janvier 2018.

maîtrise d'ouvrage à d'autres personnes, appelées maîtres d'ouvrage délégués[181] ou maîtres d'ouvrage mandatés[182]. Dans une telle hypothèse, les maîtres d'ouvrage délégués acquièrent *ipso facto* la qualité d'autorités contractantes.

a.1. Les maîtres d'ouvrage

Les Codes des marchés publics des États membres de la CEMAC indiquent que les maîtres d'ouvrage sont par principe des personnes morales de droit public[183]. Mais, ils peuvent aussi, sous certaines conditions, être des personnes morales de droit privé.

➲ *Les personnes morales de droit public*

Les Codes des marchés publics du Tchad[184], du Gabon[185], du Congo[186], et de la Centrafrique[187]s'accordent à dire que peuvent être des maîtres d'ouvrage, les personnes morales de droit public suivantes : l'État, les collectivités locales ou collectivités territoriales décentralisées, les établissements publics, les sociétés d'État ou les entreprises publiques et les sociétés à participation publique majoritaire. Le Code des marchés publics du Congo y ajoute les organismes publics non dotés de la personnalité morale, pourvu qu'ils soient créés pour satisfaire l'intérêt général, c'est-à-dire les « agences ou offices, crées par l'État ou par les collectivités locales pour satisfaire des besoins d'intérêt général, dont l'activité est financée ou garantie par l'État ou qui bénéficient du concours financier ou de la garantie de l'État ou d'une collectivité locale ». Celui du Cameroun, contrairement aux autres, ne vise pas les personnes morales en tant que telles. Pour ce code, les maîtres d'ouvrage sont les chefs hiérarchiques desdites personnes morales. Il désigne ainsi, comme maîtres d'ouvrage « le chef du département ministériel ou assimilé, le chef de l'exécutif d'une collectivité territoriale décentralisée, le directeur général et le directeur d'un établissement public et d'une entreprise du secteur public, le représentant de l'administration bénéficiaire des prestations prévues dans le marché[188] ».

---

181. Art. 11, al. 3 et 4, du code congolais des marchés publics, décret n°2009-156 du 20 mai 2009 ; art. 2, du Code des marchés publics du Gabon, décret n°00027/PR/MEPPDD du 17 janvier 2018 ; art. 1 du Code des marchés publics tchadien, décret n°2417/PR/PM/2015 du 17 décembre 2015 ; article 5, point e, du Code des marchés publics du Cameroun, décret n°2018/366 du 20 juin 2018.
182. En France, depuis la promulgation de la loi n°85-704 du 12 juillet 1985, dite loi MOP, instituant les obligations légales des maîtres d'ouvrage publics et traitant des relations entre la maîtrise d'ouvrage publique et la maîtrise d'œuvre privée, les maîtres d'ouvrage délégués s'appellent désormais maîtres d'ouvrage mandatés (article 3).
183. Article 4 du code centrafricain des marchés publics, loi n°08-017 du 6 juin 2008 ; article 5, point 6, du Code des marchés publics camerounais, décret n°2004/275 du 24 septembre 2004 ; article 1 du Code des marchés publics du Tchad, décret n°2417/PR/PM/2015 du 17 décembre 2015 ; article 2, point 19, du Code des marchés publics du Congo, décret n°2009-156 du 20 mai 2009 ; articles 2, tirets 1 et 32, du Code des marchés publics du Gabon, décret n°00027/PR/MEPPDD du 17 janvier 2018.
184. Article 3, alinéa 1, du Code des marchés publics tchadien, décret n°2417/PR/PM/2015 du 17 décembre 2015.
185. Article 3, alinéa 1, du Code des marchés publics, décret n°00027/PR/MEPPDD du 17 janvier 2018.
186. Article 3, alinéa 1, Code des marchés publics, décret n°2009-156 du 20 mai 2009, *op. cit.*
187. Article 4 du Code centrafricain des marchés publics, loi n°08-017 du 6 juin 2008, *op. cit.*
188. Article 5, s, du Code des marchés publics, décret n°2018/366 du 20 juin 2018, *op. cit.*

Les nuances qu'apportent les codes du Congo et du Cameroun peuvent effectivement remettre en cause, sinon affaiblir, la notion même de personne morale. En effet, la personne morale de droit public, au sens juridique du terme, est avant tout, comme son nom l'indique une personne morale et non une personne physique. Ensuite il s'agit d'une personne morale jouissant d'une autonomie juridique et financière, de telle sorte qu'elle peut agir en son nom propre et pour son propre compte, donc pouvant passer directement les marchés publics susceptibles de satisfaire les besoins du service public dont elle a la charge. Il va sans dire que, suivant cette définition, l'État et les collectivités locales sont les personnes morales de droit public par excellence, donc les principaux maîtres d'ouvrage, les autres personnes publiques, tels les établissements publics et les entreprises du secteur public ou parapublic ne méritent en principe le statut de maîtres d'ouvrage que lorsqu'ils jouissent d'une autonomie juridique, financière et morale.

Il paraît toutefois intéressant de faire quelques commentaires en ce qui concerne le statut de maître d'ouvrage des établissements publics, afin de souligner une différence en la matière avec le droit français. La qualification d'établissement public dépend généralement des règles constitutionnelles de chaque pays. Elle peut aussi être déduite des statuts de l'organe créé. Ainsi, dans cette démarche déductive, peuvent être pris en compte les éléments concernant l'origine de l'organe, son but, ses rapports avec l'autorité publique de tutelle et ses moyens d'action, notamment les prérogatives de puissance publique. Le juge a, par exemple, qualifié d'établissements publics, les associations syndicales « autorisées » ou « forcées » de propriétaires[189], tout comme La Poste qui a été qualifiée d'« exploitant public[190] » par le législateur.

Les établissements publics sont créés soit par l'État, soit par les collectivités locales. Ils sont soit administratifs, soit industriels ou commerciaux. Cette double distinction est importante à signaler parce qu'elle confère un régime juridique différent, du point de vue du statut de maître d'ouvrage, selon qu'elle est appréhendée dans le droit des États de la CEMAC ou dans le droit français. En effet, Les Codes des marchés publics des États membres de la CEMAC, dans leurs dispositions précitées, ne tiennent pas compte de cette double distinction quant à la reconnaissance de leur qualité de maîtres d'ouvrage et dans la soumission de leurs marchés publics au Code des marchés publics.

La situation n'est pas identique en France. Le Code des marchés publics français opère cette distinction pour ce qui concerne les établissements publics de l'État. Il exclut de son champ d'application les marchés publics passés par les établissements publics de l'État ayant un caractère industriel ou commercial. Ces marchés ou contrats, passés habituellement dans un cadre concurrentiel ou privé, ne relèvent pas, par principe, de la commande publique. Ce sont

189. TC, 9 décembre 1899, Association syndicale du canal de Gignac, Rec. p. 731.
190. TC, 19 janvier 1998, Union française de l'express, Rec. p. 534.

des contrats privés soumis aux règles du droit commercial et relevant de la compétence des juridictions judiciaires[191]. En vertu de l'article 2 dudit code, seuls lui sont soumis les marchés publics passés par les établissements publics administratifs, y compris les établissements publics de santé qui, depuis la loi n°2009-879 du 21 juillet 2009, modifiant l'article L.614-1 du Code de la santé publique, sont considérés comme des établissements publics d'État. Sont également considérés comme tels, les établissements assimilés, reconnus par la jurisprudence comme une variété d'établissements publics administratifs[192]. Il s'agit des établissements publics à caractère culturel, les établissements publics à caractère scientifique, technologique et professionnel, les établissements d'enseignement supérieur et les établissements consulaires.

Il convient de noter, pour être complet sur ce point, que les dispositions du Code des marchés publics français s'appliquent, contrairement aux établissements publics d'État sur lesquels il opère une distinction, à tous les établissements publics des collectivités territoriales, qu'ils revêtent un caractère administratif ou industriel et commercial, ou qu'ils soient à caractère purement fonctionnel. C'est ainsi qu'il a, par exemple, été jugé que les associations syndicales autorisées sont considérées comme des établissements publics rattachés aux collectivités territoriales[193]. Les entreprises du secteur public ou parapublic sont considérées comme des maîtres d'ouvrage à part entière. Encore faut-il que cette notion soit bien comprise. Ce sont, si on emprunte la définition énoncée par la directive de la Commission européenne du 25 juin 1980 relative à la transparence des relations financières entre les États membres, modifiée le 24 juillet 1985 et en septembre 1993, les entreprises sur lesquelles « les pouvoirs publics peuvent exercer directement ou indirectement une influence dominante, du fait de la propriété, de la participation financière, ou des règles qui la régissent ».

Cette définition a toutefois été précisée par la jurisprudence[194] qui considère que le critère qui permet de définir l'entreprise publique est la majorité du capital. Ce critère, en ce qu'il permet de garantir « vraisemblablement plus de stabilité et de transparence », suffit par lui-même à définir l'entreprise publique. Il sied de noter que la structure de l'entreprise publique la plus commune est l'établissement public à caractère industriel et commercial, EPIC. Lorsque l'État crée une entreprise ou une activité industrielle et commerciale, il utilise principalement la forme de l'EPIC. Ce n'est qu'exceptionnellement, en général à la suite des nationalisations, que l'entreprise publique sous la forme de société anonyme est utilisée, notamment pour garder la société nationalisée dans sa forme précédente.

191. TC, 7 avril 2014, req. n°C3949.
192. CE, 13 janvier 1995, Chambre de commerce et d'industrie de la Vienne, n°68117 ; CE, 9 décembre 1987, Chambre d'agriculture des Deux-Sèvres, n°70836.
193. CE, 13 septembre 1995, Favier, n°125018.
194. CE, Ass. Générale (Section des finances), 17 septembre 1998, n°362.610.

➲ *Les personnes morales de droit privé*

Les personnes morales de droit privé peuvent se voir confier, sous certaines conditions, la mission de passer, pour le compte des personnes morales de droit public, des marchés financés par ces personnes publiques ou bénéficiant de leur garantie. Elles peuvent aussi se voir reconnaître la qualité de maître d'ouvrage si elles ont été spécialement créées pour satisfaire l'intérêt général ou si elles bénéficient d'un concours financier ou d'une garantie financière provenant des ressources publiques. Les États membres de la CEMAC accordent un intérêt particulier à cette règle. Le Cameroun[195], le Gabon[196], la Centrafrique[197], le Congo[198] et le Tchad[199] le mentionnent de manière précise dans leurs Codes des marchés publics.

En France, la reconnaissance de la qualité de maîtres d'ouvrage au profit des personnes morales de droit privé connaît, sous l'impulsion du droit communautaire européen, une forte évolution. Ce droit est, en effet, en train d'imprimer une véritable refonte du droit des marchés publics[200]. La primauté, autrefois reconnue aux personnes morales de droit public pour conclure les marchés publics, laisse désormais s'instaurer un équilibre avec les personnes morales de droit privé poursuivant une mission de service public ou créées pour satisfaire des besoins d'intérêt général, au point où la distinction entre les personnes morales de droit public et les personnes morales de droit privé n'est plus significative. Ces deux catégories d'acheteurs publics, en dépit de leur différence de nature, sont désormais désignées par les notions de « pouvoirs adjudicateurs[201] », et ils sont désormais soumis au même corpus juridique[202], à l'intérieur du pays comme à l'extérieur. Sauf si dans ce dernier cas les parties décident de ne pas l'appliquer aux marchés passés et exécutés à l'étranger par des pouvoirs adjudicateurs français[203]. Ces marchés doivent néanmoins obéir

---

195. Article 6 alinéa 2 du code camerounais, décret n°2018/366 du 20 juin 2018.
196. Article 2, tirets 1 et 32, du code gabonais, décret n°00027/PR/MEPPDD du 17 janvier 2018.
197. Article 5 du code centrafricain des marchés publics, loi n°08-017 du 6 juin 2008.
198. Article 3, alinéa 2, du Code des marchés publics, décret n°2009-156 du 20 mai 2009.
199. Article 1 du Code des marchés publics tchadien, décret n°2417/PR/PM/2015 du 17 décembre 2015.
200. Jérôme Michon, *Ordonnance du 23 juillet 2015 : une réforme en profondeur*, décryptage, publié le 27 juillet 2015, www.lagazettedescommunes.com ; Céline Record, *La définition des marchés publics dans l'ordonnance du 23 juillet 2015*, dossier, www.moniteurjuris.fr/contratspublics.
201. La notion de pouvoir adjudicateur résulte de deux directives communautaires, la directive 2004/18/CE relative à la coordination des procédures de passation des marchés publics de travaux, de fournitures et de services, et la directive 2004/17/CE relative à la coordination des procédures de passation des marchés dans les secteurs de l'eau, de l'énergie, des transports et des services postaux. La transposition de ces directives en droit français a donné lieu à deux catégories de pouvoirs adjudicateurs. D'une part, les pouvoirs adjudicateurs traditionnels (l'État, les autorités régionales ou locales, les organismes de droit public ou les associations formées par une ou plusieurs de ces autorités ou un ou plusieurs de ces organismes de droit public), soumis aux dispositions du Code des marchés publics issu du décret n°2006-975 du 1er août 2006 portant Code des marchés publics et d'autre part, les pouvoirs adjudicateurs soumis à l'ordonnance n°2005-649 du 6 juin 2005 relatives aux marchés passés par certaines personnes publiques ou privées non soumises au Code des marchés publics.
202. Les directives n°2014/24/UE et 2014/25/UE relatives respectivement à la passation des marchés publics et à la passation de marchés par des entités opérant dans les secteurs de l'eau, de l'énergie, des transports et des services postaux (JO du 24 juillet 2015) ont mis fin à la dualité des pouvoirs adjudicateurs soumis au Code des marchés et ceux soumis à l'ordonnance du 6 juin 2005, les deux catégories étant désormais soumises au même corpus juridique instauré. Leur transposition par l'ordonnance n°2015-899 du 23 juillet 2015 relatives aux marchés publics (www.fr.m.wikipedia.org) a donc réformé et simplifié la réglementation des marchés publics, laquelle était jusque-là éclatée entre divers textes.
203. CE, 14 juillet 2008, Société Colas Djibouti, n°316028, construction d'une trésorerie et restructuration du consulat général

et appliquer les principes fondamentaux de la commande publique, de liberté d'accès à la commande publique et d'égalité de traitement des candidats, ainsi que les règles de transparence[204].

Les pouvoirs adjudicateurs, peuvent aussi, selon le cas, prendre l'appellation « d'entités adjudicatrices ». La notion d'entité adjudicatrice, autant que celle de pouvoir adjudicateur, résulte des directives communautaires précitées. Elle n'est pas tellement différente de celle de pouvoir adjudicateur. Les entités adjudicatrices divergent des pouvoirs adjudicateurs non pas par leur statut mais par le métier qu'elles exercent. Les entités adjudicatrices sont en fait les pouvoirs adjudicateurs qui exercent en tant qu'opérateurs de réseaux dans le domaine de l'énergie, de l'eau, des transports et des services postaux. Ces entités peuvent donc être, comme les pouvoirs adjudicateurs, soit des personnes morales de droit public, soit des personnes morales de droit privé poursuivant une mission de service public ou créées pour satisfaire des besoins d'intérêt général. Une même personne peut donc être qualifiée de pouvoir adjudicateur et d'entité adjudicatrice, selon la nature de l'activité au titre de laquelle elle passe un marché public. Ainsi, les personnes morales de droit public ou de droit privé peuvent être, en même temps ou à des périodes différentes, des entités adjudicatrices, lorsqu'elles interviennent dans les marchés publics spéciaux, et pouvoirs adjudicateurs, lorsqu'elles agissent dans le domaine des marchés publics classiques.

a.2. Les maîtres d'ouvrage délégués

La maîtrise d'ouvrage est une fonction d'intérêt général dont le maître d'ouvrage, c'est-à-dire l'administration, ne peut, en principe, se démettre. Mais, les États membres de la CEMAC, partant de l'idée que le maître d'ouvrage n'est pas toujours doté des services compétents ou des qualifications techniques requises lui permettant de pratiquer lui-même la maîtrise d'ouvrage, ont néanmoins prévu la possibilité de déléguer cette mission à d'autres personnes, appelées maîtres d'ouvrage délégués ou maîtres d'ouvrage mandatés[205]. Ainsi, les Codes des marchés publics du Congo[206], du Gabon[207], du Tchad[208], du Cameroun[209] et de la Centrafrique[210] reconnaissent aux maîtres d'ouvrage la faculté de déléguer la maîtrise d'ouvrage en la forme d'un mandat confié à d'autres personnes morales dans le cadre d'une convention de maîtrise d'ouvrage déléguée.

---

de France à Djibouti.

204. CE, 29 juin 2012, 7e et 2e sous-sections réunies, Société Pro 2C, n°357976.

205. En France, depuis la promulgation de la loi n°85-704 du 12 juillet 1985, dite loi MOP, instituant les obligations légales des maîtres d'ouvrage publics et traitant des relations entre la maîtrise d'ouvrage publique et la maîtrise d'œuvre privée, les maîtres d'ouvrage délégués s'appellent désormais « maîtres d'ouvrage mandatés » (article 3).

206. Articles 2, alinéa 20, et 11, alinéa 3 du Code des marchés publics, décret n°2009-156 du 20 mai 2009, *op. cit.*

207. Article 2 du Code des marchés publics, décret n°00027/PR/MEPPDD du 17 janvier 2018.

208. Article 1 du décret n°2417/PR/PM/2015 du 17 décembre 2015.

209. Article 5 e du décret n°2018/366 du 20 juin 2018, *op. cit.*

210. Article 1, alinéa 16, de la, loi n°08-017 du 6 juin 2008, *op. cit*

Les caractéristiques de la maîtrise d'ouvrage déléguée

La maîtrise d'ouvrage déléguée revêt diverses caractéristiques :

• La maîtrise d'ouvrage déléguée peut être partielle ou totale. Les Codes des marchés publics du Congo[211] et du Gabon[212] semblent être les plus précis sur ce sujet. Ils disposent que les maîtres d'ouvrage peuvent confier à un maître d'ouvrage délégué l'exercice, en leur nom et pour leur compte, de tout ou partie des attributions de la maîtrise d'ouvrage. Le code du Cameroun[213] indique, pour sa part, que la délégation ne peut être confiée au mandataire du maître d'ouvrage que pour une partie des attributions.

• La maîtrise d'ouvrage déléguée peut être faite à une personne morale de droit public ou à une personne morale de droit privé. Les codes du Cameroun[214], du Congo[215], du Gabon[216] et de la Centrafrique[217] sont très explicites : la maîtrise d'ouvrage peut être déléguée à une personne morale de droit publique ou à une personne morale de droit privé. Le code du Tchad, même s'il n'est pas très clair, le laisse supposer. En effet, il indique que le maître d'ouvrage délégué est la personne exerçant en qualité de mandataire du maître d'ouvrage[218]. Il peut donc s'agir d'une personne publique ou d'une personne privée. D'ailleurs, la question ne se pose absolument pas pour ce qui concerne la personne privée, puisqu'il indique que le champ d'application du code pourra être étendu aux personnes de droit privé bénéficiant [...] de la qualité de maître d'ouvrage délégué[219] ». En revanche, le code du Cameroun ne reconnaît la qualité de maître d'ouvrage délégué qu'aux personnes de droit public. Il ne vise pour cela, comme pour les maîtres d'ouvrage, que les personnes publiques physiques. Il s'agit « du gouverneur de province et du préfet du département, du chef d'une mission diplomatique du Cameroun à l'étranger, [...] et le cas échéant, du chef d'un projet bénéficiant d'un financement extérieur[220] ».

Dans tous les cas, même si la plupart des codes des États membres de la CEMAC ne donnent aucunes indications particulières sur la qualité des personnes pouvant se voir déléguer la maîtrise d'ouvrage, on suppose, vu la nature de l'activité, qu'il s'agit des personnes, comme l'indique le code centrafricain[221], justifiant des capacités requises pour réaliser la commande publique et n'étant pas en position de conflit d'intérêts, par elle-même ou par une entreprise qui lui serait liée[222]. On peut, sans doute, considérer que les

211. Article 11, alinéa 3, du décret n°2009-156 du 20 mai 2009, *op. cit.*
212. Article 2, alinéa 33, du décret n°00027/PR/MEPPDD du 17 janvier 2018.
213. Article 5 t du décret n°2018/366 du 20 juin 2018, *op. cit.*
214. Article 7, alinéa 1, du décret n°2018/366 du 20 juin 2018, *op. cit.*
215. Articles 2, alinéa 20, et 11, alinéa 3, du décret n°2009-156 du 20 mai 2009, *op. cit.*
216. Article 2 du décret n°00027/PR/MEPPDD du 17 janvier 2018.
217. Article 1, alinéa 16, du Code des marchés publics, loi n°08-017 du 6 juin 2008, *op. cit*
218. Article 1 du décret n°2417/PR/PM/2015 du 17 décembre 2015.
219. Article 3, alinéa 2, du décret n°2417/PR/PM/2015 du 17 décembre 2015.
220. Article 5 t, du décret n°2018/366 du 20 juin 2018, *op. cit.*
221. Article 43, alinéa 2, de la loi n°08-017 du 6 juin 2008, *op. cit.*
222. En France, aux termes de l'ordonnance du 17 juin 2004 sur les contrats de partenariat, la notion d'« entreprise liée » signifie, « toute entreprise sur laquelle le mandataire peut exercer, directement ou indirectement, une influence dominante sur

rédacteurs des différents Codes des marchés publics ont, sur la question de la limitation des personnes pouvant bénéficier d'une délégation de maîtrise d'ouvrage, tiré la leçon de la sanction qui fut infligée à la France par le juge européen[223].

Le juge européen avait jugé que la France, en limitant par l'article 4 de la loi du 12 juillet 1985 la catégorie des personnes admises à conclure un mandat aux seules personnes publiques et à quelques personnes privées liées au service public, avait violé le principe de libre prestation des services posé à l'article 49 du Traité sur l'Union européenne, ainsi que le principe de non-discrimination fondé sur la nationalité, les personnes énumérées à l'article 4 étant strictement françaises. Cette décision fut favorablement appréciée par la doctrine française, en condamnant définitivement, peut-être trop rapidement, les délégations de maîtrise d'ouvrage[224], puisque le droit français a été finalement mis en conformité avec le droit communautaire par l'ordonnance n°2004-566 du 17 juin 2004[225].

La maîtrise d'ouvrage déléguée peut être ponctuelle ou institutionnalisée. Les maîtres d'ouvrage ont la possibilité de déléguer la maîtrise d'ouvrage à des tiers, lorsqu'ils ne sont pas, eux-mêmes, en capacité de mener une telle entreprise. Cela se fait, en général, de manière ponctuelle, c'est-à-dire quand le besoin s'impose et dans les délais nécessaires à la réalisation de la commande publique. Mais, il arrive que la maîtrise d'ouvrage déléguée, pour des raisons particulières, soit institutionnalisée, c'est-à-dire qu'elle est confiée de manière permanente à une institution ou à un service public, dans les conditions préalablement définies par la réglementation. Tel est le cas du Congo.

Le Congo a créé par décret n°2002-371 du 3 décembre 2002, puis réorganisé par décret n°2009 158 du 20 mai 2009, une délégation générale des grands travaux, un « organisme administratif et technique chargé de la passation et de l'exécution des contrats des marchés publics et des contrats de délégation de service public de l'État et des autres personnes morales de droit public ou de droit privé soumises au décret portant Code des marchés publics » à partir d'un seuil de passation des marchés publics défini par décret n°2009-162 du 20 mai 2009, modifié par décret n°2011-843 du 31 décembre 2011. Ce dernier décret indique, à l'article 13, que « la délégation générale des grands travaux est compétente pour passer et suivre l'exécution, pour le compte des maîtres d'ouvrage, les grands marchés publics ou les grands travaux[226] dont la valeur estimée est supérieure ou égale à un milliard de francs CFA pour les marchés

le mandataire, ou toute entreprise qui, comme le mandataire, est soumise à l'influence dominante d'une autre entreprise, du fait de la propriété, de la participation financière ou des règles qui la régissent. L'influence dominante est présumée lorsqu'une entreprise, directement ou indirectement, à l'égard d'une autre entreprise, détient la majorité du capital souscrit de l'entreprise ou dispose de la majorité des voix attachées aux parts émises par l'entreprise ou pour désigner plus de la moitié des membres de l'organe d'administration, de direction ou de surveillance de l'entreprise ».

223. Voir CJCE, 20 octobre 2005, Commission c/Rép. française, aff. C-264/03.

224. F. Llorens et P Soler-Couteaux, La CJCE scelle le sort des contrats de mandat, Contrats et marchés publics, 2005, n°11, repère n°9, p. 3 ; Contrats et marchés publics, 2005, n°12, comm. n°296, p. 19, note W. Zimmer.

225. Voir commentaires, B. Delotte, Petites affiches, 26 août 2005, n°170, p. 3 ; B. Golfier, ACCP, 2004, n°38, p. 40.

226. Décret n°2009-162 du 20 mai 2009, JO du 16 mai 2012, p. 43.

de travaux, cinq cents millions de francs CFA pour les marchés de fournitures et deux cent cinquante mille francs CFA, pour les marchés de prestations intellectuelles. »

En gros, aux termes de la réglementation de l'État précité, les marchés dont la maîtrise d'ouvrage est déléguée à la délégation générale des grands travaux sont des marchés dits de grands travaux. Peu importe que ces marchés soient des marchés de travaux, de fournitures, de services ou de prestations intellectuelles. Ce qui compte, c'est l'exorbitance des seuils déterminant ces marchés, donc l'importance des enveloppes financières. On comprend parfaitement que les fondements d'une telle démarche ne sont pas forcément, la détention par le maître d'ouvrage délégué du savoir-faire ainsi que des moyens humains, techniques, financiers et matériels adaptés à la commande publique, comme l'a souligné la jurisprudence[227]. C'est plutôt la volonté des gouvernants de maîtriser l'outil de développement qu'est le marché public, surtout lorsqu'il concentre des flux financiers aussi considérables. Il est donc logique que l'ensemble du processus soit sous contrôle pour établir l'efficacité et l'efficience nécessaires à l'atteinte des objectifs économiques et sociaux. Faut-il encore que ces gouvernants soient rigoureux en matière d'éthique et de transparence, pour ne pas générer, plutôt, des systèmes et des espaces propices à la corruption et autres infractions assimilées.

Il est, en effet, intéressant de noter que par dérision ou par posture militante et politique est apparue, pour stigmatiser de telles dérives, l'expression « grands travaux inutiles », désignant les réalisations de grandes infrastructures qui se sont avérées a posteriori économiquement et/ou écologiquement contre-productives ou encore des grandes réalisations d'infrastructures, vouées dès le départ à l'échec, parce que conçues et exécutées non seulement en dehors des règles de l'art et sans utilité mais aussi, et surtout, pour satisfaire la mégalomanie des gouvernants.

C'est le journaliste d'investigation belge, Jean-Claude Defossé qui l'a utilisée pour la première fois à partir de 1986 dans son programme diffusé sur la RTBF, puis dans son ouvrage, *Le Petit Guide des grands travaux inutiles*, publié en 1990 chez RTBF Édition. Il a été relayé, notamment, par un autre journaliste belge néerlandophone, Douglas De Coninck, dans son ouvrage *Blijvendeblunders : de grotenuttelozewerken*, paru en 1993, et sa suite, *Nogmeerblijvendebluders,* parue en 1996. On peut aussi évoquer les contestations et les polémiques nées en France à partir des années 2010 sur des grands projets dits inutiles[228], par exemple le projet du grand aéroport de Notre-Dame-des-Landes jugé par des militants écologistes « inutile » voire « imposé[229] ». Ce projet a été finalement abandonné en janvier 2018[230].

227.Cass. Crim., 29 octobre 1985, n°84-95559 ; Cass. Crim., 8 mars 1988, n°87-83883.
228. Voir Le Monde du 1er juillet 2013, *Tour de France des grands projets inutiles ; Le Petit livre noir des grands projets inutiles*, éditions le Passager clandestin, ISBN 978-2-36935.
229. Voir Le Monde du 18 décembre 2012 ; Le Figaro du 14 juillet 2014.
230. Voir www.lexpress.fr.

➲ *La convention de maîtrise d'ouvrage déléguée*

La convention de maîtrise d'ouvrage déléguée peut être assimilée au contrat de mandat prévu par l'article 1984 du Code civil, qui est un contrat par lequel un mandant, le donneur d'ordre, confie à un mandataire, le représentant, le soin d'accomplir, en son nom et pour son compte, des actes juridiques. Dans le cadre de la maîtrise d'ouvrage déléguée, le mandant, donc le délégant, est le maître d'ouvrage et le représentant, donc le délégataire, est le maître d'ouvrage délégué. Mais là, s'arrête la comparaison !

Si les contrats de mandat prévus par l'article 1984 du Code civil sont par principe des contrats de droit privé, les conventions de maîtrise d'ouvrage déléguée sont des contrats administratifs[231]. Ce sont des contrats qui ont, en effet, pour objet de confier à un tiers la mission de maîtrise d'ouvrage, donc une mission d'intérêt général, dans un encadrement bien précis. La délégation de maîtrise d'ouvrage contient, en effet, de véritables instructions du délégant à l'endroit du délégataire. Cette délégation doit être, en principe, spécifique et non générale, et être limitée dans son champ et dans le temps[232]. Elle doit aussi revêtir un caractère de permanence ou être concédée pour une durée suffisamment longue[233].

Les Codes des marchés publics des États membres de la CEMAC sont peu loquaces sur le sujet. Le Code des marchés publics du Cameroun[234], celui du Gabon[235] et, plus encore, celui du Congo[236] font figure d'exceptions. Ils exigent que les rapports entre le maître d'ouvrage et le maître d'ouvrage délégué soient définis par un document contractuel écrit. L'article 11, alinéa 7, du code congolais dispose que la convention de maîtrise d'ouvrage déléguée doit contenir, sous peine de nullité, un certain nombre d'éléments indispensables. Elle doit ainsi préciser le besoin qui fait l'objet du contrat, la mission confiée au maître d'ouvrage délégué, les conditions de constatation par le maître d'ouvrage de l'achèvement de ladite mission, les modalités de rémunération du maître d'ouvrage délégué lorsque celui-ci est une personne morale de droit privé, les pénalités applicables en cas de retard ou d'incapacité à exécuter le marché public, le mode de financement de la commande publique, les modalités de contrôle et d'approbation du marché ainsi que les conditions dans lesquelles le maître d'ouvrage délégué peut ester en justice pour le compte du maître d'ouvrage[237].

---

231. CAA Nancy, 4 mai 2000, Commune de Saint-Lupicin, BJCP, 2000, n°12, p. 326, concl. P. Vincent. Directive 2004/18/CE du Parlement européen et du Conseil du 31 mars 2004, relative à la coordination des procédures de passation des marchés publics de travaux, de fournitures et de services.
232.Cass. Crim., 21 octobre 1975, n°75-90427.
233.Cass. Crim., 21 novembre 1973, Bull. crim. n°431.
234. Article 7, alinéa 3.
235.Article 2 du Code des marchés publics, décret n°00027/PR/MEPPDD du 17 janvier 2018.
236. Article 11, alinéa 7, du Code des marchés publics, décret n°2009-156 du 20 mai 2009, *op. cit.*
237. Il en est de même en France où la loi n°85-704 du 12 juillet 1985, dite loi MOP, modifiée par la loi n°2009 du 25 mars 2009, à son article 5, exige que les conventions de MOD contiennent l'ensemble de ces éléments.

La convention de maîtrise d'ouvrage déléguée produit des effets juridiques réciproques à l'égard des deux parties. Elle crée des droits et des devoirs de l'une envers l'autre. Si le délégataire est en droit d'attendre la rémunération qui lui est due par le maître d'ouvrage après l'accomplissement de sa mission, il a des responsabilités à l'égard de ce dernier. Le délégataire est notamment tenu au respect des prescriptions dans l'exécution des matières qui lui ont été déléguées. Il peut, en cas de manquement à ses engagements, voir sa responsabilité engagée si un préjudice est causé au délégant[238]. La responsabilité du maître d'ouvrage délégué peut aussi être recherchée soit directement, selon le principe qu'un « maître d'ouvrage délégué doit, dans l'exercice de sa mission définie par la convention de mandat qui le lie au maître d'ouvrage, accomplir les diligences que son mandant est en droit d'attendre d'un professionnel ayant accepté cette mission[239] », soit dans le cadre d'un appel en garantie[240]. En revanche, il ne peut être tenu responsable des attributions qui ne lui ont pas été déléguées[241].

La convention de maîtrise d'ouvrage déléguée produit également des effets juridiques à l'endroit des tiers, mais en général c'est plutôt à l'encontre de la personne délégante. La jurisprudence est sans équivoque sur ce point. La responsabilité de l'exécution des obligations contractuelles passées par le maître d'ouvrage délégué au nom et pour le compte du maître d'ouvrage incombe à ce dernier seul[242]. Le titulaire d'un marché public ne peut donc se prévaloir, ni des engagements du maître d'ouvrage délégué au titre du contrat de maîtrise d'ouvrage déléguée ni des stipulations de son propre contrat pour rechercher la responsabilité du maître d'ouvrage délégué[243]. Toutefois, la responsabilité du maître d'ouvrage délégué peut être exceptionnellement engagée à l'égard des tiers. C'est le cas, par exemple, dans l'hypothèse de dommage accidentel causé à un tiers du fait d'un ouvrage public ou de travaux publics. La victime peut alors rechercher la responsabilité solidaire des différents intervenants, y compris le maître d'ouvrage délégué[244]. C'est également le cas dans l'hypothèse de la responsabilité du maître d'ouvrage délégué dans le cadre d'une opération de construction d'un tramway du fait de l'occupation par des camions de chantier et des tas de matériaux d'une partie du parc de stationnement de la société requérante[245]. La responsabilité du maître d'ouvrage délégué peut aussi être engagée pour cause de faute commise par lui dans l'exercice de son mandat[246].

238. CE, 12 janvier 1994, Société d'équipement du Poitou, Rec., p. 1042 ; RDP 1994, p. 872, chron. F. Llorens ; Dr. adm. 1994, comm. n°145 ; D.1995, somm. P. 124, obs. P. Terneyre.
239. CE, 23 mars 2015, Société Eiffage construction, req. n°356790 ; CE, 13 mars 1987, Commune de Cerizay, req. n°55960 ; CAA Bordeaux, 16 février 2012, Centre hospitalier de Toulouse, req. n°08BX00909.
240. CE, 17 mars 2010, Commune de Saint Rémy-sur Durolle, req. n°319563.
241. CE, 13 mars 1985, Commune de Gray, Rec., p. 227.
242. CAA Marseille 22 juin 2015, Société Camperon Bernard Côte d'Azur, req. n°12MA03624.
243. CAA Paris 27 mars 2015, Société Dumez Ile-de-France, req. n°13PA03452.
244. Voir dans ce sens, CE, 26 2001, Compagnie d'assurances Winterthur, req. n°196759 ; CAA, 19 mars 2015, Sebli, req. n°14MA04363.
245. CAA Marseille, 9 avril 2015, SCI LSG, req. n°13MA03359.
246. CAA Marseille, 21 février 2014, Ville de Marseille, req n°11MA01850 ; CE, 10 juillet 1996, Commune de Boissy-Saint-Léger, req. n°132921 ; CE, 10 juillet 1996, Commune de Saint Martin-de-Crau, req. n°132638.

b. Les titulaires des marchés publics

Le titulaire du marché public, encore appelé cocontractant de l'administration, ainsi que l'énoncent les Codes des marchés publics centrafricains[247], gabonais[248], congolais[249], tchadien[250] et camerounais[251], est la personne physique ou morale chargée d'exécuter le marché devenu définitif du fait de son approbation par l'autorité approbatrice[252]. Le titulaire du marché public n'est donc pas à confondre avec l'attributaire, qui est le soumissionnaire ou le candidat au marché public dont l'offre a été retenue et à qui le marché a été attribué, mais non encore approuvé par l'autorité compétente. Le titulaire du marché public peut être soit une personne privée, soit une personne morale de droit public.

b.1. Les personnes morales de droit privé

Les titulaires des marchés publics sont principalement les opérateurs économiques privés, c'est-à-dire des entrepreneurs, des fournisseurs et des prestataires de services, en capacité de réaliser des travaux et/ou des ouvrages ou de fournir des produits ou des services sur le marché, dans les conditions d'une véritable organisation économique[253], autrement dit, d'un marché concurrentiel[254]. Si tel n'est pas le cas, le contrat qui les lie avec un maître d'ouvrage ne peut être analysé comme un marché public[255].

b.2. Les personnes morales de droit public

Les Codes des marchés publics du Congo[256], du Gabon[257] et de la Centrafrique[258] énoncent clairement que les personnes morales de droit public peuvent soumissionner et être titulaires de marché public. Le code du Tchad[259], sans dénier cette possibilité, ne l'affirme pas. Il indique simplement à son article 1 que peut être cocontractant ou titulaire toute personne physique ou morale. On peut, sans doute, déduire que cette formule prend également en compte les personnes morales de droit public. Le code du Cameroun[260], quant à lui, n'admet la participation des personnes morales de droit public que si

247. Articles 1, alinéas 2, et 33, *op. cit.*
248. Article 2, *op. cit.*
249. Article 2, alinéa 3, *op. cit.*
250. Article 1, *op. cit.*
251. Article 5 oo.
252. Infra p. 186 et s.
253. CJCE, 12 juillet 2001, Ordre des architectes de la province de Milan et Lodi & autres, Aff. C-399/98.
254. CE, 3 février 2012, Commune de Veyrier-du-Lac, Contrats et marchés publics 2012, comm. n°78, obs. W. Zimmer ; AJDA 2012, p. 555, note L. Richer.
255. CE, 28 mai 2010, Société Enfenconfiance, Contrats et marchés publics 2010, comm. n°268.
256. Articles 2, alinéa 22, et 3, alinéa 2, *op. cit.*
257. Article 2, alinéa, 1, *op. cit.*
258. Articles 1, alinéa 17, et 5, *op. cit.*
259. Article 7, alinéa 1, *op. cit.*
260. Article 52.

elles jouissent de la personnalité juridique et de l'autonomie financière, sont gérées selon les règles de la comptabilité privée et ne sont pas sous la tutelle du maître d'ouvrage ou du maître d'ouvrage délégué. En France également, cette question n'a pas toujours été aisée. Après moult hésitations jurisprudentielles et polémiques doctrinales, elle a enfin été définitivement résolue, d'abord par le Conseil d'État dans un arrêt de section du 20 mai 1998[261], depuis lors, la jurisprudence administrative est demeurée constante[262], et ensuite par le gouvernement qui a introduit, à partir de 2001, dans les Codes des marchés publics successifs, la possibilité pour les personnes publiques de passer entre elles des marchés publics.

Le phénomène de contractualisation des rapports entre personnes publiques a, en effet, pendant longtemps soulevé de nombreuses questions juridiques[263] liées, notamment, à l'effet de contrats[264] relatifs et à leur nature[265]. Certaines juridictions ont même nié la qualité de marché public des contrats passés entre personnes publiques[266]. Le Conseil d'État, lui-même, après s'être longtemps opposé[267] à la possibilité pour l'État et les autres personnes publiques à concurrencer l'initiative privée, afin de ne pas fausser notamment la liberté de la concurrence[268], a fini, comme on l'a dit, par trancher cette question par l'affirmative dans un arrêt de section du 20 mai 1998[269]. Il a ainsi reconnu la possibilité pour les personnes morales de droit public de soumissionner à la commande publique et les contrats passés dans ce cadre entre elles et les maîtres d'ouvrage, notamment les personnes publiques bénéficiaires, constituent bien des marchés publics, au sens de la directive n°92/50. L'article 1-C de ladite directive définissant la notion de prestataire de services comme « toute personne physique ou morale, y inclus un organisme public, qui offre des services ». Le Conseil d'État s'est encore exprimé avec plus d'autorité dans un avis du 8 novembre 2000[270], en affirmant qu'« aucun texte ni aucun principe n'interdit, en raison de sa nature, à une personne publique de se porter candidate à l'attribution d'un marché public ou d'une délégation de service public [...]. La Cour communautaire européenne a, elle aussi, presque dans le même

261. Communauté de communes du Piémont de Barr, Service des eaux et de l'assainissement du Bas-Rhin, RFDA, 1998, p. 632, concl. H. Savoie ; AJDA, 1998, p. 553, chr. F. Raynaud et Fombeur, Dr. adm., 1998, comm. n°193.
262. CE, 16 octobre 2000, Compagnie méditerranéenne d'exploitation des services d'eau, Mon. TP, 3 novembre 2000, p. 101 et 10 novembre 2000, suppl. TO, p. 421 ; Contrats marchés publics, 2000, comm. n 53 et 54 ; RFDA, 2001, p. 106, concl. C. Bergeal ; BJCP, 2001, n°15, p. 105 ; CE, Avis, 8 novembre 2000, Sté J.L. Bernard Consultants, JCP G, 2000, act. n°47, p. 2106 ; Contrats marchés publics, 2001, comm. n°8 ; Dr. adm. 2000, comm. n°249 ; Lettre J. Cl. dr. publ. affaires, janvier 2001, p. 2 ; AJDA, 2000, p. 1066, chron. Collin et Guyomar ; BJCP, 2001, n°15, p. 111 ; Petites affiches, 9 novembre 2000, p. 3 ; RFDA, 2001, p. 112, concl. C. Bergeal ; CJEG, 2001, p. 58 note M. Degoffe et J.D. Dreyfus.
263. Voir G. Marcou, *Les contrats entre l'État et les collectivités territoriales. Réflexions sur quelques problèmes juridiques et administratifs*, AJDA, 2003, p. 982.
264. CE, 25 octobre 1996, Association Estuaire Écologie, RFDA, 1997, p. 339, concl. J.H. Stahl et note Y. Madiot.
265. Voir J. Moreau, *Comment qualifier un contrat conclu entre personnes publiques ?* JCPA, 2003, 1261
266. Voir TA Poitiers, 16 mai 1983, Syndicat régional des entrepreneurs de travaux publics de Poitou-Charentes, Rec. p. 779 : « *les conventions conclues entre deux personnes publiques échappent, par leur nature même, au Code des marchés publics* ».
267. CE, 29 mars 1901, Casanova, Rec., p. 333 ; Sirey, 3, 73, note M. Hauriou ; GAJA, Dalloz, 20e éd., 2015, n°8.
268. Voir infra p. 182.
269. Communauté de communes du Piémont de Barr, Service des eaux et de l'assainissement du Bas-Rhin, RFDA, 1998, p. 632, concl. H. Savoie ; AJDA, 1998, p. 553, chr. F. Raynaud et Fombeur, Dr. adm., 1998, comm. n°193.
270. CE, Avis du 8 novembre 2000, Société Jean-Louis Bernard Consultants, Rec., p. 492 ; RFDA 2001, p. 112, concl. C. Bergeal ; AJDA 2000, p. 987, chron. Guyomar et Colin.

temps, adopté cette position[271], en encadrant la participation des opérateurs économiques publics aux procédures de passation des marchés publics. Elle a indiqué qu'aucun principe tiré du droit communautaire n'autorise qu'un organisme public participant à une procédure de passation de marché public ne bénéficie de conditions plus favorables que les autres candidats[272].

Le principe de la contractualisation des rapports entre personnes publiques, ainsi reconnu par la jurisprudence, n'a pas manqué toutefois d'agiter la doctrine[273] sur la question liée notamment aux conditions d'une concurrence loyale entre les opérateurs économiques publics et les opérateurs économiques privés. La question est de savoir si les opérateurs économiques publics, évoluant dans la même sphère que les maîtres d'ouvrage ou les pouvoirs adjudicateurs, ne risquent pas consciemment ou inconsciemment de bénéficier des conditions plus favorables ou de succomber au délit d'initié, rompant ainsi le principe de concurrence ?

Le Conseil d'État, sensible à cette objection, a précisé sa pensée en indiquant que la participation des personnes publiques à la commande publique doit garder un caractère plutôt particulier, voire exceptionnel. Il l'a fait non seulement dans son avis du 8 novembre 2000, mais aussi avant dans une importante décision rendue le 16 octobre 2000[274] et surtout, bien après, dans un arrêt d'assemblée du 31 mai 2006[275]. Il a d'abord posé les conditions dans lesquelles les personnes morales de droit public peuvent participer à une procédure de passation de marché public ou de délégation de service public lancée par d'autres personnes publiques. Ces personnes doivent, non seulement agir dans la limite de leurs compétences mais également justifier d'un intérêt public, lequel peut résulter notamment de la carence de l'initiative privée, et qu'une fois admise dans son principe, une telle intervention ne doit pas se réaliser suivant des modalités telles qu'en raison de la situation particulière dans laquelle se trouverait cette personne publique par rapport aux autres opérateurs agissant sur le même marché, elle fausserait le libre jeu de la concurrence de celui-ci. Il a ensuite ajouté qu'il est, en même temps, impératif de veiller à ce que l'opérateur économique public ne soit pas placé dans une position où il pourrait bénéficier d'un avantage concurrentiel indu. Deux conditions doivent être observées, à cet effet. Premièrement, le prix proposé par l'opérateur public doit avoir été déterminé en tenant compte de l'ensemble des coûts directs et indirects concourant à la formation de ce prix. Deuxièmement, il ne doit pas avoir bénéficié d'un avantage découlant des ressources ou des moyens qui lui

271. CJCE, 18 novembre 1999, Teckal, aff. C-107/98 ; BJCP, 2000, n°8, p 43, concl. G. Cosmas.
272. CJCE, 7 décembre 2000, ARGE Gewässerschutz c/Bundesministeriumfür Land und Fortswirtschaft, aff. C-94/99 ; D., 2000, inf. rap. p. 279 ; Contrats et marchés publics, 2001, comm. n°34 et 36.
273. Voir développements sur cette question, G. Eckert, *De la candidature des personnes publiques à l'attribution d'un marché public ou d'une délégation de service public*, Contrats et marchés publics, 2001, chr. n°2.
274. CE, 16 octobre 2000, Compagnie méditerranéenne d'exploitation des services d'eau, Contrats et marchés publics, 2000, comm. n°53, note P. Soler-Couteaux ; AJDA 2001, p. 662, note A. Treppoz.
275. CE, ass. 31 mai 2006, Ordre des avocats au barreau de Paris, Rec., p. 272, concl. D. Casas ; AJDA 2006, p. 1584, chron. Landais et Lenica ; RFDA 2006, p. 1048 ; Contrats-Marchés publics 2006, n°202, note G. Eckert.

sont attribués au titre de sa mission de service public. Ces conditions peuvent être justifiées, si nécessaire, par la production des documents comptables ou par tout autre moyen d'information. Cette opinion a été confortée par un autre arrêt d'assemblée du 30 décembre 2014[276], avec la précision que le juge du référé précontractuel est compétent pour vérifier que la candidature de la personne publique rentre bien dans son champ de compétence[277].

A.2. La nature administrative du marché public

Le marché public, on vient de le voir dans le paragraphe précédent, est un contrat, mais un contrat administratif. Les Codes des marchés publics des États membres de la CEMAC, ainsi qu'on a pu le dire en introduction de ce chapitre, sont formels. Dans tous les cas, il est de principe que la nature administrative des marchés publics, lorsqu'elle n'est pas formellement déterminée par la loi, est admise selon des caractéristiques particulières.

A.2.1. La nature administrative du marché public par détermination de la loi

La détermination de la nature administrative des marchés publics par la loi, on l'a vu, n'est pas la norme la plus partagée par les États membres de la CEMAC, alors qu'en France[278], depuis la loi du 11 décembre 2001 portant mesures urgentes de réformes à caractère économique et financier, dite loi MURCEF, cela devient la norme. Aux termes de cette loi, les marchés publics passés en application du Code des marchés publics sont des contrats administratifs. C'est une véritable avancée dans la mesure où cette précision apporte de la clarté et de la cohérence dans la détermination de la nature des marchés publics. La loi MURCEF est venue, en effet, mettre fin à la « qualification à la carte » ou au cas par cas de la nature administrative des marchés publics, tel que le préconisait le juge en application de la jurisprudence du tribunal des conflits de 1999[279] qui estimait que la détermination au cas par cas de la nature administrative des marchés publics était rendue indispensable parce que cette problématique n'était tranchée par aucune disposition constitutionnelle[280].

La loi MURCEF a, bien évidemment, subi les critiques venant d'une partie de la doctrine et de la jurisprudence. Certains auteurs, tel que François Lichère[281], ont estimé qu'il ne fallait pas surestimer la portée de cette loi, parce

276. CE, ass. 30 décembre 2014, Sté Armor SNC ; AJDA 2015, p. 449, chron. J. Lessi et L. Dutheiller de Lamothe ; RFDA 2015, p. 57, concl. B. Dacosta.
277. CE, 18 septembre 2015, Association de gestion du CNAM des Pays de la Loire.
278. L'article 2 de la loi n°2001 – 1168 du 11 décembre 2001 portant mesures urgentes à caractère économique et financier, dite « loi MURCEF », Voir p. 89 et s., p. 315-317.
279. 5 juillet 1999, Cne de Sauve c/Gestetner, p. 464.
280.CC, 23 janvier 1987, GAJA
281. Droit des contrats publics, 2e édition, 2014, Dalloz, p. 6.

que les marchés de travaux publics, par exemple, relevaient déjà de la loi, en vertu des anciennes lois, notamment la loi du 28 pluviôse an VIII[282]. Même si c'est vrai, la loi MURCEF, en reprenant le contenu des anciennes lois et en l'élargissant, pose la règle générale et il ne sera plus besoin d'évoquer absolument lesdites lois pour justifier la nature administrative des marchés publics qu'elles visaient, leur économie générale étant désormais contenue dans la nouvelle loi. Le Conseil d'État[283] a, lui aussi, considéré que cette qualification n'est valable que pour les marchés soumis au Code des marchés publics et non ceux pour lesquels les parties ont librement choisi de s'y soustraire, conformément à l'ordonnance n°2005-649 du 6 juin 2005 relative aux marchés passés par certaines personnes publiques ou privées non soumises au Code des marchés publics. Cette remarque n'est plus pertinente à ce jour. En effet, le gouvernement français, sous la poussée du droit européen des marchés publics, a profité de la transposition par l'ordonnance du 23 juillet 2015 des directives européennes n°2014/24/UE et 2014/25/UE, pour réformer et simplifier la réglementation des marchés publics, en unifiant notamment le Code des marchés publics et l'ordonnance du 6 juin 2005 relative aux marchés passés par certaines personnes morales publiques ou privées non soumises au Code des marchés publics.

A.2.2. La nature administrative du marché public en fonction des critères organique et matériel

La jurisprudence a mis en lumière deux critères cumulatifs permettant d'identifier les contrats administratifs : le critère organique et le critère matériel.

a. Le critère organique

Le critère organique tient à la qualité des parties au contrat. Le contrat est dit administratif, lorsque l'une des parties est une personne morale de droit public ou une personne privée ayant un lien juridique avec une personne publique et agissant au nom et pour le compte de celle-ci.

a.1. La présence au contrat d'une personne morale de droit public

La présence d'au moins une personne morale de droit public est décisive dans l'identification de la nature administrative du contrat[284]. Il s'agit nécessairement de la personne publique initiatrice ou bénéficiaire du marché que l'on désigne comme étant l'autorité contractante ou le maître d'ouvrage[285].

282. La loi du 28 pluviôse an VIII a confié la compétence des litiges nés des marchés de travaux publics ainsi que ceux nés de la vente des immeubles de l'État aux conseils de préfectures, ancêtres des tribunaux administratifs.
283. CE, avis, 29 juillet 2002, Sté MAJ Blanchisseries de Pantin, p. 297.
284. TC, 21 mars 1983, UAP, p. 537, AJDA 1986, 356, concl. Labetoulle.
285. Pour éviter la redondance, il paraît utile de se reporter sur les développements consacrés à ce sujet, Supra p. 67 et s.

Il peut aussi s'agir, ainsi qu'on l'a vu[286], d'une personne publique intervenant en qualité de titulaire du marché public. De manière générale, il faut noter que la nature administrative du contrat en fonction de la nature publique de la personne s'appréciant à la date de sa formation, le tribunal des conflits a jugé que les contrats administratifs conclus par un établissement public demeurent des contrats administratifs même lorsque la personne publique est ultérieurement transformée en personne morale de droit privé[287].

a.2. La présence au contrat d'une personne privée agissant au nom et pour le compte d'une personne publique

Les contrats passés entre deux personnes privées peuvent, ainsi qu'on l'a vu[288], être des contrats administratifs, autrement dit, un marché public peut être l'œuvre de deux personnes privées lorsque l'une d'elles agit au nom et pour le compte d'une personne publique. Il faut toutefois rappeler que le principe est que le contrat conclu entre deux personnes privées est de droit privé. Le Conseil d'État l'a toujours affirmé[289]. Le tribunal des conflits a même ajouté qu'il en est ainsi même si l'une d'entre elles est chargée d'une mission de service public[290]. Mais le Conseil d'État, sans battre en brèche cette jurisprudence, apporte une nuance importante. Il a admis que ce type de contrat peut exceptionnellement être qualifié d'administratif dès lors que l'une des personnes privées agit pour le compte et au nom d'une personne publique[291]ou sur mandat explicite[292] ou implicite[293] de celle-ci, ou encore si la personne privée est dite transparente, c'est-à-dire qu'elle a été créée à l'initiative d'une personne publique qui en contrôle l'organisation et le fonctionnement et lui procure l'essentiel de ses revenus[294].

b. Le critère matériel

La nature administrative des contrats, au-delà du fait qu'elle peut être conférée en fonction de la qualité des parties, est aussi déterminée par rapport à l'objet d'intérêt général desdits contrats, des clauses exorbitantes du droit commun qu'ils contiennent et du régime exorbitant sous lequel ils sont conclus.

b.1. L'objet d'intérêt général

L'objet des marchés publics est la satisfaction des besoins d'intérêt général.

286. Supra p. 83 et s.
287. TC, 16 octobre 2006, Caisse centrale de réassurance c/Mutuelle des architectes de France, n°C3506.
288. Voir supra p. 71 et s.
289. CE, 13 décembre 1963, Syndicat des praticiens de l'art dentaire du département du Nord.
290. TC, 3 mars 1969, Société Interlet.
291. CE, 30 janvier 1931, Sté Brossette.
292. TC, 8 juillet 1963, Sté Entreprise Peyrot.
293. CE Sect., 30 mai 1975, Société d'équipement de la société montpelliéraine ; TC, Commune d'Agde, 7 juillet 1975.
294. CE, 21 mars 2007, Boulogne-Billancourt, n°281796.

C'est la raison d'être de la commande publique. L'intérêt général, c'est-à-dire « ce qui est pour le bien public[295] », est l'une des notions clés du droit public, qui, semble-t-il, est apparue au milieu du XVIe siècle[296]. Elle constitue le fondement et la justification de l'action publique. L'objectif d'intérêt général justifie à lui seul que les contrats qui sont passés sur cette base sont des contrats administratifs. La notion d'intérêt général peut être rapprochée de celle de service public qui se définit comme une activité d'intérêt général gérée par une personne publique ou sur son contrôle étroit[297]. Ainsi, sont des contrats administratifs les contrats qui ont pour objet de confier au cocontractant l'exécution même d'un service public[298], ou de constituer une modalité d'exécution du service public par l'administration elle-même[299] ou encore de faire participer le cocontractant à un service public[300]. Il en est de même de la notion d'ouvrage public qui se définit également en référence à l'idée d'intérêt général comme un bien immobilier par nature ou par destination « appartenant à une personne publique et affecté soit à l'usage du public, soit à un service public, ou à un but d'utilité générale[301] », des travaux publics exécutés « pour le compte d'une personne publique et dans un but d'utilité générale[302] » ou effectués par une personne publique ou sous sa direction dans le cadre d'une mission de service public[303].

b.2. Les clauses exorbitantes du droit commun

Les contrats sont en principe conclus sur une base d'égalité entre les parties, au nom de la liberté contractuelle. On dit que le contrat est la loi des parties. Celles-ci consentent librement leurs engagements et s'engagent à les respecter et exécuter conformément aux termes du contrat. Mais tel n'est pas forcément le cas dans les contrats administratifs, donc les marchés publics. Il est loisible de constater, en cette matière, que la liberté contractuelle connaît de sérieuses limites. Les marchés publics, comme tous les contrats administratifs, contiennent des clauses exorbitantes du droit commun[304], sauf si l'administration choisit la gestion privée en faisant gérer ses relations avec les usagers par des services publics industriels ou commerciaux[305].

---

295. Gérard Cornu (dir.) et Association Henri Capitant, *Vocabulaire juridique*, Paris, PUF, coll. Quadrillage, 2005, 7e éd., p. 496.
296. Julien Broch, *L'intérêt général avant 1789. Regards historiques sur une notion capitale du droit public français*, Revue historique de droit français et Étranger, 95e année, n°1 : janvier-mars 2017, p. 59-86.
297. CE, 30 mai 1930, Chambre syndicale du commerce de Nevers ; TC, 1955,
298. CE, 20 avril 1956, Époux Bertin ; SARL Lutetia Hôtel, 23 novembre 2004, n°01PA02704, SARL Lutetia Hôtel.
299. CE, Sect., 20 avril 1956, Grimouard, Rec. p. 168.
300. CE, 4 mars 1910, Thérond, Rec. p. 193, concl. Pichat. ; S. 1911, 3,17, concl. Hauriou ; RDP, 1910, p. 249, note Jèze ; TC, 24 juin 1968, Sté Distilleries Bretonnes ; CE, 26 juin 1974, Sté Maison des isolants de France.
301. CE, 13 juillet 1965, Arbez-Gindre, Rec., p. 442.
302. CE, 10 juin 1921, Commune de Montségur, GAJA, n°41
303. TC, 28 mars 1955, Effimieff, Rec., p. 617 ; AJ 1955. IL.332, note J.A. ; JCP 1955. IL.8786, note Blaevoet.
304. CE, 31 juillet 1912, Sté des granits porphyroïdes des Vosges, Rec. p. 909.
305. CE, 13 octobre 1961, Établissements Campanon-Rey, Rec. p. 567 ; TC, 17 décembre 1962, Dame Bertrand, p. 831.

Les clauses exorbitantes du droit commun, selon la définition qu'en donne la jurisprudence, sont les clauses qui ont pour objet de reconnaître la prééminence de l'administration dans la relation contractuelle qu'elle noue avec des partenaires et qui lui confèrent ainsi des droits « étrangers par leur nature à ceux qui sont susceptibles d'être consentis par quiconque dans le cadre des lois civiles et commerciales[306] » ou le fait que « la situation réciproque des cocontractants n'était pas celle qui, normalement, aurait résulté d'un accord conclu conformément au droit commun[307] ». Cette définition, si elle a été appliquée à de nombreuses clauses[308], a fait toutefois l'objet de critiques. Le tribunal des conflits a ainsi, pour faire évoluer la notion de clause exorbitante du droit commun, proposé une nouvelle définition, en jugeant que constitue désormais une telle clause celle « qui notamment par les prérogatives reconnues à la personne publique contractante dans l'exécution du contrat, implique, dans l'intérêt général, qu'il relève du régime exorbitant des contrats administratifs[309] ».

En tout état de cause, les clauses exorbitantes du droit commun sont des clauses qui ne peuvent exister entre personnes privées, parce qu'elles ne peuvent être mises en œuvre que par la puissance publique, sauf si l'une d'entre elles bénéficie de prérogatives de puissance publique. Tels sont par exemple les cas des contrats conférant une exonération fiscale[310], contenant une clause de résiliation unilatérale, même en l'absence d'une faute[311], ou prévoyant un contrôle assorti d'un agrément préalable avant toute action[312]. Il sied de noter qu'il ne suffit pas que des clauses soient inhabituelles en droit privé pour qu'elles soient qualifiées d'exorbitantes. Elles peuvent être simplement illicites[313]. Les marchés publics contiennent assurément des clauses exorbitantes du droit commun. Par exemple, pour les marchés publics de travaux, l'autorité contractante doit nécessairement détenir la maîtrise d'ouvrage. Les travaux sont exécutés sous son contrôle et directement pour son compte. C'est en cela que l'on reconnaît les marchés publics de travaux. En sont exclues toutes les formules contractuelles où ce n'est pas la personne publique qui en assure la maîtrise d'ouvrage. Il en est ainsi du bail emphytéotique administratif[314], du crédit-bail[315] et de la vente en l'état futur d'achèvement[316].

---

306. CE, Sect., 20 octobre 1950 Sieur Stein, req. n°98459, Rec. p. 505 ; TC, 19 novembre 1999, Cne de Bourisp, p. 478.
307. TC, 19 juin 1952, Société des combustibles et carburants nationaux, req. n°1306, Rec. p. 628.
308. Voir Laurent Richer, *Droit des contrats administratifs*, 9e édition, LGDJ, 2014, n°151-155, p. 84-88.
309. TC, 15 octobre 2014, SA AXA France IARD, req. n°3963.
310. TC, 2 juillet 1962, Consorts Cazautets, p. 823.
311. CE, 12 décembre 2003, Cne de Lamentin, Rec. p. 776.
312.Civ. 1re Ch., 18 novembre 1992, Cne de Pantin, n°91-12. 621.
313. TC, 11 octobre 1993, Sté centrale sidérurgique de Richemont, p. 405.
314. CE, 25 février 1994, Sofap Marignan Immobilier, RFDA 1994, p. 510, concl. J. Arrighi de Casanova, CJEG 1994, p. 569, chron. E. Fâtome et P. Terneyre.
315. CE, avis, 31 janvier 1995, AJDA 1997, p. 126.
316. CE, 8 février 1991, Région Midi-Pyrénées, RFDA 1992, p. 48.

b.3. Le régime exorbitant du droit commun

La notion de régime exorbitant du droit commun diffère de celle de clause exorbitante du droit commun. Le régime exorbitant du droit commun résulte non pas du contrat lui-même, mais des dispositions légales ou réglementaires extérieures qui s'imposent à lui et constituent l'environnement dans lequel il se réalise. Elle a été employée pour la première fois par le Conseil d'État en 1973[317], en s'appuyant non pas sur les clauses du contrat dont il était saisi, mais sur son environnement juridique. En effet, un décret du 20 mai 1955 oblige Électricité de France à acheter sur la base de tarifs prévus dans un cahier des charges, l'énergie électrique produite par des producteurs autonomes qui n'ont pas été touchés par la nationalisation de 1945 ou qui ont été autorisés ultérieurement à mettre en œuvre de nouvelles installations. La Société d'exploitation électrique de la rivière du Sant, se trouvant dans cette situation, subit un refus de contracter par EDF sur la base du décret de 1955. Cette société saisit le tribunal administratif de Toulouse d'un recours pour excès de pouvoirs, lequel fut rejeté par ledit tribunal s'estimant incompétent pour connaître de l'affaire. Le Conseil d'État annula cette décision et déclara que les contrats passés par EDF en application de l'article 1er du décret de 1955 sont soumis à un régime exorbitant du droit commun et présentent le caractère de contrats administratifs dont le contentieux relève du juge administratif. En d'autres termes, ces contrats s'insèrent dans un cadre réglementaire qui leur donne un caractère exorbitant et obligatoire. Pour être complet, il faut signaler que cette question ne se pose plus pour EDF depuis sa transformation en société de droit privé[318]. On peut considérer, sous l'éclairage de la jurisprudence précitée du Conseil d'État, que les marchés publics, en raison de leur objet et des clauses exorbitantes du droit commun qu'ils contiennent, sont assurément conclus sous un régime exorbitant du droit commun et, comme tous les contrats placés sous un régime exorbitant du droit commun[319], ce sont des contrats administratifs.

B. Le marché public, un contrat à titre onéreux

Le marché public est un acte d'achat public par lequel l'administration acquiert des ouvrages, des fournitures ou des services pour ses propres besoins ou pour ceux des usagers du service public. La personne chargée de satisfaire ces besoins est censée recevoir en retour la rémunération adéquate. Le juge administratif est très strict sur cette adéquation. Il veille à ce que le versement financier corresponde à une contrepartie équivalente[320]. En effet, l'entrepreneur qui passe un marché public avec l'administration participe, sans aucun doute,

317. CE, Sect., 19 janvier 1973, Sté d'exploitation électrique de la rivière du Sant, p. 48.
318. CE, 1er juillet 2010, Société Bionerg, n°333275.
319. CE Sect., 19 janvier 1973, Société d'exploitation électrique de la rivière du Sant.
320. CE, 26 mars 2008, Région de la Réunion, Rec., p. 114 ; BJCP 2008, n°59, p. 245, concl. F. Séners ; Contrats-Marchés publics 2008, n°90, note G. Eckert ; AJDA 2008, p. 1152, note J.D. Dreyfus.

à l'embellissement du patrimoine collectif ou à l'amélioration du service public. Mais l'on peut aussi comprendre qu'au-delà de cette noble ambition il puisse être disposé à en tirer un gain financier. C'est le principe du « Rien pour rien », qui est une règle essentielle en matière économique[321]. Il en est de même en matière civile ou privée où la Cour de cassation a toujours posé implicitement la présomption « d'onorosité » des contrats[322]. Cette opinion est conforme à une jurisprudence administrative ancienne[323] qui a été reprise par le juge communautaire européen[324].

Les États membres de la CEMAC en ont fait l'un des fondements de leurs Codes des marchés publics[325]. Cela s'explique par le fait que les marchés publics sont des actes qui s'inscrivent dans une logique économique. Le Conseil d'État a toujours rappelé, à ce sujet, que la qualité d'entrepreneur de travaux impliquait la recherche d'un profit et que cette qualité ne pouvait être reconnue à la personne, physique ou morale, qui ne tire aucun intérêt direct ou indirect de l'exécution des travaux[326].

La Cour de justice européenne s'en est fait également l'écho en soulignant que le caractère onéreux du contrat est identifié s'il comporte un intérêt économique direct pour le pouvoir adjudicateur[327]. Le critère de la rémunération ou de l'onérosité du marché public le distingue ainsi de l'acte gratuit[328] qui ne peut en aucun cas être qualifié d'acte d'achat public ou de marché public. Il distingue également le marché public des autres formes d'achats publics dont le fondement de la rémunération, comme on le verra plus loin, ne repose pas sur les mêmes critères, même si l'intérêt économique est identique. Telle est la concession où la rémunération est substantiellement liée à l'exploitation du service[329] ou le marché de partenariat public-privé où la rémunération du cocontractant fait l'objet d'un paiement, sous forme d'un loyer, par la personne publique pendant toute la durée du contrat[330]. Le prix payé aux titulaires des marchés publics est déterminé par rapport aux prestations décrites dans la commande publique. Ce prix, versé au cocontractant, constitue la contrepartie de l'exécution du marché public. Il est négocié et arrêté par les parties pendant la passation du marché, donc avant l'exécution de celui-ci.

---

321. Perroux, Econ. xxe s., 1964, p. 342.
322. C. Cass. civ. arrêt n° 302 du 31 mars 2016, Pouvoirs n° 14.20.193.
323. CE, 11 décembre 1963, Ville de Colombes, Rec., p. 612.
324. CJCE, 26 avril 1994, Commission c/Italie, aff. n°C-272/91 ; CJCE, 10 novembre 1998, Gemeente Arnhem, aff.n°C-360/96 ; BJCP, 1999, n°2, concl. A. La Pergola.
325. Gabon : article 2, *op. cit.* ; Congo : article 2, *op. cit.* ; Tchad : article 1, *op. cit.* ; Centrafrique : article 8, *op. cit.* ; Cameroun : articles 5, w, et 144 à 147, *op. cit.*
326. CE, 29 janvier 1971, Association jeunesse et reconstruction, Rec. p. 81 ; CE, 22 février 1980, SA des sablières modernes d'Aressy, Rec. p. 110 ; CE, 18 mars 1998, Société civile des Néo-Polders, RDP, 1989, p. 505.
327. CJUE, 25 mars 2010, aff. C-451/08 Helmut Müller c/BundesanstaltfürImmobilienaugaben.
328. F. Llorens et P. Soler-Couteaux, *Le gratuit et l'onéreux*, Contrats-Marchés publics 2013, repère 3.
329. CE, 15 avril 1996, Préfet des Bouches-du-Rhône c/Cne de Lambesc, Rec., p. 137 ; Dr adm. 1996, n°355 ; AJDA 1996, p. 727, chron. Chauvaux et Girardot.
330. Infra p. 112.

2. Les types et formes des marchés publics

Les autorités contractantes, pour satisfaire leurs besoins, passent des marchés dont le type varie selon l'objet du besoin et dont la forme est fonction de l'objectif poursuivi et des moyens disponibles.

A. Les types des marchés publics

L'objet de la commande publique détermine le type des marchés publics. C'est ainsi que l'on distingue, en général, les marchés publics dont l'objet est d'exécuter des travaux ou des ouvrages, de livrer des fournitures ou des services et de fournir des prestations intellectuelles. Il est possible, même si cela est exceptionnel, d'observer des marchés publics dits mixtes, qui combinent différents objets.

A.1. Les marchés publics de travaux

Les marchés de travaux sont, comme l'indique avec simplicité le code de la Centrafrique[331] et celui du Cameroun[332], les marchés qui ont pour objet « l'exécution de travaux ou d'un ouvrage ». Ou encore, comme le résument ceux du Congo[333] et du Tchad[334], les marchés ayant pour objet « la réalisation au bénéfice d'un maître d'ouvrage de tous travaux de bâtiment ou de génie civil ou la réfection d'ouvrages de toute nature ». Le Code des marchés publics du Gabon[335], le plus prolifique sur ce sujet, évoque, au détail près, l'ensemble des éléments qui concourent à la préparation du chantier et à son installation ainsi qu'à la réalisation de tous les ouvrages liés à la construction, à la reconstruction, à la démolition, à la préparation ou à la rénovation d'un bâtiment, etc. Le gouvernement du Gabon a sans doute eu raison d'être aussi précis que possible dans cette matière. Car les marchés publics, surtout les marchés de travaux, génèrent souvent des contentieux dont les montants en cause sont importants. On ne devrait donc pas être pris en défaut de précision.

A.2. Les marchés publics de fournitures

Les Codes des marchés publics du Cameroun[336], du Gabon[337] et du Congo[338] définissent les marchés de fournitures comme des contrats ayant pour objet « l'achat, la prise en crédit-bail, la location ou la location-vente de produits

331. Article 1, alinéa 18, *op. cit.*
332. Article 5, bb.
333. Article 7, a, *op. cit.*
334. Article 8, *op. cit.*
335. Articles 2 et 147, *op. cit.*
336. Article 5 v.
337. Articles 2 et 148 *op. cit.*
338. Article 7, b, du décret n°2009-156 du 20 mai 2009, *op. cit.*

ou matériels ». Le code de la Centrafrique[339] apporte une précision pour ce qui concerne la location-vente. Celle-ci peut se faire « avec ou sans option d'achat de biens de toute nature y compris des matières premières, produits, équipements et objets sous forme solide, liquide ou gazeuse ainsi que les services accessoires à la fourniture de ces biens ».

A.3. Les marchés publics de services

Les marchés publics de services, ainsi que l'indique le code du Congo[340], sont les « marchés ayant pour objet la prestation de services non intellectuels au bénéfice d'un maître d'ouvrage », ou comme le prévoit le code du Cameroun[341], des « marchés conclus avec des prestataires de services pour la réalisation des prestations immatérielles dont l'élément prédominant est soit quantifiable, soit non quantifiable ». Il en découle ainsi une distinction entre « les marchés de services quantifiables[342] », c'est-à-dire « les marchés de prestations de services concernant entre autres la délégation des services publics, l'assurance maladie, la publicité, l'audit des comptes, l'organisation des séminaires de formation, etc. et les « marchés de services non quantifiables[343] », c'est-à-dire les marchés des prestations de services concernant entre autres, le gardiennage, le nettoyage ou l'entretien des édifices publics ou des espaces verts, l'entretien ou la maintenance des matériels et équipements de bureau ou d'informatique, l'assurance, à l'exception de l'assurance maladie. Pour la Centrafrique[344], les marchés de services sont des marchés qui ont pour objet de fournir des services. Le Code des marchés publics du Gabon adopte le même simplisme, mais fait l'effort de donner un contenu à la notion de services. Il indique d'abord, à son article 2, que les marchés de services sont des contrats conclus en vue de la réalisation des prestations autres que celles relatives aux fournitures, travaux et prestations intellectuelles. Il précise ensuite, à l'article 149, qu'il peut s'agir, à l'exception des services immatériels et de conseils, des opérations de préparation du site y compris l'utilisation des équipements de l'entrepreneur, le montage, les essais, la mise en service préliminaire, la mise en service, l'exploitation, la maintenance, la fourniture des manuels d'exploitation et de formation, les services de transport, d'installation et de mise en service, de formation, de l'entretien initial, les assurances, et tout autre service accompagnant les fournitures, travaux, fournitures et montage d'installations, les services industriels, tels que les services de sismique, de forage, de cartographie et autres opérations analogues ainsi que les services non industriels tels que la restauration, l'hébergement, le transport. Pour les

339. Article 1, alinéa 19, de la loi n°08-017 du 6 juin 2008, *op. cit.*
340. Article 7, c, du décret n°2009-156 du 20 mai 2009, *op. cit.*
341. Article 5 y.
342. Article 5 z.
343. Article 5 aa.
344. Article 1, alinéa 20, de la loi n°08-017 du 6 juin2008, *op. cit.*

marchés de services, comme pour les marchés de travaux, Il valait mieux que cette précision fût apportée. Dans un domaine où le potentiel en matière de contentieux est très élevé, il faut éviter de le renforcer davantage, en y ajoutant des soucis en matière d'interprétation des notions.

A.4. Les marchés publics de prestations intellectuelles

Les marchés de prestations intellectuelles sont des contrats très particuliers et difficiles à saisir. Les définitions qu'en donnent les différents Codes des marchés publics l'attestent parfaitement. Le Gabon[345] et la Centrafrique[346] les définissent comme des marchés qui ont pour objet la réalisation de prestations « dont l'élément prédominant n'est pas physiquement quantifiable ». Le Congo[347] et le Cameroun[348] précisent que ces marchés, dont l'élément prédominant n'est pas physiquement quantifiable, ont pour objet des prestations à caractère principalement intellectuel. Dans tous les cas, la plupart de ces codes incluent dans les marchés de prestations intellectuelles, notamment, les prestations d'étude, les contrats de maîtrise d'ouvrage déléguée, les contrats de conduite d'opération, les contrats de maîtrise d'œuvre et les services d'assistance technique de diverses natures.

A.5. Les marchés publics de type mixte

Les marchés publics relevant de l'une des catégories précitées peuvent comporter à titre accessoire, des éléments relevant d'un ou plusieurs autres types précités. Les Codes des marchés publics de la Centrafrique[349], du Congo[350], du Gabon[351] et du Tchad[352] les qualifient de marchés de type mixte. Le code du Tchad précise, toutefois, à l'alinéa 2 de l'article précité qu'en cas d'égalité de valeurs, le marché public est réputé de fournitures. Les procédures de passation et d'exécution de ces marchés doivent prendre en compte les spécificités applicables pour chaque type d'acquisition. Le Code des marchés publics du Congo indique, toutefois, que la qualification de marché de type mixte n'est acquise que si les valeurs des différentes catégories de marchés publics concernés s'équilibrent, sinon le marché est classé dans la catégorie dont les valeurs sont plus importantes. Par exemple, « lorsqu'un marché a pour objet à la fois des services et des fournitures, il est un marché de services si la valeur de ceux-ci dépasse celle des produits à fournir, et inversement. »

345. Articles 2 et 150, *op. cit.*
346. Article 1, alinéa 21, *op. cit.*
347. Article 7, d, *op. cit.*
348. Article 63, alinéa 1, *op. cit.*
349. Article 1, alinéa 20, *op. cit.*
350. Article 7, alinéa 5, *op. cit.*
351. Article 2, *op. cit.*
352. Article 11, *op. cit.*

B. Les formes des marchés publics

Les différents types des marchés publics, précités dans le paragraphe précédent, sont généralement dévolus sous forme globale ou unique. Mais il arrive qu'en raison de certaines circonstances, les maîtres d'ouvrage ne soient pas en mesure de déterminer avec précision soit leurs besoins, et d'envisager leur réalisation dans une période bien définie, soit le prix réel de l'objet de la commande publique. Ils optent ainsi pour la forme fractionnée. Ils peuvent aussi, en vue d'optimiser leurs commandes publiques, se grouper pour passer des marchés communs. D'autres formes sont souvent évoquées. Il s'agit par exemple des marchés sur appel d'offres, des marchés sur concours, des marchés de gré à gré ou d'entente directe, des marchés spéciaux, des marchés à prix forfaitaires ou à prix unitaires, etc. En vérité, ces dernières catégories ne sont que des modes de passation ou d'exécution des marchés publics. Elles ne peuvent être retenues dans l'étude de ce paragraphe.

B.1. Les marchés publics uniques

La forme unique ou globale signifie que le marché public est passé sous forme de contrat unique qui définit l'ensemble des prestations attendues de l'attributaire, du prix qui lui est dû ainsi que des conditions et des délais dans lesquels ces prestations doivent être exécutées. On est donc là dans l'hypothèse où le maître d'ouvrage maîtrise effectivement ses besoins et le prix des prestations, y compris l'environnement dans lequel ceux-ci doivent trouver satisfaction.

B.2. Les marchés publics fractionnés

Le choix de la forme fractionnée dépend, on l'a vu, de l'impossibilité pour les maîtres d'ouvrage d'avoir une idée précise de leurs besoins et du prix de ceux-ci avant la conclusion des marchés publics. Les maîtres d'ouvrage peuvent aussi choisir d'étaler l'exécution du marché sur plusieurs années, en raison de l'ampleur de celui-ci et du prix équivalent. La forme fractionnée peut enfin être fonction de la nature et de l'étendue des besoins à satisfaire, au point où il paraît utile d'étaler leur exécution sur une période plus ou moins longue. Les techniques les plus généralement utilisées sont soit les marchés en lots, soit les marchés à commandes, soit les marchés de clientèle.

B.2.1. Les marchés publics en lots séparés ou l'allotissement

La technique de l'allotissement est utilisée généralement pour les marchés de travaux. C'est la décomposition d'un projet de commande publique en plusieurs lots pour des raisons économiques, financières ou techniques, chaque lot étant une unité autonome attribuée séparément. Les Codes des marchés publics du Gabon[353], du Congo[354], du Tchad[355], de la Centrafrique[356] et du Cameroun[357] reconnaissent aux autorités contractantes la faculté de procéder par lots séparés, lorsque cette formule est susceptible de présenter des avantages économiques, financiers ou techniques. Elles doivent toutefois prendre la précaution de le prévoir dans le plan annuel de passation des marchés et de la faire approuver préalablement par les organes compétents, notamment par les organes de contrôle. La plupart des codes précités disposent, en effet, que tout morcellement de commandes en violation du plan annuel de passation des marchés publics ou dans le but de se soustraire aux seuils de passation est prohibé. Le dossier d'appel d'offres fixe le nombre, la nature et l'importance des lots, ainsi que les conditions imposées aux candidats pour souscrire à un ou plusieurs lots et les modalités de leur attribution. Les lots qui n'ont pas été attribués peuvent faire l'objet de nouvelles procédures d'appel à la concurrence en modifiant, s'il y a lieu, leur consistance ou en préconisant d'autres solutions qui doivent être préalablement avalisées par la direction générale du contrôle des marchés publics. L'allotissement peut être considéré comme un procédé permettant de déterminer avec précision les besoins. Ce qui ne peut être obtenu par la globalisation des besoins. En effet, plus les besoins sont appréhendés dans leur globalité, plus le marché public sera trop grand, moins, sans doute, les objectifs à atteindre seront précis. De plus, l'allotissement est particulièrement approprié lorsque l'importance des travaux, services ou fournitures à réaliser risque de dépasser les capacités techniques ou financières d'une seule entreprise. Il peut être aussi une formule particulièrement favorable aux petites et moyennes entreprises. Il sied de signaler, toutefois, que dans l'esprit et la lettre des Codes des marchés publics des États membres de la CEMAC, l'allotissement demeure exceptionnel. Ce qui n'est pas le cas en France où l'allotissement devient désormais le principe et le marché global l'exception. Cette évolution est consacrée par le Code des marchés publics de 2006, en son article 10. Celui-ci dispose qu'afin de « susciter la plus large concurrence, et sauf si l'objet du marché ne permet pas l'identification de prestations distinctes, le pouvoir adjudicateur passe le marché en lots séparés ». L'article 6.III est on ne peut plus clair sur l'affirmation de ce principe, en atténuant la notion de spécifications techniques qui peut, à certains égards, limiter le recours à la technique d'allotissement. Les spécifications techniques, énonce cet article, « ne peuvent pas avoir pour effet de créer des obstacles injustifiés à l'ouverture des marchés publics à la concurrence ».

353. Articles 2 et 156, *op. cit.*
354. Article 24, *op. cit.*
355. Article 61, *op. cit.*
356. Article 49, *op. cit.*
357. Article 58, *op. cit.*

B.2.2. Les marchés publics à bon de commande

Les marchés à bons de commande ou marchés à commandes concernent les marchés de fournitures. Ils ont pour objet, ainsi que l'indiquent les Codes des marchés publics du Congo[358], du Gabon[359], du Tchad[360] et de la Centrafrique[361] de permettre au maître d'ouvrage de couvrir ses besoins courants annuels de fournitures dont il n'est pas possible, au début de l'année, de prévoir l'importance exacte, ou bien qui excèdent les possibilités de stockage. Les marchés à commande indiquent les limites maximales et minimales de la prestation globale à fournir. Ces limites pouvant être exprimées soit en quantité, soit en valeur. Leur attribution se fait sur la base des quantités nécessaires prévues l'année initiale de la conclusion du marché et leur exécution se réalise au fur et à mesure de la survenance du besoin par l'émission des bons de commande.

La durée des marchés à bons de commande ne peut excéder une année renouvelable une fois. Leur renouvellement, est soumis à l'autorisation des autorités de contrôle et de régulation des marchés publics. La technique des marchés à bons de commande est également utilisée en droit français dans le but de résoudre les cas d'impossibilité à préciser les besoins avant le lancement de la commande publique. Le pouvoir adjudicateur a ainsi « la possibilité de recourir à des accords-cadres ou à des marchés à bons de commande, qui permettent de définir les besoins à mesure de leur apparition, (ces marchés étant) conclus sans minimum ni maximum[362] ».

B.2.3. Les marchés publics de clientèle

Les marchés de clientèle concernent les marchés de services. Ils sont, comme le prévoient les codes du Congo[363], de la Centrafrique[364] et du Tchad[365], dévolus à répondre aux exigences de précision par rapport à la détermination des besoins susceptibles de fonder la commande publique. Par ces marchés, les maîtres de l'ouvrage s'engagent à confier, pour une période limitée, et qui ne saurait excéder une année renouvelable une fois, l'exécution de tout ou partie certaines catégories de prestations de services, définies par la réglementation en vigueur, suivant des commandes faites au fur et à mesure des besoins.

Il sied de noter que, contrairement aux autres codes précités qui distinguent les marchés publics à bon de commande des marchés publics de clientèle, selon

358. Article 63, *op. cit.*
359. Articles 2 et 153, *op. cit.*
360. Article 103, *op. cit.*
361. Article 44, *op. cit.*
362. Vade-mecum des marchés publics, Édition 2013, La documentation française, p. 28.
363. Article 64, *op. cit.*
364. Article 45, *op. cit.*
365. Article 104, *op. cit.*

qu'il s'agit des fournitures ou des services, le code du Gabon[366] et celui du Cameroun[367] ne parlent ni de marché public à bon de commande ni de marché public de clientèle, et encore moins ne les distinguent. Ces deux codes indiquent que lorsque l'autorité contractante ne peut pas déterminer à l'avance le volume et le rythme des commandes de fournitures ou de services nécessaires à ses besoins, elle peut recourir à un contrat-cadre dont la durée ne peut excéder trois ans. Le code du Cameroun[368] ajoute, toujours dans le cadre de la difficulté à circonscrire les besoins de la commande publique, et surtout sa réalisation, que lorsque l'intégralité du financement nécessaire pour la réalisation d'un projet ne peut être mobilisée au cours d'un seul exercice budgétaire, le maître d'ouvrage peut procéder à la signature d'un marché pluriannuel et à tranches, permettant de programmer les dépenses sur plusieurs années.

B.3. Les marchés publics groupés

Les marchés publics groupés peuvent être l'œuvre des soumissionnaires, dans le cadre de la cotraitance, ou des autorités contractantes, dans le cadre des achats publics groupés.

B.3.1. La cotraitance

Les soumissionnaires peuvent décider de présenter à plusieurs leurs candidatures ou leurs offres sous forme de groupement. C'est la cotraitance. Le contrat d'attribution du marché qui s'ensuit est, par conséquent, signé entre l'autorité contractante et, au nom du groupement d'entreprises choisi comme titulaire du marché, par le mandataire, c'est-à-dire l'un des chefs d'entreprises groupées désigné par les autres pour les représenter dans toutes les relations ou les opérations avec l'autorité contractante. Les marchés exécutés en cotraitance obéissent effectivement à des règles particulières. Le groupement d'entreprises peut être solidaire ou conjoint. Il est solidaire lorsque tous les titulaires composant le groupement s'engagent pour la totalité du marché et conviennent de pallier une éventuelle défaillance qui proviendrait de l'un d'entre eux. En revanche, le groupement est conjoint lorsque, les prestations étant divisées en lots, chaque titulaire n'est lié ou engagé que pour le ou les lots auxquels il est assigné. Dans l'un ou l'autre cas, les membres du groupement signent un acte d'engagement qui indique le montant du marché et les prestations qu'ils sont censés réaliser solidairement ou qu'ils s'engagent à exécuter chacun suivant une répartition détaillée.

366. Article 2, *op. cit.*
367. Article 65.
368. Article 68.

B.3.2. Les achats publics groupés

Les autorités contractantes, au même titre que les soumissionnaires qui peuvent se grouper sous forme de cotraitance pour répondre aux commandes publiques, peuvent procéder à des groupements de commandes ou à des achats groupés. La Centrafrique[369] et surtout le Gabon[370], le Congo[371] et le Tchad[372] ont formellement réglementé cette question. Cette technique peut être étendue aux collectivités locales, sous la coordination des représentants de l'État. Le groupement des achats publics est généralement utilisé dans le domaine des marchés de fournitures et de services, mais elle peut aussi concerner les marchés de travaux. Il vise l'optimisation des commandes en améliorant leur qualité et en profitant certainement des économies d'échelles qui peuvent en découler. Il paraît utile, avant de se pencher sur les modalités de réalisation des achats groupés, de donner un éclairage sur différentes notions qu'implique cette technique et sur lesquelles les Codes des marchés précités ne sont pas trop explicites.

a. Les notions découlant de la technique des achats publics groupés

Les notions de coordination de commandes, de groupement de commandes et de centralisation d'achats portent des réalités distinctes les unes des autres, nonobstant la familiarité qui peut les caractériser et qui peut laisser supposer que ces notions sont interchangeables.

a.1. La coordination des commandes publiques

La coordination des commandes équivaut à la coordination des besoins en vue de choisir la démarche idoine susceptible d'assurer au mieux leur satisfaction. C'est la démarche qui consiste, à partir des besoins définis et harmonisés par les services d'une ou de plusieurs personnes publiques, d'engager la meilleure procédure de passation d'un ou de plusieurs marchés. Autrement dit, comme le précise Christophe Lajoye[373] : « Au lieu que chaque service d'une personne publique définisse seul ses besoins et passe lui-même ses marchés ou accords-cadres pour les satisfaire, les divers services de cette personne vont confronter leurs besoins et, pour y répondre au mieux, adopter une démarche commune de passation d'un ou de plusieurs marchés ou accords-cadres. » Les Codes des marchés publics du Tchad, du Congo et du Gabon prévoient, pour cela, des mécanismes de coordination assez précis. Les deux

369. Article 7, *op. cit.*
370. Article 53, *op. cit.*
371. Articles 13 et 14, *op. cit.*
372. Articles 36 et 37 du décret n°2417PR//PM/2015 du 17 décembre 2015 portant Code des marchés publics, https://ppp.worldbank.org.
373. *Droit des marchés publics*, *op. cit.*, p. 154.

premiers prévoient un mécanisme institutionnel permanent. Ils disposent, en des termes identiques, que « sur proposition du ministre chargé du budget, en relation avec les départements ministériels intéressés et après avis de l'Autorité de régulation des marchés publics, il peut être créé par décret pris en Conseil des ministres une commission interministérielle chargée de coordonner certaines commandes de l'État et des établissements publics en vue de favoriser le développement de procédures d'achats groupés. » Le code du Gabon[374], en revanche, pose un mécanisme ad hoc ou ponctuel. Il indique que, à chaque fois que cela est nécessaire, une convention constitutive définissant les modalités de fonctionnement du groupement et de nomination de son coordonnateur est signée par les autorités contractantes désireuses de passer des achats groupés.

a.2. Le groupement des commandes publiques

Le groupement de commandes ou d'achats, contrairement à la coordination des commandes, ne se résume pas seulement à la définition et à la coordination des besoins, mais il concerne aussi la mise en commun des capacités et des moyens d'achats. Les besoins définis et coordonnés ensemble sont satisfaits ensemble avec des moyens communs, sans que cela ait pour effet d'échapper aux prescriptions réglementaires.

a.3. La centralisation des achats publics

Le groupement d'achats peut recourir à une centrale d'achat aux fins de satisfaire les besoins coordonnés et groupés des personnes publiques dont elle est porteuse. Le Code des marchés du Gabon, à son article 37, est très explicite sur ses missions, qui consistent à acquérir les fournitures ou les services en vue de les céder aux membres du groupement, de signer et notifier les marchés pour le compte du groupement, etc. Le droit français des marchés publics évoque également la notion de centrale d'achats. Elle est définie par l'article 9 du Code des marchés de 2006 comme « un pouvoir adjudicateur soumis au Code des marchés publics ou à l'ordonnance du 6 juin 2005 qui acquiert des fournitures ou des services destinés à des pouvoirs adjudicateurs ou passe des marchés ou des accords-cadres de travaux, fournitures ou de services destinés à des pouvoirs adjudicateurs. » La centrale d'achats est donc une personne publique créée pour satisfaire spécifiquement des besoins d'intérêt général, dont l'activité est soit financée majoritairement par un ou plusieurs maîtres d'ouvrage, soit soumise à un contrôle de ces maîtres d'ouvrage, soit placée sous l'autorité d'un organe d'administration, de direction ou de surveillance composé majoritairement des membres désignés par eux. Elle est aussi, au sens du droit des marchés publics, une personne publique administrative soumise au Code des marchés

374. Article 54, *op. cit.*

publics, ayant pour but d'acquérir des fournitures et des services ou de passer des marchés à cet effet, pour le compte des maîtres d'ouvrage, et de les leur céder. La centrale d'achats ne peut donc être une personne publique à caractère industriel ou commercial, ou encore moins un organisme de droit privé, sauf si elle est assujettie au Code des marchés publics et aux critères d'intérêt général.

b. Les modalités de réalisation des achats publics groupés

L'organe chargé de réaliser les achats publics groupés, dans sa mission de proposer les mesures susceptibles d'améliorer les commandes de fournitures, de services et de travaux, commence par examiner les opportunités et possibilités de coordonner les commandes. Ensuite, il invite les autorités contractantes groupées à donner chacune leur accord et leur engagement à contracter aux mêmes conditions, à hauteur de leurs besoins propres, et la personne responsable des marchés publics de chaque membre du groupement à signer la commande publique, avec l'engagement de s'assurer de sa bonne exécution. Lorsque toutes ces étapes sont réalisées, l'organe chargé du groupement fait le choix de la procédure de passation du marché en favorisant, autant que possible, le libre jeu de la concurrence dans les mêmes conditions d'évaluation, de notification, de signature et d'approbation que les marchés publics ordinaires.

II. LES AUTRES MODES D'ACHATS PUBLICS

Le marché public est sans doute le mode d'achat public le plus utilisé pour satisfaire au mieux la commande publique. Il en existe cependant d'autres qui sont de plus en plus mis en œuvre pour tenir compte des contextes économique, social, voire politique, de chaque État concerné. Il s'agit essentiellement d'autres contrats publics dont certains sont d'apparition nouvelle. On note aussi l'intrusion des techniques contractuelles qui d'ordinaire ne relèvent pas fondamentalement de la commande publique mais de la gestion de rapports privés.

1. Les autres contrats publics d'achats publics

Les contrats publics d'achats publics, autres que les marchés publics, sont essentiellement la convention de délégation de service public et le contrat de partenariat ou le partenariat public-privé.

A. La convention de délégation de service public

Les conventions de délégation de service public ont toujours été traitées, dans les États membres de la CEMAC, dans le même cadre juridique que les marchés publics. Les dispositions qui les régissent sont généralement reprises dans les Codes des marchés publics des États membres de la CEMAC[375]. Le Code des marchés publics gabonais de 2012[376] a même considéré la convention de délégation de service public comme étant une catégorie de marché public. Le Gabon[377] et le Cameroun[378], après avoir été pendant longtemps sur la même ligne que les autres États de la CEMAC, ont pris une option différente depuis leur évolution respective de 2018[379], en distinguant clairement les marchés publics des conventions de délégation de service public et en les consignant dans des textes différents. Cette position se rapproche de celle de l'Union européenne qui, « malgré des débats répétés à ce sujet, (indique que) les concessions ou délégations de service public ne sont pas (ou pas encore) soumises à la réglementation européenne des marchés publics[380] ». La jurisprudence européenne en a ainsi fait sa position de principe, en considérant que les concessions de service public doivent être soustraites du droit des marchés publics[381]. En France, depuis 2018[382], bien que les dispositions qui régissent les marchés publics et les concessions ou les délégations de service public continuent à être regroupées dans le même code, celui-ci n'est plus désigné comme un simple Code des marchés publics, mais plutôt comme le Code de la commande publique dont la structure distingue les marchés publics et les concessions ou les délégations de service public. Ce code a été réactualisé le 17 septembre 2021[383]. Dans tous les cas, il est indéniable que la convention de délégation de service public et le marché public sont très familiers aussi bien dans l'identité des cocontractants que dans celle des règles de passation, même si effectivement leur d'objet et leur mode de rémunération diffèrent.

A.1. L'objet de la convention de délégation de service public

La convention de délégation de service public a pour objet de confier au cocontractant l'exécution même du service public. Le délégataire a ainsi mission d'exécuter le service public comme le ferait l'administration elle-même. À cet effet, le délégataire prend en charge non seulement les frais d'exploitation et d'entretien courant mais également l'ensemble des investissements nécessaires à la réalisation du service public qui lui est confié ou concédé.

375. Centrafrique : article 3 de la loi n°08-017 du 6 juin 2008, *op. cit.* ; Congo : article 1er du décret n°2009-156 du 20 mai 2009, *op. cit* ; Tchad : article 2, alinéa 3, du décret n°2417/PR/PM/2015 du 17 janvier 2015, *op. cit.*
376. Article 122 du décret n°0254/PR/MEEDD du 19 juin 2012.
377. Code des marchés publics gabonais, article 122 du décret n°0254/PR/MEEDD du 19 juin 2012.
378. Cameroun : articles 5-1, c, et 42 du décret n°2004/275 du 24 septembre 2004.
379. Décret n°00027/PR/MEPPDD du 17 janvier 2018, *op. cit.* ; décret n°2018/366 du 20 juin 2018, op. cit.
380. Deom D. & Nihoul, *Les marchés publics : concurrence, transparence et neutralité*, *op. cit.*, p. 809.
381. CJCE, 7 décembre 2000, Telaustria et Telefonadress, C-324/98 ; CJCE, ordonnance 30 mai 2002, 358/00. Il faut signaler, toutefois, que cet arrêt se rapporte aux secteurs spéciaux, mais la solution est identique pour les concessions de service public s'inscrivant dans le régime général.
382. Ordonnance n° 2018-1074 du 26 novembre 2018 ; décret n° 2018-1075 du 3 décembre 2018.
383. https://www.legifrance.gouv.fr.

Les délégations de service public portent essentiellement sur les concessions de service public, qu'elles incluent ou non l'exécution d'un ouvrage, comme l'indique le Code des marchés publics du Congo[384]. En France, les collectivités locales et leurs groupements y recourent fréquemment. C'est le cas, par exemple, pour ce qui concerne la gestion des services d'eau potable et d'assainissement, la distribution publique d'électricité et de gaz ainsi que de plus en plus la gestion des réseaux de communications électroniques. Cette dernière compétence a été définitivement reconnue par le législateur à travers la loi n°2004-575 du 21 juin 2004 pour la confiance dans l'économie numérique. L'État français, lui-même, n'hésite pas à s'y plier lorsque les besoins à réaliser exigent des gros investissements. Ainsi, par exemple, sur la base de la loi du 18 avril 1995 portant statut des autoroutes, l'État a concédé à des sociétés privées la construction et l'exploitation des sections d'autoroutes[385]. Cette loi, sous la pression de la loi communautaire[386] qui vise à favoriser l'instauration d'un environnement concurrentiel dans l'attribution de ces concessions, a été modifiée par l'ordonnance du 28 mars 2001[387], ratifiée par la loi du 5 novembre 2001.

A.2. Les cocontractants de la convention de délégation de service public

La convention de délégation de service public est un contrat par lequel une personne, dénommée autorité délégante, confie la gestion d'un service public relevant de sa compétence à une autre personne, dénommée le délégataire. Comme pour les marchés publics, la personne délégante est par principe une personne morale de droit public ou une personne morale de droit privé bénéficiant des privilèges de puissance publique, et la personne délégataire est une personne privée ou une personne publique. Les codes du Congo[388] et de la Centrafrique[389] ajoutent à ces personnes morales de droit public, les personnes de droit privé ayant la qualité de maîtres d'ouvrage ou d'autorités contractantes. L'ancien code du Gabon prévoyait qu'il n'y a que l'État et les collectivités locales qui peuvent conclure des conventions de DSP[390], les autres personnes morales de droit public ou de droit privé, ayant le statut d'autorités contractantes, ne pouvaient déléguer que la gestion de leurs propres services[391]. Ce code faisait donc une différence entre le service public, à proprement

384. Article 2 du code du Congo, décret n°2009-156 du 20 mai 2009, *op. cit.*
385. Voir Patrick Vieu et Pascal Lechanteur, La concession du viaduc de Millau, Revue Travaux n°816, février 2005, p. 27.
386. Directive 93/37/CEE du Conseil des communautés européennes du 14 juin 1993 portant coordination des procédures de passation des marchés publics de travaux.
387. Ordonnance n°2001-273 du 28 mars 2001 transposant certaines dispositions de la directive 1999/62/CE du Parlement et du Conseil du 17 juin 1999 relative à la taxation des poids lourds pour l'utilisation de certaines infrastructures et réformant le régime d'exploitation de certaines sociétés concessionnaires d'autoroutes.
388. Article 2, alinéa 12, du décret n°2009-156 du 20 mai 2009, *op. cit.*
389. Article 1, alinéa 12, de la loi n°08-017 du 6 juin 2008, *op. cit.*
390. Article 108 du décret n°0254/PR/MEEDD du 19 juin 2012, *op. cit.*
391. Article 109 du décret n°0254/PR/MEEDD du 19 juin 2012, *op. cit.*

parler, dont ne peuvent disposer que l'État et les collectivités locales et les démembrements de service public que détiennent les autres personnes publiques ou privées, par le transfert de l'État et des collectivités locales.

A.3. Les règles de passation de la convention de délégation de service public

Les règles de passation des conventions de délégation de service public sont pratiquement les mêmes que celles auxquelles sont soumis les marchés publics, notamment la libre concurrence. Les différents codes prévoient, en effet, que la procédure de sélection du délégataire, préalablement validée par les autorités de contrôle compétentes, requiert une mise en concurrence. Celle-ci doit être précédée d'une publicité de nature à permettre l'information la plus claire possible sur le projet considéré. Elle débute obligatoirement par une phase de préqualification des candidats. Cette phase a pour but de vérifier que les candidats remplissent les critères appropriés. Il s'agit notamment d'identifier s'ils offrent des garanties techniques et financières suffisantes et qu'ils ont la capacité d'assurer la continuité du service public dont ils seront délégataires. Les codes du Congo, articles 77 à 84, et de la Centrafrique, articles 73 à 81, dont la rédaction sur les délégations de service public est pratiquement identique, indiquent que la sélection des offres se fait suivant une procédure d'appel d'offres ouvert, en une ou deux étapes. Il y a besoin d'effectuer une deuxième étape si l'autorité délégante n'est pas en mesure d'établir directement de spécifications techniques détaillées et de critères de performance ou d'indications de résultats précis. Il invite dans ce cas, dans un premier temps, les soumissionnaires préqualifiés à lui faire des propositions techniques sur la base de principes généraux de conception ou de normes de performance, avant de les convier, dans un deuxième temps, à lui présenter des propositions techniques assorties d'un prix sur la base desquelles le délégataire sera finalement choisi.

Exceptionnellement, l'autorité délégante peut aussi choisir le délégataire par entente directe. Pour qu'il en soit ainsi, il faut justifier, sous le contrôle des autorités compétentes, d'un cas d'extrême urgence nécessitant une intervention immédiate visant à assurer la continuité du service public, ou d'un cas où le délégataire estimé est le seul à pouvoir fournir le service public demandé. Le juge européen a reconnu une telle éventualité, en indiquant que la passation des conventions de délégation de service, en fonction de certaines circonstances, particulièrement le respect des principes de non-discrimination, peut être réalisée sans qu'elle implique nécessairement de recourir à l'appel d'offres[392]. De manière générale, lorsque le délégataire est retenu, l'autorité délégante s'accorde avec lui sur les termes définitifs de la convention de délégation

392. CJCE, 21 juillet 2005, CONAME, C-231/03.

de service public. Elle publie ensuite, afin de clôturer la procédure, un avis d'attribution de convention de délégation de service public. Cet avis doit désigner le délégataire et comporter un résumé des principales clauses de la convention de délégation.

A.4. La rémunération du délégataire du service public

Les Codes des marchés publics de la Centrafrique[393] et du Congo[394] disposent que la rémunération du délégataire de service public est liée ou substantiellement assurée par les résultats de l'exploitation du service. Autrement dit, le délégataire doit déterminer sa rémunération et, par conséquent, se la faire payer sur les gains qu'il peut tirer de l'exploitation du service à lui concéder. La question de la rémunération du délégataire de service public, au-delà de l'assimilation souvent faite entre les deux notions, est l'élément qui distingue les marchés publics des conventions de délégation de service public. Le délégataire de service public n'a de rémunération qu'en fonction des résultats de l'exploitation du service qui lui a été confiée par la convention de délégation ou la concession. Il en assume tous les risques possibles liés à l'exploitation du service public concédé. En revanche, le titulaire du marché public n'a pour responsabilité que d'exécuter le marché public dans les formes et conditions convenues. Il ne prend, en réalité, aucun risque économique. Il est assuré de percevoir le prix convenu pour la prestation définie et effectuée, sauf aléa, qui du reste est souvent bien encadré. Cette règle trouve son origine dans le droit français. C'est le juge français qui a donné en premier les indications susceptibles de fonder le prix de la délégation de service public. Il l'a affirmé dans un arrêt de 1996[395]. La formule a été reprise par le législateur français à l'article 3 de la loi n°2001-1168 du 11 décembre 2001.

La rémunération du délégataire de service public est liée au risque d'exploitation. La jurisprudence communautaire[396] se fonde généralement sur cette corrélation pour définir la délégation de service ou la concession de services. Ainsi, pour la Cour de justice européenne, on est « en présence d'une concession de services lorsque le mode de rémunération convenu tient dans le droit du prestataire d'exploiter sa propre prestation et implique que celui-ci prenne en charge le risque lié à l'exploitation des services en question[397] ». Le Conseil d'État a adopté depuis longtemps, ainsi qu'on l'a dit plus haut, une approche identique. La concession de services, juge-t-il, est caractérisée non seulement parce que la rémunération du cocontractant est substantiellement

393. Article 1, alinéa 13, de la loi n°08-017 du 6 juin 2008, *op. cit.*
394. Article 2, alinéa 14 du décret n°2009-156 du 20 mai 2009, *op. cit.*
395. CE, 15 avril 1996, Préfet des Bouches-du-Rhône c/Commune de Lambesc, Rec., p. 137 ; RFDA, 1996, p. 715, concl. C. Chantepy et note P. Terneyre.
396. CJCE, 13 octobre 2005, Parking Brixen, aff.C-458/03 ; Contrats et marchés publics 2005, comm. n°306, note Eckert ; JCP A, 2005, n°1021, obs. D. Szymczak.
397. CJCE, 18 juillet 2007, Commission c/Italie, aff. C-382/05 ; AJDA 2008, p. 2346, note B. Eglie-Richters ; Contrats et marchés publics 2007, comm. 238, W. Zimmer.

liée aux résultats de l'exploitation du service, mais aussi en raison de ce que le cocontractant supporte une part significative du risque d'exploitation[398].

Ces deux hautes juridictions, en raison de l'importance prise par la notion de risque d'exploitation dans la distinction des marchés publics et des conventions de délégation de service public, notamment dans la détermination du régime juridique applicable, ont, au fil du temps, précisé son contenu et sa portée. Pour le Conseil d'État, le risque d'exploitation est caractérisé lorsque le cocontractant est exposé à une « insuffisance des résultats de son exploitation, c'est-à-dire de différence entre les produits qu'il encaisse et les charges correspondantes[399] ». De même, le risque d'exploitation est inéluctable lorsque la rémunération globale du délégataire est « susceptible d'être inférieure aux dépenses d'exploitation[400] ». Le juge communautaire européen considère, pour sa part, que le risque d'exploitation dépend beaucoup du mode de rémunération et de l'influence que la réglementation peut reconnaître au pouvoir adjudicateur. Ainsi, lorsque le délégataire est rémunéré par le pouvoir adjudicateur, le risque d'exploitation ne peut être considéré que s'il est de forte intensité[401]. Mais si le délégataire est directement payé par les usagers, le risque d'exploitation est potentiel et il peut être conclu à l'existence d'une concession de services[402]. Il en est de même, lorsque les règles applicables pour la détermination de la rémunération imposent certaines contraintes qui échappent à l'influence du pouvoir adjudicateur[403].

B. Le contrat de partenariat public-privé

Le contrat de partenariat ou le partenariat public-privé (PPP) est généralement défini comme une convention par laquelle une personne morale de droit public confie à un tiers, pour une période déterminée en fonction de la durée d'amortissement des investissements ou des modalités de financement retenues, la mission globale de réaliser les ouvrages ou les biens immatériels nécessaires au service public.

L'état des lieux réglementaire et institutionnel des partenariats publics-privés (PPP) en zone franc, daté du 31 décembre 2016[404], fait ressortir que seuls deux États membres de la CEMAC disposent d'une législation sur les PPP : le Gabon, par l'ordonnance n°22/PR/2015 du 11 août 2015[405] et le Cameroun, par

398. CE, 7 novembre 2008, Département de la Vendée, Contrats et marchés publics 2008, comm. 296, G Eckert ; AJDA 2008, p. 2454, note L. Richer ; CE, 5 juin 2009, Société Avenance Enseignement et Santé, Contrats et marchés publics 2009, comm. 236, G. Eckert ; CE, 1er avril 2009, n°323585, Communauté urbaine Bordeaux et Sté Koélis, Contrats et marchés publics 2009, comm. 162, P. Soler-Couteaux.

399. CAA Paris, Plénière, 25 mars 2010, Association Paris Jean Bouin et Ville de Paris, BJCP 2010, n°71, p. 297.

400. CE, 19 novembre 2010, Dingreville, Contrats et marchés publics 2011, comm. n°22, obs. G. Eckert.

401. CJUE, 10 mars 2011 précité.

402. CJCE, 10 septembre 2009, WAZV Gotha c/Eurawasser, Aff. C.206/08, Contras et marchés publics 2009, comm. n°329 ; AJDA 2009, p. 2285. Voir également, CJUE, 10 mars 2011, PrivaterRettungsdienstundKrankentransport Stadler c. ZweckverbandfürRettungsdienst un Feuerwehralarmierung Passau, aff. C-274/09, BJCP 2011, p. 210, note R.S.

403. CJUE, 10 novembre 2011, Norma-ASIA, Dekom SIA c/Latgalesplanosanasregions, Aff. C-348/10, Contrats et marchés publics 2012, comm. n°8, obs. W. Zimmer.

404. www.initiative-ppp-afrique.com.

405. Ordonnance n°22/PR/2015 du 11 août 2015 relative aux partenariats public-privé, JO du 10 septembre 2015, n°268 bis, p. 6-13.

la loi n°2006/012 du 29 décembre 2006[406], qui a fait l'objet d'une application par le décret n°2008/0115/PM du 24 janvier 2008[407]. Il est certain que ce mécanisme d'achat public se généralisera dans l'ensemble des États membres de la CEMAC, qui manquent généralement de fonds propres pour construire leurs infrastructures lourdes. Le PPP peut, en effet, leur permettre, autant que possible, de capter les investissements privés, surtout étrangers. Il peut aussi, en même temps, permettre un transfert de savoir-faire ou d'expertise vers ces États, notamment dans le cadre des contrats dits Build, Operate and Transfer (BOT), signifiant « construire, exploiter et transférer », qui constituent une des modalités de ces PPP. Comme le dit Nimrod Roger Tafotie Youmsi, c'est un procédé de financement et de gestion privés permettant aux personnes publiques de garder la haute main tant sur l'orientation stratégique de projets d'intérêt collectif que sur la propriété des biens qui en sont issus. Il s'agit alors d'allier utilité socio-économique et rentabilité ou, plus généralement, de concilier la logique d'État et la logique de marché[408].

Le partenariat public-privé est apparu, en premier lieu, en droit français[409] par l'ordonnance n°2004-559 du 17 juin 2004[410], elle-même adoptée sur le fondement de l'article 6 de la loi n°2003-591 du 2 juillet 2003 habilitant le gouvernement à simplifier le droit[411]. Cette ordonnance a été modifiée par la loi n°2008-735 du 28 juillet 2008 relative aux contrats de partenariat. Certains auteurs[412] l'ont présenté comme « la troisième voie permettant d'extirper la commande publique de l'alternative étriquée entre marchés publics et délégations de service public ». D'autres auteurs, plus tempérés, ont indiqué que c'était, plutôt, un mode d'achat public subsidiaire et non un mode alternatif aux modes traditionnels d'achat public[413].

Le contrat de partenariat public-privé diffère des autres modes d'achats publics non seulement par son mode de financement, donc par son objet, mais aussi par le mode de rémunération du partenaire privé, par sa nature juridique et par ses règles de passation.

B.1. L'objet du contrat de partenariat

Le contrat de partenariat public-privé est, on l'a dit, un mécanisme par lequel le secteur privé est appelé « à voler au secours » des personnes morales de droit public pour financer certains de leurs équipements et infrastructures

406. Loi n°2006/012 du 29 décembre 2006 portant régime général de contrats de partenariat, www.cvuc-uccc.com.
407. www.initiative-ppp-afrique.com.
408. Nimrod Roger TafotieYoumsi, *Build, Operate and Transfer, Modalité de partenariat public-privé, Approche Law and Economics*, Collection de la Faculté de droit, d'économie et de finance de l'Université du Luxembourg, éd. Larcier, quatrième de couverture.
409. Pour un aperçu général, Voir S. Braconnier, JCP G., 2004, I, 181.
410. JORF, 19 juin 2004, p. 10994.
411. Voir contrats et marchés publics, 2003, comm. n°143, obs. Delacour.
412. Stéphane Braconnier, *Précis du droit des marchés publics*, *op. cit.*, p. 137.
413. Voir B. Martor et s. Thouvenot, *Les contrats de partenariat : une nouvelle alternative aux modes traditionnels d'achat public*, JCP A, 2004, 1442.

dont la très grande envergure technique ou financière est hors de leur portée. Cette mission couvre la conception du projet, la construction des ouvrages ou des équipements, l'entretien, la maintenance, l'exploitation ou la gestion desdits ouvrages et équipements, ainsi que tout ou partie de leur financement. Il faut noter d'emblée que le contrat de partenariat public-privé n'a pas vocation de faire disparaître les modes traditionnels d'achats publics, ni même d'affecter leur régime juridique. Il a pour finalité de les suppléer lorsque ceux-ci ne sont pas adaptés à la nature ou aux enjeux de la commande publique en cause, notamment lorsque les projets y relatifs sont complexes ou urgents, ou encore lorsque leur objectif est de rechercher l'efficience économique.

B.1.1. Les projets complexes

Les projets complexes[414] sont en général ceux de grande envergure. L'article 6, alinéa 1, de la loi camerounaise du 29 décembre 2006 et l'article 4, alinéa 1, de l'ordonnance gabonaise du 11 août 2015, reprenant tous les deux l'article 2 de l'ordonnance française du 17 juin 2004 sur les contrats de partenariat public-privé, disposent que le projet public est complexe lorsque la personne morale de droit public n'est pas objectivement en mesure de définir elle-même les moyens techniques pouvant répondre à ses besoins ou d'établir le montage financier ou juridique du projet. Le critère de la complexité du projet trouve, au fond, son origine dans le droit communautaire européen. C'est la traduction de l'article 29 de la directive du 31 mars 2004 relative à la coordination de la procédure de passation des marchés publics de travaux et de services[415]. Cette directive autorise aux pouvoirs adjudicateurs en cas de projets complexes de recourir au dialogue compétitif, au sens de l'ordonnance n°2015-899 du 23 juillet 2015 relative aux marchés publics, avec les opérateurs économiques en vue de définir avec ces derniers une ou plusieurs solutions de nature à répondre à ses besoins.

Le considérant n°31 du texte communautaire précise, à ce sujet, que :

> *« Les pouvoirs adjudicateurs qui réalisent des projets particulièrement complexes peuvent, sans qu'une critique puisse leur être adressée à cet égard, être dans l'impossibilité objective de définir les moyens aptes à satisfaire leurs besoins ou d'évaluer ce que le marché peut offrir en termes de solutions techniques et/ou de solutions financières ou juridiques. Cette situation peut notamment se présenter pour la réalisation d'importantes infrastructures de transports intégrés, la réalisation de grands réseaux informatiques ou la réalisation de projets comportant un financement complexe et structuré dont le montage financier et juridique ne peut pas être prescrit à l'avance. Dans la mesure où le recours à des procédures ouvertes ou restreintes ne permettrait pas l'attribution de tels marchés, il convient de prévoir une procédure flexible qui sauvegarde à*

414. P. Lignières, *Un nouveau contrat pour les projets complexes*, Les Annales de la voirie, 2004, p. 136.
415. JOEU du 30 avril 2004 L.134/114.

la fois la concurrence entre opérateurs économiques et le besoin des pouvoirs adjudicateurs de discuter avec chaque candidat de tous les aspects du marché. »

Il sied de noter qu'aux termes des dispositions précitées, la complexité d'un projet peut être technique, juridique ou financière. Il n'est pas exigé que ces caractéristiques soient cumulées, une seule de ces dimensions suffit à valider le recours au contrat de partenariat. La complexité technique s'évalue au regard à la fois de l'incapacité du pouvoir adjudicateur à définir les moyens techniques à utiliser pour répondre à ses besoins et de la difficulté qu'il peut éprouver à établir parmi plusieurs solutions celle qui est la plus à même de répondre de manière optimale à ses besoins. On peut, par exemple, citer la difficulté de choisir entre un pont et un tunnel pour relier deux rives d'un fleuve. Le critère de complexité signifie donc non seulement l'incapacité de déterminer les spécifications techniques mais également l'incapacité de choisir la meilleure solution aux plans technique et économique. La complexité financière est retenue lorsque le pouvoir adjudicateur n'est pas en mesure de déterminer seul et à l'avance le meilleur montage financier possible. Il s'agit généralement des montages financiers de grande envergure dont les collectivités publiques, par inexpérience ou par absence d'expertise, ne maîtrisent pas forcément tous les contours pouvant permettre l'optimisation du projet. C'est le cas par exemple des grandes infrastructures routières ou ferroviaires. La complexité juridique résulte bien souvent de la difficulté de la personne morale de droit public à appréhender avec suffisamment de précision et de fiabilité le degré et la nature des risques à transférer aux opérateurs privés et surtout le niveau de responsabilité que ceux-ci sont prêts à accepter, d'où l'intérêt du dialogue compétitif.

Il sied de noter également qu'en raison de cette complexité, l'article 11 de l'ordonnance gabonaise du 11 août 2015 indique que les projets publics dont la compétence relève simultanément de plusieurs personnes publiques, peuvent être groupés et confiés par convention, comme pour la technique du groupement de commande publique des marchés publics, à l'une d'entre elles aux fins de préparer l'ensemble de la procédure de passation du contrat de partenariat avec le partenaire désigné, voire éventuellement d'en suivre l'exécution. Cette disposition est également présente dans le droit français. La loi n°2008-735 du 28 juillet 2008 relative aux contrats de partenariat, modifiant, l'ordonnance n°2004-559 du 17 juin 2004 l'a ajoutée au dispositif. Le Conseil constitutionnel, dans sa décision du 24 juillet 2008[416] a cependant limité le caractère général de cette possibilité en la réservant aux seules institutions nationales, donc à l'État et à ses établissements publics, excluant les autres collectivités territoriales. Le Conseil constitutionnel a considéré que le principe constitutionnel de la libre administration des collectivités territoriales, et plus précisément le principe en

416. CC, 24 juillet 2008, n°2008-567, JO, 29 juillet 2008, p. 12151.

vertu duquel aucune collectivité ne peut exercer une tutelle sur une autre, ne permettait pas une telle généralisation. Il a également écarté la possibilité de réunir au sein d'un même groupement des institutions nationales et locales.

B.1.2. Les projets urgents

L'article 4, alinéa 2, de l'ordonnance gabonaise du 11 août 2015 et l'article 6, alinéa 1, de la loi camerounaise du 29 décembre 2006, reprenant toujours l'article 2 de l'ordonnance française du 17 juillet 2004 précitée, disposent que le contrat de partenariat est justifié lorsque le projet présente un caractère urgent. Le caractère d'urgence se traduit en particulier par la nécessité de rattraper un retard préjudiciable à l'intérêt général affectant la réalisation d'équipements collectifs ou l'exercice d'une mission de service public, quelles que soient les causes de ce retard, ou de faire face à une situation imprévisible. Il ne s'agit pas ici de l'urgence, telle que prévue dans le Code des marchés publics, qui justifie le recours aux procédures dérogatoires ou celle qui permet soit de raccourcir les délais, soit de recourir à un marché en forme simplifiée. L'urgence que prévoient les dispositions précitées est d'ordre fondamental pour le développement et le renforcement des capacités infrastructurelles d'un pays. Ce n'est pas une simple opportunité permettant de recourir à une procédure rapide et moins contraignante, mais un moyen de rattraper, comme l'énoncent ces dispositions, « un retard préjudiciable à l'intérêt général affectant la réalisation d'équipements collectifs ou l'exercice d'une mission de service public ».

Le Conseil d'État[417], dans le cas français, a confirmé cette vision en énonçant que l'urgence pouvant justifier le recours à un contrat de partenariat doit « résulter objectivement, dans un secteur ou une zone géographique déterminée, de la nécessité de rattraper un retard particulièrement grave, préjudiciable à l'intérêt général, affectant la réalisation d'équipements collectifs ou l'exercice d'une mission de service public, quelles qu'en soient les causes ». L'urgence ne peut, ajoute-t-il, être caractérisée par « de simples difficultés ou inconvénients ». L'urgence, justifiant le recours au contrat de partenariat, doit cependant être interprétée avec circonspection.

Toutefois, le Conseil constitutionnel en a fait une interprétation restrictive dans sa décision du 26 juin 2003[418], rappelée dans ses décisions du 24 juillet 2008[419] et du 12 février 2009, n°2009-575 DC. Le Conseil constitutionnel a, en effet, censuré le dispositif transitoire de présomption d'urgence que comportait la loi du 28 juillet 2008 relative au contrat de partenariat. Il a considéré qu'une telle présomption d'urgence avait pour

417. CE, 23 juillet 2010, Lenoir et Syndicat national des entreprises de second œuvre du bâtiment : AJDA 2010, p. 1769 ; Contrats et marchés publics 2010, comm. n°318, obs. G. Eckert.
418. CC., 26 juin 2003, décision n°2003-473 DC, loi habilitant le gouvernement à simplifier le droit, AJDA, 2003, p. 1391, note Schoettl ; RDP, 2003, p. 1163, note Lichère.
419. JO, 29 juillet 2008, p. 12151.

effet de « limiter la portée de l'évaluation préalable et d'empêcher le juge d'exercer son contrôle sur le caractère d'urgence ; que dès lors, elles privent de garanties légales les exigences constitutionnelles inhérentes à l'égalité devant la commande publique, à la protection des propriétés publiques et au bon usage des deniers publics ». Le Conseil constitutionnel affirme ainsi que le caractère urgent des projets doit être préalablement évalué, sous le contrôle du juge. Il a également indiqué que le recours aux contrats de partenariat n'est possible que si un motif d'intérêt général le justifie. Les décisions du Conseil constitutionnel, comme il fallait s'y attendre, ont fait l'objet de nombreux commentaires, surtout négatifs, de la part de la doctrine[420]. En dépit de ces critiques, on peut considérer que la précision que ces décisions ont apportée est de taille, parce qu'elle permet de distinguer fondamentalement les contrats de partenariat des marchés publics ou des conventions de délégation de service public auxquels les personnes morales de droit public peuvent librement choisir de recourir sans forcément justifier d'un intérêt général. La jurisprudence administrative a confirmé la vision du Conseil constitutionnel, d'abord de manière excessivement stricte[421] et ensuite en privilégiant une approche beaucoup plus pragmatique, de manière plus en phase avec les réalités et contraintes de l'action publique[422].

B.1.3. Les projets à bilan coûts/avantages favorable

Les contrats de partenariat peuvent être préférés aux autres modes d'achat public s'ils présentent un rapport coûts/avantages plus favorable que ceux procurés par ces derniers. Le critère de bilan coûts/avantages, dit aussi critère de l'efficience économique s'établit après une analyse comparative, notamment en termes de coût global, de performance et de partage de risques. Ce critère peut aussi être retenu en fonction soit des caractéristiques du projet, soit des exigences du service public dont la personne publique est chargée, soit des insuffisances et difficultés observées dans la réalisation de projets comparables. L'article 4, alinéa 3, de l'ordonnance gabonaise du 11 août 2015 et l'article 6, alinéa 2, de la loi camerounaise du 29 décembre 2006 donnent une place prépondérante à ce critère, qui a été introduit également en France par la loi n°2008-735 du 28 juillet 2008 relative aux contrats de partenariat, modifiant l'ordonnance du 17 juin 2004.

---

420. M.C. Montecler, *Contrats de partenariat : le Conseil constitutionnel refuse la présomption d'urgence*, D. 2008, p. 1980 ; H. Mouannès, *Le contrat de partenariat rattrapé par le Conseil constitutionnel, ou, comment sauver les PME d'un éventuel statut éternel de sous-traitants*, LPA, 7 août 2008, p. 11-23 ; D. Linotte, *Actualité du droit des contrats de partenariat. Autour de la décision du Conseil constitutionnel du 24 juillet 2008*, Gaz-Pal., 8-9 août 2008, p. 2-4 ; J.D. Dreyfus, *La présomption d'urgence viole les exigences constitutionnelles relatives à la commande publique*, AJDA 2008, p. 1664-1667.

421. TA Orléans, 29 avril 2008, n°0604132 et n°0604140, Lenoir et Syndicat national des entreprises de second œuvre bâtiment : Juris-Data, n°2008-361555 ; Contrats et marchés publics, 2008, comm. n°123, note Eckert ; DA, 2008, comm. n°92, note F. Melleray ; JCP A, n°28, 7 juillet 2008, 2171, note G. Terrien et V. Cochi.

422. CAA Nantes, 23 janvier 2009, Dépt du Loiret : BJCP, 2009, p. 158, note Vandermeeren ; JCP A, 2009, 2135 ; Contrats et marchés publics, 2009, comm. n°80, note Labayle-Pabet et Gerères ; DA, 2009, comm. n°38, note Villain. CE, 23 juillet 2010, Lenoir et Syndicat national des entreprises de second œuvre du bâtiment : AJDA 2010, p. 1769 ; Contrats et marchés publics 2010, comm. n°318, obs. G. Eckert.

Le Conseil constitutionnel a reconnu, dans ses décisions précitées, la conformité de ce critère à la Constitution. Il a affirmé que cette nouvelle exception aux règles traditionnelles de la commande publique peut se prévaloir de l'application du principe du « bon emploi des deniers publics, exigence de valeur constitutionnelle qui découle des articles 14 et 15 de la Déclaration de 1789 ». Le Conseil précise toutefois que le recours au contrat de partenariat, en raison du caractère avantageux qu'il présente, doit être susceptible de contrôle par le juge.

Le bilan coût/avantages, on l'a vu, est fait préalablement à la signature du contrat de partenariat, dont l'objet principal, comme on l'a vu également, est de faire financer par le secteur privé les ouvrages et équipements publics. L'évaluation financière du projet est donc primordiale. Le tiers ou le partenaire privé choisi doit être normalement en capacité d'assurer l'entièreté du financement. Les législations sont assez souples sur ce point, afin de rendre plus attractifs les contrats de partenariats. Par exemple, l'article 5, alinéa 4, de l'ordonnance gabonaise prévoit que le partenaire privé peut apporter « [...] tout ou partie de leur financement [...] ». En France, le dispositif a été assoupli par la loi n°2009-179 du 17 février 2009 pour l'accélération des programmes de construction et d'investissement publics et privés. Ainsi, il n'est plus exigé que le titulaire du contrat de partenariat prenne en charge l'intégralité du financement des ouvrages, équipements ou biens immatériels nécessaires au service public. Cette loi dispose, en effet, que l'administration peut confier au partenaire, à travers le contrat de partenariat, « tout ou partie de leur financement, à l'exception de toute participation au capital ». Cela veut dire que la personne morale de droit public qui passe le contrat peut prendre en charge une partie du financement nécessaire mais ne peut en aucun cas entrer dans le capital de l'entreprise titulaire du contrat. La loi précitée limite toutefois cette possibilité pour ce qui concerne les collectivités territoriales locales et les établissements publics locaux : « le financement définitif d'un projet doit être majoritairement assuré par le titulaire du contrat. »

B.2. La rémunération du partenaire privé

La rémunération du partenaire « constitue la contrepartie du titulaire du contrat suite à la réalisation des prestations de toutes natures répondant à la mission globale[423]. Cette rémunération représente l'ensemble des coûts d'investissement, de financement et de fonctionnement du projet confié au cocontractant. Elle est calculée en tenant compte des objectifs de performance assignés au cocontractant ainsi que du partage des risques avec l'administration. Les éléments servant à son calcul doivent être nécessairement consignés, ainsi

423. Niels Bernardini, *La rémunération du partenaire privé dans le contrat de partenariat*, sous la direction de Jean-Christophe Car, Université D'Aix-Marseille, 2012-2013, p. 13.

que l'indique la loi camerounaise sur les PPP, dans le contrat de partenariat[424]. Le partenaire privé dans le contrat de partenariat, aux termes de l'ordonnance gabonaise relative aux PPP, est « rémunéré soit directement par la personne publique contractante ; soit par la perception directe, sur mandat ou pouvoir de la personne publique contractante, du prix des prestations payées par les usagers[425] ». Le versement de la rémunération peut être lié à la disponibilité de l'ouvrage, c'est-à-dire à partir de la « constatation » par la personne morale de droit public de l'existence de l'ouvrage et de sa conformité à la destination fixée par ladite personne publique. Elle peut aussi faire l'objet de paiements pendant toute la durée du contrat, de manière échelonnée, depuis la conception de l'ouvrage jusqu'à son exploitation. En réalité, toutes les préoccupations relatives à la détermination et au paiement de la rémunération doivent être discutées préalablement et consignées dans le contrat de partenariat.

Le mode de rémunération des PPP se distingue ainsi, quoique proche en raison du paiement d'une prestation, de celui des marchés publics dont les tranches sont particulièrement précises, allant des avances de démarrage, aux acomptes et aux soldes de tous comptes. Ce dernier ne permet pas, en principe, le paiement étalé ou différé des travaux, comme c'est le cas en France[426]. Le mode de rémunération des PPP se distingue également de celui des conventions de délégation de service public dont le paiement est substantiellement lié aux résultats de l'exploitation du service public et qui, contrairement de celui des PPP n'est lié à aucun résultat d'exploitation[427]. La rémunération du partenaire peut être complétée par des ressources annexes. L'article 5, alinéa 4, de la loi du Cameroun sur les PPP a inscrit la possibilité de recourir à de telles ressources : le contrat de partenariat comporte « [...] le cas échéant, les recettes que le cocontractant peut être autorisé à se procurer en exploitant les ouvrages ou les équipements pour répondre à d'autres besoins que ceux de la personne publique contractante [...] ».

La législation française prévoit également cette possibilité. L'article 11 de l'ordonnance de 2004 sur les PPP la décline en ces termes : « Un contrat de partenariat comporte nécessairement des clauses relatives à la rémunération du cocontractant, aux conditions dans lesquelles sont prises en compte et distinguées [...] les recettes que le cocontractant peut être autorisé à se procurer en exploitant le domaine, les ouvrages, équipements ou biens immatériels, à l'occasion d'activités étrangères aux missions de service public de la personne publique et qui ne leur porte pas préjudice ». Les ressources annexes peuvent aussi résulter de la possibilité qu'offre l'article 15 de la

424. Article 5, alinéa 4, de la loi camerounaise du 29 décembre 2006, *op. cit.*
425. Article 10 de l'ordonnance gabonaise du 11 août 2015, *op. cit.*
426. Article 96 du Code des marchés publics.
427. CE 15 avril 1996, Préfet des Bouches du Rhône c/Commune de Lambes, Rec., p. 137 ; AJDA 1996, 806, chr. D. Chauvaux et T.X. Girardot, p. 729 ; CJEG 1996, p. 267, concl. Chantepy et note R. Savignat ; Droit adm. 1996, n°355, obs. J.B. Auby ; JCP E. 1997, n°13, p. 59, note M. Guibal ; LPA 1996 1996, n°84, note D. Préat ; RFDA 1996, 715, concl. C. Chanpety, p. 718, note P. Terneyre.

loi n°2009-179 du 17 février 2009 pour l'accélération des programmes de construction et d'investissement public et privé. En effet, cette disposition indique que le « titulaire du contrat de partenariat, qui assure par ailleurs la maîtrise d'ouvrage des travaux à réaliser, peut être chargé, à l'instar du titulaire d'une concession d'aménagement, après décision de l'État ou de l'organe délibérant de la collectivité territoriale concernée, d'acquérir les biens nécessaires à la réalisation de l'opération, y compris, le cas échéant, par voie d'appropriation[428] ». Le cocontractant peut ainsi se procurer des revenus complémentaires à la rémunération principale. Le Conseil constitutionnel a validé cette possibilité « dans sa décision n°2008-567 DC du 24 juillet 2008 à la suite de la saisine sur la loi relative aux contrats de partenariat[429] ».

La durée de la rémunération du cocontractant est fonction de la durée du contrat. La notion de durée du PPP est ainsi l'un des critères d'identification avec les autres contrats de la commande publique. Classiquement, la durée d'un contrat couvre la période allant de la signature jusqu'au terme de l'exécution des prestations, objet du contrat. Dans un contrat de PPP, la durée couvre la phase de conception, la phase de construction, puis la phase d'exploitation qui ne prend fin qu'à l'amortissement des investissements consentis par le cocontractant ou des modalités de financement retenues. On voit que cette durée ne peut être déterminée avec précision à l'avance. La législation gabonaise fait exception, en fixant le plafonnement de la durée de rémunération qui ne peut « excéder trente ans, sauf lorsque la complexité, les caractéristiques techniques, économiques, comptables et financières du projet ne permettent pas raisonnablement l'amortissement intégral du coût de l'investissement concerné dans ce délai[430] ». En France, l'ordonnance de 2004 sur les PPP ne fixe aucune durée, mais une circulaire de 2012 considère qu'un délai de cinq ans peut être une durée minimale[431].

B.3. La nature juridique du contrat de partenariat

La loi camerounaise du 29 décembre 2006 et l'ordonnance gabonaise du 11 août 2015 sur les PPP ne semblent pas reconnaître la nature administrative au contrat de partenariat, ou plutôt ne semblent pas être claires et précises sur la question. L'article 4 de la loi camerounaise dispose que « sous réserve des dispositions de la présente loi, ainsi que celles prévues dans les clauses du contrat de partenariat, les entreprises opératrices et leurs sous-traitants sont soumis aux règles du droit commun. » L'article 2, alinéa 2, de l'ordonnance gabonaise indique, quant à lui, que les contrats et conventions de partenariat public-privé « dérogent, en tant que de besoin, aux dispositions des textes en

428. Voir Stéphane Braconnier, *Précis du droit des marchés publics*, 4e édition, *op. cit.*, p. 144.
429. Niels Bernardini, *La rémunération du partenaire privé dans le contrat de partenariat*, *op. cit.*, p. 34.
430. Article 9, alinéa 2, ordonnance n°22/PR/2015 du 11 août 2015 relative aux partenariats public-privé, JO du 10 septembre 2015, n°268 bis, p. 6-13.
431. Circulaire du 9 mai 2012 relative au contrat de partenariat à l'attention des collectivités locales territoriales, p. 4.

vigueur ayant un lien avec les contrats administratifs de droit commun ». On peut se demander, si telle est l'option choisie à travers les dispositions précitées, comment ne pas reconnaître la qualité de contrat administratif au contrat de partenariat ?

Les contrats de partenariat sont conclus par des personnes morales de droit public, individuellement ou regroupées, avec des tiers. Même si l'objet de ce type de contrat ne consiste pas à confier à un tiers, comme pour les conventions de délégation de service public, l'exercice d'une mission de service public, le fait que l'une des parties soit une personne morale de droit public suffit à considérer que le contrat y relatif est d'ordre administratif. Ce critère, qui a prévalu pour reconnaître la nature administrative au marché public, devrait aussi être retenu pour la qualification administrative du contrat de partenariat. C'est ce qu'admet, en France, l'article 1er de l'ordonnance du 17 juin 2004, repris par la loi du 28 juillet 2008. Cet article dispose que le contrat de partenariat est un contrat administratif, comme le sont le marché public et la convention de délégation de service public. Il est, de ce fait, soumis aux mêmes règles contentieuses que les deux derniers. Il sied de noter que la législation du Cameroun[432] et celle du Gabon[433] ne reconnaissent la capacité de passer des contrats de partenariat qu'aux personnes morales de droit public. Il s'agit en l'occurrence de l'État, des collectivités territoriales locales, des établissements publics nationaux et locaux ou tout autre organisme de droit public ayant le pouvoir de conclure des contrats de partenariat. Les personnes de droit privé assurant une mission de service public, ou même associées à une telle mission, en sont exclues.

La législation française apporte, toutefois, quelques exceptions à ce monopole. Les articles 19 et 25 de l'ordonnance de 2004 étendent expressément cette capacité aux organismes de droit privé assurant en tout ou partie la gestion d'un régime légalement obligatoire d'assurance contre la maladie, la maternité, la vieillesse, l'invalidité, le décès, le veuvage, les accidents du travail et les maladies professionnelles ou de prestations familiales, ainsi qu'aux unions ou fédérations desdits organismes.

De même, les tiers susceptibles de recevoir dans le cadre d'un contrat de partenariat la mission globale de financer tout ou partie des ouvrages et équipements publics, c'est-à-dire les cocontractants de l'administration, sont exclusivement les personnes privées, en sont exclues les personnes morales de droit public. C'est ce qui ressort, par exemple, de l'article 1er, alinéa 2, de l'ordonnance gabonaise qui dispose que la réglementation sur les PPP ne s'applique pas aux « contrats conclus entre les personnes de droit public ». Tel est aussi le cas en France. Stéphane Braconnier[434] énonce à cet effet, même si l'ordonnance française précitée est peu précise sur ce point, que le « contractant

---

432. Article 2, alinéa 2, de la loi n°2006/012 du 29 décembre 2006, *op. cit.*
433. Article 5, alinéas 3 et 4, de l'ordonnance n°22/PR/2015 du 11 août 2015, *op. cit.*
434. Précis du droit des marchés publics, 4e édition, Le Moniteur, Paris 2012, p. 143.

de l'administration sera, dans les faits, toujours une entreprise privée ». Car, la notion générique de « tiers », ajoute-t-il, « renvoie au groupement constitué en vue de se voir attribuer le contrat. Ce groupement, souvent structuré autour d'une banque et d'un constructeur, pourra toutefois comporter, en son sein, une personne morale de droit public, notamment un établissement public industriel et commercial, distinct naturellement de la personne publique qui passe le contrat ».

B.4. Les règles de passation du contrat de partenariat

Les législations du Cameroun[435] et du Gabon[436], reprenant l'article 2 de l'ordonnance française du 17 juin 2004, modifiée par la loi du 28 juillet 2008, indiquent que la passation d'un contrat de partenariat doit être obligatoirement précédée d'une évaluation préalable du projet faisant apparaître les motifs de caractère économique, financier, juridique et administratif qui conduisent la personne publique à engager la procédure de passation d'un tel contrat. Cette évaluation, dont la durée peut être réduite lorsqu'il s'agit de faire face à une situation imprévisible et urgente, comporte une analyse comparative des différentes options, notamment en termes de coût global hors taxes, de partage de risques et de performance, ainsi qu'au regard des préoccupations de développement durable. L'évaluation préalable permet d'une part de vérifier que le projet concerné répond à l'un des critères de passation des contrats de partenariat prévus par la législation et d'autre part de permettre à la personne publique d'expliciter les motifs qui fondent son intérêt à passer un contrat de partenariat.

Au-delà de cette spécificité, les règles de passation du contrat de partenariat ne sont pas très différentes de celles des autres contrats d'achat public, notamment le marché public. L'article 8 de la loi camerounaise, tout comme l'article 18 de l'ordonnance gabonaise, énoncent pratiquement dans les mêmes termes que « la passation d'un contrat de partenariat est soumise aux principes de liberté d'accès, d'égalité de traitement des candidats, d'objectivité, de concurrence et de transparence et du respect des règles de bonne gouvernance ». Et qu'elle est précédée d'un appel public à concurrence permettant la présentation de plusieurs offres. L'appel public mentionne la procédure choisie pour la sélection du cocontractant. Ce choix, tel qu'il ressort de la réglementation du Gabon[437] se fait selon quatre types de procédures : l'appel d'offres, le dialogue compétitif, la procédure négociée et l'offre spontanée. Ces différentes procédures, à l'exception de l'offre spontanée, sont similaires à celles qui président à la passation des marchés publics. L'offre spontanée, la procédure la plus innovante, est une proposition de contrat de partenariat à

435. Articles 6 et 7 de la loi n°2006/012 du 29 décembre 2006, *op. cit.*
436. Articles 15, 16 et 17 de l'ordonnance n°22/PR/2015 du 11 août 2015, *op. cit.*
437. Articles 20 à 41 de l'ordonnance n°22/PR/2015 du 11 août 2015, *op. cit.*

l'initiative d'un opérateur privé. Elle n'est pas soumise en réponse à un appel à concurrence publié par l'autorité contractante. La loi camerounaise, dans son article 9, préconise non pas des procédures mais plutôt des phases de sélection des cocontractants. La sélection commence par la présélection des candidats sur la base de leurs offres, elle se poursuit par le dialogue de préqualification qui consiste à engager une concertation avec les candidats présélectionnés afin de définir les moyens techniques, juridiques et financiers les mieux à même de répondre à la commande publique et elle se termine par l'adjudication, c'est-à-dire la désignation du cocontractant.

Il convient de noter, sous forme conclusive sur ce point, que la passation du contrat de partenariat, compte tenu de son objet, a pour effet automatique de transférer au tiers attributaire de la commande publique la maîtrise d'ouvrage sur les travaux à réaliser. C'est, sans doute, la véritable différence avec les modes d'achats publics traditionnels, tel que le marché public. Et c'est sans doute aussi pour cette raison que les contrats de partenariat, qu'ils soient passés par les autorités nationales ou locales, ne peuvent concerner les missions de souveraineté, ainsi que le dispose le Conseil constitutionnel[438].

2. Les techniques contractuelles de droit privé permettant l'acquisition des équipements publics

Les personnes morales de droit public usent de plus en plus de techniques issues du droit privé pour satisfaire leurs besoins ou pour acquérir des équipements publics. L'apparition de ces techniques contractuelles dans la commande publique, pour lesquelles la jurisprudence française s'est souvent montrée très réservée[439], est un phénomène récent qui, semble-t-il, ainsi que le dit Stéphane Braconnier, « trouve sa source, d'une part, dans la volonté des collectivités publiques d'échapper aux prescriptions du Code des marchés publics et, d'autre part, dans le souci de ces mêmes collectivités de financer leurs équipements sans alourdir leur endettement[440] ». Il s'agit notamment de la vente en l'état futur d'achèvement et du crédit-bail immobilier pour lesquels la jurisprudence, il faut le noter, n'accorde aucun caractère public en raison du fait que ce n'est pas la personne publique qui en assure la maîtrise d'ouvrage. Il en est ainsi de la vente en l'état futur d'achèvement[441] et du crédit-bail[442]. Ces techniques contractuelles de droit privé, même si elles n'ont, semble-t-il, pas encore d'existence avérée dans la commande publique des États membres de

438. Décision précitée du 26 juin 2003, Considérant n°20.
439. CE, 8 février 1999, Préfet des Bouches-du-Rhône c/Commune de La Ciotat, AJDA, 1999, p. 364, concl. Bergeal, et p. 369, note D. Chabanol ; BJCP, 1999, p. 352, obs. C. Maugié.
440. Voir Stéphane Braconnier, *Précis du droit des marchés publics*, 4e édition, *op. cit.*, p. 130.
441. CE, 8 février 1991, Région Midi-Pyrénées, RFDA 1992, p. 48.
442. CE, avis, 31 janvier 1995, AJDA 1997, p. 126.

la CEMAC, peuvent trouver leur place dans une étude qui se consacre au droit des marchés publics, sinon à la commande publique, dans ces États. Il est fort possible qu'ils trouvent intérêt à les intégrer au nombre des outils utiles à la réalisation de leur commande publique. Le Code du Cameroun semble, d'ores et dejà, s'inscrire dans cette perspective. Son article 62 dispose que les marchés publics de fournitures ont pour objet la réalisation de ce type d'opération.

A. La vente en l'état futur d'achèvement (la VEFA)

L'article 1601-3 du Code civil dispose que la vente en l'état futur d'achèvement est un « contrat par lequel le vendeur transfère immédiatement à l'acquéreur ses droits sur le sol, ainsi que la propriété des constructions existantes. Les ouvrages à venir deviennent la propriété de l'acquéreur au fur et à mesure de leur exécution et l'acquéreur est tenu d'en payer le prix à mesure de l'avancement des travaux. Le vendeur conserve les pouvoirs de maître de l'ouvrage jusqu'à la réception des travaux ». La VEFA, sous certaines conditions, autorise les personnes morales de droit public à déroger à certains principes de la commande publique. En effet, c'est un procédé qui permet aux collectivités publiques, sans que celles-ci ne soient maîtres d'ouvrage, puisqu'elles n'exercent aucun contrôle sur les conditions de travaux et leurs modalités d'exécution, de satisfaire leurs besoins ou de réaliser des équipements publics.

Il s'agit, au fond, pour la personne morale de droit public de profiter, au même titre que toute personne sollicitant l'accès à la propriété, d'une opération lancée et conduite par un promoteur immobilier, pour acquérir un lot dans lequel elle entend, une fois l'immeuble réalisé, installer certains de ses services. C'est ainsi qu'a été jugée licite la réalisation d'un commissariat de police dans un immeuble collectif, dès lors que celui-ci ne constituait qu'une partie de l'immeuble destiné, pour sa plus grande part, à des propriétaires privés[443]. Il en a été de même, alors même que l'État était intervenu au stade de la conception de l'immeuble pour y faire prendre en compte des spécifications techniques particulières correspondant aux besoins de ses services[444]. Il en a été encore de même lorsque l'objet de l'opération consistait à l'achat en VEFA d'un auditorium par une commune[445]. Ce qui est fondamental, c'est que le promoteur immobilier doit avoir, de bout en bout de l'opération, la totale maîtrise de l'ouvrage. Il doit, bien entendu, conserver ses prérogatives jusqu'à la fin des travaux. De même, la VEFA implique que l'immeuble soit construit sur un

443. CE, Avis, 31 janvier 1995, AJDA, 1997, p. 126, art. E. Fatôme et P. Terneyre.
444. Sur les OPHLM, V° : rép. min. n°67926, JOAN (Q), 13 septembre 2005, p. 8562. Sur le champ d'application de la VEFA : S. Pignon, MTPB, 6 janvier 2005, p. 60.
445. TA Bordeaux, 9 mars 2006, Groleau, Dr. adm., 2006, comm. n°95, note J.F. Auby.

terrain dont on ne peut soupçonner l'appartenance à la personne morale de droit public.

La VEFA ne peut donc être confondue avec le système de mandat implicite où le constructeur et le vendeur des constructions agissent en réalité au nom et pour le compte de la personne morale de droit public et encore moins une opération de construction ou de réhabilitation d'immeuble commandée par la collectivité publique, pour le compte de cette collectivité publique et destinée à devenir sa propriété pour satisfaire ses besoins propres[446]. La collectivité publique qui se retrouve dans les hypothèses précitées doit se conformer au Code des marchés publics[447]. Si elle ne le fait pas, le recours à la VEFA peut être interprété comme un détournement de procédure et sanctionné de ce point de vue[448] . Le rôle de maître d'ouvrage, pour les personnes morales de droit public, est une fonction d'intérêt général dont elle ne peut se démettre. C'est ce rôle qui définit principalement le caractère public des marchés conclus par ces personnes.

Le juge européen semble avoir une interprétation moins restrictive de la question. Il a jugé qu'au sens de la directive n°93/37 du 14 juin 1993, un contrat dans lequel la maîtrise d'ouvrage n'était pas assurée par le pouvoir adjudicateur mais par son cocontractant[449] pouvait être considéré comme un marché public de travaux. Il sied de noter, toutefois, que cette décision communautaire a une portée limitée. Elle doit, semble-t-il, être comprise à la lumière de l'article 1er-2b de la directive n°2004/18/CE qui donne du marché public une définition autonome de l'exercice, par la personne morale de droit public, de la maîtrise d'ouvrage et de la propriété, initiale ou finale, de l'ouvrage construit. Ce qui fait que la VEFA peut entrer dans le champ d'application de cette directive, surtout qu'elle indique que l'exécution de travaux ou la réalisation d'ouvrages peut se faire « par quelque moyen que ce soit ».

B. Le crédit-bail immobilier

Le crédit-bail immobilier est défini par l'article 1er de la loi n°66-455 du 2 juillet 1966 relative aux entreprises pratiquant le crédit-bail, codifié à l'article L.313-7 du Code monétaire et financier. C'est l'ensemble des « opérations par lesquelles une entreprise donne en location des biens immobiliers à usage professionnel, achetés par elle ou construits pour son compte, lorsque ces opérations, quelle que soit leur qualification, permettent aux locataires de devenir propriétaires de tout ou partie des biens loués, au

446. Voir dans ce sens, CE, 14 mai 2008, Communauté de communes Millau-Grands Causses, Contrats marchés publics, 2008, comm. n°182, G. Eckert ; CAA Bordeaux, 1er mars 2005, MM. Carrière et Molinier, AJDA, 2005, p. 1846, note A. Tassone.
447. CE, Avis, 31 janvier 1995, précité.
448. CE, 11 août 2009, Commune Les Vans et SCI Serart.com : Contrats et marchés publics 2009, comm.304, note G. Eckert.
449. CJCE, 12 juillet 2001, Ordre des architectes de la province de Milan et Lodi, Piero De Amicis et a. c/Commune de Milan, aff. C-399/98, Contrats et marchés publics, 2001, comm. n°154, obs. F. Llorens ; JCP G. 2001, I, n°368, obs. S. Braconnier ; CJCE, 18 janvier 2007, Jean Auroux c/Commune de Roanne, BJCP, 2007, p. 184, concl. J. Kokott, RDP 2007, p. 1329, note S. Braconnier ; AJDA 2007, p. 409, note E. Fatôme, L. Richer, *Contrats et marchés publics*, 2007, comm. n°38, W. Zimmer.

plus tard à l'expiration du bail, soit par cession en exécution d'une promesse unilatérale de vente, soit par l'acquisition directe ou indirecte des droits de propriété du terrain sur lequel a été édifié l'immeuble loué, soit par transfert de plein droit de la propriété des constructions édifiées sur le terrain appartenant audit locataire ». Les entreprises qui s'adonnent par principe à cette activité de « crédit-bailleur » sont les établissements de crédit ou, plus précisément, les banques. On peut se demander si les personnes morales de droit public peuvent jouer le rôle de « crédit-bailleur » au regard de la spécificité, voire de l'exclusivité, dont bénéficient les établissements de crédit en cette matière.

La réponse est très nuancée. D'abord, ce rôle ne peut être, en substance, joué que par les collectivités locales. Ensuite, celles-ci ne peuvent le jouer que dans des conditions très exceptionnelles, notamment en cas de carence de l'initiative privée bancaire et si un intérêt public local le justifie[450]. L'autre question est de savoir si les personnes morales de droit public peuvent recourir au crédit-bail immobilier pour financer la construction d'un ouvrage public ou privé. Autrement dit, peuvent-elles être « crédit-preneurs » ?

L'hypothèse envisagée ici est celle où un établissement de crédit, appelé « crédit-bailleur », finance « la construction d'un ouvrage immobilier public et le loue à une personne publique ou à l'un de ses délégataires de service, appelé "crédit-preneur", afin qu'il l'utilise ou qu'il l'exploite dans un but d'intérêt général. Le crédit-bailleur reste évidemment propriétaire de l'ouvrage construit pendant toute la durée du bail. Le crédit-preneur devient propriétaire, pour sa part, en fin de bail[451] ». La réponse n'est pas aisée. Elle se heurte à plusieurs difficultés liées aux principes généraux ou aux règles générales du droit des marchés publics. Il s'agit, par exemple, du principe de l'interdiction du paiement différé ou du paiement par annuités dans les marchés publics ou de celui de la responsabilité principale de l'administration en matière d'ouvrage public. La maîtrise de l'ouvrage des ouvrages publics est, en effet, une fonction d'intérêt général que l'administration doit remplir principalement et dont elle ne peut se démettre[452]. Le recours au crédit-bail immobilier par les personnes morales de droit public se heurte également aux contraintes de la domanialité publique. Le terrain sur lequel est construit l'ouvrage public, afin que la personne morale de droit public l'utilise ou l'exploite dans un but d'intérêt général, n'intègre-t-il pas automatiquement le domaine public ? Si oui, n'y a-t-il pas incompatibilité avec le fait que celui-ci continue à demeurer propriété privée du crédit-bailleur, étant entendu que le transfert au bénéficiaire ne peut se faire qu'à la fin du processus de bail ?

La réponse ne peut être que positive au regard des principes de la domanialité publique. En effet l'inaliénabilité et l'imprescriptibilité n'autorisent pas que les

---

450.Rép. min. n°37196, JOAN (Q), 20 mai 1996, p. 2743 ; Dr. adm. 1996, comm. n°252.

451. Stéphane Braconnier, *Précis du droit des marchés publics*, 4e éd., *op. cit.*, p. 135.

452. Voir à propos des baux emphytéotiques administratifs, CE, 25 février 1994, SA Sofap-Marignan Immobilier, Rec., p. 94 ; RFDA, 1994, p. 510, concl. J. Arrighi de Casanova ; CJEG, 1994, p. 569.

biens appartenant au domaine public soient grevés de droits réels. Or, le crédit-bailleur, au sens de la définition du crédit-bail immobilier, dispose d'un droit réel non seulement sur le terrain mais aussi sur l'ouvrage public construit sur celui-ci, jusqu'à la fin du bail.

Le législateur français, conscient du rôle important que peut jouer le crédit-bail immobilier dans la réalisation des équipements publics[453], a pris diverses dispositions législatives aux fins de contenir ou endiguer les obstacles d'ordre juridiques pouvant empêcher son développement en matière d'achat public. Il s'agit notamment de la loi n°88-3 du 5 janvier 1988 et de l'ordonnance n°2006-460 du 21 avril 2006 sur la domanialité publique des collectivités locales ainsi que de la loi n°94-631 du 24 juillet 1994 sur le domaine public de l'État. Ces lois ont considérablement fait évoluer la situation, mais pas assez au goût de certains[454], parce que leur objet demeure très encadré, notamment pour les collectivités locales. En effet, celles-ci ne peuvent octroyer des droits réels sur leur domaine public à des tiers que dans le cadre d'une mission de service public ou d'une opération d'intérêt général.

453. Voir Stéphane Braconnier, *Précis du droit des marchés publics*, 4e édition, *op. cit.*, p. 137 : « Le crédit-bail a ainsi permis la réalisation de multiples parcs de stationnement souterrains, usines de traitements de déchets, réseaux de chauffage urbain, équipements de stations de sports d'hiver, etc. »

454. Voir Stéphane Braconnier, *Précis du droit des marchés publics*, 4e édition, *op. cit.*, p. 136.

DEUXIÈME PARTIE

LE RÉGIME JURIDIQUE DES MARCHÉS PUBLICS DANS LES ÉTATS MEMBRES DE LA CEMAC

Le régime juridique des marchés publics est l'ensemble des règles de droit applicables aux marchés publics. C'est le « noyau dur » du droit des marchés publics. Il s'agit en général des règles relatives à la planification, la passation, l'exécution et la fin des marchés publics.

CHAPITRE 1

LA PLANIFICATION DES MARCHÉS PUBLICS DANS LES ÉTATS MEMBRES DE LA CEMAC

Les autorités contractantes élaborent, chaque année, leurs plans de passation des marchés publics. La planification des marchés publics, c'est-à-dire leur préparation, est l'une des phases essentielles de la gestion des marchés publics. On peut même affirmer que c'est la condition *sine qua non* pour la réussite de la procédure de passation des marchés publics. C'est la phase au cours de laquelle l'autorité contractante prend le soin de réunir en amont, c'est-à-dire avant le lancement de la procédure de passation, tous les éléments qui peuvent concourir à la bonne satisfaction de la commande publique. Elle consiste essentiellement à la détermination des besoins et à leur programmation dans le temps, ainsi qu'à l'évaluation de leur financement, à la définition des critères d'attribution des marchés publics et au choix de la procédure de leur passation. Pour un souci de cohérence, les critères d'attribution et les procédures de passation seront étudiées plus loin, dans la rubrique consacrée à la passation des marchés publics, parce que ce sont ces éléments qui constituent la trame de cette rubrique.

I. LA DÉTERMINATION DES BESOINS ET LEUR PROGRAMMATION DANS LE TEMPS

La commande publique est généralement motivée par des besoins d'intérêt général ou de service public. Ces besoins, avant leur concrétisation en marchés publics, doivent être définis avec précision et faire l'objet d'une programmation dans le temps. Les Codes des marchés publics du Gabon[455], du Congo[456], du

455. Articles 46 et s., *op. cit.*
456. Articles 22 et 23, *op. cit.*

Tchad[457], du Cameroun[458] et de la Centrafrique[459] portent tous cette double exigence.

1.La détermination des besoins

Les autorités contractantes, avant tout appel à la concurrence ou entente directe, doivent déterminer aussi précisément que possible la nature et l'étendue des besoins qu'elles souhaitent satisfaire. Elles le font généralement par le biais de leurs services techniques. Elles peuvent aussi le faire en concertation avec les potentiels soumissionnaires.

A. La détermination des besoins par les services techniques

Les besoins de la commande publique, objet des marchés publics, sont généralement identifiés et précisés par les services techniques relevant des autorités contractantes. Le Code du Cameroun précise qu'avant le lancement de tout appel à la concurrence ou de toute consultation, le maître d'ouvrage est tenu de réaliser des études préalables sur les projets qu'il entend entreprendre, pour déterminer non seulement les besoins, mais aussi pour fixer les critères de leur réalisation. Lorsque ces services ne sont pas en capacité de définir avec précision leurs besoins et les moyens de les satisfaire, les autorités contractantes peuvent solliciter des personnes-ressources[460]. Elles peuvent aussi, pour contourner la difficulté, recourir aux marchés fractionnés. Cela peut arriver en cas d'incertitude sur la régularité ou l'étendue des besoins, ou simplement lorsque l'importance de la commande excède les possibilités de stockage. De manière générale, les Codes des marchés publics des États membres de la CEMAC sont, semble-t-il, volontairement vagues sur la manière d'atteindre les objectifs de précision, particulièrement sur les services techniques désignés à cet effet. Ils laissent, sans aucun doute, la liberté aux autorités contractantes, dans le cadre de leur politique de commande publique, de déterminer à quel niveau leurs besoins doivent être appréciés. C'est une souplesse de gestion qui a certainement l'avantage de faire que les besoins soient exprimés au plus près des niveaux où ils sont ressentis.

La précision dans la détermination des besoins relève sans aucun doute d'une nécessité économique ou technique mais, il faut le souligner, elle est avant tout une obligation juridique. Les besoins constituent, en effet, l'objet du marché, ils doivent de ce fait être déterminés avec précision. La jurisprudence française est constante sur ce sujet. Elle a considéré qu'une évocation trop vague de l'objet

457. Articles 59 et s., *op. cit.*
458. Article 54, alinéa 1, *op. cit.*
459. Articles 27 et 28, *op. cit.*
460. Article 54, alinéa 2, du code camerouais.

du marché dans l'avis d'appel d'offres était susceptible d'entraîner la nullité du marché public[461]. De même, a-t-elle retenu comme des manquements à la définition des besoins la sous-estimation des quantités du marché[462], le renvoi de la définition de certains besoins à un dispositif ultérieur[463], la possibilité pour les candidats de proposer des « services annexes » non définis[464].

En France, il en est de même. Il revient à chaque pouvoir adjudicateur de le déterminer[465]. À titre d'exemple, pour les services déconcentrés, il appartient au préfet, qui a compétence pour passer les marchés, de désigner le service compétent pour définir les besoins[466]. Pour les collectivités locales, le niveau de définition des besoins relève de l'exécutif local. Pour les services centraux de l'État, hormis le ministère de la défense qui a un régime particulier[467], le régime de délégations applicables en matière de marchés publics ne prévoit pas la nécessité de prendre un acte formel pour désigner le niveau de définition des besoins[468]. Cependant, quel que soit le niveau de définition, les besoins doivent être déterminés, non pas en des termes vagues, mais par référence à des spécifications techniques qui décrivent avec précision les caractéristiques du produit, du service ou de l'ouvrage.

En général, les autorités contractantes, pour maîtriser et satisfaire ces spécifications techniques, ont le choix entre deux possibilités : soit elles se réfèrent à des normes ou à des documents préétablis approuvés par des organismes agréés par l'État, notamment les ordres professionnels, soit elles expriment les spécifications techniques en termes de performances à atteindre. Le Code des marchés publics français de 2006, à son article 53-I, impose que soient prises en compte dans la définition des besoins, les exigences du développement durable et les exigences sociales et environnementales, sans pour autant que l'on ne soit obligé de retenir un critère écologique au sein des critères de choix des offres[469]. L'origine juridique de cette obligation est à rechercher, semble-t-il, dans les instruments internationaux transcrits au niveau national par l'article 6 de la charte de l'environnement issue de la loi constitutionnelle du 1er mars 2005 qui dispose que « les politiques publiques doivent promouvoir un développement durable. À cet effet, elles concilient la protection et la mise en valeur de l'environnement, le développement économique et le progrès social. » Cela veut dire que les autorités contractantes doivent définir les besoins à satisfaire par la commande publique en appréciant ou en évaluant leur impact sur l'environnement. C'est une évolution vers laquelle s'orientent déjà les États

461. CE, 29 décembre 1997, département de Paris, Rec. p. 503 ; CAA Bordeaux, 31 août 2006, Commune de Tampon, Contrats marchés publics, n°256, observations F. Llorens et P. Soler-Couteaux.
462. CE, 29 juillet 1998, Commune de Léognan, n°190452.
463. CE, 8 août 2008, Région Bourgogne, n°307143.
464. CE, 15 décembre 2008, Communauté urbaine de Dunkerque, n°310380.
465. Vade-mecum des marchés publics, éd. 2013, La documentation française, p. 27.
466. Article 4 du décret n°2009-300 du 17 mars 2009 portant création du service des achats de l'État.
467. Décret n°2007-42, mars 2007, autorisant le ministre de la Défense à déléguer ses pouvoirs en matière de marchés publics et d'accords-cadres.
468. Décret n°2005-850 du 27 juillet 2005 relatif aux délégations de signature des membres du gouvernement.
469. CE, 23 novembre 2011, Communauté urbaine de Nice-Côte d'azur, n°351570.

membres de la CEMAC, au regard de leur engagement de plus en plus important dans les problématiques de l'environnement. Le Code du Cameroun[470], pour ne citer que celui-ci, recommande que les conditions d'exécution des marchés publics intègrent non seulement les considérations sociales et économiques, mais aussi celles relatives à l'environnement dans le but d'atteindre les objectifs du développement durable.

B. La détermination des besoins en concertation avec les candidats aux marchés publics

Les autorités contractantes peuvent choisir de se concerter avec les potentiels partenaires aux fins de préciser leurs besoins. L'expertise et l'expérience de ces derniers peuvent effectivement aider l'administration à préciser ses intentions. Elle peut, à cet effet, recourir soit à la procédure du dialogue compétitif, soit à la prévision des prestations supplémentaires, soit à l'utilisation des variantes. Les codes des États membres de la CEMAC sont muets sur la possibilité qui peut être offerte aux autorités contractantes d'user de toutes ces formules. Il n'est toutefois pas inintéressant d'en dire quelques mots dans cette rubrique, car il n'est pas exclu que dans la pratique elles voient leur apparition dans les droits nationaux de ces États.

B.1. Le dialogue compétitif

La procédure du dialogue compétitif est prévue à l'article 36 du Code français des marchés publics. Il donne au pouvoir adjudicateur l'occasion d'échanger avec les candidats afin de lui permettre, avec le concours de ceux-ci, de préciser ses besoins. Le pouvoir adjudicateur a ainsi la possibilité de comparer les solutions techniques, financières ou juridiques offertes et de choisir celles qui peuvent permettre d'obtenir des ouvrages ou des fournitures et des services de qualité, en favorisant celles qui ont un caractère innovant. Le dialogue compétitif peut être aussi l'occasion d'évoquer s'il est nécessaire ou non de prévoir des prestations supplémentaires ou de discuter des variantes possibles. L'article 35-I du Code français des marchés publics prévoit également, dans le cadre du dialogue compétitif, la possibilité de recourir pour certains marchés et accords-cadres à la procédure négociée avec publicité et mise en concurrence sur la base d'un cahier des charges ou d'un projet partiellement défini, si la prestation est d'une nature telle que les spécifications du marché ne peuvent être établies préalablement avec précision. Tout au long de ce dialogue, l'adjudicateur public, sous peine d'engager sa responsabilité, ne peut révéler aux autres candidats les solutions proposées par l'un d'entre eux ou les informations confidentielles qu'il peut être amené à lui communiquer.

470. Article 57.

B.2. La prévision des prestations supplémentaires

Les autorités contractantes, pour prévenir l'impossibilité de préciser leurs besoins, peuvent se réserver le droit de demander aux candidats de proposer dans leur offre de base des prestations supplémentaires, autrement dit des imprévus, qu'elles peuvent ou non prendre en compte lors de la signature du contrat. Cette possibilité peut aussi être sollicitée par les candidats. Dans l'un ou l'autre cas, les prestations supplémentaires proposées doivent être en rapport direct avec l'objet du marché et le cahier des charges, et leur évaluation comparative ainsi que le classement des offres qui peut s'en suivre doivent être faits en tenant compte de l'offre de base et des prestations supplémentaires. En revanche, si ces prestations supplémentaires ont été proposées par les candidats, sans s'en référer préalablement aux autorités contractantes, il ne peut être pris en compte que l'offre de base[471].

B.3. L'utilisation des variantes

Le régime des variantes est défini à l'article 50 du Code des marchés publics français. Les variantes sont des « modifications, à l'initiative des candidats, de spécifications prévues dans la solution de base décrite dans les documents de la consultation[472] ». Cela signifie que les candidats peuvent prendre l'initiative de proposer au pouvoir adjudicateur des variantes, c'est-à-dire des aménagements à leur première offre, y compris aux conditions financières du marché[473]. Cette technique est surtout recommandée, notamment dans les domaines techniques ou à évolution rapide, pour ne pas figer les modalités de réalisation des marchés concernés dès le stade de la consultation. Elle a ainsi l'avantage de promouvoir l'accès des entreprises innovantes ou des entreprises de création récente aux marchés publics. C'est le cas des petites et moyennes entreprises. Le pouvoir adjudicateur, ou tout au plus l'État dans sa politique tendant à encourager l'innovation et les petits entrepreneurs, a donc intérêt à favoriser la technique des variantes. Toutefois, il doit veiller à ce que les variantes proposées ne portent pas sur le « noyau dur » du cahier des charges, c'est-à-dire sur les éléments fondamentaux de l'offre, au risque de remettre en cause le projet de base[474]. Il sied aussi de signaler que les variantes sont d'application beaucoup plus restrictive dans les procédures formalisées que dans les procédures adaptées. Dans les procédures formalisées, les variantes sont interdites, sauf si elles sont expressément autorisées par le pouvoir adjudicateur dans l'avis de publicité ou dans les documents de la consultation,

471. CE, 15 juin 2007, ministère de la Défense, n°299391.
472. CE, 5 janvier 2011, Société technologique alpine sécurité et commune de Bonneval-sur-Arc, n°343206 et 343214
473. Voir Vade-mecum, Édition 2013, précité, pp. 30 et 31.
474. CE, 28 juillet 1999, Institut français de recherche scientifique pour le développement en coopération et société Océa, n°186051 et 186219.

alors que dans les procédures adaptées, les variantes sont autorisées, sauf si le pouvoir adjudicateur s'y oppose expressément.

2. La programmation des besoins dans le temps

Les autorités contractantes, on l'a dit, élaborent chaque année leurs plans de passation des marchés publics. La réalisation des besoins retenus, donc la passation des marchés publics, se fait de manière programmée dans le temps, c'est-à-dire suivant un chronogramme ou un agenda bien déterminé à l'avance. Le rythme ou l'ordre de passation des marchés est librement déterminé par les autorités contractantes sur le fondement de leurs programmes d'activités. La programmation des besoins, ou tout au moins leur mise en œuvre, peut être modifiée ou révisée. Cette modification ou révision peut même concerner les plans de passation des marchés publics, eux-mêmes. Cela peut arriver en cas de survenance d'un événement non prévu au moment de leur élaboration ou en raison de la réorientation d'un ou de plusieurs projets, ou encore à cause du changement de date de lancement de la procédure. Les changements intervenus dans l'ordre de mise en œuvre des besoins ou dans le contenu des plans de passation des marchés publics doivent être motivés et approuvés par les organes de contrôle ou de régulation. Lorsque les plans de passation des marchés publics sont définitivement arrêtés, les maîtres d'ouvrage ou les maîtres d'ouvrage délégués font connaître au moyen d'un avis général d'appel d'offres publié dans un bulletin officiel des marchés publics, les caractéristiques essentielles des marchés de travaux, fournitures et services, qu'ils entendent passer dans l'année avec la définition des seuils de passation y relatifs. Les marchés publics, n'ayant pas été inscrits préalablement dans les plans de passation sont réputés nuls, sauf appréciation contraire des organes de contrôle et de régulation. Il sied de noter que l'inscription d'un projet de commande publique dans le plan annuel de passation des marchés publics suppose la maîtrise par les autorités contractantes des spécifications et de la consistance des prestations à réaliser. Généralement, cela s'obtient par les études préalables que commandent ces autorités. Elles peuvent, le cas échéant, être tenues de prouver l'existence de telles études.

II. L'ÉVALUATION DU FINANCEMENT DES MARCHÉS PUBLICS

L'évaluation financière des marchés publics se fait au moment où sont confectionnés les plans de passation des marchés publics. Cela signifie que les autorités contractantes, avant d'engager le processus de passation de marchés publics, doivent déterminer le montant estimé des marchés publics et s'assurer de l'existence de crédits budgétaires suffisants pour l'exécution desdits marchés.

1. La détermination du montant des marchés publics

La détermination du montant du marché est tout aussi primordiale que la détermination des besoins. Elle permet non seulement d'établir l'adéquation entre les besoins à satisfaire et le financement nécessaire pour les satisfaire mais aussi de déclencher la procédure de passation, puisqu'elle constitue, ainsi qu'on vient de l'indiquer, une phase préalable. La détermination du montant permet aussi aux autorités contractantes d'être en conformité avec les règles de passation des marchés publics, notamment pour ce qui concerne le respect des seuils et l'interdiction du fractionnement abusif des marchés publics. Le montant du marché diffère selon les prestations commandées ou en fonction des délais prescrits, ou même encore par référence aux normes, agréments techniques ou spécifications reconnues communément par les professionnels au niveau national, ou, à défaut de normes nationales, par référence à des normes ou agréments techniques, ou spécifications internationales. Les éléments permettant de déterminer le montant du marché public sont généralement contenus dans l'avis d'appel d'offres. Il s'agit particulièrement de son mode de calcul qui diffère selon l'objet de la commande publique.

Pour les marchés de travaux, le calcul du montant peut être défini, comme l'indique l'article 7-b du code congolais, en fonction de « la valeur globale des travaux ayant pour objet, la réalisation au bénéfice d'un maître d'ouvrage de tous travaux de bâtiments ou de génie civil ou la réfection d'ouvrages de toute nature ». La « valeur globale des travaux » intègre la valeur des fournitures nécessaires à la réalisation desdits travaux. La notion de valeur globale des travaux revêt une importance particulière. D'abord, parce qu'elle signifie clairement que les travaux concernés forment une seule et même opération ; c'est-à-dire que ces travaux procèdent des marchés conclus entre les mêmes parties, ayant le même objet[475] et exécutés dans une même période de temps, ou simultanément, sur une zone géographique donnée. Peuvent aussi entrer dans cette catégorie, les travaux conclus simultanément en des endroits différents d'une même commune[476] ou « effectués par le même syndicat pour la réfection et le fonctionnement de deux châteaux d'eau à des dates rapprochées[477] ». Ensuite, parce que cette notion permet de calculer, non seulement le montant du marché, mais aussi de fixer le seuil de celui-ci[478], avec les conséquences qui y sont attachées. Enfin, elle permet aussi de mieux appréhender la notion d'ouvrage définie comme désignant le résultat obtenu à l'achèvement des travaux exécutés dans leur globalité.

475. CE, 26 juillet 1991, Commune de Sainte-Marie, n°117717.
476. CE, 26 septembre 1994, Préfet d'Eure-et-Loir, n°122759.
477. CE, 8 février 1999, Syndicat intercommunal des eaux de la Gâtine, n°156333.
478. CJCE, 5 octobre 2000, Commission c/République française, aff. C.-16/98.

De même, pour des marchés de fournitures et de services le montant peut être raisonnablement estimé à partir de la valeur totale des fournitures ou des services. Cette valeur s'obtient par l'addition des fournitures ou des services ayant une homogénéité ou constituant une unité fonctionnelle. L'homogénéité des besoins est, en réalité, appréciée par l'autorité contractante en fonction de la nature de ses activités ou de la cohérence qu'il souhaite donner à son action ou des objectifs qu'il escompte. L'homogénéité ou l'uniformité des besoins peut donc varier d'un acheteur public à un autre. À titre d'exemple, une paire de ciseaux qui est considérée par l'administration centrale comme une fourniture de bureau, constitue un matériel chirurgical pour l'administration hospitalière. En général, pour apprécier l'homogénéité de leurs besoins, les acheteurs publics établissent des classifications de fournitures ou de services qui leur sont propres. Ils font également référence à la notion d'unité fonctionnelle pour apprécier leurs besoins, au cas par cas, en fonction des prestations attendues. Cela suppose qu'ils peuvent associer, pour déterminer la valeur totale de ces prestations, une pluralité de fournitures ou de services concourant à un même projet. Dans tous les cas, le montant des marchés publics dépend en grande partie de la volonté des parties au marché public.

2. La disponibilité des crédits budgétaires

Le lancement d'un marché public suppose la disponibilité des crédits nécessaires et suffisants au financement dudit marché. Les autorités contractantes doivent être à même de le garantir. Il ne suffit pas que les plans de passation des marchés publics affectent un montant à chaque projet à réaliser, encore faut-il que ce montant soit prévu dans la loi de finances et qu'il soit rendu disponible dans le compte de l'autorité contractante. Cette dernière doit pouvoir financer les opérations relatives à la gestion de la commande publique, selon le rythme et les délais qu'exige la procédure de passation du marché public. Les Codes des marchés publics du Congo[479], du Cameroun[480], du Tchad[481], du Gabon[482] et de la Centrafrique[483] sont particulièrement exigeants sur la preuve de la disponibilité ou de l'existence des crédits. Ils recommandent que cette preuve soit fournie aux cocontractants avant le déclenchement de la procédure relative à la passation du marché public. Le maître de l'ouvrage doit aussi obtenir, le cas échéant, les autorisations préalables auxquelles la conclusion du marché est soumise. Lorsque l'intégralité du financement ne peut être mobilisée au cours d'un seul exercice budgétaire et que les prestations peuvent être réparties en phases étalées sur plusieurs années ou en tranches fermes et tranches conditionnelles, la personne responsable des marchés publics doit, en

479. Article 94, *op. cit.*
480. Article 60, alinéa 2, *op. cit.*
481. Article 62, a, *op. cit.*
482. Article 51, alinéa 2, *op. cit.*
483. Article 27, alinéa 3, *op. cit.*

accord avec le ministre en charge des investissements pour les administrations publiques ou avec les organes délibérants pour les collectivités territoriales décentralisées, prévoir la programmation des dépenses liées à chaque exercice annuel.

Le financement des marchés publics est principalement réalisé sur les fonds publics[484], c'est-à-dire, les fonds appartenant aux personnes publiques ou aux personnes privées ayant le statut de maître d'ouvrage. Ces fonds sont particulièrement prévus à cet effet dans leur budget, au volet investissement. Les fonds peuvent aussi provenir d'une source extérieure dans le cadre de la coopération bilatérale ou multilatérale[485], dans la mesure où il n'est pas contraire aux dispositions des accords de financement internationaux[486] ou à la réglementation nationale[487].

484. Voir, par exemple, article 2, alinéa 22, du décret de 2009 portant Code des marchés publics du Congo, *op. cit.* ; Article 3, a, du décret n°2004/275 du 24 septembre 2004, portant code du Cameroun, *op. cit*
485. Article 60, alinéa 2, du décret n°2018/366 du 20 juin 2018, portant code du Cameroun, *op. cit*
486. Article 8 de la loi n°08-017 du 6 juin 2008, portant code de la Centrafrique, *op. cit.* ; article 4, alinéa 2, du décret n°2417/PR/PM/2015 portant code du Tchad, *op. cit.* ; Article 3, alinéa 5, du décret n°2009- du 20 mai 2009, portant code du Congo, *op. cit.*
487. Article 3, du code du Gabon, décret du 17 janvier 2018, *op. cit.*

CHAPITRE 2

LA PASSATION DES MARCHÉS PUBLICS DANS LES ÉTATS MEMBRES DE LA CEMAC

La passation des marchés publics comprend l'ensemble des phases qui concourent à la désignation du titulaire du marché public par l'autorité contractante. Ces phases font intervenir des organes bien définis et obéissent à des règles et des procédures particulières.

I. LES ORGANES DE PASSATION DES MARCHÉS PUBLICS

Les Codes des marchés publics de la Centrafrique[488], du Gabon[489], du Tchad[490], du Congo[491] et du Cameroun[492], à quelques nuances près[493], sont unanimes à dire que la passation des marchés publics fait intervenir quatre types d'organes que l'on peut regrouper dans deux grandes familles : les organes d'attribution et d'approbation, ainsi que les organes de contrôle et de régulation.

1. Les organes d'attribution et d'approbation des marchés publics

Les organes d'attribution sont les organes de passation des marchés publics proprement dits. Ce sont eux qui, pour le compte de l'autorité contractante, conduisent la procédure de passation du marché public jusqu'à la désignation

488. Articles 12 et s.
489. Articles 9 et s.
490. Articles 15 et s.
491. Articles 10 et s.
492. Articles 6 et s.
493. Par exemple, les nuances apportées par le code de la Centrafrique qui, à l'article 15, distingue les autorités d'approbation des autres organes de passation et qui, à l'article 16, ne mentionne que l'existence de la fonction de contrôle et non celle de régulation.

du titulaire, sous réserve que cette procédure et les résultats obtenus soient validés par les organes d'approbation.

A. *Les organes d'attribution des marchés publics*

Les phases d'attribution et de signature sont les deux phases qui concluent, en vérité, le marché public, sous réserve bien évidemment de son approbation par les organes appropriés. L'une permet de désigner l'attributaire du marché public et l'autre de sanctionner l'accord de volontés entre l'autorité contractante et l'attributaire désigné, celui-ci devenant *in fine* le titulaire du marché public. Ces deux phases sont conduites par la personne responsable du marché public qui est assistée des organes techniques.

A.1. La personne responsable du marché public

La personne responsable du marché public est désignée par l'autorité contractante. Elle est la « clé de voûte » du système des marchés publics dans les États membres de la CEMAC. Les Codes des marchés publics de la Centrafrique[494], du Congo[495], du Gabon[496] et du Tchad[497] indiquent que les autorités contractantes doivent désigner en leur sein une personne responsable du marché public qui est habilitée, en leur nom, à conduire la procédure de passation des marchés publics et de suivre leur exécution.

Le code du Cameroun[498] semble faire exception à cette règle. Ce code ne fait, en effet, aucune référence à la notion de personne responsable du marché public, réservant cette fonction à l'autorité contractante, elle-même, c'est-à-dire au maître d'ouvrage ou au maître d'ouvrage délégué. On peut convenir avec le code camerounais que l'autorité contractante est censée être, elle-même, responsable de la procédure de passation et d'exécution de ses marchés publics. Mais on peut aussi admettre que l'autorité contractante, en tant que personne morale, a besoin de désigner, en son sein, une personne physique à laquelle incombe la responsabilité de la gestion des marchés publics, notamment pour des raisons de suivi, de cohérence et d'efficacité de sa politique en matière de marchés publics. La position du code du Cameroun se justifie sans doute par le fait qu'il ne distingue pas, comme les autres codes des États membres de la CEMAC, la personne morale, qu'est le maître d'ouvrage ou l'autorité contractante, et la personne physique, qu'est l'autorité hiérarchique de la structure concernée. Pour ce code[499], le maître d'ouvrage ou l'autorité

494. Article 12 de la loi n°08-017 du 6 juin 2008, *op. cit.*
495. Article 11, alinéa 10 du décret n°2009-156 du 20 mai 2009, *op. cit.*
496. Articles 13 et s. du du décret n°00027/PR/MEPPDD du 17 janvier 2018, *op. cit.*
497. Article 18, alinéa 7 du décret n°2417 /PR/PM/du 17 décembre 2015, *op. cit.*
498. Articles 6 du décret n°2018/366 du 20 juin 2018, *op. cit.*
499. Article 6 du décret n°2018/366 du 20 juin 2018, *op. cit.*

contractante est le chef de département ministériel ou le chef de l'exécutif de la collectivité locale, ou encore le directeur général de l'établissement public.

En France, la notion de personne responsable du marché public a été supprimée depuis le décret n°2006-975 portant Code des marchés publics. Pour autant, en dépit de sa disparition sur le plan juridique, la notion de personne responsable du marché public survit dans la pratique. Il est, en effet, donné d'observer qu'au « sein de chaque pouvoir adjudicateur ou de chaque entité adjudicatrice, sont nécessairement désignées une ou plusieurs personnes compétentes pour mener à bien la procédure de passation des marchés, les signer, et suivre leur exécution[500] ».

Dans tous les cas, la notion de personne responsable des marchés publics soulève principalement deux questions. Celle de la nature des autorités susceptibles d'assumer la fonction de personne responsable du marché public et celle de ses attributions.

A.1.1. Les titulaires de la fonction de personne responsable du marché public

La question est loin de recevoir une réponse unanime dans les différents Codes des marchés publics des États membres de la CEMAC. Les codes du Congo et du Tchad affirment que la fonction de responsable du marché public est assurée par le chef hiérarchique de la structure concernée. C'est ce qui ressort des articles 11, alinéa 1, du Code des marchés publics du Congo, et 16 du code du Tchad :

> *« Les maîtres d'ouvrage passent leurs marchés par le biais des organes suivants : pour l'État, par les ministères*[501] *dans les domaines de compétence respectifs et les institutions de la République*[502] *; pour les départements, par le président du Conseil départemental ; pour les communes, par le maire ; pour les établissements publics et tous autres organismes publics, par le directeur général ; pour les entreprises publiques, les sociétés à participation publique majoritaire et les sociétés privées ayant une mission de service public ou bénéficiant d'un concours financier public, par le président-directeur général, l'administrateur général ou le gérant, selon le cas. »*

Le Code du Cameroun[503] est précis sur la question. Sans retenir explicitement la notion de personne responsable du marché public, il admet que la préparation de la procédure et la passation du marché public relèvent de l'autorité de la

500. Voir Christophe Lajoye, *Droit des marchés publics*, 4e édition, précité, pp. 128 et s.
501. Le code ne le dit pas clairement, mais on suppose qu'il s'agit du ministre ou de son représentant.
502. Là aussi, il s'agit, sans aucun doute, des chefs des institutions.
503. Article 6, alinéa 1.

personne physique placée à la tête du département ministériel ou de l'exécutif de la collectivité territoriale considéré comme maître d'ouvrage.

La désignation de l'autorité hiérarchique comme personne responsable des marchés publics est conforme à la « philosophie administrative » qui veut que, comme le dit Christophe Lajoye, la personne responsable des marchés publics soit « la personne qui au sein de la collectivité publique est compétente pour exprimer la volonté de celle-ci, manifester son consentement au contrat[504] ». L'exercice de la fonction de personne responsable des marchés publics par une autre personnalité ne peut donc se concevoir, en observant certaines conditions, que par le système de délégation de compétences. C'est ce que l'on peut retenir de l'article 11, alinéa 11 du code congolais : « La personne responsable des marchés publics peut déléguer ses pouvoirs après accord du maître d'ouvrage, sauf pour le choix de l'attributaire et la signature du marché public. » Ou encore de l'article 12, alinéa 2, du code centrafricain : « La personne responsable des marchés publics peut se faire représenter dans l'exercice de ses fonctions, sauf pour le choix de l'attributaire et la signature du marché. »

Le Code des marchés publics du Gabon n'aborde pas la question dans ce sens. Il apparaît, à la lecture de son article 14, que, contrairement aux autres codes précités, la personne responsable du marché public doit être distincte du chef hiérarchique de la structure commanditaire du marché public. En effet, la disposition précitée indique qu'il revient à l'autorité hiérarchique ou dirigeante de la structure détentrice de la maîtrise d'ouvrage de désigner la personne responsable du marché public. Ainsi, pour les départements ministériels, la personne responsable est désignée par les ministres ; pour les institutions de l'État, par leurs présidents ; pour les collectivités locales, par les présidents des conseils, etc. Ce dernier, même si le code ne le dit pas expressément, est la personne responsable du programme. En effet, l'article 12 du code du Gabon prévoit en sus de la personne responsable du marché public, sans doute au-dessus d'elle, l'existence d'une personne responsable du programme, qui est le chef de projet chargé de conduire le pilotage de l'ensemble du programme des commandes publiques. Cette divergence, qui n'est pas des moindres, mérite d'être aplanie afin de donner une image cohérente du droit des marchés publics dans la zone CEMAC.

A.1.2. Les attributions de la personne responsable du marché public

La personne responsable du marché public attribue le marché public au candidat ayant présenté la meilleure offre et signe avec lui ledit marché.

504. Christophe Lajoye, *Droit des marchés publics*, 4e éd. *op. cit.*, p. 128.

a. L'attribution du marché public

La personne responsable du marché public attribue, sur la base du classement établi par les organes techniques d'évaluation, le marché au candidat dont l'offre a été jugée économiquement la plus avantageuse ou la moins-disante conformément aux conditions définies dans le dossier d'appel d'offres. L'ensemble des Codes des marchés publics des États de la CEMAC atteste que l'attributaire du marché public doit être formellement notifiée. La décision d'attribution ne devient effective et le candidat n'est officiellement désigné qu'à la suite de cette notification. Les autorités contractantes conservent ainsi, comme l'indique l'article 130, alinéa 1, du code du Tchad, la possibilité d'annuler leur décision d'attribution tant que la notification n'est pas faite. Elles en informent toutefois, pour accord préalable, l'organe de contrôle des marchés publics, sans qu'il y ait lieu à réclamation. La notification est généralement faite dans le délai prescrit par la réglementation. Ce délai est de soixante-douze heures pour le code du Cameroun[505].

Les candidats évincés sont informés, en même temps que l'attributaire, du nom du candidat choisi, du montant du marché et des raisons du rejet de leurs candidatures. Cette information leur est donnée à travers la publication du rapport d'attribution dressé par les organes techniques ou par communication directe par la personne responsable du marché public. Leurs garanties de soumission sont, le cas échéant, restituées, comme le prévoient les codes du Congo[506] et de la Centrafrique[507]. Ils peuvent contester la décision d'attribution du marché et exercer les recours nécessaires[508], dans un délai bien prescrit, à compter de la publication du rapport d'attribution du marché public. Passé ce délai, tout recours est forclos et les offres non retirées sont détruites, sans qu'il y ait lieu à réclamation. On peut toutefois se demander ce qu'il advient lorsque le candidat choisi, donc l'attributaire, ne répond pas à la notification d'attribution qui lui est faite.

Il semble que la majorité des législations nationales des États de la CEMAC soit muette sur ce sujet, à l'exception de celle du Cameroun qui indique que le maître d'ouvrage ou le maître d'ouvrage délégué se réserve le droit d'annuler, après mise en demeure, la décision d'attribution. L'article 88, alinéa 1, de l'ancien Code des marchés publics du Tchad de 2003[509], dont la disposition n'a pas été reprise dans le nouveau code de 2015, prévoyait dans ce cas de figure que l'autorité contractante devait constater sa défaillance et avait le choix entre retenir le deuxième candidat, selon le classement des offres les moins-disantes, et poursuivre avec lui la finalisation du marché ou déclarer l'appel d'offres infructueux. On peut aisément imaginer que la réponse à cette question, dans

505. Article 101, alinéa 1.
506. Article 88, al.1, décret n°2009-156 du 20 mai 2009, *op. cit.*
507. Article 67, alinéa 1, de la loi n°08-017 du 6 juin 2008, *op. cit.*
508. Voir infra p. 336 et s.
509. Article 55, alinéa 3 du décret n°503/PM/SGG/2003 du 5 décembre 2003.

l'ensemble des États membres, réside dans cette alternative. Dans tous les cas, l'autorité contractante peut être en droit d'appeler la caution de soumission de l'attributaire défaillant en réparation du désagrément causé.

b. La signature du marché public

La signature du marché public, par la personne responsable du marché public avec le candidat à qui a été attribué le marché, intervient après épuisement des formalités utiles. Celles-ci peuvent être, par exemple, le fait de recueillir l'avis ou la validation[510] de l'organe de contrôle des marchés publics. Il peut aussi s'agir, pour la personne responsable des marchés publics, de profiter de cette occasion pour demander aux attributaires de confirmer leurs qualifications pour exécuter le marché[511] ou, pour elle-même, de produire la preuve de la disponibilité des crédits pour le financement du marché[512]. La personne responsable du marché observe également un délai minimum avant de procéder à la signature du marché public. Ce délai, qui court à compter de la publication du rapport d'attribution du marché, sert, en général, à laisser la possibilité aux candidats évincés d'intenter les différents recours prévus. Il est relativement court. Il est de quinze jours dans les Codes des marchés publics du Congo[513] et de la Centrafrique[514], de dix jours dans celui du Gabon[515], de sept jours dans celui du Tchad[516] et de cinq jours dans celui du Cameroun[517].

A.2. Les organes techniques d'attribution des marchés publics

Les Codes des marchés publics du Cameroun[518], du Tchad[519], du Gabon[520], de la Centrafrique[521] et du Congo[522] prévoient des organes techniques chargés d'assister l'autorité contractante, en l'occurrence la personne responsable du marché public, dans la passation des marchés publics. Les autorités contractantes peuvent également, dans le but de renforcer les capacités de leurs organes techniques, recruter, ainsi que l'énonce le code du Cameroun[523],

510. Code congolais, article 94, alinéa 2, du décret n°2009-156 du 20 mai 2009, *op. cit.* ; code gabonais : article 95, alinéa 2, du décret n°0254/PR/MEEDD du 19 juin 2012, *op. cit.* ; code centrafricain : article 66, alinéa 3, de la loi n°08-017 du 6 juin 2008, *op. cit.* ; code tchadien : article 55, alinéa 4,du décret n°503/PM/SGG/2003 du 5 décembre 2003, *op. cit.*
511. Code centrafricain : article 69, alinéa 3, de la loi n°08-017 du 6 juin 2008, *op. cit.* ; code congolais : article 94, alinéa 4, du décret n°2009-156 du 20 mai 2009, *op. cit.*
512. Voir code centrafricain : article 69, alinéa 1, de la loi n°08-017 du 6 juin 2008, *op. cit.* ; code congolais : article 94, alinéa 1, du décret n°2009-156 du 20 mai 2009, *op. cit.*
513. Article 88, alinéa 4, du décret n°2009-156 du 20 mai 2009, *op. cit.*
514. Article 67, alinéa 4, de la loi n°08-017 du 6 juin 2008, *op. cit.*
515. Article 128 du décret n°00027/PR/MEPPDD du 17 janvier 2018, *op. cit.*
516. Article 127, alinéa 4, du décret n°2417/PR/PM/2015, du 17 décembre 2015, *op. cit.*
517. Article 107, alinéa 1, *op. cit.*
518. Articles 8 et 9 du décret n°2018/366 du 20 juin 2018, *op. cit*
519. Articles 19 et s. du décret n°2417/PR/PM/2015, du 17 décembre 2015, *op. cit.*
520. Articles 16 et s. du décret n°00027/PR/MEPPDD du 17 janvier 2018, *op. cit.*
521. Article 13 et s. de la loi n°08-017 du 6 juin 2008, *op. cit.*
522. Articles 12 et s. du décret n°2009-156 du 20 mai 2009, *op. cit.*
523. Article 117.

des consultants individuels, c'est-à-dire des personnes physiques compétentes dans la réalisation des prestations intellectuelles ne nécessitant pas de reours à une équipe pluri-disciplinaire. En tout cas, les organes techniques, dont la composition et le fonctionnement sont relativement similaires, ont un rôle, là aussi, identique dans les différents États membres.

A.2.1. La composition et le fonctionnement des organes techniques d'attribution des marchés publics

Les organes techniques d'attribution des marchés publics portent des appellations qui diffèrent d'un État membre à l'autre. Ainsi, le code du Tchad désigne l'organe technique par « Commission d'ouverture et de jugement des offres », en abrégé « COJO », celui de la Centrafrique par « Commission d'ouverture des plis et d'évaluation des offres », ceux du Congo et du Cameroun par « Commission de passation des marchés publics » et celui du Gabon par « Commission d'évaluation des offres », en abrégé « CEO ». Ces organes techniques peuvent aussi être appelés « jurys » lorsque les marchés sont passés par appel d'offres avec concours. En dépit de ces différences d'appellations, ces organes techniques sont, en général, présidés par la personne responsable des marchés publics ou par son représentant, ou encore par des personnalités nommées *intuitu personae*, jouissant d'une bonne moralité et maîtrisant la réglementation et les procédures de passation des marchés publics. Ils sont dotés d'un personnel propre dont le statut est défini par des textes spécifiques. Leur composition varie en fonction des réglementations nationales. On peut toutefois affirmer que ces organes comprennent l'ensemble des structures relevant des autorités contractantes et intéressées par la conclusion du marché public. Peuvent y être invités, avec voix consultative, le représentant du service public bénéficiaire ou des personnes spécialisées dans le domaine de l'évaluation des candidatures et des offres. Les modalités de réunions des organes techniques ordinaires d'évaluation des offres sont, en principe, fixées par leur règlement intérieur.

De manière générale, on peut dire que ces organes se réunissent à huis clos, excepté lors de la séance d'ouverture des plis, et en présence de tous les membres. Sur ce dernier point, le code du Cameroun[524] précise que l'organe technique ne peut valablement délibérer qu'en présence de son président, de deux membres au moins et du secrétaire. Il ajoute aussi que le quorum n'est pas requis lors de l'ouverture des plis[525]. Le code du Gabon[526] indique, sur le point du quorum, que l'organe d'évaluation des offres ne peut valablement délibérer que si au moins deux tiers des membres ayant voix délibérative sont présents. Dans tous les cas, les membres de l'organe technique travaillent en

524. Article 17, alinéa 1, *op. cit*
525. Article 17, alinéa 4, *op. cit*
526. Article 26 du décret n°00027/PR/MEPPDD du 17 janvier 2018, *op. cit.*

toute confidentialité et impartialité dans les délais compatibles avec le délai de validité des offres. Ils sont tenus au secret des délibérations et prennent leurs décisions à la majorité simple, la voix du président étant prépondérante en cas d'égalité. Il est intéressant de noter que les Codes des marchés publics du Cameroun, du Tchad, du Gabon et du Congo prévoient que les organes techniques peuvent créer en leur sein des sous-organes techniques, dits sous-commissions d'analyse ou sous-commissions de présélection, auxquels peut être confié la mission d'évaluer techniquement et financièrement les offres et de faire un rapport sur les matières dont la technicité ou la spécificité est avérée.

A.2.2. Les attributions des organes techniques d'attribution des marchés publics

Les organes techniques, dans le cadre de l'assistance qu'ils apportent à la personne responsable du marché public, ont essentiellement pour rôle de cerner l'ensemble des éléments susceptibles d'identifier la meilleure offre et, par conséquent, de désigner l'attributaire. Ce processus commence par la réception et le dépouillement des offres, se poursuit par leur évaluation et se termine par le classement des offres susceptibles de soutenir la désignation de l'attributaire.

a. La réception des offres

Les offres sont reçues dans les conditions prévues dans l'avis d'appel d'offres et par la réglementation. Elles sont accompagnées de certaines garanties financières, dites garanties de passation.

a.1. La recevabilité des offres

Les Codes des marchés publics du Cameroun[527], du Congo[528], du Tchad[529], de la Centrafrique[530] et du Gabon[531] disposent que sous réserve des dispositions relatives à la dématérialisation, c'est-à-dire à la communication par des moyens électroniques, les offres sont adressées sous plis fermés, cachetés et scellés portant le numéro et l'objet de l'appel d'offres. Il ne doit être mentionné sur les plis aucune indication sur l'identité du soumissionnaire. Le code de la Centrafrique[532] précise que les offres doivent être présentées dans une grande enveloppe comprenant les documents administratifs et, séparément, dans deux sous-enveloppes distinctes, contenant l'une l'offre technique et l'autre l'offre

527. Article 91, alinéa 1, *op. cit*
528. Article 59, alinéa 2, *op. cit.*
529. Article 123, alinéa 1, *op. cit.*
530. Article 56, alinéa 2, *op. cit.*
531. Article 98, alinéa 1, *op. cit.*
532. Article 58, *op. cit.*

financière. Le code du Gabon[533] préconise, quant à lui, trois sous-enveloppes à l'intérieur de la grande enveloppe, dont la première comprend le dossier juridique de l'entreprise, la seconde l'offre technique et la troisième l'offre financière. Il est certain, même si tous les codes ne le précisent pas, que dans la pratique les éléments constituant les offres sont classés et séparés selon leur nature à l'intérieur de la grande enveloppe. En revanche, l'ensemble des codes des États sont unanimes à dire que les offres des marchés de prestations intellectuelles doivent être présentées non pas dans une grande enveloppe mais dans deux enveloppes différentes, l'une contenant l'offre technique et l'autre l'offre financière.

Les plis doivent être déposés au plus tard aux dates et heures limites prévues, contre récépissé ou tout autre moyen pertinent pouvant prouver leur dépôt. Certains codes fixent le délai de réception des offres, notamment lorsqu'il s'agit des marchés publics avec appel d'offres. Le code gabonais[534] prévoit que ce délai en cas d'appel d'offres ouvert « ne peut être inférieur à trente jours calendaires pour les appels d'offres nationaux et à quarante-cinq jours calendaires pour les appels d'offres internationaux. [...] Ce délai peut être ramené à vingt jours calendaires pour ce qui concerne les petits travaux, les fournitures, les prestations intellectuelles et les services de nature simple et courante. En cas d'appel d'offres restreint, le délai de réception des offres ne peut être inférieur à quinze jours calendaires ». Le code de la Centrafrique[535] prévoit que ce délai ne peut être inférieur à trente jours calendaires pour les appels d'offres nationaux et quarante-cinq jours pour les appels d'offres internationaux. En cas d'urgence, ce délai peut être ramené à quinze jours pour les appels d'offres nationaux et à trente jours pour les appels d'offres internationaux. La procédure d'urgence, dont le recours doit être autorisé par les autorités de contrôle, ne doit pas résulter du fait ou de la négligence de l'autorité contractante, elle-même. Le code du Cameroun[536], indique que le délai accordé aux soumissionnaires pour la remise de leurs offres varie entre vingt-cinq et cinquante jours ouvrables à compter de la publication de l'avis d'appels d'offres. Il peut être ramené à vingt jours ouvrables pour les prestations de moindre envergure et porté à plus de quatre-vingt-dix jours pour les appels d'offres internationaux ou pour les projets complexes ou de grande envergure.

Les plis, à leur réception au lieu indiqué dans l'avis d'appel d'offres, sont revêtus d'un numéro d'ordre et enregistrés par ordre d'arrivée sur un registre spécial. Ils doivent rester scellés et fermés jusqu'au jour de leur ouverture. La durée de validité des offres est normalement définie dans le dossier d'appel d'offres. Elle peut aussi être prévue dans le code. Tel est le cas du Gabon[537] où la durée de validité des offres ne peut excéder cent vingt jours calendaires

533. Article 78, *op. cit.*
534. Article 88, *op. cit.*
535. Articles 54 et 55, *op. cit.*
536. Article 89, *op. cit.*
537. Article 106, *op. cit.*

à compter de la date de dépôt. Ce délai peut être prorogé de trente jours à la demande de l'autorité contractante.

a.2. La garantie des offres

Les soumissionnaires aux marchés publics passés par appel d'offres ne sont, en général, admis à présenter leurs offres qu'à la condition de fournir une garantie bancaire, fixée par l'autorité contractante, susceptible de couvrir tout manquement pouvant leur être imputable lors de la procédure de passation du marché. En dépit de son appellation qui diffère d'un État à l'autre, elle porte la même réalité. Par exemple, pour le code de la Centrafrique[538], dont la garantie doit être accompagnée d'un acte original d'engagement du soumissionnaire[539], et celui du Congo[540], il s'agit d'une garantie d'offre dont le montant indiqué dans le DAO est fonction de l'importance du marché. Dans tous les cas, il ne peut excéder trois pour cent du montant prévisionnel du marché. Le code du Cameroun[541] et celui du Tchad[542], qui utilise également la notion de garantie d'offre, parlent de caution de soumission dont les modalités et le montant sont précisés dans le DAO, en conformité avec la réglementation en vigueur. Le code du Tchad[543] précise que le montant de la caution de soumission ne peut dépasser deux pour cent du montant prévisionnel du marché. Le code du Gabon[544], quant à lui, la désigne invariablement par garantie de soumission ou garantie d'offre, dont le montant, fixé dans le DAO, ne peut excéder deux pour cent du montant de l'offre.

La garantie d'offre n'est pas exigible pour les marchés de prestations intellectuelles et ne peut l'être également, selon la réglementation nationale, pour les marchés de fournitures simples ou par dérogation de l'autorité compétente. L'article 100 du code gabonais indique, par exemple, que cette garantie ne peut être exigée « lorsque les prestations sont d'un montant inférieur à un seuil fixé par arrêté du ministre de l'économie ». Il peut leur être exigé simplement une déclaration sur l'honneur de respecter leurs engagements.

b. L'ouverture ou le dépouillement des offres

Les codes de la Centrafrique[545], du Gabon[546], du Tchad[547] et du Congo[548] organisent un mécanisme de dépouillement des offres quasiment similaire. Le

538. Article 57, *op. cit.*
539. Article 56, alinéa 1, *op. cit.*
540. Article 102, *op. cit.*
541. Article 90, alinéa 1, *op. cit.*
542. Article 144, *op. cit.*
543. Article 145, *op. cit.*
544. Article 99, *op cit.*
545. Articles 59 et 60, *op. cit.*
546. Article 107, *op. cit.*
547. Article 123, alinéas 5 à 9, *op. cit.*
548. Article 59, alinéas 5 à 9, *op. cit.*

dépouillement des offres, encore appelé « ouverture des plis », se fait en séance publique par le responsable de l'organe de passation des marchés publics en présence des candidats ou de leurs représentants et, éventuellement, d'un observateur indépendant. Il sied de noter que l'ouverture des plis en séance publique, pour ce qui concerne les marchés de prestations intellectuelles et tous les autres marchés dont la passation est conclue par appel d'offres en deux temps ou qui nécessite une préqualification des candidats, n'est faite en séance publique que dans la seconde phase. En effet, pour ces marchés, il est procédé, dans un premier temps, à l'ouverture des offres techniques. Celles-ci sont ensuite évaluées conformément aux critères prédéfinis. Dans un deuxième temps, au cours d'une séance publique, ne sont ouvertes que les offres financières des soumissionnaires ayant présenté des offres techniquement qualifiées et conformes. Les autres, n'ayant pas atteint le score minimum annoncé, sont retournées à leurs soumissionnaires.

Le Code des marchés publics du Cameroun[549] fait exception au caractère public de la séance d'ouverture des plis. Pour ce code, la séance d'ouverture des plis n'est réservée qu'aux soumissionnaires qui, eux-mêmes, ne peuvent y assister qu'à raison d'un représentant, même en cas de regroupement d'entreprises. Il faut souhaiter vivement que le Cameroun connaisse, en cette matière, une évolution allant dans le sens des dispositions déjà prises par les autres États de la CEMAC, car le caractère public de la séance d'ouverture des plis participe, sans aucun doute, au renforcement de la transparence dans la gestion des marchés publics, donc de la réduction des pratiques frauduleuses et corruptives souvent décriées en cette matière.

En somme, l'ouverture des plis est menée aux dates et heures fixées dans l'avis d'appel d'offres. Ce délai est, en principe, fixé dans les Codes des marchés publics. Le code du Congo et celui du Tchad précisent que l'ouverture de la séance de dépouillement doit avoir lieu le dernier jour du délai imparti pour le dépôt des dossiers, à l'heure suivant celle de clôture de réception des dossiers, si le dernier jour est un jour non ouvrable, l'ouverture est reportée au premier jour ouvrable. Le code du Cameroun, encore plus précis, fixe ce délai au plus tard une heure après celle limite de réception des offres fixée dans le dossier d'appel d'offres. Le code du Gabon, moins précis mais insistant sur l'urgence, dispose que la séance d'ouverture des plis doit intervenir le plus rapidement possible après la date limite de remise des offres fixée dans le DAO. Les plis ne répondant pas aux conditions de recevabilité et de garantie sont rejetés et leurs offres sont remises séance tenante aux soumissionnaires. La séance d'ouverture des plis donne lieu au dressement d'un rapport ou d'un procès-verbal qui indique le nom de chaque candidat, le montant de chaque offre et de chaque variante et, le cas échéant, le montant des rabais proposés. Ce procès-verbal, auquel est jointe la liste des personnes présentes, est contresigné par

549. Article 92, alinéa 3, *op. cit.*

tous les membres de l'organe technique et publié dans les conditions prévues dans l'appel d'offres.

Le dépouillement des offres, autant que la réception de celles-ci, bien que présentant de fortes similitudes, reste encore disparate d'un État membre de la CEMAC à l'autre, notamment en termes de délais à respecter. Il paraît utile, dans le cadre d'un marché commun comme celui que tentent d'instaurer les États de la CEMAC, que cette procédure soit harmonisée pour ne pas désorienter les potentiels investisseurs qui aimeraient intervenir dans cet espace communautaire, surtout que son inobservation entraîne le rejet des offres.

c. L'évaluation des offres

L'évaluation des offres est la phase cruciale de la passation des marchés publics, notamment pour les marchés publics qui sont passés par appel d'offres. Elle est réalisée en confrontant les critères d'évaluation préalablement établis dans le document d'appel d'offres avec les offres présentées par les candidats. Cette confrontation aboutit à l'établissement d'un classement mettant en exergue la meilleure offre, permettant ainsi de désigner le candidat qui l'a présentée comme l'attributaire du marché public.

c.1. Les critères d'évaluation des offres

Les Codes des marchés publics de la Centrafrique[550], du Gabon[551], du Congo[552], du Tchad[553] et du Cameroun[554] posent clairement, là aussi à travers de dispositions quasiment identiques, le principe selon lequel les critères d'évaluation des offres doivent être préalablement définis dans le dossier d'appel d'offres et être portés à la connaissance du public. Ces codes indiquent que les marchés publics peuvent aussi être attribués en considération de certaines préférences reconnues à certains soumissionnaires. Ces préférences, tout comme les critères traditionnels d'attribution des marchés publics, doivent être préalablement fixées dans le dossier d'appel d'offres. La précaution consistant à afficher préalablement les critères auxquels doivent satisfaire les soumissionnaires pour être éligibles à la commande publique, c'est-à-dire être reconnus aptes et capables d'exécuter le marché public, est intéressante à double titre. D'abord, elle permet de renforcer la transparence de la procédure d'attribution des marchés publics. Ensuite elle peut réduire le risque contentieux, puisque les candidats remettent leurs offres en ayant connaissance des critères d'analyse qui seront appliqués lors de l'attribution du marché.

550. Articles 17 et s., *op. cit.*
551. Articles 111 et s , *op. cit.*
552. Articles 29, alinea 2, et 53 et s., *op. cit.*
553. Articles 126 et s., *op. cit.*
554. Articles 94 et s., *op. cit*

➲ *Les critères traditionnels d'évaluation des offres*

Les candidats aux marchés publics doivent satisfaire à certains critères traditionnellement exigés en matière de commande publique. Il s'agit en principe des critères juridiques, économiques, financiers et techniques, voire professionnels.

Les critères juridiques. Les critères juridiques sont essentiellement ceux relatifs à l'identité des soumissionnaires. Il s'agit en fait, par la vérification des pièces administratives, d'observer s'ils sont éligibles à prendre part à l'appel d'offres et également de rechercher s'ils sont en droit de bénéficier d'une quelconque préférence[555]. L'inéligibilité des soumissionnaires dans ce domaine est généralement fonction des conflits d'intérêts et des incapacités liées à la personne des candidats.

Il y a conflit d'intérêts lorsque, dans les entreprises soumissionnaires, apparaissent des intérêts financiers ou personnels liés à des membres de l'autorité contractante. Il en est de même de la participation des entreprises affiliées aux consultants ou à toute personne ayant contribué à préparer tout ou partie du dossier d'appel d'offres. Cette proximité est, en effet, de nature à compromettre l'égalité et la transparence des procédures de passation des marchés publics, dans la mesure où elle peut avoir pour conséquence de générer des délits d'initiés. La situation de conflit d'intérêts peut être élargie aux autorités publiques et aux élus. L'article 10, alinéa 4, du Code des marchés publics du Tchad indique que ne peuvent soumissionner « les membres du gouvernement du Tchad, les membres des cabinets ministériels en fonction et les élus, personnellement ou par personnes interposées ». Cette exclusion, notamment pour ce qui concerne le président de la République et les membres du gouvernement, est généralement d'essence constitutionnelle. Tel est par exemple le cas au Congo où les articles 81, alinéa 2, pour le président de la République, et 106, alinéa 2, pour le gouvernement, interdisent à ces autorités publiques de participer aux marchés publics[556].

En revanche, les incapacités liées à la personne des candidats sont généralement d'ordre éthique. Elles excluent de la concurrence toutes les personnes qui en sont frappées. Cette exclusion concerne également les sous-traitants. Il s'agit des personnes :

• n'ayant pas souscrit les déclarations prévues par les lois et règlements en vigueur ou n'ayant pas acquitté les droits, taxes, redevances ou prélèvements de quelque nature que ce soit. En général, les autorités de régulation des marchés publics déterminent préalablement la liste des documents à présenter afin de permettre la soumission aux marchés publics ;

555. Infra p. 178 et s.
556. Constitution du 6 novembre 2015, JORC, 51e année, Édition spéciale n°2 du 25 mai 2009.

• en état de redressement judiciaire ou de liquidation des biens ;

• frappées de l'une des interdictions ou des déchéances prévues par les textes en vigueur, notamment le Code général des impôts et le Code des douanes ;

• reconnues coupables d'infraction à la réglementation des marchés publics ou exclues des procédures de passation des marchés publics par une décision de justice définitive en matière pénale, fiscale ou sociale ou par une décision des autorités de régulation.

En France, l'ordonnance du 23 juillet 2015 prévoit plusieurs interdictions à soumissionner pour les candidats indélicats ou suspects. Ces interdictions sont tantôt obligatoires, tantôt facultatives. Pour les premières, l'ordonnance précitée prévoit, par exemple, aux termes de son article 45 que les acheteurs publics doivent exclure de leurs procédures de passation des marchés publics les opérateurs économiques ayant fait l'objet de condamnation définitive ou ayant commis un manquement à des obligations légales ou encore ayant fait l'objet d'une procédure de liquidation judiciaire, de faillite personnelle ou de redressement judiciaire. Pour les secondes, la même ordonnance, à son article 48, prévoit que les opérateurs économiques peuvent être écartés des procédures de passation de marchés publics, s'ils ont, par exemple, été sanctionnés pour un manquement durant l'exécution d'un marché antérieur, pour avoir porté atteinte à la transparence de la procédure de passation, pour avoir eu accès à des informations confidentielles ou pour avoir conclu des ententes avec d'autres opérateurs.

Les critères économiques et financiers. Les critères économiques et financiers sont décisifs dans la détermination de l'offre économiquement la plus avantageuse ou l'offre la mieux-disante. Les critères économiques sont généralement ceux qui tiennent au coût d'utilisation, au prix, à la rentabilité et au calendrier de paiement. Les critères financiers, quant à eux, permettent de vérifier la solidité des candidats à supporter, le cas échéant, les aléas du marché, même si le juge se réserve souvent le droit de contrôler l'adéquation entre la solidité souhaitée et le poids du marché[557] ou la légalité d'une telle exigence[558]. Les critères d'appréciation des capacités économiques et financières doivent être objectifs, c'est-à-dire qu'ils doivent être en rapport avec l'objet du marché, être également quantifiables et exprimés en termes monétaires. Cela veut dire que ces critères ne doivent pas être discrétionnaires, mais être conformes au besoin ayant suscité la commande publique, donc être exprimés dans le but de satisfaire l'intérêt général et non en raison d'un caprice ou d'un besoin personnel de l'autorité contractante. La fixation des seuils de passation des marchés publics[559], même si le juge a estimé qu'elle n'était pas obligatoire[560],

557. CAA Versailles, 25 mai 2010, Commune de Brunoy, req. n°08VE02066.
558. TA Cergy-Pontoise, 23 janvier 2001, Préfet de la Seine-Saint-Denis, req. n°9910123/3.
559. Infra p. 215 et s.
560. CE, 28 mars 2008, Communauté urbaine de Lyon, req. n°303.779, mentionné aux tables du recueil Lebon.

participe de cette recherche d'objectivité et aussi du souci, pour l'autorité contractante, de gagner du temps, en éliminant systématiquement, sans que cela ne paraisse comme discriminatoire, les candidats ne pouvant atteindre et réaliser la commande publique. La justification des capacités économiques et financières se fait par référence :

- aux déclarations appropriées des banques ou organismes financiers habilités, ou, le cas échéant, à la preuve d'une assurance des risques professionnels ;
- à la présentation des bilans ou d'extraits de bilans ;
- à la déclaration concernant le chiffre d'affaires global et, le cas échéant, le chiffre d'affaires du domaine d'activités faisant l'objet du marché ou de la délégation, pour, au maximum, les trois derniers exercices en fonction de la date de création de l'entreprise ou du début d'activités du soumissionnaire, dans la mesure où les informations sur ces chiffres d'affaires sont disponibles ;
- au numéro d'identification unique.

Ces références peuvent ou ne pas être cumulatives. L'avis d'appel d'offres doit préciser la référence principale et/ou les références probantes que doit absolument produire le candidat. Si celui-ci n'est pas en mesure de le faire, il pourra lui être donné la possibilité de le faire par tout autre document considéré comme approprié par le maître d'ouvrage ou le maître d'ouvrage délégué. L'inexactitude ou la fausseté des mentions justifiant les capacités économiques et financières ainsi que des pièces administratives demandées dans le dossier d'appel d'offres doit être portée à l'attention de l'Autorité de régulation des marchés publics avec copie à la direction générale du contrôle des marchés publics, pour examen de l'étendue de la fraude et prise de sanctions, le cas échéant. L'article 21, alinéa 3, du code de la Centrafrique autorise les candidats à soutenir leur capacité financière, autant qu'il le fait pour les capacités techniques et professionnelles, par la prise en compte des capacités des sous-traitants.

Les critères techniques. La confrontation aux critères techniques permet de jauger la capacité des soumissionnaires à répondre aux défis techniques que pose la commande publique. Cette confrontation revêt une importance capitale dans la mesure où elle permet de préjuger de la qualité de l'exécution du marché par rapport aux spécifications techniques des ouvrages, des fournitures ou des services attendus. La justification de la capacité technique se fait par la production des pièces portant inscription à un registre professionnel correspondant à la branche d'activités à laquelle s'adresse le marché public ou des renseignements prouvant d'une expérience dans l'exécution des marchés publics analogues à ceux auxquels les candidats postulent. L'article 57 du code congolais ajoute que pour satisfaire cette exigence, l'autorité contractante peut demander aux entreprises candidates de produire un certificat de qualification. Ce certificat est délivré, selon des critères de transparence, par l'organisme officiel responsable de la certification des entreprises. Par exemple, pour ce qui concerne les produits pharmaceutiques, une certification de l'organisation mondiale de la santé ou de tout autre organisme équivalent, national ou international, est requise.

L'établissement de la capacité technique des candidats, il faut le souligner, peut se révéler aléatoire. D'abord, parce que trop de rigueur et d'exigence dans la justification des compétences techniques peut conduire à la situation préoccupante des offres infructueuses. C'est, semble-t-il, en fonction de cette préoccupation que les réglementations nationales[561] prévoient que, en cas de groupement de candidats ou de cotraitance, les capacités soient évaluées en prenant en compte de manière solidaire les capacités de tous les membres du groupement ou encore que soient prises en compte, lorsqu'une possibilité de sous-traitance est prévue dans le DAO, les qualifications techniques des sous-traitants auxquels s'applique également l'obligation de prouver les capacités techniques et professionnelles selon l'importance de leur intervention dans l'exécution du marché public[562].

Les réglementations nationales, par exemple l'article 90, alinéa 2, du code gabonais, autorisent également que d'autres justifications viennent en complément, à condition qu'elles soient dûment motivées par les caractéristiques du marché public et approuvées par les organes de contrôle des marchés publics. L'autorité contractante peut, par exemple, exiger les plans, les dessins, les notes de calculs, les documents techniques ou tout autre document qu'elle juge nécessaire pour la réalisation correcte de la commande publique. Ces réglementations encouragent aussi les soumissionnaires, ainsi que l'indique le code centrafricain, à son article 21, alinéa 2, à inclure dans leurs offres les documents pouvant prouver leur savoir-faire en matière de protection de l'environnement et de promotion de l'emploi. Ensuite, l'établissement des capacités techniques des soumissionnaires peut être difficile à réaliser en raison de la malice ou de la fraude que peuvent user certains candidats pour obtenir, coûte que coûte, le marché public. La plupart des Codes des marchés publics, ainsi qu'on le verra, sont très exigeants sur l'application des règles d'éthique dans le processus de passation des marchés publics.

➲ *Les critères préférentiels d'évaluation des offres*

Les critères préférentiels instaurent une sorte de discrimination positive en faveur de certains candidats. Les Codes des marchés publics des États membres de la CEMAC prévoient que les autorités contractantes peuvent, à condition que cela soit préalablement annoncé dans le dossier d'appel d'offres ou dans la réglementation nationale, décider lors de la passation des marchés publics

561. Ex. article 89, alinéa 3, du code gabonais, *op. cit.*
562. Ex. articles 21, alinéa 3, du code centrafricain et 89, alinéa 4, du code gabonais, *op. cit.*

d'accorder, à offres équivalentes, la priorité aux soumissionnaires nationaux, aux soumissionnaires ressortissants de la CEMAC et aux soumissionnaires étrangers.

La préférence nationale. La préférence nationale est reconnue aux candidats qui ont un lien de nationalité avec l'État émetteur de la commande publique. La définition des personnes physiques et morales nationales pouvant bénéficier de cette préférence, sans être fondamentalement divergente, se distingue selon les États. Les Codes des marchés publics du Gabon[563] et du Cameroun[564], dans des termes identiques, indiquent qu'il s'agit des personnes de droit national, ou des personnes justifiant d'une activité économique sur le territoire national, ou des petites et moyennes entreprises nationales dont le capital est intégralement détenu par des personnes détenant la nationalité ou de droit national, ou enfin des groupements d'entreprises associant des entreprises nationales ou prévoyant une importante sous-traitance aux nationaux. Le Code des marchés publics du Tchad[565], se situant un peu dans la même lignée que les deux précédents, indique que la préférence nationale est accordée aux artisans et aux chefs d'entreprise de nationalité tchadienne, individuels ou en groupement, et aux sociétés dont la majorité du capital social appartient soit à des personnes physiques de nationalité tchadienne, soit à des personnes morales de droit tchadien dont la majorité du capital est détenue par des personnes physiques de nationalité tchadienne. Le Code des marchés publics du Congo prévoit de prendre également en compte une catégorie particulière d'entreprises nationales. Son article 62, alinéa 3, dispose que « lors du lancement d'un appel d'offres, une préférence peut également être attribuée à certaines catégories d'entreprises faisant l'objet d'une protection sociale résultant de la législation en vigueur. Cette préférence devra être quantifiée dans le dossier d'appel d'offres et ne peut être invoquée lorsque le dossier d'appel d'offres prévoit déjà une préférence en faveur des entreprises nationales ». Il est intéressant de noter que les codes de la Centrafrique[566] et du Congo[567], se distinguant très nettement des autres codes, n'établissent la préférence nationale qu'en faveur des personnes morales, en sont donc exclues les personnes physiques. De même, on peut noter que le code du Cameroun[568] ne retient pas la préférence nationale pour les marchés de prestations intellectuelles.

La préférence nationale est quantifiée sous forme de pourcentage du montant de l'offre, selon le type de marché. Ce pourcentage diffère d'un État membre à l'autre. Le Code des marchés publics du Gabon, article 120, et celui de la Centrafrique, article 64, alinéa 3, indiquent que ce pourcentage, tous marchés

563. Article 119, du décret n°00027/PR/MEPPDD du 17 janvier 2018, *op. cit.*
564. Article 106, alinéa 1, décret n°2018/366 du 2 juin 2018, *op. cit.*
565. Article 69 du décret n°2417/PR/PM/2015 du 17 décembre 2015, *op. cit.*
566. Article 64 de la loi n°08-017 du 6 juin 2008, *op. cit.*
567. Article 62 du décret n°2009-156 du 20 mai 2009, *op. cit.*
568. Article 106, alinéa 5, *op. cit.*

confondus, « ne peut en aucun cas excéder quinze pour cent ». Celui du Cameroun prévoit, à l'article 106 alinéa 3, que la marge de préférence nationale, à offres techniques équivalentes, est sur le plan financier de dix pour cent pour les marchés de travaux et de quinze pour cent pour les marchés de fournitures. Pour le code du Congo, article 62, alinéa 1, « les entreprises nationales peuvent bénéficier d'un abattement de 7,5 à 10 % pour les marchés des travaux et de 15 % maximum de leur offre financière pour les autres types de marchés ». Le code du Tchad ne précise pas la marge de la préférence nationale qui peut être accordée. Il indique simplement, à son article 69, alinéa 1, qu'une préférence peut être accordée aux soumissionnaires nationaux sous la condition que « leur offre soit identique à celle du mieux disant et que le prix proposé ne soit pas supérieur de plus de quinze pour cent à celui proposé par ce dernier ».

La préférence communautaire. La préférence communautaire est le privilège accordé aux entreprises ayant leur siège social dans un État membre de la CEMAC. Ces entreprises, comme celles qui ont un statut national, bénéficient selon le même régime sur le territoire de l'un des États membres de la priorité aux marchés publics. Cette préférence, semble-t-il, n'est expressément exprimée que par les codes de la Centrafrique[569] et du Gabon[570]. Ce qui, sans doute, en l'absence d'une règle commune officiellement établie, peut soulever des questions de réciprocité pour son application dans l'ensemble des États membres, surtout que l'on observe que même dans les États qui la reconnaissent son régime peut différer de celui de la préférence nationale. Le code de la Centrafrique indique, par exemple, que son pourcentage « ne peut en aucun cas excéder [...] dix pour cent », alors que celui accordé aux entreprises nationales est de quinze pour cent. L'instauration d'une préférence communautaire prend parfaitement en compte l'objectif d'intégration régionale que les États de la CEMAC se sont fixé dans le cadre du traité communautaire qui les unit. De ce point de vue, la généralisation de la préférence communautaire comme règle de droit national devrait être sérieusement envisagée par ces différents États. Peut-être faudrait-il que la CEMAC, elle-même, par ses propres procédures s'engage résolument dans cette voie.

La préférence internationale. Les soumissionnaires étrangers qui prévoient dans leurs offres de sous-traiter aux entreprises nationales ou à des entreprises installées dans la zone CEMAC peuvent se voir accorder une préférence à la passation du marché public convoité. Par exemple, le code congolais[571] prévoit que dans le cas d'un marché d'une collectivité locale ou de l'un de ses établissements publics, le candidat étranger qui aura prévu de sous-traiter au moins trente pour cent de la valeur globale du marché à une entreprise nationale

569. Article 64, alinéa 2, de la loi n°08-017 du 6 juin 2008, *op. cit.*
570. Article 119, alinéa 3, du décret n°00027/PR/MEPPDD du 17 janvier 2018, *op. cit.*
571. Article 118, alinéa 4, du décret n°2009-156 du 20 mai 2009, *op. cit.*

pourra bénéficier d'une marge de préférence qui ne pourra être supérieure à cinq pour cent. Le code centrafricain[572] évoque le même principe et le même niveau de préférence pour le candidat qui aura prévu de sous-traiter au moins trente pour cent de la valeur globale du marché à une entreprise d'un État de la CEMAC, cumulable avec la préférence communautaire.

c.2. Le classement des offres ou l'identification de la meilleure offre

Le classement des offres ou l'identification de la meilleure offre est la phase d'évaluation, proprement dite. Cette phase consiste, après confrontation des offres aux critères d'évaluation préétablis dans l'avis d'appel d'offres, de produire le classement des offres, qui permet de désigner la meilleure offre, c'est-à-dire l'offre la moins-disante ou la mieux-disante, celle qui répond au mieux aux critères de la commande publique. Cette confrontation, donc l'évaluation proprement dite, ne concerne en réalité que les marchés publics passés par appel d'offres puisque ceux passés par entente directe obéissent à un autre formalisme, celui de la négociation directe entre les parties. En général, l'ensemble du processus d'évaluation, en partant de la phase de dépouillement des offres, doit se réaliser dans le délai prescrit lors de l'ouverture des plis. Les Codes des marchés publics du Cameroun[573] et du Congo[574] indiquent que ce délai ne doit pas excéder trente jours. En principe, il ne doit pas excéder le délai de validité des offres.

Le classement des offres est établi en partant de l'offre la moins-disante, donc l'offre économiquement la plus avantageuse, à l'offre la plus-disante, donc l'offre économiquement la moins avantageuse. L'offre la moins-disante est classée première et les autres prennent place par ordre de rang croissant. Cette opération est menée de la manière la plus précise, la plus égalitaire et la plus transparente qui soit. Les éléments susceptibles d'assurer l'équité et la réalité des offres sont reçus et examinés avec beaucoup d'attention, jusqu'au dernier moment de l'accomplissement total et définitif des formalités. Ainsi, l'organe technique d'évaluation peut, en cas de doute, demander aux soumissionnaires de fournir des éclaircissements sur leurs offres. Certains Codes des marchés publics, comme celui du Congo[575], du Cameroun[576] et du Tchad[577] précisent que ces éclaircissements, qui doivent être fournis par écrit dans un délai de sept jours francs, pour les deux premiers, et de quarante-huit heures, pour le dernier, ne peuvent en aucune façon avoir pour effet de modifier les éléments de l'offre en vue de la rendre plus compétitive. Ils sont consignés dans un document

572. Article 26, alinéa 4, de la loi n°08-017 du 6 juin 2008, *op. cit.*
573. Article 94, alinéa 1, *op. cit*
574. Article 61, alinéa 2 du décret n°2009-156 du 20 mai 2009, *op. cit.*
575. Article 61, alinéa 4 du décret n°2009-156 du 20 mai 2009, *op. cit.*
576. Article 95, alinéa 3, *op. cit.*
577. Article 125, alinéa 4, du décret n°2417/PR/PM/2015, du 17 décembre 2015, *op. cit.*

de synthèse paraphé et signé par tous les membres de l'organe technique d'évaluation des offres.

L'organe technique d'évaluation peut aussi exiger des éclaircissements et des informations supplémentaires ou complémentaires lorsque l'évaluation des offres laisse apparaître qu'une offre se présente de manière anormalement basse. Les Codes des marchés publics du Tchad[578], de la Centrafrique[579], du Gabon[580], du Cameroun[581] et du Congo[582] indiquent que, dans une telle hypothèse, l'organe technique est tenu, par le biais de la personne responsable du marché public, de demander par écrit au soumissionnaire concerné les précisions et les justifications utiles. Il peut s'agir du mode de fabrication des produits, des modalités de réalisation des prestations, des procédés de construction, du caractère favorable des conditions d'exécution du marché dont peut bénéficier ledit soumissionnaire, etc. Si les précisions et les justifications apportées par le candidat ne sont pas jugées acceptables, l'organe technique d'évaluation peut proposer à l'autorité contractante le rejet d'une telle offre. Le Code des marchés publics du Congo[583] ajoute toutefois que le rejet de l'offre anormalement basse n'est prononcé que si le candidat l'ayant présentée n'a pas procédé à l'augmentation de sa caution de bonne fin qui peut lui être exigée pour couvrir le risque inhérent.

L'organe technique d'évaluation peut, enfin, noter que l'appel d'offres est infructueux, c'est-à-dire qu'à l'issue du processus, parfois même à son début, lors de la phase de dépouillement, il n'a enregistré aucune offre conforme aux prescriptions du DAO. Les Codes des marchés publics des États de la CEMAC, en général, soumettent la déclaration d'infructuosité à l'avis de l'organe de contrôle des marchés publics et limitent autant que possible les cas d'infructuosité, en privilégiant les éléments susceptibles de favoriser l'attribution des marchés publics. Le code du Tchad[584], par exemple, autorise l'attribution du marché même lorsqu'une seule offre est jugée satisfaisante. La décision déclarant l'appel d'offres infructueux est publiée de manière à toucher un large public. Il est ensuite procédé à un nouvel appel d'offres dans les mêmes termes que l'appel infructueux. Au cas où ce nouvel appel d'offres est également déclaré infructueux, l'autorité contractante, ainsi que l'indique le code du Gabon[585], peut satisfaire la commande publique, sur autorisation de l'administration centrale en charge des marchés publics, par la procédure de l'entente directe. Il sied d'indiquer que l'évaluation des offres sur la base duquel est produit le classement, quel que soit le type de marché ou le type d'appel d'offres, est organisée suivant les mêmes règles. Mais, pour ce qui

578. Article 131, alinéa 1, du décret n°2417/PR/PM/2015, du 17 décembre 2015, *op. cit.*
579. Article 65 de la loi n°08-017 du 6 juin 2008, *op. cit.*
580. Article 115 du décret n°00027/PR/MEPPDD du 17 janvier 2018, *op. cit.*
581. Article 95, alinéa 8, *op. cit.*
582. Article 91 du décret n°2009-156 du 20 mai 2009, *op. cit.*
583. Article 91 du décret n°2009-156 du 20 mai 2009, *op. cit.*
584. Article 129, du décret n°2417/PR/PM/2015, du 17 décembre 2015, *op. cit.*
585. Article 117, alinéa 3, du décret n°00027/PR/MEPPDD du 17 janvier 2018, *op. cit.*

concerne particulièrement les marchés passés par appel d'offres restreint dit appel d'offres en deux temps, parce que précédé d'une phase de présélection, ainsi que les marchés publics passés par appel d'offres avec concours, l'évaluation comporte quelques nuances avec la trame générale qui vient d'être décrite. Tel est le cas, par exemple, des marchés publics de prestations intellectuelles dont l'attribution se fait sur une liste restreinte ou présélectionnée de soumissionnaires, au soumissionnaire présentant l'offre évaluée la mieux-disante, comme le dispose l'article 127, alinéa 1, b, du code tchadien.

Les Codes des marchés publics du Congo[586] et du Cameroun[587], par exemple, indiquent que les marchés de prestations intellectuelles, passés selon la procédure d'appel d'offres restreint, sont attribués après mise en concurrence des candidats préqualifiés sur la base de leur aptitude à exécuter les prestations convenues et en raison des critères préalablement déterminés applicables dans le domaine de la prestation demandée. La liste restreinte des candidats préqualifiés est arrêtée à la suite d'une sollicitation de manifestations d'intérêt comprenant les termes de référence, la lettre d'invitation indiquant les critères de préqualification avec leur mode d'application détaillée, et le projet de marché. Dans les cas où les prestations sont d'une complexité exceptionnelle ou d'un impact considérable ou bien encore lorsqu'elles donnent lieu à des propositions difficilement comparables, le candidat peut être sélectionné exclusivement sur la base de la qualité technique de sa proposition.

La sélection peut aussi être le fruit de négociations entre le maître d'ouvrage ou le maître d'ouvrage délégué et le candidat dont la proposition est retenue. Ces négociations ne peuvent pas porter sur les prix unitaires lorsque ceux-ci ont été considérés comme critère de comparaison des offres. Les autres soumissionnaires sont informés du résultat des négociations, notamment du rejet de leurs propositions en cas de conclusion heureuse avec le candidat retenu ou de la nécessité de poursuivre la procédure d'attribution. Les candidats retenus sont invités à soumettre leurs propositions sur l'objet de la mission dans un délai conforme à la validité de l'offre ou, comme l'indique le code du Congo, dans un délai qui ne doit pas être inférieur à trente jours.

En général, le classement des offres donne lieu à un rapport que l'organe d'évaluation transmet à l'autorité contractante ou à la personne responsable du marché public. Ce rapport émet la proposition d'attribution du marché au soumissionnaire, le moins-disant, retenu provisoirement comme attributaire avec le montant évalué de son offre. Il mentionne également les soumissionnaires exclus ainsi que les motifs du rejet de leurs offres. C'est un document unique paraphé et signé par tous les membres. Les Codes des marchés publics du Cameroun[588] et du Congo[589] précisent toutefois qu'en cas de

586. Articles 65 à 70 du décret n°2009-156 du 20 mai 2009, *op. cit.*
587. Article 78, alinéa 1, *op. cit.*
588. Article 98, alinéa 3, *op. cit*
589. Article 61, alinéa 6, du décret n°2009-156 du 20 mai 2009, *op. cit.*

divergence, les membres qui refusent de le signer sont tenus d'exprimer leur opinion par note écrite adressée à la personne responsable des marchés publics.

B. Les organes d'approbation des marchés publics

L'approbation est l'acte par lequel l'autorité compétente d'approbation des marchés publics confère au marché public son caractère définitif. Elle valide la décision d'attribution du marché public prise par l'autorité contractante à la suite de l'évaluation des offres présentées par les soumissionnaires. Les marchés publics sont, quel que soit leur montant, soumis à l'approbation des autorités d'approbation compétentes. La nature de ces autorités, comme les modalités d'approbation, varie d'un État membre de la CEMAC à l'autre.

B.1. La nature des organes d'approbation des marchés publics

La nature des autorités d'approbation des marchés publics est, en général, fonction du seuil d'approbation des marchés publics fixé par le Code des marchés publics ou d'autres textes législatifs ou réglementaires.

En Centrafrique[590], les marchés sont approuvés par l'autorité contractante, elle-même, lorsque le montant est inférieur aux seuils fixés, et par le ministre des Finances lorsque le montant est égal ou supérieur aux seuils fixés. Ces seuils d'approbation sont fixés chaque année par la loi des finances.

Au Gabon[591], les marchés publics sont approuvés par l'organe de contrôle, en l'occurrence l'administration centrale en charge des marchés publics ou par ses démembrements, les cellules de passation des marchés publics ou les délégations provinciales des marchés publics, après vérification de la régularité de leurs signatures par les organes compétents et selon une répartition des missions fixée par arrêté du ministre chargé des marchés publics.

Au Tchad, le Code des marchés publics précise que les marchés publics doivent être approuvés par une autorité distincte de l'autorité signataire[592]. Les autorités compétentes d'approbation sont désignées suivant les seuils définis par voie réglementaire[593].

Au Cameroun, le Code des marchés publics n'évoque pas expressément la notion d'approbation. Toutefois, l'analyse de certaines de ses dispositions laisse penser que cette compétence est réservée à l'autorité chargée des marchés publics, c'est-à-dire au ministre chargé des marchés publics, désigné comme

---

590. Article 15 de la loi n°08-017 du 6 juin 2008, *op. cit.* ; décret 2009-04 n°09-114 fixant les modalités et seuils d'approbation des marchés publics.

591. Articles 40, 41, 42 et 130 du décret n°00027/PR/MEPPDD du 17 janvier 2018, https://www.droit-afrique.com.

592. Article 38 du décret n°2417/PR/PM/2015 du 17 décembre 2015 portant Code des marchés publics, https://ppp.worldbank.org.

593. Idem, décret n°2420/PR/PM/2015 du 17 décembre 2015 fixant les seuils de passation, de contrôle et d'approbation des marchés publics, https://ppp.worldbank.org.

tel par l'article 50 du code. Pour étayer cette affirmation, peut être évoqué notamment l'article 47, alinéa 1-b, qui prévoit que l'autorité chargée des marchés publics vérifie, après la signature du marché, son adéquation avec le dossier d'appel d'offres, la décision d'attribution et l'offre du cocontractant retenu.

Au Congo[594], les marchés publics sont approuvés, suivant les seuils, soit par le ministre des Finances, soit par le président de la République. La réglementation congolaise appelle quelques observations. D'abord, on observe que le Congo est le seul État membre de la CEMAC où le président de la République est appelé à intervenir formellement dans la gestion des marchés publics. D'autres États, comme le Cameroun, ont créé des ministères en charge des marchés publics ayant un rattachement direct ou informel avec la présidence de la République. En tous les cas, compte tenu de l'importance des marchés publics dans le processus de développement économique, il est bon que le leadership de leur management soit placé au niveau le plus élevé de l'État. Ensuite, l'intervention du ministre des Finances peut poser problème s'il est lui-même autorité contractante, c'est-à-dire si les marchés concernés relèvent du ministère dont il a la charge. Il est vrai que pour prévenir les inconvénients pouvant découler d'une telle hypothèse, le code prévoit que ces marchés sont approuvés par le ministre du Plan, dans la limite des seuils de compétence du ministre des Finances. On peut alors se poser la question de savoir ce qu'il advient lorsque le ministre des Finances est en même temps ministre du Plan, comme c'est souvent le cas au Congo. Enfin, la règle consistant à retenir le président de la République et le ministre des Finances comme seules autorités habilitées à approuver les marchés publics ne semble plus être conforme à la donne constitutionnelle intervenue depuis l'année 2015 qui institue un Premier ministre, chef du gouvernement[595]. Ce dernier, en sa qualité de responsable de la conduite de la politique économique, ainsi que le prévoit l'article 100 de la Constitution, devrait intégrer la chaîne du processus de passation des marchés publics, sans doute au niveau de leur approbation.

B.2. Les modalités d'approbation des marchés publics

Les modalités d'approbation des marchés publics sont assez classiques et pratiquement les mêmes dans la plupart des États membres de la CEMAC. Elles concernent essentiellement la saisine et la décision de l'autorité compétente d'approbation.

---

594. Articles 16, 17 et 18 du décret n°2009-162 du 20 mai 2009 fixant les seuils de passation, de contrôle et d'approbation des marchés publics, modifié par le décret n°2011-843 du 31 décembre 2011, *op. cit.*
595. La Constitution du 6 novembre 2015 (JORC, édition spéciale n°8 du vendredi 6 novembre 2015) instaure désormais un régime semi-présidentiel avec un Premier ministre, chef du gouvernement. Une modification du décret n°2009-160 du 20 mai 2009 fixant les modalités d'approbation des marchés publics est sans doute à prévoir, en vue de la prise en compte du Premier ministre, chef du gouvernement, en qualité d'autorité compétente d'approbation des marchés publics.

B.2.1. La saisine des organes d'approbation des marchés publics

L'autorité d'approbation des marchés publics est saisie par transmission d'un dossier contenant les différents éléments du marché public à approuver.

a. La transmission du dossier d'approbation des marchés publics

La demande d'approbation des marchés publics est portée devant l'autorité compétente d'approbation, par l'autorité contractante après avis favorable de l'organe de contrôle correspondant et compétent. Cette transmission doit se faire dans le délai de validité des offres.

b. Le contenu du dossier d'approbation des marchés publics

Les marchés publics transmis pour approbation doivent être accompagnés d'un dossier comprenant le bordereau récapitulatif des pièces transmises, le rapport de présentation du marché public, le régime fiscal ou douanier du marché, l'avis favorable de l'organe de contrôle des marchés publics, le marché signé par les parties, une pièce justifiant l'existence d'un financement budgétaire du marché et la décision d'attribution de la personne responsable du marché. Le dossier d'approbation comprend également, pour les marchés passés sur procédure d'appel d'offres : le procès-verbal d'attribution du marché par l'organe technique de passation des marchés publics et pour les marchés passés sur procédure d'appel d'offres restreint ou de gré à gré : l'autorisation de l'organe de contrôle des marchés publics, ou tout autre document complémentaire exigé par l'autorité compétente d'approbation.

B.2.2. La décision des organes d'approbation des marchés publics

La décision de l'autorité compétente d'approbation peut être positive ou négative. Elle doit être motivée et rendue dans des délais relativement courts. Lorsqu'elle est positive, l'autorité contractante, après accomplissement des formalités exigées, notamment celles relatives à la fiscalité, invite le titulaire à procéder à son exécution et publie un avis d'attribution définitive du marché dans un journal des marchés publics ou tout autre journal habilité. La décision d'approbation du marché donne au marché le caractère définitif et exécutoire et marque ainsi son entrée en vigueur, sauf si une clause du marché en décide autrement en la renvoyant à une date ultérieure. En revanche, en cas de décision de rejet, le marché est réputé nul ou invalide. L'autorité contractante et le soumissionnaire sont tenus de s'y soumettre. Les actes qu'ils peuvent accomplir avant la décision de l'autorité compétente d'approbation le sont à leurs risques et périls. Ils ne sauraient engager financièrement l'autorité contractante, même en cas de début d'exécution du marché. Des sanctions peuvent être infligées aux agents responsables du non-respect de la procédure d'approbation.

2. Les organes de contrôle et de régulation des marchés publics

La passation des marchés publics est régie, ainsi qu'on va le voir dans le chapitre suivant, par des règles et des procédures particulières dont le respect et l'évaluation permanente permettent d'assurer sa crédibilité et son efficacité. Aussi, les États membres de la CEMAC ont-ils prévu dans leurs Codes des marchés publics des organes chargés du contrôle et de la régulation desdites règles et procédures.

A. Les organes de contrôle des marchés publics

Le contrôle de la passation des marchés publics est soit un contrôle a priori, soit un contrôle a posteriori, ainsi que l'indiquent les Codes des marchés publics du Gabon, articles 39 à 43, du Congo, articles 16 à 19, du Cameroun, articles 24 à 41 du Tchad, articles 40 à 47, et de la Centrafrique, article 16. Le contrôle a priori est exercé par les organes de contrôle dédiés à cet effet, et le contrôle a posteriori est assuré par l'Autorité de régulation, sauf dans le cas de la Centrafrique où l'article précité confie le contrôle a priori et le contrôle a posteriori au même organe de contrôle. Ces deux types de contrôles véhiculent des notions assez précises qu'il convient de préciser avant d'indiquer les modalités d'organisation et de fonctionnement des organes habilités à les exercer. Il ne sera bien entendu évoqué ici que le contrôle a priori. Le contrôle a posteriori, pour un souci de cohérence, sera étudié dans la rubrique réservée à la fonction de régulation.

A.1. Le contrôle a priori de la passation des marchés publics

Le contrôle a priori est celui qui est exercé avant même que le processus de passation des marchés ne soit engagé. Cela signifie que les organes de contrôle habilités doivent vérifier, préalablement à leur accomplissement, la conformité ou la régularité des actes de la procédure de passation à la réglementation des marchés publics. Ils doivent, par exemple, s'assurer que les organes de passation ont été mis en place, que le plan de passation a été établi et que l'avis d'appel d'offres a été publié. Ils doivent aussi vérifier que l'ensemble des conditions et critères prévus dans l'avis d'appel d'offres et le dossier d'appel d'offres a bien été préalablement établi et respecté, autant par l'autorité contractante que par les soumissionnaires. Le contrôle a priori ne doit, toutefois, pas se transformer en goulots d'étranglements ou en contrôles tatillons, pouvant ainsi ralentir la procédure de passation des marchés dont la célérité est l'une des caractéristiques clés. C'est ce qui arrive très souvent, comme l'indique Anne Marie Cécile Diene[596], lorsque les différents acteurs du système des marchés publics ne s'approprient pas véritablement du Code des marchés publics.

Le contrôle a priori de la passation des marchés publics n'a donc rien de commun avec la mission de contrôler l'exécution du marché qui, on l'a dit[597], revient par principe à l'autorité contractante qui l'exerce par elle-même ou par un tiers selon les modalités précisées dans les cahiers des charges dans le cadre du pouvoir de contrôle dont elle dispose en rapport avec sa fonction de maître de l'ouvrage. Cependant, certains États membres de la CEMAC reconnaissent aux organes chargés du contrôle a priori la possibilité de suivre les modalités d'exécution des marchés publics, sans préjudice des attributions du maître d'ouvrage ou du maître d'ouvrage délégué en cette matière. Tels sont, par exemple, les cas des codes du Tchad, article 40, alinéa 1, de la Centrafrique, article 16, et du Congo, article 16, alinéa 1. D'autres États prévoient cette possibilité dans des cas très précis, en particulier lorsque ces organes sont saisis pour autoriser la signature d'un avenant au marché ou pour donner leur avis sur la fixation des pénalités en cas de dépassement des délais contractuels, ou encore, par exemple, ainsi que l'indique le code du Congo à son article 2, alinéa 4, lorsqu'ils doivent autoriser le renouvellement d'un marché de clientèle.

A.2. L'organisation et le fonctionnement des organes de contrôle des marchés publics

Les organes de contrôle a priori portent des appellations qui diffèrent d'un État membre de la CEMAC à l'autre. Le code de la Centrafrique, article 16, confie la fonction de contrôle a priori à la Direction générale des marchés, celui du Tchad, articles 41 à 47, à un organe de contrôle a priori, sans dénomination, celui du Gabon, articles 40 à 43, à l'Administration centrale en charge des marchés publics et ses démembrements, et celui du Congo, articles 16 à 18, à la Direction générale du contrôle des marchés publics. Le code du Cameroun, articles 24 à 41, confie la mission de contrôle à plusieurs organes techniques institués dans des domaines bien définis et en fonction des seuils de compétence. L'article 26, alinéa 1, institue ainsi quatre commissions centrales de contrôle des marchés. Il s'agit de la commission centrale de contrôle des marchés publics des travaux routiers, de la commission centrale de contrôle des autres infrastructures, de la commission centrale de contrôle des travaux de bâtiments

596. Voir Anne Marie Cécile Diene, *Le contrôle a priori de la commande publique au Sénégal : forces et faiblesses*, Mémoire de fin d'études pour l'obtention du diplôme d'études supérieures en administration et gestion, année académique 2012-2013, Centre africain d'études supérieures en gestion, p. 57 et www.bibliotheque.cesag.
597. Infra p. 212 et s.

et des équipements collectifs, et de la commission centrale de contrôle des marchés des approvisionnements généraux.

En dépit de cette différence d'appellation, ces organes sont quasiment identiques dans l'ensemble des États membres de la CEMAC en termes d'organisation et de fonctionnement. Les organes de contrôle a priori sont, en général, placés sous une autorité hiérarchique qui diffère selon l'État membre. En Centrafrique, l'organe de contrôle a priori est placé sous l'autorité du ministre des Finances et du Budget, au Tchad, sous l'autorité du Premier ministre, au Gabon, sous l'autorité du ministre chargé des marchés publics, au Congo, sous l'autorité du ministère des Finances, et au Cameroun, sous l'autorité du ministre chargé des marchés publics, qui est l'autorité chargée des marchés publics. Les organes de contrôle a priori sont animés, comme l'ensemble des administrations centrales, par des directions générales avec tous les services utiles à leur bon fonctionnement. D'autres, comme au Cameroun, sont organisés sous la forme de commissions comprenant un président et des représentants des secteurs concernés.

Les membres des organes de contrôle doivent être choisis parmi les personnes ayant des compétences avérées dans les domaines concernés ou ayant une expérience en matière de contrôle et d'investigations. Leurs fonctions doivent être incompatibles avec celles de membres des organes de passation des marchés publics ou de membres de l'Autorité de régulation des marchés publics. Ils ne peuvent, en principe, participer aux délibérations concernant les projets de marchés impliquant les entreprises auxquelles ils ont précédemment collaboré directement ou indirectement durant un certain nombre d'années. De même, il doit leur être interdit, dans une période définie par chaque législation nationale, de prendre des participations ou de s'engager par contrat de travail ou de prestation de services dans une entreprise dont l'organe de contrôle auquel ils ont appartenu à examiner des dossiers la concernant. Enfin, ils doivent être tenus au respect du secret professionnel et faire sur l'honneur, à leur entrée en fonction et à la fin de celle-ci, une déclaration écrite de leur patrimoine et de leurs biens dans le cadre de la lutte contre la corruption et les infractions assimilées.

Les Codes des marchés publics ou les autres textes en vigueur dans les différents États membres de la CEMAC fixent avec précision le fonctionnement des organes de contrôle des marchés publics, notamment les délais dans lesquels ils doivent rendre leurs avis ou leurs rapports de contrôle, ainsi que le contenu et les modalités d'examen des dossiers entrant dans leur champ de compétence. En général, les organes de contrôle sont soumis aux règles générales de fonctionnement du modèle ou du type d'organisation choisi. Ainsi, les organes de contrôle, créés sous forme de commissions spécialisées, ne peuvent, en principe, valablement délibérer que si plus de la moitié de leurs membres ayant voix délibérative sont présents, leurs décisions étant prises à la majorité simple. En cas de partage, la voix du président est prépondérante. Quelle que soit la forme d'organisation de l'organe de contrôle, ses décisions doivent être obligatoirement motivées et immédiatement portées à la connaissance du maître d'ouvrage ou du maître d'ouvrage délégué. Ces décisions peuvent aussi être communiquées au ministre de tutelle, au ministre en charge des finances, aux ministres intéressés et à l'Autorité de régulation des marchés publics. Lorsqu'elles sont favorables, elles font office d'autorisations de poursuite de la procédure de passation du marché public ou de la délégation de service public.

B. Les organes de régulation des marchés publics

Les Codes des marchés publics des États de la CEMAC instituent des organes chargés de réguler le système des marchés publics. Ainsi, le Gabon[598] s'est doté d'une agence de régulation des marchés publics ; le Cameroun[599], d'un organisme chargé de la régulation des marchés publics ; le Congo[600], la Centrafrique[601] et le Tchad[602], d'une Autorité de régulation des marchés publics. Ces organes, en dépit de leurs différences d'appellations, accomplissent, à quelques exceptions près[603], la même mission. Il convient, donc, avant d'examiner leurs attributions et les modalités de leur organisation et fonctionnement, de donner quelques indications sur la notion de régulation du système des marchés publics dans les États de la CEMAC.

B.1. La régulation des marchés publics

Le terme « régulation » est généralement utilisé dans le champ de l'économie et des politiques publiques. Il désigne la fonction qui recouvre toute intervention réalisée dans le cadre d'une action appropriée et dosée en vue de maintenir ou de rétablir l'état réputé souhaitable ou acceptable d'un système économique ou social. La fonction de régulation est, de plus en plus, utilisée par les États dans les marchés publics en vue de rendre leurs systèmes plus efficients et performants.

B.2. Les attributions, l'organisation et le fonctionnement des organes de régulation des marchés publics

Les organes de régulation dans les États membres de la CEMAC ont sensiblement les mêmes attributions, la même organisation et le même fonctionnement.

598. Article 44 du décret n°00027/PR/MEPPDD du 17 janvier 2018 portant Code des marchés publics, préc.
599. Article 48, *op cit.*
600. Article 20 du décret n°2009-156 du 20 mai 2009 portant Code des marchés publics, préc., Décret n°2009-157 du 20 mai 2009 portant attribution, organisation et fonctionnement de l'Autorité de régulation des marchés publics.
601. Articles 104 et 107.
602. Article 48 du décret du 17 décembre 2015 portant Code des marchés publics, préc.
603. Par exemple, l'organisme chargé de la régulation du Cameroun ne dispose pas de pouvoir de sanction (article 48, alinéa 2, k).

B.2.1. Les attributions des organes de régulation des marchés publics

La fonction de régulation dans les marchés publics consiste à veiller au fonctionnement régulier et harmonieux du système des marchés publics, ainsi qu'à rechercher son efficacité et son efficience en donnant une place importante à sa modernisation et aux garanties de liberté, d'égalité et de transparence dans les procédures. Les organes de régulation accomplissent cette fonction de multiples manières et avec des techniques diverses et qui varient d'un État membre à l'autre. On peut toutefois indiquer, sans trop caricaturer ou simplifier à outrance, que ces organes régulent le système de passation des marchés publics, non seulement par le biais du contrôle a posteriori, ainsi que des audits et enquêtes externes qu'ils sont censés menés mais aussi d'une part, par les sanctions disciplinaires qu'ils peuvent infliger aux acteurs des marchés publics qui contreviennent à la réglementation et, d'autre part, par leur contribution au règlement non juridictionnel des différends survenus à l'occasion de la passation des marchés publics entre les acteurs des marchés publics. L'étude de cette dernière dimension sera conduite dans la rubrique réservée au contentieux des marchés publics.

a. Le contrôle a posteriori de la procédure de passation des marchés publics

Le contrôle a posteriori de la passation des marchés publics s'exerce sur les actes de procédure après qu'ils ont été accomplis. Il s'agit, en fait, d'observer le comportement des acteurs du système des marchés publics face à la réglementation, en particulier lorsqu'ils ont des velléités à la contourner ou simplement lorsqu'ils ont des difficultés à l'appliquer. Ce type de contrôle constitue un mécanisme important d'amélioration et d'optimisation du système des marchés publics, dans la mesure où il permet de tirer les leçons des dysfonctionnements constatés et d'apporter des réponses adéquates. L'Autorité de régulation des marchés publics intervient en général lorsqu'elle est alertée de soupçons de manquements aux règles et mécanismes de passation des marchés publics. Elle peut alors contrôler postérieurement la procédure y relative. Elle peut aussi intervenir dans le cadre de l'évaluation du système de passation des marchés publics qu'elle effectue à la fin de chaque exercice budgétaire. Dans ce dernier cas, le contrôle a posteriori s'exerce sur un échantillon aléatoire de marchés publics. Les résultats dudit contrôle, notamment en cas de violation aux dispositions sur la passation des marchés publics, sont transmis aux maîtres d'ouvrage ou aux maîtres d'ouvrage délégués, afin que ceux-ci procèdent aux réparations nécessaires. L'Autorité de régulation peut prononcer des sanctions administratives à l'encontre de tout candidat ou soumissionnaire, y compris par l'exclusion de la commande publique pour une période déterminée.

b. Les audits et enquêtes externes sur la passation des marchés publics

L'organe de régulation peut initier à tout moment des audits externes ou enquêtes indépendantes sur la transparence et les conditions de régularité des procédures de passation des marchés publics. Les résultats de ces audits et enquêtes permettent à l'organe de régulation de participer efficacement à la définition des politiques en matière de marchés publics, par la contribution à l'information du grand public sur la réglementation et l'élaboration des marchés publics et par la formation des acteurs de la commande publique en vue de renforcer leurs capacités et performances. L'amélioration du système, au-delà de la perspective de rendre plus efficaces et performantes les règles de gestion des marchés publics, a également pour objectif l'imposition des règles d'éthique dans la gestion des marchés publics. Cette mission consiste à considérer que l'Autorité de régulation des marchés publics doit veiller à ce que toute personne intervenant, à quelque titre que ce soit, dans le système des marchés publics, plus particulièrement dans le processus de passation, soit soumise aux dispositions législatives et réglementaires prohibant la corruption, les pratiques frauduleuses, les conflits d'intérêts et toutes autres infractions assimilées. Le manquement à ces différentes règles, ainsi qu'on l'a dit dans le paragraphe précédent, peut conduire l'Autorité de régulation à prendre les sanctions et les mesures idoines.

c. Le pouvoir disciplinaire à l'encontre des contrevenants à la réglementation des marchés publics

Les Codes des marchés du Tchad[604], du Congo[605], de la Centrafrique[606] et du Gabon[607] disposent que les organes de régulation, sans préjudice des sanctions pénales prévues par les textes en vigueur et des actions en réparation du préjudice subi par la partie plaignante, peuvent, sous le sceau de la règle du contradictoire, sanctionner aussi bien les soumissionnaires, les autorités contractantes que les autres acteurs des marchés publics, notamment les organes de contrôle et les autorités compétentes d'approbation des marchés publics, lorsque ces différents acteurs enfreignent la réglementation des marchés publics. Le Code des marchés publics du Cameroun, en revanche, réserve ce pouvoir à l'autorité des marchés publics, donc au ministre chargé des marchés publics[608], l'organe de régulation n'étant chargé que de lui proposer les mesures correctives[609].

---

604. Articles 49, i, et 203 à 210.
605. Articles 21, i, et 146 à 149.
606. Articles 103 à 105.
607. Articles 246 à 254.
608. Article 47.
609. Article 48, alinéa 2, k.

Les candidats ou les soumissionnaires peuvent se voir confisquer les garanties constituées pour la participation à la commande publique ou écoper de sanctions pécuniaires sous la forme d'une amende dont le seuil maximum, selon le code congolais[610], est fixé par voie réglementaire, et/ou des sanctions d'exclusion en cas d'atteinte à la réglementation applicable, notamment dans les cas avérés de corruption ou d'infractions assimilées. Ils peuvent aussi être exclus de la commande publique ou se voir retirer leur agrément et/ou leur certificat de qualification, pour une durée limitée. Le code du Congo, article 146, alinéa 2, et ceux de la Centrafrique, article 105, et du Gabon, article 251, prévoient que la décision d'exclusion ou d'inéligibilité à la commande publique ne peut dépasser cinq ans. Toutefois, en cas de récidive, l'exclusion définitive des personnes fautives peut être prononcée directement par l'organe de régulation, selon le code du Gabon, ou être sollicitée, selon le code du Congo, auprès du juge compétent. Ces sanctions, ainsi que le préconise l'article 105, alinéa 2, du code centrafricain, peuvent être étendues, en cas de collusion, à toute entreprise qui possède la majorité du capital de l'entreprise contrevenante, ou celle dont l'entreprise contrevenante possède la majorité.

Les autorités contractantes ou toutes les personnes agissant en leur nom sont aussi passibles de sanctions par l'organe de régulation. Il peut en être ainsi, par exemple, en cas de violation des règles en matière de conflit d'intérêts, de délit de prise illégale d'intérêt, de fractionnement abusif des marchés publics, de violation de règles de contrôle technique, etc. Il en est de même pour les autres acteurs des marchés publics, notamment les organes de contrôle, les autorités compétentes d'approbation des marchés publics[611] ou toute autre autorité ou personne intervenant, à quelque titre que ce soit, dans la chaîne de passation des marchés publics.

Les organes de régulation, en sus des sanctions précitées, peuvent, lorsque les irrégularités sont graves, prononcer la nullité des actes d'attribution ou du marché public lui-même, même lorsque celui-ci est en cours d'exécution. Il convient toutefois de noter que les conséquences que déclinent les différents codes à ce sujet ne sont pas les mêmes d'un État membre à l'autre. Le code du Congo, article 149, indique que « tout contrat obtenu ou renouvelé au moyen de pratiques frauduleuses [...] ou à l'occasion de l'exécution [...] duquel des actes de corruption ont été perpétrés est considéré comme entaché de nullité, sauf si l'intérêt public s'y oppose. » Le cocontractant lésé peut demander son annulation à la juridiction compétente, sans préjudice du droit à indemnité de la partie lésée. Le code du Tchad distingue les effets de la nullité selon qu'elle porte sur les actes d'attribution ou sur le marché lui-même. Son article 50, dispose que si l'attribution du marché a été effectuée en violation de la réglementation ou en marge des règles de transparence, l'organe de régulation

610. Article 146, alinéa 2

611. Voir supra, les développements sur les doutes qui entourent la faculté de sanctionner les autorités d'approbation des marchés publics.

peut solliciter de l'autorité chargée des marchés publics, donc du Premier ministre, l'annulation de la décision d'attribution du marché. En revanche, si la nullité concerne le marché, son article 210 reprend *in extenso* le libellé de l'article 149 précité du code du Congo. Le code de la Centrafrique, quant à lui, autorise l'organe de régulation à tirer lui-même les conséquences de la nullité constatée. Son article 105, alinéa 3, dispose que lorsque les violations sont établies après l'attribution du marché public, la sanction prononcée peut être assortie de la résiliation du contrat en cours et/ou de la substitution d'une autre entreprise aux risques et périls du contrevenant défaillant. Celui-ci peut toutefois contester cette décision, sans effet suspensif, devant la juridiction administrative.

En dépit des distorsions entre les différentes réglementations nationales, qui gagneraient à être harmonisées, on note que les organes de régulation des marchés publics disposent d'un véritable pouvoir disciplinaire à l'encontre des contrevenants, qu'il s'agisse des personnes morales de droit public ou des personnes morales de droit privé. Ils peuvent, en effet, constituer un gage important pour l'établissement dans les États membres de la CEMAC des systèmes des marchés publics efficaces et performants, pour peu que leur organisation et fonctionnement soient, dans la pratique, débarrassés de toutes connotations susceptibles d'éroder l'esprit d'indépendance, de responsabilité, de transparence et de loyauté sur la base duquel ils doivent nécessairement être bâtis.

B.2.2. L'organisation et le fonctionnement des organes de régulation des marchés publics

Les organes de régulation, qui se réunissent selon la périodicité et suivant les mécanismes de prises de décision prévus dans leurs textes institutifs ou dans leur règlement intérieur, comprennent un organe délibérant appelé, selon le cas, « Conseil de régulation » ou « Conseil d'administration », et un organe exécutif, dénommé « Direction générale » ou « Secrétariat permanent ». Ils peuvent aussi comprendre des structures dédiées à leurs principales attributions. Ainsi, il est par exemple institué un comité de règlement des différends[612], un comité des audits et enquêtes[613], etc. Les organes de régulation sont généralement composés, de manière tripartite, de représentants de l'administration, du secteur privé et de la société civile, ainsi que l'indiquent les articles 107, alinéa 4 et 110, alinéa 4, du code de la Centrafrique, l'article 48 du code du Tchad et l'article 20 du code du Congo. Ces personnes doivent jouir d'une expérience avérée dans leur domaine d'activité et, de préférence, avoir un lien avec la régulation des marchés publics. Elles sont assujetties à des incompatibilités qui les protègent

612. Articles 107 du code de la Centrafrique, 199 du code du Tchad, 49 du code du Cameroun et 142 du code du Congo.
613. Articles 21 et suivants du décret n°2009-157 portant attributions, organisation et fonctionnement de l'Autorité de régulation du Congo.

contre les conflits d'intérêts et autres infractions assimilées. Les organes de régulation sont placés, au Tchad[614] et au Congo[615], auprès de la présidence de la République, et en République centrafricaine[616], sous l'autorité du Premier ministre. Les codes des autres États membres ne sont pas très explicites sur ce point.

On imagine que cette question est, sans nul doute, traitée dans des textes spécifiques. Toujours est-il que l'on peut, là aussi, imaginer que les organes de régulation dans ces États sont placés auprès des autorités chargées des marchés publics, qui sont soit le Premier ministre, soit le ministre en charge des marchés publics. On peut, toutefois, en même temps que l'on peut apprécier la composition tripartite de l'organe de régulation qui lui permet, sans nul doute, d'avoir une vision large de l'environnement des marchés publics, en conjuguant les éléments d'analyse provenant du secteur public, du secteur privé ainsi que de la société civile, s'interroger et même douter de sa capacité à être véritablement indépendante et, par conséquent, à assumer avec succès sa mission si elle doit être « souchée » auprès des autorités administratives, surtout si l'on considère que ces autorités sont elles-mêmes des actrices majeures du système de passation des marchés publics. Le risque de paralysie, voire de connivence, est évidemment et éminemment important. Ces organes ont sans doute besoin de beaucoup d'indépendance pour mener à bien leur mission de régulation.

Les organes de régulation peuvent se faire assister par des auditeurs indépendants, ainsi que le prévoient les Codes des marchés publics du Tchad, article 53, et du Congo, article 138b, ou par des observateurs indépendants, ainsi que l'indique l'article 42 du code du Cameroun. Les auditeurs indépendants sont des cabinets d'audit recrutés par l'organe public de régulation pour réaliser des contrôles et des audits a posteriori. Les audits sont menés sur un échantillon de marchés passés par les autorités contractantes, choisi de façon aléatoire. Pour le code du Tchad, à son article 53, alinéa 4, il s'agit de tous les marchés supérieurs à trois cents millions de FCFA, vingt-cinq pour cent des marchés compris entre dix millions et trois cents millions de FCFA et cinq pour cent des bons de commande administratifs inférieurs à dix millions de FCFA.

Les observateurs indépendants, en revanche, sont recrutés sur appel d'offres dès l'engagement de la procédure de passation du marché public, notamment au moment de la sélection des soumissionnaires. Ils sont chargés d'assister, pour le compte de l'organe de régulation, aux séances de la commission de passation des marchés ainsi qu'aux travaux de la sous-commission d'analyse des offres. Ils ont pour mission d'évaluer le déroulement de la procédure afin d'y détecter, le cas échéant, les pratiques frauduleuses ou contraires à la bonne gouvernance. Ils reçoivent copie de toute la documentation relative aux dossiers traités et

614. Article 48.
615. Article 20.
616. Article 110.

dressent, dès la fin des travaux, un rapport qu'ils adressent à l'organisme de régulation et à l'autorité contractante. Les autorités ainsi saisies doivent nécessairement en tenir compte dans la décision d'attribution du marché.

II. LES RÈGLES ET PROCÉDURES DE PASSATION DES MARCHÉS PUBLICS

Les marchés publics sont passés selon des règles et des procédures particulières.

1. Les règles de passation des marchés publics

La passation des marchés publics obéit à des règles dites générales et des règles complémentaires, notamment les règles d'éthique et d'intégrité.

A. Les règles générales de passation des marchés publics

La règle de principe de la passation des marchés publics dans les États membres de la CEMAC est la libre concurrence, ainsi que le disposent les Codes des marchés publics du Cameroun[617], du Gabon[618], de la Centrafrique[619], du Tchad[620] et du Congo[621]. Ces codes prévoient également diverses autres règles générales auxquelles doit obéir toute procédure de passation de marchés publics, quel que soit le type de marché concerné. Il s'agit, notamment, des règles relatives à la qualité des soumissionnaires et de leur capacité à soumissionner, à la disponibilité du financement du marché public, au respect du régime fiscalo-douanier, à la disponibilité des emprises foncières et au respect du seuil de passation des marchés publics. L'ensemble de ces règles a fait l'objet de développements dans les paragraphes précédents, à l'exception de la libre concurrence et du seuil des marchés publics, auxquels la présente section va être, par conséquent, consacrée.

A.1. La libre concurrence

La mise en concurrence est la norme fondamentale qui gouverne la commande publique, en dépit des exceptions qui font que certains marchés

617. Articles 2 et 72 du décret n°2018/360 du 20 juin 2018, *op. cit*
618. Article 5 du décret n°00027/PR/MEPPDD du 17 janvier 2018, *op. cit.*
619. Articles 2 et s. de la loi n°08-017 du 6 juin 2008, *op. cit.*
620. Articles 2 et 65 du décret n°2417/PR/PM/2015 du 17 décembre 2015, www.sgg.td.
621. Articles 28 et s. du décret n°2009-156 du 20 mai 2009, *op. cit.*

publics peuvent être passés selon la procédure de l'entente directe[622] ou suivant certaines préférences en faveur de certains soumissionnaires[623]. Dans le droit européen, le principe de libre concurrence est tout aussi fondamental. C'est ce que nous rappellent Diane Deom et Pierre Nihoul[624] : « La Commission européenne et la Cour de justice tendent en effet à considérer qu'il y a lieu de faire appel à la concurrence chaque fois qu'un pouvoir adjudicateur confie à une entité distincte de ses propres services une mission de nature économique. » La Cour de justice européenne a posé ce principe dans un important arrêt du 18 novembre 1999[625]. La libre concurrence se décline en trois principes fondamentaux : la liberté d'accès à la commande publique, l'égalité de traitement des candidats et la transparence des procédures de passation. Ce triptyque, liberté-égalité-transparence forme, ainsi que l'indique Jean-Marc Peyrical[626], le socle sur lequel repose la commande publique. Ces trois principes fondamentaux ou généraux, très imbriqués les uns aux autres, sont applicables à la passation de tout type de marché[627] et le juge s'attache souvent à les faire respecter[628].

A.1.1. La liberté d'accès aux marchés publics

Le principe de liberté d'accès à la commande publique signifie que toute personne, y compris celles de nationalité étrangère[629] remplissant les conditions requises pour soumissionner, peut se porter candidate à l'attribution d'un marché public. Le juge administratif a toujours été très protecteur de cette liberté, au point de considérer qu'un marché public d'une durée trop longue, voire indéterminée, instaurait un monopole fermant le marché à la concurrence, donc rompant le principe de la liberté d'accès aux marchés publics[630]. La liberté d'accès aux marchés publics intéresse ainsi tous les opérateurs économiques, et essentiellement les opérateurs privés constitués selon différentes formes juridiques reconnues par les droits nationaux. Cette liberté profite également aux personnes publiques qui peuvent désormais participer aux procédures de mise en concurrence dans le domaine des marchés publics[631].

---

622. Infra p. 231 et s.
623. Supra p. 178 et s.
624. Les marchés publics : concurrence, transparence et neutralité (2016), Revue générale de droit, 36 (4), p. 808.
625. CJCE, Teckal, C-107-/98.
626. *Principes de la commande publique : trop d'abus peut nuire à l'harmonie*, p. 1, Cabinet Peyrical &Sabattier, www.e-marchespublics.com.
627. CE, sect., avis du 29 juillet 2002, Sté MAJ Blanchisserie de Pantin, Rec., p. 297 ; BJCP 2002, p. 427, concl. Piveteau ; AJDA 2002, p. 755, note J.D. Dreyfus ; CJEG 2003, p. 163, note Gourdou et Borrel ; Contrats-Marchés publics 2002, n°207, note F. Llorens.
628. CJCE, 7 décembre 2000, aff. C-324/98, Teleaustria Verlags Gmbh, Rec., 2000, I, p. 10770, concl. N. Fennelly ; AJDA 2001, p. 106, note L. Richer ; BJCP 2001, n°15, p. 132, concl. et obs. C. Maugüe.
629. Le Code des marchés publics de la Centrafrique interdit toute mesure ou disposition fondée sur la nationalité de nature à constituer une discrimination à l'encontre des soumissionnaires étrangers ; Article 2, alinéa 2, de la loi n°08-017 du 6 juin 2008, *op. cit.*
630. CE, Section, 3 novembre 1997, n°169907, Société Million et Marais.
631. Supra p. 89 et s.

Il est bien de noter, toutefois, que la liberté d'accès à la commande publique n'est pas aussi absolue que le laisse penser l'affirmation de ce principe. Des atténuations sont souvent prévues par la réglementation des marchés publics, elle-même. Par exemple, ainsi qu'on l'a dit plus haut, les candidats doivent remplir certaines conditions pour soumissionner et justifier des capacités à réaliser la commande publique. Il s'agit souvent, en veillant que cela ne soit pas un stratagème pour écarter certains candidats, de justifier leurs capacités techniques, économiques et juridiques pour participer aux appels d'offres[632]. De même, cette liberté peut être limitée par le système de préférences que les États mettent en place soit pour favoriser les soumissionnaires nationaux ou communautaires, soit pour soutenir les petites et moyennes entreprises locales[633].

La liberté d'accès à la commande publique, il convient de le noter, est une déclinaison de deux principes à valeur constitutionnelle : la liberté d'entreprendre et la liberté contractuelle.

La liberté d'entreprendre, autrefois désignée par la liberté du commerce et d'industrie, s'entend comme le droit pour tout citoyen de faire du commerce et de l'industrie et d'exercer toute activité de son choix. Cela correspond, dans le domaine des marchés publics, à la faculté reconnue à toute personne, dans le cadre de son activité économique, de participer à des procédures de mise en concurrence en vue d'être titulaire d'un marché public ou cocontractant de l'administration. La valeur constitutionnelle du principe de la liberté d'entreprendre a été construite au fil du temps par la jurisprudence, non pas sur son fondement qu'il tire de l'article 4 de la déclaration des droits de l'homme et du citoyen de 1789 mais sur son degré de protection. La jurisprudence a, en effet, posé la norme que la liberté d'entreprendre a pleine valeur constitutionnelle et doit être protégée par la loi. Cette évolution, bien qu'amorcée pour la première fois par le Conseil d'État[634], a été rendue décisive et, sans doute, irréversible par le Conseil constitutionnel dans des décisions majeures, notamment celle de 1982[635], dans laquelle elle a affirmé « que la liberté qui, aux termes de l'article de la déclaration des droits de l'Homme et du citoyen de 1789, consiste à pouvoir faire tout ce qui ne nuit pas autrui, ne saurait elle-même être préservée si des restrictions arbitraires ou abusives étaient apportées à la liberté d'entreprendre », et la décision de 1997[636], qui a indiqué que la liberté d'entreprendre s'exerce dans le cadre des règles instituées par la loi. Ces problématiques sont bien présentes dans le droit des États membres de la CEMAC. Ils ont, à l'instar du Congo[637] et du Gabon[638], repris

632. Voir développements sur les critères traditionnels d'évaluation des offres, supra p. 151 et s.
633. Voir développements sur les critères préférentiels d'évaluation des offres, supra p. 161 et s.
634. CE, 28 octobre 1960, Martial de Laboulay, Rec., 570, AJDA 1961.
635. CC, 16 janvier 1982, n°81-132 DC, 16 janvier 1982, Loi relative aux nationalisations, Rec., 18 ; L. Favoreu et L. Philip, *Les grandes décisions du Conseil*, 15ème éd., 2009, Dalloz, n°23, p. 357.
636. CC, 20 mars 1987, n°97-388 DC.
637. Article 48, JO, édition spéciale, 6 novembre 2015.
638. Article 1er, alinéa 11, loi n°3/91 du 26 mars 1991, modifiée en 1994, 1995, 1997, 2000, 2003 et 2018.

dans leur constitution la disposition selon laquelle tout citoyen a le droit, dans le respect de la loi, d'entreprendre dans les secteurs de son choix.

La liberté contractuelle, quant à elle, est la faculté reconnue à chaque personne de contracter ou de ne pas contracter, de choisir son cocontractant et de déterminer le contenu et la forme du contrat auquel elle décide de faire partie dans les limites fixées par la loi[639]. La valeur constitutionnelle de ce principe est aujourd'hui reconnue par le Conseil constitutionnel, après qu'il l'a reniée dans un premier temps, en indiquant qu' « aucune norme constitutionnelle ne garantit le principe de la liberté contractuelle[640] » ou que « le principe de liberté contractuelle n'a pas, en lui-même, valeur constitutionnelle[641]. » La situation a depuis lors évolué. Le Conseil constitutionnel assure désormais que « le législateur ne saurait porter à l'économie des conventions et des contrats légalement conclus une atteinte d'une gravité telle qu'elle méconnaisse manifestement la liberté découlant de l'article 4 de la Déclaration des droits de l'Homme et du citoyen de 1789 ». La valeur constitutionnelle reconnue à la liberté contractuelle vaut aussi bien pour les personnes privées que pour les personnes publiques, ainsi que le confirme la jurisprudence autant constitutionnelle[642] qu'administrative[643]. Cette liberté s'inscrit parfaitement dans le domaine des marchés publics.

A.1.2. L'égalité de traitement des candidats aux marchés publics

L'égalité de traitement des candidats signifie que tous les candidats à la commande publique doivent être traités de la même façon, c'est-à-dire qu'ils doivent recevoir les mêmes informations et concourir selon les mêmes règles de compétition. Ce principe implique, en effet, comme le dit le juge européen que « les soumissionnaires doivent se trouver sur un pied d'égalité aussi bien au moment où ils préparent leurs offres qu'au moment où celles-ci sont évaluées par le pouvoir adjudicateur[644]. » Sur l'ensemble de ce processus, ils doivent être placés dans les mêmes conditions d'information et de compétition « afin que tous disposent des mêmes chances dans la formulation des termes de leurs demandes de participation ou de leurs offres[645]. » Aucune discrimination n'est admise entre les candidats, même lorsque l'un des candidats est une personne de droit public. Les Codes des marchés publics du Gabon[646] et de

639. Pour plus de détails, Voir Marion Ubaud-Bergeron, *Droit des contrats administratifs*, *op. cit.*, p. 54 à 61.
640. CC, 3 août 1994, n°94-348 DC, Rec., p. 117.
641. CC, 20 mars 1997, n°97-388 DC, Rec., p. 31.
642. CC, 30 novembre 2006, n°2006-543 DC, Rec., p. 120 ; RFD 2007, p. 313, note X. Magnon ; RDP 2007, p. 845, note P. Y. Gadhoun.
643. CE, 2 février 1983, Union des transports publics régionaux et urbains, Rec., p. 33 ; CE, sect., 28 janvier 1998, Sté Borg Warner, Rec., p. 20 ; CJEG 1998, p. 269, note F. Moderne.
644. CJCE, 18 octobre 2001, SIAC Construction, C-19/100, p. 34.
645. CJCE, 25 avril 1996, Commission c/Belgique, C-87/94, Rec. p. I-2043, p. 51-52 ; 5 octobre 2000, Commission c/France, C-337/98, p. 107 à 109 ; 7 décembre 2000, ARGE Gewässerschutz, C-94/99, p. 24.
646. Article 6 du décret n°00027/PR/MEPPDD du 17 janvier 2018.

la Centrafrique[647] sont très exigeants sur ce point. Ils imposent à l'autorité contractante de s'assurer qu'il n'y ait aucune discrimination à l'endroit des soumissionnaires privés lorsqu'ils sont en concurrence avec des organismes de droit public. Le code centrafricain[648] ajoute toutefois, ce qui peut paraître comme une limitation au principe d'égalité et à celui de la liberté d'accès, que la participation des organismes publics à la commande publique doit être subordonnée à une carence effective de l'initiative privée. Cette disposition, qui semble être prise dans le but de favoriser la promotion du secteur privé, peut, en effet, introduire une discrimination à l'endroit du secteur public et brider ainsi sa liberté économique ou d'entreprendre.

Le principe d'égalité de traitement des candidats en matière de marchés publics est, en réalité, un corollaire du principe d'égalité devant la loi. Ce principe qui affirme que la loi doit être la même pour tous. Autrement dit, tout individu doit être traité de la même façon par la loi et qu'aucun individu ou groupe d'individus ne doit avoir de privilèges garantis par la loi au détriment d'autres individus. Le principe d'égalité a été consacré par la plupart des textes fondamentaux qui régissent la République et la vie en commun[649], c'est-à-dire la Déclaration des droits de l'Homme et du citoyen de 1789, à son article 6, la Déclaration universelle des droits de l'Homme, à son article 7, et le Pacte international relatif aux droits civils et politiques, à son article 26. L'ensemble des constitutions des États membres de la CEMAC accordent une place particulière au principe d'égalité devant la loi. Il en est ainsi à l'article 15 de la Constitution du Congo de 2015, au paragraphe 2 du préambule de la Constitution du Cameroun de 1996, à l'article 2 de la Constitution du Gabon de 2011, à l'article 6 de la Constitution centrafricaine de 2016, à l'article 13 de la Constitution du Tchad, telle que révisée en 2005, et à l'article 13-c de la Constitution de la Guinée équatoriale de 1995[650].

Le principe d'égalité devant la loi, il faut le souligner, est un principe central dans la jurisprudence administrative et constitutionnelle[651]. Le Conseil d'État a été le premier, avant même que celui-ci ne soit consacré comme principe fondamental dans la Constitution de 1958, à le considérer comme principe général de droit en 1951[652] et en 1958[653]. Il a censuré en 1987 une directive communautaire au motif qu'elle « a pour effet d'introduire une discrimination qui n'est pas en rapport avec l'objet de la réglementation des marchés publics et de porter ainsi une atteinte injustifiée à l'égalité de traitement qui doit être

647. Article 2, alinéa 3, de la loi n°08-017 du 6 juin 2008, *op. cit.*
648. Article 2, alinéa 4, de la loi n°08-017 du 6 juin 2008, *op. cit.*
649. Pour plus de développements sur le principe d'égalité, Voir Michel Degoffe, *Droit administratif*, 2e éd., Ellipses, Paris, 2012, p. 219 et s.
650. www.wipo.int, edocs, lexdocs, laws.
651. Ferdinand Melin-Soucramanien, *Le principe d'égalité dans la jurisprudence du Conseil constitutionnel. Quelles perspectives pour la question prioritaire de constitutionnalité ?* Cahiers du Conseil constitutionnel n°29, octobre 2010.
652. CE, 9 mars 1951, Société des concerts du Conservatoire, GAJA 2011, n°64.
653. CE Ass., 7 février 1958, Syndicat des propriétaires de forêts de chênes-lièges d'Algérie, Rec. p. 74 ; CE Ass., 22 janvier 1982, Ah. Won, Rec. p. 33.

assurée entre les entreprises candidates à la présentation d'une offre[654]. » De même, le tribunal administratif de Bordeaux[655] a annulé une délibération du Conseil municipal de Bègles au motif qu'elle méconnaît le principe d'égalité de traitement des candidats aux marchés publics. Dans le but de renforcer cette égalité, le législateur français a, par une loi de 2014[656], introduit dans le processus d'attribution des marchés publics une nouvelle interdiction à soumissionner relative à l'égalité réelle entre les femmes et les hommes. « Désormais ne peuvent candidater à un contrat de la commande publique » les personnes n'étant pas en conformité avec les dispositions de cette loi relative à l'égalité réelle entre les femmes et les hommes.

Il a fallu toutefois attendre 1973[657] pour voir ce principe être érigé en principe constitutionnel par le Conseil constitutionnel, qui l'a confirmé en 2001[658], en admettant, néanmoins que des modulations peuvent lui être apportées lorsque celles-ci reposent sur des critères objectifs et rationnels au regard du but recherché par le législateur et que ce but n'est, lui-même, ni contraire à la Constitution, ni entaché d'une erreur manifeste d'appréciation. Le Conseil d'État avait, un an auparavant, admis également que « le principe général d'égalité ne s'oppose pas à ce que l'autorité investie du pouvoir réglementaire règle de façon différente des situations différentes ni à ce qu'elle déroge à l'égalité pour des raisons d'intérêt général pourvu que dans l'un comme dans l'autre cas, la différence de traitement qui en résulte soit en rapport avec l'objet de la norme qui l'établit[659]. » Il convient de signaler qu'une partie de la doctrine[660] a émis quelques réserves pour ce qui concerne la possibilité de rompre l'égalité en fonction du seul intérêt général.

A.1.3. La transparence des procédures de passation des marchés publics

Les marchés publics doivent être passés en toute transparence, c'est-à-dire dans la clarté et non dans l'opacité, qui est souvent source de décisions arbitraires et d'inégalités de traitement. Une procédure menée en toute transparence est source d'équité, d'impartialité, d'égalité et de confiance. La transparence garantit ainsi la libre concurrence. Il faut dire que, pour qu'il en soit ainsi, les documents relatifs à la commande publique doivent être

654. CE, 13 mai 1987, Société Warner Isofi Isolation, Rec. p. 171, D. 1987, somm. 430, obs. Terneyre.
655. TA Bordeaux, 5 décembre 2006, Assemblée permanente des chambres des métiers et autres, Préfet de la Gironde, Contrats marchés publics, 2007, n°101, note E. Delacour.
656. Article 16 de la loi n°2014-873 du 4 août 2014 pour l'égalité réelle entre les femmes et les hommes, JO du 5 août 2014.
657. CC, Décision n°73-51 DC du 27 décembre 1973, Loi de finances pour 1974 (taxation d'office) ; F. Luchaire, *Un janus constitutionnel : l'égalité*, RDP 1983, p. 1229.
658. CC. 6 décembre 2001, décembre n°2001-452 DC, loi MURCEF, Rec., p. 156 ; Petites affiches, 13 décembre 2001, p. 4, note Schoettl ; 17 septembre 2002, p. 10, note Baghestani-Perry ; D., 2002, SC, p. 1952, obs. Bertile ; RFDC, 2002, p. 181, note Bertile.
659. CE 15 mai 2000, M. Barroux, Rec. Lebon, p. 172 ; B. Seiller, *Contribution à la résolution de quelques incohérences de la formulation prétorienne du principe d'égalité*, Mélanges en l'honneur de Jean-François Lachaume, 2007, p. 979.
660. Remarques sur l'intérêt général et l'égalité des usagers devant le service public, AJDA 1981, p. 176.

intégralement publiés et que l'ensemble de la procédure de passation doit faire l'objet de publicité.

a. La publication intégrale des documents relatifs aux marchés publics

Les critères d'attribution doivent être rendus publics intégralement et préalablement à travers les documents préparatoires, notamment le DAO ; l'évaluation des offres doit être faite conformément à ces critères et la décision d'attribution, qui en découle, doit être annoncée à la fois à l'attributaire et aux candidats non retenus. Cette décision doit être motivée d'emblée sans qu'il ne soit besoin de le demander. Il sied de noter que l'obligation de transparence ne bénéficie pas qu'aux candidats, elle oblige également les acheteurs publics auprès des citoyens. C'est ainsi que la réglementation leur fait obligation de rendre public l'avis d'appel d'offres par tout moyen susceptible de toucher le plus grand nombre. La transparence doit donc être de mise dès l'engagement de la procédure, c'est-à-dire dès l'ouverture des plis, jusqu'à l'attribution des marchés publics, afin que les candidats soient en mesure d'apprécier par eux-mêmes les manquements dont les maîtres d'ouvrage ou les maîtres d'ouvrage délégués peuvent se rendre coupables et de porter ainsi, le cas échéant, la contestation devant le juge. La question qui se pose toutefois est de savoir si tout doit être rendu transparent ou si tout est communicable.

Le Code des marchés publics du Gabon[661] semble être le seul, certainement en raison de son apparition récente, à répondre avec netteté à cette question. Il indique que tout n'est pas communicable. Il interdit, par exemple, à l'autorité contractante, sans préjudice des dispositions relatives à la publicité et à l'information des candidats, de divulguer les renseignements que les soumissionnaires lui communiquent, notamment les aspects confidentiels de leurs offres. Cette question s'est posée avec beaucoup d'acuité en France, à la suite de la publication en avril 2015 par le Conseil d'analyse économique d'une note préconisant de rendre obligatoire la publication en ligne de la totalité du rapport d'analyse des offres[662], dans le but de permettre aux personnes ayant un intérêt avéré, en particulier les candidats non retenus, d'accéder à toutes les informations relatives à l'évaluation des offres. Il est certes plausible que le droit de connaître le contenu de l'offre de l'opérateur classé en tête ainsi que certains documents comme le bordereau de prix, peut permettre d'améliorer la transparence dans l'attribution des marchés publics, mais cela porte aussi le risque de nuire à d'autres principes, notamment à celui du secret des délibérations ou celui du secret professionnel et surtout celui du secret industriel et commercial. Face à cette polémique, le Conseil d'État a tranché

661. Article 108, alinéa 3, du décret n°00027/PR/MEPPDD du 17 janvier 2018, *op. cit.*
662. Voir point de vue de Pierre Desroches, www.lemoniteur , 1er août 2016.

avec modération et équilibre a décidé dans un récent arrêt[663] que les acheteurs ne sont pas obligés de communiquer l'intégralité du procès-verbal d'analyse des offres, seules quelques mentions peuvent être communiquées à la demande des candidats. En revanche, le bordereau de prix de l'entreprise attributaire est incommunicable. Il doit être préservé au titre du secret commercial.

b. La publicité des procédures de passation des marchés publics

La publicité est l'alpha et l'oméga de la concurrence. Tout commence par la publicité, se déroule dans la publicité et s'achève par la publicité. En schématisant, on peut affirmer que la publicité dans les marchés publics s'effectue en trois temps : la pré-information, l'information et la post-information.

b.1. La pré-information

La pré-information est la publicité préalable destinée à introduire la compétition ou à informer le public du lancement du marché et des conditions à remplir pour y participer. Cela suppose, d'une part, que les informations soient disponibles pour tous les candidats dans le même temps et, d'autre part, que la passation des marchés publics se déroule dans le respect des principes et règles préalablement portés à la connaissance des candidats à travers le dossier d'appel d'offres. En effet, le dossier d'appel d'offres, dès sa constitution, c'est-à-dire après que le maître d'ouvrage ou le maître d'ouvrage délégué a déterminé les besoins de la commande publique et les financements idoines, fait automatiquement l'objet d'un avis d'appel d'offres ouvert qui est publié au moins trente jours avant la date limite fixée pour la réception des offres. L'avis d'appel d'offres est porté à la connaissance du public par une insertion faite, dans les mêmes termes, dans une publication nationale et/ou internationale ainsi que sous mode électronique selon un document modèle fixant les mentions obligatoires. Les outils utilisés pour communiquer par des moyens électroniques, ainsi que leurs caractéristiques techniques, doivent avoir un caractère non discriminatoire et être compatibles avec les technologies d'information et de communication généralement utilisées. L'absence de publication de l'avis d'appel d'offres, y compris en matière d'avis de préqualification, est sanctionnée par la nullité de la procédure.

La jurisprudence est unanime dans l'affirmation de ce principe. La CJCE l'a très tôt reconnu, en indiquant que la transparence doit « garantir, en faveur de tout soumissionnaire potentiel, un degré de publicité adéquat permettant une ouverture du marché des services à la concurrence ainsi que le contrôle de l'impartialité des procédures d'adjudication[664]. » Le Conseil d'État, de manière

663. CE, 30 mars 2016, Centre hospitalier de Perpignan, req.375529.
664. CJCE, 7 décembre 2000, Telaustria et Telefonadress, C-324/98.

plus explicite, a confirmé ce principe et surtout son importance dans la régularité et la légalité de la passation des marchés. Il a affirmé, dans un arrêt de 2009 que : « pour assurer le respect des principes de liberté d'accès à la commande publique, d'égalité de traitement des candidats et de la transparence des procédures, l'information appropriée des candidats sur les critères d'attribution d'un marché public est nécessaire, dès l'engagement de la procédure d'attribution du marché, dans l'avis d'appel public à la concurrence ou le cahier des charges tenu à la disposition des candidats ; que dans le cas où le pouvoir adjudicateur souhaite retenir d'autres critères que celui du prix, l'information appropriée des candidats doit alors porter également sur les conditions de mise œuvre de ces critères ; qu'il appartient au pouvoir adjudicateur d'indiquer les critères d'attribution du marché et les conditions de leur mise en œuvre selon les modalités appropriées à l'objet, aux caractéristiques et au montant du marché concerné[665]. »

b.2. L'information

L'information des candidats est la publicité en temps réel qui couvre l'ensemble des opérations relatives à la passation des marchés publics. Elle commence au moment de l'ouverture des plis ou des offres et se poursuit aussi longtemps que dure la procédure de passation des marchés, c'est-à-dire jusqu'à l'attribution et la signature du marché. Cette publicité permanente contribue, assurément, à garantir la transparence de la procédure dans la mesure où « les termes de toutes les offres déposées sont révélés au même moment »[666] et qu'elle permet « aux fournisseurs potentiels de connaître l'identité de leurs concurrents et de vérifier s'ils répondent aux critères de sélection qualitative prévus[667]. »

b.3. La post-information

La post-information est la publicité postérieure à l'attribution du marché. Elle couvre l'ensemble des actes allant de la signature du marché, en passant par la publication de l'avis d'attribution définitive publié dans un journal des marchés publics ou tout autre journal habilité, jusqu'à l'approbation des marchés publics.

A.2. Le seuil de passation des marchés publics

La règle du seuil de passation des marchés publics permet de résoudre la problématique de l'applicabilité des règles de passation des marchés publics, puisque toutes les prestations ne sont pas soumises à passation. Il paraît

665. CE, 30 mars 2009, Agence nationale pour l'emploi, AJDA 2009, p. 602, note J.D. Dreyfus.
666. CJCE, 25 avril 1996, Commission c/Belgique, C-87/94, point 55.
667. CJCE, 24 janvier 1995, Commission c/Pays-Bas, C-359/93, point 20.

intéressant, avant de voir comment s'appliquent les règles des marchés publics en fonction du seuil, d'en dire quelques mots sur la notion de seuil, elle-même.

A.2.1. La notion de seuil de passation des marchés publics

Le seuil de passation du marché est le montant financier à partir duquel les procédures de publicité et de mise en concurrence sont déterminées et déclenchées. Cette notion permet aussi de déterminer les autorités contractantes compétentes susceptibles de faire acte de commande publique et, partant, d'engager la collectivité publique. Dans certains États membres de la CEMAC, comme le Congo et le Cameroun, la détermination du seuil de passation des marchés publics a permis de distinguer une catégorie particulière de marchés publics, dits « marchés de grands travaux », dont le seuil relativement élevé, en raison de l'importance et de la complexité de la commande publique, a nécessité la création d'autorités contractantes particulières chargées d'en conduire la maîtrise d'ouvrage[668].

Le montant estimé du marché public, dont le seuil réglementé constitue la mesure, est le prix global hors taxes du marché. Il est calculé sur la base des éléments disponibles au moment de passer le marché. Certains estiment que la notion de seuil ne doit pas être réductible à celle du montant du marché, mais doit prendre en compte l'ensemble des besoins annuels ou des besoins concourants à une même finalité (unité fonctionnelle) ou une même opération[669]. Dans tous les cas, selon le code congolais, la détermination du montant faisant fonction de seuil doit être le résultat d'une évaluation sincère et raisonnable[670]. Ce montant ne peut être obtenu au moyen d'une scission des achats ou d'une utilisation de modalités de calcul de la valeur du marché autres que celles prévues par la réglementation des marchés publics[671]. Cela même dans le cas où, conformément au Code des marchés publics, « le marché est reparti en lots pouvant donner lieu chacun à un contrat distinct[672] » ou « l'achat est réparti en phases étalées sur plusieurs années, ou en tranches fermes et en tranches conditionnelles[673] ». Sont prises en compte, respectivement, la valeur globale estimée de la totalité des lots ou la valeur globale estimée de la réalisation du projet sur l'ensemble des exercices budgétaires.

Ce montant est déterminé selon le type dudit marché[674]. Pour les marchés des travaux, le montant estimé du marché est déterminé en fonction de la valeur globale des travaux se rapportant à une opération complète. C'est-à-dire que doivent être pris en compte l'ensemble des travaux ou des ouvrages exécutés

668. Supra p. 83 et s.
669. Seuils des marchés publics – Acheteurs-Publics, www.acheteurs-publics.com.
670. Article 4 du décret n°2009-162 du 20 mai 2009 relatif aux seuils de passation, de contrôle et d'approbation.
671. Article 5 du décret précité.
672. Article 6 du décret précité.
673. Article 7 du décret précité.
674. Article 8 du décret précité.

dans une même période de temps et sur une zone géographique donnée, sans possibilité de les dissocier en considération de leur objet, des procédés techniques utilisés pour les réaliser ou de leur financement. Une opération de travaux peut donc être constituée d'un ou plusieurs ouvrages, un ouvrage étant le résultat d'un ensemble de travaux de bâtiment ou de génie civil destiné à remplir par lui-même une fonction économique ou technique. Elle peut aussi concerner plusieurs travaux réalisés sur un même ouvrage de nature différente programmés au même moment. En conséquence, l'ouvrage ne peut constituer en lui-même l'unité de computation des seuils des marchés des travaux.

Pour les marchés de fournitures, de services et de prestations intellectuelles ce montant est déterminé en fonction de la valeur totale des fournitures ou des services qui peuvent être considérés comme homogènes. Les fournitures ou services homogènes sont des biens appartenant à une même famille. La nomenclature des fournitures et des services homogènes est normalement définie par arrêté du ministre chargé de l'économie. En l'absence d'une telle définition, le maître d'ouvrage est autorisé à déterminer cette homogénéité par ses propres moyens en se référant aux caractéristiques de son activité. On peut, pour étayer cette opinion, citer par exemple le décret congolais n°2009-162 du 20 mai 2009, modifié par le décret n°2011-843 du 31 décembre 2011, relatif aux seuils de passation, de contrôle et d'approbation, à son article 8, alinéas 4, 5 et 6, qui pose des règles qui encadrent, de manière stricte, la liberté d'appréciation reconnue aux maîtres d'ouvrage. Il en est ainsi, « si le maître d'ouvrage décide de regrouper plusieurs fournitures appartenant à des familles homogènes différentes au sein d'un seul marché. Même présenté selon la procédure de l'allotissement, c'est le montant global du marché qui devra être comparé aux seuils et non pas le montant famille par famille ou lot par lot des produits qu'il regroupe ». Il en est ainsi également « si les besoins de l'administration, du service ou de l'organisme concerné donnent lieu à un ensemble unique de livraisons de fournitures homogènes ou de prestations homogènes, le maître d'ouvrage tient compte, quel que soit le nombre de fournisseurs ou prestataires auxquels il fait appel, de la valeur de l'ensemble de ces fournitures ou prestations ». Enfin, « dans le cas, où les fournitures ou les prestations traduisent un besoin courant et répété de l'administration, du service ou de l'organisme concerné, le maître d'ouvrage prend en compte la valeur de l'ensemble des fournitures ou de l'ensemble des prestations correspondant aux besoins de la période considérée ».

A.2.2. L'applicabilité des règles de passation des marchés publics

Les règles de passation des marchés publics ne s'appliquent pas aux prestations publiques dont les montants sont en dessous des seuils de passation qui sont généralement fixés par voie réglementaire. En général, pour ces prestations, des règles allégées sont appliquées. Une lettre de commande suffit après une demande de cotation auprès d'au moins trois fournisseurs. Certains États membres de la CEMAC ont figé dans leur Code des marchés publics la ligne en deçà de laquelle la commande publique ne peut se voir appliquer les règles de passation des marchés publics. Il en est ainsi au Cameroun[675] où ce seuil est de cinq millions de FCFA, et au Tchad[676], où il est de dix millions de FCFA. Il en est ainsi également au Congo[677], sauf que dans ce pays ces seuils varient selon que l'appel d'offres est international ou national et suivant le type du marché public considéré. Pour les marchés publics faisant l'objet d'un appel d'offres national, les seuils des marchés de travaux et de fournitures sont d'un montant supérieur ou égal à cinquante millions de FCFA ; pour les marchés de service et de prestations intellectuelles, les seuils sont d'une valeur supérieure ou égale à dix millions de FCFA. Pour les marchés faisant l'objet d'un appel d'offres international, les seuils sont d'une valeur supérieure ou égale à deux milliards de FCFA pour les marchés de travaux et de cinq cents millions de FCFA pour les marchés de fournitures et de services. Le Code des marchés publics de ce pays précise que les marchés faisant l'objet d'appel d'offres national dont les montants sont inférieurs aux seuils précités sont passés par la formule simplifiée de comparaison d'au moins trois factures, mais n'en dit rien pour les marchés faisant l'objet d'appel d'offres international.

D'autres États membres, comme la Centrafrique[678] et le Gabon[679], ont choisi l'option de fixer périodiquement ces seuils. Pour le premier, les seuils de passation des marchés publics sont fixés chaque année par la loi des finances. Pour le deuxième, ces seuils sont fixés périodiquement, en tenant compte de l'évolution du marché et de l'inflation, par arrêté du ministre chargé de l'économie sur proposition concertée de l'Autorité de régulation et de l'administration centrale des marchés publics.

B. Les règles d'éthique et d'intégrité dans les marchés publics

Les États membres de la CEMAC introduisent de plus en plus dans leurs réglementations des marchés publics aux fins de compléter les règles générales de passation et sans doute dans le but de donner une dimension pénale à leur droit des marchés publics, qui est essentiellement d'ordre administratif, des exigences d'éthique et d'intégrité. Ces exigences invitent essentiellement à prohiber la corruption et les infractions assimilées et à veiller à ce que ne s'instaurent des pratiques anticoncurrentielles, pouvant remettre en cause la sincérité des procédures.

---

675. Article 4, alinéa 3 a du décret n°2018/366 du 20 juin 2018, *op. cit*
676. Article 5 du décret n°2417/PR/PM/2015 du 17 décembre 2015, *op. cit.*
677. Article 4 du décret n°2009-156 du 20 mai 2009, *op. cit.* ; articles 3 à 13 du décret n°2011-843 du 31 décembre 2011 modifiant et complétant certaines dispositions du décret n°2009-162 du 20 mai 2009 fixant les seuils de passation, de contrôle et d'appropriation des marchés publics, JORC du 16 mai 2012, p. 45.
678. Article 10 de la loi n°08-017 du 6 juin 2008, *op. cit.*
679. Article 7 du décret n°00027/PR/MEPPDD du 17 janvier 2018, *op. cit.*

B.1. La prohibition de la corruption et des infractions assimilées

La corruption, la fraude, le favoritisme, la prise illégale d'intérêts et le trafic d'influence sont, pour l'essentiel, les délits qui impactent négativement le processus de la commande publique. Ces délits[680], pour les traduire sommairement, consistent à contourner les règles par des manœuvres de toutes sortes, dans un dessein d'enrichissement illégal ou de bénéfice personnel, tant de la part des agents publics que des personnes sollicitant l'accès aux marchés publics ou tentant d'obtenir, devenues titulaires, des « passe-droits » dans l'exécution desdits marchés. La plupart des États membres de la CEMAC, à l'instar du Gabon[681], du Congo[682], du Cameroun[683], et de la Centrafrique[684], ont pris, même si les résultats demeurent encore insignifiants[685], des dispositions spécifiques pour combattre ces fléaux dans l'ensemble des sphères de l'action publique et particulièrement en matière de marchés publics. Certains États membres, comme le Cameroun[686], le Congo[687] et le Tchad[688], les ont introduites de manière spécifique dans leurs Codes des marchés publics comme règles applicables aux marchés publics, qui s'imposent à la fois aux autorités contractantes, aux soumissionnaires et aux titulaires.

Les personnes publiques intervenant, à quelque titre que ce soit, dans le processus de passation des marchés publics et des délégations de service public, pour le compte d'un maître d'ouvrage ou de toute autorité doivent être soumises aux dispositions légales et réglementaires en vigueur prohibant la corruption et les pratiques frauduleuses. Le juge, comme c'est le cas en France, est d'une sévérité exemplaire à l'égard des agents publics en matière de respect de la réglementation des marchés publics. Il a décidé que le fonctionnaire engage sa responsabilité au pénal même s'il n'est pas décideur[689]. Les candidats aux marchés publics sont soumis à la même rigueur. La soumission aux marchés publics est, en effet, une phase propice aux manœuvres corruptives, dolosives ou frauduleuses. Certains candidats en profitent pour s'attirer les faveurs de la personne responsable du marché public. De même, les attributaires véreux profitent généralement de l'inattention ou de l'incompétence des agents publics

680. Pour leur définition particulière, voir par exemple, la loi congolaise (n°5-2009 du 22 septembre 2009 sur la corruption, la concussion, la fraude et les infractions assimilées) qui en donne des spécifications très précises.
681. Loi n°002/2003, instituant un régime de prévention et de répression de l'enrichissement illicite en République gabonaise, https://publicofficialsfinancialdisclosure.worldbankgroup.com.
682. Loi n°5-2009 du 22 septembre 2009 sur la corruption, la concussion, la fraude et les infractions assimilées et la loi n°31-2012 du 11 octobre 2012 déterminant les infractions et les peines applicables en matière de passation et d'exécution des marchés publics, JORC.
683. Décret n°2006/088 du 11 mars 2006 portant création de la Commission nationale anti-corruption, www.camerlex.com.
684. Décret du 31 mars 2008 portant création du Comité national de lutte contre la corruption, www.centrafrique-presse.over-blog.com.
685. Voir Transparency international, Corruption : classement des cinquante-quatre pays africains, 22 février 2018, www.apr-news.fr.
686. Articles 196 à 199 du décret n°2018/366 du 20 juin 2018, op. cit.
687. Articles 8 et 9 du décret n°2009-156 du 20 mai 2009, *op. cit.*
688. Articles 12 et 13 du décret n°2417/PR/PM/2015 du 17 décembre 2015, *op. cit.*
689. Cour de cassation, 29 juin 2005.

chargés de suivre l'exécution des marchés publics pour ne pas assumer, selon les règles de l'art ou pas du tout, leurs obligations.

B.2. La prohibition des pratiques anticoncurrentielles

La libre concurrence, ainsi qu'on l'a vu, est la règle fondamentale de la commande publique, comme de l'ensemble des activités commerciales ou économiques. Elle s'exerce, en dépit de quelques rares exceptions, de manière pleine, entière et sans restriction. La plupart des États membres de la CEMAC, encouragés par la communauté[690], se sont dotés de législations prévoyant les règles et procédures régissant la compétition entre opérateurs économiques dans la fourniture des biens et services devant satisfaire des besoins identiques ou équivalents. Tel est le cas du Cameroun[691], du Gabon[692], du Tchad[693], et de la Centrafrique[694]. Ces règles et procédures interdisent toutes pratiques qui auraient pour effet d'empêcher, de fausser ou de restreindre l'exercice de la concurrence. Il s'agit en l'occurrence des ententes illicites, des abus de positions dominantes et des concentrations économiques.

Dans l'esprit des dispositions précitées, les ententes illicites sont des actions collectives ou concertées de plusieurs acteurs économiques, telles que les conventions et les ententes expresses ou tacites, ayant pour objet de formaliser un ou des mécanismes de contournement de l'exigence de concurrence, notamment lorsqu'ils ont pour but de limiter l'accès au marché à d'autres opérateurs économiques, de fausser la fixation des prix en favorisant artificiellement leur hausse ou leur baisse, de limiter ou contrôler la production, les débouchés ou les investissements et de repartir les marchés ou les sources d'approvisionnement. Les abus de position dominante sont, quant à eux, les manœuvres opérées par une entreprise ou un groupe d'entreprises dans le but de profiter abusivement de sa position de monopole sur le marché intérieur ou sur une partie substantielle de celui-ci, ou encore d'abuser de l'état de dépendance économique dans lequel se trouve à son égard, une entreprise cliente ou fournisseur qui ne dispose pas de solution équivalente.

La loi centrafricaine précitée, à son article 125, considère que la possession d'une part de marché supérieure ou égale à trente pour cent est constitutive de position dominante. Les abus de marchés consistent notamment en des refus de vente, en ventes liées, en des conditions de ventes discriminatoires ou en des pratiques de prix imposés ainsi qu'en des ruptures injustifiées de relations commerciales. Les concentrations économiques se réalisent lorsque des entreprises antérieurement indépendantes décident de fusionner pour

690. Art.10 du règlement n°17/99/CEMAC-20-CM-03 du 17 décembre 1999, www.Droit-Afrique.com.
691. Loi n°98/013 du 14 juillet 1998 relative à la concurrence, www.Droit-Afrique.com.
692. Loi n°014/1998 du 23 juillet 1998 fixant le régime de la concurrence, www.Droit-Afrique.com.
693. Loi n°043/PR/2014 du 24 décembre 2014 relative à la concurrence, www.Droit-Afrique.com.
694. Loi n°2016-06 du 30 décembre 2016 portant Code de commerce, www.Droit-Afrique.com.

contrôler le marché ou une partie substantielle de celui-ci en vue d'asseoir leur domination avec les conséquences éventuelles d'une position dominante.

2. Les procédures de passation des marchés publics

Les marchés publics sont principalement passés selon la procédure d'appel d'offres. Telle est la règle posée par les différents Codes des marchés publics des États membres de la CEMAC[695]. Cependant, ces mêmes codes[696] prévoient qu'en raison des circonstances particulières ou exceptionnelles, les marchés publics peuvent être passés selon la procédure par entente directe ou de gré à gré.

A. L'appel d'offres

Les Codes des marchés publics du Cameroun[697], du Gabon[698], du Congo[699], du Tchad[700] et de la Centrafrique[701] comportent des dispositions quasiment identiques sur la procédure d'appel d'offres[702]. Ils énoncent, de manière unanime, que les autorités contractantes, avant le lancement de la procédure d'appel d'offres, doivent élaborer des documents dits préparatoires dans le but de définir préalablement les critères d'attribution des marchés publics et le type d'appel d'offres adapté à chaque marché.

A.1. Les documents préparatoires à l'appel d'offres

Les documents que confectionnent les autorités contractantes en vue de préparer la passation des marchés publics sont rassemblés dans un dossier unique appelé dossier d'appel d'offres, en abrégé DAO. Il porte aussi, suivant les réglementations, l'appellation de dossier de consultation des entreprises ou de dossier d'appel à la concurrence. Parmi les documents qui composent le dossier d'appel d'offres il convient de singulariser, afin de lui consacrer une étude distincte, l'acte d'engagement que signe le candidat lors du dépôt de

695. Cameroun : articles 72 à 105 du décret n°2018/366 du 20 juin 2018, op. cit. ; Congo : articles 28 à 39 du décret n°2009-156 du 20 mai 2009, *op. cit.* ; Tchad : articles 70 à 87 du décret n°2417/PR/PM/2015 du 17 décembre 2015, *op. cit.* ; Gabon : articles 56 à 67 du décret n°00027/PR/MEPPDD du 17 janvier 2018, *op. cit.* ; Centrafrique : articles 31 à 36 de la loi n°08-017 du 6 juin 2008, *op. cit.*

696. Cameroun : article 7, alinéa 2, du décret n°2004/275 du 24 septembre 2004, *op. cit* ; Congo : article 28, alinéa 2, du décret n°2009-156 du 20 mai 2009, *op. cit* ; Tchad : articles 88 à 91 du décret n° 2417/PR/PM/2015 du 17 décembre 2015, *op. cit* ; Gabon : articles 68 et s. du décret, n°00027/PR/MEPPDD du 17 janvier 2018 *op. cit* ; Centrafrique : article 46 de la loi n°08-017 du 6 juin 2008, *op. cit.*

697. Article 85 du décret n°2018/366 du 20 juin 2018, *op. cit.*

698. Articles 56 à 67 du décret n°00027/PR/MEPPDD du 17 janvier 2018, *op. cit.*

699. Articles 29 à 40 du décret n°2009-156 du 20 mai 2009, *op. cit.*

700. Articles 70 à 87 du décret n°2417/PR/PM/2015 du 17 décembre 2015, *op. cit.*

701. Articles 32 à 36 de la loi n°08-017 du 6 juin 2008, *op. cit.*

702. Infra : introduction sur les procédures de passation des marchés publics.

son offre. En effet, bien que faisant partie du DAO, il se distingue des autres documents par son origine. Car, contrairement aux autres documents qui sont établis à l'initiative de l'administration, l'acte d'engagement provient des soumissionnaires.

A.1.1. Le dossier d'appel d'offres (DAO)

Les Codes des marchés publics du Tchad[703], du Congo[704], du Cameroun[705], du Gabon[706] et de la Centrafrique[707] conditionnent le lancement de la procédure d'appel d'offres par l'établissement préalable d'un dossier général et unique par les autorités contractantes. Ce dossier, appelé dossier d'appel d'offres, est constitué de l'ensemble des pièces utiles à la connaissance de la commande publique, en l'occurrence son esprit, son corps, les critères de sa mise en œuvre, son montant, etc. Ces différentes pièces doivent permettre à ce qu'aucun détail ne soit laissé de côté ou au hasard. Tout ce qui peut aider à la compréhension et à la maîtrise de la commande publique ainsi qu'à la détermination précise des critères de sa réalisation doit être pris en compte. Il s'agit essentiellement de la présentation et la constitution des offres, de leur évaluation, y compris les conditions de leur rejet, ainsi que la détermination des règles de qualification, de préqualification et de post-qualification. Ces documents précisent que, pour les marchés de travaux, de fournitures et de services, les critères d'évaluation tels que les coûts d'utilisation, le prix, la rentabilité, la qualité, la valeur technique, le service après-vente et l'assistance technique, le délai d'exécution, ainsi que le calendrier de paiement doivent être objectifs et en rapport avec l'objet du marché. Tous ces éléments doivent être vérifiables, quantifiables et exprimés en termes monétaires. Pour les marchés de prestations intellectuelles, les critères d'évaluation doivent être détaillés par des sous-critères. Ceux-ci doivent être objectifs, vérifiables et autant que possible qualitatifs. Le DAO est élaboré par l'autorité contractante, validé par l'organe de contrôle des marchés publics et publié par les moyens permettant de toucher le plus grand nombre. Le candidat intéressé, après s'être procuré le dossier d'appel d'offres contre paiement des frais y afférents, dépose auprès l'autorité contractante ses offres signées par lui-même ou par son mandataire dûment habilité. Ces offres sont transmises par tout moyen permettant de déterminer de façon certaine la date et l'heure de leur réception et d'en garantir la confidentialité.

Les délais permettant la réalisation de l'ensemble du processus de mise à disposition du DAO au public sont également régis par la réglementation de chaque État membre de la CEMAC. On peut simplement dire ici que le DAO est définitivement établi lorsqu'il est publié et, donc, après avoir reçu l'aval de

---

703. Articles 105 et s. du décret n°2417/PR/PM/2015 du 17 décembre 2015, *op. cit.*
704. Article 41 du décret n°2009-156 du 20 mai 2009, *op. cit.*
705. Articles 85 et 86 du décret n°2018/366 du 20 juin 2018, *op. cit*
706. Articles 75 et s. du décret n °00027/PR/MEPPDD du 17 janvier 2018, *op. cit.*
707. Article 47 de la loi n°08-017 du 6 juin 2008, *op. cit.*

l'organe de contrôle des marchés publics. Cet aval est, en principe, matérialisé par l'apposition d'une mention spécifique sur chaque page du DAO. Dans le Code des marchés publics centrafricain, cette mention se traduit par la trace d'un cachet portant la formule « Bon à lancer » qui authentifie et autorise le lancement de la procédure. Dans ce cas, le DAO ne peut être modifié que dans des circonstances particulières n'affectant pas les conditions substantielles du marché et après avis conforme de l'organe de contrôle des marchés publics.

A.1.2. L'acte d'engagement des soumissionnaires

Les Codes des marchés publics des États membres de la CEMAC, à l'exception de celui de la Centrafrique[708] qui l'énonce sans la définir, sont muets sur la notion d'acte d'engagement. On devine toutefois son existence en faisant une lecture attentive de ces différents codes. Par exemple, dans les Codes des marchés publics du Cameroun[709], du Congo[710] et du Tchad[711], il est indiqué que « l'avis d'appel d'offres fixe le délai pendant lequel les candidats restent engagés par leurs offres. » Le code du Gabon, en son article 106 parle de la durée de validité des offres qui ne peut excéder cent vingt jours calendaires. Ces formules laissent supposer que les candidats, en faisant acte de soumission, prennent l'engagement d'honorer leurs offres, jusqu'à ce qu'une circonstance particulière vienne le remettre en cause. L'article 11 du Code français des marchés publics définit l'acte d'engagement comme « la pièce signée par un candidat à un marché public ou un accord-cadre dans laquelle le candidat présente son offre ou sa proposition dans le respect des clauses du cahier des charges qui déterminent les conditions dans lesquelles le marché est exécuté ».

L'acte d'engagement peut donc être considéré comme étant à la fois un acte préparatoire à la passation des marchés et un élément faisant partie de la procédure de passation des marchés publics. En effet, l'acte d'engagement est d'abord un acte de préparation de la procédure de passation du marché public. C'est un acte, comme on l'a dit, par lequel le candidat à l'attribution du marché propose son offre en vue de soumissionner ou de répondre aux prescriptions faites par le maître d'ouvrage ou le maître d'ouvrage délégué à travers le dossier d'appel d'offres. Si l'offre ainsi présentée n'est pas approuvée par le maître d'ouvrage ou le maître d'ouvrage délégué, l'acte d'engagement du candidat n'aura aucun effet sur la suite de la procédure de passation et ne pourra en faire partie. En revanche, si l'offre est approuvée, l'acte d'engagement est contresigné par la personne publique responsable du marché. Cette contresignature marque l'accord des consentements des parties, donc le début de leur lien contractuel[712]. L'acte d'engagement devient ainsi le premier élément,

708. Articles 47 et 56 de la loi n°08-017 du 6 juin 2008, *op. cit.*
709. Article 86, k du décret n°2018/366 du 20 juin 2018, *op. cit*
710. Article 42 du décret n°2009-156 du 20 mai 2009, *op. cit.*
711. Article 106 du décret n°2417/PR/PM/2015 du 17 décembre 2015, *op. cit.*
712. CE, 26 février 1988, OPHLM de Villeneuve-Saint-Georges c/M. Courteillé, RDP 1989, p. 1417, obs. F. Llorens.

sinon l'élément « essentiel de la procédure de passation du marché[713] ». L'acte d'engagement est ainsi la pièce contractuelle la plus importante, non seulement parce qu'elle déclenche la procédure de passation mais parce qu'elle comporte les traits essentiels du futur marché public. Il s'agit essentiellement du prix des prestations et l'acceptation par le candidat ou le soumissionnaire des cahiers des clauses contractuelles fixés par la personne responsable du marché public. L'acte d'engagement est en principe obligatoire pour chaque marché public[714].

A.2. Les types d'appels d'offres

L'appel d'offres se conclut sans négociation. Les soumissionnaires sont appelés à répondre aux offres dans leur globalité sur la base des critères objectifs d'évaluation préalablement portés à leur connaissance à travers un certain nombre de documents préparatoires, notamment le dossier d'appel d'offres, et exprimés, dans toute la mesure du possible, en termes monétaires. Ces dossiers, comme on l'a vu, contiennent l'ensemble des critères d'attribution des marchés publics préalablement déterminés par les autorités contractantes. L'appel d'offres peut être national ou international. Il est national lorsqu'il s'adresse aux personnes ayant leur domicile dans le pays émetteur et il est international quand il est émis à l'extérieur du territoire national. Dans tous les cas, qu'il soit national ou international, il obéit aux mêmes principes de la commande publique et il est soit ouvert, soit restreint, soit avec concours si la matière l'exige.

A.2.1. L'appel d'offres ouvert

L'appel d'offres ouvert est la règle. Un appel d'offres est dit ouvert lorsque toute personne physique ou morale peut soumissionner, sauf si elle entre dans l'une des catégories exclues de la commande publique[715]. L'appel d'offres ouvert peut être précédé d'une préqualification des candidats et être en deux étapes. Il en est ainsi lorsque les travaux à réaliser, les fournitures à livrer et les services à rendre revêtent un caractère important ou complexe et/ou exigent une technicité particulière. L'examen de la qualification des candidats s'effectue exclusivement en fonction de leur aptitude à exécuter le marché de façon satisfaisante et selon les critères définis dans l'invitation à soumissionner. L'appel d'offres ouvert est ainsi exécuté en deux étapes. D'abord, les candidats sont invités à remettre des propositions techniques, sans indication de prix, sur la base de principes généraux de conception ou de normes de performance, et sous réserve d'ajustements ultérieurs d'ordre aussi bien technique que commercial. Ensuite, après l'évaluation des offres techniques présentées par les différents candidats, les autorités contractantes retiennent ceux qui satisfont au minimum acceptable

713. CE, 14 janvier 1998, commune de Saint-Pierre c/M. Pihouée, RDI 1998, p. 244.
714. CE, 14 janvier 1998, commune de Saint-Pierre c/M. Pihouée précité.
715. Voir supra p. 173 et s.

des critères de qualification et qui ont soumis une offre techniquement conforme. Elles les invitent à participer à une seconde étape au cours de laquelle ils présentent des propositions techniques définitives assorties de prix sur la base des spécificités définies dans le DAO éventuellement amendé. Le recours à l'appel d'offres ouvert en deux étapes doit être motivé. En principe, il n'est possible que si les autorités contractantes ne sont pas en mesure, préalablement, de définir les moyens permettant de satisfaire leurs besoins et si elles ne peuvent évaluer les solutions techniques ou financières disponibles. Dans tous les cas, l'appel d'offres en deux étapes doit être autorisé par les organes de contrôle des marchés publics.

L'appel d'offres ouvert peut être déclaré infructueux, c'est-à-dire qu'il n'a reçu aucune proposition de candidature ou aucune offre conforme au DAO. La décision constatant le caractère infructueux de l'appel d'offres doit recevoir une publicité conforme aux textes en vigueur. Il peut être procédé soit à un nouvel appel d'offres, soit, après autorisation des organes de contrôle, à une consultation restreinte ou encore à une entente directe ou de gré à gré.

L'appel d'offres ouvert peut être annulé par l'autorité contractante. Cette annulation, comme le prévoit le code gabonais[716], doit être motivée par des raisons d'intérêt général et ne peut être rendue effective qu'après autorisation ou avis de non-objection des organes de contrôle des marchés publics. Le Code des marchés publics du Cameroun[717] et celui du Tchad[718] précisent, toutefois, que l'autorisation des organes de contrôle n'est sollicitée que lorsque les offres ont déjà été ouvertes. La décision d'annulation est communiquée à tous les acteurs, particulièrement aux soumissionnaires. Cette décision délie les soumissionnaires de leur engagement et libère leurs garanties de soumission. Elle peut, aux termes des codes du Gabon[719], du Congo[720] et de la Centrafrique[721], faire l'objet d'un recours à l'arbitrage devant l'agence de régulation des marchés publics. Les codes du Cameroun[722] et du Tchad[723] diffèrent des autres codes sur ce point, en indiquant que la décision d'annulation ne donne pas lieu à réclamation. C'est là une différence de fond qui exige, sans doute, une harmonisation dans l'intérêt du droit, puisqu'il s'agit d'un principe général de droit, celui des recours contre les actes administratifs, et aussi dans le cadre de la protection des intérêts des acteurs des marchés publics.

A.2.2. L'appel d'offres restreint

L'appel d'offres restreint s'adresse aux candidats que l'autorité contractante a décidé de consulter après qu'elle a fait sa propre présélection. Seuls ces

716. Article 129, alinéa 1, du décret n°00027/PR/MEPPDD du 17 janvier 2018, *op. cit.*
717. Article 102, alinéa 1 du décret n°2018/366 du 20 juin 2018, *op. cit*
718. Article 128, alinéa 1, du décret n°2417/PR/PM/2015 du 17 décembre 2015, *op. cit.*
719. Article 129, alinéa 3, du décret n°00027/PR/MEPPDD du 17 janvier 2018, *op. cit.*
720. Article 89, alinéa 1, du décret n°2009-156 du 20 mai 2009, *op. cit.*
721. Article 53, alinéa 1, de la loi n°08-017 du 6 juin 2008, *op. cit.*
722. Article 102, alinéa 1 du décret n°2018/366 du 20 juin 2018, *op. cit.*
723. Article 128, alinéa 1, du décret n°2417/PR/PM/2015 du 17 décembre 2015, *op. cit.*

derniers sont habilités à remettre des offres. Il est toutefois recommandé que le nombre de candidats admis à soumissionner soit en mesure d'assurer une concurrence réelle. Le Code des marchés publics de la Centrafrique, à son article 35, alinéa 1, et celui du Tchad, à son article 78, alinéa 1, indiquent qu'un nombre minimal de trois candidats doit être atteint. Il sied de s'arrêter un instant sur cette définition pour évoquer une nuance que semble introduire le Code des marchés publics du Cameroun. Pour l'article 76, alinéa 1, de ce code, « l'appel d'offres restreint est un appel d'offres ouvert précédé d'une préqualification ». Cette définition diffère quelque peu de celle des codes des autres États membres qui distinguent l'appel d'offres ouvert précédé d'une préqualification de l'appel d'offres restreint auquel ils consacrent des développements particuliers, ainsi qu'on l'a vu dans le paragraphe précédent. Ensuite, pour les autres codes, l'appel d'offres restreint met en avant la volonté de l'autorité contractante dans le choix ou la présélection des candidats, contrairement à l'appel d'offres ouvert précédé d'une préqualification pour lequel l'initiative de soumissionner est reconnue à tous les candidats, à charge pour l'autorité contractante de retenir, pour la suite, ceux qui remplissent les conditions techniques requises.

Le recours à l'appel d'offres restreint est préalablement soumis à l'avis des organes de contrôle des marchés publics. Il n'est valable que pour une catégorie de marchés bien précise : les marchés dont l'urgence impérieuse résultant de circonstances imprévisibles est avérée, ceux qui ont donné lieu à un appel d'offres infructueux, ceux dont les titulaires sont défaillants, et qui doivent être exécutés à leurs frais, et les marchés de biens, de travaux ou de services qui, en raison de leur nature, ne peuvent être réalisés que par un nombre limité de fournisseurs, d'entrepreneurs ou de prestataires. La procédure d'appel d'offres restreint obéit aux mêmes règles que la procédure d'appel d'offres ouvert.

A.2.3. L'appel d'offres avec concours

L'appel d'offres avec concours est choisi lorsque des motifs d'ordre technique ou esthétique, par exemple la conception d'une œuvre architecturale, justifient des recherches particulières. L'appel d'offres avec concours s'effectue soit selon la procédure d'appel d'offres ouvert, soit selon la procédure d'appel d'offres restreint. Il concerne généralement les marchés de prestations intellectuelles. Le concours est organisé sur la base d'un programme établi par l'autorité contractante qui indique les besoins auxquels doit répondre la prestation et fixe, le cas échéant, le maximum de la dépense prévue pour l'exécution du budget. Les prestations sont examinées par un jury dont les membres sont désignés par l'autorité contractante. Ces membres doivent toutefois justifier de toutes les qualités artistiques et techniques nécessaires pour évaluer dans les meilleures conditions le projet soumis au concours. Les soumissionnaires les mieux classés reçoivent des primes, des récompenses ou autres avantages. Le Code des marchés publics congolais de 2009, par exemple, fait intervenir un seul type de jury pour l'ensemble des marchés de prestations intellectuelles : le jury de concours. L'article 40, alinéa 4, du code congolais dispose en effet que les membres du jury, dont le tiers au moins est composé de personnalités ayant des compétences dans la matière qui fait l'objet du concours, sont désignés par le maître d'ouvrage ou le maître d'ouvrage délégué. Ils entrent en fonction après l'avis préalable de la commission de passation des marchés publics que celle-ci doit émettre dans les sept jours suivant sa saisine. Le Code des marchés publics précité, à son alinéa 5, indique que « les résultats de chaque concours sont consignés dans un procès-verbal par le jury qui formule un avis motivé relevant toutes les circonstances de l'opération ». Le Code des marchés publics français, quant à lui, distingue trois types de jurys : les marchés avec concours[724], à proprement parler, les marchés de conception réalisation[725] et les marchés de maîtrise d'œuvre[726].

B. L'entente directe ou le gré à gré

Les Codes des marchés publics du Gabon[727], du Congo[728], du Cameroun[729], de la Centrafrique[730] et du Tchad[731] prévoient la possibilité, pour les autorités contractantes, de passer exceptionnellement, et dans des conditions bien déterminées, certains marchés publics par entente directe ou de gré à gré.

B.1. La notion d'entente directe ou de gré à gré

L'entente directe, ou le gré à gré, est une procédure exceptionnelle qui permet à l'autorité contractante de passer le marché public sans appel d'offres, à condition toutefois d'être autorisé par l'organe de contrôle des marchés publics et d'avoir informé l'Autorité de régulation des marchés publics. L'autorité contractante engage directement les discussions avec les candidats présélectionnés sur la base des éléments susceptibles de reconnaître leur capacité à exécuter le marché et en fonction des cotations visant à obtenir la vérité des prix du marché. Les Codes des marchés publics du Gabon[732], du Congo[733], du Tchad[734] et de la Centrafrique[735] sont très exigeants sur ce dernier point. Ils prévoient, pour garantir la transparence et la vérité des prix, que la procédure d'entente directe ne peut être engagée qu'avec les candidats qui acceptent de se soumettre à un contrôle des prix spécifique durant l'exécution des prestations.

724. Article 24 du Code des marchés publics français.
725. Article 69 du Code des marchés publics français.
726. Article 74 du Code des marchés publics français.
727. Articles 68 et s. du décret n°00027/PR/MEPPDD du 17 janvier 2018, *op. cit.*
728. Articles 71 à 74 du décret n°2009-156 du 20 mai 2009, *op. cit.*
729. Articles 108 et s. du décret n°2018/366 du 20 juin 2018, *op. cit*
730. Article 44 de la loi n°08-017 du 6 juin 2008, *op. cit.*
731. Articles 88 et s. du décret n°2417/PR/PM/2015 du 17 décembre 2015, *op. cit.*
732. Article 73 du décret n°00027/PR/MEPPDD du 17 janvier 2018, *op. cit.*
733. Article 73 du décret n°2009-156 du 20 mai 2009, *op. cit.*
734. Article 90 du décret n°2417/PR/PM/2015 du 17 décembre 2015, *op. cit.*
735. Article 46, alinéas 4 et 5, de la loi n°08-017 du 6 juin 2008, *op. cit.*

Ils prévoient également que le marché doit préciser les obligations comptables auxquelles le titulaire du marché sera soumis, notamment l'obligation de présenter ses bilans, comptes de résultats ainsi que sa comptabilité analytique d'exploitation ou, à défaut, tous documents de nature à établir les coûts de revient.

Les Codes des marchés publics de certains États membres de la CEMAC ont pris le soin de renforcer le caractère exceptionnel du recours à la procédure d'entente directe par des dispositions spécifiques. Il en est ainsi, par exemple, de celui du Gabon qui plafonne les marchés par entente directe. L'article 71 du code gabonais dispose que les marchés passés par les autorités contractantes par entente directe au cours d'un exercice budgétaire « ne sauraient dépasser le seuil de quinze pour cent en valeur du montant global de leurs marchés publics, sauf cas de force majeure résultant d'un événement occasionnant une urgence nationale ». Autrement, l'avis de l'Autorité de régulation doit être requis. Le code du Tchad, quant à lui, limite les périodes aux cours desquelles cette procédure doit être actée. Son article 91 indique que le besoin de recourir à la procédure de gré à gré doit être indiqué « au moment de l'approbation du plan de passation du marché », donc avant la mise en concurrence.

B.2. Les conditions de l'entente directe ou du gré à gré

La procédure par entente directe est très limitative. Elle ne peut être enclenchée que lorsque les besoins ne peuvent être satisfaits que par une prestation nécessitant l'emploi d'un brevet d'invention, d'une licence ou de droits exclusifs détenus par un seul entrepreneur, un seul fournisseur ou un seul prestataire, ou par un prestataire déterminé pour des raisons techniques et artistiques. Il en est de même dans les cas d'extrême urgence obligeant l'autorité contractante de faire exécuter le marché public en lieu et place de l'entrepreneur, du fournisseur ou du prestataire défaillant. Il en est de même encore dans les cas d'urgence impérieuse motivée par des circonstances imprévisibles ou les cas de force majeure ne permettant pas de respecter les délais prévus dans les procédures d'appel d'offres et nécessitant une intervention immédiate. Il en est de même enfin dans les cas d'appel d'offres infructueux. Les marchés spéciaux, ainsi que l'énonce le code du Tchad, à son article 89, s'inscrivent au rang des marchés publics pouvant être passés par la procédure de gré à gré. En effet, ces marchés, ainsi que l'indiquent les Codes des marchés publics de la Centrafrique[736], du Congo[737], du Cameroun[738], du Gabon[739] et du Tchad[740] sont les

736. Article 9 de la loi n°08-017 du 6 juin 2008, *op. cit.*
737. Articles 75 et s. du décret n°2009-156 du 20 mai 2009, *op. cit.*
738. Article 71 du décret n°2018/366 du 20 juin 2018, *op. cit.*
739. Articles 28 et 29 du décret n°00027/PR/MEPPDD du 17 janvier 2018, *op. cit.*
740. Articles 92 et s. du décret n°2417/PR/PM/2015 du 17 décembre 2015, *op. cit.*

marchés publics relatifs à la défense nationale, à la sécurité intérieure et aux intérêts stratégiques de l'État.

L'évaluation des offres de ce type de marchés et leur passation, en raison de leur nature et notamment des clauses secrètes qu'ils peuvent contenir, sont généralement réalisées suivant des règles et des procédures spécifiques, ainsi que par des organes spéciaux garantissant le secret qui les couvre.

CHAPITRE 3

L'EXÉCUTION DES MARCHÉS PUBLICS DANS LES ÉTATS MEMBRES DE LA CEMAC

L'exécution des marchés publics consiste en la mise en œuvre par les parties des prescriptions consignées dans le contrat. Il s'agit en effet pour les parties de satisfaire aux engagements que les unes ont prises envers les autres. La mise en œuvre de ces engagements est généralement entourée de garanties d'exécution.

I. L'EXÉCUTION DES PRESCRIPTIONS CONTRACTUELLES

L'exécution du marché public se réalise conformément, ainsi qu'on l'a dit, aux prescriptions du contrat. Toutefois, pour diverses raisons, cette exécution peut être perturbée et ne pas être réalisée conformément aux prescriptions initiales, mais adaptée aux modifications qui peuvent éventuellement être apportées.

1. L'exécution conforme aux prescriptions contractuelles initiales

Le marché public, étant un contrat synallagmatique, oblige chacune des parties, en l'occurrence le titulaire du marché public et l'autorité contractante, à exécuter les prestations qu'elles se doivent réciproquement. Autrement dit, l'obligation ou l'engagement de l'une est le droit de l'autre. Ainsi, le titulaire s'engage à exécuter, moyennant juste rémunération, le marché qui lui a été attribué par l'autorité contractante, à charge pour cette dernière, en compensation de la réception définitive de l'objet de la commande publique, de régler au titulaire le prix convenu dans le contrat, en prenant le soin, conformément à la réglementation, de veiller à ce que l'exécution du marché soit réalisée dans les formes et conditions prévues dans ledit marché.

A. Les obligations du titulaire du marché public

Le titulaire du marché public a pour obligation d'exécuter le marché public suivant les prescriptions déterminées dans le contrat.

A.1. L'obligation d'exécuter le marché public

L'obligation d'exécuter le marché public est une obligation *intuitu personae*. Cela revient à dire que le titulaire doit personnellement exécuter le marché public. Toutefois, les Codes des marchés publics des États membres de la CEMAC prévoient quelques atténuations à ce principe, en permettant soit l'intervention des sous-traitants dans l'exécution du marché public aux côtés et pour le compte du titulaire, soit l'exécution du marché public par un tiers devenu titulaire du même marché public du fait de sa cession à ce dernier.

A.1.1. Le principe de l'obligation d'exécution personnelle

Le marché public est en général conclu en fonction de la personne du titulaire, conformément à son dossier de candidature. Il lui revient donc d'exécuter personnellement et individuellement le marché public. Mais, comme on l'a vu[741], le marché peut être attribué à un groupement de titulaires. Dans ce cas, l'exécution doit se faire de manière solidaire conformément aux règles de la cotraitance. Dans l'une ou l'autre hypothèse, le titulaire ou le groupement de titulaires doit exécuter le marché par ses propres moyens. L'exécution des marchés publics nécessite, en effet, l'utilisation d'outils appropriés. Le titulaire doit pouvoir en disposer personnellement, même s'il peut lui être reconnu la possibilité de compléter son arsenal par la location ou le prêt auprès d'organismes appropriés. Cette exigence est généralement exprimée et prise en compte au cours de la phase d'évaluation des offres et d'attribution des marchés publics. Elle permet en effet aux organes d'attribution des marchés de vérifier si le titulaire a la capacité et la compétence requises pour exécuter le marché public. Par exemple, pour les marchés publics de travaux, le titulaire doit posséder le matériel adapté pour les travaux qu'il est appelé à réaliser. Si les travaux exigent préalablement le creusement de tranchées, il doit se munir du matériel adéquat, même si le type de prestations concerné n'a pas été mentionné dans le cahier des charges[742]. Il en est de même lorsque l'exécution des travaux publics nécessite l'établissement de servitude sur les propriétés privées. En effet la réalisation de marchés de travaux implique fréquemment des études préalables de terrain. Elle peut aussi nécessiter des fouilles et des aménagements en vue de l'implantation du chantier. De telles opérations peuvent effectivement

741. Supra p. 109.
742. CAA Nantes, 18 novembre 1993, SA Barenton.

nécessiter que des précautions soient prises aux alentours, parce que pouvant nécessiter la pénétration ou la traversée des propriétés privées avoisinantes.

En France, la loi du 29 décembre 1892 a instauré une servitude d'occupation temporaire. Celle-ci, pouvant ouvrir droit à indemnisation, est conditionnée à une autorisation préfectorale ne pouvant excéder cinq ans et ne pouvant porter sur des maisons d'habitation ni sur des terrains clos attenants à ces dernières. L'exécution des marchés de fournitures nécessite également que le titulaire soit muni d'un équipement personnel susceptible de concevoir et fabriquer des fournitures qui répondent à la destination pour laquelle elles sont commandées[743].

A.1.2. Les exceptions au principe de l'obligation d'exécution personnelle

Les différents Codes des marchés publics des États membres de la CEMAC prévoient deux grandes exceptions au principe de l'obligation d'exécution personnelle qui incombe au titulaire : la sous-traitance et la cession de l'exécution du marché public à un nouveau titulaire.

a. La sous-traitance

La sous-traitance est un procédé qui permet au titulaire de faire exécuter, sous sa responsabilité, une partie ou quelques éléments du contrat par une tierce personne. Elle s'applique en général à tous les contrats administratifs[744], mais beaucoup plus fréquemment en matière de marchés publics, notamment dans les marchés de travaux[745]. Certains Codes des marchés publics, comme ceux du Gabon[746] et du Cameroun[747], incitent les titulaires à recourir, pour cela, en priorité à des petites et moyennes entreprises nationales. D'autres, comme ceux du Congo[748] et de la Centrafrique[749], encouragent les titulaires étrangers à sous-traiter aux entreprises nationales ou à des entreprises installées dans la zone CEMAC, en leur accordant des préférences à l'accès aux marchés publics[750]. De manière générale, la plupart des États de la CEMAC interdisent la sous-traitance lorsqu'elle dépasse un certain seuil de la valeur globale du

743. CE, 26 janvier 1977, SARL Tecres, Rec. p. 895.
744. Voir note sous CE, 30 mars 1984, SCI Marjenco, Rec., p. 142 ; CE, 23 juin 1993, n°111569, Sté industrielle de construction et réparation, inédit.
745. En France, jusqu'en 2015, la sous-traitance n'était autorisée que pour les marchés de travaux et de services. L'ordonnance n°2015-899 du 23 juillet 2015 élargit désormais cette pratique aux marchés de fournitures. Voir Antoine Woimant, *Périmètre de la sous-traitance dans le cadre des marchés publics*, www.mclavocats.fr.
746. Article 189 du décret n°00027/PR/MEPPDD du 17 janvier 2018, *op. cit.*
747. Article 131, alinéa 3 du décret n° 2018/366 du 20 juin 2018, *op. cit.*
748. Article 118, alinéa 4, du décret n°2009-156 du 20 mai 2009, *op. cit.* ;
749. Article 26, alinéa 4, de la loi n°08-017 du 6 juin 2008, *op. cit.*
750. Supra p. 180.

marché : trente pour cent pour le Congo[751], le Gabon[752], le Tchad[753] et quarante pour cent pour la Centrafrique[754]. Une sous-traitance d'un tel niveau risque, en effet, de rompre l'équilibre « institutionnel » du contrat, en créant le doute sur la personnalité du véritable titulaire.

Le mécanisme de la sous-traitance obéit à quatre conditions essentielles. Premièrement, elle doit être prévue dans le dossier d'appel d'offres. Le soumissionnaire qui a l'intention de s'y conformer doit l'indiquer dans son offre. Deuxièmement, l'opération par laquelle le titulaire du marché confie au sous-traitant l'exécution d'une partie du marché doit être préalablement acceptée par l'autorité contractante. Troisièmement, le sous-traitant doit remplir les mêmes conditions légales, techniques et financières que celles requises pour la qualification des soumissionnaires. Quatrièmement, la sous-traitance ne doit pas être pratiquée, comme on l'a vu, à un niveau qui peut conduire à un déséquilibre en défaveur du titulaire. Celui-ci doit demeurer le seul responsable de l'exécution de toutes les obligations du marché, y compris les prestations sous-traitées[755].

Il sied de rappeler que les litiges qui opposent le titulaire au sous-traitant relèvent du juge judiciaire puisque la relation qui les unit est d'ordre privé[756]. Cette jurisprudence a beaucoup évolué. Le tribunal des conflits, considérant, entre autres, le fait que le sous-traitant participe à l'exécution d'un travail public, retient de plus en plus la compétence du juge administratif. Il en est ainsi des litiges pour une éventuelle action en garantie décennale exercée par le maître d'ouvrage contre le sous-traitant[757] ou pour des actions en responsabilité quasi délictuelle exercées par le maître d'ouvrage contre le sous-traitant[758]. Il en est ainsi également pour les litiges indirects, comme ceux touchant au paiement direct du sous-traitant, puisque ce principe est d'ordre public[759], ou du principe selon lequel la compétence pour le litige au principal emporte celle des questions accessoires, permettant ainsi au juge administratif de savoir si un litige oppose l'entrepreneur au sous-traitant, nonobstant le fait qu'ils soient liés par un contrat de droit privé[760].

L'autorité contractante ne peut, donc, valider la sous-traitance que si ces différentes conditions sont remplies par le sous-traitant. Il faut souligner, toutefois, qu'en même temps que l'accès au statut de sous-traitant est soumis à

751. Article 118, alinéa 3, du décret n°2009-156 du 20 mai 2009, *op. cit.* ;
752. Article 186 du décret n°00027/PR/MEPPDD du 17 janvier 2018, *op. cit.*
753. Article 66, alinéa 3, du décret n°2417/PR/PM/2015 du 17 décembre 2015, *op. cit.*
754. Article 26, alinéa 2, de la loi n°08-017 du 6 juin 2008, *op. cit.*
755. CE, 12 juillet 1995, Chemetou et autres, D. 1996, SC p. 320, chron. P. Terneyre, RDI 1995, p. 745, obs. Llorens et Terneyre ; J. Michon, *La nouvelle réglementation des marchés publics*, édition Le Moniteur 2001 p. 331.
756. TC, 24 novembre 1997, n°03060, Sté de Castro, Rec., CE, p. 540 ; CJEG 1998, p. 100, concl. R. Abraham ; D. 1998, p. 363, note P. Terneyre ; TC, 19 février 1996, n°02927, SARL Somato c/Sté Guintoli, inédit.
757. TC, 2 juin 2008, n°3621, Souscripteurs des Lloyd's de Londres c/Cne de Dainville.
758. TC, 8 juin 2009, n°3678, Cté de Cnes du Jura Sud, Rec., CE, p. 585 ; RJEP janvier 2010, p. 34 concl. I. de Silva ; TC, 28 mars 2011, n°3773, Cne de La Clusaz c/SMABTP, Rec., CE 2011, tables, p. 844.
759. TC, 14 mai 1984, Sté Smac Acieroïd, Rec., CE 1984, p. 448 ; TC, 2 juin 2008, n°3642, Sté Aravis-Enrobage c/Cne de Cusy et Entreprise Grosjean, Rec., CE 2008, p. 554 ; RJEP novembre 2008, p. 10, concl. I. de Silva ; AJDA 2008, p. 2248, note G. Éveillard.
760. TC, 9 février 2015, Sté ACE European Group Ltd, AJDA 2015, p. 1549, note G. Clamour.

condition, ce statut, lorsqu'il est acquis, fait l'objet de protection de la part de la doctrine, de la jurisprudence et de l'autorité contractante. Elles veillent à ce que la relation contractuelle entre le titulaire et le sous-traitant ne soit pas trop en défaveur du second. Par exemple, certains auteurs estiment que « la prérogative de l'autorisant n'est pas de celles dont on peut user à son gré[761] ». En d'autres termes, la décision par laquelle l'autorité contractante valide, sur sollicitation du titulaire, l'intervention d'un sous-traitant dans l'exécution du marché public doit être motivée et justifiée par des raisons fondées en droit. Cette motivation est d'autant plus exigée en cas de refus. Il en est ainsi pour que cela ne soit pas perçu comme une manifestation arbitraire de l'autorité contractante.

La jurisprudence administrative, dans deux décisions récentes, est revenue sur l'importance des sous-traitants dans les marchés publics, en rappelant les fondamentaux qui concourent à leur recours. La CAA de Marseille a annulé un marché public au motif que le titulaire ne disposait pas de capacités techniques suffisantes pour exercer le marché et que le marché a été plutôt exécuté par un autre opérateur sans que cela ne soit précisé dans le marché[762]. Le Conseil d'État, sur la requête d'un sous-traitant écarté, a noté que bien que le sous-traitant ne soit, par principe, pas lésé, « il ressort des pièces du marché que l'offre d'un des groupements candidats reposait sur la technologie que fournit cette société ; que dans ces conditions elle justifie être lésée par la conclusion du contrat litigieux de manière suffisamment directe et certaine pour être recevable à en demander l'annulation ainsi que la suspension[763]. L'autorité contractante assure également aux sous-traitants une certaine protection. Elle profite, par exemple, de la demande d'autorisation à sous-traiter que lui adresse le titulaire, pour agréer également les conditions de paiement conclues entre le titulaire du marché et le sous-traitant, sauf s'il est prévu que le paiement doit se faire directement au sous-traitant[764].

b. La cession du marché public

La cession du marché public peut être considérée comme l'acte par lequel le titulaire du marché public, le cédant, transmet intégralement ses droits et devoirs à un tiers, le cessionnaire, sur le marché, sous réserve de l'acceptation de l'autorité contractante, le cédé. La cession du marché public conduit ainsi *ipso facto* à la cession de l'exécution du marché public au nouveau titulaire.

La cession du marché public n'est pas, de manière formelle, au nombre des dispositions contenues dans les différentes réglementations nationales relatives à la gestion des marchés publics. Cette posture ne semble pas être l'apanage des États membres de la CEMAC. Partout où cette modalité a prospéré, comme

761. Voir B. Thuillier, *L'autorisation. Étude de droit privé*, LGDJ, 1996, p. 177.
762. 28 septembre 2015, www.lesechos.fr.
763. CE, 23 octobre 2015, n°391183.
764. Infra p. 270 et s.

en France, son introduction dans le corpus juridique a été essentiellement l'œuvre de la doctrine et de la jurisprudence, sauf dans l'hypothèse du décès de l'adjudicataire prévue à l'article 21 du cahier général des charges[765]. Dans tous les cas, le droit administratif[766] comme le droit civil[767] reconnaissent la cession comme un mécanisme parfaitement valable que les parties au contrat peuvent user dans leurs relations contractuelles. Il en est ainsi en matière de marchés publics[768]. L'autorité contractante comme le titulaire sont donc juridiquement fondés à faire acte de cession du marché qui les lie, même si cette hypothèse est beaucoup plus fréquemment utilisée par le titulaire que par l'autorité contractante.

La cession du marché public peut être le fait de l'autorité contractante qui décide de céder le marché à une autre personne publique, plus précisément à une autre autorité contractante. C'est une hypothèse très rare. Marion Ubaud-Bergeron[769] note que « la principale hypothèse de cession entre personnes publiques concerne le cas où, à la suite de la création d'un établissement public de coopération intercommunale et au transfert de compétence des communes à celui-ci, des contrats précédemment conclus par les communes doivent être repris par le nouvel établissement créé. Le Code général des collectivités territoriales prévoit en ce cas la pleine substitution de l'établissement à la commune, sans que le cocontractant puisse s'y opposer. » L'auteure s'empresse toutefois d'atténuer cette opinion en indiquant qu'il ne s'agit pas d'une véritable cession. Le terme de « transfert de contrat », comme l'ont préconisé d'autres auteurs, comme O. Lemaire[770], conviendrait mieux à cette opération. Le transfert « des contrats n'est ici que l'une des conséquences d'un choix plus large de transfert de compétence lié à la création d'une nouvelle personne publique, et non une décision dont l'objet exclusif est de céder un contrat déterminé[771] ».

La cession du marché public est, en revanche, une modalité fréquente à l'initiative du cocontractant. Elle a toujours été admise par la jurisprudence administrative qui la subordonne à l'autorisation préalable de l'autorité contractante ou de l'administration[772]. Le Conseil d'État considère, en effet, qu'un marché public cédé sans l'autorisation de la personne publique lui est inopposable[773]. Il estime même qu'un lien contractuel ne peut naître implicitement entre l'administration et le cessionnaire au motif que la première

765. Voir A. Vandeburie, S. De Ridder, *La vie du contrat dans les commandes publiques*, Entr. Et Dr., 2010/1, p. 31.
766. Marion Ubaud-Bergeron, *Droit des contrats administratifs*, LexisNexis, 2015, Paris, pp. 304 et 356 ; L. Aynès, *La cession de contrat et les opérations juridiques à trois personnes*, Economica, 1984.
767. J. Carbonnier, *Droit civil, Les obligations*, t. IV, PUF, 22ème éd., 2000, p. 557, n°314.
768. L. Deruy et C. Maugüé, *Les cessions de marchés publics et de délégations de service public* : BJCP 1999, n°6, p. 494 ; F. Brenet, *Cession de contrat : JCl.* Contrats et Marchés publics, Fasc.16.
769. Droit des contrats administratifs, LexisNexis, 2015, Paris, p. 355.
770. Le transfert de contrat entre personnes publiques : CP-ACCP mars 2002, n°9, p. 7 (1re partie) ; CP-ACCP avril 2002, n°10, p. 7 (2e partie).
771. Droit des contrats administratifs, LexisNexis, 2015, Paris, p. 355.
772. CE, 20 janvier 1905, Compagnie départementale des eaux et services municipaux c/Ville de Langres, Rec., p. 55, concl. Romieu.
773. CE, 2 février 1979, Ville de Châlons-sur-Marne, n°01881.

continue d'exécuter le contrat avec le cessionnaire[774]. Le Conseil a toutefois ajouté que la personne publique ne peut refuser l'autorisation qu'en cas d'insuffisances professionnelles du cessionnaire[775] ou s'il ne présente pas les mêmes niveaux de garanties techniques et financières que le titulaire initial. Au-delà de la nécessaire autorisation préalable de la personne publique, condition sine qua non s'il en est[776], se pose la question qui continue de nourrir le débat en droit sur l'analyse de la notion de cession de contrat : doit-elle être considérée comme une technique permettant la continuation du contrat ou du marché initial, avec simplement le changement de cocontractant, ou comme une modalité faisant naître un nouveau contrat ?

Le Conseil d'État a répondu à cette question en décidant que la cession de marchés publics est une « reprise pure et simple, par le cessionnaire, qui constitue son nouveau titulaire, de l'ensemble des droits et des obligations résultant du précédent contrat[777] » Il a posé, par-là, le principe que la cession n'impliquait pas une nouvelle mise en concurrence, sauf si, avait-il reconnu plus tôt[778], les termes du contrat ainsi cédé divergent substantiellement de ceux du contrat initial. Dans ce cas, on est en présence d'un nouveau contrat. Il n'y a pas non plus cession s'il n'y a pas de tiers ou de cessionnaire. Ainsi, le changement des actionnaires de la société titulaire du contrat ne peut être considéré comme une cession[779]. Il en va de même en cas de changement de type de société. L'article 1844-3 du Code civil dispose que « la transformation régulière d'une société en une société d'une autre forme n'entraîne pas la création d'une personne morale nouvelle. Il en est de même de la prorogation ou de toute autre modification statutaire ».

Le juge communautaire européen a adopté une position relativement différente. Il considère, de façon générale, que « la substitution d'un nouveau cocontractant à celui auquel le pouvoir adjudicateur avait initialement attribué le marché doit être considérée comme constituant un changement de l'un des termes essentiels du marché public concerné[780]. » Cette jurisprudence a été consacrée par les nouvelles directives de l'Union européenne relatives aux marchés publics, qui prévoient que le changement de titulaire en cours d'exécution constitue en principe une modification substantielle du contrat[781].

774. CE, 21 février 1986, Ministre de l'Urbanisme c/Secre, RDP 1986, p. 1734.
775. CE, sect. fin., avis du 8 juin 2000, n°364803, AJDA 2000, 758, note L. Richer ; Contrats-Marchés publics, chron. 1, note Llorens.
776. M. Billiau et C. Jamin, *Cession conventionnelle du contrat : la portée du consentement du cédé* : D. 1998, chron. p. 145.
777. CE, Avis du 8 juin 2000, n°364803, AJDA 2000, 758, note L. Richer ; Contrats-Marchés publics, chron.1, note Llorens.
778. CE, 1995, Préfet de la région Île de France.
779. CE, 31 juillet 1996, Société des téléphériques du massif du Mont-blanc, n°126594.
780. CJCE, 19 juin 2008, Affaire C-454/06, Pressetext Nachrichtengentur Gmbh, AJDA 2008, p. 2008, note J.D. Dreyfus.
781. Directive n°2014/24/UE, article 72, 4°, d, et directive n° 2014/25/UE, article 89-4-d.

A.2. L'obligation d'exécuter le marché public conformément aux prescriptions contractuelles

L'exécution du marché public oblige le titulaire, parce que le contrat est la loi des parties, à respecter essentiellement trois contraintes : il doit respecter les spécificités techniques, les délais d'exécution et le lieu d'exécution ou de livraison du marché.

A.2.1. L'obligation de respecter les spécifications techniques du marché public

Les spécifications techniques sont, en général, prescrites dans le marché et dans l'ensemble des documents définissant la commande publique, notamment le DAO et les cahiers des charges. Ce sont les caractéristiques requises pour qu'un ouvrage, une fourniture ou un service répondent à l'usage auxquels ils sont destinés. Ces spécifications peuvent également concerner l'exigence pour le titulaire du marché de l'exécuter selon les règles de l'art, l'objectif étant de réaliser une commande publique exempte de vices et conforme aux prescriptions du marché[782]. Il s'agit de mettre, par exemple, en place les conditions d'essai, de contrôle et de réception ainsi que les techniques de construction, de fabrication ou d'exécution. Elles peuvent également, encore, intégrer des aspects qui ne sont pas nécessairement contenus dans le contrat mais qui relèvent des exigences d'ordre public. Il en est ainsi, par exemple, des contraintes environnementales qui couvrent notamment les impacts sur le milieu naturel et sur les personnes, en particulier les riverains. Il peut aussi s'agir des contraintes exigeant la prise en compte des critères d'accessibilité pour les personnes handicapées ou des critères de fonctionnalité.

A.2.2. L'obligation de respecter les délais d'exécution du marché public

La question des délais d'exécution du marché public est complexe. En principe, comme pour tout contrat, ces délais correspondent à la durée du contrat, qui court à compter de sa notification au titulaire, donc après son approbation par les autorités compétentes. Cependant, les Codes des marchés publics du Congo, article 97, du Tchad, article 139, alinéa 1, du Gabon, article 132, alinéa 4, et de la Centrafrique, article 72, alinéa 1, disposent que les délais d'exécution du marché public peuvent coïncider ou pas avec la durée du marché. Les parties peuvent, en effet, décider d'un commun accord de faire courir les délais d'exécution du marché public à compter d'une date différente de celle de l'existence juridique de celui-ci ou, comme l'indique le Conseil

782. CE, 26 avril 1972, Raboni, AJDA, 1972, p. 414.

d'État[783], à partir de l'ordre de service émis par la personne publique ou encore à compter du commencement effectif des travaux. Cette distinction comporte une conséquence juridique d'importance. Cela équivaut à dire que la durée du marché public, qui court à partir de son approbation et de sa notification au titulaire, ne confère au marché public que le caractère obligatoire à l'égard des parties et son opposabilité vis-à-vis des tiers. En revanche, les délais d'exécution du marché public impliquent l'idée que la durée de vie réelle du marché public ne commence à courir qu'à partir de sa date de prise d'effet qui est la date du début de son exécution. Cette question est effectivement délicate ainsi que l'a reconnue la jurisprudence[784], au point qu'elle recommande toujours que ces délais soient, en principe[785], prévus dans le marché pour que, lorsque les litiges surgissent, le juge administratif les règles en évaluant la durée normale d'exécution du marché[786] à partir des éléments du contrat ou en vérifiant si toutes les formalités pour le rendre exécutoire ont été remplies[787].

L'autre question qui mérite d'être posée est celle de savoir si les délais d'exécution des marchés publics peuvent être modifiés ou prolongés. La réponse est semble-t-il négative. Les Codes des marchés publics du Congo, dans ses articles 115 à 117, du Gabon, dans ses articles 178 et suivants, du Tchad, dans son article 160, du Cameroun, dans son article 130, et de la Centrafrique, dans son article 89, ne prévoient pas ce cas de figure. Ils disposent, en revanche, que des avenants peuvent être établis lorsque des changements ou des travaux supplémentaires interviennent en cours de l'exécution des marchés publics. On peut donc en déduire que ces délais sont intangibles.

Le Conseil d'État a abondé dans le même sens dans une décision relativement récente[788]. Il a rappelé que la réalisation, même à l'initiative du maître d'ouvrage, de travaux supplémentaires n'affecte pas, en principe, la durée d'exécution du marché. Il s'est toutefois empressé d'ajouter qu'il est fort possible, étant dans une relation contractuelle, que les parties s'accordent à reconnaître, dans certains cas, des motifs de modification ou de prolongation des délais d'exécution des marchés. On peut imaginer que les changements rendus nécessaires au cours de l'exécution du marché modifient sensiblement les stipulations de celui-ci et aient un impact sur la détermination des délais d'exécution. Cela peut arriver, par exemple, en cas de changement dans la masse des travaux ou de modification de l'importance de certaines natures d'ouvrages, de substitution des ouvrages initialement prévus en ouvrages différents, de difficultés imprévues au cours du chantier, d'ajournement des travaux décidé par la personne compétente pour mettre en œuvre et signer le

783. CE, 3 janvier 1958, Cne de Bourg-Saint-Léonard, Rec., p. 6.
784. CE, 3 mai 1961, Société Entreprise Thomas Kotland et OPHLM du département de la Seine, Rec. p. 290.
785. CE, 4 octobre 1989, Centre hospitalier de Vitré, D., 1990, somm., p. 245.
786. CE, 7 février 1951, ville de Paris c/Entreprise Lemoé, Rec. p. 76.
787. CE, 8 février 1999, Société Sogema, BJCP, 1999, n°9, p. 495.
788. CE, 16 mai 2012, Communauté d'agglomération Rouen-Elbeuf-Austreberthe, req. n°345137.

marché, de retard dans l'exécution d'opérations préliminaires à la charge du maître d'ouvrage ou de travaux préalables qui font l'objet d'un autre marché.

Ces hypothèses peuvent valablement justifier une modification ou un prolongement des délais d'exécution, de surcroît, comme le reconnaît le Conseil d'État[789], lorsque l'autorité contractante retarde, par ses actes, l'exécution des travaux et perturbe le cours normal d'exécution du marché. Le titulaire a droit, dans ce cas, qu'il en soit tenu compte dans l'appréciation du délai global d'exécution. De même, les faits ou actes extérieurs aux parties, les sujétions imprévues ou les cas de force majeure peuvent causer des retards dans l'exécution du marché. Ces hypothèses, sauf pour celles où le retard d'exécution est dû à la carence du titulaire, peuvent également faire l'objet d'un accord entre les parties aux fins d'éviter l'application de pénalités à l'encontre du titulaire du marché.

A.2.3. L'obligation de respecter le lieu d'exécution du marché public

Le lieu d'exécution du marché public est l'un des éléments fondamentaux du déclenchement de la commande publique. Il est même un préalable à la passation du marché public. Le Code des marchés publics du Congo est très explicite sur cette question. Son article 11, alinéa 2, dispose que « préalablement à la mise en œuvre du processus de passation des marchés publics, les maîtres d'ouvrage ou les maîtres d'ouvrage délégués [...] en déterminent la localisation [...] ». Il est évident que c'est le besoin d'exécuter un ouvrage public sur un espace bien déterminé ou le besoin de constituer un stock de fournitures destiné à une structure publique bien localisée qui peut être à l'origine du marché public. C'est en connaissance du lieu d'exécution du marché que le soumissionnaire peut être à même de répondre à l'appel d'offres et d'exécuter, en cas d'attribution de celui-ci, les travaux avec succès en y apportant les matériaux et les engins adéquats. De même, c'est en connaissance de la nature et de la destination des fournitures que le candidat peut répondre à l'appel d'offres y relatif. L'entreprise titulaire du marché ne peut donc solliciter auprès du maître d'ouvrage ou du maître d'ouvrage délégué le changement du lieu d'exécution sous prétexte qu'il ne connaissait pas ou qu'il est surpris par la configuration du terrain. De même, l'entreprise attributaire d'un marché de fournitures ne peut pas se tromper de destination ou du lieu de livraison de la commande et exiger ainsi un supplément sur le prix ou des frais supplémentaires.

789. CE, 19 février 1975, ministre de la Défense nationale, Rec., p. 143.

B. Les obligations de l'autorité contractante

Il incombe à l'autorité contractante, d'une part d'assurer la maîtrise d'ouvrage afin que la commande publique s'exécute conformément aux stipulations du marché et d'autre part de payer au titulaire du marché, à la fin de l'exécution des prestations retenues, le prix de son travail.

B.1. L'obligation d'assurer la maîtrise d'ouvrage

La maîtrise d'ouvrage consiste pour l'autorité contractante à assurer la direction et le contrôle de l'exécution du marché public. C'est une fonction d'intérêt général et une exigence d'ordre public auxquelles elle ne peut se soustraire, au risque d'engager sa responsabilité. Ainsi, l'administration engage sa responsabilité lorsqu'elle a oublié d'adresser un ordre de service à l'entrepreneur[790], ou garde le silence sur les désordres qui auraient pu nécessiter des travaux supplémentaires pour une exécution correcte de l'ouvrage[791]. Toutefois, l'entrepreneur ne peut pas se retrancher derrière la faute de l'administration pour ne pas remplir ses obligations. Il est tenu d'exécuter le marché et, le cas échéant, saisir le juge pour une action en indemnisation.

Le législateur français, en raison de l'importance du sujet, a voté une loi[792] définissant la fonction de maîtrise d'ouvrage public. Il est bon de noter que l'exigence de la maîtrise d'ouvrage, même si elle s'applique à tout type de marché public, concerne essentiellement les marchés de travaux. Ces marchés, qui nécessitent un suivi technique parfois très pointu, sont d'ailleurs définis à partir de cette caractéristique. Le Conseil d'État[793] a, en effet, indiqué qu'une opération dans laquelle une collectivité territoriale n'assurait pas cette fonction ne présentait pas le caractère d'une opération de travaux publics. Il est demeuré constant sur cette position[794] et a encore été plus précis, en indiquant que « les contrats que les personnes publiques utilisent pour se procurer des ouvrages, sans pour autant exercer la maîtrise d'ouvrage, se trouvent exclus du champ d'application du code en tant que marchés publics de travaux[795]. »

Les Codes des marchés publics du Congo[796], de la Centrafrique[797], du Gabon[798], du Cameroun[799] et du Tchad[800] ont aussi inséré dans leurs corpus

790. CE, 17 mars 1999, Syndicat intercommunal eau et assainissement de Pointe-à-Pitre.
791. CE, 3 février 1975, Labredy, Garnier et Chevrier syndics pour l'entreprise Linville, RDP, 1975, p. 1768.
792. Loi (MOP) n°85-704 du 12 juillet 1985, modifiée, relative à la maîtrise d'ouvrage public.
793. CE, Sect., 25 février 1994, SA SOFAP-Marignan, Rec., p. 94 ; RFDA, 1994, p. 510, concl. J. Arrighi de Casanova ; CJEG, 1994, p. 569, art. E. Fatôme et P. Terneyre ; D., 1994, jur., p. 536, note M. Lombard ; AJDA, 1994, p. 550, note H. Périnet-Marquet.
794. CE, Avis du 31 janvier 1995, AJDA, 1997, p. 126, art., E. Fatôme et P. Terneyre ; CE, 16 février 2005, Commune d'Hyères c/Époux Maurel, Rec., p. 750.
795. Stéphane Braconnier, *Précis du droit des marchés publics*, 4e éd., *op. cit.*, p. 115.
796. Articles 101, alinéa 3, 130 à 132, 137 à 140.
797. Articles 90 à 92.
798. Articles 184, 185, 225, 229, 232.
799. Articles 151 et 152.
800. Articles 184 à 192.

des indications relatives à la maîtrise d'ouvrage, en indiquant que les maîtres de l'ouvrage assurent la direction et le contrôle de l'exécution des marchés publics, nonobstant la mission confiée à cet effet à des organes externes. Ils peuvent ainsi, lorsque des manquements sont constatés, infliger des sanctions aux titulaires défaillants.

B.1.1. Le pouvoir de direction de l'exécution des marchés publics

L'autorité contractante, sans qu'il ne lui soit permis de s'immiscer dans l'exécution du marché public[801], a le pouvoir d'en déterminer les modalités et de suivre leur mise en œuvre. Dans le cadre de ce pouvoir de direction, l'administration a la possibilité d'ajourner l'exécution du marché public.

a. La détermination des modalités d'exécution et de suivi du marché public

Le pouvoir de déterminer les modalités d'exécution du marché public et d'en suivre sa mise en œuvre est généralement stipulé dans le contrat, plus exactement dans les cahiers des clauses générales et particulières. Il se manifeste par les ordres de services que le maître d'ouvrage ou le maître d'ouvrage délégué adressent à l'entreprise titulaire du marché. Ces ordres de service sont en principe écrits, signés et numérotés. Il en est accusé réception. Ils peuvent être transmis par lettres recommandées. Les ordres de service transmis par des personnes intervenant pour le compte de l'autorité contractante sont opposables à cette dernière[802], à condition toutefois qu'ils aient été expressément prévus et clairement circonscrites dans les documents contractuels[803] et qu'ils ne soient pas entachés d'une irrégularité substantielle, par exemple l'incompétence du signataire[804]. Le titulaire est tenu d'exécuter les ordres de service qui lui sont adressés, sous peine d'engager sa responsabilité contractuelle[805]. Cette responsabilité peut être atténuée ou limitée s'il est établi que la défaillance du titulaire provient en partie de la carence de l'autorité contractante dans l'exercice de son pouvoir de direction[806]. Cependant, il faut ajouter que si l'ordre de service a pour objet de modifier substantiellement le marché, le titulaire peut être fondé à refuser de l'exécuter ou à demander à être indemnisé du surcoût occasionné[807]. Dans l'un ou l'autre cas, il revient au juge de trancher. Car il faut

801. CE, 22 février 1952, Société pour l'exploitation des procédés Ingrand, Rec. p. 130.
802. CAA Nantes, 13 mars 1991, Commune Cléré-sur-Layon.
803. CE, 3 novembre 2006, Commune de Puy-Saint-Vincent, req. n°271248, JCP A, 2007, 2051, note Linditc ; Contrats et marchés publics, 2007, comm. n°8, note Olivier.
804. CE, 6 novembre 1968, Commune de Licq-Atheney, Rec., p. 546 ; RDP, 1969, p. 728.
805. CE, 17 février 1978, Sté Compagnie française d'entreprise, Rec., p. 88.
806. CAA Paris, 31 décembre 2003, Sté Informatique c/Commune de Palaiseau, Contrats et marchés publics, avril 2004, p. 22, note F. Olivier.
807. CAA Bordeaux, 31 juillet 2003, Ville de Biarritz, req. n°99-00754.

préciser que lorsque l'autorité contractante n'est pas en capacité de contraindre le titulaire à exécuter ses ordres de services, elle peut s'en remettre au juge, plus particulièrement au juge des référés, qui peut ordonner toute mesure nécessaire pour assurer la continuité du service public[808].

b. L'ajournement du marché public

Les Codes des marchés publics du Congo[809], du Gabon[810], du Tchad[811] et de la Centrafrique[812] affirment que l'autorité contractante peut différer ou suspendre le démarrage de l'exécution du marché public ou sa poursuite, pour tout motif qui lui semble pertinent. Elle doit, toutefois, en informer préalablement l'organe en charge du contrôle dont l'avis doit être donné dans un délai bien déterminé. L'ajournement de l'exécution du marché est généralement prononcé en cas de force majeure ou pour des raisons d'intérêt général. Il ne peut excéder une durée de plus de trois mois, excepté au Tchad qui préconise une durée de plus de deux mois. Passé ce délai, le titulaire, à sa demande ou à l'initiative de l'administration, peut obtenir la résiliation du marché, ce qui lui donne droit au paiement d'une indemnité couvrant les frais résultant de ce préjudice.

B.1.2. Le pouvoir de contrôle de l'exécution des marchés publics

Les Codes des marchés publics du Tchad[813], du Cameroun[814], du Gabon[815], de la Centrafrique[816] et du Congo[817] disposent que l'autorité contractante a le devoir de contrôler l'exécution du marché public. Toutefois, elle peut confier cette mission à un tiers lorsqu'elle n'est pas disposée à le faire par elle-même.

a. Le contrôle de l'exécution du marché public par l'autorité contractante elle-même

Les réglementations nationales des États membres de la CEMAC précitées exigent que l'autorité contractante contrôle par elle-même l'exécution du marché. Le juge français a depuis fort longtemps admis cette exigence, qui doit s'exercer même si le contrat ne le prévoit pas expressément, sur l'ensemble des contrats administratifs[818]. L'autorité contractante doit vérifier à tout moment

808. CE, 29 juillet 2002, Centre hospitalier d'Armentières, req. n°243500.
809. Article 139.
810. Articles 232 et 233.
811. Article 186.
812. Article 91.
813. Article 184, alinéa 1.
814. Article 151.
815. Article 225, alinéa 2.
816. Articles 91 et 92.
817. Article 138, alinéa 1.
818. CE, 31 mai 1907, Deplanque, Rec. p. 513.

que le titulaire exécute le marché public dans le respect des prescriptions contractuelles.

Il s'agit, par exemple, de contrôler l'ensemble des opérations techniques d'exécution des marchés publics, soit physiquement en effectuant des descentes sur le terrain, soit à travers les ordres de service par lesquels les autorités contractantes donnent les orientations aux titulaires, ou de contrôler la qualité ou la provenance des fournitures, des équipements, des matériels, des matériaux et des produits.

Il peut aussi s'agir de veiller au respect des règles relatives au droit du travail. Celles-ci constituent une garantie essentielle à la réussite de l'exécution des marchés publics. Ainsi, les entreprises titulaires de marchés publics doivent se conformer à toutes dispositions législatives et réglementaires ou toutes dispositions résultant des conventions collectives relatives notamment aux salaires, aux conditions de travail, de sécurité, de santé et de bien-être des travailleurs. Ces obligations s'imposent autant aux entreprises titulaires qu'à leurs sous-traitants. Leur violation peut être cause de résiliation du marché.

Il peut enfin s'agir de contrôler les obligations comptables du titulaire. Les entreprises titulaires de marchés publics sont, en effet, tenues d'ouvrir et de tenir à jour des documents comptables spécifiques à leurs marchés publics. Ceux-ci doivent faire ressortir les différentes sources de financement, les états des sommes facturées et des sommes réglées. Ces entreprises doivent aussi tenir un état des déclarations fiscales et douanières relatives à leurs marchés. Leur comptabilité doit retracer les opérations relatives au marché en faisant ressortir les dépenses afférentes aux approvisionnements, à l'acquisition de matériaux, des matières premières ou des objets fabriqués destinés à entrer dans la composition du marché. Les frais relatifs à la main-d'œuvre exclusivement employée ainsi que toutes autres charges ou dépenses individualisées doivent y être aussi rendus visibles. Elle doit enfin établir un bordereau des quantités exécutées ou des fournitures livrées. La comptabilité doit être tenue selon les règles de l'art, afin de permettre aux maîtres d'ouvrage ou aux maîtres d'ouvrage délégués de la vérifier aisément. Cette vérification peut se faire, comme dans le cas du Congo, par exemple, jusqu'à un délai maximum de trois ans à compter de la date de réception définitive des prestations ou de la date de la dernière livraison relative au marché concerné.

b. Le contrôle de l'exécution du marché public par un tiers

Les Codes des marchés publics du Gabon[819], du Congo[820], du Cameroun[821] et du Tchad[822] indiquent que les autorités contractantes peuvent, pour les marchés

819. Article 225, alinéa 3.
820. Article 138.
821. Article 151, alinéas 3,5,6, et 8.
822. Article 184, alinéa 2.

publics qui nécessitent des études spécifiques, plus particulièrement les marchés de travaux, confier la maîtrise des travaux, c'est-à-dire la direction et le contrôle de l'exécution desdits marchés, à des tiers. Cette mission peut leur être confiée depuis la conception du projet. Ce qui leur permet d'apporter en amont les réponses architecturales, techniques et économiques utiles à la construction des ouvrages répondant aux règles de l'art.

Les tiers peuvent être des maîtres d'œuvre ou d'autres organes techniques prévus par les textes en vigueur. Ce sont, au fond, soit des architectes, pour les travaux de bâtiment, soit des ingénieurs, pour les travaux d'infrastructures. Ils peuvent être des personnes physiques ou des personnes morales de droit privé ou de droit public. Il faut toutefois noter que, sur les personnes morales de droit public, les codes des États membres de la CEMAC précités ne sont pas unanimes. Le code du Congo semble être le moins nuancé. Il indique que « la maîtrise d'œuvre est exercée par une personne physique ou une personne morale de droit public ou privé. » Ceux du Tchad et du Cameroun ne donnent la possibilité aux personnes morales de droit public d'assurer la maîtrise d'œuvre que pour les marchés publics inférieurs à un certain seuil. Celui-ci est de cinquante millions de FCFA pour le Tchad. Pour les marchés supérieurs à ce montant, la maîtrise d'œuvre est confiée à une personne physique ou à une personne morale de droit privé. Le Code du Gabon reste vague sur la question, ce qui peut laisser supposer que cette possibilité est exclue. Dans tous les cas, on peut s'attendre, dans les années à venir, à ce qu'une évolution généralisée en faveur des personnes morales de droit public sur cette question se fasse jour dans l'ensemble de la zone CEMAC. On observe d'ores et déjà une telle évolution pour ce qui concerne leur capacité à être titulaires des marchés publics et des délégations de service public. On peut, de toute manière, convenir que le fait pour les personnes morales de droit public d'assurer la maîtrise d'œuvre ne heurte, en rien, ainsi que l'a rappelé le juge communautaire européen[823], le principe de la concurrence. De plus, les contrats de maîtrise d'œuvre conclus entre les autorités contractantes et les bureaux d'architecture ou les bureaux d'études ne sont pas des conventions de mandat comme ceux que ces autorités signent avec les délégataires de service public[824], même si, comme l'a reconnu le Conseil d'État, certaines compétences des maîtres d'œuvre à l'égard des titulaires des marchés peuvent être fondées sur la technique du mandat[825].

B.1.3. Le pouvoir de sanction à l'encontre des titulaires

L'autorité contractante peut prononcer des sanctions pécuniaires ou coercitives contre le titulaire qui ne respecte pas les termes du contrat,

823. CJCE, 7 décembre 2000, ARGE Gewässerschütz c/Bundesministerium für Land und Fortswirtschaft, D., 2000, inf. rap. p. 279 ; Contrats marchés publics, 2001, comm. n°36 ; BJCP, 2001, n°15, p. 171, concl. P. Léger.
824. CE, 3 novembre 1982, SA Coopérative Production L'Hirondelle, req. n°22627 ; CE, 4 mai 1984, Maternité régionale Pinard, Rec., p. 165, concl. Dutheillet de Lamothe, Gaz. Pal. 1984, pan. Dr. adm., p. 48.
825. CE, 25 juin 1975, Ville de Joigny, Rec., p. 753.

notamment les délais d'exécution, les stipulations techniques du marché, ou qui refuse d'exécuter un ordre de service.

a. Les sanctions pécuniaires

Les sanctions pécuniaires peuvent être soit des pénalités, soit des dommages-intérêts.

a.1. Les pénalités

Les pénalités sont de deux sortes : les pénalités de retard ou pour dépassement des délais et les pénalités pour inobservation des stipulations techniques du marché. Ces pénalités, qui obéissent au même régime, sont généralement prévues dans les différents Codes des marchés publics. Il en est ainsi dans les codes du Cameroun[826], du Tchad[827], du Gabon[828], de la Centrafrique[829] et du Congo[830]. Les pénalités représentent une évaluation forfaitaire du préjudice subi par l'autorité contractante au titre du retard dans l'exécution du marché. Elles sont prononcées après mise en demeure restée infructueuse, sauf stipulation contraire du contrat ou application des dispositions du CCAG[831]. Leur montant varie d'un État membre de la CEMAC à un autre, dans une moyenne entre 1/1000e et 1/5000e et selon le type de marché. Ce montant ne peut dépasser, en tous les cas, dix pour cent toutes taxes comprises du montant du marché de base, même lorsque les pénalités de retard et les pénalités d'inobservation de stipulations techniques se trouvent cumulées. Lorsque ce plafond est atteint, le maître d'ouvrage ou le maître d'ouvrage délégué est en droit de résilier le marché sans mise en demeure préalable du titulaire.

Le maître d'ouvrage ou le maître d'ouvrage délégué peuvent, sans préjudice de toute autre méthode de recouvrement, déduire le montant de ces pénalités de toutes les sommes dont il est redevable à l'entreprise titulaire du marché. Le paiement des pénalités ne libère pas le titulaire du marché de l'ensemble des autres obligations et responsabilités qu'il a souscrites. En cas de résiliation du marché, les pénalités sont appliquées jusqu'au jour inclus de la notification de la décision de résiliation ou jusqu'au jour d'arrêt de l'exploitation de l'entreprise titulaire du marché. Ce dernier cas de figure n'est retenu que si la résiliation résulte d'un cas de force majeure, de décès, d'incapacité, de règlement judiciaire ou de liquidation des biens. Les journées de repos hebdomadaire ainsi que les jours fériés ou chômés ne sont pas déduits pour le calcul des pénalités. On peut toutefois noter que le maître d'ouvrage ou le maître d'ouvrage délégué

826. Articles 166 et 167.
827. Articles 177 et 178.
828. Articles 184 et 185.
829. Article 90.
830. Articles 131 et 132.
831. CE, 10 juin 1953, Commune Saint Denis-en-Val, Rec. p. 276.

peuvent, dans le cadre de leur pouvoir discrétionnaire[832], renoncer à prononcer les pénalités ou, lorsqu'elles sont prononcées, décider de les remettre. La remise des pénalités est prononcée sur décision motivée du maître d'ouvrage ou du maître d'ouvrage délégué. Une telle décision, qui doit être transmise à l'Autorité de régulation des marchés publics qui en assure le contrôle a posteriori, peut être prise pour protéger un secteur en difficulté ou en croissance. Il peut, par exemple, s'agir, comme cela se voit en droit français, de permettre au pouvoir adjudicateur de renoncer à l'application des pénalités, notamment lorsque le titulaire du marché est une TPE ou une PME pour laquelle la mise en œuvre des pénalités peut avoir de lourdes conséquences financières. Cette renonciation peut être unilatérale ou contractuelle[833].

Les pénalités ont, en réalité, pour objet d'inciter les titulaires de marchés publics à respecter leurs engagements. Elles ont donc, au-delà de l'objectif de réparation du préjudice, une fonction de dissuasion. C'est pourquoi, ainsi que l'a reconnu la jurisprudence[834], elles ne sont pas forcément subordonnées ou liées à la réalité du préjudice subi. Il convient de préciser que le retard ou l'inobservation des stipulations du marché doit être imputable au titulaire du marché, pour donner lieu à pénalités. Le juge s'attache à vérifier préalablement si cette condition est remplie[835]. Sinon, il rejette la requête ou, le cas échéant, décide d'un partage de responsabilité avec le maître d'ouvrage ou le maître d'ouvrage délégué et réduit ainsi le montant des pénalités de retard[836]. Il est intéressant de signaler que le titulaire du marché, étant le seul à être lié contractuellement au maître d'ouvrage ou au maître d'ouvrage délégué, est seul responsable du dépassement des délais et de l'inobservation des stipulations techniques, même si celui-ci résulte du sous-traitant. Les pénalités qui en découlent lui sont exclusivement imputables[837], quitte à ce qu'il exerce une action récursoire sur le sous-traitant. Il est aussi intéressant de mentionner que le titulaire ne peut être rendu responsable, donc passible de pénalités, lorsque le retard dans l'exécution du marché est la faute du maître d'ouvrage ou du maître d'ouvrage délégué[838], ou résulte d'un cas de force majeure[839] ou encore est provoqué par des sujétions imprévues[840]. La responsabilité, dans ces différentes hypothèses, doit être partagée en correspondance avec le niveau de responsabilité de chaque partie[841].

Les différents Codes des marchés publics ne prévoient pas le point de départ du calcul des pénalités de dépassement des délais ou d'inobservation des stipulations techniques du marché. On imagine aisément que pour ce qui

832. CE, 28 octobre 1953, Société comptoir des textiles bruts et manufacturés, Rec. p. 721.
833. CE, 17 mars 2010, Commune d'Issy-les-Moulineaux, n°308676.
834. CE, 10 février 1971, Bonnet, n°78594, Rec. p. 1104.
835. CE, 15 novembre 2012, Hôpital de l'Isle-sur-la-Sorgue n°350867.
836. CAA Nantes, 19 septembre 2014, SNC Entreprises Morillon Corvol Courbot, n°12NT03032.
837. CE, 25 juillet 1975, Lantheaume, Rec. p. 1135.
838. CE, 28 janvier 1976, Société des ateliers DelestradeRamser, Comité réunis et autres, Rec. p. 68.
839. CE, 9 avril 1975, Département du Rhône, Rec. p. 127.
840. CE, 13 décembre 1961, Ministère des Travaux publics c/Société nationale de construction, Rec. p. 706.
841. CAA Marseille, 30 mars 2004, Buromag-Ugolini, Contrats marchés publics 2004, n°139.

concerne les pénalités de retard, le point de départ commence le lendemain du jour d'achèvement ou de livraison mentionné au contrat et s'arrête à la date de réception de l'ouvrage ou des fournitures. En réalité, ce type de dispositions est généralement prévu dans le marché. Il en est de même du terme ou du délai d'achèvement des prestations objet des pénalités[842]. Les modalités de leur calcul doivent également être prévues par le marché. La précision de la rédaction des clauses y relatives conditionne une application efficace des pénalités de retard. L'attention des parties aux marchés publics, plus particulièrement celle des maîtres d'ouvrage ou des maîtres d'ouvrage délégués, est attirée pour qu'il en soit toujours ainsi. À titre d'exemple, si des pénalités sont prévues en cas d'absence à des réunions de chantier, celles-ci ne peuvent pas être transposées sur d'autre manquement ou sur des dépassements de délais[843]. De même, si le contrat prévoit des formalités de notification du calendrier d'exécution ou d'approbation par les parties, le maître d'ouvrage ou le maître d'ouvrage délégué ne peuvent appliquer des pénalités de retard sans avoir préalablement satisfait à ces conditions[844].

a.2. Les dommages-intérêts

Les dommages-intérêts, pour non-respect des termes du marché, ne constituent pas en soi une sanction que l'autorité contractante a le pouvoir d'infliger par elle-même au titulaire. C'est une possibilité qui lui est ouverte, en application des règles générales applicables aux contrats administratifs, de demander au juge du contrat de condamner le titulaire défaillant à lui verser des dommages-intérêts[845]. Il s'agit, en réalité, d'une action en responsabilité contractuelle qui exige toutefois, pour être mise en œuvre, que la preuve d'une faute du titulaire soit rapportée, qu'un préjudice direct soit établi et qu'un lien de causalité entre les deux soit réel[846]. La plupart des Codes des marchés publics des États membres de la CEMAC, à l'exception de celui de la Centrafrique[847], n'évoquent pas cette question. Il n'empêche que les dommages et intérêts méritent d'être étudiés dans le cadre des sanctions pécuniaires, puisqu'ils demeurent malgré tout une sanction contre le titulaire au profit de l'autorité contractante, même si elle provient du juge.

b. Les sanctions coercitives

Les sanctions coercitives, à l'inverse des pénalités, s'appliquent même en l'absence d'un texte. C'est une résultante des « règles générales applicables

842. CE, 25 février 1987, OPHLM de la Meuse c/M. Amiel et autres, n°60306.
843. CAA Nancy, 30 septembre 2014, Société ACE BTP, n°13NC00041.
844. CAA Marseille, 26 mai 2014, Communauté de Haute-Provence, n°12MA01159.
845. CE, 31 mai 1907, Deplanque, Rec., p. 513, concl. Romieu ; S., 1907, 3, p. 113, note Hauriou.
846. CE, 7 avril 1978, Blum, Dr. adm., 1978, comm. n°168.
847. Article 105, alinéa 1.

aux contrats administratifs[848] ». Elle compte parmi le faisceau constituant le privilège du préalable qui autorise l'administration à imposer l'exécution de ses obligations à l'entrepreneur sans le demander préalablement au juge[849]. Les sanctions coercitives se confondent ainsi, sous réserve de quelques spécificités, avec les prérogatives qu'exerce l'autorité contractante dans le cadre du contrôle et de la direction de l'exécution du marché. C'est un véritable pouvoir disciplinaire qui lui permet de prononcer à l'encontre du titulaire des sanctions qui varient selon la gravité du manquement. Ces sanctions sont, pour l'essentiel, prises pour favoriser la poursuite de l'exécution du marché. Il s'agit de la mise en demeure, de la mise en régie et de la résiliation. Cette dernière sanction coercitive ayant pour but de mettre fin au marché sera étudiée dans la rubrique consacrée à ce thème[850].

b.1. La mise en demeure

La mise en demeure s'applique essentiellement aux marchés de travaux. Les Codes des marchés publics du Tchad[851], du Cameroun[852] et du Gabon[853] prévoient expressément cette mesure. Lorsque le titulaire ne se conforme pas aux dispositions du marché ou aux ordres de service, l'autorité contractante le met en demeure d'y satisfaire par une décision qui lui est notifiée par un courrier écrit. Le délai dans lequel le titulaire doit répondre à cette injonction est généralement fixé, tout comme la mesure de mise en demeure, elle-même, dans les cahiers des charges et repris dans le marché. Ce délai peut aussi être prévu dans le Code des marchés publics, comme c'est le cas au Tchad et au Cameroun, où il ne peut être inférieur à vingt-et-un jours, sauf lorsqu'il s'agit des marchés relatifs à la défense nationale. La non-observation de la mise en demeure expose le titulaire à la résiliation du marché qui, selon le cas, peut être prononcée à ses frais et risques. La jurisprudence indique, toutefois, que la mise en demeure doit être signée par la personne compétente[854] et qu'elle doit préciser les manquements reprochés au cocontractant[855] et indiquer la sanction définitive encourue.

b.2. La mise en régie

Le maître d'ouvrage ou le maître d'ouvrage délégué, lorsqu'ils constatent une faute grave dans la construction de l'ouvrage ou lorsque l'entrepreneur ne respecte pas les ordres de service, dessaisissent provisoirement le titulaire

848. CE, 30 septembre 1983, SARL Comexp, n°26611.
849. CE, 21 mai 1982, SARL Société de protection intégrale du bâtiment, Rec. p. 183.
850. Infra p. 316 et s.
851. Article 187.
852. Article 130.
853. Article 250.
854. CE, 25 novembre 1994, Sté Mastello, RD imm., 1995, p. 100, obs. F. Llorens et P. Terneyre.
855. CE, 26 novembre 1993, SA du nouveau port de Saint-Jean-Cap-ferrat, RDP, 1994, p. 863, obs. F. Llorens.

du marché et procèdent eux-mêmes à la réparation des imperfections ou poursuivent l'exécution du marché aux frais du titulaire. La mise en régie est donc une sanction provisoire. Elle ne met pas fin aux relations contractuelles entre l'autorité contractante et le cocontractant[856], sauf si ce dernier est dans l'incapacité durable de reprendre les travaux. Il convient, toutefois, de noter que l'autorité ne peut décider d'une telle mesure que si elle dispose en interne des moyens propres d'exécuter les travaux suivant les règles de l'art. Si tel n'est pas le cas, elle peut résilier le marché et confier la poursuite de celui-ci à un autre titulaire. La mise en demeure doit être précédée, à peine de nullité[857], d'une mise en demeure, ainsi que l'on vient de le voir dans le paragraphe précédent. Elle doit être expressément notifiée au titulaire du marché[858], sauf dans le cas où le titulaire est en situation de redressement judiciaire. Dans cette hypothèse, la notification est faite à l'administrateur provisoire[859]. Les Codes des marchés publics des États membres de la CEMAC, à l'exception de ceux du Cameroun[860] et du Gabon[861], n'évoquent pas expressément la mise en régie au nombre des sanctions coercitives. Cette question est sans doute renvoyée au marché lui-même ou prise en compte dans les CCAG. De toute façon, les sanctions coercitives étant des clauses exorbitantes des contrats administratifs, elles peuvent être prononcées d'office, même dans le silence des textes ou des contrats[862].

B.2. L'obligation de rémunérer le titulaire

Les Codes des marchés publics du Cameroun[863], du Congo[864], de la Centrafrique[865], du Tchad[866] et du Gabon[867] énoncent clairement que l'autorité contractante a l'obligation de rémunérer le titulaire de ses prestations, conformément au prix convenu dans le marché. Cette rémunération, qui revêt une nature particulière et qui peut varier dans le temps, doit être préalablement déterminée et les modalités de son règlement définies à l'avance dans le marché public.

B.2.1. La détermination du prix

Le prix à régler au titulaire doit couvrir toutes les dépenses qui sont la conséquence nécessaire et directe de la commande publique, y compris les impôts et autres droits et taxes applicables, sauf si les parties décident de les

856. CE, 23 janvier 1981, Commune d'Aunay-sur-Odon, Rec., p. 25.
857. CE, Sect. 21 mars 1986, Meyrignac c/Commune de Vaux-le-Pénil, Rec., p. 611.
858. CAA Bordeaux, 26 mai 2011, n°10BX01504, M. A., Contrats et marchés publics 2011, comm. n°212.
859. CAA Paris, 6 février 2001, Banque Tahiti, Contrats et marchés publics, 2001, comm. n°136, obs. G. Eckert.
860. Article 149, alinéa 1.
861. Article 250.
862. CE, 30 septembre 1983, Comexp, Rec. p. 393.
863. Article 144.
864. Articles 111 à 134.
865. Article 84.
866. Articles 156 à 182.
867. Articles 170 à 176.

exclure et de les traiter en vertu d'autres dispositions en vigueur. Ce prix, qui revêt certaines caractéristiques, peut varier lorsque la durée d'exécution est plus ou moins longue.

B.2.2. Les caractéristiques du prix

Le marché public est conclu, par principe, à prix initial définitif. Le code du Gabon, à son article 174, prévoit toutefois que le marché peut exceptionnellement être conclu à prix provisoire lorsque la détermination du prix définitif est rendue impossible en raison de la complexité des prestations ou de la probabilité des aléas techniques importants. Le prix définitif n'est fixé que plus tard par un avenant, avant l'expiration des deux tiers de la durée d'exécution du marché. Dans tous les cas, ce prix, qu'il soit définitif ou provisoire, doit être rémunérateur, forfaitaire ou unitaire et ferme ou révisable.

a. Le prix doit être rémunérateur

Le prix à régler au titulaire est réputé lui assurer un bénéfice, ce qui est compréhensible du moment où le marché public, en dépit de son objet de satisfaire l'intérêt général, a une fonction éminemment économique. Ainsi qu'on l'a dit en introduction générale, l'État utilise fréquemment le marché public, en raison de son potentiel en termes d'investissement, comme moyen susceptible de relancer l'économie nationale. Il est tout à fait normal que celui-ci soit rémunérateur pour le titulaire qui a la charge de l'exécuter. Les différents codes n'indiquent malheureusement pas à partir de quel niveau, après avoir couvert l'ensemble des dépenses conséquentes, le prix du marché devient-il rémunérateur pour le titulaire. Cela est tout aussi compréhensible parce que cette problématique relève plutôt de la comptabilité du titulaire, notamment dans son compte de résultat ou d'exploitation. Le titulaire du marché est donc le mieux placé pour savoir si le prix qui lui est payé est rémunérateur.

b. Le prix peut être forfaitaire ou unitaire

Le prix est dit forfaitaire lorsqu'il s'applique de manière automatique à tout ou partie du marché, quelles que soient les quantités réellement fournies ou exécutées. La fixation d'un prix forfaitaire est imposée dès lors que les prestations sont bien définies au moment de la conclusion du marché. En revanche, il est dit unitaire lorsqu'il est calculé en fonction des quantités exécutées ou livrées. Ce type de prix s'applique en général à une prestation ou à un élément d'ouvrage dont les quantités ne sont indiquées au marché qu'à titre prévisionnel. Le choix entre ces deux types de prix relève du pouvoir discrétionnaire du maître d'ouvrage ou du maître d'ouvrage délégué.

c. Le prix doit être ferme

Le marché public est, en général, conclu à prix ferme, qui ne peut donc être modifié en cours d'exécution du marché, même en cas de variation des conditions économiques. Les Codes des marchés publics des États membres de la CEMAC permettent toutefois que le prix soit actualisé et révisé. Deux hypothèses d'actualisation sont envisagées. Le prix peut être actualisé entre la date limite de remise des offres et la date de notification du marché. Il peut l'être également au cours de l'exécution du marché si les parties se trouvent exposées à des aléas importants alors qu'au moment de la conclusion du marché elles étaient assurées que l'évolution prévisible des conditions économiques n'était pas en mesure de placer le titulaire du marché ou l'autorité contractante dans une telle situation. Le marché peut aussi prévoir expressément que le prix est révisable. Le Code des marchés publics du Gabon[868] précise toutefois que cette hypothèse n'est pas envisageable pour les marchés dont la durée d'exécution n'excède pas six mois, sauf en cas de situations exceptionnelles liées à la conjoncture du marché. Dans tous les cas, les conditions de la révision doivent être organisées dans le marché en vertu d'une clause de révision du prix qui doit être stipulée en référence avec les indices de prix officiels nationaux ou étrangers. La révision des prix en application des clauses contractuelles ne donne, en principe, pas lieu à la conclusion d'un avenant, sauf si celle-ci conduit à une variation importante du prix, comme décrite dans le paragraphe suivant.

B.2.3. La variation du prix

Le prix à payer au titulaire peut connaître des variations, notamment lorsque la durée du marché est plus ou moins longue. Ces variations peuvent se manifester dans des proportions dont les mécanismes d'actualisation ou de révision ne peuvent suffire à résorber les *gaps*. Cette situation est effectivement consécutive aux marchés exécutables sur plusieurs années. Le Code des marchés publics du Gabon[869] est très précis sur la question : en cas de « variation supérieure ou égale à quinze pour cent du montant initial du marché ou du montant de la partie du marché restant à exécuter, l'autorité contractante ou le titulaire peuvent demander la résiliation du marché. À défaut de la résiliation du marché, les parties doivent conclure un avenant ».

B.2.4. Les modalités de règlement du prix

Le règlement du prix se fait au titulaire du marché par transfert bancaire ou à un organisme financier de droit national, ainsi que le précisent les Codes

868. Article 176, alinéa 2.
869. Article 182, alinéa 2.

des marchés publics du Cameroun, à son article 158, alinéa 1, du Gabon, à son article 223. La plupart des codes permettent toutefois, dans le cas où le titulaire a eu recours à la sous-traitance, que le règlement du prix se fasse directement aux sous-traitants, dans la proportion qui leur revient. Dans l'un ou l'autre cas, le règlement du prix du marché peut connaître des difficultés pouvant conduire l'autorité contractante à verser des intérêts moratoires.

a. Le règlement du prix au titulaire du marché public

Le règlement des marchés publics aux entreprises attributaires se fait par avances de démarrage, par acomptes à partir du début d'exécution du marché et par solde de tous comptes à la fin de l'exécution du marché.

a.1. Les avances

Les avances pour démarrage ou pour approvisionnement de matériaux sont les paiements effectués au profit du titulaire pour lui permettre de réaliser les opérations préparatoires à l'exécution du marché. Elles sont versées sur simple demande sans justificatif, mais à condition qu'elles soient couvertes par une garantie bancaire d'égal montant. Ces avances ne peuvent dépasser un certain pourcentage du montant du marché initial. On note toutefois sur ce point des différences entre les codes des États de la CEMAC. La Centrafrique pose une règle commune à tous les types de marchés : les avances ne peuvent excéder trente pour cent du marché initial. Les autres États distinguent le pourcentage des avances pouvant être accordées pour les marchés de travaux et de prestations intellectuelles de celui des marchés de fournitures et des services. Les Codes des marchés publics du Tchad, à son article 164, alinéa 1, et du Gabon, à son article 209, indiquent que les avances pouvant être accordées sont de l'ordre de vingt pour cent du montant du marché initial pour les travaux et prestations intellectuelles et trente pour cent pour le montant du marché initial pour les fournitures et les services. Celui du Cameroun, s'il fixe, à son article 160, alinéa 1, les avances du marché initial pour les travaux et prestations intellectuelles à vingt pour cent, comme les deux précités, prévoit quarante pour cent pour les fournitures et les services. Le Code des marchés du Congo, à son article 121, alinéa 1, indique l'inverse : trente pour cent du montant du marché initial pour les travaux et prestations intellectuelles et vingt pour cent pour le montant du marché initial pour les fournitures et les services. On peut, sans doute, se demander s'il s'agit d'une véritable différence de fond ou d'une simple erreur matérielle. Le calcul du montant des avances se fait, donc, par rapport au montant global du marché. Il peut se faire au prorata des prestations exécutées en propre par le titulaire du marché lorsque les parties ont choisi le mode du paiement direct des prestations sous-traitées. Si tel n'est pas le cas, les prestations sous-traitées sont incluses dans le calcul du montant des avances versées au titulaire, charge au titulaire de faire le reversement au sous-traitant.

Les avances sont remboursées par déduction ou retenue sur les acomptes à un rythme fixé par le marché. Les codes du Cameroun, à son article 160 alinéa 4, et de la Centrafrique, à son article 94, alinéa 7, précisent, à l'instar des articles 88 à 90 du code français, que le remboursement des avances doit être terminé lorsque le montant des prestations exécutées par l'entreprise qui en a bénéficié atteint quatre-vingts pour cent du montant toutes taxes comprises des prestations qui lui sont confiées. En tout état de cause, le code du Congo, à son article 122, retient que lorsque les avances dépassent cinq pour cent du montant initial du marché, elles doivent être couvertes par une garantie bancaire à concurrence de leur montant et être comptabilisées par les services contractants, afin que leur apurement soit suivi.

Le principe des avances trouve sans doute son inspiration dans le souci de faciliter l'exécution des marchés publics, mais il semble aussi répondre au besoin de « démocratiser l'accès aux marchés publics » en assurant « l'égalité d'accès aux marchés entre les entreprises qui disposent d'une trésorerie suffisante pour démarrer l'exécution des prestations et celles qui n'en disposent pas[870] ». Tel est le cas, notamment, des petites et moyennes entreprises nationales et locales ainsi que des associations qui œuvrent dans ces secteurs économiques. L'absence d'avances pourrait faire que seules les grandes entreprises, notamment les entreprises étrangères, auraient accès aux marchés publics, créant ainsi un « élitisme économique » non propice à l'éclosion d'une classe d'opérateurs économiques nationaux moyens. Il convient d'ajouter que les avances sont une exception au principe de la comptabilité publique qui veut que les paiements soient effectués après service fait. Or, les avances sont versées avant même que l'exécution du marché ne commence. La nature de la matière, fondée sur un contrat et donc nécessitant une confiance à toutes épreuves, justifie sans doute une telle entorse. Cela se justifie aussi par le fait que les avances permettent de faire que les entreprises titulaires de marchés publics ne soient pas placées dans une situation préoccupante ou préjudiciable en raison des difficultés de trésorerie que peut générer l'exécution des marchés sur leurs seuls préfinancements.

a.2. Les acomptes

Les acomptes sont des paiements par tranches effectués au profit du titulaire, à l'exception, comme le précisent les codes du Congo, à son article 124, celui du Tchad, à son article 167, et celui du Gabon, à son article 215, alinéa 2, des marchés prévoyant un délai d'exécution inférieur à trois mois pour lesquels le versement d'acomptes est facultatif. Le premier acompte est exigible dès que les prestations ont donné lieu à un commencement d'exécution du marché public. En général, il est laissé aux cahiers des clauses administratives

870. Vade-mecum des marchés publics, éd. 2013, La documentation française, p. 107.

générales du marché le soin de fixer pour chaque catégorie de marché les termes périodiques ou les phases techniques d'exécution en fonction desquelles les acomptes doivent être versés. Toutefois, les codes de certains États membres de la CEMAC y consacrent quelques dispositions. Tel est le cas du code du Tchad qui, à son article 167, fixe la période du paiement du premier acompte à un délai qui ne peut excéder quarante-cinq jours. Pour les autres acomptes, le code du Cameroun, à son article 165, alinéa 5, comme le code français des marchés publics, à son article 91, prévoient que la périodicité de versement des acomptes est de trois mois maximum. Les Codes des marchés publics du Congo, à son article 125, du Tchad, à son article 168, et du Gabon, à son article 207, exigent que les acomptes soient payés dans leur totalité dans un délai n'excédant pas quatre-vingt-dix jours. Le code de la Centrafrique accorde, quant à lui, un délai n'excédant pas soixante jours, tel que prévu à son article 96, alinéa 3. Il ajoute toutefois qu'un délai plus long peut être accordé pour le paiement du solde de certaines catégories de marchés publics, sans indiquer malheureusement les catégories des marchés concernés. On peut penser que le soin en est laissé aux cahiers des clauses administratives générales. Le même code centrafricain, à l'alinéa 4 de l'article précité, prévoit, comme les codes du Tchad, à son article 168, alinéa 2, et du Congo, à son article 125, alinéa 2, que ce délai peut être raccourci par les collectivités locales et leurs établissements publics au profit des petites et moyennes entreprises régulièrement installées sur leur ressort territorial. Le code du Gabon, à l'alinéa 2 de son article 207, accorde, dans cette hypothèse, un délai de paiement de soixante jours aux PME bénéficiant de l'agrément PME.

Le montant des acomptes ne doit pas excéder la valeur des prestations auxquelles ils se rapportent, une fois déduites les sommes nécessaires au remboursement des avances, le cas échéant. Si le versement des acomptes est fonction des phases préétablies et non de l'exécution physique des prestations, ce montant peut être fixé de manière forfaitaire sous forme de pourcentage du montant du marché initial. À la différence des avances, les acomptes ne constituent pas une entorse aux règles de comptabilité publique. Ils rémunèrent des tranches de service fait. Le versement d'acomptes, tout comme celui des avances, est un droit. Il doit être effectué même en cas de silence du marché. Il suffit que le maître d'ouvrage (ou le maître d'ouvrage délégué) vérifie que les prestations ont été exécutées suivant les tranches convenues. Cette vérification peut être faite par « un document écrit qu'il établit lui-même ou vérifie et déclare accepter[871] ».

a.3. Le solde de tous comptes

Le solde de tous comptes s'obtient par le décompte général et définitif des paiements effectués au cours de l'exécution du marché public. Ce décompte,

871. Vade-mecum des marchés publics, éd. 2013, La documentation française, p. 109.

constaté par un écrit dressé par l'autorité contractante ou son représentant habilité, permet d'inventorier l'état du solde en y intégrant les avances et acomptes consentis par le maître d'ouvrage ou le maître d'ouvrage délégué sur l'ensemble de la période d'exécution du marché. Il doit intégrer également toutes les créances et dettes réciproques des parties. Les délais de constatation du solde et de son règlement sont ceux énoncés dans le paragraphe précédent, s'agissant des délais exigés pour le versement de la totalité des acomptes. Le délai de règlement définitif peut être suspendu par l'autorité contractante par un envoi au titulaire d'une lettre recommandée avec avis de réception. Cette suspension doit être prononcée avant l'expiration du délai de paiement. Le code du Tchad, à son article 173, alinéa 5, précise qu'elle doit intervenir huit jours au moins avant l'expiration dudit délai. Les raisons susceptibles de provoquer la suspension du délai de paiement doivent être imputables au titulaire. Celles-ci doivent lui être exprimées avec toute la clarté possible dans une lettre recommandée. Le titulaire doit y répondre avec précision, en apportant la totalité des justificatifs et des documents en sa possession afin de corriger ou contester les griefs qui lui sont reprochés. En cas de désaccord persistant, les parties peuvent s'accorder, en attendant le dénouement par les procédures prévues à cet effet, pour que le règlement s'effectue sur la base provisoire des sommes admises par l'autorité contractante.

b. Le règlement direct du prix aux sous-traitants

La plupart des Codes des marchés publics des États membres de la CEMAC, à l'exception de celui du Cameroun[872] qui n'en fait allusion que comme mesure coercitive, prévoient que le maître d'ouvrage (ou le maître d'ouvrage délégué), en accord avec le titulaire du marché, peut payer directement au sous-traitant le prix de ses prestations. Dans ce cas, le paiement par avance, acomptes et solde s'applique également aux sous-traitants, dans les mêmes conditions que pour le titulaire. Les paiements directs faits aux sous-traitants sont effectués sur la base des pièces justificatives revêtues de l'acceptation du titulaire du marché. Dès réception de ces pièces, le maître d'ouvrage (ou le maître d'ouvrage délégué) avise le sous-traitant et lui indique les sommes dont le paiement à son profit a été accepté par le titulaire du marché. Si le titulaire du marché a indiqué des sommes que conteste le sous-traitant ou n'a pas donné suite à sa demande de paiement, celui-ci est en droit de saisir la personne responsable des marchés publics qui met aussitôt en demeure le titulaire du marché d'y procéder, ou d'apporter la preuve qu'il a opposé un refus motivé à la demande du sous-traitant. En l'absence d'une réponse du titulaire du marché, la personne responsable des marchés publics paye, sur le compte du titulaire, les sommes restant dues au sous-traitant. Certains États n'ouvrent ce droit à paiement direct

872. Article 162, alinéa 4.

qu'après un délai bien déterminé. Le Tchad[873] et le Congo[874] assujettissent le paiement d'office à un délai de quarante-cinq jours.

Le droit au paiement direct du sous-traitant, lorsqu'il est établi, est d'ordre public. Le sous-traitant ne peut y renoncer et l'autorité contractante a l'obligation de le payer directement[875], aussi bien pour les travaux prévus au départ que pour les travaux supplémentaires indispensables[876], ainsi que pour les sujétions techniques imprévues auxquelles il peut faire face[877]. Le paiement direct aux sous-traitants est une « spécificité » des marchés publics dont ne bénéficient pas les sous-traitants ou les sous-cocontractants opérant dans les autres secteurs économiques[878]. Ce mécanisme a pour finalité d'améliorer la condition des sous-traitants des marchés publics et surtout, ainsi qu'on l'a dit, de les protéger contre d'éventuels abus ou tricheries des titulaires, compte tenu de leur importance dans la réalisation de la commande publique. La jurisprudence a, par exemple, admis que le maître d'ouvrage, qui a accepté et agréé le paiement direct, n'est pas libéré de sa dette envers le sous-traitant par le paiement effectué entre les mains du titulaire. Il doit, s'il le faut, payer une seconde fois la somme réclamée[879]. La doctrine abonde également dans le sens de la protection des sous-traitants. Elle reconnaît, par exemple, le caractère obligatoire du paiement direct aux sous-traitants, en reconnaissant, par exemple, que ce paiement doit être assuré même en cas de défaillance du titulaire[880], de liquidation de ses biens ou de règlement judiciaire ; ou encore en indiquant que les sous-traitants ne peuvent pas renoncer à leur droit au paiement direct[881].

c. Les intérêts moratoires

Le maître d'ouvrage, au même titre que le titulaire, qui est passible de pénalités de retard d'exécution du marché ou d'inobservation de ses stipulations techniques, est soumis à verser au titulaire ou au sous-traitant des intérêts moratoires lorsqu'il dépasse les délais de paiement fixés dans le contrat. Ces intérêts sont ouverts de plein droit et sans autres formalités. Ils courent depuis le jour suivant l'expiration des délais de paiement, jusqu'au jour de la délivrance du titre de paiement définitif. Telles sont les dispositions des Codes des marchés publics du Congo, à son article 130, du Tchad, à ses articles 176 et suivants, du Cameroun, à ses articles 166 et suivants, de la Centrafrique, à son article 96, alinéas 5 et 6, et du Gabon, à son article 207, alinéa 3. Les codes du Congo, du Tchad et du Gabon, prévoient toutefois que ces intérêts sont acquis après

873. Article 180, alinéa 2
874. Article 134, alinéa 2.
875. CE, 17 octobre 2003, n°232241, Cne de Chalabres, inédit.
876. CE, 13 février 1987, n°67314, Sté Ponticelli Frères, inédit.
877. CE, 24 juin 2002, Dpt. de la Seine-Maritime, Rec., tables, p. 851 ; CE, 1er juillet 2015, Régie des eaux du Canal de Belletrud.
878. Stéphane Braconnier, *Précis du droit des marchés publics*, 4e éd., *op. cit.*, p. 222.
879. CE, 17 octobre 2003, Commune de Chalabre, Contrats et marchés publics, 2003, comm. n°237, note F. Olivier.
880. S. Abatucci, *Sous-traitance dans les marchés publics : nature et étendue du paiement direct*, Dr. adm., 1999, chron. n°20.
881. CAA Marseille, 21 novembre 2000, SARL Max Azeau, req. n°98MA00222.

une mise en demeure restée sans suite, pendant trente jours pour le Congo et le Tchad et quinze jours pour le Gabon. Les Codes des marchés publics du Gabon et du Cameroun indiquent que ces intérêts sont calculés conformément au taux légal fixé par la Banque des États de l'Afrique centrale. En Centrafrique, ce taux est fixé par le ministre des Finances, mais il ne peut être inférieur au taux d'escompte de la BEAC. Le code du Cameroun est très précis sur la question. Il établit une formule qui permet de calculer le montant des intérêts moratoires :

M x (n/360) x (i), dans laquelle :

M = montant toutes taxes comprises des sommes dues au titulaire

n = nombre de jours calendaires de retard

i = taux débiteurs des entreprises à la BEAC majoré d'un point ou taux d'escompte pratiqué par la Banque d'émission de la monnaie considérée majoré au plus d'un point, selon le cas.

Ce code[882] précise encore que les intérêts moratoires ne sont pas imposables et ne sauraient s'appliquer sur des montants comprenant des indemnités pour retard de paiement.

En France, les intérêts moratoires sont calculés par rapport au taux d'intérêt légal. Ce taux est généralement prévu dans le marché. En principe, le taux d'intérêt légal est fixé chaque année[883] par décret du Premier ministre, sur rapport du ministre de l'Économie et du ministre de la Justice. Il en ressort la formule de calcul des intérêts moratoires suivante :

Montant payé tard TTC x (nombre de jours de dépassement/365) x taux légal.

Toujours dans ce pays, dans le souci de veiller à ce que les pouvoirs adjudicateurs effectuent les paiements dans les délais prescrits, le Premier ministre, sur rapport du ministre de l'Économie et des Finances, a pris un décret mettant en place un dispositif de lutte contre les retards de paiements dans les contrats de la commande publique[884]. Les intérêts moratoires ne peuvent faire l'objet ni de dérogation contractuelle ni de renoncement de la part du cocontractant ou du sous-traitant. Le juge administratif considère le paiement des intérêts moratoires comme étant un droit intangible[885]. Il a ainsi annulé, pour illégalité, la conclusion d'une transaction par laquelle le cocontractant renonçait, partiellement, au paiement de ses intérêts moratoires.

882. Article 167, alinéas 4 et 5.
883. Voir par exemple, Décret n°2009-138 du 9 février 2009 fixant le taux de l'intérêt légal pour l'année 2009.
884. Décret n°2013-269 du 29 mars 2013, NOR : EFIM1303282D, version consolidée au 6 avril 2015, Legifrance.gouv.fr.
885. CE, 17 octobre 2003, Ministère de l'Intérieur, de la Sécurité intérieure et des Libertés locales, AJDA, p. 2267, note J.D. Dreyfus ; JCP A. 2003, n°51, comm. n°2150, obs. R. Nogellou ; Contrats et marchés publics, 2003, comm. n°230, note Eckert ; Dr. adm., décembre 2003, comm. n°239, note G.L.C. ; BJCP, janvier 2004, n°20, p. 20 concl. G. Le Chatelier.

2. L'exécution adaptée aux modifications des prescriptions contractuelles initiales

L'exécution des marchés publics n'est pas un « long fleuve tranquille ». Il n'est pas rare que son cours normal soit perturbé et nécessite, par conséquent, des adaptations pour sa poursuite. Les causes d'une telle situation, souvent diverses, conduisent inéluctablement à la modification des stipulations contractuelles initiales. Les Codes des marchés publics du Gabon[886], du Tchad[887], de la Centrafrique[888], du Cameroun[889] et du Congo[890] prévoient des dispositions particulières permettant la modification des prescriptions contractuelles initiales.

A. Les causes de modification des prescriptions contractuelles initiales

Les causes pouvant affecter le cours normal de l'exécution des marchés sont généralement des situations indépendantes de la volonté des parties. Mais, elles peuvent aussi provenir de la volonté unilatérale de l'autorité contractante.

A.1. Les situations indépendantes de la volonté des parties

L'exécution des marchés publics peut être perturbée par des aléas. De même, des situations objectives et pratiques peuvent surgir et modifier les conditions de l'exécution des marchés telles que convenues dans le contrat. Ces situations obligent généralement le titulaire à accomplir des prestations ou des travaux supplémentaires non prévus dans le marché initial pour satisfaire véritablement le besoin d'intérêt général ayant suscité la commande publique.

A.1.1. Les aléas

Les aléas sont les risques imprévisibles qui peuvent rendent difficile la continuation de l'exécution du marché public dans les conditions initiales du contrat, mais sans y mettre fin. Les parties sont alors amenées à trouver des palliatifs ou des solutions de rechange afin d'achever l'exécution de la commande publique.

---

886. Articles 164 et s. du décret n°00027/PR/MEPPDD du 17 janvier 2018, *op. cit.*
887. Articles 140 et s. du décret n°2417/PR/PM/2015 du 17 décembre 2015, *op. cit.*
888. Articles 82 et s. de la loi n°08-017 du 6 juin 2008, *op. cit.*
889. Article 130 du décret n°2018/366 du 20 juin 2018, *op. cit*
890. Articles 98 et s. du décret n°2009-156 du 20 mai 2009, *op. cit.* ;

a. Les sujétions imprévues

Les sujétions imprévues, ainsi que les définit le juge administratif français, sont les « difficultés matérielles rencontrées lors de l'exécution d'un marché public, présentant un caractère exceptionnel, imprévisibles lors de la conclusion et dont la cause est extérieure aux parties[891] ». Les sujétions imprévues impliquent donc l'existence de trois critères : l'exceptionnalité, l'imprévisibilité et l'extériorité. Le juge du contrat vérifie systématiquement si les sujétions sont à la fois exceptionnelles et imprévisibles[892] et si elles sont extérieures aux parties[893]. À l'inverse de l'imprévision, comme on le verra, les sujétions imprévues trouvent leur fondement sur des situations matérielles. Il s'agit par exemple des difficultés résultant de l'état de fragilité du sol[894], de la présence de nappes souterraines[895] ou des conditions climatiques, notamment les intempéries[896]. Il en est ainsi même si le contrat prévoit que le prix du marché inclut les sujétions liées à ces deux difficultés[897], sauf si l'entrepreneur, à travers les documents techniques mis à sa disposition, aurait pu avoir la possibilité de se rendre compte de l'état du sol[898], ou s'il se serait rendu coupable d'une faute[899]. Les sujétions imprévues, sauf si les termes du contrat s'en trouvent complètement modifiés, n'autorisent pas l'entrepreneur à arrêter ou à suspendre l'exécution du marché. Il a droit, toutefois, à bénéficier d'une réparation intégrale du préjudice subi[900]. Cette réparation comprend non seulement l'augmentation du prix équivalent aux modifications apportées mais également les frais d'immobilisation du personnel et du chantier[901]. Les sujétions imprévues exonèrent également l'entrepreneur des pénalités qu'il encourt, le cas échéant, en raison du retard résultant de la prolongation des délais contractuels[902].

b. L'imprévision

L'imprévision ne doit pas être confondue avec la force majeure[903]. En effet, contrairement à l'imprévision, même si les deux notions semblent avoir les mêmes caractéristiques, la force majeure ne constitue pas un aléa, puisqu'elle

891. CE 30 juillet 2003, Commune de Lens, n°223445, BJDCP 2003, n°31, p. 462, concl. Piveteau, AJDA 2003, p. 1727, note J.D. Dreyfus.
892. CE 13 mai 1987, Société Citra France, préc. ; CE 15 décembre 1990, Société Rapetto, RDP 1992, p. 1535, obs. F. Llorens.
893. CAA Paris 21 mars 1996, SARL Citra-Pacifique, Dr. Adm. 1996, n°309.
894. CE 25 mars 1985, M. Voisin, RDP 1985, p. 1703, obs. F. Llorens.
895. CE, 12 mai 1982, Société Paris-Rhin-Rhône, Rec. p. 175. Elles peuvent résulter aussi des intempéries.
896. CE 13 mai 1987, Société Citra France, Rec. CE tables, p. 821 ; D. 1987, somm. P. 433, obs. P. Terneyre ; RDP 1988, p. 1426, obs. F. Llorens.
897. CE 10 décembre 1938, gouverneur général d'Indochine, Rec. CE, p. 937 ; CE 8 juin 1977, Ville de Marseille, RDP 1978, p. 1485.
898. CE 24 février 1971, Commune de Malesherbes, Rec. CE, p. 162.
899. CE juin 1951, secrétaire d'État à la Défense c/Debernardy, Rec. CE p. 385.
900. CE 2 décembre 1964, Port autonome de Bordeaux, Rec. CE, p. 936.
901. CE 17 février 1992, Société générale d'entreprise Sainrapt et Brice, D. 1992, p. 411, obs. P. Terneyre, RDP 1994, p. 861, obs. F. Llorens.
902. CE 13 décembre 1961, ministère des Travaux publics c/Société nationale de construction, Rec. CE, p. 706.
903. Voir Michel Degoffe, *Droit administratif*, 2e éd., Ellipses Paris 2012, pp. 361-362.

rend impossible la poursuite du marché, déliant ainsi les parties de leurs obligations[904]. En raison de son caractère fatal pour le contrat, l'étude de la force majeure se fera dans la rubrique réservée à la fin anormale des marchés publics. La théorie de l'imprévision trouve son origine dans l'arrêt du Conseil d'État du 30 mars 1916, « Compagnie générale du gaz de Bordeaux[905] ». Elle s'applique lorsqu'intervient au cours de l'exécution du marché un événement anormal et imprévisible ne résultant pas de la volonté des parties. Cet événement doit entraîner le bouleversement de l'économie du contrat, c'est-à-dire qu'il doit, sinon rendre impossible l'exécution du marché, accroître de manière importante les charges du titulaire, créant ainsi une situation extracontractuelle[906]. L'imprévision, tout comme pour les sujétions imprévues, ne peut dispenser l'entreprise d'exécuter ses obligations[907]. En revanche, l'entreprise peut être amenée à négocier avec la personne publique responsable l'adaptation du marché à l'état d'imprévision. Et si une telle adaptation n'est pas possible, elle peut obtenir le versement d'une indemnité d'imprévision couvrant la plus grande partie des charges extracontractuelles. L'entreprise peut demander cette indemnité alors même que le contrat est arrivé à expiration[908] ou après qu'il a été résilié par la personne publique[909] pour force majeure, faute de n'avoir pu rétablir définitivement l'équilibre du marché[910].

c. Le fait du prince

La notion de « fait du prince » relève, en réalité, de celle de l'imprévision. En dépit de cette filiation, il paraît utile, en raison des conséquences juridiques assez particulières qui en découlent, de lui donner dans la présente étude une place singulière et distincte. Cette notion suppose que la personne publique contractante peut prendre des mesures affectant les conditions d'exécution du contrat en une autre qualité que celle de maître d'ouvrage et de partie au contrat. Ces mesures, qui ne sont donc pas à confondre avec celles prises dans le cadre de sa maîtrise d'ouvrage et ayant pour objet direct d'influer sur les conditions d'exécution du marché, sont des actes de police, des mesures fiscales ou sociales, etc.[911] Ce sont des actes de pure administration. Il faut aussi que ces mesures émanent de l'autorité contractante elle-même[912], qu'elles revêtent un caractère imprévisible[913] et qu'elles affectent spécialement le marché dans l'un

904. CE 9 janvier 1909, Compagnie des messageries maritimes, Rec., p. 111, concl. Tardieu.
905. Rec. p. 125 concl. Chardenet ; RDP 1916 p. 206 concl. Chardenet, note G. Jèze ; S.1916, p. 388, note M. Hauriou ; Gaja 2011, n°30.
906. CE 19 février 1992, SA Dragages et travaux publics, Rec., p. 1109 ; D.1992, S. C. p. 411, obs. P. Terneyre.
907. CE 5 novembre 1982, Société Propetrol, Rec., p. 381 ; AJDA 1983, p. 259, concl. Labertoulle, D.1983, p. 245, note Dubois.
908. CE 12 mars 1976, Département des Hautes-Pyrénées c/Société Sofilia, Rec., p. 155 ; AJDA 1976, p. 552, concl. Labetoulle.
909. CE 10 février 2010, Société Prest'Action, n°30111 ; D. avril 2010, n°25, p. 27 note F. Brenet.
910. CE 9 décembre 1932, Compagnie des tramways de Cherbourg, Rec., p. 1050 ; RDP 1933, p. 117, concl. Josse, note Jéze.
911. Voir Michel Degoffe, Droit administratif, 2e édition, Ellipses, Paris 2012, p. 360 ; Christophe Guettier, *Droit des contrats administratifs*, 3e édition, Puf Paris 2011, pp. 463-464.
912. CE, 5 décembre 1947, Caisse de compensation pour la décentralisation de l'industrie aéronautique, Rec., p. 457.
913. CE, 25 février 1949, Ville de Melun, Rec., p. 316.

de ses éléments essentiels[914]. On le voit, le fait du prince obéit à des conditions très strictes et peut conduire à une confusion des rôles, ce qui explique la rareté de son application[915]. Le fait du prince, lorsqu'il est reconnu, impose l'indemnisation intégrale du titulaire du marché public[916].

A.1.2. Les travaux supplémentaires indispensables

Le processus d'exécution du marché public peut révéler la nécessité de réaliser des prestations supplémentaires sans lesquelles la commande publique ne peut être exécutée conformément au besoin d'intérêt général préalablement exprimé par l'autorité contractante. Ce constat peut être unanimement établi par les parties ou être fait par l'administration seule, en sa qualité de maître de l'ouvrage. Les travaux supplémentaires peuvent résulter, par exemple, d'une augmentation de la masse des travaux, des fournitures ou des services ou encore d'une modification de la consistance des prestations, notamment par l'insuffisance des quantités prévues dans le marché.

La question des travaux supplémentaires est l'une des sources potentielles de contentieux dans les marchés publics. C'est pourquoi il est essentiel de bien les cerner, de bien appréhender notamment leur régime juridique pour permettre au titulaire d'être en légitimité de revendiquer une rémunération supplémentaire par rapport au prix initialement fixé dans le marché. Les travaux supplémentaires, lorsqu'ils résultent de la volonté de l'autorité contractante, ne soulèvent quasiment aucun problème pour ce qui concerne leur paiement. Le juge administratif[917] impose toutefois que ces travaux soient engagés par acte écrit, soit par un ordre de service du maître d'ouvrage ou du maître d'ouvrage délégué, soit par un avenant signé entre les parties. Le problème se pose pour les travaux supplémentaires qui sont à l'initiative du titulaire. Ceux-ci, pour être pris en considération, doivent non seulement ne pas être prévus mais être imprévisibles et indispensables[918]. La nécessité d'accomplir cette triple condition a conduit le juge administratif à dire que « l'entrepreneur ayant effectué des travaux non prévus au marché et qui n'ont pas été décidés par le maître d'ouvrage a droit d'être indemnisé de ces travaux, en dépit du caractère forfaitaire du prix fixé par le marché, s'ils ont été indispensables à la réalisation de l'ouvrage selon les règles de l'art, ou si l'entrepreneur a été confronté dans l'exécution du marché à des sujétions imprévues présentant un caractère exceptionnel et imprévisible, dont la cause est extérieure aux parties et qui ont pour effet de bouleverser l'économie du contrat[919]. »

---

914. CAA Paris 25 mai 1993, Société Reneveco, Rec., p. 874.
915. Michel Degoffe, *Droit administratif*, 2e éd., préc. p. 361.
916. CE, 23 avril 1948, Ville d'Ajaccio, RDP 1948, p. 603.
917. CAA Douai, 26 juin 2014, req. n°11DA00504.
918. CE, 17 octobre 1975, Commune de Canari, CJEG 1976, p. 28 note Le Galcher-Baron, Gaz. Pal. 1976, 2, p. 679 note F. Moderne ; CE, 11 mars 2009, SAS Dominique Housieaux c/Commune de Lens, Contrats publics, 2009, n°156, note F. Olivier.
919. CAA, Versailles, 28 mai 2015.

A.2. Le pouvoir de modification unilatérale de l'autorité contractante

L'autorité contractante dispose du privilège de la maîtrise d'ouvrage. À ce titre, elle peut modifier unilatéralement les prescriptions initialement prévues au marché. Mais, elle doit le faire dans le respect de certaines conditions.

A.2.1. Le privilège de la maîtrise d'ouvrage

Le privilège de la maîtrise d'ouvrage confère à l'autorité contractante le pouvoir d'imposer au titulaire, durant la période d'exécution du marché public, des obligations supplémentaires ou complémentaires pour adapter le marché public à sa nouvelle vision de la commande publique. En général, cette situation se produit lorsque l'autorité contractante considère que l'objet du marché, s'il est livré dans les formes pensées initialement, ne satisfera pas véritablement le besoin pour lequel il a été commandé. Il s'agit donc des prestations supplémentaires qui répondent, non seulement à des sujétions techniques qui s'imposent aux parties, telles qu'envisagées dans le paragraphe précédent, mais à la conception ou à l'image de l'objet que l'autorité contractante veut obtenir. Il peut s'agir, par exemple, des motifs liés à la viabilité technique du projet, à sa conformité aux règles de l'art ou aux règles juridiques régissant le métier, ou à son adaptabilité aux innovations futures.

Le pouvoir de modification unilatérale de l'autorité contractante est généralement exprimé dans le marché ou prévu dans les cahiers des charges. Dans tous les cas, les nouvelles obligations qu'il engendre entraînent des coûts supplémentaires qui doivent être réglés par l'autorité contractante. Le mode de calcul des coûts supplémentaires diffère selon que le prix initial est unitaire ou forfaitaire. Dans un marché à prix unitaire, les coûts supplémentaires prennent en compte la totalité de la variation des travaux. Le point 18.1 du cahier des clauses générales pour la passation des marchés de travaux au Congo, par exemple, dispose, pour ce qui concerne les travaux réglés sur prix unitaire, que « l'indemnité à accorder sera calculée d'après la différence entre les quantités réellement exécutées et les quantités prévues augmentées de trente pour cent ou diminuées de vingt-cinq pour cent. » Dans le cas des travaux réglés sur prix forfaitaire, en principe aucune rémunération supplémentaire n'est due, sauf s'il est démontré que les travaux supplémentaires ordonnés par la personne publique sont de nature différente de ceux figurant au marché et ayant occasionné des charges supplémentaires éventuellement supportées par l'entrepreneur.

De manière générale, pour prévenir ces situations, des clauses de variation de prix sont souvent prévues sans préjudice de la procédure de révision de prix reconnue aux parties durant toutes les phases d'exécution du marché. Pour reprendre l'exemple du Congo, l'article 114 de son Code des marchés publics suggère un mécanisme d'ajustement lorsque le prix est « calculé par référence à une mercuriale, un catalogue, un barème, une série, ou lorsqu'il fait l'objet d'une mise à jour périodique ». Ce mécanisme concerne particulièrement les marchés exécutables sur plusieurs années.

A.2.2. Les conditions d'exercice du pouvoir de modification unilatérale

Le pouvoir de modification unilatérale ne peut s'exercer que dans des conditions très strictes. Par exemple, les modifications que l'autorité contractante est censée apporter en cours d'exécution du marché doivent être motivées par l'intérêt général[920]. De même, elles ne doivent pas bouleverser l'économie générale ou changer l'objet du marché[921]. Enfin, elles ne doivent pas porter sur son prix[922].

B. Les mécanismes de modification des prescriptions contractuelles initiales

Les Codes des marchés publics du Congo, à l'article 115, alinéa 1, du Cameroun, à l'article 130, de la Centrafrique, à l'article 89, du Tchad, à l'article 160, et du Gabon, à l'article 179, disposent que les stipulations d'un marché public ne peuvent être modifiées que par voie d'avenant. Toutefois, les codes du Congo et du Gabon donnent la possibilité aux autorités contractantes de modifier le marché par ordre de service, si les prestations supplémentaires concernées sont relativement mineures.

B.1. Les avenants

L'avenant peut être défini comme « un contrat écrit constatant l'accord de volonté des parties au marché et portant modification d'une ou plusieurs clauses de ce dernier[923]. » Il a pour fonction d'adapter le marché aux évolutions du contexte et de le mettre dans les meilleures conditions de son exécution. Il peut aussi viser des objectifs beaucoup plus simples ou moins substantiels, telle que la rectification des erreurs ou omissions contenues dans le marché ou la prévention des litiges, en y introduisant des clauses dont l'interprétation et l'application ne peuvent souffrir d'aucune quelconque difficulté.

Les avenants sont conclus et validés pratiquement suivant les mêmes règles que celles qui ont servi pour la passation du contrat de base. Ils sont adoptés et notifiés dans les mêmes conditions, sans que l'objet du marché ne soit modifié, ni le titulaire changé, ni l'économie générale du marché de base bouleversée. Il convient toutefois d'indiquer que l'avenant étant un contrat qui implique deux

---

920. CE, 17 février 1974, ministre des Transports c/Broch, Rec. p. 155.
921. CE, 25 juin 1971, Société des entreprises Marius, Rec. p. 482 ; CE, 14 mars 1980, SA Cie industrielle de travaux électriques et mécaniques, Rec. p. 790.
922. CE, 7 décembre 1973, Le Couteur et Sloan, Rec. p. 705.
923. Christophe Lajoye, Droit des marchés publics, 4e édition, *op. cit.*, p. 342.

cocontractants liés par un contrat initial, dont il découle lui-même, n'exige plus que l'on reprenne à zéro l'examen des règles concernant l'éthique et l'intégrité de l'attributaire, ainsi que sa soumission aux obligations de mise en concurrence et de publicité ou d'information. Il n'a pour objet que de corriger, d'adapter ou de repréciser certaines clauses du contrat initial et uniquement pour répondre à des situations véritablement indépendantes de la volonté des parties, qui ne peuvent donc être la conséquence d'une négligence ou d'une faute des parties[924]. Le juge a ainsi décidé qu'un avenant était invalide en raison d'une faute consécutive au défaut de sondages du terrain ou d'études préalables. Il en est de même lorsque le maître d'ouvrage n'a pas déterminé avec précision la consistance des travaux nécessaires[925]. L'avenant sort de son objet s'il doit, par exemple, réorienter fondamentalement la commande publique telle que conçue et exprimée dans le marché de base. Les États membres de la CEMAC exigent d'ailleurs que les modifications qui peuvent être apportées par avenant soient strictement encadrées. Par exemple, le Code des marchés publics du Congo de 2009, à son article 115, alinéa 1, indique que « les stipulations d'un marché public ne peuvent être modifiées que […] dans la limite de vingt pour cent de la valeur totale du marché de base. » C'est une indication très importante parce qu'en donnant un repère chiffré, elle facilite l'appréciation de la réalité du bouleversement économique du marché initial.

Malheureusement, l'exemple du Congo ne semble pas être généralisé. Même en France, il y a quelque temps, la difficulté était réelle. Il n'existait, en effet, « aucun texte qui détermine une limite chiffrée sous la forme d'un pourcentage en plus ou en moins du montant initial du marché au-delà de laquelle les avenants bouleverseraient l'économie du contrat et, ce faisant, présenteraient un caractère illégal[926] ». Le juge administratif appréciait au cas par cas le montant de l'avenant qui peut constituer un indice du bouleversement de l'économie du marché. Ainsi, le faible montant constituait a priori un indice de l'absence de bouleversement économique du marché[927], même si, a contrario, un montant élevé n'était pas forcément un indice de l'existence d'un bouleversement de l'économie du marché[928]. En revanche, un montant très élevé constituait assurément un indice sérieux de bouleversement de l'économie du marché[929]. Dans tous les cas, le juge était le maître du jeu. Tout dépendait de la qualification qu'il donnait au montant susceptible de constituer un indice de bouleversement de l'économie du marché ou pas par rapport à l'environnement général du marché de base. Il faut ajouter que le titulaire pouvait interrompre

924. CE, 30 juillet 2003, Commune de Lens, AJDA 2003, p. 1727, note J.D. Dreyfus.
925. CE, 8 mars 1996, Commune de Petit-Bourg, préc.
926. Christophe Lajoye, Droit des marchés publics, 4e édition, *op. cit.*, p. 343.
927. CE, 22 juin 1998, Préfet du Puy-de-Dôme, Le Moniteur TP, 30 octobre 1998, suppl. TO p. 380.
928. CE, 29 juillet 1994, Communauté urbaine de Lyon, DA 1994, n°585, MP 1996, n°290, p. 23 ; CE, 13 juin 1997, Commune d'Aulnay-sous-Bois, DA 1997, n°341.
929. CE, 8 mars 1996, Commune de Petit-Bourg, RDI 1996, p. 370, obs. F. Llorens et P. Terneyre ; CE, 30 janvier 1995, Société Viafrance, RDI 1995, p. 318, obs. F. Llorens et P. Terneyre.

les travaux[930] ou refuser d'exécuter les modifications exigées par la personne publique[931] s'il était convaincu que celles-ci bouleverseraient l'économie du marché. Il pouvait même demander la résiliation du marché si les éléments essentiels de celui-ci étaient affectés.

Cette incertitude est désormais corrigée depuis la réforme du régime juridique de la modification des marchés publics en cours d'exécution introduite par l'ordonnance n°2015-899 du 23 juillet 2015 et le décret n°2016-360 du 25 mars 2016. Le principe est que désormais toute modification substantielle du marché public est interdite. Cela ne change en rien la donne puisque, même sous l'empire des anciens textes, les modifications ne devaient pas changer l'objet du marché ou bouleverser son économie initiale. En revanche, ce qui change c'est que le décret du 25 mars 2016 fixe désormais la liste des hypothèses[932] dans lesquelles la modification n'est pas considérée comme substantielle[933]. L'avantage ici est que, connaissant les cas dans lesquels l'on peut recourir à la modification du contrat, la situation devient moins aléatoire qu'auparavant, notamment en raison des fluctuations de la jurisprudence sur les taux de modification pour le seuil du bouleversement de l'économie du contrat.

B.2. Les ordres de service

L'ordre de service n'a pas, par principe, vocation à servir de support pour la modification des termes du marché public. Il est plutôt l'acte par lequel l'autorité contractante transmet ses instructions et ses orientations au titulaire du marché public. Ce dernier est tenu de l'exécuter, sous peine de voir sa responsabilité contractuelle engagée[934] ou simplement de voir le marché résilié à ses torts et dépens. L'ordre de service est, en principe, un acte écrit, signé, daté et numéroté par les diligences du maître d'ouvrage lui-même, surtout dans le cas des marchés de travaux. Ces diligences peuvent aussi être l'œuvre, si telles sont les préconisations du marché, de ses représentants. Dans cette hypothèse, la délégation doit être expressément prévue et clairement circonscrite[935].

La jurisprudence a reconnu toutefois que l'ordre de service pouvait être verbal, sans être irrégulier[936]. Mais cette opinion peut poser problème lorsqu'il s'agit pour le titulaire d'apporter la preuve sur les travaux supplémentaires qu'il a réalisés et de se faire payer. Le juge administratif est très strict sur le défaut d'ordre de service et sur l'exécution des travaux engagés de son propre chef par l'entrepreneur. Il a indiqué que les travaux supplémentaires exécutés

930. CE, 22 novembre 1967, Sieur Mercuridi, RDP 1968, p. 941.
931. CE, 9 décembre 1991, entreprise Louis Poles c/Ville de Bastia, RDP 1992, p. 1529.
932. Voir supra p. 274 et s. Ces hypothèses se rapprochent à quelques nuances près de celles habituellement évoquées par la jurisprudence.
933. Supra p. 274. Voir les développements sur les causes de modifications des prescriptions initiales du marché public.
934. CE, 17 février 1978, Sté Compagnie française d'entreprise, Rec., p. 88.
935. CE, 3 novembre 2006, Commune de Puy-Saint-Vincent, req. n°271248 ; JCP A, 2007, 2051, note Linditch ; Contrats et marchés publics, 2007, comm. n°8, note Olivier.
936. CE, 19 mars 1982, Cojonde, Rec. p. 671 ; RDP, 1983, p. 23 ; CE, Sect. 17 octobre 1975, Commune de Canari, Rec. p. 516 ; CJEG, 1976, p. 24, note le Galcher-Baron ; Gaz. Pal., 1976, n°2, p. 679, note F. Moderne.

spontanément par l'entreprise n'ont pas à être payés[937]. C'est pourquoi il est souvent préférable, avant de réaliser de tels travaux, que le titulaire obtienne l'autorisation écrite, donc un ordre de service écrit du responsable du marché définissant les spécifications techniques des travaux supplémentaires et le montant à ne pas dépasser. En tout état de cause, il revient au juge, chaque fois qu'il est confronté à une telle situation, de rechercher systématiquement si l'ordre de service a été pris par le donneur d'ordre, même si une légère réfaction peut être appliquée sur le montant[938]. Peu importe d'ailleurs que cet ordre de service soit régulier ou pas, qu'il ait été pris par une autorité compétente ou non ou qu'il soit verbal ou écrit, le juge accorde le paiement, à condition bien évidemment que les travaux supplémentaires aient été reconnus indispensables[939].

L'ordre de service, au-delà d'être le support des instructions de l'autorité contractante, peut exceptionnellement constituer un mécanisme de modification du marché public. Les Codes des marchés publics du Congo et du Gabon disposent, en effet, que l'autorité contractante peut profiter de l'émission d'un ordre de service pour modifier les prescriptions du marché initial, à condition bien évidemment que les prestations supplémentaires qu'elle demande au titulaire soient relativement mineures. Le Code des marchés publics du Congo, à l'article 115, alinéa 3-b, indique que les travaux supplémentaires ne doivent pas dépasser dix pour cent du marché. Celui du Gabon, à l'article 178, fixe ce seuil à quinze pour cent du marché.

On doit noter que la modification du marché public par la voie d'un ordre de service, tel que préconisée par les codes précités, même si l'administration contractante dispose d'un pouvoir unilatéral de modification du marché[940], ne peut se comprendre dans le cadre des relations contractuelles. Elle est contraire au principe fondamental des contrats, stipulé à l'article 1134 du Code civil français qui excipe que le contrat est la loi commune et qu'il ne peut être défait, à l'exception des cas de force majeure, qu'à la suite d'une expression consensuelle. Ce principe, qui s'applique à l'ensemble des contrats administratifs[941], s'impose de plein droit à l'administration, même s'il n'est pas expressément mentionné dans le contrat. Le droit des marchés publics dans les États membres de la CEMAC, en dépit du pouvoir exorbitant du droit commun qui entoure la matière, ne devrait pas accepter de telles règles dérogatoires.

937. CE, section, 17 octobre 1975, Commune de Canari, Rec., p. 516.
938. CE, 27 septembre 2006, GTM Construction, Contrats et marchés publics, 2006 n°293 et 294.
939. CE, 26 novembre 1975, Société Entrasudo c/OPHLM des Alpes-Maritimes, req. n°91119, RDP, 1976, p. 624.
940. Supra p. 279
941. CE, 2 février 1983, Union des transports publics urbains et régionaux, Rec. p. 33 ; CE, 9 décembre 1983, SA d'étude, de participation et de développement, RFDA 1984, p. 39.

II. LES GARANTIES D'EXÉCUTION DES MARCHÉS PUBLICS

L'exécution des marchés publics peut ne pas donner les résultats escomptés. La commande publique peut être mal exécutée. Elle peut aussi présenter, plus ou moins longtemps après son achèvement, des malfaçons ou des défauts importants, notamment pour ce qui concerne les marchés de travaux. Les Codes des marchés publics des États de la CEMAC, pour protéger les autorités contractantes contre de tels risques, prévoient plusieurs garanties, qui varient suivant la nature du risque à couvrir. Ces garanties, dites garanties d'exécution, sont des sûretés réelles ou personnelles constituées par les titulaires pour protéger les autorités contractantes contre les conséquences dommageables de leurs défaillances éventuelles. Ce sont généralement des garanties contractuelles, mais cela peut aussi être des garanties post-contractuelles, produisant des effets après l'expiration du contrat.

1. Les garanties contractuelles

Les garanties contractuelles, c'est-à-dire celles qui sont prévues dans le contrat et pour le temps que dure celui-ci, couvrent le cours de l'exécution du marché. Ce sont essentiellement des provisions financières mobilisables immédiatement que souscrivent les titulaires auprès des institutions financières agréées. Ces provisions peuvent aussi être constituées à partir de la mise en garantie des marchés publics eux-mêmes.

A. Les garanties souscrites auprès des institutions financières

Les garanties financières ne sont pas pratiquées de manière identique dans l'ensemble des États membres de la CEMAC. Chaque État, suivant sa tradition ou ses référentiels propres, organise les mécanismes susceptibles de garantir l'exécution des marchés publics. Le Gabon, par exemple, ne retient qu'une seule garantie financière, qui couvre à la fois la passation et l'exécution du marché. En effet, le Code des marchés publics du Gabon, à son article 99, alinéa 4, indique que la garantie de soumission ou garantie d'offres constituée dans le cadre de la passation du marché, si elle n'a pas été libérée par une mainlevée de l'autorité, doit être conservée pour garantir également la bonne exécution du marché. En revanche, les autres États distinguent les garanties de passation des garanties d'exécution, en faisant, y compris pour les dernières, une hiérarchie entre les garanties de principe et les autres. Il faut toutefois noter qu'en dépit de ces différences, les garanties financières obéissent toutes au même régime juridique.

A.1. Les garanties de principe

La garantie de bonne exécution, comme l'indique le code du Congo[942], et la retenue de garantie sont considérées comme les garanties de principe. Il sied de noter, toutefois, que le code du Cameroun[943], sans remettre fondamentalement en cause cette classification, introduit une certaine divergence. Pour ce code, les deux garanties de principe sont le cautionnement définitif, entendu comme la garantie de l'exécution intégrale des prestations, et le cautionnement de bonne exécution du marché, qui peut également porter le nom de retenue de garantie. Il y a donc lieu, sur la question, de s'orienter vers une harmonisation des réglementations nationales. Pour les besoins de la présente étude, il sera retenu la classification précédemment évoquée.

A.1.1. La garantie de bonne exécution

La garantie de bonne exécution, comme son nom l'indique, a pour objet de garantir l'exécution du marché dans les formes requises par le marché. Elle consiste pour chaque titulaire de marché, à l'exception des titulaires de marchés de prestations intellectuelles, de fournir en garantie entre les mains du maître d'ouvrage ou du maître d'ouvrage délégué une somme d'argent pour couvrir, le cas échéant, les manquements d'ordre technique dont il serait responsable. Cette garantie n'est, en principe, exigible que lorsque la période d'exécution du marché est relativement longue. Le Code des marchés publics du Congo, à son article 104, et celui du Tchad, à son article 146, indiquent que cette période doit dépasser six mois. Son montant est fixé par la personne responsable des marchés. Il ne peut excéder cinq pour cent du prix de base du marché augmenté ou diminué, le cas échéant, de ses avenants, selon le code du Tchad, à son article 147, du Congo, à son article 105, et du Cameroun, à son article 138 alinéa 1. Le code du Cameroun précise que ce montant ne peut être inférieur à deux pour cent du prix de base du marché.

La garantie de bonne exécution doit être constituée dès la notification du marché au titulaire. Les codes des États de la CEMAC, à l'exception de celui du Cameroun, ne sont pas très précis sur ce point. Le code camerounais, à son article 139 alinéa 1, prévoit que le cautionnement définitif, c'est ainsi qu'il désigne la garantie de bonne exécution, doit être constituée dans les vingt jours qui suivent la notification du marché et, en tous les cas, avant le premier paiement ou encore avant l'expiration de la garantie de soumission. La garantie de bonne exécution est en principe restituée ou libérée dès la réception provisoire des travaux, fournitures ou services. Les Codes des marchés publics de la Centrafrique, article 85, alinéa 4, du Congo, article 106, et du Tchad,

942. Voir articles 104 à 110.
943. Article 137.

article 148, indiquent toutefois que le délai de restitution ne peut excéder un mois suivant le début du délai de garantie. La garantie de bonne exécution est libérée dans le délai d'un mois suivant l'expiration du délai de garantie ou, si le marché ne comporte pas un tel délai, immédiatement à la date de réception des travaux, des fournitures ou services.

A.1.2. La retenue de garantie

La retenue de garantie a pour objet de couvrir toutes réserves formulées à la réception définitive des travaux, des fournitures et des services ainsi que celles formulées pendant le délai de garantie. Elle consiste à ce qu'une partie de chaque paiement d'acompte, dont le montant est généralement fixé dans les cahiers des charges, soit retenue par le maître d'ouvrage ou le maître d'ouvrage délégué pour couvrir l'obligation de parfait achèvement des travaux, des fournitures et des services. L'analyse des différents Codes des marchés publics des États de la CEMAC laisse toutefois observer que la part des paiements retenue diffère d'un État à un autre. Ainsi, elle ne peut être supérieure à cinq pour cent au Congo, article 110, alinéa 2, et en Centrafrique, article 86, alinéa 2, et à dix pour cent du montant total des paiements au Tchad, article 152 et au Cameroun, article 138, alinéa 2.

La retenue de garantie est constituée pour les marchés assortis d'une période de garantie. Le code du Tchad précise, à son article 153, que la retenue de garantie cesse d'être pratiquée lorsque la somme constituée par le montant de la garantie de bonne exécution et des prélèvements opérés sur les paiements atteint un montant déterminé dans chaque marché qui ne peut excéder dix pour cent du montant initial du marché. Le même code, à son article précité, et celui du Cameroun, à son article 140, alinéa 1, indiquent que la retenue de garantie peut être remplacée, si le titulaire le souhaite, par une caution personnelle et solidaire ou, comme ajoute le code du Cameroun, à l'article précité, par une caution d'un établissement bancaire agréé. La garantie de retenue peut aussi, aux termes de l'article 140, alinéa 2, du code du Cameroun, être remplacée, pour les PME à capitaux et dirigeants nationaux, soit par une hypothèque légale, soit par une caution d'un établissement bancaire ou d'un organisme financier agréé. L'article 72 du même code indique que les titulaires des marchés publics d'un montant inférieur ou égal à trente millions de FCFA, peuvent être dispensés de la retenue de garantie et de tous autres cautionnements. La retenue de garantie est restituée ou libérée à la réception définitive des travaux, fournitures et services. Cette restitution est faite à la demande du titulaire, pour autant que celui-ci a rempli ses obligations afférentes à la période garantie à la suite d'une mainlevée délivrée par l'autorité contractante. Les modalités et la période de sa restitution sont en principe fixées par les cahiers des charges. Le code du Tchad, à son article 153, et celui du Cameroun, à son article 141, alinéa 2, précisent, toutefois, que la retenue de garantie doit être restituée dans un délai de trente jours suivant l'expiration du délai de garantie ou suivant la réception définitive de l'objet du marché.

A.2. Les autres garanties

Les autres garanties sont essentiellement celles applicables aux marchés publics qui prévoient le versement des avances et acomptes. Il s'agit de la garantie en remboursement d'avances, de la responsabilité légale du dépositaire, de la garantie à première demande et la caution personnelle et solidaire.

A.2.1. La garantie en remboursement d'avances

La garantie en remboursement d'avances est exigée au titulaire lorsque le marché prévoit le paiement des avances. Elle permet de couvrir la totalité desdites avances. C'est ce que prévoient les articles 86 du code de la Centrafrique, 108 du code du Congo et 150 du code du Tchad. Les codes du Congo et du Tchad précisent que les avances susceptibles d'être couvertes par la garantie de remboursement doivent être supérieures à cinq pour cent du montant du marché.

A.2.2. La responsabilité légale du dépositaire

Les Codes des marchés publics du Tchad, article 151, et du Congo, article 109, indiquent que lorsque le titulaire du marché reçoit des acomptes sur approvisionnements, dans le but de bien exécuter ses engagements contractuels, la propriété des approvisionnements est automatiquement transférée au maître d'ouvrage ou au maître d'ouvrage délégué. Le titulaire assume à l'égard de ces approvisionnements une responsabilité dite, responsabilité légale du dépositaire. Cette garantie découle du Code civil, en vertu de l'article 1915, qui dispose que le contrat de dépôt est celui par lequel le détenteur (le déposant) d'une chose (le dépôt) la confie à autrui (le dépositaire) pour en assurer la garde en vue de la lui restituer plus tard. Il n'est pas le lieu ici d'en faire des grands développements qui peuvent paraître aussi complexes qu'éloignés de notre matière. Elle est d'ailleurs assez rare en zone CEMAC. Seuls les deux États membres précités la prévoient dans leurs codes. On peut simplement noter que plusieurs obligations incombent au dépositaire dès que le contrat est conclu. Par exemple, il doit s'engager à garder la chose confiée, sans en faire usage et sans chercher à en connaître le contenu, sauf permission expresse ou présumée du déposant, ou encore il doit s'engager à conserver la chose, à la surveiller en la mettant à l'abri de tout risque de perte ou de dégradation.

A.2.3. La garantie à première demande

La garantie à première demande est une garantie conventionnelle renforcée. Elle est souscrite par l'entreprise titulaire du marché au profit de la personne publique auprès d'un organisme bancaire, qui doit payer les sommes requises aussitôt qu'il en est sollicité par la personne publique, sans pouvoir opposer la moindre exception ou réserve. La garantie à première demande n'est pas prévue dans les Codes des marchés publics des États membres de la CEMAC ou dans les textes subséquents. Mais cela ne signifie pas que cette garantie n'intègre pas l'esprit du système des garanties organisées par ces textes. L'interprétation des articles 107 du code du Congo, 149 du code du Tchad et 87 du code de la Centrafrique l'atteste. Ces articles indiquent que les garanties d'exécution des marchés publics sont fixées en conformité avec les dispositions du traité de l'OHADA et de l'acte uniforme du 17 avril 1997 portant organisation des sûretés. Or ces sûretés, selon le droit OHADA, « sont celles par lesquelles une personne accepte de s'engager à côté du débiteur principal et d'apporter ainsi au créancier la garantie de son propre patrimoine ou d'un bien particulier. Pendant longtemps, la seule sûreté personnelle connue et pratiquée fut le cautionnement. Le développement récent des garanties autonomes dans le monde des affaires a fait surgir d'autres sûretés personnelles, dont la garantie à première demande que le législateur de l'OHADA a consacrée en droit positif[944] ». La garantie à première demande est également prévue dans le droit des marchés publics français. Elle est prévue à l'article 102 du code français des marchés publics. Celui-ci précise que l'organisme bancaire qui la garantit doit être agréé par le comité des établissements de crédit et des entreprises d'investissement. Si l'organisme est étranger, il doit être agréé par les autorités compétentes de son pays d'origine. La garantie à première demande, quel que soit l'organisme bancaire garant, doit répondre à une certaine forme. Elle doit être établie par un arrêté du ministre de l'Économie et des Finances et constituée en totalité ou complétée au plus tard à la date à laquelle l'entreprise titulaire du marché remet la demande de paiement correspondant au premier acompte.

A.2.4. La caution personnelle et solidaire

La caution personnelle et solidaire est l'engagement d'une personne juridique, généralement un établissement financier, auprès de la personne publique en vue de lui payer les sommes que lui doit l'entreprise titulaire du marché si cette dernière venait à être défaillante. Tout comme la garantie à première demande, la caution personnelle et solidaire ne compte pas parmi les garanties qui sont fréquemment pratiquées dans la plupart des États de la CEMAC. Le code du Cameroun, à son article 140, alinéa 1, est le seul à prévoir ce type de garantie, en indiquant que le cautionnement, notamment la retenue de garantie, peut être remplacé par une caution personnelle et solidaire. Mais il n'est pas exclu que cette garantie se généralise dans la zone CEMAC, surtout que le régime des garanties qui y sont pratiquées renvoie au droit des sûretés de l'OHADA.

944. Ouvrage collectif sur les sûretés dans le cadre de l'acte uniforme OHADA, sous la coordination scientifique de Joseph Issa-Sayegh, Bruylant, Bruxelles, 2002, p. 7.

A.2.5. La police d'assurance

Le Code des marchés publics du Cameroun, à son article 143, envisage la possibilité pour tout adjudicataire de souscrire une police d'assurance contre le risque qu'il peut encourir dans l'exécution du marché public, en étant toutefois très stricte à l'égard des assureurs situés à l'étranger et des adjudicateurs de nationalité étrangère.

Il est ainsi « interdit, sauf dérogation expresse du ministre en charge des assurances, de souscrire une assurance directe d'un risque concernant une personne, un bien ou une responsabilité située au Cameroun auprès d'une entreprise étrangère qui ne s'est pas conformée aux prescriptions de l'article 326 du Code des assurances de la CIMA ». De même, « tout adjudicataire de nationalité étrangère ou de droit étranger ayant souscrit dans son pays d'origine une police d'assurance contre le risque à l'exportation est tenu de transmettre ladite police à l'autorité contractante dans un délai maximum de deux mois à compter de la date de notification du marché. »

B. Les garanties financières fournies par les marchés publics eux-mêmes

Les Codes des marchés publics des États membres de la CEMAC reconnaissent au titulaire la possibilité de remettre, à titre de garantie sans dépossession, le marché à un tiers, en vue de se constituer une trésorerie susceptible de couvrir les risques d'exécution du marché public. Les codes du Congo, articles 135 et 136, et du Tchad, articles 181 et 182, qualifient cette formule de « gage » des créances résultant du marché public. En revanche, les codes du Gabon, article 196 à 204, du Cameroun, article 150, et de la Centrafrique, article 88, usent plutôt du terme de « nantissement ». Le gage comme le nantissement sont des sûretés réelles mobilières, c'est-à-dire des garanties données à un créancier sur un bien meuble corporel, pour le gage, et incorporel, pour le nantissement. Le marché, étant un bien meuble incorporel, doit normalement être remis au créancier sous forme de nantissement plutôt que sous forme de gage. Les Codes des marchés publics ayant opté pour le nantissement semblent de ce fait plus en cohérence avec la théorie juridique précitée. En tout cas, les deux mécanismes, bien que différents dans leur nature, obéissent aux mêmes conditions et méritent de ce fait d'être étudiés ici concomitamment. On peut ajouter que le code du Gabon prévoit un autre mécanisme : celui de la cession de créances.

B.1. Le gage ou le nantissement

L'entreprise titulaire peut donner en garantie, sous forme de gage, à un tiers ou à plusieurs, chacun encaissant la part de la créance qui lui est due, le marché public qui le lie au maître d'ouvrage ou au maître d'ouvrage délégué, conformément à l'acte uniforme de l'OHADA du 17 avril 1997 portant organisation des sûretés[945]. Le gage, ainsi que le définit l'article 44 de l'acte précité, et le nantissement, ainsi que le définit son article 65, sont les contrats par lesquels un bien meuble, corporel pour le gage et incorporel pour le nantissement, est remis au créancier ou à un tiers pour un prix convenu entre les parties pour garantir le paiement d'une dette. Leur régime juridique définit des règles précises et rigoureuses régissant sa constitution, ses effets et son extinction[946].

B.1.1. La constitution du gage ou du nantissement

Le gage et le nantissement s'opèrent sous la forme d'un acte synallagmatique entre le titulaire du marché et le tiers appelé « créancier ». La copie de cet acte, certifiée conforme à l'original, doit être notifiée par les soins du créancier, par tout moyen laissant trace écrite, au maître d'ouvrage ou au maître d'ouvrage délégué et au comptable chargé du paiement. Préalablement à la signature de l'acte constituant gage ou nantissement, le titulaire du marché doit prouver qu'il est véritablement propriétaire du marché à gager ou à nantir. S'il ne l'est pas, le créancier de bonne foi, si le gage ou le nantissement est déjà conclu, peut s'opposer à la revendication du propriétaire dans les conditions prévues pour le possesseur de bonne foi. La question de la preuve de la propriété du marché est réglée par l'exigence faite à l'entreprise titulaire du marché public de présenter à l'autre partie un exemplaire de l'original du marché dûment signé par l'autorité en charge du marché public et revêtu de la mention signifiant que cet exemplaire est délivré en pièce unique en vue de la constitution d'un gage ou d'un nantissement. Le montant du marché que le titulaire peut donner en gage ou en nantissement est obtenu en déduction du montant des prestations confiées aux sous-traitants bénéficiant du paiement direct.

B.1.2. Les effets du gage ou du nantissement

Le gage ou le nantissement ne produisent d'effets que si la chose gagée ou nantie est effectivement remise au créancier. Ils doivent être constatés, pour être opposables aux tiers, par un écrit dûment enregistré indiquant la somme due ainsi que l'espèce, la nature et la quantité des biens meubles donnés en gage. La chose gagée ou nantie reste entre les mains du créancier jusqu'à paiement intégral, en principal, intérêts et frais, de la dette pour laquelle le gage ou le nantissement ont été constitués. Faute de paiement à l'échéance convenue, le créancier muni d'un titre exécutoire peut faire procéder à la vente forcée de la

945. Voir Joseph Issa-Sayegh, commentaires in OHADA, *Traités et Actes uniformes commentés et annotés*, 2e éd., Juriscope 2002, pp. 619 à 687.
946. Pour plus de détails, voir OHADA Sûretés, ouvrage collectif sous la coordination scientifique de Joseph Issa-Sayegh, pp. 78 à 99.

chose gagée ou nantie, suivant les délais prescrits au contrat. Normalement, dès que le comptable chargé du paiement reçoit la notification du gage ou du nantissement, il règle directement au créancier la créance qui lui est due. Dans le cas où le gage ou le nantissement ont été constitués au profit de plusieurs créanciers, chacun d'eux encaisse la part de la créance qui lui a été affectée. Lorsque la créance est intégralement payée, le créancier restitue la chose gagée ou nantie avec tous ses accessoires. Le gage ou le nantissement sont indivisibles nonobstant la divisibilité de la dette envers les héritiers du débiteur ou ceux du créancier. Cela veut dire qu'en cas de décès du débiteur, ou du créancier, l'héritier du débiteur qui a payé sa part de la dette ne peut demander la restitution de sa portion tant que la dette n'est pas entièrement acquittée. De même, l'héritier du créancier qui a reçu sa part de la créance ne peut remettre le gage ou le nantissement au préjudice des cohéritiers qui ne sont pas encore payés.

B.1.3. L'extinction du gage ou du nantissement

Le gage ou le nantissement prennent fin à l'extinction de l'obligation qu'ils garantissent. Autrement dit, ils s'éteignent lorsque la créance, capital et intérêts, est entièrement payée et la chose restituée. Le gage ou le nantissement peuvent aussi s'éteindre en laissant survivre l'obligation de garantie par leur restitution volontaire par décision judiciaire ordonnant la remise du bien au débiteur. Dans le premier cas, il peut s'agir d'un acte unilatéral et « abdicatif » du créancier c'est-à-dire que le créancier renonce volontairement à la sûreté contractuellement établie. En raison de l'indivisibilité du gage et du nantissement, un tel renoncement ne saurait provenir d'un seul créancier s'il en existe d'autres qui avaient le même bien en garantie. En tout état de cause, le renoncement au gage ou au nantissement n'éteint pas nécessairement la créance ou la dette. Rien n'empêche le créancier ayant renoncé au gage ou au nantissement, s'il ne renonce pas en même temps à sa créance, d'utiliser les voies d'exécution forcée pour être rempli de ses droits. Dans le deuxième cas, le débiteur peut obtenir l'extinction du gage ou du nantissement en saisissant le juge, qui a toute compétence pour apprécier la requête.

B.2. La cession des créances

Le Code des marchés publics du Gabon, à son article 197, pose le principe que les créances détenues par le titulaire d'un marché public peuvent faire l'objet de cessions, à l'exception des retenues de garantie fixées dans le cahier des charges. La cession de créance s'opère de la même manière que la cession du marché.

2. Les garanties post-contractuelles

L'exécution du marché est considérée comme achevée dès que la réception définitive des travaux ou l'admission des fournitures ou des services est prononcée. L'achèvement de l'exécution du marché public, ainsi que le précise le juge administratif[947], ne met toutefois pas un terme aux obligations contractuelles. Elles peuvent, en effet, survivre au contrat et bénéficier de garanties post-contractuelles soit parce que les parties l'ont voulu ainsi, soit parce que le droit de la construction l'exige.

A. Les garanties post-contractuelles voulues par les parties

Les parties peuvent décider d'inclure dans le marché, à côté des garanties destinées à couvrir les risques pouvant survenir en cours d'exécution du marché, d'autres garanties dont le but est de protéger l'autorité contractante contre les risques spécifiques qui pourront se révéler à l'expiration du marché ou après l'arrivée à son terme. Pour se prévenir contre de tels risques, et sans doute pour éviter de passer devant le juge du contrat, les autorités contractantes obtiennent des titulaires que des garanties tout aussi spécifiques soient prévues au contrat. Ce type de garanties prend effet et court en général à compter de la date de notification de la décision de réception du marché public. Les risques ainsi garantis sont généralement la découverte des manquements au devoir de diligence ou des vices cachés de la part du titulaire.

A.1. La garantie des risques découlant du devoir de diligence

Le devoir de diligence signifie que le titulaire doit exécuter le marché public avec professionnalisme et savoir-faire. Il est, en effet, choisi parce que son offre répondait à ces critères. Le Conseil d'État a jugé, dans un arrêt de 2010[948], que la responsabilité contractuelle du cocontractant reste engagée, même lorsque l'exécution du marché a pris fin, « [...] à raison des erreurs ou des carences résultant d'un manquement aux diligences normales attendues d'un professionnel pour la mission qui lui était confiée, sous réserves des cas où, ces insuffisances étant manifestes, l'administration aurait, en payant la prestation, nécessairement renoncé à se prévaloir des fautes commises [...] ».

A.2. La garantie des vices cachés

La garantie des vices cachés est empruntée par le juge administratif au Code civil qui dispose, à son article 1641, que « le vendeur est tenu de la garantie des défauts cachés de la chose vendue qui la rendent impropre à l'usage auquel on la destine ou qui diminuent tellement cet usage que l'acheteur ne l'aurait

947. CE, 9 avril 2010, Cne de Levallois-Perret, Rec., p. 104 ; BJCP septembre 2010, concl. N. Boulouis ; Contrats-Marchés publics, 2010, n°206, note P. Devillers.
948. CE, 9 avril 2010, Cne de Levallois-Perret, *op. cit.*

pas acquise, ou n'en aurait donné qu'un moindre prix, s'il les avait connus. » Cette garantie peut aboutir soit à la restitution du bien, soit à une réfaction ou une diminution du prix[949]. Elle est généralement mise en jeu pendant un délai de deux ans à compter de la découverte des vices cachés. Mais le juge administratif estime que cette garantie, n'étant pas d'ordre public en droit administratif comme elle l'est en droit privé[950], peut voir sa durée être librement aménagée par les parties[951]. La garantie des vices cachés, tout comme le devoir de diligence, parce que la question est réglée dans le processus de réception provisoire et de réception définitive, ne saurait être recherchée pour les marchés de travaux que dans le cadre de la responsabilité décennale[952]. Elle ne s'applique donc plus qu'aux marchés de fournitures et des services.

B. Les garanties post-contractuelles propres au droit de la construction

Les garanties post-contractuelles propres au droit de la construction relèvent, à l'origine, du Code civil. Elles ont été, par extension jurisprudentielle, rendues applicables aux contrats administratifs, notamment aux marchés de travaux. En effet, le droit de la construction, d'abord dans les relations entre particuliers et ensuite entre administration et particuliers a, au cours du temps, posé les règles dont l'objectif est de protéger l'acquéreur ou l'acheteur des malfaçons ou des vices qui apparaissent longtemps après la fin des travaux. Il a ainsi préconisé un certain nombre de garanties, notamment la garantie décennale et un ensemble d'autres garanties dont certaines font polémique au sein de la doctrine.

B.1. La garantie décennale

La garantie décennale couvre l'acheteur pendant dix ans à compter de la date de prise d'effet de la réception définitive des ouvrages[953]. Elle ne couvre que, il faut le noter, les défauts ou les vices non apparents au moment de la réception[954]. Même dans cette hypothèse, les désordres concernés, pour être en mesure de faire jouer la garantie décennale, doivent être considérés comme étant en état de compromettre la solidité de l'ouvrage[955] ou de le rendre impropre à sa destination[956]. De même, la garantie décennale ne peut couvrir que les risques susceptibles de compromettre la construction des immeubles pour

949. CE, 7 avril 2011, Ajaccio Diesel, Rec., tables, p. 1010 ; Contrats-Marchés publics, 2011, n°166, note P. Devillers.
950. CE, sect., 9 juillet 1965, Sté des pêcheries de Kéroman, Rec., p. 418.
951. CE, 7 avril 2011, Ajaccio Diesel, *op. cit.*
952. CE, 29 janvier 1993, Syndicat intercommunal des eaux de la Dhuy, Rec., p. 19 ; RFDA 1993, p. 748, concl. H. Legal ; D.1994, somm. P. 84, obs. P. Terneyre.
953. CE, 29 novembre 2000, Office public d'aménagementEspace-Opale de Grenoble, BJCP 2001, n°15, p. 166 ; CE, 29 juin 2001, M. Muradian, BJCP, 2001, n°19, p. 541 ; CAA Nancy, 4 février 2004, Cne de Couvignon, req. n°99-01833.
954. CE, 25 octobre 1985, Ville de Toulon, Rec., tables, p. 689.
955. CE, 31 mai 2010, n°317060, Cne Parnes, Rec., tables, p. 854 ; CE, 15 avril 2015, Cne de Saint-Michel-sur-Orge, préc.
956. TA Rennes, 14 juin 2000, Sté Groupama assurances, BJCP, 2001, n°17, p. 358 ; TA Pau, 8 février 2001, Département du Gers c/Sté Entreprise Castells et autres, BJCP, 2001, n°18, p. 449 ; CE, 9 juillet 2010, n°310032, Cne Lorry-les-Metz.

laquelle le contrat a été conclu, elle ne peut en aucun cas être étendue aux immeubles mitoyens[957].

La garantie décennale a longtemps été applicable aux contrats administratifs, en vertu des « principes dont s'inspirent les articles 1792 et 2270 du Code civil »[958]. Le juge administratif l'a aujourd'hui totalement transposée en droit administratif, sans toutefois son caractère d'ordre public, au point où il ne se réfère plus aux principes du droit privé précité[959], surtout après la réforme dudit code intervenue en 2008[960]. La garantie décennale en matière administrative, contrairement en droit privé où elle est d'ordre public, donc d'application stricte, peut faire l'objet d'aménagement par les parties[961], sans toutefois qu'il ne soit possible d'y renoncer[962]. Elle s'applique de manière très large et pèse sur tout constructeur, c'est-à-dire sur toute personne qui a reçu commande publique et ayant achevé les travaux y relatifs[963]. Même, le contrôleur technique peut voir sa responsabilité décennale engagée au même titre que le constructeur[964]. En vérité, en dépit de son large spectre d'application, la garantie décennale ne joue qu'à l'égard des personnes liées au maître d'ouvrage par un contrat[965]. C'est sans doute pour cela que la responsabilité décennale des sous-traitants ne peut être recherchée[966].

La garantie décennale est une règle générale de droit qui trouve, sans aucun doute, sa place dans le corpus juridique des États membres de la CEMAC. Au Congo, par exemple, le point 45 du CCAG travaux l'admet parfaitement. Il y est admis que l'entrepreneur demeure lié, même en cas de réception définitive, par la garantie légale. Il est responsable de plein droit pendant dix ans envers le maître d'ouvrage ou le maître d'ouvrage délégué.

B.2. Les autres garanties post-contractuelles

La question de la protection des acquéreurs contre les risques liés aux désordres ou défauts de construction, notamment ceux qui se révèlent après la réception définitive des travaux, est une préoccupation permanente, voire obsessionnelle, des gouvernants, surtout pour les particuliers peu expérimentés qui se retrouvent face à des professionnels. Pour compléter la garantie décennale plusieurs autres garanties ont été imaginées. On ne retiendra ici que

957. CAA Paris, 13 novembre 2007, Compagnie Albingia, req. n°05PA02385, Contrats et Marchés publics, 2008, comm. n°9, note Piétri ; Dr. adm., 2008, comm. n°44.
958. CE, ass., 2 février 1973, Trannoy, Rec., p. 95, concl. Rougevin-Baville ; AJDA 1973, p. 159, note F. Moderne.
959. CE, 15 avril 2015, Cne de Saint-Michel-sur-Orge, AJDA 2015, p. 1819, note J. Martin.
960. Loi n°2008-561, 17 juin 2008 portant réforme de la préscription en matière civile, JO 18 juin 2008, p. 9856.
961. CE, 5 novembre 1965, Sté Ducassou, Rec., p. 389 ; CE, 5 juillet 1974, Ville de Montreuil-sous-Bois, Rec., tables, p. 1060.
962. CE, 3 décembre 1986, Ville de Béziers, Rec., tables, p. 616 ; D. 1987, somm. P. 307, obs. P. Terneyre.
963. CE, 22 juin 2001, SARL Construction mécaniques du Bas-Poitou, BJCP, 2001, n°18, p. 402, concl. Bergeal.
964. TA Rennes, 15 novembre 2000, Commune de Le-Relecq-Kerhuon, BJCP, 2001, n°17, p. 358.
965. CE, 12 mai 1989, Département du Puy-de-Dôme c/Egger et autres, Dr. adm., 1989, comm. n°334 ; CAA Nancy, 25 mai 2000, Sté Baudin Chateauneuf, BJCP, 2000, n°12, p. 376 ; TC, 21 mai 2001, Sté Sis Assurances c/Sté Accor, BJCP, 2001, n°18, p. 452.
966. Voir Marion Ubaud-Bergeron, Droit des contrats administratifs, *op. cit.*, p. 373.

les plus significatifs : la garantie de parfait achèvement et la garantie de bon fonctionnement.

B.2.1. La garantie de parfait achèvement

La garantie de parfait achèvement applicable aux contrats administratifs, inspirée de l'article 1792-6, alinéa 2 du Code civil, couvre sur une période d'un an les désordres susceptibles d'être révélés par l'autorité contractante postérieurement à la réception définitive de l'ouvrage[967]. Les désordres concernés, dont est responsable le titulaire[968], sont ceux qui ont pour origine un vice de conception ou les conditions d'exécution du marché. Le titulaire est ainsi appelé à les réparer afin de faire disparaître les malfaçons et de rendre l'ouvrage conforme aux stipulations du marché[969]. La garantie de parfait achèvement étant de nature contractuelle, elle ne concerne que le titulaire ; il est donc exclu que le maître de l'ouvrage recherche cette garantie auprès des autres intervenants[970]. La garantie de parfait achèvement, comme le pensent à juste titre certains auteurs[971], n'entre pas dans le périmètre des garanties post-contractuelles relatives au droit de la construction publique, qui sont d'application générale. En effet, comme l'affirme le juge administratif, les dispositions de l'article 1792-6 du Code civil, dont la garantie de parfait achèvement est l'émanation, « ne trouvent à s'appliquer que si, et dans la mesure où, les clauses du marché y font référence »[972]. C'est, en réalité, une garantie de nature contractuelle, qui n'a pour les contrats administratifs aucun caractère d'ordre public comme pour les contrats de droit privé[973], les parties à un marché public pouvant ainsi l'écarter ou l'aménager. Le fait que l'application de cette garantie relève de la volonté des parties, et surtout sa coexistence avec des garanties plus emblématiques, comme la garantie décennale, font que sa pertinence pose problème et suscite polémique, jusqu'à soulever la question de sa réelle fonction et de son utilité[974].

B.2.2. La garantie de bon fonctionnement

La garantie de bon fonctionnement, appelée « garantie biennale », couvre, sur une période de deux ans à compter de la réception définitive, les désordres affectant les éléments d'équipement d'un bâtiment et qui ne font pas

967. CE, 26 janvier 2007, Sté Mas Entreprise Générale, req. n°071345, BJCP 2007, p. 199, concl. Boulouis ; Contrats et marchés publics, 2007, comm. n°70, note Piétri.
968. CE, 9 juillet 2010, Cne de Lorry-les-Metz, Rec., tables, p. 854 ; BJCP 2010, n°72, p. 349, concl. B. Dacosta ; Dr. adm., 2011, n°11, obs. S. Gilbert ; CE, 29 septembre 2014, Cne de Nantes, Rec., tables ; AJDA 2015, p. 67, note H. Hoepffner ; Contrats-Marchés publics, 2014, n°294, note P. Devillers.
969. CE, 29 septembre 2014, Cne de Nantes, préc.
970. CE, 8 juin 2005, Ville de Caen, BJCP 2005, n°42, concl. N. Boulouis.
971. Précis du droit des marchés publics, 4e édition, *op. cit.*, p. 532-533.
972. CE, Sect., 28 février 1986, Entreprise Blondet c/Ville d'Aix-les-bains, Rec., p. 55, concl. Daenoix de Saint-Marc ; RFDA, 1986, p. 604.
973. Article 1792-5 du Code civil.
974. Voir sur ce point, O. Caron et A. Labetoulle, *Garantie de parfait achèvement en droit administratif : de l'inexistence et de l'utilité d'un principe dont s'inspire l'article 1792-6 du Code civil*, Contrats et marchés publics, 2005, étude n°15.

indissociablement corps avec les ouvrages de viabilité, de fondation, d'ossature, de clos et de couvert[975]. Il s'agit en fait des peintures, vitres, portes, équipement de chauffage ou d'éclairage, etc. Cette garantie, inspirée de l'article 1792-3 du Code civil et réservée aux seuls marchés publics de bâtiments[976], est mise en œuvre si les désordres invoqués sont de nature à compromettre le bon fonctionnement de l'ouvrage et si lesdits désordres sont étrangers à l'entrepreneur[977].

975. CE, 14 mai 1990, Sté CGEE Alsthom, D., 1991, somm., p. 105, obs. P. Terneyre.
976. CE, 17 décembre 1980, Sloan, Rec., p. 478.
977. CE, 14 mai 1990, Sté CGEE Alsthom, préc.

CHAPITRE 4

LA FIN DES MARCHÉS PUBLICS DANS LES ÉTATS MEMBRES DE LA CEMAC

Le marché public prend normalement fin lorsque, après accomplissement complet et correct de son objet, il est procédé à sa réception par l'autorité contractante. Mais, le marché peut aussi prendre fin de manière anormale ou anticipée, en l'occurrence par la résiliation.

I. LA RÉCEPTION DES MARCHÉS PUBLICS

La réception du marché public consacre la fin de son exécution. Cela revient à dire que le maître de l'ouvrage, en réceptionnant le marché, déclare accepter l'ouvrage avec ou sans réserves. La réception intervient, en principe, à la demande de la partie la plus diligente. En général, l'initiative est souvent prise par le titulaire du marché public, après l'accomplissement de ses engagements et conformément aux délais prescrits dans les cahiers des clauses administratives générales et surtout dans les cahiers des clauses administratives particulières. En tout cas, les règles qui président à cette phase de constatation de l'exécution du marché public, pour ne pas dire de confrontation entre les parties, diffèrent selon qu'il s'agit de la réception des marchés publics de travaux ou des autres types de marchés publics.

1. La réception des marchés publics de travaux

La réception des marchés de travaux est une opération très technique, qui nécessite l'intervention d'experts ou « d'hommes de terrain ». Elle se décline en principe en deux phases : la réception provisoire et la réception définitive. Il faut, toutefois, préciser, comme l'indique le juriste belge Philippe Zeegers[978],

978. *Droit de la construction /La réception : définition, effets et rôle de l'architecte*, 18 décembre 2015, point 1,www.fr.wery-legal.be.

que « le fait de procéder à deux réceptions résulte en réalité d'un usage et non d'une obligation. Il est parfaitement possible de prévoir conventionnellement qu'une seule réception, par hypothèse définitive, interviendra, avec tous les effets liés à celle-ci ». Toutefois, la distinction entre ces deux opérations, en dépit de ce qu'elle relève plutôt de la pratique que du droit, est généralement admise comme étant le principe, sauf lorsqu'une stipulation contractuelle le prévoit expressément. En effet, juridiquement, la réception provisoire et la réception définitive présentent des différences intéressantes sur les plans de l'analyse et des effets[979] que chacune d'elles peut être amenée à produire.

A. La réception provisoire des travaux

La réception provisoire est la phase qui prépare la réception définitive des travaux. Elle s'étend sur une période relativement courte, dont le terme est généralement défini dans le rapport de chantier, qui permet au maître de l'ouvrage de contrôler l'achèvement des travaux, de vérifier leur conformité avec les cahiers des clauses techniques et de prendre provisoirement possession de l'ouvrage réalisé, en attendant que les réserves exprimées à cette occasion, s'il en existe, soient levées.

La réception du marché public, ainsi qu'on l'a dit plus haut, est généralement à l'initiative du titulaire. En effet, lorsque le titulaire estime que les travaux sont achevés ou en état d'être remis au maître de l'ouvrage, il l'en informe par écrit avec accusé de réception à l'adresse spécifiée dans le DAO. Il revient à l'autorité contractante de vérifier ou de faire vérifier par son représentant ou par le maître d'œuvre, s'il en existe, quantitativement et qualitativement, le respect des dispositions contractuelles et d'en accepter ou non les prestations fournies. Cette opération[980] doit être conduite dans le délai défini dans les documents du chantier, notamment dans le cahier des clauses administratives particulières. Ce délai court à compter de la date de notification au maître de l'ouvrage par le titulaire de l'achèvement des prestations. Le CCAP peut prévoir que la réception provisoire soit prononcée par tranches de travaux. Dans ce cas, la réception de la dernière tranche tient lieu de réception provisoire. Sous peine de nullité, le titulaire et le maître d'ouvrage, ou son représentant, doivent être invités à assister au déroulement de l'ensemble des actes accomplis par le maître d'œuvre[981]. Il s'agit notamment, de la reconnaissance des ouvrages exécutés et des épreuves éventuellement prévues par le CCAP, de la constatation éventuelle de l'inexécution des prestations prévues au marché, de la constatation éventuelle d'imperfections ou de malfaçons, de la constatation

979. Voir F. Sabiani, *Effets de la réception dans les marchés publics*, Dr. adm., 1975, chr. n°21 et *Retour sur les effets de la réception*, Dr. adm., 1998, chr. n°15.
980. Au sens du point 1 du CCAG du Congo, le « maître d'œuvre désigne la personne physique ou morale qui, pour sa compétence technique, est chargée par le maître d'ouvrage ou le maître d'ouvrage délégué de diriger et de contrôler l'exécution des travaux et de proposer leur réception et leur règlement… ».
981. CE, 1er octobre 1976, Voltz, Rec., p. 1005.

du repliement des installations de chantier et de la remise en état des terrains et des lieux et, enfin, des constatations relatives à l'achèvement des travaux. Le maître d'œuvre dresse un procès-verbal signé par lui et par l'entrepreneur. Si ce dernier refuse de le signer, il en est fait mention. Il appartient au seul maître de l'ouvrage, sur la base de ce procès-verbal, dans le délai prévu dans le cahier des charges, de prononcer la réception provisoire des travaux.

La date du prononcé de la réception équivaut, en effet, à la date de l'achèvement des travaux, c'est-à-dire la date de prise d'effet de la réception provisoire qui consiste au transfert de la propriété de l'ouvrage et des risques afférents au maître d'ouvrage ou du maître d'ouvrage délégué[982]. La date d'effet de la réception provisoire doit être précisée dans la décision à notifier au titulaire. Cette date doit être la même pour tous les titulaires en cas de cotraitance, même si le marché a été alloti. Si cette date n'est pas expressément indiquée, est considérée celle du procès-verbal établi par le maître d'œuvre[983]. Lorsque la réception provisoire est prononcée, le titulaire est en principe autorisé à se retirer du site qu'il doit laisser propre et en bon état de fonctionnement. Toutefois, il peut y conserver les équipements et fournitures dont il peut avoir besoin pour couvrir ses obligations au cours de la période de garantie contractuelle et, le cas échéant, les réserves signalées par le maître de l'ouvrage lors de la réception de l'ouvrage ou pour achever des travaux restants. En effet, le maître de l'ouvrage peut prononcer la réception provisoire des travaux avec des réserves, l'entrepreneur doit, dans ce cas, remédier aux causes dans une période n'excédant pas les délais prévus dans le cahier des charges.

De même, il peut prononcer la réception provisoire même si certaines prestations n'ont pas été totalement exécutées, sous réserve que l'entrepreneur s'engage à les exécuter dans les mêmes délais. Il s'agit, par exemple, pour l'entrepreneur d'exécuter les travaux éventuels de finition ou de reprise, de remédier à tous les désordres signalés par le maître d'ouvrage ou le maître d'ouvrage délégué, de procéder, le cas échéant, aux travaux confortatifs ou modificatifs jugés nécessaires par le maître d'œuvre et de remettre au maître d'œuvre les plans des ouvrages conformes à l'exécution du marché. Dans l'un ou l'autre cas, les obligations contractuelles du titulaire demeurent en vigueur tant que ces non-conformités aux stipulations du marché et/ou ces manquements aux règles de l'art ne sont pas levés[984]. Si les délais de leur résolution ne sont pas respectés, le maître d'ouvrage, comme le prévoit, par exemple, le point 41 du CCAG travaux du Congo, fait exécuter les travaux utiles aux frais et au risque de l'entrepreneur.

982. CE, 14 mai 2008, Sté COFRATECH Services, req. n°276664 ; BJCP, 2008, p. 325, concl. Boulouis et obs. R.S. ; Contrats et marchés publics, 2008, comm. n°159, note Piétri.
983. CE, 19 juin 1991, Ville de Charleville-Mézières, n°78977.
984. CE, 18 novembre 1987, Commune d'Aurignac, RDP, 1998, p. 1439.

Le maître de l'ouvrage peut aussi refuser de prononcer la réception. Dans ce cas, il doit en avertir le titulaire, en lui indiquant les motifs du refus et en lui donnant la possibilité d'y répondre. Le refus de prononcer la réception provisoire implique le report de prise de possession des ouvrages par le maître d'ouvrage ou le maître d'ouvrage délégué. Il peut en être autrement si l'entrepreneur accepte, par exemple, une réfaction sur le prix concurremment au niveau d'exécution atteint ou si l'urgence exige que la prise de possession intervienne avant la réception, quitte à la prononcer postérieurement. Dans ce dernier cas, un état des lieux contradictoire, qui ne vaut pas réception[985], doit être établi préalablement. Il faut, toutefois, dire que la décision du maître de l'ouvrage de refuser de recevoir, ou même de recevoir les travaux, n'est pas discrétionnaire. Elle doit être prise en fonction du respect ou non des prescriptions du marché public. C'est une obligation contractuelle qui peut engager sa responsabilité[986]. De même, les motifs de refus doivent être suffisamment conséquents pour le justifier. Par exemple, des malfaçons mineures ne peuvent légalement justifier un refus de réception[987]. L'entrepreneur, lui, est en droit d'exiger la réception s'il considère que le marché qui lui a été confié est achevé. Il peut saisir le juge pour faire constater son droit[988]. Celui-ci peut aussi la prononcer d'office[989].

B. La réception définitive des travaux

La réception définitive met fin au contrat[990]. Elle libère totalement et définitivement l'entrepreneur de ses obligations contractuelles envers le maître de l'ouvrage[991], sauf si on découvre par la suite un cas de dol ou de fraude[992]. En effet, contrairement à la réception provisoire qui, on l'a vu, a pour seul effet de constater l'achèvement des travaux et de transférer l'ouvrage au maître de l'ouvrage, la réception définitive vaut en principe agréation des travaux. Il s'agit non seulement de constater la fin des travaux, comme le fait la réception provisoire, mais aussi de convenir que les travaux ont été bien réalisés dans les termes techniques et administratifs prévus dans le contrat. Cela arrive souvent, rendant ainsi la phase de réception définitive nécessaire, lorsque la réception provisoire a été prononcée avec des réserves ou lorsque les travaux n'ont pas été totalement achevés. Le titulaire, ainsi qu'on l'a dit dans le paragraphe précédent, doit donc bénéficier du temps nécessaire pour résorber les réserves ou achever les travaux restant à réaliser pour rendre l'ouvrage conforme aux prescriptions contractuelles. Le titulaire peut aussi bénéficier de ce temps pour

985. CE, 8 novembre 2000, Régie immobilière de la ville de Paris, Le Moniteur, 3 août 2001, cahier spécial n°3 p. 70.
986. CE, 23 février 1983, ministre de l'Éducation c/Société SMAC Aciéroïd, Marchés publics 1983, n°199 p. 55.
987. CE, Sect., 19 novembre 1971, Société nationale de construction, Rec., p. 696 ; AJDA, 1972, p. 237, concl. Rougevin-Baville.
988. CE, 19 novembre 1971, Sté nat. de construction c/PPHLM de la ville du Havre, Rec. 1971, p. 697.
989. CE, 17 octobre 1986, Commune de Mareuil-sur-Arnon, Rec. p. 614, D. 1987, p. 309, obs. P. Terneyre.
990. CE, 12 juillet 1993, EDF, RDP 1994, p. 870 ; CE, 20 mai 1994, Commune de Condom, DA 1994, n°329.
991. CE, 20 mai 1994, Commune de Condom, Rec., p. 1041 ; Dr. adm., 1994, comm. n°368. CE, 6 mai 2007, Centre hospitalier général de Boulogne-sur-Mer, req. n°264490 : BJCP, 2007, p. 215, concl. Boulouis ; Contrats et marchés publics, 2007, comm. n°173, note Piétri.
992. CE, Sect., 24 mai 1974, Sté Paul Millet, Rec., p. 310, concl. Vught ; JCP G, 1975, II, n°17907, note Liet-Veaux.

être mis en position de se défendre devant le maître de l'ouvrage ou devant le juge du contrat, lorsqu'il n'est pas d'accord avec la décision par laquelle le maître de l'ouvrage reçoit l'ouvrage avec des réserves ou sous réserve d'accomplir certains actes.

La réception définitive est importante au regard des garanties qu'elle offre aux parties, surtout à l'autorité contractante, en ce qu'elle permet de bien vérifier que le titulaire a bien respecté les obligations imposées par le marché et les textes en vigueur. La date de prise d'effet de la réception définitive est généralement prévue dans le procès-verbal du maître d'œuvre. En général, les documents généraux prévoient le délai de passage de la réception provisoire à la réception définitive. Par exemple, le cahier des clauses administratives générales des travaux du Congo, à son point 42, indique que ce délai continue de courir sur une durée d'un an après la date de procès-verbal de réception provisoire. Ce délai correspond souvent au délai de la garantie du parfait achèvement ou de bonne exécution[993] ainsi qu'aux autres garanties contractuelles dont le délai, sauf stipulation contraire du marché, est égal à la durée comprise entre la réception provisoire et la réception définitive. Ce délai peut aussi varier, parce que le CCAP peut définir pour certains ouvrages ou certaines catégories des travaux, des garanties particulières s'étendant au-delà du délai de garantie. Mais elles ne doivent pas avoir pour effet de retarder la libération des sûretés au-delà de la réception définitive. La réception définitive est, sauf vice de consentement, un acte irrévocable[994]. Autrement dit, lorsque la réception définitive est prononcée, elle fait obstacle à toute revendication ultérieure du maître d'ouvrage ou du maître d'ouvrage délégué pour tout défaut qui n'a pas été dénoncé au moment de la réception provisoire[995]. Les actes accomplis par le titulaire ne peuvent plus être attaqués ou contestés que dans le cadre de la responsabilité ou de la garantie décennale[996].

2. La réception des marchés publics de fournitures ou de services

La réception des marchés de fournitures ou de services, plus spécifiquement dénommée par le terme « admission », obéit à des règles de procédure similaires à celles de la réception des travaux, en même temps que celles de fond sont différentes. L'entreprise titulaire du marché de fournitures ou de services adresse au maître d'ouvrage ou au maître d'ouvrage délégué, par écrit à l'adresse spécifiée dans les documents du marché, une notification qui prend effet à la date où elle est remise, indiquant qu'elle a terminé d'exécuter ses

993. Supra p. 289.
994. Civ. Nivelles, 8 avril 2011, RJI, 2011, p. 254.
995. CE, Sect., 15 juillet 2004, Syndicat intercommunal d'alimentation en eau des communes de La Seyne et de la région est de Toulon, CTI, 2004, comm. n°164, obs. L. Erstein.
996. Supra p. 309

obligations telles que prévues dans le marché. La personne publique prend alors toutes dispositions utiles afin de procéder aux opérations de vérification et d'admission. Elle peut aussi, si c'est prévu au contrat, s'accorder un délai beaucoup plus long pour se protéger contre d'éventuels vices cachés.

A. La vérification et l'admission des fournitures ou des services

L'autorité contractante, dès la livraison des fournitures ou des services commandés, procède au contrôle des quantités et de la qualité des prestations fournies ainsi que de leur bonne exécution conformément aux stipulations contractuelles. Elle le fait en principe dans les conditions et le délai généralement prescrits dans le cahier des clauses administratives générales et dans les documents particuliers du marché. À défaut de telles prescriptions, elle le fait selon les us et coutumes de la profession. La réception ou l'admission des fournitures ou des services n'est pas à confondre avec la simple réception, qui ne nécessite qu'un examen sommaire et ne demande que peu de temps, qu'effectue le réceptionniste en mettant une signature sur le bon de livraison lorsque le livreur vient déposer les colis contenant les fournitures ou lorsque le prestataire vient faire acter la livraison des services réalisés. Il s'agit d'une véritable opération de validation technique quantitative et qualitative menée par le pouvoir adjudicateur. Cette opération nécessite, s'il le faut, la présence du titulaire du marché ou de son représentant et peut prendre un temps relativement long, entre quinze et trente jours.

Le pouvoir adjudicateur, lorsque tout est conforme, prend la décision d'admission. Cette décision met un terme au contrat et autorise, ainsi qu'on l'a vu, la libération des garanties, notamment la garantie de bonne exécution, ou le point de départ du délai de garantie lorsque les parties ont convenu conventionnellement de couvrir les risques pouvant résulter des vices cachés. La décision d'admission entraîne par conséquent le transfert de la propriété des fournitures ou des services réalisés au maître d'ouvrage ou au maître d'ouvrage délégué. Elle permet également au titulaire de présenter sa demande de règlement au maître d'ouvrage ou au maître d'ouvrage délégué. Le règlement qui lui est dû doit être effectué sans délai, ou dans les termes prévus dans le CCAP et au plus tard dans les quarante-cinq jours suivant la présentation de la demande de règlement[997]. L'absence de paiement à la date d'exigibilité de la créance ou dans le délai indiqué dans le CCAP expose le maître d'ouvrage ou le maître d'ouvrage délégué à des intérêts moratoires sur le montant du paiement en retard.

Le pouvoir adjudicateur peut aussi, s'il constate que les quantités fournies sont insuffisantes, demander au titulaire de les compléter, ou s'il y a un excédent, demander à ce dernier de le reprendre. De même, il peut, si la qualité des

997. Point 15 du CCAG du Congo pour la passation des marchés de travaux.

fournitures ou des services n'est pas à la hauteur ou conforme aux prescriptions contractuelles, prendre une décision de rejet ou d'ajournement d'admission, ou une décision de réfaction de prix, c'est-à-dire une diminution du prix initial du marché. La réfaction doit être proportionnelle aux imperfections constatées. Ces décisions peuvent, dans les délais du contentieux administratif, être contestées par le titulaire devant le juge du contrat. Pour éviter de tels désagréments, le titulaire doit, en principe, veiller à ce que les fournitures ou les services satisfassent aux spécifications et normes contenues dans le cahier des clauses techniques du marché. Il peut effectuer, pour cela, à ses frais et à titre gratuit, les essais et/ou les inspections utiles et nécessaires. Il doit veiller également à ce que la livraison des fournitures et des services s'effectue conformément au calendrier de livraison et d'achèvement figurant dans le bordereau de commande. Les détails relatifs à l'expédition ainsi que les pièces et documents à fournir par le titulaire sont indiqués dans le CCAP. Les fournitures doivent être emballées pour qu'elles ne subissent pas de dommages ou de détérioration durant le transport vers leur destination finale. L'emballage, le marquage, l'étiquetage et la documentation à l'intérieur et à l'extérieur des caisses doivent être strictement conformes aux dispositions précisées dans le marché ainsi qu'aux instructions ultérieures, le cas échéant, en application du CCAP.

Les réglementations nationales des États de la CEMAC sont très strictes sur l'admission des fournitures et des services. L'exemple de la réglementation congolaise est très éloquent en la matière. Par exemple, le point 27 du CCAG fournitures du Congo exige que le titulaire garantisse, en plus d'être conformes aux prescriptions contractuelles, que les fournitures soient neuves et n'aient pas été utilisées, qu'elles soient du modèle le plus récent ou courant et qu'elles comportent les dernières améliorations en matière de conception et de matériaux. Cette garantie court, selon le CCAG précité, pendant douze mois après la livraison des fournitures. Le maître d'ouvrage ou le maître d'ouvrage délégué doivent notifier au titulaire dans les meilleurs délais les défauts constatés, en indiquant leur nature et en fournissant les preuves possibles. Le titulaire est tenu d'en apporter réparation dans les délais prévus aux documents techniques, en particulier au CCAP. S'il ne le fait pas, le maître d'ouvrage ou le maître d'ouvrage délégué entreprennent les réparations à ses risques et à ses frais, sans préjudice des autres recours.

B. La protection des droits d'auteur, des brevets et des renseignements confidentiels

Les fournitures et les services faisant l'objet d'une commande publique peuvent être couverts ou protégés par des brevets ou être assujettis aux règles des droits d'auteur ou des droits de propriété intellectuelle. Les marchés publics portant sur ce type de fournitures ou de services doivent être passés en tenant compte de ces dispositifs de protection, notamment lorsqu'ils sont enregistrés ou en vigueur à la date de la conclusion desdits marchés. La réglementation congolaise peut être évoquée, une fois de plus, pour illustrer cette assertion. Le point 18 du CCAG fournitures dispose que « les plans, documents et autres pièces contenant des données et des enseignements fournis au maître d'ouvrage ou au maître d'ouvrage délégué par le titulaire demeureront la propriété du titulaire ou, s'ils sont fournis directement au maître d'ouvrage ou au maître d'ouvrage délégué ou par l'intermédiaire du titulaire par une tierce partie, y compris par des fournisseurs de matériaux, les droits d'auteur desdits matériaux demeureront la propriété de ladite tierce partie ». De même, selon le point 19 du CCAG précité, les parties au marché doivent respecter le caractère confidentiel des documents échangés entre elles et ne les divulguer qu'après consentement de l'autre partie. Ces documents ne peuvent servir à des fins autres que celles du marché. Même les sous-traitants, au cas où ils recevraient de tels documents de la part des titulaires, doivent prendre un engagement de confidentialité analogue à celui imposé aux titulaires.

La violation de ces prescriptions expose son auteur à des poursuites judiciaires. La partie fautive peut être condamnée à indemniser la partie lésée. C'est ainsi, par exemple, que les points 28.1 et 28.5 du CCAG fournitures prévoient que le maître d'ouvrage ou le titulaire, en raison d'une infraction réelle ou présumée qu'ils auront commise et pour laquelle une procédure judiciaire aura été intentée à tort contre l'autre partie, devront indemniser celle-ci de tous les frais générés par cette procédure, y compris les honoraires d'avocat. Il sied de noter que pour que cette réparation soit acquise, la partie saisie à tort doit aviser sans délai l'autre partie en lui adressant une notification à cet effet. Si celle-ci ne répond pas dans les vingt-huit jours suivant la réception de la notification, la partie saisie endosse la procédure judiciaire, quitte à demander réparation par la suite.

II. LA RÉSILIATION DES MARCHÉS PUBLICS

La résiliation a un effet extinctif sur le marché public. En d'autres termes, elle met fin au marché public, interrompant ainsi définitivement son exécution. Les Codes des marchés publics du Gabon, articles 227 à 231, du Cameroun, articles 180 à 185, du Tchad, articles 187 à 192, du Congo, article 140 et de la Centrafrique, article 92, indiquent de manière quasiment identique les motifs susceptibles de fonder une résiliation ainsi que les règles qui déterminent les modalités de sa mise en œuvre.

1. Les fondements de la résiliation des marchés publics

Les causes de résiliation des marchés publics sont très variables. La résiliation peut résulter soit du fait des parties, elles-mêmes, soit du fait des circonstances indépendantes de leur volonté, en l'occurrence la survenance d'un cas de force majeure.

A. La résiliation des marchés publics du fait des parties

La résiliation des marchés publics du fait des parties revêt des formes et des natures diverses. Elle peut constituer une sanction en raison d'une faute commise par l'une des parties ou être la conséquence d'une situation objective et particulière liée aux parties, notamment au cocontractant, sans qu'il y ait faute ou exprimer la volonté unilatérale de l'une des parties sur l'inutilité de poursuivre l'exécution du marché, sans que, là aussi, aucune faute des parties ni vice au contrat ne soient identifiés.

A.1. La résiliation pour faute de l'une des parties

La résiliation pour faute est une sanction coercitive au même titre que celles étudiées précédemment[998], à la seule différence qu'elle est résolutoire et définitive. La résiliation pour faute est généralement imputable au titulaire du marché. Il faut toutefois souligner que même si c'est de manière exceptionnelle, la faute pouvant entraîner résiliation du marché peut aussi provenir de l'autorité contractante.

A.1.1. La résiliation pour faute du titulaire du marché public

La faute du titulaire trouve généralement son origine dans l'inexécution de ses obligations contractuelles ou par le non-respect de la réglementation des marchés publics. Il s'agit notamment du non-respect des délais d'exécution, de l'inobservation des stipulations techniques du marché et des règles soumettant l'exécution de certains actes à autorisation préalable de l'autorité contractante. Les codes du Tchad, article 188, alinéa 2, f, et du Cameroun, article 182, f ajoutent que la faute du titulaire peut être constituée s'il ne respecte pas la législation ou la réglementation du travail.

La résiliation pour faute du titulaire, ainsi que le prévoient le CCAG travaux du Congo, point 29, et la jurisprudence[999], peut être une résiliation simple ou une résiliation aux frais et risques du titulaire. Dans l'hypothèse d'une résiliation simple, l'autorité contractante supporte les conséquences de la résiliation. Elle peut, par exemple, si elle souhaite poursuivre l'exécution du marché, convenir de conclure dans les conditions de droit commun un nouveau marché avec un nouveau titulaire. Dans l'hypothèse de la résiliation aux frais et risques du titulaire, lorsque la poursuite du marché, confiée à une autre entreprise, en général à la suite d'une réadjudication qui peut être menée à la folle enchère[1000],

998. Supra p. 260.
999. CE, 21 février 2003, Entreprise Jean Lefebvre, DA 2003, n°83. ; CE, 10 juin 1992, SA Gentil et Berthon, Dr. adm., 1998, hors-série, comm. n°507 ; CE, 29 mai 1981, SA Roussey, Rec., p. 813.
1000. CE, 25 octobre 1933, Berp, Rec., p. 951.

présente un excédent par rapport au montant prévu dans le marché initial, le titulaire défaillant doit le prendre en charge[1001]. Le surcroît ainsi engendré peut être prélevé sur les sommes qui lui sont dues ou, à défaut, sur ses garanties, sans préjudice des droits à exercer contre lui en cas d'insuffisance. Dans le cas d'une résiliation aux torts du titulaire mandataire d'un marché groupé, les autres entrepreneurs groupés peuvent être appelés à désigner un nouveau mandataire dans le délai d'un mois. Le mandataire défaillant reste solidaire des autres entrepreneurs et supporte les dépenses supplémentaires[1002].

En général, le titulaire fautif n'a pas droit à être indemnisé, même dans le cas d'une résiliation simple où il est certes dégagé de ses obligations contractuelles[1003], de surcroît lorsque la résiliation est prononcée à ses torts[1004]. Il peut en être autrement en cas de dédommagement éventuel portant sur la valeur non amortie des ouvrages réalisés[1005] ou lorsque le juge estime que l'administration avait connaissance de la faute à venir du cocontractant, à condition que ladite faute ne présente pas une gravité de nature à le priver de toute indemnisation[1006]. Le titulaire fautif dispose toutefois du droit de préserver ses intérêts[1007], en faisant que ses torts et sa responsabilité pécuniaire ne soient pas abusivement exagérés. En général, il ne doit être astreint à payer, conformément à la règle de calcul des flux financiers, qu'une somme qui, au maximum, est égale au montant nominal du nouveau marché diminué du montant nominal du marché initial, même non entièrement exécuté[1008].

A.1.2. La résiliation pour faute de l'autorité contractante

La résiliation pour faute du maître de l'ouvrage est une hypothèse très rare. Seul le Code des marchés publics du Gabon la reconnaît expressément. Il dispose, à son article 228, qu'un marché public peut être résilié pour faute lourde de l'autorité contractante. Les codes du Congo, article 140, du Tchad, article 188, alinéa 1, et de la Centrafrique, article 92, en font indirectement allusion en reconnaissant la possibilité de résilier le marché aux torts de l'autorité contractante pour défaut de paiement des prestations, c'est-à-dire lorsque l'autorité contractante n'a pas satisfait à son obligation de payer le titulaire telle que définie préalablement dans le contrat. En France, les textes sont quasiment muets sur la question. Seul le juge reconnaît ce type de résiliation, en indiquant que la résiliation est possible en raison des

1001. CE, 29 mai 1981, SA Roussey, n°12315.
1002. CE, 21 février 2003, Entreprise Jean Lefebvre, DA 2003, n°83. ; CE, 10 juin 1992, SA Gentil et Berthon, Dr. adm., 1998, hors-série, comm. n°507 ; CE, 29 mai 1981, SA Roussey, Rec., p. 813.
1003. CE, 20 janvier 1988, Société d'étude et de réalisation des applications du froid, n°56503.
1004. CE, 20 janvier 1998, Société d'étude et de réalisation des applications du froid, Rec., p. 29. CE, 8 novembre 1985, Ozilou, Rec. p. 317.
1005. CE, 5 juillet 1967, Commune de Donville-les-Bains, Rec., p. 297.
1006. CE, 22 janvier 2008, Poirier c/Commune de Saujon, req. n°283981 : AJDA, 2008, p. 1164.
1007. CE, Sect., 10 juin 1932, Sieur Bigot, Rec., p. 572.
1008. CE, 28 décembre 2001, Centre national d'enseignement à distance, Contrats et marchés publics, mars 2002, comm. n°58, note P. Delelis.

comportements fautifs de l'administration. Il s'agit, par exemple, des cas où la personne publique procède unilatéralement à la diminution de l'objet du marché[1009] ou pose des actes ayant pour conséquence le bouleversement de l'économie du marché[1010]. La jurisprudence l'a aussi reconnu en cas de retards prolongés de paiements[1011]. L'autorité contractante est évidemment en droit de contester l'appréciation de son éventuelle faute devant le juge du contrat. Dans tous les cas, la résiliation pour faute de l'autorité contractante ne peut être prononcée que par l'administration elle-même, que celle-ci soit à l'initiative du titulaire ou prononcée par le juge compétent en cas de contestation, et elle ouvre droit, lorsqu'elle est validée, à indemnisation du titulaire du marché.

A.2. La résiliation liée à la situation objective des parties

La résiliation peut être prononcée sans que les parties n'aient commis de faute. Des situations particulières peuvent en être la cause. Ces situations sont particulièrement liées au titulaire. Il s'agit généralement du décès, de l'incapacité physique et, lorsque le titulaire est une personne morale, du redressement judiciaire et de la liquidation des biens.

A.2.1. Le décès et l'incapacité physique du titulaire du marché public

Le décès du cocontractant, ne permettant plus la poursuite du marché public, entraîne la résiliation de plein droit de celui-ci. C'est une règle de principe qui trouve son fondement à l'article 1795 du Code civil français. Elle s'applique également dans les marchés de droit privé[1012]. Il en est tout autant de l'incapacité physique manifeste et durable du titulaire qui compromet la bonne exécution du marché public. Une telle incapacité est, de facto, assimilée au décès et, comme celui-ci, elle entraîne de plein droit la résiliation. Toutefois, le pouvoir adjudicateur peut accepter de poursuivre l'exécution du marché avec les ayants droit si ceux-ci le demandent. Un avenant de transfert est alors établi. S'il ne l'accepte pas les relations contractuelles sont définitivement rompues, ce qui lui permet de procéder à une nouvelle adjudication. Il faut toutefois mentionner que le décès et l'incapacité physique du cocontractant, en raison du recours généralisé aux entreprises qui sont impersonnelles, sont des hypothèses assez rares dans les contrats de la commande publique.

1009. CE, 10 décembre 1982, Loiselot, Rec. p. 661 et 669.
1010. CE, 27 octobre 1978, ville de Saint-Malo, Rec. p. 401 ; CE, 12 mars 1999, SA Méribel 92, BJCP 1999, n°5, p. 444.
1011. CE, 3 décembre 1993, Compagnie générale de chauffe c/Centre hospitalier de Pointe-à-Pitre, AJDA 1994, p. 485, obs. V. Haïm, RDP 1994, p. 866, chron. F. Llorens.
1012. CA Nîmes, 20 mars 2012, Établissement Epareca, req. n°11-04. 578.

A.2.2. Le redressement judiciaire ou la liquidation des biens du titulaire du marché public

Le redressement judiciaire ou la liquidation des biens de l'entreprise titulaire du marché entraînent, en principe, la résiliation de plein droit du marché, sans indemnités. Il appartient à l'administration de prendre toutes dispositions utiles pour mettre fin au contrat lorsque de telles procédures collectives sont ouvertes à l'encontre des titulaires de marchés publics.

Il sied toutefois de nuancer ce propos. D'abord, il paraît important de noter qu'en raison de l'interdiction de soumissionner imposée aux personnes en situation de redressement ou de liquidation judiciaires, ces hypothèses ne peuvent être considérées que lorsqu'elles apparaissent en cours d'exécution du marché. Ensuite, la résiliation des marchés publics pour cause de redressement ou de liquidation judiciaires n'est plus automatique. Le pouvoir de résiliation unilatérale de l'administration, dans ces matières, est de moins en moins absolu. Par exemple, en France, une telle résiliation doit se faire dans les conditions strictement définies par la loi[1013]. La décision à prendre dépend de la situation particulière des entreprises titulaires. En effet, on distingue le cas des entreprises titulaires « en état de cessation des paiements, dont l'activité a cessé ou dont le redressement est manifestement impossible[1014] » de celui des entreprises titulaires dont la sauvegarde est encore possible. Pour le premier cas, la loi n°85-98 du 25 janvier 1985[1015] n'autorise pas l'administrateur judiciaire à poursuivre l'exécution du marché. Il doit prononcer sa résiliation. Le juge considère, à cet effet, que toute démarche contraire est incompatible avec les prescriptions de la loi précitée, parce que la personne publique doit impérativement résilier le marché[1016]. En revanche, dans le deuxième cas, la loi précitée ainsi que l'article L.621-28 du Code de commerce indiquent que toute clause autorisant l'autorité administrative à résilier le contrat est réputée nulle. Il est au contraire suggéré la mise en place d'un plan de continuation ou de cession de l'entreprise en difficulté, ce plan étant opposable à tous, y compris à la personne publique contractante[1017]. La volonté du législateur, ici, est de favoriser la survie des entreprises encore viables. À la limite, il revient au titulaire de choisir entre la continuation ou la résiliation, s'il ne s'en sent plus capable. Même dans cette hypothèse, l'autorité contractante est obligée[1018] de lui adresser une mise en demeure de poursuivre l'exécution du contrat. Si

1013. Article L.622-13 et L.641-11-1 du Code de commerce.
1014. Article L.622-1 du Code de commerce.
1015. Pour l'appréciation de cette loi, Voir F. Derrida, P. Gode et J.P. Sortais, *Redressement et liquidation judiciaires des entreprises, cinq années d'application de la loi du 25 janvier 1985*, Dalloz, 3e éd. n°147.
1016. CAA Nantes, 10 juin 1993, Sté auxiliaire agro-alimentaire, req. n°91NT00139.
1017. Article L.621-65 du code du commerce.
1018. En l'absence d'une mise en demeure, l'autorité contractante ne pourra résilier le marché qu'après liquidation de l'entreprise (CE, 9 octobre 1989, Crédit industriel et commercial, req. n°84503 et req. n°84504).

cette mise en demeure reste infructueuse plus d'un mois, la renonciation est présumée irréfragable[1019].

Les précautions que suggère le droit français, lorsqu'il s'agit pour l'administration de décider ou non de la résiliation des marchés publics passés par des entreprises confrontées à une procédure de redressement ou de liquidation judiciaire, sont sans aucun doute également valables en droit des États membres de la CEMAC. L'acte uniforme OHADA du 10 avril 1998 portant organisation des procédures collectives d'apurement du passif, à son article 107, reprend pratiquement la logique française en énonçant que « [...] la cessation des paiements déclarée par décision de justice n'est pas une cause de résolution et toute clause de résolution pour un tel motif est réputée non écrite ». En somme, ainsi que le dit Filiga Michel Sawadogo[1020] : « La solution qui serait la plus favorable au redressement de l'entreprise consiste à permettre au syndic - ou au syndic et au débiteur - l'exercice d'un choix entier entre la continuation du contrat aux conditions stipulées et sa résiliation unilatérale sans devoir des dommages-intérêts au cocontractant. »

A.3. La résiliation par la volonté des parties

La liberté contractuelle suppose que les parties, notamment dans le cas des contrats synallagmatiques, peuvent être autorisées à résilier leurs relations contractuelles. Rien ne s'oppose, en principe, à une telle résiliation surtout lorsque les parties décident, comme cela est recommandé, de le faire d'un commun accord. En revanche, des questions de droit se posent, notamment dans les contrats administratifs, lorsque la résiliation est unilatérale, c'est-à-dire lorsqu'elle est prononcée sur décision d'une seule partie.

A.3.1. La résiliation de commun accord

Les parties, en vertu du principe de liberté contractuelle, ont le droit de mettre un terme au marché d'un commun accord. Il convient tout de même de dire que le droit de résilier reconnu aux parties ne suffit pas à lui seul à justifier une telle résiliation. Des raisons sérieuses sont souvent à la base. Par exemple, les parties peuvent découvrir une illégalité initiale entachant leur marché, c'est-à-dire une illégalité qui existe depuis la conclusion du marché, ou constater que le marché est devenu caduc, ou encore à la suite de l'annulation par le juge d'un acte détachable du contrat le rendant difficile d'exécution. Dans ces cas, en tirant les conséquences de l'extinction du contrat, notamment dans la dimension financière, les parties peuvent effectivement décider de résilier d'un commun accord le marché. Le juge les invite d'ailleurs très souvent, dans ces

1019. Cass. Com., 15 octobre 1991, Société Martello et a. c. Société Jallot manutention, req.90-10904 ; Bull. civ. IV, p. 203, n°292.
1020. Droit des entreprises en difficultés, Bruylant, Bruxelles 2002, p. 181.

conditions, à « résoudre leurs relations contractuelles[1021] ». En effet, un contrat caduc ou nul délie les parties de tout lien contractuel[1022]. La personne publique ne peut donc payer une somme dont elle n'est pas redevable du fait de la nullité du contrat[1023]. La résiliation de commun accord, réputée pure et simple, ne peut en principe engendrer des dommages-intérêts pour l'une ou l'autre partie[1024]. Le décompte du marché est arrêté à la date de ladite résiliation et le titulaire à droit au paiement des prestations qu'il a réalisées[1025]. L'autorité contractante est tenue au respect des dates et délais prévus dans le protocole transactionnel constatant la résiliation. À défaut, elle peut être condamnée à payer des pénalités sous astreinte en cas de retard[1026].

A.3.2. La résiliation par la volonté unilatérale de l'une des parties

Le pouvoir de résilier unilatéralement le marché public appartient par principe à l'administration, donc à l'autorité contractante. Cependant, force est de constater que la jurisprudence, ainsi qu'on va le voir, admet que, sous certaines conditions, l'initiative de résilier le marché public vienne du cocontractant.

a. La résiliation par la volonté unilatérale de l'autorité contractante

Les Codes des marchés publics des États membres de la CEMAC reconnaissent la pleine capacité de l'autorité contractante de résilier unilatéralement le marché public. C'est ce qui ressort, par exemple, du code du Gabon, à son article 229, qui indique que l'autorité contractante peut procéder unilatéralement à la résiliation du contrat auquel elle est partie lorsque, par son action, elle remet en cause l'équilibre du contrat. Le code de la Centrafrique, à son article 89, alinéa 6, préconise également cette possibilité lorsque l'application de la formule de variation des prix conduit à une variation supérieure à vingt pour cent du montant initial du marché ou du montant de la partie du marché restant à exécuter.

Lorsque la résiliation du marché public est prononcée, les travaux sont définitivement arrêtés, moyennant indemnisation du titulaire. Les fournitures terminées et prêtes à être livrées, au moment où intervient l'avis de résiliation, doivent être expédiées dans les délais contenus dans les cahiers des charges ou

1021. CE, 21 février 2011, Sté Ophrys, Rec., p. 54 ; BJCP 2011, n°75, p. 133, concl. B. Dacosta ; Contrats-Marchés publics 2011, comm.123, note Piétri.
1022. CAA Bordeaux, 28 avril 1997, Commune d'Alès, Rec. p. 934.
1023. CE, 8 décembre 1995, Commune de Saint-Tropez, JCP 1996, n°468, obs. M.C. Rouault.
1024. CE, 5 décembre 1986, Syndicat intercommunal de distribution d'eau de la corniche des Maures, req. n°49345, Rec., p. 274.
1025. CE, 12 décembre 1973, Consorts Stym-Popper, Rec., T.1034, 1037, 1039.
1026. CAA Versailles, 3 août 2010, Commune de Clichy-la-Garenne, req. n°10VE01067.

dans l'avis de résiliation, suivant la réception dudit avis. Pour les fournitures restantes, le maître d'ouvrage ou le maître d'ouvrage délégué peuvent demander qu'elles soient achevées et livrées aux prix et conditions du marché. Il peut aussi demander qu'elles soient annulées. Dans ce cas, le titulaire doit être indemnisé à hauteur d'un montant correspondant au pourcentage de la valeur des fournitures annulées, selon les préconisations du marché ou des textes en vigueur.

Le pouvoir de résilier unilatéralement le marché public reconnu à l'autorité contractante résulte des principes généraux du droit administratif ou plus particulièrement de ceux applicables aux contrats administratifs. En France également, l'administration peut résilier unilatéralement le marché public sans même se référer nécessairement à un juge ou justifier sa décision par une faute commise par le cocontractant[1027]. Le Conseil d'État l'a très tôt reconnu dans un arrêt du 2 mai 1958, en admettant que l'administration contractante « peut, en tout état de cause et en vertu des règles générales applicables aux contrats administratifs, mettre fin avant terme aux marchés publics[1028] ». Il a ajouté, en 1988, que l'administration peut résilier unilatéralement le marché public pour motif d'intérêt général, même lorsqu'aucune disposition législative ou réglementaire, ni même aucune stipulation contractuelle ne la prévoit[1029]. Elle n'a aucune possibilité d'y renoncer[1030].

Le motif de l'intérêt général est en fait la règle qui fonde l'essentiel du pouvoir de la résiliation unilatérale de l'autorité contractante. Cette règle, qui déroge à la force obligatoire des contrats[1031], s'explique fondamentalement par l'obligation qui s'impose à l'administration d'offrir aux usagers du service public de qualité et de son souci permanent de ne pas dilapider les deniers publics. Il serait, en effet, critiquable que l'argent des contribuables continue à être dépensé, par exemple pour des travaux devenus sans intérêts ou dont l'utilité n'est plus de mise. Le juge est de plus en plus sensible à cette opinion, au point où il n'hésite pas à élargir l'éventail des motifs d'intérêt général susceptibles de fonder une résiliation. Il a ainsi prononcé la résiliation du marché pour un abandon de projet[1032], pour un contrat ne correspondant plus à l'esprit de rationalisation des marchés publics[1033] et à l'évolution de la politique de la collectivité[1034], pour l'imprécision des clauses du contrat[1035] et même pour une cession entraînant sa modification[1036]. De même, le juge a estimé que la

1027. L. Richer, La résiliation unilatérale : motifs et procédures de rupture, ACCP, novembre 2002, n°16, p. 26.
1028. CE, Ass., 2 mai 1958, Distellerie de Magnac-Laval, Rec., p. 246.
1029. CE, 22 avril 1988, Société France 5 c/Associations des fournisseurs de la Cinq et autres, RDP 1988, p. 1436.
1030. CE, 6 mai 1985, Association Eurolat, RFDA, 1986, p. 21.
1031. Article 1134 du Code civil.
1032. CE, Sect., 22 janvier 1965, Sté des éts Aubrun, Rec., p. 50 ; CE, 23 avril 2001, SARL Bureau d'études techniques d'équipement rural et urbain : req. n°186424.
1033. CAA Lyon, 26 octobre 1989, Parc national de Port-Cros, Dr. adm., 1998, hors-série, comm. n°510.
1034. TA Grenoble, 9 avril 1980, Société d'aménagement touristique de l'Alpe-d'Huez, D., 1981, jur., p. 581 ; CAA Paris, 9 juillet 1991, Sté caoutchouc manufacture et pastiques kléber industrie, Rec., p. 545 ; Dr. adm., 1998, hors-série, comm. n°511 ; CE, Sect., 15 avril 1996, Heurtevent : req. n°172422.
1035. CE, 10 juillet 1996, Coisne, Dr. adm., 1996, comm. n°519.
1036. CE, 10 janvier 1905, Compagnie départementale des eaux et services municipaux c/Ville de Langres, Rec., p. 54, concl.

résiliation s'imposait parce qu'aux yeux de l'administration le cocontractant ne présentait plus de garanties suffisantes pour honorer ses engagements[1037].

La résiliation unilatérale pour motif d'intérêt général génère *ipso facto* le droit à indemnisation du titulaire. Elle est, en fait, le seul type de résiliation, qui soit en mesure de porter une telle conséquence. L'indemnisation du titulaire, comme le prévoit généralement le marché lui-même, est calculée forfaitairement sur la base des prestations restant à exécuter. Dans le silence du marché, le montant de l'indemnité est négocié entre les parties et donne lieu à la signature d'une transaction. Si l'absence de consentement conjoint persiste, le montant est fixé par le juge du contrat. La décision qui consacre une telle résiliation doit, en effet, être prise sous réserve des droits à indemnités du titulaire. Il serait évidemment injuste que la résiliation pour motif d'intérêt général, n'étant pas imputable au titulaire, prive ce dernier de son droit à indemnisation[1038]. Le titulaire doit être intégralement indemnisé, c'est-à-dire qu'il doit obtenir non seulement le paiement des prestations exécutées[1039] et la réparation des frais exposés mais aussi le manque à gagner évalué à la date de la résiliation selon les prix du moment[1040] et la réparation des bénéfices manqués[1041]. Le juge administratif est très attentif à ce qu'il n'y ait pas de disproportion manifeste entre l'indemnité de résiliation octroyée, même si telle est la prévision du contrat, et l'indemnité réellement due en vertu des règles traditionnelles d'indemnisation[1042]. Il est intéressant de souligner qu'en vertu de la liberté contractuelle dont disposent les parties, le contrat, par une clause expresse, peut exclure toute indemnisation[1043] ou prévoir une indemnisation transactionnelle moindre que le montant du dommage, ou même une indemnisation supérieure à condition qu'elle ne soit pas disproportionnée et n'ait pas pour effet de dissuader l'administration d'exercer son droit de résiliation pour motif d'intérêt général[1044].

Il sied de noter, toutefois, que le motif d'intérêt général doit être réel. Un motif dont la réalité n'est pas constatée ou considérée comme fausse peut provoquer l'illégalité de la résiliation et, par conséquent, entraîner sa nullité[1045]. Le juge peut également, à défaut de prononcer la nullité, requalifier les faits aux torts de la personne publique. Il le fait, dans l'une ou l'autre hypothèse, en octroyant au titulaire des dommages et intérêts importants[1046]. Le calcul de ces

---

Romieu.

1037. CE, 31 juillet 1996, Sté des téléphériques du Mont-Blanc, Rec., p. 334 ; AJDA, 1996, p. 788, note J.P. Gilli ; D., 1996, inf. rap. P. 202 ; JCP G, 1997, n°22790, note J.M. Delarue.

1038. CE, 8 décembre 1967, Cts Cazautets, RDP 1968, p. 942.

1039. CE, 5 janvier 1979, Commune de Montolieu, RDP 1980, p. 1484.

1040. CE, 23 mai 1962, ministre des Finances et des Affaires économiques c/Société financière d'exploitation industrielle, Rec., p. 342.

1041. CE, 24 janvier 1975, Clerc Renaud, Rec. p. 55 ; CE, 18 nov. 1988, Ville d'Amiens et Soc. d'exploitation du parc de stationnement gare routière d'Amiens, RFDA, 1990, p. 23.

1042. CAA Versailles, 7 mars 2006, Commune de Draveil c/Société Via Net Works France, DA 2006, n°74, note A. Alonso Garcia et A. Maillard.

1043. CE, 10 décembre 1982, Loiselot, n°22856 ; CE, 19 décembre 2012, Société AB Trans, n°350341.

1044. CE, 4 mars 2011, Chambre de commerce et d'industrie de Nîmes, n°334280.

1045. CE, 16 décembre 1964, Commune de Moins, Rec., p. 937.

1046. CE, 28 mars 1990, Commune de Bramans, RDI 1990, p. 360.

dommages et intérêts prend non seulement en compte le paiement des sommes dues et le remboursement des frais exposés[1047] mais également « la réparation des préjudices commerciaux et financiers incluant l'atteinte à la réputation professionnelle de l'attributaire du contrat[1048] ».

b. La résiliation par la volonté unilatérale du titulaire du marché public

Les codes du Congo, article 140, du Tchad, article 188, alinéa 1, de la Centrafrique, article 92, et du Gabon, article 233, disposent que le titulaire peut prendre l'initiative de résilier le marché en cas d'ajournement de l'exécution du marché par l'autorité contractante pour une durée de plus de trois mois. Il en est de même, précise le code centrafricain, en cas d'ajournements successifs dont la durée cumulée dépasse trois mois.

Il faut le reconnaître, la résiliation unilatérale par le titulaire du marché public n'est pas une règle courante. Les codes précités sont d'ailleurs assez limités dans les causes pouvant ouvrir une telle faculté. D'abord, parce que la faute de l'autorité contractante, qui aurait pu en être le fondement, n'est pas unanimement admise, on l'a vu, et ensuite, parce que sur le plan du droit, elle était jusque-là inconnue. En effet, reconnaît la doctrine, « si le droit privé connaît des hypothèses de résolution unilatérale permettant à un cocontractant privé de mettre un terme au contrat de sa propre initiative[1049] », cette faculté n'est pas ouverte au cocontractant de l'administration[1050]. On observe toutefois une évolution imprimée par la jurisprudence qui reconnaît au titulaire du marché la possibilité de rompre unilatéralement le contrat. Mais cette résiliation doit obéir à des conditions strictes, qui ont été affirmées par le Conseil d'État dans un arrêt du 8 octobre 2014[1051] et rappelées dans un autre arrêt du 19 juillet 2016[1052]. Tout d'abord, la résiliation doit être prévue par le contrat, avec la réserve que pour éviter sa nullité son objet ne soit pas indispensable à l'exécution même du service public. Ensuite, le cocontractant ne peut procéder à la résiliation sans avoir mis à même, au préalable, l'autorité contractante en situation de s'opposer à la rupture des relations contractuelles pour un motif d'intérêt général. Enfin, le titulaire est obligé, lorsqu'un motif d'intérêt général lui est opposé, de poursuivre l'exécution du marché au risque de se voir infliger une résiliation du contrat à ses torts exclusifs, donc à ses frais et risques. Il lui reste,

---

1047. CE, 17 février 1973, Société des établissements Jean-Bernard, RDP 1974, p. 1185.
1048. Christophe Lajoye, *Droit des marchés publics*, *op. cit.*, p. 360.
1049. Marion Ubaud-Bergeron, *Droit des contrats administratifs*, *op. cit.*, p. 364.
1050. Sur le sujet, Voir M. Wiernasz, *Un contrat administratif peut-il inclure une clause de résiliation à l'initiative du cocontractant de l'administration ?* AJDA 2013, p. 2145 ; Voir également, E. Nigri et B. Jalinière, *La résiliation d'un contrat administratif à l'initiative du cocontractant privé de l'administration à l'épreuve du droit public des contrats*, contrats-marchés publics, 2014, étude 4.
1051. Sté Grenke location : RFDA 2015, 47, note C. Pros-Phalipon ; AJDA 2015, p. 396, note F. Melleray ; Contrats-marchés publics 2014, n°329, note G. Eckert.
1052. CE, 19 juillet 2016, n°399178.

dans cette hypothèse, de saisir le juge pour contester le motif d'intérêt général afin d'obtenir la résiliation judiciaire.

On note, à travers ces récents arrêts, une certaine évolution dans l'esprit du juge administratif, quant à l'idée de permettre, de plus en plus, au cocontractant d'être à même de résilier unilatéralement un contrat. Sans doute, dans la perspective de réduire tant soit peu l'inégalité des parties dans les contrats administratifs, notamment en défaveur du cocontractant. Même s'il ne reconnaît pas encore la possibilité pour le cocontractant de se prévaloir de l'exception d'inexécution pour résilier unilatéralement le contrat, ce qui s'explique notamment par les exigences de continuité de service public, il semble être influencé par la réforme du droit (privé) des contrats, orchestrée par l'ordonnance n°2016-131 du 10 février 2016 portant réforme du droit des contrats, du régime général et de la preuve des obligations. Cette ordonnance a introduit la possibilité pour la partie qui se plaint de l'inexécution de la prestation par son cocontractant de refuser ou de suspendre l'exécution de sa propre prestation ou de solliciter une réduction du prix ou encore de provoquer la résolution du contrat.

B. La résiliation pour cas de force majeure

La force majeure met fin à la poursuite du marché, contrairement aux sujétions imprévues et aux circonstances qui relèvent de l'imprévision, qui ne rendent pas impossible l'exécution du marché, mais plus difficile et plus onéreuse. La force majeure est une théorie relativement ancienne en droit administratif. Le juge administratif, qui en est à l'origine, l'a empruntée au droit civil pour l'introduire au contentieux des contrats administratifs. La référence disponible semble remonter à un arrêt de 1909[1053] qui conserve encore aujourd'hui toute sa vigueur et tout son sens[1054]. Les États membres de la CEMAC l'ont naturellement intégrée dans leur droit des marchés publics. Le Code des marchés publics du Gabon l'a clairement et précisément notée à son article 228. Les autres codes laissent sans doute le soin aux cahiers des clauses contractuelles de le faire. Il paraît donc utile de donner quelques éclairages d'abord sur la notion, elle-même, et ensuite sur ses effets.

B.1. La notion de force majeure

La force majeure, au sens de l'article 228 du Code des marchés publics du Gabon, par exemple, désigne des « phénomènes externes au titulaire du marché comme un cataclysme naturel, des conflits intérieurs ou un niveau de

1053. CE, 29 janvier 1909, Compagnie des messageries maritimes, Rec., p. 111, concl. Tardieu, *Grands arrêts de la jurisprudence administrative*, 13e éd., n°20.
1054. Voir N. Jacot, *La notion de force majeure dans les contrats publics*, in Mélanges en l'honneur de professeur Michel Guibal, Presses de la Faculté de droit de Montpellier, t. I, 2006, p. 275.

sécurité régional ou national rendant périlleux la bonne exécution du marché ». On comprend par-là que ce sont des événements échappant au contrôle du titulaire, qui ne sont donc pas attribuables à sa faute ni à sa négligence et qui sont imprévisibles et inévitables. Cette définition rejoint celle que, de manière générale, le juge a toujours affirmée : l'événement allégué, justifiant la force majeure, doit être indépendant de la volonté des parties[1055], imprévisible au moment de la conclusion du marché[1056] et impossible à surmonter au moment où il se produit, donc irrésistible[1057]. Les requérants doivent donc apporter les éléments susceptibles de démontrer la réunion de ces trois critères, extériorité, imprévisibilité et irrésistibilité, pour étayer la force majeure. Le juge s'est montré très ferme dans l'appréciation de ces différents critères, notamment dans le caractère imprévisible. Il a refusé de voir dans un attentat survenu en Corse du Sud un cas de force majeure au motif que « la survenance de cet attentat ne peut être regardée comme revêtant, dans les circonstances de temps et de lieu propre à l'espèce et en l'absence de toute mesure de protection particulière du chantier, un caractère d'imprévisibilité constitutif d'un cas de force majeure[1058]. »

B.2. Les effets de la force majeure

La force majeure entraîne la résiliation de plein droit du marché public[1059]. Elle dispense l'administration[1060] et le titulaire du marché[1061] de leurs obligations contractuelles et de leurs responsabilités. Celles-ci ne peuvent plus être recherchées parce que les sanctions qu'aurait pu encourir notamment le titulaire du fait de ses manquements deviennent inopérantes[1062]. Les parties, pour prévenir des résiliations précipitées et brutales, peuvent prévoir des clauses prévoyant une période d'observation au cours de laquelle les relations contractuelles sont simplement suspendues. Si les conditions de la force majeure s'estompent, le contrat retrouve son plein effet[1063] et les parties peuvent reprendre l'exécution de leurs obligations. L'entrepreneur peut se voir à nouveau imposer l'obligation d'exécuter le marché[1064]. Toujours dans le souci d'amoindrir les conséquences de la force majeure, la jurisprudence a reconnu que la force majeure pouvait ouvrir droit à indemnisation du titulaire[1065], mais celle-ci ne pouvait porter que

1055. CE, 29 janvier 1909, Compagnie des messageries maritimes et autres, D. 1910, 3, 89, concl. Tardieu, GAJA, Dalloz, 14e éd., 2003, n°20 ; CE, 9 novembre 1955, Société des transports routiers Aviat et Compagnie, Rec.p. 230.
1056. CAA Bordeaux, 23 mai 1989, SA Smac Acieroid, D., sommaire, p. 68.
1057. CE, 2 janvier 1957, Société Lancey, AJDA 1957, p. 59, concl. Lasry ; CE, 25 mai 1990, Abadie, Rec. p. 1026.
1058. CAA Marseille, 15 mai 2006, Maître Filippi, DA 2006, n°114, note O. Guillaumont.
1059. CE, 29 janvier 1958, Bonneau, Rec., p. 50.
1060. CE, 13 juillet 1961, Société indochinoise d'électricité, Rec. p. 519.
1061. CE, 29 janvier 1909, Cie des messageries maritimes, préc. ; CE, 27 septembre 1985, Compagnie française d'irrigation, Rec. p. 686.
1062. CE, 9 avril 1975, Département du Rhône, Rec., p. 127.
1063. CE, 18 décembre 1959, Ville de Nantes, Rec., p. 696, concl. Mayras.
1064. CE, 5 janvier 1924, Compagnie du gaz de la Ferté Million, Rec. p. 18.
1065. CE, 9 décembre 1932, Compagnie des tramways de Cherbourg, Rec., p. 1050, concl. Josse ; D ; 1933, III, 17, note Pelloux ; RDP 1933, p. 117, note G. Jèze ; S. 1933, III, 9, note P. Laroque.

sur les pertes subies[1066] ou sur le préjudice directement imputable à l'événement de force majeure.

2. Les modalités de la résiliation des marchés publics

La résiliation des marchés publics est encadrée par des procédures spécifiques et elle est toujours prononcée par l'administration, même si l'initiative résulte du titulaire.

A. Les procédures de résiliation des marchés publics

La résiliation est mise en œuvre, selon les cas, soit de plein droit, soit après mise en demeure.

A.1. La résiliation de plein droit

La résiliation est de plein droit lorsqu'elle s'impose aux parties. Le titulaire doit se trouver dans une impossibilité absolue de poursuivre l'exécution du marché, tandis que l'autorité contractante n'a d'autre choix que de mettre fin au contrat. Plusieurs situations peuvent justifier ce type de résiliation. Il s'agit notamment du décès ou de l'incapacité physique du titulaire, de l'application des procédures collectives, redressement et liquidation judiciaires, à l'encontre du cocontractant, du non respect de la législation ou de la réglementation, de la decouverte des manœuvres frauduleuses et de la force majeure. La résiliation de plein droit prend effet à compter de la date de la constatation du motif de résiliation. Elle ne donne en principe droit à aucune indemnité.

A.2. La résiliation après mise en demeure

La résiliation du marché, en particulier celle résultant de la faute du titulaire, est, on l'a dit, la sanction la plus radicale que l'administration puisse infliger au titulaire. Elle doit, par conséquent, obéir à une procédure particulière, qui ne doit laisser place ni à l'arbitraire, ni à des manquements d'appréciation de la part de l'administration. Comme pour la mise en régie[1067], la résiliation à l'encontre du titulaire, en dehors des cas où elle est prononcée de plein droit, sous peine de nullité, ne peut être prononcée qu'après mise en demeure préalable de celui-ci

---

1066. CE, 18 mai 1949, Société travaux et constructions, Rec. p. 228.
1067. Supra p. 261.

dans le délai prescrit dans le marché, ou plus particulièrement dans les cahiers des charges.

Les codes précités indiquent que cette mise en demeure doit rester infructueuse pendant trois mois.

La réglementation nationale des États membres de la CEMAC est très attachée à cette garantie. Par exemple, le code du Cameroun, à son article 180, alinéa 2, prévoit que le délai de mise en demeure ne peut être inférieur à vingt et un jour calendaires, sauf dérogarion prévue dans le cahier des clauses administratives particulières. Le point 49.1 du CCAG travaux du Congo précise également que ce délai ne peut être inférieur à quinze jours à compter de la date de notification de la mise en demeure. Il en est ainsi également en France[1068]. Plus précisément, on peut noter que l'autorité contractante doit adresser au titulaire fautif, préalablement à la résiliation, par tous les moyens permettant de donner date certaine à sa réception, une mise en demeure, sauf si le contrat écarte expressément une telle formalité[1069]. Il faut là aussi préciser que cette mise en demeure s'impose en cas de résiliation aux frais et risques du titulaire[1070]. Le contrat qui pourrait prévoir de l'écarter dans cette hypothèse risque la nullité. La mise en demeure, pour permettre au titulaire d'être parfaitement informé des griefs qui lui sont reprochés, doit préciser les manquements que l'autorité souhaite voir réparer[1071].

B. La décision de résiliation

La résiliation, quel que soit son motif, est prononcée par l'administration, en l'occurrence par la personne publique responsable du marché public ou, pour les collectivités locales, par l'exécutif sur autorisation de l'organe délibérant[1072]. Le Code du Cameroun, article 184, indique qu'elle prive au cocontractant de l'administration dont le marché est résilié, sauf dérogation accordée par l'Autorité des marchés publics, le droit de soumissionner avant une période de deux ans à compter de la date de notification de la résiliation. La décision de résiliation, notifiée au titulaire par tous moyens susceptibles de l'attester, fixe la date de prise d'effet de la résiliation et met fin au marché public. En d'autres termes, le marché s'arrête à partir du moment où la résiliation est prononcée. Les prestations restant à exécuter doivent être abandonnées, du moins elles ne peuvent plus être exécutées par le titulaire. Il revient aux parties, sans effet rétroactif, de résoudre leurs relations contractuelles, c'est-à-dire de régler toutes les questions relatives à leur séparation, notamment les questions matérielles et financières, ainsi que celles relatives aux indemnités, s'il y a lieu. La résiliation

1068. CE, 28 avril 1976, Chambre des métiers de la Haute-Saône, RDP, 1976, p. 1541 ; CAA Lyon, 22 avril 2010, n°08LY01996, Syndicat mixte de l'aménagement de l'Arve et ses abords.
1069. CE, 12 novembre 2015, Société de jardin d'acclimatation req., n°387660.
1070. CAA Lyon, 22 avril 2010, SM3A, n°08LY01996.
1071. CE, 26 novembre 1993, SA Port de Saint-Jean-Cap-Ferrat, n°85161.
1072. CE, 8 novembre 1985, Entreprise Ozilou, Rec., p. 317.

diffère donc de la nullité ou de la résolution du marché, qui agit en principe *ex nunc*, c'est-à-dire rétroactivement, et qui est nécessairement prononcée par le juge. On peut, de ce point de vue, convenir avec Prince Kitengie Malangu[1073] que « la résolution est toujours l'œuvre du juge et la résiliation, l'œuvre des parties », même si, dans ce dernier cas, le juge peut être amené à intervenir lorsqu'il y a litige.

La question qui se pose est celle de savoir si cette décision doit être motivée ou non. Le CCAG travaux du Congo, pris ici en exemple dans ses dispositions précitées, ne la tranche pas. En revanche, en France, la question est controversée. Stéphane Braconnier[1074] affirme que la décision de résiliation doit être motivée. Ce point de vue est soutenu par d'autres auteurs[1075] qui fondent leur opinion sur l'obligation légale faite à l'administration de motiver ses actes[1076]. Au contraire, Élisabeth Moisson estime qu'elle n'a pas à l'être. Ainsi, suggère-t-elle que la décision de résiliation, qui doit naturellement reposer sur des motifs solides, « n'a pas à contenir l'exposé des moyens de droit et de fait ayant conduit la personne publique à décider de la résiliation[1077] ». La décision énonce le type de résiliation prononcé et doit être accompagnée d'un décompte de liquidation qui récapitule les débits et crédits du titulaire après inventaire contradictoire des prestations réalisées. Pour une résiliation aux frais et risques du titulaire, ce décompte ne pourra être établi qu'après exécution complète du marché de substitution, le temps nécessaire pour évaluer avec exactitude le montant devant être pris en charge par le titulaire fautif. De même, dès lors que le juge a été saisi d'une contestation par le titulaire, ledit décompte ne pourra être réputé définitif qu'après le jugement[1078].

La décision de résiliation, peut, en effet, être contestée par le titulaire du marché devant le juge du contrat, après, le cas échéant, comme on le verra dans l'étude relative au contentieux des marchés publics, l'échec des éventuels recours administratifs classiques. Le juge dispose désormais de pouvoirs accrus en cette matière. Pendant longtemps, il ne pouvait qu'annuler la décision de résiliation illégale et accorder l'indemnisation conséquente[1079]. Aujourd'hui, selon la gravité des faits reprochés à l'administration, il peut, en même temps, annuler la décision de résiliation et ordonner la reprise des relations

1073. *De la résolution des marchés publics de travaux en droit positif congolais*, Université de Lubumbashi (UNILU), République démocratique du Congo, Licence en droit public, 2006, § 2 : La résolution et notions voisines, www.memoireonline.com.
1074. Précis du droit des marchés publics, 4e éd., *op. cit.*, p. 467.
1075. Direction des affaires juridiques, espaces marchés publics, rubrique Conseils aux acheteurs, *La résiliation unilatérale par l'administration des marchés publics et des contrats de concession*, p. 5, https://www.cdg22.fr.
1076. Loi n°79-587 du 11 juillet 1979 relative à la motivation des actes administratifs.
1077. Élisabeth Moisson, *Guide des marchés publics*, StudyramaPro, 2014, p. 191.
1078. CE, 15 novembre 2012, Hospices civils de Beaune, n°356832 ; CE, 4 juillet 2014, Commune d'agglomération Saint-Étienne métropole, n°374032.
1079. CE, Sect., 24 novembre 1972, Sté ateliers de nettoyage de Fontainebleau, Rec., p. 763.

contractuelles[1080], si le terme prévu par le marché n'est pas expiré[1081], ou octroyer une indemnité[1082], qui ne saurait, toutefois, être intégrale dans le cas où le cocontractant aurait commis des manquements lors de l'exécution du marché[1083]. La saisine du juge doit être faite dans les délais classiques du contentieux administratif, c'est-à-dire dans les deux mois suivant la date de notification de la décision de résiliation. La demande d'annulation de la décision de résiliation peut être assortie d'une demande de suspension de la résiliation devant le juge des référés lorsque l'urgence le justifie[1084].

1080. CE, Sect., 21 mars 2011, Commune de Béziers, n°304806 : BJCP 2011, p. 170, concl. E. Cortot-Boucher ; RJEP 2011, comm. n°44, note P. Cossalter. JCP G 2011, 658, note M. Ubaud-Bergeron. JCP A 2011, 2171, note F. Linditch ; Contrats et marché publics 2011, comm. n°150, note J.P. Piétri ; Dr. adm. 2011, comm. n°46, note F. Melleroy et F. Brenet ; RD imm. 2011, p. 270, note S. Braconnier ; CE, 23 mai 2011, Sté d'aménagement Isola 2000, Sté de gestion Isola 2000 : Contrats et marchés publics, 2011, comm. n°305, note J.P. Piétri.
1081. CE, 23 mai 2011, Société d'aménagement d'Isola 2000, n°323468.
1082. CE Ass., 21 mars 2011, Commune de Béziers, n°304806.
1083. CE, 10 février 2016, Commune de Bandol, n°387769.
1084. Article L.521-1 du Code de justice administrative.

TROISIÈME PARTIE

LE CONTENTIEUX DES MARCHÉS PUBLICS DANS LES ÉTATS MEMBRES DE LA CEMAC

Les marchés publics sont, par nature, une matière propice aux litiges. C'est ainsi que les Codes des marchés publics du Congo, articles 141 à 145, de la Centrafrique, articles 106 à 108, du Cameroun, articles 170 à 195, du Gabon, articles 234 à 245, et du Tchad, articles 193, 199, 201 et 202, en plus de leur vocation à servir de base juridique au bon fonctionnement de la commande publique, organisent des mécanismes de résolution des litiges qui se distinguent selon qu'il s'agit du contentieux de la passation des marchés publics ou de celui de leur exécution. Cette classification semble, au fond, peu significative pour constituer une présentation crédible de l'étude sur le contentieux des marchés publics dans les États de la zone CEMAC. Elle permet, il est vrai, de donner de la cohérence en regroupant les actions qui concernent chacune de ces deux branches. Par exemple, pour le contentieux de la passation, elle permet de réunir dans un corpus unique tous les éléments relatifs à la question de la validité de la décision d'attribution ou de la régularité de la procédure y relative et pour celui de l'exécution, les aspects portant sur les irrégularités que pourraient commettre les parties dans la réalisation de leurs engagements. Mais elle n'est pas hermétique ou cloisonnée. On constate, en effet, que ces deux corps de dispositions, en dehors des recours spécifiques pouvant être mis en œuvre pour répondre aux objectifs particuliers poursuivis par chacun d'entre eux, sont mis en branle de manière identique : le processus de règlement des litiges doit impérativement commencer par les recours préalables avant de recourir, le cas échéant, au règlement juridictionnel. De même, les juges ou les arbitres compétents, aussi bien dans le contentieux de la passation que celui de l'exécution sont identiques, même si leurs pouvoirs peuvent différer suivant la nature du contentieux.

Le contentieux des marchés publics peut également être distingué selon la nature administrative ou pénale des litiges, puisque les différents codes des États membres de la CEMAC incorporent dans leur arsenal des dispositions d'ordre éthique et plus généralement des dispositions de lutte contre la délinquance économique. Cette classification, bien que pertinente, ne reflète pas encore la véritable physionomie du contentieux des marchés publics dans l'espace CEMAC. Elle s'inscrit sans doute dans une évolution que l'on souhaite imminente. D'ailleurs, la présente étude accorde, d'ores et déjà, une place éminente au juge pénal dans le contentieux des marchés publics dans l'espace CEMAC.

La présentation la plus opérante du contentieux des marchés publics qui mérite, semble-t-il, d'être retenue est celle qui distingue les recours préalables des recours juridictionnels. En effet, les Codes des marchés publics de ces États préconisent un système de règlement des différends qui, non seulement, distingue les deux types de recours précités mais qui donne aussi la priorité aux premiers, c'est-à-dire aux recours préalables. Ces recours, ainsi qu'on le verra, peuvent même se suffire à eux-mêmes pour régler les différends qui naîtraient des marchés publics, particulièrement dans leur phase de passation, sans qu'il ne soit besoin de recourir aux juridictions dont la saisine n'a, de surcroît, point d'effet suspensif.

CHAPITRE 1

LES RECOURS PRÉALABLES

Les candidats évincés de la procédure de passation des marchés publics peuvent, avant de s'engager dans une procédure juridictionnelle, recourir à l'autorité contractante et, le cas échéant, à l'organe de régulation pour résoudre leurs litiges. Il en est de même pour les titulaires des marchés publics lorsqu'ils ont des contestations à porter sur l'exécution des marchés publics dont ils ont la charge. À la seule différence qu'ils ne peuvent saisir l'organe de régulation dont la compétence dans le contentieux de l'exécution des marchés n'est pas reconnue par la plupart des codes des États de la CEMAC, à l'exception du Gabon[1085]. Dans l'ensemble, ces recours ont un caractère obligatoire, à l'exception, ainsi qu'on le verra, des litiges qui ressortissent de la compétence du juge pénal. Le Code des marchés publics du Gabon, sans doute parce qu'il est le plus récent[1086], a la rédaction la plus claire en la matière. Il indique, à l'article 234 pour le contentieux de la passation et à l'article 244 pour le contentieux de l'exécution, que les requérants doivent épuiser au préalable les recours préalables avant de saisir, le cas échéant, les instances juridictionnelles.

Il ressort donc de ces dispositions que les recours préalables ont un caractère obligatoire et que les recours juridictionnels sont irrecevables tant que les premiers ne sont pas épuisés. Cette règle semble s'accommoder de la nature même du marché public qui est une matière éminemment technique et contractuelle. Les parties, elles-mêmes, surtout les soumissionnaires ou les titulaires préfèrent, en effet, défendre leurs intérêts devant l'autorité contractante ou devant l'organe de régulation, que la plupart des États membres ont institué au sein de leur système des marchés publics, plutôt que devant les juridictions. Ils redoutent les longs délais de jugement et surtout la détérioration de leurs relations avec l'administration. Ce n'est pas pour déplaire à l'autorité contractante, qui préfère maîtriser le processus de la commande publique plutôt que de s'en remettre à un juge ou un arbitre.

En France également, ainsi que le rapporte la doctrine[1087], cet état d'esprit est omniprésent dans le processus de passation des marchés publics. Peu de litiges

1085. Articles 237 et 245.
1086. Décret n°00027/PR/MEPPDD du 17 janvier 2018.
1087. Voir Catherine Bergeal et Frédéric Lenica, *Le contentieux des marchés publics*, 2e éd., Le Moniteur, p. 335.

de marchés publics sont portés devant le juge[1088]. Beaucoup sont réglés dans le cadre des procédures de recours préalables, régies pour la plupart par les cahiers des clauses administratives générales, avec la différence que, contrairement aux recours préalables exercés dans les États de la CEMAC, ceux mis en œuvre en France n'ont pas un caractère obligatoire. En effet, le caractère obligatoire de ces recours, particulièrement les recours administratifs, après avoir été pendant longtemps le principe en droit français, tout au moins pour les recours de plein contentieux, a complètement disparu. Le principe consacré en droit administratif par la jurisprudence[1089], et largement partagée par la doctrine[1090], voulait que ces recours soient engagés préalablement devant l'administration elle-même, afin qu'elle apporte une solution. Il était ainsi admis que tout recours qui ne satisfaisait pas à cette obligation était irrecevable par le juge[1091]. Ce principe, qui comportait déjà quelques exceptions, notamment en matière de demandes indemnitaires dans les marchés publics de travaux pour lesquelles tout titulaire avait la faculté de saisir directement le juge[1092], n'est plus obligatoire[1093], sauf si la loi ou le règlement[1094] et le contrat lui-même[1095] le prévoient expressément. Même dans ce dernier cas, les parties peuvent s'affranchir de leur engagement à vouloir régler à l'amiable leur litige et renoncer aux procédures de recours préalables prévues par les pièces contractuelles[1096]. De même, en cas d'urgence, le titulaire du marché peut directement saisir le juge administratif, notamment en matière de référé[1097].

I. LE RECOURS DEVANT L'AUTORITÉ CONTRACTANTE

Les recours devant le maître de l'ouvrage s'exerce en principe au cours de la phase de passation des marchés publics. Ces recours peuvent aussi être exercés en phase d'exécution des marchés publics. Les codes du Gabon, article 244, et du Cameroun, article 186, l'énoncent clairement. Le code du Tchad, article 201, et celui du Congo, article 144, l'admettent également dans une formulation peu explicite, mais de laquelle on peut déduire cette possibilité : « Les titulaires des marchés publics peuvent recourir à l'autorité

1088. Selon le rapport public d'activités du Conseil d'État de 2016, le contentieux des marchés publics représente trois pour cent du contentieux administratif total. Voir Sarah Bouet, *Responsabilité contractuelle et fin du contrat public : entre fausses certitudes et véritables ambiguïtés*, www.consulting.avocat.fr.
1089. CE Sect., 1er octobre 1954, Dame Bonnetblanc ; CE Sect., 20 octobre 1967, Schulsinger.
1090. Voir Charles Debbasch, *Contentieux administratif*, 2e édition, Dalloz, Paris, 1978, p. 326 et s.
1091. CE, 20 décembre 1907, Sté générale d'entreprise, Rec. p. 994.
1092. CE, 23 octobre 1946, Sté Chauffage, Rec. p. 474.
1093. Voir René Chapus, *Droit du contentieux administratif*, 7e éd., Montchrestien, Paris, 1998, p. 338.
1094. CE, 28 septembre 2005, M. Louis, AJDA 2006, p. 103, note A.M. Mazetier ; CE, 10 mars 2006, Société Leroy-Merlin, AJDA 2006, p. 796, chron. C. Landais, F. Lenica. Michel Degoffe, *Droit administratif*, 2e éd., Paris, 2012, p. 150 rapporte que selon une étude du Conseil d'État, il y aurait de plus en plus de recours administratifs obligatoires, Doc. Fr. 2008.
1095. CE, 9 décembre 1991, Snoy, Rec., p. 423.
1096. CE, 25 mars 2002, Sté GTM International, Rec. p. 113.
1097. CE, 21 octobre 1977, OPHLM de Nice, Rec. p. 898.

hiérarchique de la personne responsable du marché (du maître d'ouvrage ou du maître d'ouvrage délégué, pour le Tchad) en cas de persistance de désaccord avec cette dernière, aux fins de rechercher un règlement amiable des différends et litiges les opposant au maître d'ouvrage ou au maître d'ouvrage délégué en cours d'exécution du marché public ». Cela peut vouloir dire que les titulaires sont tenus de présenter leur requête, avant toute autre démarche, devant la personne responsable du marché public, sous forme de recours gracieux. Ce n'est qu'en cas d'insatisfaction qu'ils peuvent s'adresser à l'échelon supérieur. En tous les cas, les recours devant l'autorité contractante commencent, en principe, par le recours gracieux, pour se terminer, le cas échéant, par le recours hiérarchique.

1. Le recours gracieux

Le recours gracieux consiste à demander à l'autorité qui a pris l'acte incriminé de reconsidérer sa décision ou d'y apporter les améliorations escomptées. Cette autorité est généralement, selon le dispositif retenu par le maître d'ouvrage, la personne chargée de conduire la procédure de passation du marché. Dans l'ensemble des États de la CEMAC, il s'agit de la personne responsable du marché public. Il paraît utile, pour mieux cerner la notion de recours gracieux, de considérer les modalités de sa mise en œuvre et d'en indiquer les effets.

A. Les modalités du recours gracieux

Le recours gracieux, on l'a dit, s'exerce aussi bien dans le cadre du contentieux de l'attribution que de celui de l'exécution des marchés publics. Il obéit aux mêmes modalités selon qu'il s'exerce dans l'un ou l'autre contentieux.

Le recours gracieux est introduit par un simple courrier adressé en principe en recommandé avec accusé de réception. Ce courrier, dont copie est transmise à l'Autorité de régulation des marchés publics, doit être accompagné de la décision contestée et des pièces justificatives. Il doit contenir les arguments de fait et de droit justifiant la contestation. En phase de passation, le recours gracieux n'est recevable que lorsqu'il est fondé sur une violation sérieuse de la réglementation des marchés publics ou des dispositions prévues dans le DAO. Il doit, en effet, invoquer une violation caractérisée portant, en gros, sur les conditions de publication des avis, sur les règles relatives à la participation des candidats, sur les capacités exigées, sur la procédure de sélection, sur la conformité des documents d'appel d'offres, sur les spécifications techniques, les critères d'évaluation, et, en définitive, sur la décision d'attribuer ou de ne pas attribuer le marché. En phase d'exécution, le titulaire du marché a tout intérêt à faire preuve de pragmatisme en formulant des demandes de reconsidération des actes ou des comportements pouvant être à l'origine des différends dans le cadre de l'exécution des marchés publics.

Le recours gracieux doit, pour être valable en phase de passation, être introduit dans les délais très courts. Les différents Codes des marchés publics des États de la CEMAC, dans le but, sans doute, de garantir la sécurité juridique des marchés publics et aussi pour ne pas prolonger indéfiniment la conclusion des marchés publics, indiquent que le recours gracieux doit être introduit dans un délai de cinq jours ouvrables, à l'exception du code de la Centrafrique qui en exige huit[1098], à partir de la publication de la décision d'attribution du marché. Ce délai, ainsi que l'énoncent les codes du Congo, article 141, alinéa 3, et du Gabon, article 236, peut être porté à dix jours ouvrables précédant la date prévue pour le dépôt de la candidature. Les codes précités soumettent également le recours gracieux à un autre délai tout aussi court, celui dans la limite duquel l'autorité saisie doit se prononcer. Les codes de la Centrafrique, article 107, alinéa 3, du Tchad, article 199, alinéa 5, et du Congo, article 142, alinéa 5, indiquent que le recours gracieux doit être vidé dans un délai de trois jours ouvrables à compter de la date de saisine du maître de l'ouvrage. Celui du Gabon, article 240, alinéa 3, porte ce délai à dix jours. Les différents codes précités n'indiquent pas clairement les délais dans lesquels s'exerce le recours gracieux dans le contentieux de l'exécution. On peut supposer qu'ils sont tout aussi courts et identiques à ceux du recours gracieux en matière de contentieux de la passation.

B. Les effets du recours gracieux

Le recours gracieux comporte deux principaux effets : la suspension de la procédure de passation du marché et la suspension des délais contentieux. Si le deuxième effet est valable aussi bien pour le contentieux de la passation que pour celui de l'exécution, le premier effet ne concerne que le contentieux de la passation, la procédure de l'exécution du marché ne pouvant être suspendue. En effet, quel que soit le grief évoqué à l'encontre de l'autorité contractante, le titulaire est tenu de poursuivre l'exécution du marché public au risque de se voir infliger une résiliation à ses torts[1099].

B.1. La suspension de la procédure de passation du marché public

Le recours gracieux suspend la passation des marchés publics. Les codes des États membres divergent assez largement sur cet effet suspensif. Le Code des marchés publics de la Centrafrique, article 106, alinéa 5, est très strict sur la portée de cet effet, sans doute pour ne pas trop handicaper la procédure de passation. La suspension ne peut durer que trois jours calendaires à compter de

1098. Article 106, alinéa 4.
1099. Voir supra, développements sur la question p. 317

la date de saisine de l'autorité contractante ou de son supérieur hiérarchique. Le code du Congo, article 141, alinéa 3, laisse plutôt coïncider la durée de l'effet suspensif avec l'ensemble des délais nécessaires pour couvrir toute la trame des recours administratifs. La procédure de passation reste suspendue jusqu'à la décision de la personne responsable du marché public ou, le cas échéant, de celle de l'autorité hiérarchique ou de l'Autorité de régulation des marchés publics, saisie après l'échec de l'ensemble des recours administratifs. Les Codes des marchés publics du Tchad, article 197, et du Cameroun, 175, alinéa 4, comme le code du Congo, disposent que l'effet suspensif court jusqu'à ce que l'organe de régulation ait donné son appréciation, sauf que l'effet suspensif ne peut être produit que dans la phase du recours exercé entre la publication des résultats et la notification de l'attribution. Le code du Gabon, article 237, dispose, pour sa part, que le recours gracieux ne possède pas d'effet suspensif, cette caractéristique étant réservée au recours hiérarchique. En France, sous l'impulsion du droit communautaire européen[1100], un tel délai suspensif a été introduit en 2007 dans le processus de passation des marchés publics. Les soumissionnaires ont désormais la possibilité, après la décision d'attribution, d'examiner cette dernière et de décider s'ils souhaitent engager un recours. Les pouvoirs adjudicateurs, également, ne peuvent signer le contrat avant l'expiration de ce délai, d'au moins dix jours.

B.2. La prorogation des délais contentieux

L'introduction du recours gracieux suspend et proroge non seulement les délais de saisine du juge ou de l'arbitre mais prohibe aussi que les autres recours préalables ne soient déclenchés tant que la procédure gracieuse n'est pas épuisée, sauf si la réglementation en dispose autrement, notamment dans le cas du recours hiérarchique. Les Codes des marchés publics ont, en effet, instauré un système de règlement des différends dont la mise en œuvre se déroule par séquences cloisonnées, et dans des délais aussi courts que précis qui s'ouvrent au fur et à mesure que la précédente n'a pas donné satisfaction, et ce, jusqu'à la séquence ultime constituée par les recours juridictionnels. Ainsi, on ne peut admettre dans le droit des marchés publics des États de la CEMAC que le requérant puisse saisir à la fois, et dans le même délai, l'auteur de l'acte incriminé, son supérieur hiérarchique, l'organe de régulation et le juge ou l'arbitre.

En France également, le recours administratif a un effet suspensif sur les délais contentieux. En effet, le Conseil d'État a très tôt admis, d'abord dans le cadre du recours hiérarchique dans un arrêt de 1881[1101], puis dans celui du recours

1100. Directive 2007/66/CE sur les procédures de recours relatifs aux marchés publics, in Fiches thématiques sur l'Union européenne, Parlement européen, Marchés publics, www.europal.europa.eu.

1101. CE, 13 avril 1881, Bansais, Rec., p. 430 ; S., 1882, III, p. 29, concl. O. Le Vavasseur de Précourt ; DP, 1882, III, p. 49 et JPJA, 1881-1885, p. 75, concl. RGA, 1881, t.2, p. 68, chron. O. Le Vavasseur de Précourt.

gracieux dans un arrêt de 1917[1102], que l'exercice d'un recours administratif à l'encontre d'un acte administratif a pour effet de proroger le délai de recours contentieux à son encontre si ce recours est lui-même formé dans le délai de recours contentieux et s'il est réellement un recours administratif. Le Tribunal administratif de Marseille a rappelé, à cet effet, que le courrier par lequel les requérants se sont bornés à formuler leur opposition au permis de construire sans asseoir leur opposition sur une violation d'une règle d'urbanisme et surtout sans formuler de demande tendant à annuler ou à retirer le permis de construire ne peut être regardé comme un recours administratif[1103].

Jusque-là, les délais contentieux ne pouvaient être prorogés qu'une seule fois par un seul recours administratif[1104]. Autrement dit, après le rejet d'un premier recours, un second recours ne pouvait les proroger une nouvelle fois. Le Conseil d'État avait toujours considéré qu'« une nouvelle réclamation, adressée même dans le délai de deux mois, à l'autorité hiérarchique, ne saurait avoir pour effet de conserver le délai de recours au Conseil d'État contre la décision primitive[1105] ». Le Conseil d'État est revenu sur cette jurisprudence en 2009[1106] en jugeant que « lorsque, dans le délai initial du recours contentieux ouvert à l'encontre d'une décision administrative, sont exercés contre cette décision un recours gracieux et un recours hiérarchique, le délai du recours contentieux, prorogé par l'exercice de ces recours administratifs, ne recommence à courir à l'égard de la décision initiale que lorsqu'ils ont été l'un et l'autre rejetés ». Autrement dit, l'effet suspensif se prolonge tout le temps que dure la saisine de l'administration lorsque le requérant a formé dans le délai contentieux un recours gracieux suivi d'un recours hiérarchique.

2. Le recours hiérarchique

Le requérant peut saisir l'autorité hiérarchique lorsque le recours gracieux est demeuré infructueux. Il peut aussi, dans certains cas, le saisir directement sans se référer au préalable à l'autorité qui a pris l'acte contesté. Par exemple, il en est ainsi aux termes des codes du Tchad, articles 196, alinéa 2, et 197, alinéa 1, et du Cameroun, articles 172 d, 173, alinéa 2, 174, alinéa 2, des recours relatifs à l'ouverture des plis et des recours entre la publication des résultats et la notification de l'attribution. L'autorité hiérarchique est assez difficile à discerner au regard des différents codes des États membres de la CEMAC. Pour la plupart de ces codes, la personne qui prend les différentes mesures relatives à la passation et à l'exécution des marchés publics est la personne responsable du

1102. CE, 12 janvier 1917, Marchelli, Rec., p. 42 ; S., 1923, III, p. 12.
1103. TA Marseille, 1er avril 2010, SCI J. c/Commune de Meyreuil, req. n°07-08104.
1104. CE, 27 janvier 1950, Demoiselle Ducrot, Rec., p. 65 ; CE, 25 janvier 1950, Boudet, Rec., p. 56 ; CE Sect., 1er février 1980, ministre du Travail c/Société peintures Corona, n°6361, Rec., p. 59.
1105. CE, 11 avril 1930, Sté Les Grands Moulins Seigle ; CE, Sect., 5 juin 1953, Sté Sapvin.
1106. CE, 7 octobre 2009, M. Ouahrirou, n°322581 ; AJDA, 2009, p. 1862, obs. M.C. de Montecler ; JCP, 23 novembre 2009, note M.C. Rouault.

marché public. Or, celle-ci, dans la plupart des cas, il faut le rappeler[1107], est le responsable hiérarchique de la structure concernée et intéressée par la passation du marché. La question qui peut se poser est celle de savoir à qui s'adresse, dans ce cas, le recours hiérarchique ? D'autres États ont bien compris cette difficulté et se sont résolus à proposer un mécanisme beaucoup plus cohérent. Tel est le cas du Gabon, dont le code à son article 14, contrairement aux autres codes, indique que la personne responsable du marché public doit être distincte du chef hiérarchique de la structure commanditaire du marché public. Le cas du Cameroun, sur ce point, est encore plus complexe. En effet, le code de ce pays affirme que l'autorité hiérarchique en matière de marché public est la personne physique placée à la tête du département ministériel ou de l'exécutif de la collectivité territoriale considérée comme maître d'ouvrage[1108]. Cela conduit à dire que le recours hiérarchique doit être porté devant cette autorité. Cependant, la décision définitive, qui valide en quelque sorte ce recours, est prise par l'Autorité des marchés publics, autrement dit le ministre chargé des marchés publics. Il en est ainsi y compris sur les décisions que peut prendre l'organe de régulation dans le cadre des recours qui lui sont adressés[1109]. Là aussi, la question qui se pose est de savoir ce qu'il advient lorsque la structure commanditaire du marché public est un département ministériel. Le ministre chargé des marchés publics a-t-il, dans ce cas, autorité sur un autre ministre, en l'occurrence celui qui est considérée comme responsable hiérarchique de la structure commanditaire du marché public ?

En tous les cas, il s'agit pour le plaignant, en y apportant toutes les preuves pouvant étayer ses réclamations, de demander à l'autorité hiérarchique soit d'ordonner le redressement de l'anomalie commise par la personne responsable du marché, soit de décider de l'annulation de la procédure de passation ou de l'annulation de l'acte d'exécution contesté. L'autorité hiérarchique doit y répondre en s'entourant de tous les avis techniques utiles et nécessaires, et en tenant compte des considérations d'intérêt général. Dans tous les cas, le recours hiérarchique, dont copie doit être adressée à l'organe de régulation, est introduit suivant les mêmes modalités que le recours gracieux et produit les mêmes effets. La question qui retient l'attention et suscite des développements particuliers est celle des délais dans lesquels ce recours doit être exercé. La réponse à cette question doit être distinguée, là aussi, selon qu'il s'agit du contentieux de la passation ou de celui de l'exécution.

1107. Supra : voir développements sur la personne responsable des marchés publics.
1108. Article 6, alinéa 1.
1109. Article 176, alinéa 1.

A. Les délais du recours hiérarchique dans le contentieux de la passation des marchés publics

Le Code des marchés publics du Gabon, article 237, semble être le seul à avoir fixé le délai du recours hiérarchique, qui doit être exercé dans les cinq jours ouvrables à compter de la décision de la personne responsable du marché public. Cette absence de formalisme s'explique sans doute par le fait que les recours administratifs sont dans leur ensemble enfermés dans la même séquence, qui autorise d'ailleurs que le recours hiérarchique puisse être déposé directement auprès de l'autorité hiérarchique sans qu'il ne soit besoin de saisir au préalable l'auteur de l'acte incriminé par un recours gracieux. On peut toutefois noter qu'en dépit de l'absence de formalisme dans sa saisine, certains Codes des marchés publics des États de la CEMAC enferment l'autorité hiérarchique, pour le prononcé de sa décision, dans des délais très stricts. Le code du Congo, article 142, alinéa 5, celui de la Centrafrique, article 107, alinéa 3, et celui du Tchad, article 199, alinéa 5, indiquent que l'autorité hiérarchique doit se prononcer dans les trois jours ouvrables de sa saisine, tandis que celui du Gabon, article 240, alinéa 3, prévoit un délai de dix jours. Si elle ne se prononce pas dans ce délai ou si sa décision ne satisfait pas le requérant, celui-ci peut saisir le comité de règlement des différends de l'Autorité de régulation des marchés public, faute de quoi l'attribution du marché ne peut plus être suspendue.

B. Les délais du recours hiérarchique dans le contentieux de l'exécution des marchés publics

Les Codes des marchés publics du Cameroun, article 186, du Gabon, article 245, du Tchad, article 201, et du Congo, article 144, reconnaissent la possibilité pour les titulaires des marchés publics d'intenter un recours devant le supérieur hiérarchique de la personne responsable du marché dans le contentieux de l'exécution des marchés publics. Là aussi, comme pour le recours hiérarchique dans le contentieux de la passation, sans doute pour les mêmes raisons, les Codes des marchés publics des États précités manquent de formalisme particulier pour ce qui concerne les délais de saisine de l'autorité hiérarchique dans le contentieux de l'exécution.

Quoi qu'il en soit, l'étude des recours administratifs, dans leur ensemble, permet d'observer et de comprendre que les délais des recours administratifs sont très courts en matière de marchés publics, tant dans la saisine des personnes chargées de résoudre les litiges que dans le prononcé de leurs décisions. On peut considérer que, même lorsqu'ils ne sont pas mentionnés dans le texte, l'esprit des différents codes est de les enfermer dans une procédure sans délais, quitte aux candidats et aux titulaires des marchés publics de faire preuve de réactivité et de célérité. Les opérations en la matière, allant parfois très vite, organisent par elles-mêmes les forclusions en raison de la fermeture concomitante des étapes de la procédure de passation ou d'exécution des marchés publics. Toutefois, il aurait fallu que ces délais fussent énoncés formellement. On aurait pu ainsi déterminer avec précision le délai global des recours administratifs préalables, allant du recours gracieux au recours hiérarchique. Qu'à cela ne tienne, le calcul arithmétique cumulé de l'ensemble de ces délais, tels qu'énoncés par la plupart des codes, montre que ceux-ci ne sauraient dépasser les trente jours calendaires à compter de l'introduction du recours gracieux. Il est sans doute utile que la question des délais dans les marchés publics en zone CEMAC soit simplifiée et surtout harmonisée.

Il est toutefois important de noter qu'au-delà de la dysharmonie constatée, l'enfermement des recours administratifs dans des délais très courts leur donne du sens et de l'intérêt. En effet, ces recours n'auraient eu aucune efficacité et aucune crédibilité, en dépit de l'attirance qu'ils pouvaient exercer sur les parties, si leurs délais avaient été alignés sur les délais traditionnels en matière de recours contentieux administratifs. Il peut être rappelé qu'en cette matière, le droit administratif admet que l'administration dispose, à compter de la date de sa saisine, d'un délai de deux mois pour donner une réponse à la requête qui lui est adressée. Une absence de réponse durant ce délai équivaut à une décision implicite de rejet. Le demandeur a alors un délai de deux mois pour saisir le juge administratif d'un recours contentieux. Une computation desdits délais montre finalement que le requérant doit attendre en gros quatre mois avant de saisir la juridiction compétente. Ce qui peut être dommageable à la commande publique qui objectivement ne peut être assujettie à des délais de recours administratifs trop longs. L'objectif d'intérêt général, souvent de manifestation très urgente, qui la motive ainsi que les enjeux financiers qui l'entourent ne peuvent supporter une période de tergiversations et d'incertitudes aussi longue. La posture prise par les États membres de la CEMAC sur ce point paraît très positive de ce point de vue.

En France, pour éviter cet écueil, on l'a vu, les recours administratifs ont été dépouillés de leur caractère obligatoire afin de permettre la saisine directe du juge. Il n'en demeure pas moins qu'au-delà des problématiques relatives aux marchés publics, la question des délais de recours administratifs reste préoccupante dans l'ensemble des relations contractuelles de l'administration. Le Conseil d'État[1110] s'en est récemment inquiété en considérant qu'au nom du principe de sécurité juridique, afin d'éviter que ne puissent être remises indéfiniment en cause des situations consolidées par l'effet du temps, qu'un recours administratif préalable doit être présenté dans un délai raisonnable, qui doit être variable en fonction de la nature de la contestation.

1110. CE, 13 juillet 2016, n°387763.

II. LE RECOURS DEVANT L'ORGANE DE RÉGULATION DES MARCHÉS PUBLICS

Les États membres de la CEMAC se sont dotés chacun d'un organe de régulation dont la mission est d'optimiser et d'améliorer le système des marchés publics[1111]. Cette mission consiste, outre la contribution à la formulation des règles applicables aux marchés publics ainsi que le contrôle de leur application, à résoudre les différends qui peuvent naître du processus de passation[1112] des marchés publics[1113], en particulier lorsque ces litiges n'ont pas été résolus par le biais des recours administratifs[1114]. Certains États, comme le Cameroun[1115], le Tchad[1116], la Centrafrique[1117] et le Congo[1118], ont institué au sein de leur organe de régulation un comité de règlement des différends auquel incombe particulièrement cette fonction. Il faut toutefois noter que l'organe de régulation des marchés publics du Cameroun, contrairement à ceux institués dans les autres États de la CEMAC, n'a aucun pouvoir de décision. Il est simplement chargé d'instruire les litiges nés des procédures des marchés publics et de formuler, par la suite, les mesures appropriées à l'autorité des marchés publics, c'est-à-dire le ministre chargé des marchés publics, qui décide en dernier ressort.

En France, il existe également un tel mécanisme de règlement des différends, mais avec des différences notoires. Les comités de règlement amiable des marchés institués à l'article 127 du code français[1119], dont la mission est de « rechercher des éléments de droit ou de fait en vue d'une solution amiable et équitable », sont exclusivement compétents pour connaître des litiges nés de l'exécution des marchés publics et non pour les litiges relatifs à la passation des marchés, qui relèvent du juge du référé précontractuel[1120]. Au fond, la grande différence est que les organes de régulation instaurés dans les États de la CEMAC, ainsi qu'on va le voir, ont à la fois compétence pour rechercher la solution en impliquant les parties, notamment par la conciliation et, si plus, par la transaction, et, le cas échéant, en cherchant à mettre fin au litige par la voie d'un règlement quasi juridictionnel, alors que les comités de règlement amiable créés en France ne sont que des organes de conciliation, qui ne peuvent rien imposer aux parties. La jurisprudence a d'ailleurs admis, en raison du caractère non décisif des actes de ces comités, que le titulaire peut saisir parallèlement

1111. Supra p. 194 et s.
1112. Le code du Gabon, articles 237 et 245, à la différence des codes des autres États membres, élargit la compétence de l'organe de régulation aux litiges nés de l'exécution des marchés publics.
1113. Congo, article 142, alinéa 1, Tchad, article 199, alinéa 1, Centrafrique, article 107, alinéa 2.
1114. Supra p. 341 et s.
1115. Articles 49, alinéa 1 et 186, alinéa 2.
1116. Article 199, alinéa 1.
1117. Article 107, alinéa 1.
1118. Article 142, alinéa 1.
1119. Voir Catherine Bergeal et Frédéric Lenica, *Le contentieux des marchés publics*, 2e éd., *op. cit.*, p. 341.
1120. CCIRAC Marseille, 12 février 2007, note Gabolde, JCP, éd. Administrations et collectivités locales, 2007/28, p. 25.

le juge administratif, qui n'est pas tenu d'attendre l'avis desdits comités pour statuer[1121].

Le recours à l'organe de régulation pour résoudre les litiges dans les marchés publics, comme le recours à l'arbitrage, ainsi qu'on le verra, est l'une des innovations consécutives à l'évolution récente de la gestion des marchés publics dans les États membres de la CEMAC. Ce sont des modes alternatifs de règlement des différends dont l'objectif principal est d'éviter ou de contenir, tant soit peu, l'intervention du juge dont les délais sont jugés trop longs et les décisions, trop à cheval sur le droit, ne prennent pas suffisamment, ou presque pas, en compte l'équité[1122], alors que les intérêts en jeu, en cette matière, l'exigent. Il est donc intéressant de comprendre comment s'organisent la saisine de l'organe de régulation et les mécanismes de règlement des différends qu'il peut mettre en œuvre.

1. La saisine de l'organe de régulation des marchés publics

L'organe de régulation est saisi, quels que soient les protagonistes, sur recours par dépôt direct ou par lettre recommandée avec accusé de réception ou encore par tout autre moyen, y compris électronique, prévu par les textes. Il communique immédiatement le mémoire d'introduction du recours à la partie adverse. Au fond, cette saisine pose essentiellement deux problèmes : les personnes ayant qualité de le faire et les effets d'une telle saisine.

A. Les personnes ayant qualité à saisir l'organe de régulation des marchés publics

Les parties aux marchés sont les requérants, par excellence, de l'organe de régulation. Cet organe peut, en effet, ainsi qu'on va le développer, entendre les parties et rechercher avec elles une solution amiable ou, le cas échéant, trancher le litige de son propre chef. Il faut noter que plus que les autorités contractantes, les soumissionnaires, notamment les soumissionnaires évincés, sont plus amenés, pour cause, à saisir l'organe de régulation. Ils ne peuvent le faire, il faut le rappeler, que lorsque le recours auprès de l'autorité contractante ne leur a pas donné satisfaction. Les autres acteurs de la commande publique, notamment les administrations et toutes les personnes intervenant dans le processus de passation des marchés publics, peuvent également saisir l'organe

1121. CAA Paris, 9 juillet 1991, Sté Kleber Industries, Rec., p. 545.
1122. Voir Catherine Bergeal et Frédéric Lenica, *Le contentieux des marchés publics*, 2e éd., Éditions Le Moniteur, Paris 2010, p. 346.

de régulation lorsqu'ils estiment que des irrégularités risquent d'entacher l'attribution du marché public.

A.1. Les soumissionnaires évincés

La saisine de l'organe de régulation par les soumissionnaires évincés doit se réaliser, ainsi qu'on l'a vu pour les recours administratifs, dans des délais très courts. Ces délais varient selon les États membres. Les codes de la Centrafrique, article 107, alinéa 1, et du Gabon, article 240, alinéa 2, prévoient que ce délai est de cinq jours à compter de la notification des décisions contestées. Il est de huit jours pour le code du Congo, article 142, alinéa 4, et celui du Tchad, article 199, alinéa 4. Les soumissionnaires évincés sont autorisés à saisir l'Autorité de régulation même en l'absence de décision résultant des recours administratifs, notamment lorsque la personne responsable des marchés publics ou son supérieur hiérarchique n'a pas rendu sa décision dans les délais de leur saisine ou n'a pas daigné répondre à la requête. Le code de la Centrafrique, à son article 107, alinéa 3, considère le silence de l'autorité contractante, impliquant décision de rejet de celle-ci. Dans les trois jours calendaires de sa saisine, le requérant peut ainsi être autorisé à saisir l'Autorité de régulation. L'Autorité de régulation peut aussi s'autosaisir pour venir à la rescousse des soumissionnaires évincés ou simplement pour faire respecter les règles présidant à la procédure de passation des marchés publics. Le code du Gabon, article 239, et celui du Congo, article 142, alinéa 8, précisent que l'auto-saisine doit être faite à la demande du président de l'organe de régulation ou du tiers de ses membres. L'Autorité de régulation doit rendre sa décision, là aussi, dans des délais très courts, à compter de sa saisine. Ils sont de sept jours pour le code du Congo, article 142, alinéa 5, du Tchad, article 199, alinéa 5, et de la Centrafrique, article 107, alinéa 8. En revanche, ces délais sont de vingt-et-un jours maximum pour le code du Gabon, ainsi que le prévoit son article 239.

A.2. Les autres acteurs du système de passation des marchés publics

Les Codes des marchés publics de la Centrafrique, article 107, alinéa 10, du Tchad, article 199, alinéa 1, du Congo, article 142, alinéa 1, et du Gabon, articles 253 et 254, disposent que l'organe de régulation est tout à fait compétent pour connaître les litiges qui peuvent opposer les soumissionnaires et les autorités contractantes aux autres acteurs des marchés publics, notamment les administrations intervenant dans la procédure de passation des marchés publics, ou les litiges qui opposent ces autres acteurs entre eux. Dans l'ensemble, il s'agit notamment des litiges qui peuvent naître du contrôle a priori des marchés publics ou de l'approbation desdits marchés.

Il convient de noter que la compétence des organes de régulation pour les litiges mettant en confrontation les organes administratifs entre eux peut occasionner quelque incongruité juridique. Il est intéressant, sur ce point, d'évoquer le cas du Congo, notamment en ce qui concerne le recours contre les décisions des autorités d'approbation. Le décret n°2009-157 du 20 mai 2009 portant attribution, organisation et fonctionnement de l'Autorité de régulation des marchés publics[1123] indique, à son article 40, que les litiges susceptibles de naître entre le maître de l'ouvrage et les autorités d'approbation, notamment en cas de refus d'approbation, peuvent être portés devant l'organe de régulation, qui doit se prononcer dans un délai de dix jours à compter de sa saisine, l'autorité d'approbation ayant disposé en amont d'un délai de soixante-douze heures pour produire ses observations. Ce recours peut effectivement être inopérant ou simplement inefficace, dans la mesure où il paraît difficile, dans la pratique, d'imaginer l'organe de régulation, organe administratif placé autrefois sous l'autorité du président de la République et aujourd'hui sous celle du Premier ministre[1124], sanctionnant ou corrigeant une violation desdites autorités en leur qualité d'autorités approbatrices. Cela reviendrait à dire, ce qui est inconcevable en matière administrative, que l'organe subalterne pourrait corriger ou annuler les actes de l'organe supérieur. Et c'est tout aussi incompréhensible sur le plan politique, le président de la République hier et le Premier ministre aujourd'hui étant les autorités supérieures des marchés publics, donc en charge de la politique en cette matière. On comprend sans doute pourquoi les codes du Gabon et du Cameroun sont demeurés réservés sur ce sujet.

B. Les effets de la saisine de l'organe de régulation des marchés publics

La saisine de l'Autorité de régulation produit les mêmes effets que le recours auprès de l'autorité contractante. D'abord, elle suspend la procédure d'attribution du marché public. Cette suspension court à partir de la saisine de l'autorité contractante. C'est ce qui ressort de l'article 141, alinéa 3, du Code des marchés publics du Congo : le recours exercé devant l'autorité contractante suspend « la procédure d'attribution jusqu'à la décision définitive du maître d'ouvrage ou du maître d'ouvrage délégué, de l'autorité hiérarchique ou de l'Autorité de régulation des marchés publics. » C'est ce qui peut être également retenu aux articles 199, alinéa 6, du code du Tchad, et 142, alinéa 6, du code du Congo qui disposent que les décisions de l'organe de régulation « ne peuvent avoir pour effet que […] de suspendre ou de faire suspendre la décision litigieuse ou la procédure de passation ». Cette règle est absolue, elle s'impose et s'applique, même dans l'hypothèse où l'organe de régulation s'autosaisit, ainsi que l'affirment les codes du Gabon, article 239, alinéa 2,

1123. JORC du 16 mai 2009, p. 25.
1124. Décret n°2016-202 du 1er juillet 2016 portant rattachement au cabinet du Premier ministre, chef du gouvernement de certains services précédemment rattachés au cabinet du président de la République.

du Congo, article 142, alinéa 8, et du Tchad, article 199, alinéa 8. Ensuite, la saisine de l'organe de régulation proroge les délais contentieux, en ce sens que les juridictions ne peuvent être saisies tant que l'organe de régulation ne s'est pas prononcé. Il sied d'ajouter, ainsi que le prévoient les Codes des marchés publics du Tchad, article 199, alinéa 7, du Gabon, article 243, alinéa 3, de la Centrafrique, article 107, alinéa 11, et du Congo, article 142, alinéa 7, que le recours devant ces juridictions contre les décisions que rend l'organe de régulation n'a pas d'effet suspensif.

2. Les mécanismes de règlement des litiges par l'organe de régulation des marchés publics

L'organe de régulation, dès sa saisine, cherche avant tout à obtenir une solution amiable. Lorsque cette démarche est infructueuse, il rend une décision qui s'impose aux parties.

A. La recherche préalable de la solution amiable

L'Autorité de régulation tente d'abord de concilier les parties, c'est-à-dire de rétablir entre elles la bonne entente. Lorsque la conciliation est fructueuse, elle donne en principe lieu à la signature d'un contrat d'entente ou d'une transaction.

A.1. La conciliation

L'organe de régulation a, avant tout, un statut de conciliateur. Cela veut dire qu'il ne peut entamer son œuvre de résolution des litiges qui naissent des marchés publics qu'en tentant d'abord de réconcilier les parties. C'est ce qui ressort de l'article 107, alinéa 7, du code de la Centrafrique, des articles 49, k, et 193, alinéa 2, du code du Tchad, de l'article 91, alinéa 2, du code du Congo et de l'article 37, alinéa 2, du décret n°2009-157 du 20 mai 2009 relatif à l'Autorité de régulation des marchés publics au Congo[1125]. La fonction de conciliation qu'assure l'organe de régulation obéit à une procédure relativement simple et a une portée très modeste. La conciliation est mise en œuvre sur requête de la partie la plus diligente. La conciliation se déroule, ainsi que le prévoit l'article 15 du décret n°2009-157 du 20 mai 2009 sur l'Autorité de régulation du Congo, sur rapport introduit par un expert, y compris externe, choisi par le président de l'organe de régulation. L'organe de régulation peut, en

1125. JORC du 16 mai 2012, p. 25 et s.

effet, faire appel à toute personne ressource. Il délibère en principe à huis clos et son avis est notifié aux parties dans des délais très courts, déterminés par les réglementations nationales, à compter de la date de sa saisine, éventuellement prorogeable sur décision motivée du président de l'organe de règlement. Il peut en être ainsi notamment pour les marchés les plus complexes. L'avis de conciliation porte la proposition de solutions. Les parties sont invitées à l'accepter ou non. Si c'est une décision de non-acceptation, elle relance, ainsi qu'on l'a dit, le cours du délai des recours préalables et, le cas échéant, de la saisine du juge ou de l'arbitre. La jurisprudence l'admet également, en indiquant que la décision de rejet fait reprendre le cours du délai de saisine du juge administratif[1126]. Il faut noter que la conciliation, ainsi qu'on l'a mentionné plus haut, n'est en principe admise que pour les litiges qui peuvent naître de la passation des marchés publics. Les dispositions des codes précités l'attestent. Sont également exclues de son champ, si l'on s'en tient à la jurisprudence française, les matières relevant de l'ordre public. La conciliation ne peut, par exemple, concerner une clause prévoyant la délivrance d'un permis de construire, la renonciation partielle à l'exécution d'un jugement pénal et la remise gratuite d'un terrain[1127].

L'avis de conciliation n'est pas, en principe, impératif. Il ne s'impose pas aux parties. La procédure de conciliation ne remet pas en cause la procédure de règlement des différends prévue par les textes en vigueur, cette dernière reprend son cours en cas de conciliation infructueuse. L'organe de régulation, lui-même, peut reprendre le processus quasi juridictionnel momentanément interrompu, en raison de la tentative de conciliation. Le recours devant le juge ou l'arbitre peut à nouveau être déclenché suivant les termes prévus par la réglementation. De même, la conciliation devant l'organe de régulation ne prive pas le juge, au cas où il viendrait à être saisi, de sa mission de conciliation qui lui est légalement reconnue. Cette mission, comme on le sait, a d'abord été reconnue au juge judicaire[1128] puis au juge administratif[1129].

Il faut, toutefois, noter que la conciliation est un mécanisme très important dans la procédure de règlement des différends. Les organes qui en ont la charge doivent se l'imposer, même en l'absence des textes[1130]. Le juge, lui-même applique la même approche. Il doit d'abord tenter de concilier les parties avant de juger le litige au fond, même si certains juges redoutent d'exercer une mission aussi lourde, dont les conclusions pourraient être contredites par un autre juge saisi dans le cadre du contentieux[1131].

La conciliation, en d'autres termes le recours à un tiers en vue de concilier les vues, peut être institutionnalisée. C'est ce que prévoient, on l'a vu, la

1126. CE, 8 février 2002, OPHLM de Seine-Saint-Denis.
1127. CAA Lyon, 3 février 2005, AJDA, 2005, p. 1535, note J.D. Dreyfus.
1128. Article 21 du nouveau Code de procédure civile.
1129. Article L.211-4 du CJA (loi du 6 janvier 1986).
1130. CE, 27 juillet 1984, Sté Otit, RDP, 1985, Rec. p. 247 ; CE, 9 décembre 1991, Snoy, Rec. p. 423.
1131. Voir C. Bergeal et F. Lenica, *Le contentieux des marchés publics*, *op. cit.*, p. 341.

plupart des codes des États membres, en prévoyant l'institution des organes de régulation. Elle peut aussi être contractuelle, c'est-à-dire prévue et organisée par les parties dans le cadre du contrat qui les lie[1132]. Dans cette deuxième hypothèse, le conciliateur peut être une personnalité choisie d'un commun accord par les parties pour ses compétences techniques ou administratives ou une instance ad hoc dont la composition est déterminée dans le contrat ou l'entente des parties[1133]. En principe, quelle que soit la forme de la conciliation, tout recours juridictionnel effectué sans que la conciliation ait été tentée est irrecevable[1134]. La conciliation, ou plus largement le recours à l'organe de régulation, ainsi qu'il est défini par les dispositions précitées des différents Codes des marchés publics, est un préalable obligatoire. Le juge ou l'arbitre ne peuvent être saisis que si cette formalité est remplie. La jurisprudence admet également que lorsque le caractère obligatoire de la conciliation est reconnu, le recours au juge est irrecevable[1135].

A.2. La transaction

Le code de la Centrafrique, pour ne citer que lui, affirme à son article 107, alinéa 7, que l'Autorité de régulation des marchés publics, lorsque les pourparlers menés sous son égide aboutissent à une solution, met fin au litige par la conclusion d'une transaction. En effet, la transaction conclut en général la conciliation. L'article 2044 du Code civil français la définit comme un contrat « par lequel les parties terminent une contestation née, ou préviennent une contestation à naître ». La transaction doit en principe être écrite et signée par les parties prenantes, et prouvée par tout élément ou acte pouvant en donner trace, par exemple un échange de lettres[1136]. La jurisprudence n'est toutefois pas très exigeante sur ces conditions, qui peuvent ou ne pas être remplies[1137], sauf dans le cas où la transaction a été signée par une autorité incompétente[1138]. C'est le cas, par exemple, du mandataire commun d'un groupement d'entreprises qui engage le groupement en prenant des décisions liées au contrat sur lesquelles ne porte pas son mandat et dont les entreprises ne sont pas en réalité solidaires[1139].

La transaction doit traduire des concessions réciproques de la part des parties, même si ces concessions sont sans rapport avec les prétentions initiales des parties[1140]. Le juge est très strict sur la validité des transactions. Il dispose de pouvoirs très étendus en la matière. Il peut demander à toute personne de produire des observations susceptibles d'éclairer sa décision. Il peut ordonner

1132. CE, 27 juillet 1984, Sté Otit, RDP, 1985, Rec., p. 247 ; CE, 9 décembre 1991, Snoy, Rec., p. 423.
1133. CAA Marseille, 28 décembre 2000, Sté Trans-montagne, BJCP, 2001/188, p. 431.
1134. CE, 6 octobre 1976, Kock, Rec. p. 396.
1135. CE, 6 octobre 1976, Kock, Rec., p. 396.
1136. CE, 11 janvier 1961, Gugenheim, T., p. 1101.
1137. CE, 4 octobre 1968, Commune de Saint-Germain près Herment, T, p. 1002 ; CE, 30 octobre 1974, Commune de Saint-Pierre-les-Bois, Rec., p. 525.
1138. CE, Sect., 5 janvier 1966, Hawezack, Rec., p. 317, obs. F. Moderne.
1139. CE, 21 janvier 1994, SA Stefal, RDP, 1994, p. 857, chron. F. Llorens.
1140. CE, Ass. 11 juillet 2008, Sté Krupp Hazemag, n°287354.

aux parties à la transaction la production de tout élément susceptible de compléter son information[1141]. La transaction ne doit donc pas franchir certaines limites. Par exemple, ne peut être considérée comme régulière, la transaction par laquelle la personne publique, même si elle est en droit de renoncer à la somme qui lui est due[1142], se livre à une véritable libéralité[1143], c'est-à-dire, qu'elle abandonne un engagement financier sans aucune espèce d'obligation préexistante. Dans le même sens, la transaction ne peut contenir de dispositions conduisant la personne publique à payer une somme qu'elle ne doit pas[1144]. Il en est de même pour le cocontractant[1145]. On peut aussi ajouter que la transaction ne peut pas se contenter de reprendre les termes des dispositions contestées. Il en est ainsi lorsque la transaction se contente de reconduire le montant du marché entaché de nullité, elle ne peut être reconnue comme régulière[1146].

La transaction a force de chose jugée. Elle met fin au litige[1147]. Si les parties se sont présentées parallèlement devant le juge, elles demandent leur désistement, dont il leur est absolument donné acte[1148]. Ce désistement, sauf mention contraire, est considéré comme un désistement d'action, c'est-à-dire qu'il empêche tout recours ultérieur sur le même objet[1149]. Le juge, lui-même, lorsqu'il est tenu informé de la conclusion d'une transaction sur l'affaire qui lui est soumise, peut constater le non-lieu à statuer, même si les parties ne demandent pas le désistement[1150]. Il est tenu de l'appliquer[1151] et peut aussi, si on le lui demande expressément, homologuer la transaction intervenue[1152], sauf s'il considère qu'il ne dispose pas des éléments d'appréciation nécessaires[1153]. La transaction lie les parties et les oblige à en exécuter les termes[1154]. Le comptable de la personne publique ne peut exiger un autre titre, par exemple l'homologation de la convention de transaction[1155], pour procéder au paiement des sommes convenues. Le juge a, dans ce sens, admis que le cocontractant pouvait obtenir en référé l'allocation d'une provision sur le fondement d'une transaction que la personne publique refuse d'exécuter[1156]. La transaction n'a pas

1141. CE, Ass. 6 décembre 2002, n° 249153, Syndicat intercommunal des établissements du second cycle du second degré du district de l'Haï-les-Roses.
1142. CE, Section, 28 septembre 1983, Sté des établissements Prévost, Rec. P. 376.
1143. CE, 18 mai 1877, Banque de France, S., 1878, II, p. 28 ; CE, 17 mars 1893, Chemins de fer du Nord, concl. Romieu, S., 1894, 3, p. 119.
1144. CE, Sect., 19 mars 1971, Sieurs Mergui, Rec. p. 235, concl. Rougevin-Baville, AJDA, 1971, p. 274, chron. RDP, 1992, p. 234, note Waline.
1145. CE, Sect., 17 mars 1978, SA Renaudin, Rec. p. 140, concl. Galabert.
1146. CE, 8 décembre 1995, Commune de Saint-Tropez, Rec. P. 195.
1147. CE, 13 mars 1984, OPHLM de Firminy Médéric Prévoyance, 1984, Rec. p. 45. Est irrecevable un recours contentieux fondé sur les mêmes revendications que celles tranchées par la transaction, CE, 11 janvier 1961, Guenheim, T., p. 1101.
1148. CE, 22 juillet 1992, Sté nationale de construction, T., LPA, 8 janvier 1993, p. 12 conclusions b. de Froment ; D., 1993, p. 202.
1149. CE, 2 décembre 1988, Commune de Sedan, T., p. 961 ; CE, 22 juillet 1992, Sté nationale de construction, D., 1993, p. 202, commentaires P. Terneyre.
1150. CE, 30 octobre 1974, Commune de Saint-Pierre-les-Bois, Rec. p. 525.
1151. CE, Ass., 6 décembre 2002, n° 249153, préc ; CE, 10 février 2014, n° 350265, SA Genica.
1152. CE, Sect. 19 mars 1971, Mergui, préc.
1153. CE, Ass., 6 décembre 2002, n° 249153, préc.
1154. CE, 5 mai 1971, Ville de Carpentas, Rec., p. 326.
1155. TA Versailles, 16 mai 2008, Commune d'Issy-les-Moulineaux, AJDA, 2008, p. 1556.
1156. CAA Lyon, 2 juin 1992, Passariello, T., p. 1122.

d'effet à l'égard des tiers. Par exemple, l'architecte ne peut invoquer l'accord intervenu entre le maître de l'ouvrage et les entrepreneurs pour s'exonérer de sa propre garantie[1157]. Il faut toutefois indiquer que la transaction peut faire l'objet d'un recours devant le juge ou l'arbitre sans que ce recours n'ait un effet suspensif. Il faut aussi tout de suite dire que, dans ce cas, l'action principale étant en principe éteinte par la transaction, un tel recours ne peut avoir pour objet que d'ouvrir une nouvelle action qui peut être fondée notamment sur son illicéité[1158], c'est-à-dire sur son objet ou son fondement, ou sur son inexécution[1159].

La transaction est l'un des modes de règlement des litiges des marchés publics qu'impriment désormais les États membres de la CEMAC. En France, elle constitue l'une des plus anciennes exceptions à l'intervention du juge administratif dans le contentieux public. En effet, aux termes d'une jurisprudence déjà ancienne, les personnes publiques sont libres de recourir à la transaction pour régler leurs litiges[1160]. Ce type de contrats, qui autrefois relevait du juge judiciaire[1161], puis du juge administratif chaque fois que le caractère administratif lui était reconnu[1162], ou de la compétence du juge qui aurait été compétent pour statuer au fond[1163], relèvent désormais de la compétence exclusive du juge administrative depuis la loi n°2001-1168 du 11 décembre 2001 portant mesures urgentes de réformes à caractère économique et financier. Il en est ainsi, même s'ils ne contiennent pas de clauses exorbitantes, du moment où ils sont conclus dans le cadre du règlement des litiges portant sur les marchés publics[1164].

B. Le règlement du litige par décision propre de l'organe de régulation des marchés publics

L'organe de régulation des marchés publics, dans sa mission relative au règlement des différends, dispose d'un pouvoir quasi juridictionnel dont les décisions ont une portée relativement importante.

B.1. Le pouvoir quasi juridictionnel de l'organe de régulation des marchés publics

La conciliation infructueuse conduit l'organe de régulation à donner sa propre interprétation des faits et, par conséquent, à décider du sort du litige

1157. CE, 13 janvier 1984, OPHLM de la Ville de Firminy, T., p. 672.
1158. CE, 22 février 2008, M. Tête, req. n°266755.
1159. CE, 28 janvier 1994, Sté Raymond Camus, DA, n°218 ; LPA, 30 novembre 1994, p. 27, note D. Haïm, 1995, somm., p. 125, chron. P. Terneyre.
1160. CE, 17 mars 1893, Compagnie du Nord c/ministre de la Guerre, Rec., p. 245, concl. Romieu, S., 1984, 3, 119 ; CE, 8 avril 1921, Compagnie de la N'Golo-Sangha, Rec., p. 35.
1161. Voir C. Bergeal et F. Lenica, *Le contentieux des marchés publics*, *op. cit.*, p. 358.
1162. CE, 23 octobre 1970, Clot, Rec. p. 617 ; CE, 5 mai 1971, Ville de Carpentras, Rec. p. 326 ; AJDA, 1971, p. 403.
1163. TC, 18 juin 2007, Société Briançon Bus, AJDA, 2007, p. 2100 ; Tc, 15 janvier 2007, Communauté urbaine de Bordeaux, Contrats et marchés publics, avril 2007, p. 28.
1164. Voir Catherine Bergeal et Frédéric Lenica, *Le contentieux des marchés publics*, *op. cit.* pp. 355 à 369.

qui lui est soumis. Il peut corriger la violation alléguée, ordonner toute mesure conservatoire ou suspendre la décision litigieuse ou la procédure de passation des marchés publics. Il peut aussi empêcher que d'autres dommages ne soient causés aux intérêts concernés. Cependant, il ne ressort pas des différents codes que l'organe de régulation peut accorder des indemnités à la partie lésée ni annuler la procédure de passation du marché public ou le marché public lui-même lorsqu'il est conclu. Pour ce dernier cas, ainsi que le préconise le code tchadien à son article 50, l'organe de régulation doit se référer à l'autorité hiérarchique, donc à l'autorité en charge des marchés publics qui est habilitée à le faire. En dépit de cette relative limite, l'organe de régulation dispose d'un pouvoir important dans le processus de règlement des différends des marchés publics. Il s'agit, contrairement de ce qu'en disent les règlementations nationales[1165], d'un pouvoir quasi juridictionnel comparable, toutes proportions gardées, à celui qu'exerce le juge en matière de contentieux des marchés publics. Le verbe « statuer » utilisé aux articles 199, alinéa 1, du code du Tchad, 142, alinéa 1, du code du Congo, 107, alinéa 5, du code de la Centrafrique et 242 du code du Gabon, pour désigner les attributions de l'organe de régulation en matière contentieuse est suffisamment évocateur sur cette nature quasiment juridictionnelle.

Il apparaît, au regard des dispositions précitées, que les organes de régulation sont comparables à des organes de double degré de juridiction dans le règlement amiable des litiges des marchés publics. L'article 238 du code du Gabon, pour ne citer que celui-là, est très explicite : « Les candidats sont autorisés à introduire, après épuisement des recours (administratifs), un recours auprès de l'Autorité de régulation des marchés publics. » Ce pouvoir quasi juridictionnel apparaît également dans la portée de leurs décisions.

B.2. La portée de la décision de l'organe de régulation des marchés publics

Les décisions de l'organe de régulation sont exécutoires, contraignantes et définitives. Les parties sont appelées à les exécuter immédiatement, en prenant dans les plus brefs délais les mesures de nature à remédier aux irrégularités constatées. Il faut toutefois noter que cette option ne prive pas définitivement les parties du recours juridictionnel. Elles peuvent toujours, ainsi qu'on le verra, saisir le juge ou l'arbitre, sans que ce recours n'ait d'effet suspensif[1166]. La situation est, on l'a vu, relativement différente en France où les comités de règlement amiable institués par le code français des marchés publics, à son

1165. Voir, par exemple, l'article 2, alinéa 2, tiret 5, du décret n°2009-157 du 20 mai portant attributions, organisation et fonctionnement de l'Autorité de régulation des marchés publics du Congo, qui indique que « l'Autorité de régulation des marchés publics a pour mission de [...] procéder au règlement non juridictionnel des litiges survenus à l'occasion de la passation des marchés publics ».

1166. Article 142, alinéa 7, du code du Congo ; Article 107, alinéa 11, du code de la Centrafrique ; article 243, alinéa 3, du code du Gabon ; article 199, alinéa 7, du code du Tchad.

article 127[1167], n'ont qu'une fonction conciliatrice. Leurs décisions n'ont donc pas de force contraignante, tant qu'elles ne sont pas acceptées par les parties.[1168].

1167. Voir les commentaires de C. Bergeal et F. Lenica, *Le contentieux des marchés publics*, *op. cit*, p. 341.
1168. Le comité de règlement des différends diffère des comités de règlement amiable institués par le code français des marchés publics, à son article 127, qui n'ont qu'une fonction conciliatrice, celle de « rechercher des éléments de droit ou de fait en vue d'une solution amiable et équitable ». C'est-à-dire une solution qui n'est pas contraignante tant qu'elle n'est pas acceptée par les parties.

CHAPITRE 2

LES RECOURS JURIDICTIONNELS

Les recours juridictionnels regroupent les recours intentés devant les juridictions et les instances arbitrales. Il convient de noter, pour ce qui concerne l'arbitrage, même si ce caractère peut lui être contesté, notamment par la jurisprudence européenne[1169] qui le considère plutôt comme un mode alternatif de règlement des différends, qu'il est, ainsi que l'a toujours admis la jurisprudence administrative[1170], un mode de règlement juridictionnel au même titre que le recours au juge. Les Codes des marchés publics des États membres de la CEMAC l'attestent formellement. Les codes du Tchad, articles 199, alinéa 7, et 202, du Congo, articles 142, alinéa 7, et 145, du Gabon, articles 243, alinéa 2, et 245, et de la Centrafrique, articles 107, alinéa 11, et 108 indiquent, en effet, que les décisions rendues dans le cadre des recours préalables peuvent faire l'objet de recours juridictionnels, sans effet suspensif, soit devant les juridictions, soit devant les instances arbitrales. Le code du Cameroun, sans être précis, prévoit à son article 187, alinéa 2, que les recours préalables restent sans incidence sur la procédure de règlement de droit commun s'ils n'ont pas abouti.

I. LE RECOURS DEVANT LES JURIDICTIONS

La question qui se pose d'emblée est celle de la juridiction compétente pour connaître des litiges qui naissent des marchés publics dans les États membres de la CEMAC.

Le juge judiciaire n'y a, a priori, aucune compétence. Il en est de même en France où l'évolution du droit positif en cette matière a abouti à l'exclusivité de la compétence du juge administratif[1171], alors que le juge judiciaire y a

1169. Le terme recours juridictionnel, compris dans le sens de la directive 89/665/CEE du 21 décembre 1989 renvoie à la compréhension de la définition qu'en donne la Cour de justice dans le cadre de l'article 267 du traité sur le fonctionnement de l'Union européenne (ancien article 234 du traité CE). Celle-ci n'établit pas l'arbitre au titre des juridictions. Voir les conclusions de l'avocat général Saggio sous CJCE du 4 février 1999, Joseph Köllensperger GmBH & Co. KG, C-103/97, p. 29, 38 et s.

1170. CE, 21 avril 1943, Société des ateliers de construction du nord de la France, Rec. p. 107 ; CE, Ass., 4 janvier 1957, Lamborot, Rec. p. 12.

1171. Supra p. 93.

longtemps occupé une place prépondérante, sinon celle de juge de droit commun. Les contrats dont la nature administrative était avérée, mais qui ne contenaient pas de clause exorbitante et qui n'avaient pas pour objet de faire participer le cocontractant à l'exécution du service public, étaient considérés comme des marchés de droit privé, donc soumis à la compétence du juge judiciaire[1172]. On peut toutefois noter que la compétence du juge judiciaire n'a pas totalement disparu. Elle survit[1173], même si elle reste marginale. L'article 2 de la loi MURCEF indique que le juge judiciaire demeure compétent pour connaître des litiges qui relevaient de sa compétence et qui ont été portés devant lui avant l'entrée en vigueur de la nouvelle loi[1174]. Mais surtout, il reste compétent pour connaître du contentieux périphérique des marchés publics, c'est-à-dire celui qui oppose les acteurs directs des marchés publics : les autorités contractantes, les soumissionnaires et les titulaires, aux acteurs indirects, les partenaires privés, qui concourent à l'exécution des marchés publics et dont les contrats qui les lient sont considérés comme des contrats de droit privé. Il s'agit, par exemple, des litiges survenant entre l'entreprise titulaire et ses fournisseurs[1175], entre l'entreprise titulaire et son sous-traitant[1176], y compris des actions en garantie du titulaire du marché contre son sous-traitant[1177], et entre le sous-traitant et l'entreprise titulaire[1178]. Le juge judiciaire est exceptionnellement compétent pour connaître des litiges entre la personne publique et les fournisseurs de l'entreprise titulaire du marché [1179] et entre la personne publique et le sous-traitant de l'entrepreneur principal[1180].

En revanche, on peut affirmer, à l'analyse des textes, que le juge administratif est le juge des marchés publics dans les États membres de la CEMAC. Les dispositions du code du Gabon, article 243, et de celui de la Centrafrique, article 107, alinéa 11, sont sans équivoque. Ils indiquent que le juge administratif est le juge des marchés publics. Les autres codes usent de formules relativement vagues mais qui aboutissent à la même conclusion. Ainsi, par exemple, pour les codes du Congo, article 145, et du Tchad, article 202, le litige qui n'aura pas été réglé par le biais des recours préalables peut être porté devant le juge « conformément au droit et aux stipulations contractuelles applicables devant les juridictions compétentes ». On peut aussi citer les codes du Cameroun, article 91, alinéa 2, et encore du Tchad, article 193, alinéa 2, qui indiquent que les litiges doivent être réglés selon « la procédure de

1172. TC, 5 juillet 1999, Cne de Sauve c/Sté Gestetner, p. 464.
1173. Véronique Gimeno-Cabrera, *Le maintien du juge judiciaire dans le contentieux du droit de la commande publique : l'échec de la loi murcef ?* Revue administrative, 58ème année n°343 (janvier 2005), pp. 25-38.
1174. CE, 29 juillet 2002, Avis, n°246921, Société MAJ Blanchissement de Pantin.
1175. TC, 5 mars 1962, Marcadet c/Sté routes et bâtiments, Rec. p. 1017, dans le cadre d'une opération de marché public.
1176. CE, 24 mai 1974, Sté Paul Millet, Rec., p. 310, concl. Vugt, RDP 1975, p. 483, note Waline, AJDA 1974, p. 605, Obs. Montmerle ; CE, 19 avril 1989, ville de Saint-Étienne c/Sté omnium de traitements et de valorisation, RDP 1989, p. 1828.
1177. TC, 16 novembre 2015, n°4029, Métropole européenne de Lille c/Société Strabag Umweltangen Gmbh et autres.
1178. TC, 26 septembre 2005, SCM Monbazel c/Société Actra, Contrats marchés publics 2006, n°13, obs. F. Llorens, à propos d'une action en paiement.
1179. TC, 5 avril 1993, centre hospitalier Mas Careiron, www.legifrance.gouv.fr.
1180. TC, 10 juillet 1990, SEMARELP, Rec. p. 398, RDP 1991, p. 487, concl. Laroque ; Tc, 18 juin 2007, Syndicat des copropriétaires de l'ensemble immobilier sis place de la gare à la Varenne-Saint-Hilaire.

règlement de droit commun ». Le mutisme de la plupart des codes est tout à fait compréhensible dans la mesure où la détermination du juge compétent, aux termes des constitutions des États membres de la CEMAC[1181], est du domaine de la loi, alors que les codes de ces États sont pour la plupart portés, ainsi qu'on l'a vu, par le règlement. En vérité, il ne fait pas l'ombre d'un doute que le juge administratif, parce que les marchés publics sont fondamentalement[1182] des contrats administratifs, est le juge de droit commun en cette matière dans l'ensemble des États de la CEMAC. Il en est ainsi même lorsqu'il siège comme juge financier, c'est-à-dire juge des comptes et du contrôle budgétaire. En effet, le juge financier, en l'occurrence la Cour des comptes et/ou de discipline budgétaire, en dépit de son intervention spécifique dans le contentieux des marchés publics, est un juge administratif[1183].

Il convient de noter la montée en puissance, aux côtés du juge administratif, du juge pénal dans le contentieux des marchés publics. La compétence de ce juge, qui a toujours existé de manière générale dans les délits économiques, y compris donc ceux relatifs aux marchés publics, prend, en effet, de plus en plus de relief dans le droit des marchés publics des États membres de la CEMAC.

1. Le recours devant la juridiction administrative

La juridiction administrative est la juridiction de droit commun des marchés publics dans les États membres de la CEMAC. Tel est aussi désormais le cas en France, depuis la loi MURCEF, où la jurisprudence est, depuis lors, demeurée constante. La compétence de la juridiction administrative s'exerce à travers différents types de recours.

A. La juridiction administrative, juridiction de droit commun des marchés publics

La nature administrative des marchés publics ainsi que la source réglementaire des règles applicables auxdits marchés fondent la compétence de droit commun de la juridiction administrative.

1181. Congo : article 125 ; Cameroun : article 26 ; Gabon : article 47 ; Centrafrique : article 58 ; Tchad : article 127.
1182. Voir supra, les développements sur le sujet, p. 92 et s.
1183. Aline Kurek, *Le juge financier, juge administratif*, Thèse, Lille II, 2010, spéc. p. 1 ; Jean-Luc Albert, Luc Saïdi, *Finances publiques*, Dalloz, 2011, spéc. p. 159 ; Jean Yves Bertucci, Jean Raynaud, *Les juridictions financières*, coll. Que sais-je ? PUF, 2003, p. 128.

A.1. La compétence de la juridiction administrative en fonction de la nature administrative des marchés publics

Les marchés publics, on l'a vu, sont des contrats administratifs par détermination de la loi ou par déduction, au cas par cas, selon des critères qui tiennent notamment à la nature publique de l'une des parties, à l'objet d'intérêt général du contrat, à la présence dans le contrat des clauses exorbitantes du droit commun, au régime exorbitant du droit commun dans lequel est conclu ledit contrat, ainsi qu'à la participation du cocontractant à l'exécution du service public[1184].

La juridiction administrative est ainsi, de droit, compétente pour connaître des litiges qui naissent lors de leur passation et exécution, suivant l'organisation judiciaire propre à chaque État membre. En principe, le juge administratif compétent est celui du domicile du défendeur, c'est-à-dire celui du siège dans lequel réside l'autorité qui a pris l'acte litigieux. Certaines législations apportent toutefois une exception pour les litiges relatifs aux marchés publics. Par exemple, la loi congolaise prévoit que ces litiges peuvent relever du lieu d'exécution du marché[1185]. La loi française aménage également, pour le contentieux des marchés publics, une exception au critère classique de la répartition de la compétence entre les juges administratifs. Le Code de justice administrative, article R. 312-11, dispose que « les litiges relatifs aux marchés, contrats, quasi-contrats ou concessions relèvent de la compétence du tribunal administratif dans le ressort duquel ces marchés, contrats, quasi-contrats ou concessions sont exécutés [...] ». Si la détermination du lieu d'exécution est difficile à identifier, l'article R. 312-12 du même code prévoit que le litige est attribué au tribunal administratif dans le ressort duquel l'autorité publique contractante a signé le contrat. Toujours dans le souci de renforcer cette exception, l'article R. 312-11 précité, à son alinéa 2, prévoit la possibilité pour les parties d'inclure dans le contrat une clause compromissoire, en indiquant que « si l'intérêt public ne s'y oppose pas, les parties peuvent soit dans le contrat primitif, soit dans un avenant antérieur à la naissance du litige convenir que leurs différends seront soumis à un tribunal administratif autre que celui qui serait compétent en vertu des dispositions de l'alinéa précédent », c'est-à-dire le tribunal administratif du lieu d'exécution.

Le Conseil d'État confirme cette opinion[1186]. Il veille toutefois, dans le cadre de l'option ouverte par le second alinéa de l'article R. 312-11, que le juge vérifie effectivement que l'intérêt public ne s'oppose pas à la clause attributive de compétence insérée dans le marché[1187]. Il veille également à ce

1184. Supra p. 80 et s.
1185. Article 1er de la loi n°51-83 du 21 avril 1983 portant Code de procédure civile, commerciale, administrative et financière.
1186. CE, 25 juin 1986, Association nationale pour l'enfant, l'adolescent ou l'adulte en difficulté, aux tables du Rec. CE, p. 455 ; CE, Ass., 2 février 1987, Société France 5, Rec. p. 28.
1187. CE, Sect. 29 mars 1957, Roger, Rec. p. 223, concl. Grevisse, AJDA, 1957, II, p. 206.

que la clause attributive de compétence naisse d'un contrat valablement établi et signé antérieurement au litige, et non d'un simple projet de contrat[1188], ou d'une note unilatérale de l'autorité administrative[1189]. Le Conseil d'État est allé encore plus loin dans la dérogation exceptionnelle aménagée par le Code de la justice administrative, en indiquant que lorsque le lieu d'exécution du marché n'est pas désigné, la compétence du juge administratif peut être déterminée par référence à l'objet du contrat[1190]. Il faut mentionner que l'exception au critère de répartition de la compétence des tribunaux administratifs, fondée sur le lieu d'exécution ou de conclusion du contrat, ne concerne que les recours formés par les parties au contrat[1191] et non les possibles recours pour excès de pouvoir formés par les tiers contre les actes détachables du contrat[1192], ainsi qu'on le verra plus loin.

A.2. La compétence de la juridiction administrative en fonction de la source réglementaire des règles applicables aux marchés publics

Les règles applicables aux marchés publics dans les États membres de la CEMAC, on l'a vu[1193], sont essentiellement et principalement d'essence réglementaire. C'était jusque-là le cas en France où la tendance, sous l'influence du droit communautaire, est désormais de donner une source légale aux règles des marchés publics[1194]. Cette évolution, semble-t-il, ne change rien dans le fond quant à la compétence du juge administratif en la matière, depuis que la loi de 2001 soumet de manière globale le contentieux des marchés publics à la seule compétence du juge administratif. L'article 2 de la loi n°200–1168 du 11 décembre 2001 portant « mesures urgentes à caractère économique et financier », dite « loi MURCEF », dispose que « les marchés passés en application du Code des marchés publics ont le caractère de contrats administratifs. »

Le législateur français, en unifiant sous la compétence du seul juge administratif l'ensemble du contentieux des marchés publics, a voulu répondre à une préoccupation de bonne administration de la justice fondée sur le principe de la plénitude de juridiction du juge saisi. Il s'agit de faire que l'affaire soumise à la compétence du juge constitue un tout, de telle sorte que le juge saisi soit en mesure d'en connaître les différents aspects et de la juger dans son ensemble. Cette position trouve son fondement dans deux maximes célèbres et bien connues des juristes : « Le juge du principal est le juge de l'incident »

1188. CE, Sect. 20 juin 1958, SNCF, Rec. p. 367.
1189. CE, 14 octobre 1959, Vogel-Chat, Rec. p. 504.
1190. CE, 29 janvier 1958, Société nationale de construction, Rec. p. 48.
1191. CE, Ass., 16 avril 1986, Compagnie luxembourgeoise de télévision, Rec. p. 97.
1192. CE, 3 juillet 1968, Lavigne et le Mée, aux tables du Rec. p. 901.
1193. Voir supra, les développements sur ce sujet, p. 14 et s.
1194. Supra p. 34

ou « Le juge de l'action est le juge de l'exception. » La première signifie que « la juridiction compétente pour juger le recours par lequel l'instance a, devant elle, été ouverte, est compétente pour connaître toutes demandes incidentes (demandes additionnelles, reconventionnelles, ou en intervention) se rattachant par un lien suffisant au recours principal, même si, présentées à titre principal, ces demandes auraient relevé de la compétence territoriale d'une autre juridiction[1195]. » La deuxième indique que « le juge saisi d'un litige relevant de sa compétence est en principe compétent pour se prononcer sur l'ensemble des moyens invoqués devant lui, tant par le demandeur que par le défendeur[1196]. »

L'exclusivité de la compétence du juge administratif est non seulement normale et naturelle au regard du droit positif, mais elle facilite le travail du juge et apporte une clarté décisive dans la répartition des compétences entre le juge administratif et le juge judiciaire. La loi MURCEF, il faut l'indiquer, a suscité de nombreuses interrogations d'ordre doctrinal[1197] qui ont vite été estompées par le Conseil d'État. Celui-ci, dans un avis de 2009[1198], a affirmé cette nouvelle orientation. Le tribunal des conflits a, lui aussi, confirmé l'exclusivité et la plénitude de la compétence du juge administratif en matière de contentieux des marchés publics[1199]. La position du tribunal des conflits clôt sans aucun doute le débat sur la question, en vertu du droit que lui confère l'article 47 de la loi du 3 mars 1849 de régler les difficultés de détermination des compétences juridictionnelles, et selon la procédure organisée par le décret du 26 octobre 1849, article 28 et suivants.

B. Les types de recours exercés devant la juridiction administrative

La règle dans les États membres de la CEMAC est que les recours exercés devant le juge, en l'occurrence le juge administratif, ne sont possibles qu'après épuisement des recours préalables. Ces recours se distinguent, comme les recours préalables, selon qu'ils sont introduits au stade de la passation ou de l'exécution des marchés publics.

B.1. Le recours au stade de la passation des marchés publics

Le recours au juge contre les actes de passation des marchés publics pose deux règles. Premièrement, ils indiquent que le recours devant le juge n'a pas

1195. Pour plus de développements et de précisions sur la question, Voir René Chapus, *Droit du contentieux administratif*, 7e édition, Montchrestien, Paris, 1998, p. 228.
1196. Idem, pp. 228 à 231.
1197. DA, février 2002, note A. Ménéménis ; DA, mars 2002, chron. E. Delacour ; BJCP, n°21/2002, note p. 167 ; AJDA, 1/2002, chron. S. Pignon, p. 33.
1198. CE, 29 juillet 2009, Société Maj Blanchisserie de Pantin, p. 297.
1199. TC, 17 décembre 2007, Société Lixxbail, Rec. n°3651 ; TC, 8 octobre 2018, n°4125.

d'effet suspensif. On peut citer, pour illustrer ce propos, l'article 107, alinéa 11, du code de la Centrafrique et l'article 142, alinéa 7, du code du Congo. Ensuite, ils affirment que ce recours doit être exercé, comme pour les recours préalables, dans des délais très courts. Par exemple, le Code des marchés publics de la Centrafrique, article 107, alinéa 11, dispose que le recours devant le juge administratif doit être fait dans un délai de quinze jours calendaires à compter de la notification au soumissionnaire. Cette double règle mérite quelques observations, avant de décliner les différents types de recours qui y sont exercés.

D'une part, pour ce qui concerne l'absence d'effet suspensif du recours devant le juge, on peut indiquer que cette posture est justifiée par la règle selon laquelle le processus de règlement des litiges de passation des marchés publics ne peut être suspendu, pour cause de recours, qu'une seule fois. Cette faculté admise lors de la saisine de l'organe de régulation ne peut plus être reconnue à la saisine du juge, cela peut donc signifier que les États membres de la CEMAC, en privant l'effet suspensif au recours devant le juge, donnent la primauté aux recours préalables. Comme on l'a vu, ces États préfèrent favoriser les arrangements entre les parties ou avec l'assistance de l'organe de régulation que d'inciter à la saisine du juge. Cela peut induire également l'idée que le recours devant le juge, compte tenu des délais souvent longs qui caractérisent la résolution des litiges dans ce cadre, et donc de la possibilité de voir disparaître l'objet du litige en raison de la conclusion du marché, ne peut être *in fine* qu'une procédure indemnitaire dans le cas où il peut être ultérieurement reconnu l'irrégularité de la procédure de passation.

D'autre part, pour ce qui concerne l'étroitesse des délais, on peut effectivement dire qu'elle révèle, une fois de plus, la volonté des États membres de la CEMAC de mettre en place un système extrêmement rapide de règlement des différends relevant du processus de passation des marchés publics. Ces délais très courts sont, il faut l'indiquer aussi, une exception aux principes généraux du droit administratif, notamment celui du délai de droit commun qui est en principe de deux mois à compter de la notification de la décision contestée[1200]. Mais la question est de savoir si les délais que déclinent les différents codes ne sont pas que ceux qui sont introduits sous forme de référés. Les Codes des marchés publics des États membres de la CEMAC demeurent relativement muets sur la question, sans doute parce qu'ils renvoient l'ensemble des questions qui touchent au contentieux des marchés publics à un traitement conforme au droit et aux stipulations contractuelles applicables devant les juridictions compétentes. Il va de soi, en fonction de l'héritage juridique colonial et de la tradition juridique commune que les États de la CEMAC continuent d'avoir en partage avec la France, que de nombreux emprunts sont faits en cette matière au droit français. Il n'est donc pas inutile, dans le cadre de cette étude, d'indiquer que le recours en phase de passation du contrat se

1200. Voir Michel Degoffe, *Droit administratif*, 2e éd., Ellipses, 2012, Paris, p. 383.

décline en deux grands types de recours, d'une part les recours susceptibles d'être portés en cours de formation du contrat, il s'agit essentiellement du référé précontractuel, et d'autre part ceux qui peuvent être introduits alors que le marché est déjà formé.

B.1.1. Le recours exercé avant la formation du contrat : le référé précontractuel

Le référé précontractuel a pour but de prévenir la passation d'un contrat qui méconnaîtrait les règles de passation, notamment les règles de publicité ou de mise en concurrence. Le référé précontractuel, qui doit être mis en œuvre avant la signature du contrat, est en principe réservé aux candidats ou aux personnes qui ont intérêt à conclure le contrat et qui sont susceptibles d'être lésées. Il s'agit, en l'occurrence, des candidats évincés ou sur le point de l'être, des entreprises qui n'ont pas pu être candidates du fait de l'absence de publicité, ou de celles qui avaient intérêt à conclure le marché en vertu d'une procédure régulière[1201] et qui n'ont pas pu soumissionner. Ces différents critères ont été affirmés par une jurisprudence pertinente du Conseil d'État[1202] abondamment reprise par les tribunaux administratifs[1203]. Le référé précontractuel n'obéit à aucun délai. Le juge des référés doit toutefois statuer dans les vingt jours de sa saisine. Il a un effet suspensif sur la signature du contrat jusqu'au rendu et à la notification de la décision juridictionnelle[1204]. Il est intéressant de noter ici, ainsi qu'on l'a vu en introduction de ce chapitre, la différence avec le référé précontractuel préconisé par les codes des États membres de la CEMAC qui ne contient pas d'effet suspensif.

Le référé précontractuel, en tout cas, est une innovation. Il est inhabituel en droit administratif. Il trouve son origine dans le droit communautaire européen. Le référé précontractuel a été, en effet, introduit en droit français des marchés publics par les lois du 4 janvier 1992 et du 29 décembre 1993 portant transposition des directives n°89-665 du 21 décembre 1989 concernant les marchés passés dans les secteurs classiques et n°92-13 du 25 février 1992 relatifs aux marchés passés dans les secteurs spéciaux : énergie, eau, transports et télécommunications. Les dispositifs de ces deux lois ont été modifiés et améliorés par l'ordonnance du 7 mai 2009, en application de la directive du 11 décembre 2007 relative à l'amélioration de l'efficacité des procédures de recours en matière de passation des marchés publics. Leur objet est, en fait, limité à la violation des obligations de publicité et de mise en concurrence.

1201. Article L.551-2 du CJA.

1202. CE, 3 octobre 2008, SMIRGEOMES, *Contrats et marchés publics 2008*, n°264, note J-P. Pietri ; DA 2008, n°154, note Bonnet et Lalanne ; CE, 1er avril 2009, Ministère d'État de l'Écologie, de l'Énergie, du Développement durable et de l'Aménagement du territoire, Contrats marchés publics 2009, n°171, note J-P. Pietri.

1203. À titre d'exemple, TA Paris, Ord. 3 février 2009, société Ken club, contrats marchés publics 2009, n°101, note G. Eckert ; TA Bastia, Ord. 8 janvier 2009, Sté CBS, Contrats marchés publics 2009, n°63, obs. F. Llorens et P. Soler-Couteaux.

1204. Article L.551- 4 du CJA. Voir Christophe Lajoye, Droit des marchés publics, 4e édition, GualinoLextenso éditions, p. 268 et s. Dominique Mabin, Marchés publics, Studyrama, p. 147 et s.

La jurisprudence a considéré que l'absence de communication par la personne responsable du marché des motifs du rejet d'une candidature en dépit de la demande écrite du candidat est susceptible de motiver une mesure de référé précontractuel[1205].

La compétence en matière de référé précontractuel est dévolue au président du tribunal administratif ou au magistrat qu'il délègue. Il statue en la forme des référés et rend des décisions en premier et dernier ressort qui peuvent faire l'objet d'un recours devant le Conseil d'État dans les quinze jours qui suivent leur notification[1206]. En raison de l'effet suspensif qui caractérise le référé précontractuel, le juge du référé dispose de pouvoirs parfois supérieurs à ceux du juge de fond[1207]. Il peut prendre des mesures conservatoires tendant à empêcher la conclusion du marché public lorsque notamment, les règles de publicité et de concurrence, tant communautaires que nationales, ont été enfreintes. Il peut, par exemple, ordonner la reprise de la totalité de la procédure de passation[1208], suspendre la passation du marché public[1209], annuler chaque décision se rapportant à la procédure[1210] ou annuler l'ensemble de la procédure[1211] et modifier le marché public en supprimant les clauses illégales[1212]. De même, il peut ordonner à l'auteur des manquements de se conformer aux obligations légales ou d'annuler, le cas échéant, ses décisions et supprimer les clauses ou prescriptions destinées à figurer dans le contrat et qui méconnaissent lesdites obligations[1213]. L'intensité de ces pouvoirs a tendance à se renforcer[1214]. Le Conseil d'État, après avoir admis que le juge du référé précontractuel pouvait statuer *ultra petita* lorsqu'il était saisi d'une demande de suspension de la procédure de passation, en allant, s'il le faut, au-delà de celle-ci, en prononçant son annulation « eu égard à la nature du vice entachant la procédure de passation du contrat litigieux[1215] », considère désormais que celui-ci dispose de l'intégralité et de la plénitude des pouvoirs, en contrôlant par exemple, le bien-fondé des motifs pour lesquels un candidat est retenu ou évincé[1216], alors que cela lui était refusé auparavant[1217].

1205. CE, 21 janvier 2004, Société Aquitaine démolition, RFDA 2004, n°75.

1206. Christophe Lajoye, Droit des marchés publics, *op. cit.*, p. 276.

1207. Voir C. Bergeal et F. Lenica, Le contentieux des marchés publics, *op. cit.*, p. 119 et s.

1208. CE, 15 décembre 2006, Sté Corsica Ferries, Rec., p. 566 ; AJDA 2007, p. 185, obs. J.D. Dreyfus.

1209. CE, 19 mars 1977, Ministère de l'Agriculture c/Sté Bull, Tables, p. 941-1003, D. 1998, Somm., p. 227, obs. P. Terneyre.

1210. CE, 10 février 1997, Sté Révillon, Tables, p. 927 ; Ass., 10 juin 1994, Commune de Cabourg, Rec., p. 300 ; 21 juin 2000, SARL Plage chez Joseph, concl. C. Bergeal, RFDA 2000, p. 797.

1211. CE, 22 mars 2000, M. et Mme Lasaulce, Rec. p. 126, DA 2000, n°105.

1212. CE, 24 octobre 2001, Collectivité territoriale de la Corse, CJEG, 2002, p. 254, concl. C. Bergeal.

1213. Articles L.551-1, L.551-2 ; L.551-5 du Code de la justice administrative.

1214. F. Dieu, *L'irrésistible extension des pouvoirs du juge des référés précontractuels*, AJDA 2007, p. 782.

1215. CE, 20 octobre 2006, Commune d'Andeville, Contrats marchés publics 2006, n°331, note J.P Pietri ; DA 2007, n°21, note A. Ménéménis, AJDA 2006, p. 2340, concl. D. Casas ; JCP A 2006, 1301, note F. Linditch. CE, 6 avril 2007, Département de l'Isère, req. N°298584.

1216. CE, 28 avril 2006, Société Abraham bâtiment travaux publics, Contrats marchés publics 2006, n°188 ; CE, 21 mars 2007, Société nantaise des eaux et Société antillaise des eaux et affluents, deux arrêts, Contrats marchés publics 2007, n°154, note E. Delacour.

1217. CE, 29 juillet 1998, Syndicat mixte des transports en commun de l'agglomération dermontoise et Société Spie Batignolles et ANF industries, deux arrêts, BJCP janvier 1999, n°2, p. 191 ; CE, 21 juin 2000, Syndicat intercommunal des Côtes d'Armor et de la presqu'île guerrandaise, Contrats marchés publics 2000, n°22, note F. Llorens ; CE, 19 octobre 2004, Commune d'Auxerre c/Sté Saur France, Contrats marchés publics 2005, n°18, note W. Zimmer.

En définitive, on peut considérer que l'instauration du référé précontractuel constitue une avancée en termes d'efficacité du contentieux de la passation des marchés publics, en ayant pour objectif de remédier à l'inefficacité des recours traditionnels qui faisaient qu'un tribunal administratif pouvait annuler « la décision d'attribuer un marché public de travaux six mois après que les travaux ont été réalisés[1218] ».

B.1.2. Les recours exercés après la formation du contrat

Les recours contractuels sont ceux qui, à la différence du référé précontractuel, sont portés devant le juge administratif une fois que le contrat est conclu. Il s'agit essentiellement du référé contractuel, du recours pour excès de pouvoir, du déféré préfectoral et du recours de pleine juridiction en contestation de validité du contrat.

a. Le référé contractuel

Le référé contractuel, tout comme le recours précontractuel, est d'essence communautaire. Il est instauré par l'ordonnance du 7 mai 2009, elle-même transposant la directive communautaire du 11 décembre 2007 relative à l'amélioration de l'efficacité des procédures de recours en matière de passation des marchés publics. Le référé contractuel, aux termes de l'article L.551-14 du Code de justice administrative, s'applique à l'ensemble des marchés publics exceptés ceux « dont la passation n'est pas soumise à une obligation de publicité préalable lorsque le pouvoir adjudicateur ou l'entité adjudicatrice a, avant la conclusion du contrat, rendu publique son intention de le conclure et observé un délai de onze jours après cette publication, ni aux contrats soumis à publicité préalable auxquels ne s'applique pas l'obligation de communiquer la décision d'attribution aux candidats non retenus lorsque le pouvoir adjudicateur ou l'entité adjudicatrice a accompli la même formalité ».

Le référé contractuel est intenté dans un délai d'un mois[1219] par les requérants qui ont un intérêt à conclure le contrat et qui sont susceptibles d'être lésés par des manquements aux obligations de publicité et de mise en concurrence, sauf ceux ayant déjà formé un référé précontractuel. Le référé n'est pas, en effet, une voie de recours contre les décisions prononcées à l'occasion du référé précontractuel. Le référé contractuel relève de la compétence du président du tribunal administratif ou du magistrat qu'il délègue. Il statue en la forme des référés et en premier et dernier ressort[1220] avec de larges pouvoirs[1221]. Il peut, par exemple, en raison de l'urgence qui caractérise tout référé, suspendre

1218. Christophe Lajoye, *Droit des marchés publics*, *op. cit.*, p. 268.
1219. Article L.551-7 du CJA.
1220. Article L.551–23 du Code de justice administrative.
1221. En vertu de l'article L.551–21, les pouvoirs octroyés au juge du référé contractuel peuvent être exercés d'office par celui-ci qui peut donc statuer *ultra petita*.

l'exécution du contrat contesté pour la durée de l'instance, « sauf s'il estime, en considération de l'ensemble des intérêts susceptibles d'être lésés et notamment de l'intérêt public, que les conséquences négatives de cette mesure pourraient l'emporter sur ses avantages ». Il peut aussi, si cela lui paraît fondé, prononcer la nullité du contrat dans trois cas de figure prévus à l'article L.551–18 du Code de justice administrative. Premièrement, au cas où aucune des mesures de publicité requises à la passation du contrat n'a été prise. Deuxièmement, lorsque les modalités de mise en concurrence ont été enfreintes. Troisièmement, quand le contrat a été signé avant l'expiration du délai exigé. Il sied de signaler que même si ces cas se produisent, le juge demeure maître du jeu. Il peut annuler directement le contrat, surtout si cette annulation se heurte à une raison impérieuse d'intérêt général. Il peut, dans ce cas, substituer l'annulation du contrat soit par la réduction de sa durée, soit par une pénalité financière imposée au pouvoir adjudicateur ou à l'entité adjudicatrice[1222]. En revanche, il ne peut pas accorder de dommages et intérêts à la partie lésée[1223].

b. Le recours pour excès de pouvoir

Le recours pour excès de pouvoir, suivant la classification des recours contentieux attribuée « pieusement »[1224] à Laferrière[1225] et coulée dans le marbre[1226] a pour objet primordial d'obtenir du juge administratif l'annulation d'un acte administratif unilatéral suspecté d'illégalité[1227].

Ce recours ne peut donc, par principe, être intenté contre un contrat, fusse-t-il administratif[1228]. Celui-ci, au nom de la classification précitée, est soumis au contentieux de pleine juridiction. Deux exceptions sont, toutefois, admises : le recours pour excès de pouvoir contre les actes détachables et les clauses réglementaires du contrat.

Le juge a d'abord considéré que le recours pour excès de pouvoir formé contre les actes détachables du contrat administratif était recevable[1229]. Il s'agit généralement des actes préparatoires ou préalables au contrat, par exemple : les délibérations par lesquelles les organes délibérants autorisent la personne responsable des marchés publics à contracter ou à exécuter des décisions prises par les commissions d'appel d'offres. Il peut aussi s'agir des actes postérieurs

1222. Article L.551–19 du Code de justice administrative.
1223. Article L.551–16.
1224. Bernard Pacteau, René Chapus, Jacques Molinié, Jean-Paul Costa et Guy Braibant, *Du recours pour excès de pouvoir au recours de pleine juridiction ?* La Revue administrative, 52ème année, n°1, numéro spécial 1, *Évolutions et révolution du contentieux administratif*, 1999, p. 51.
1225. E. Laferrière, *Traité de la juridiction administrative et des recours contentieux*, Paris, Berger-Levrault, 1887, t.1, p. xv-xv8.
1226. Pascale Gonod, Édouard Laferrière, *Un juriste au service de la République*, Thèse, LGDJ, 1997, préf. G. Braibant, pp. 151-179.
1227. CE, 17 février 1950, Dale Lamotte, n°86949.
1228. CE, 14 mars 1997, Compagnie d'aménagement des coteaux de Gascogne, RFDA, 1997, p. 349, note Delvolvé.
1229. CE, 4 août 1905, S. Martin, 1906, 3, 49, note M. Hauriou ; CE, 7 décembre 2008, association pour la protection de l'environnement du Lunellois, Contrats-Marchés publics, 2009, n°61, note Piétri ; AJDA 2009, p. 542, note J.D. Dreyfus.

à la conclusion du contrat, par exemple : l'acte de signature[1230] du contrat. Dans cette hypothèse, l'action est intentée le plus souvent par un candidat évincé du marché public ou qui n'a pas pu présenter sa candidature du fait d'une décision illégale. Ce dernier peut ainsi demander l'annulation de la décision de l'autorité adjudicatrice ayant eu pour effet de l'évincer irrégulièrement[1231] ou celle ayant pour effet de le priver de « tenter sa chance ». Les décisions par lesquelles l'autorité contractante refuse sa résiliation[1232] ou prononce celle-ci[1233] ont été aussi considérées par le juge comme des actes détachables du contrat.

Le juge a ensuite admis que les clauses de nature réglementaire du contrat, c'est-à-dire les règles qui ont pour objet l'organisation ou le fonctionnement d'un service public[1234] pouvaient faire l'objet de recours pour excès de pouvoir. Le Conseil d'État l'a affirmé dans un arrêt de principe de 1996 dans lequel il indique que les dispositions contractuelles dont le tiers requérant demande l'annulation ayant un caractère réglementaire peuvent être contestées devant le juge de l'excès de pouvoir[1235]. Le Conseil d'État a confirmé cette exception dans deux autres arrêts successifs de 1996[1236] et 1997[1237] et l'a conforté en 2004[1238] et en 2018[1239]. Le juge de l'excès de pouvoir doit toutefois s'assurer que la clause réglementaire en cause est divisible du corps du contrat ou de l'ensemble des clauses contractuelles dépourvues de caractère réglementaire, donc insusceptibles de recours pour excès de pouvoir[1240].

Le recours pour excès de pouvoir est ouvert, quelle que soit l'hypothèse, pour illégalité de l'acte en cause. Il doit être introduit, dans les deux mois à compter de la notification ou de la publication de la décision attaquée[1241], par des requérants ayant un intérêt à agir. Les notions de « requérant » et « d'intérêt à agir » méritent d'être précisées. Le recours pour excès de pouvoir est plutôt largement ouvert aux tiers[1242]. C'est du reste essentiellement en leur faveur qu'il a été aménagé et affiné, puisqu'ils n'étaient pas recevables devant le juge du contrat[1243] dans le cadre du plein contentieux, comme il en est le cas actuellement[1244]. On observe également qu'il peut être ouvert aux

1230. CE, 9 novembre 1934, Chambre de commerce de Tamatave, Rec. p. 1034 ; CE, 4 février 1936, Département de la Creuse, Rec. p. 171, D. 1937, 3, 27, note Blaevoët.
1231. CE, 28 octobre 1993, Syndicat départemental d'électricité de la Drôme, RDP 1994, p. 851.
1232. CE 24 avril 1964, SA de livraisons industrielles et commerciales, Rec., p. 239.
1233. CAA Versailles, 30 décembre 2008, Arl Géraud et associés, Contrats-Marchés publics 2009, n°100, note J.P. Pietri ; CE, 9 décembre 1983, SEPAD, RFDA 1984, p. 39, concl. B. Genevois.
1234. CE, 9 décembre 2018, req. n°404982.
1235. CE, Ass., 10 juillet 1996, M. Cayzeele, AJDA 1996 chron. D. Chauvaux et T.X. Girardot, p. 732 et 807, RFDA 1997, p. 89, note Delvolvé.
1236. CE, 15 novembre 1996, Société Guadeloupe entretien maintenance, Rec. p. 1010.
1237. CE, 14 mars 1997, Cie d'aménagement des coteaux de Gascogne, précité.
1238. CE, 28 avril 2004, Ass. pour le respect du site du Mont-Blanc et autres, req. n°236076.
1239. CE, 9 décembre 2018, req. n°404982.
1240. CE, 20 novembre 1981, Association pour la protection de l'Ubaye et syndicat intercommunal de Saint-Martin-Vésubie-Valdeblore, Rec., p. 434 ; RDP 1982, p. 473, concl. B. Genevois ; AJDA 1982, p. 72, chron. F. Tiberghien et B. Lasserre.
1241. Article R.4 12 –1 du Code de justice administrative.
1242. CE, 9 juillet 1948, Bourgade, Rec., p. 314.
1243. Christophe Guettier, Droit des contrats administratifs, 3e éd., PUF, 2004, p. 572 et s.
1244. Infra p. 393 et 304

cocontractants[1245]. Il l'a même été un peu plus tôt qu'il ne fut reconnu aux tiers[1246], en dépit de l'objection tirée traditionnellement à leur égard de l'existence d'un recours parallèle, celui du plein contentieux contre le contrat. La possibilité offerte aux cocontractants de recourir au juge de l'excès de pouvoir peut se comprendre car, comme l'indique Christophe Guettier[1247] : « La définition de l'acte détachable n'emprunte rien à la qualité du requérant. » L'acte détachable, étant un acte unilatéral par nature, peut être déféré devant ledit juge par tout requérant, à condition toutefois que celui-ci ait un intérêt à agir, c'est-à-dire que cet acte lui porte grief[1248]. La Chambre administrative d'appel de Paris a, par exemple, indiqué qu'une société dont l'offre ne répond pas aux prescriptions du règlement de la consultation n'a pas d'intérêt à agir contre la décision d'attribution du marché et, en conséquence, son recours contre cette décision est irrecevable[1249].

L'acte annulé par le juge de l'excès de pouvoirs est considéré comme n'ayant jamais existé. Il se pose, cependant, plusieurs questions.

La première est de savoir si l'annulation de cet acte entraîne *ipso facto* celle du contrat lui-même. La réponse ne peut être que négative. Le contrat ne peut subir de conséquences, surtout ne peut être annulé, du fait, par exemple, de l'annulation d'un acte qui lui est détachable. Par nature, l'acte détachable, ainsi que son nom l'indique, est détaché ou distinct du contrat. Sa censure pour excès de pouvoir ne peut donc avoir d'effet sur le contrat qui, lui-même, là aussi par nature, ne peut être annulé par le juge de l'excès de pouvoir. La Haute juridiction administrative l'a affirmé dans un avis du 25 janvier 1989, en ces termes : « Selon une jurisprudence ancienne, l'annulation par le juge de l'excès de pouvoir, à la demande d'un tiers, d'un acte détachable de contrat, n'a, par elle-même, aucun effet direct sur ce contrat. Celui-ci demeure la loi des parties et son exécution dans l'intérêt du service peut en principe être poursuivie[1250]. » Il l'a confirmé dans un arrêt de 1993[1251] et il a soutenu dans un nouvel avis de 1997[1252] qu'il appartient à l'administration « d'apprécier si, eu égard aux motifs de la décision d'annulation, l'exécution du contrat peut être poursuivie jusqu'à son terme, ou si le contrat doit être résilié ». Elle peut même « prendre un nouvel acte se substituant à la décision annulée » si les motifs de l'annulation de l'acte détachable n'impliquent pas nécessairement la saisine du juge du contrat. Le Conseil d'État est catégorique sur le principe. Mais, ainsi qu'on a

1245. CE, 4 février 1955, Ville de Saverne, Rec., p. 73.
1246. CE, 11 décembre 1903, Commune de Gorre, S., 1906, 3, 49, note Hauriou.
1247. Droit des contrats administratifs, préc., p. 558.
1248. CE, Sect., 24 avril 1964, Société de livraisons industrielles et commerciales, Rec., p. 239, AJDA, 1964, p. 293, chron., J. Fourré et M. Puybasset, p. 308, concl. M. Combarnous, D. 1964, J. p. 665, note Debbasch ; CE Sect., 9 décembre 1983, Ville de Paris c/Société des mobiliers urbains pour la publicité et l'information ; CE, Sect., 19 novembre 1999, Fédération syndicale FO des P et T, Rec., p. 354.
1249. CAA Paris, 2 décembre 2004, Antenne départementale de soins d'urgence (ASDU 91), Contrats marchés publics 2005, n°49, note J.P. Pietri.
1250. CE, 25 janvier 1989, avis de la section du rapport et des études, EDCE, 1989, n°41 p. 127 ; CJEG 1991, p. 115, note B. Pacteau.
1251. CE, 1er octobre 1993, Sté le Yatch-club international de Bormes-les-Mimosas, AJDA 1993, p. 810.
1252. CE, 3 décembre 1997, Section du rapport et des études, AJDA 1998, p. 169, note L. Richer.

pu le noter selon les termes de ses avis et de sa jurisprudence, il reconnaît que la nullité des actes détachables peut, dans la pratique, compromettre l'exécution du contrat, lui-même, notamment lorsque le motif d'annulation est d'une forte intensité. Il revient à l'administration, dans une telle hypothèse, d'en tirer les conséquences, y compris en substituant un nouveau contrat conforme aux prescriptions légales ou réglementaires ou saisir le juge du contrat qui pourra[1253] prononcer l'annulation du contrat entaché par la nullité des actes détachables.

La Chambre administrative d'appel de Bordeaux, profitant sans doute de ces ouvertures, a jugé dans le sens du lien entre la nullité des actes détachables et la nullité du contrat, le même jour, dans deux arrêts. Dans le premier arrêt, elle a jugé que l'absence de pondération qui avait entaché d'illégalité la décision de rejet de l'offre prise par la Commission d'appel d'offres (CAO) et provoqué son annulation entraînait la nullité du contrat en cause[1254]. Dans le deuxième arrêt, elle a décidé que la méconnaissance des règles de publicité qui conduisait à annuler la décision de signature du contrat entraînait également la nullité dudit contrat[1255]. Le Conseil d'État a vite « calmé le jeu » pour ne pas laisser prendre corps à une jurisprudence qui remettrait en cause le principe de l'absence d'effet sur le contrat du fait de l'annulation des actes détachables. Il a réaffirmé que l'annulation de la décision de signer le contrat, fondée sur la méconnaissance des règles d'information des candidats non retenus lors de l'attribution du marché, n'avait de lien ni avec l'objet du marché ni avec le choix du cocontractant et qu'en conséquence le vice entachant la décision de signer le contrat en cause portait sur la conclusion du contrat et ne pouvait donc pas entraîner la nullité de ce dernier[1256].

La deuxième question, qui découle de celle de la qualité des requérants ayant intérêt à agir que l'on vient d'analyser, soulève la problématique de l'opportunité, voire de la nécessité, d'intenter le recours pour excès de pouvoir. Les parties au contrat, au motif qu'elles disposent des recours de plein contentieux[1257], ne sont pas véritablement concernées par le recours pour excès de pouvoir[1258], même s'il est possible pour elles d'introduire des recours pour excès de pouvoir contre les actes détachables du contrat. De même, les tiers, auxquels était jusque-là réservé ce type de recours[1259], parce que ne pouvant intenter une action directement contre le contrat lui-même[1260], n'en sont presque

1253. Le juge du contrat peut aussi refuser de faire droit à une telle demande s'il estime que la nullité du contrat peut entraîner une atteinte excessive à l'intérêt général. Voir CE Sect., 7 octobre 1994, Lopez, Rec. p. 430, conclusions Schwartz ; RFDA 1994, p. 1090, concl. Schwartz, note Pouyaud.

1254. CAA Bordeaux, 31 décembre 2008, Sté SACPRA, Contrats marchés publics, n°103 et 104, observations F. Llorens.

1255. CAA Bordeaux, 31 décembre 2008, Département Tarn-et-Garonne, Contrats marchés publics, 2009, n°104 observations F. Llorens.

1256. CE, 19 décembre 2007, Syndicat intercommunal d'alimentation en eau potable (SIAEP) du Confolentais, Contrats marchés publics, 2009, n°45, note J.P. Pietri.

1257. CE, 2 février 1987, Société France 5, Rec., p. 28.

1258. CE, 26 novembre 1971, SIMA, AJDA 1971, p. 649, note Labetoulle et Cabanes.

1259. CE, 9 décembre 1983, Ville de Paris, Société des mobiliers urbains pour la publicité et l'information, Rec., p. 499, concl. Genevois ; CE, 24 avril 1964, SA de livraisons industrielles et commerciales, Rec., 239 ; AJ 1964, p. 308, concl. Combarnous. Voir Michel Degoffe, *Droit administratif*, 2e éd., *op. cit.*, p. 364.

1260. CE, 17 janvier 1936, Ligue des consommateurs d'électricité et ville de Tonneins, p. 6. Voir Michel Degoffe, *Droit administratif*, 2e éd., *op. cit.*, p. 364.

plus recevables depuis qu'ils peuvent intenter des recours de pleine juridiction en contestation de validité d'un contrat, au même titre que les parties[1261]. On peut à juste titre se poser la question de ce qui peut rester du recours pour excès de pouvoir dans le contentieux des contrats[1262], puisque celui-ci est désormais presque exclusivement réglé dans le cadre du plein contentieux[1263]. Le recours pour excès de pouvoir n'est-il pas entré, comme l'indiquent certains auteurs, dans une phase d'extinction progressive ou de maintien résiduel[1264] ?

La troisième question que peut soulever le recours pour excès de pouvoir contre les actes détachables et les clauses réglementaires du contrat est celle de savoir si le requérant, au-delà de l'annulation des actes illégaux, peut obtenir la réparation du préjudice subi. La réponse aurait pu être, à première vue, évidemment négative, puisque le recours pour excès de pouvoir n'a pour objet que l'annulation de l'acte incriminé. Les réclamations financières contre l'administration devraient, en raison de la classification des contentieux précitée, passer nécessairement par la voie du recours de plein contentieux. Cependant, la jurisprudence[1265] et la doctrine[1266] ont très tôt ouvert la possibilité de combiner les deux prétentions dans un seul recours : celui du recours pour excès de pouvoir. La jurisprudence[1267] a encore très récemment précisé la combinaison dans le même recours d'une demande tendant, à la fois, à l'annulation d'une décision administrative pour illégalité et à la condamnation pécuniaire de l'administration pour réparation du préjudice subi. Elle conditionne toutefois la réparation à l'existence d'un préjudice suffisamment certain.

Le juge est donc amené à accorder la réparation en fonction du degré de certitude du préjudice. Il prend souvent en compte quatre situations :

– Premièrement, l'illégalité a bien été commise par la personne publique responsable du marché mais l'entreprise, de toute façon, n'avait aucune chance, ou une faible chance, d'être retenue, de surcroît si elle ne présentait pas de garanties financières et professionnelles avérées[1268]. Dans cette situation, le juge peut valablement lui refuser le droit à réparation[1269].

– Deuxièmement, l'illégalité existe, mais la chance de se voir attribuer le marché, bien que réelle, reste faible. Dans cette hypothèse, le juge lui accorde seulement les dommages et intérêts afin de compenser uniquement la perte subie et non pas le manque à gagner qui ne peut être constitué dans ce cas[1270].

1261. Infra p. 393 et 404.
1262. Voir D. Pouyaud, *Que reste-t-il du recours pour excès de pouvoir dans le contentieux des contrats ?* RFDA 2015, p. 727.
1263. Marion Ubaud-Bergeron, *Droit des contrats administratifs*, *op. cit.*, p. 377.
1264. Marion Ubaud-Bergeron, *Droit des contrats administratifs*, *op. cit.*, p. 438 et 439.
1265. CE, 8 mars 1912, Lafage, Rec., 348, RDP 1912, p. 266.
1266. Voir par ex. André de Laubadere, *Manuel de droit administratif*, 10ème éd. LGDJ, Paris 1976, p. 116.
1267. CE, Sect., 9 décembre 2011, A. Gérard, n°337255.
1268. CE, 9 décembre 1987, Chambre d'agriculture des Deux-Sèvres, Rec., p. 404.
1269. CE, 4 juin 1976, Desforets, Rec. p. 301 ; CE, 9 décembre 1987, Chambre d'agriculture des Deux-Sèvres, Rec. p. 404.
1270. CE, 23 mars 1994, SIVU pour l'étude et pour la réalisation du golf de Cognac, CJEG 1995 p. 27, conclusions Le Chatelier ; CE, 1er juillet 2005, Sté Didactic, Contrats marchés publics 2005, n°301, observations F. Llorens.

– Troisièmement, l'illégalité a bien été commise et sans celle-ci l'entreprise était bien placée pour être déclarée attributaire du marché. Si ses chances étaient sérieuses, elle est indemnisée à la fois pour la perte subie et pour une partie du manque à gagner[1271].

– Quatrièmement, si ses chances étaient très sérieuses, elle a droit à une indemnité compensant la totalité du manque à gagner, c'est-à-dire la perte des bénéfices qu'elle escomptait[1272].

La distinction entre chances sérieuses et chances très sérieuses à tendance à s'estomper. Il semble que ce qui intéresse désormais le juge est l'existence, sans le superlatif, des chances sérieuses qui auraient pu faire que le candidat emporte le marché où la délégation de service public. Cette seule certitude suffit à lui accorder une indemnité compensant la totalité du manque à gagner[1273]. On peut noter, toutefois, que, ainsi qu'on l'a signalé dans le paragraphe précédent et qu'on va l'expliciter plus loin, dans la mesure où cette voie de recours est désormais quasiment fermée aux tiers, les tiers évincés et les autres justifiant d'un intérêt pour agir, en raison de la faculté qui leur est offerte d'engager des recours de pleine juridiction en contestation de validité du contrat.

c. Le déféré préfectoral

Le déféré préfectoral est le recours par lequel le préfet, en sa qualité de représentant de l'État, peut déférer pour illégalité au juge administratif des actes pris par les collectivités locales. Il sied de rappeler que l'ensemble des constitutions prévoit que les collectivités locales s'organisent et fonctionnent librement. Une telle organisation rend toutefois nécessaire un contrôle fréquent des autorités nationales sur les actes pris par ces collectivités. Il s'agit d'un contrôle a posteriori dont l'objectif est non seulement de préserver l'unité de l'État mais aussi de veiller à ce que les décisions de ces entités soient harmonieuses et conformes à la législation nationale.

Le déféré préfectoral est un contrôle de légalité, c'est-à-dire que le préfet ne vérifie pas si l'acte est pertinent, mais seulement s'il est conforme à la loi. Dans le cas où il conclut à son illégalité, il ne peut l'annuler lui-même. En général, il demande à la collectivité locale concernée de retirer ou de modifier l'acte incriminé. Si celle-ci ne réagit pas ou refuse d'obtempérer, il défère l'acte au juge administratif, en principe dans un délai de deux mois à compter de la date de confirmation de la décision négative de la collectivité ou de celle de la transmission de l'acte. En effet, le déféré préfectoral ne s'exerce qu'à l'encontre des actes soumis à l'obligation de transmission au représentant de l'État, les

1271. CE, 28 mars 1980, Centre hospitalier de Seclin, Rev. marchés publics, 1981, n°176, p. 24, concl. Latournerie.
1272. CE, 10 janvier 1986, STM, Rec., 608 ; CE, 21 septembre 1992, Commune de Bagnols-sur-Cèze, RFDA 1992 n°497 ; CE, 7 novembre 2001, SA Quillery, Contrats marchés publics 2002, n°6 ; CE, 27 janvier 2006, Commune d'Amiens, DA 2006, n°57, note A. Ménéménis.
1273. Dans ce sens, CAA Paris, 9 novembre 2004, Sté des travaux électriques français, Contrats marchés publics, 2005, n°42, obs. F. Llorens ; Christophe Lajoye, *Droit des marchés publics*, 4e édition, *op. cit.*, p. 286.

autres actes étant exécutoires dès leur publication et pouvant ainsi être soumis directement au contrôle de légalité par tous ceux qui ont intérêt à agir, suivant les voies de recours ordinaires. La loi organique congolaise n°8-2003 du 6 février 2003 relative à l'exercice de la tutelle sur les collectivités locales, par exemple, compte parmi les actes soumis à obligation de transmission : « Les conventions relatives aux marchés, aux emprunts et aux conventions de concession ou d'affermage des services locaux à caractère industriel et commercial ». Telle est également la position des lois françaises des 2 mars et 22 juillet 1982[1274], et plus particulièrement de l'article L.2131-2 du Code général des collectivités territoriales[1275].

Le déféré préfectoral, pour ce qui concerne particulièrement les actes contractuels, est en pleine mutation. La refonte générale du contentieux contractuel a été engagée par le juge administratif, ainsi qu'on va le développer dans le paragraphe suivant, en 2007 avec l'arrêt Tropic[1276] et en 2009 avec l'arrêt Béziers[1277]. En effet, le recours du préfet à l'encontre des contrats, après avoir été considéré comme faisant partie du recours pour excès de pouvoir par le juge dans sa décision « Commune de Sainte-Marie » de 1991[1278], relève désormais du contentieux de pleine juridiction depuis l'arrêt « ministère de l'Intérieur » du 23 décembre 2011[1279]. Le rattachement du déféré préfectoral en matière contractuelle au plein contentieux[1280] a ainsi mis fin à l'assimilation du contrat à un acte administratif comme un autre ainsi qu'à plusieurs interrogations qui s'étaient faites jour au sein de la doctrine[1281]. Le juge s'est vu alors conféré de nouveaux pouvoirs. Il n'est plus cantonné, ainsi qu'il l'était dans le cadre de l'excès de pouvoir, à choisir simplement entre le rejet du déféré et l'annulation du contrat. Il dispose dorénavant de la même large palette de pouvoirs que ceux qu'il exerce dans le cadre du recours de pleine juridiction en contestation de validité du contrat[1282], à l'exception, bien entendu, de la possibilité d'accorder des dommages-intérêts au préfet, celui-ci agissant en tant que garant de la légalité et ne subissant aucun préjudice. La structure du contentieux contractuelle s'en trouve ainsi, à juste titre, unifiée comme le pressentaient déjà certains auteurs[1283], parce que rien ne justifie que le juge puisse donner un verdict différent sur la

1274. Voir, Catherine Bergeal et Frédéric Lenica, *Le contentieux des marchés publics*, 2e édition revue et corrigée, Le Moniteur, p. 53.

1275. Voir Marion Ubaud-Bergeron, *Droit des contrats administratifs*, *op. cit.*, p. 451.

1276. CE, 16 juillet 2007, Sté Tropic travaux signalisation, req. n°201545, CP-ACCP, n°70, octobre 2007, p. 40 et s.

1277. CE Ass., 28 décembre 2009, Cne de Béziers, req. n°304802.

1278. CE, 26 juillet 1991, Cne de Sainte-Marie, Rec., p. 302 ; AJDA 1991, 693, chron. C. Maugüe et R. Schwartz ; RFDA 1991, p. 966, concl. H. Legal.

1279. CE, 23 décembre 2011, ministère de l'Intérieur, de l'Outre-mer, des Collectivités territoriales et de l'Immigration, Rec., p. 662 ; Contrats-marchés publics 2012, comm. 56, note P. Delvolvé ; BJCP 2012, p. 125, concl. Dacosta ; AJDA 2012, p. 1064, note S. Douteaud ; CP-ACCP 2012, n°119, p. 73, note Lauret et P. Proot.

1280. A. Claeys, *Le déféré préfectoral contre un contrat est un recours de plein contentieux*, Dr. adm. n°3, mars 2012, comm. 27.

1281. H. Legal, *Le déféré préfectoral des contrats locaux : excès de pouvoir ou plein contentieux ?* RFDA 1991, p. 966. F. Llorens et P. Soler-Couteaux, *Quel sort l'évolution du contentieux contractuel peut-elle réserver au déféré préfectoral ?* Contrats et marchés publics n°1, janvier 2012, repère 1.

1282. Infra p. 393.

1283. F. Llorens et P. Soler-Couteaux, *Vers une harmonisation du contentieuxadministratif des contrats ?* Contrats marchés publics, n°6, juin 2010, repère 6.

validité d'un contrat selon qu'il est saisi par le préfet ou par un tiers évincé ou ayant un intérêt à agir ou par les parties elles-mêmes. Cette disparité a même conduit certains auteurs à aller jusqu'à regretter « que le sort d'un contrat puisse dépendre de la malchance que les parties ont eue de le voir contesté, non pas par un tiers ou par un concurrent, mais par le préfet lui-même[1284] ».

d. Le recours de pleine juridiction en contestation de validité du contrat

Le recours de pleine juridiction en contestation de validité du contrat, il faut le rappeler, n'était ouvert, avant 2007, date de la jurisprudence Tropic, qu'aux parties et non aux tiers, comme c'est le cas aujourd'hui. De ce point de vue, on peut affirmer que c'était un contentieux rare puisque, par hypothèse, les parties avaient un intérêt commun à maintenir le contrat qui les liait et non à l'anéantir. Les rares hypothèses que l'on peut signaler sont celles où un nouveau cocontractant est substitué au cocontractant initial et, devenu partie au contrat, souhaite en dénoncer certaines stipulations[1285], ou dans le cas où l'une des parties constate, après conclusion, que le contrat est en réalité entaché d'une illégalité liée à sa procédure de mise en concurrence ou à son contenu[1286].

De même, le juge n'a pas toujours eu, en matière de contestation des contrats administratifs, un pouvoir d'annulation. Il peut être rappelé que, suivant une jurisprudence ancienne qui date de 1868[1287] et qui est restée constante pendant longtemps[1288], jusqu'à la décision d'assemblée du Conseil d'État de 2009 (Commune de Béziers[1289]), le juge ne pouvait annuler le contrat administratif. Il devait simplement prononcer sa nullité, avec la conséquence qu'un contrat nul était censé n'avoir jamais existé[1290], et accorder en contrepartie le droit à indemnités au cocontractant lésé. Il convient de noter que les vices qui justifiaient la nullité du contrat administratif étaient en général déterminés par le juge administratif de manière pragmatique[1291], même s'il s'appuyait, il faut le rappeler, sur le rapprochement évident avec à la théorie civiliste[1292] qui distingue les nullités relatives aux intérêts particuliers, qui ne peuvent être évoqués que par les parties, des nullités orientées vers la protection de l'intérêt général,

---

1284. F. Llorens et P. Soler-Couteaux, *Quel sort l'évolution du contentieux contractuel peut-elle réserver au déféré préfectoral ?* préc.
1285. Voir par exemple, CE, Sect., 4 mai 1990, Compagnie industrielle maritime, Rec., p. 113 ; RFDA 1990, p. 591, concl. de Guillenschmidt.
1286. CE, 29 novembre 2000, Cne de Païta, Rec., p. 573 ; Contrats-Marchés publics 2001, comm.37, note F. Llorens ; AJDA 2001, p. 219, note Richer ; BJCP 2001, n°15, p. 164, concl. Savoie.
1287. CE, 20 février 1868, Goguelot, p. 198.
1288. CE, Sect., 24 novembre 1972, Soc. Ateliers de nettoyage de Fontainebleau, p. 753. Voir ce sujet, René Chapus, Droit du contentieux administratif, 7e éd., p. 815 et s.
1289. CE, Ass., 28 décembre 2009, Commune de Béziers, BJCP 2010, p. 138, concl. Glaser ; AJDA 2010, p. 142, chron. Liéber et Botthegi ; JCP G 2010, 365, chron. Plessix ; *Contrats et marchés publics 2010*, comm. n°123, note Rees ; JCP A 2010, 2072, note Linditch ; Procédures 2010, comm. n°59, note Deygas ; JCP G 2010, act.28, obs. Erstein ; LPA 2010, n°47, p. 3, note Rouault ; Gaz. Pal. 2010, n°73, p. 13, chron. Seiller ; RDI 2010, p. 265, note Noguellou.
1290. CE, Sect., Avis du 10 juin 1996, Préfet de la Côte-d'Or, n°176873, 176874 et 176875, publié au Lebon.
1291. Voir à ce sujet l'étude de D. Pouyaud, La nullité des contrats administratifs, LGDJ, 1991, t.158.
1292. P. Malinvaud, D. Fenouillet et M. Mekki, *Droit des obligations*, LexisNexis, 13e éd., 2014, p. 292 et s.

qui peuvent être évoqués par tous. La faute de l'administration pouvait, par exemple, être reconnue lorsque celle-ci avait manifestement commis un impair dans le processus de l'approbation du contrat par les autorités compétentes, par exemple en empêchant irrégulièrement l'approbation[1293] ou en faisant montre de négligence ou d'imprudence à cet effet[1294]. Une autre hypothèse, souvent considérée comme constitutive de faute, était celle où l'administration, sans attendre la conclusion du marché, incitait le candidat pressenti à commencer à exécuter les prestations, par exemple en engageant certaines dépenses préparatoires[1295].

Le principe qui consistait à réfuter le pouvoir d'annulation du juge était l'expression même de la distinction entre la fonction juridictionnelle et la fonction administrative. « On ne saurait, disait René Chapus, demander au juge de faire acte d'administrateur, de même qu'il ne saurait agir comme un administrateur[1296]. » Depuis, le contentieux administratif contractuel, notamment en phase de passation du contrat, a connu un revirement jurisprudentiel qui a modifié en profondeur toute son identité. Deux évolutions majeures se sont faites jour.

La première évolution a abouti à ce que ce contentieux, traditionnellement réservé exclusivement aux parties au contrat[1297], soit désormais ouvert aux tiers auxquels il n'était jusque-là reconnu que la seule possibilité de former des recours pour excès de pouvoir à l'encontre des actes détachables du contrat ou de ses clauses réglementaires. Cette évolution s'est manifestée dans un premier temps en 2007 par l'arrêt « Tropic[1298] » en faveur des concurrents évincés de la procédure de passation du contrat. Ceux-ci se voyaient désormais accorder la possibilité de former devant le juge du contrat un recours de pleine juridiction contestant la validité d'un contrat ou de certaines de ses clauses, qui en sont divisibles, assorti, le cas échéant, de demandes indemnitaires. Dans un avis de 2012[1299], le Conseil d'État a défini de manière très extensive la notion de candidat évincé. Elle vise tout opérateur économique intéressé à la conclusion du contrat, qu'il ait, ou non, effectivement participé à la procédure de passation du contrat. Il s'agit aussi de tout opérateur qui a pu participer à la procédure mais qui a été recalé ou de tout opérateur qui aurait voulu y participer mais qui n'a pas pu le faire en raison, par exemple, de mesures de

---

1293. CE, 24 juin 1938, Commune d'Huos, D.1939.3, p. 25.
1294. CE, 13 avril 1945, Commune de Thierville, Rec., p. 74.
1295. CE, 13 novembre 1974, Couliboeuf, Rec., 567 ; CE, 11 octobre 1985, CGCT, Rec., p. 282.
1296. *op. cit.*, p. 822.
1297. CE, Sect., 4 mai 1990, Compagnie industrielle maritime C.I.M., req. n°71707, Rec., p. 113 ; RFDA 1990, p. 591, concl. De Guillenchmidt. CE, 29 novembre 2000, Cne de Païta, Rec., p. 573 ; Contrats marchés publics, 2001, comm. n°37, note F. Llorens ; AJDA 2001, p. 219, note Richer ; BJCP 2001, n°15, p. 164, concl. Savoie.
1298. CE, Ass., 16 juillet 2007, Sté Tropic travaux signalisation Guadeloupe, Rec., p. 360 ; RFDA 2007, p. 696, concl. Casas, p. 917, note Moderne, p. 923, note Pouyaud et p. 935, note Canedo-Paris ; AJDA, 2007, p. 1497, obs. S. Braconnier, et p. 1588, chr. Lénica et Boucher ; RJEP, 2007, p. 267, note Delvolvé ; Contrats et marchés publics, 2007, comm. n°154, note Piétri ; JCP A, 2007, 2212, note Linditch ; BJCP, 2007, p. 391, obs. CM, Terneyre et Schwartz ; D., 2007, p. 2500, note Capitant ; Dr. adm., 2007, comm. n°142, note Cossalter ; RDP, 2007, p. 1383, note Melleray ; JCP G, 2007, II, 10156, note Ubaud-Bergeron et 10160, note Seiller ; JCP G, 2007, I, 193, chr. Plessix ; LPA, 2007, n°167, p. 3, note Chaltiel et n°181, p. 6, note Glatt ; RDC, 2008, p. 465, note Rolin ; RD imm., 2007, p. 429, note Dreyfus.
1299. CE, avis, 11 avril 2012, Société Gouelle, n°355446 ; Contrats-marchés publics 2012, repère n°5 ; AJDA 2012, p. 790.

publicité insuffisantes[1300]. Dans un deuxième temps, en 2014 par l'arrêt « Tarn-et-Garonne[1301] », l'ouverture du recours de pleine juridiction en contestation de validité du contrat a été élargie en faveur de tous les tiers justifiant d'un intérêt lésé, y compris ceux qui n'ont pas participé à la procédure de passation. Le recours de pleine juridiction en contestation de la validité du contrat, quel qu'en soit le requérant, doit être introduit, y compris si le contrat contesté est relatif à des travaux publics, dans un délai de deux mois à compter de l'accomplissement des mesures de publicité appropriées, notamment au moyen d'un avis mentionnant à la fois la conclusion du contrat et les modalités de sa conclusion dans le respect des secrets protégés par la loi. Ce recours permet, à n'en point douter, d'affirmer la plénitude des pouvoirs du juge du contrat, avec pour conséquence de rendre irrecevable toute demande d'annulation pour excès de pouvoir des actes détachables au contrat, toute réclamation devant désormais s'organiser dans le cadre du recours précité.

L'autre évolution, qui s'est manifestée en 2009[1302] par l'arrêt « Commune de Béziers », dit jurisprudence « Béziers I », a conduit au développement des pouvoirs du juge, en lui donnant non seulement une grande marge de liberté dans l'appréciation des irrégularités commises par l'administration contractante mais aussi dans les leçons à tirer et à leur mise en œuvre. Le principe est que toutes les irrégularités affectant le contrat peuvent entraîner sa nullité[1303] et, par conséquent, entraîner soit sa résiliation[1304], soit son annulation totale[1305] ou partielle en différant, le cas échéant, les effets de l'annulation du contrat[1306]. L'annulation peut même être prononcée après l'exécution du contrat[1307]. Cependant, la jurisprudence précitée indique que l'annulation doit demeurer une mesure parmi tant d'autres et ne peut être utilisée qu'en dernier recours, s'il n'y a aucune autre possibilité de remplir le requérant dans ses droits. En effet, le Conseil d'État a soumis l'ensemble du processus décisionnel de ce nouveau pouvoir du juge à un *modus operandi* très strict et très élaboré. Il a énoncé que le juge doit d'abord s'assurer que l'annulation du contrat ne portera pas une atteinte excessive à l'intérêt général et n'enfreindra pas l'exigence de loyauté et de stabilité des relations contractuelles. Il ne doit pas également, même en cas de manquements avérés de l'administration, décider de manière systématique et mécanique de la nullité du contrat, donc de son annulation. Sauf dans les

---

1300. TA Caen, 15 mai 2008, Sté Foncière d'investissements immobiliers, req. n°0801068 ; AJDA 2008, p. 1789.
1301. CE, Ass., 4 avril 2014, Département du Tarn-et-Garonne c/Bonhomme, n°358994 ; RFDA 2014, p. 425, concl. B. Dacosta, note Delvolvé ; BJCP, 2014, p. 205 ; AJDA 2014, p. 1035, chron. A. Bretonneau et J. Lessi ; Contrats-marchés publics, 2014, p. 1, repère F. Llorens et P. Soler-Couteaux, p. 7, note P. Rees ; Dr. adm. 2014, n°36, note F. Brenet ; JCP A 2014, 2152, note J.F. Sester et 2153, note S. Hul ; GAJA, Dalloz, 20e éd., 2015, n°116.
1302. CE, Ass., 28 décembre 2009, Commune de Béziers, BJCP 2010, p. 138, concl. Glaser ; AJDA 2010, p. 142, chron. Liéber et Botthegi ; JCP G 2010, 365, chron. Plessix ; Contrats et marchés publics 2010, comm. n°123, note Rees ; JCP A 2010, 2072, note Linditch ; Procédures 2010, comm. n°59, note Deygas ; JCP G 2010, act.28, obs. Erstein ; LPA 2010, n°47, p. 3, note Rouault ; Gaz. Pal. 2010, n°73, p. 13, chron. Seiller ; RDI 2010, p. 265, note Noguellou.
1303. Voir en ce sens, E. Glaser, concl. sous CE, Ass., 28 décembre 2009, RFDA 2010, p. 510.
1304. TA Poitiers, 15 juillet 2008, SAS Nicollin, req. n°0701177.
1305. TA Orléans, 27 mai 2008, SAS Arima consultants, req. n°0704464.
1306. TA Marseille, 18 décembre 2007, Sté Bureau Veritas, req. n°0506650.
1307. CE, 15 mars 2019, Société anonyme gardéenne d'économie mixte, n°413584.

cas où il doit la soulever d'office soit pour une irrégularité tenant au caractère illicite[1308] ou illégal[1309] de l'objet du contrat, soit pour un vice d'une particulière gravité tenant notamment aux conditions dans lesquelles les parties ont donné leur consentement[1310], à la régularité de la mise en concurrence[1311], à la capacité de l'autorité contractante de s'engager contractuellement, à l'incompétence du signataire[1312], au défaut d'approbation du marché par l'autorité compétente et à l'erreur de classement des attributaires[1313]. Autrement, le juge doit moduler les effets des vices constatés suivant leur intensité. Il lui appartient d'en apprécier les conséquences, soit en ordonnant des mesures de régularisation des manquements constatés[1314], soit en modifiant les clauses viciées. Il peut aussi ouvrir directement au cocontractant un droit à réparation du préjudice. Dans un avis du 11 mai 2011[1315], le Conseil d'État a pris soin de déterminer les conditions et modalités de la présentation des conclusions indemnitaires en réparation du préjudice subi. La demande doit être accessoire ou complémentaire à celle tendant à l'annulation du marché, ne pas être enserrée dans le délai de deux mois et doit répondre aux exigences classiques en matière de responsabilité. Elle peut même être déposée exclusivement dans le but d'obtenir l'indemnisation du préjudice subi[1316].

B.2. Le recours au stade de l'exécution des marchés publics

Le recours au stade de l'exécution des marchés publics s'exerce soit sous forme de procédure en référé, soit en recours en contestation de validité des actes d'exécution des marchés publics.

B.2.1. Les procédures en référé

Les parties aux marchés publics, principalement les titulaires, ont la possibilité d'agir en urgence devant le juge des référés pour défendre ou sauvegarder leurs intérêts dans la phase de l'exécution[1317]. La principale procédure en référé, en raison de sa portée juridique, est le référé-suspension.

1308. CE, 13 juillet 1968, Stoskopf, Rec., 460 ; CE, Sect., 11 février 1972, OPHLM du Calvados, AJDA, 1972, p. 245.
1309. CE, 23 janvier 1976, Kergo, Rec., 56.
1310. Voir Dominique Mabin, Marchés publics, Studyrama, p. 153.Voir également CE, 9 juin 2017, Société Pointe-à-Pitre distribution, n°399581 ; CAA Bordeaux, 16 février 2018, Commune de Goyave, n°17BX01882.
1311. CAA Bordeaux, 16 décembre 2010, Société Expertises Melloni et Associés, n°09BX02266.
1312. CE, 23 mai 1979, Commune de Fontenay-le-Fleury, Rec., 226 ; CE, 8 décembre 1995, Commune de Saint-Tropez, AJDA, 1996, p. 448 ; CAA Nancy, 5 juillet 2010, Sté Sogreah Consultants, n°09NC00896 ; CAA Bordeaux, 11 mars 2010, Cne de Baie-Mahault c/Sté Serco, n°088BX02268.
1313. CAA Paris, 6 décembre 2012, n°10PA02811.
1314. CE, 9 mai 2012, Syndicat départemental des ordures ménagères de l'Aude, req. n°355665.
1315. CE, Sté Rebillon Schmit Prevot, n°347002.
1316. CE, 4 juillet 2012, Ministère de la Défense et des Anciens combattants, n°352714.
1317. Voir Frédéric Julien, *Guide pratique et juridique du contentieux des marchés publics*, 2e éd., Éditions du Puits fleuri, 2018, Héricy France, p. 23 et s.

a. Le référé-suspension

Le référé-suspension est, contrairement aux autres que l'on rencontre dans tous types de contentieux contractuels, est spécifique au contentieux de l'exécution des marchés publics. Il consiste à demander au juge des référés de suspendre l'application des actes d'exécution du marché public. Cette procédure trouve son fondement juridique dans l'article L.521-1 du Code de justice administrative. En effet, la disposition susmentionnée énonce que le juge des référés peut, à la demande du requérant, ordonner la suspension de l'exécution d'une décision administrative, même de rejet, ou de certains de ses effets, lorsque l'urgence le justifie et qu'il est fait état d'un moyen propre à créer, en l'état de l'instruction, un doute sérieux quant à la légalité de la décision.

Le juge apprécie avec beaucoup de minutie les modalités d'application des deux conditions que pose l'article L.521-1 du Code de justice administrative. Il considère, pour ce qui concerne la condition liée à l'urgence, que celle-ci est remplie « lorsque la décision administrative contestée préjudicie de manière suffisamment grave et immédiate à un intérêt public[1318]. » Le Conseil d'État, dans un arrêt de 2017[1319], a apporté quelques précisions en rappelant tout d'abord qu'il appartient au juge des référés d'apprécier concrètement, compte tenu des justifications fournies par le requérant, si les effets de l'acte contesté sont de nature à caractériser une urgence justifiant que, sans attendre le jugement au fond, l'exécution de la décision soit suspendue. Il a ensuite indiqué que l'urgence doit être subordonnée à l'existence d'éléments de nature à établir la gravité, l'immédiateté et l'irréversibilité des atteintes que l'exécution du contrat est susceptible de porter aux intérêts invoqués. L'urgence doit donc être appréciée au cas par cas, en fonction des caractéristiques de l'espèce[1320]. En revanche, le Conseil d'État est assez ouvert à reconnaître la condition d'urgence lorsqu'il s'agit d'une décision de résiliation. Il a ainsi reconnu dans l'arrêt « Commune de Béziers[1321] », dit « Béziers II », cette urgence à une société contestant la résiliation du marché à cause du risque de conclusion du contrat avec un nouveau titulaire, « rendue nécessaire par la résiliation litigieuse ». Il a précisé que le juge doit prendre en compte, pour reconnaître cette condition d'urgence, d'une part « les atteintes graves et immédiates que la résiliation litigieuse est susceptible de porter à un intérêt public ou aux intérêts du requérant, notamment à la situation financière de ce dernier ou à l'exercice même de son activité, d'autre part l'intérêt général ou l'intérêt des tiers, notamment du titulaire d'un nouveau contrat dont la conclusion aurait été rendue nécessaire par la résiliation litigieuse qui peut s'attacher à l'exécution

1318. CE, 20 mars 2001, Syndicat national des horlogers-bijoutiers, req. n°230462.
1319. CE, 18 septembre 2017, n°408894, Communauté de communes Centre Dombes.
1320. CE, 19 janvier 2001, Confédération nationale des radios libres, n°228815.
1321. CE Sect., 21 mars 2011, Commune de Béziers, req. n°304806, conclusions d'Emmanuelle Cortot-Boucher, rapporteur public ; Dalloz Actu Étudiant, 11 avril 2011 ; AJCT 291, obs. Dreyfus.

immédiate de la mesure de résiliation ». Emmanuelle Cortot-Boucher, le rapporteur public dans l'arrêt précité, a martelé dans ses conclusions que la condition d'urgence doit être étayée par la démonstration par le requérant d'un péril économique qu'engendrerait la résiliation. Le tribunal de Nantes[1322] a retenu cette expression pour rejeter une demande de suspension de résiliation au motif qu'il n'apparaît pas, nonobstant les difficultés économiques et sociales que la société L. est susceptible de connaître provisoirement, que la survie économique de la société soit mise en péril, compte tenu notamment des marchés dont elle assure l'exécution auprès d'autres collectivités publiques.

Le juge des référés, pour ce qui concerne la condition liée à la présence d'un moyen propre à créer un doute sérieux quant à la légalité de la décision, se prononce toujours en fonction des circonstances de l'espèce et vérifie de façon rigoureuse si la présence du moyen propre à faire douter sérieusement de la légalité de la décision peut être valablement retenue. Il a, par exemple, admis que l'insuffisance du délai laissé aux candidats pour déposer leur candidature pouvait être considérée comme un moyen propre à créer un doute sérieux quant à la légalité de cette décision[1323]. Dans un sens inverse, l'incompétence invoquée par le requérant contre la décision de la commune de Bandol de déléguer la gestion de son port n'a pas été retenue comme moyen propre à créer un doute sérieux quant à la légalité de ladite décision[1324]. Il est intéressant de noter que contrairement aux référés en matière de passation, en l'occurrence le référé précontractuel et le référé contractuel, la référé-suspension ne se suffit pas à lui-même. Il doit être accompagné d'une demande d'annulation ou de reformulation de la décision administrative dont il est demandé la suspension, à condition toutefois que cette décision ne soit pas entièrement exécutée, sans quoi la demande devient inutile et irrecevable[1325]. Il faut enfin noter que le référé-suspension, même si le contentieux de l'exécution semble être sa sphère de prédilection, peut également être exercé dans le cadre du contentieux de la passation. Le juge a en effet admis que la demande de référé-suspension pouvait concerner un contrat non encore signé[1326], notamment lorsque la décision contestée affecte lourdement la situation du requérant. À ce propos, le Conseil d'État[1327] a jugé que « l'exécution des décisions attaquées de ne pas retenir l'offre de l'Imprimerie nationale et de choisir une autre entreprise emportait des conséquences graves sur la situation économique et financière de l'Imprimerie nationale et sur l'emploi de ses salariés ». Il a, en revanche, refusé de reconnaître l'urgence à une entreprise qui n'avait pas présenté d'offre au marché[1328].

1322. TA Nantes, Ord. 25 mai 2011, Société L., n°1104257.
1323. CE, 26 avril 2001, Époux Duffaut, n°230631.
1324. CE, 30 décembre 2002, n°247668.
1325. CE, 23 novembre 2001, Département de la Haute-Garonne, req. n°235484.
1326. TA Chalons-en-Champagne, 19 mai 2015, n°1500835.
1327. CE, 3 mars 2006, Société François-Charles Oberthur Fiduciaire, req. n°287960.
1328. CE, 15 avril 2005, Société Socrate, req. n°271600.

b. Les autres référés

Les autres procédures en référé sont le référé-constat, le référé-instruction, le référé-provision et le référé-conservatoire.

Le référé-constat permet au requérant de saisir le juge des référés aux fins de lui demander de faire constater par un expert des faits susceptibles de donner lieu à un litige devant le juge du contrat. Il peut s'agir, par exemple, de faire constater, en cours d'exécution du marché, des dommages sur l'objet du marché. Ce référé, dont le fondement découle de l'article R.531-1 du Code de justice administrative, est particulièrement utile pour la partie qui pourrait être amenée à saisir le juge du fond, en ce qu'il lui permet de rassembler en temps opportun, avant leur disparition, les éléments tangibles susceptibles de soutenir ses allégations. La décision de rejet du juge des référés peut faire l'objet d'un appel dans les quinze jours de sa notification. En cas de décision défavorable de la Cour d'appel, le demandeur peut se pourvoir en cassation devant le Conseil d'État dans les quinze jours de la notification.

Le référé-instruction consiste à demander au juge des référés de prescrire toute mesure d'expertise ou d'instruction dans le but de procéder non seulement à la constatation des faits, notamment les dommages susceptibles d'affecter l'ouvrage ou les fournitures, mais aussi à l'évaluation du probable préjudice et à la détermination des causes. Le référé-instruction est introduit sur simple requête, même en l'absence de décision administrative préalable. L'expert commis à cette mission par le juge des référés peut se faire transmettre tout document utile à la manifestation de la vérité. Les frais d'expertise sont en principe à la charge du demandeur, sauf si le juge, ainsi que l'y autorise les articles R.621-1 et suivants du Code de justice administrative, décide de les mettre à la charge de la partie perdante. Le référé-instruction, prévu à l'article R.532-1 du Code de justice administrative, obéit aux mêmes conditions de procédure que le référé-constat.

Le référé-provision, prévu aux articles R.541-1 et suivants du Code de justice administrative, permet au requérant-créancier d'obtenir du juge des référés une provision. Le juge des référés accède en général à cette demande lorsque la créance n'est pas sérieusement contestable. Le juge considère que le caractère non sérieusement contestable peut résulter de retards dans le calendrier des travaux imputables au maître de l'ouvrage[1329] ou de la nullité d'un contrat sur la base de la théorie de l'enrichissement sans cause[1330]. Le référé-provision s'exerce dans les mêmes conditions de procédure que le référé-constat et le référé-instruction.

Le référé-conservatoire dit aussi procédure de « mesures utiles » trouve son fondement à l'article R.521-3 du Code de justice administrative. Il permet

---

1329. TA Toulouse, 14 février 1989, Société entreprise Duclerc Frères et Société Sogéa, Voir Frédéric Julien Guide pratique et juridique du contentieux des marchés publics, 2ᵉ éd., Éditions du Puits fleuri, 2018, Héricy France, p. 90.

1330. CAA Marseille, 4 novembre 2002, n°02MA00133, Société Saur France.

au juge des référés « en cas d'urgence et sur simple requête qui sera recevable même en l'absence de décision administrative préalable » d'ordonner toutes autres mesures utiles sans faire obstacle à l'exécution d'aucune décision administrative.

B.2.2. Le recours de plein contentieux en contestation des actes d'exécution

Le principe de la loyauté contractuelle[1331] exige que les parties à un contrat administratif honorent leurs engagements au risque, pour la partie qui ne respecte pas ses obligations, de voir, comme le prévoient les Codes des marchés publics des États membres de la CEMAC, sa responsabilité être engagée, après épuisement des recours préalables, devant le juge administratif, qu'est le juge du contrat. Le recours devant le juge de l'exécution du contrat diffère à maints égards du recours devant le juge de la passation du contrat. Il a pour objet de demander au juge de se prononcer sur les actes d'exécution du contrat et non, à la différence du recours au stade de la passation, sur le contrat lui-même. Ce recours se distingue également par la relative faiblesse des moyens dévolus au juge de l'exécution par rapport à ceux détenus par le juge de la formation du contrat. Le premier ne peut que condamner la partie fautive à réparer pécuniairement le préjudice causé au requérant lésé et, depuis peu, ordonner la reprise des relations contractuelles, alors que le deuxième dispose du pouvoir de constater la nullité d'un contrat et de l'annuler ou le résilier[1332]. D'aucuns ont noté, à juste titre, que le juge de l'exécution donnait « l'impression du parent pauvre, resté à l'écart du progrès et de l'opulence des moyens désormais mis à la disposition du juge de la formation[1333] ». Cette différence tend néanmoins à s'atténuer. Le contentieux de l'exécution est lui aussi entré dans une phase de mutation semblable, à quelques nuances près, à celle qu'a connue le contentieux de la passation. La qualité de requérant n'est plus limitée aux seules parties au contrat ; son objet tend à s'élargir et les pouvoirs du juge tendent à se développer.

a. L'ouverture du recours aux tiers

Le recours au stade de l'exécution du contrat n'impliquait en principe que les parties au contrat, c'est même la seule voie de recours qui leur était ouverte[1334]. Les tiers, en général, ne pouvaient exercer en cette matière[1335] que

1331. CE, 8 octobre 2014, Société Grenke Location, n°370644.
1332. Supra p. 393.
1333. Gweltaz Éveillard, *Les pouvoirs du juge de l'exécution du contrat*, in Revue juridique de l'Ouest, 2014-3. *Les juges du contrat administratif*, Actes de la journée d'études de l'AEDP, 2 avril 2013, pp. 77-88.
1334. CE, 19 février 1958, Société Air Tahiti, Rec. p. 113.
1335. CE, Ass., 2 février 1987, Société TV6, Rec., p. 28, AJDA, 1987, p. 314, chron. M. Azibert et M. de Boisdeffre, RFDA, 1987, p. 29, concl. M. Fornacciari.

le recours pour excès de pouvoir et seulement contre les actes détachables du contrat leur faisant grief[1336]. Il faut noter toutefois que le juge était beaucoup plus souvent sollicité par le cocontractant que par l'autorité contractante. Cette dernière n'a, en effet, qu'exceptionnellement besoin de saisir le juge pour faire sanctionner l'inexécution des obligations du titulaire en raison des pouvoirs unilatéraux de direction et de sanctions dont elle dispose, qu'il s'agisse de sanctions coercitives, pécuniaires ou résolutoires[1337]. Elle est même en principe irrecevable à saisir le juge pour trancher des litiges dont elle a, elle-même, le pouvoir de résolution[1338], même si la jurisprudence fait sur ce point preuve de tolérance, en admettant parfois ce type de demandes[1339].

Le contentieux de l'exécution du contrat, après avoir été pendant longtemps un contentieux exclusivement ouvert aux seules parties au contrat, est désormais ouvert aux tiers. En effet, depuis la jurisprudence « Syndicat mixte de promotion de l'activité transmanche (SMPAT)[1340] », les tiers sont désormais recevables, au même titre que les parties au contrat, à intenter un recours de plein contentieux contre l'exécution d'un contrat public. Le Conseil d'État, dans l'arrêt précité, a conclu qu'un « tiers à un contrat administratif susceptible d'être lésé dans ses intérêts de façon suffisamment directe et certaine par une décision refusant de faire droit à sa demande de mettre fin à l'exécution du contrat, est recevable à former devant le juge du contrat un recours de pleine juridiction tendant à ce qu'il soit mis fin à l'exécution du contrat ». Cette jurisprudence, même si elle demeure limitée à la seule hypothèse du refus de l'acheteur d'annuler un contrat, marque, ainsi que le dit Gilles Pellissier, le rapporteur public dans l'arrêt précité, une étape importante dans « la recomposition des recours en matière contractuelle », qui n'est sans doute pas achevée. La jurisprudence « SMPAT », bien que se réalisant dans le contexte du contentieux de l'exécution, se situe, tout en les complétant, dans la juste ligne tracée dans le contentieux de la passation, par la jurisprudence « Tropic » de 2007, qui a ouvert une voie de recours particulière aux candidats évincés, et surtout par la jurisprudence « Tarn-et-Garonne » de 2014, en ce qu'elle accorde cette faculté non seulement aux candidats évincés mais à tous les tiers qui peuvent justifier d'un intérêt à agir. La jurisprudence de 2017, comme ce fut le cas dans le contentieux de la passation à la suite des jurisprudences précitées, met fin à la possibilité qui était donnée aux tiers de contester les actes d'exécution du contrat devant le juge de l'excès de pouvoir.

Il faut signaler toutefois qu'au regard des nouveaux risques juridiques et financiers qui peuvent peser sur les cocontractants et le contrat, le juge

---

1336. CE Sect., 9 décembre 1983, Ville de Paris c/Société des mobiliers urbains pour la publicité et l'information ; CE, Sect., 24 avril 1964, Société de livraisons industrielles et commerciales, Rec., p. 239, AJDA, 1964, p. 293, chron., J. Fourré et M. Puybasset, p. 308, concl. M. Combarnous, D. 1964, J. p. 665, note Debbasch.
1337. Supra p. 256.
1338. CE, 30 mai 1913, Préfet de l'Eure, Rec., p. 583, S. 1915, 3, p. 9, note M. Hauriou.
1339. CE, 26 décembre 1924, Ville de Paris c/Chemin de fer métropolitain, Rec., 1065, S.1925, 3, p. 25, note M. Hauriou ; CE, 7 janvier 1970, Durant, Rec., tables 946, D., 1970, J., p. 615, note J.F. Lachaume.
1340. CE, 30 juin 2017, Syndicat mixte de promotion de l'activité transmanche (SMPAT) c/Sté Dreyfus, n°398445.

administratif a encadré le recours des tiers dans des limites très strictes. Il n'est rendu possible que si des dispositions législatives applicables au contrat en cours obligent la personne publique contractante à mettre fin à l'exécution du contrat, si les irrégularités entachant le contrat sont de nature à faire obstacle à la poursuite de l'exécution et que le juge doit relever d'office, si la poursuite de l'exécution du contrat est manifestement contraire à l'intérêt général, notamment en cas d'inexécution des obligations contractuelles, en dehors des conditions et formes dans lesquelles la décision de refus a été prise et si les irrégularités sont en rapport direct avec l'intérêt lésé dont le tiers se prévaut.

b. L'élargissement de l'objet du recours

Le contentieux de l'exécution du contrat, depuis une vieille jurisprudence[1341], a toujours été[1342] un contentieux de l'indemnisation[1343]. L'évolution de ces dernières années, ainsi qu'on va l'expliciter dans l'étude des pouvoirs désormais consacrés au juge de l'exécution, a conduit à ce que cet objet s'étende désormais au-delà de la réparation par des condamnations pécuniaires. Il permet désormais de demander au juge de l'exécution d'apprécier la validité des actes d'exécution du contrat, voire du contrat lui-même, dans des conditions bien déterminées et avec, il est vrai, des conséquences bien différentes de celles que peut tirer le juge de la passation. De même, le contentieux de l'exécution peut aussi désormais permettre au requérant d'obtenir du juge la reprise des relations contractuelles.

On peut relever que le fait d'appréhender systématiquement les actions liées à l'inexécution du contrat à travers le contentieux de la réparation peut paraître relever de l'amalgame. En effet, contrairement à ce qui a pu être dit, que la réparation du préjudice est une forme d'exécution du contrat, ou du moins une forme d'exécution par équivalence[1344], cette action, comme l'indique Marion Ubaud-Bergeron[1345] « ne peut pas être assimilée à une action en exécution ». Au sens strict du terme, ajoute-t-elle, la réparation « ne tend pas à faire obtenir l'exécution directe du contrat, mais plus exactement à obtenir une compensation liée à son inexécution, de sorte que responsabilité contractuelle et exécution contractuelle doivent être dissociées. Si l'action en réparation est l'ultime action exercée par les parties en cas d'inexécution du contrat, ceci ne doit pas occulter le fait qu'existent en droit administratif également quelques hypothèses où le juge admet une action en exécution du contrat [...] orientée vers une

1341. CE, 20 février 1868, Goguelot, Rec. p. 198.
1342. CE, 9 janvier 1957, Daval, n°23954 ; CE, 14 mars 1980, SA Compagnie industrielle de travaux électriques et mécaniques, n°03417.
1343. Voir L. Richet, *Droit des contrats administratifs*, LGDJ, 4e édition ; Christophe Lajoye, *Droit des marchés publics*, Gualino, 4e édition, p. 372. ; Éveillard Gweltaz, *Les pouvoirs du juge de l'exécution du contrat*, in Revue juridique de l'Ouest, 2014-3, Actes de la journée d'études de l'A.E.D.P. , 2 avril 2013, pp. 77-88.
1344. Voir G. Viney, *La responsabilité contractuelle en question*, in Le contrat au début du XXIe siècle : Études offertes à J. Ghestin, LGDJ, 2001, p. 921.
1345. Marion Ubaud-Bergeron, *Droit des contrats administratifs*, préc. p. 386.

obligation de faire [...] », aussi bien de la part de l'autorité contractante que du titulaire du contrat. Ceci est assurément vrai. Le développement des pouvoirs du juge de l'exécution, dans sa capacité à ordonner désormais la reprise des relations contractuelles, ainsi qu'on va le voir, a sans doute tenu compte de cette problématique. Mais la question, comme on l'abordera plus loin de façon plus abondante, demeure la même. Le juge administratif n'a aucune force légale pour obliger l'administration à exécuter ses engagements et surtout à la contraindre à reprendre les relations contractuelles avec le cocontractant qu'elle a désavoué. Ce qui fait que le contentieux de l'exécution finit toujours par ne se résoudre qu'en dommages et intérêts, donc en contentieux de l'indemnisation ou de la responsabilité[1346]. C'est au fond son ultime objet.

c. Les pouvoirs du juge de l'exécution du contrat

Le juge de l'exécution du contrat n'a pas le pouvoir de prononcer l'annulation des mesures prises en exécution du contrat. Il lui appartient seulement de rechercher si ces mesures sont intervenues dans des conditions de nature à ouvrir au profit du cocontractant un droit à indemnités. Il peut aussi, depuis peu, ordonner la reprise des relations contractuelles.

c.1. L'absence de pouvoir d'annulation

Le principe de l'absence de pouvoir d'annulation interdit au juge d'annuler les actes d'exécution du contrat. Par exemple, dans le cadre des marchés publics de travaux, il ne peut pas annuler les ordres de services édictés par le maître de l'ouvrage, même lorsqu'ils sont réputés irréguliers[1347]. Il ne peut pas non plus annuler le refus de celui-ci de renouveler le marché[1348], ni davantage sa décision de le résilier [1349]. Ce principe, qui ne remonte en réalité qu'à 1957[1350], puisque le juge s'est autrefois reconnu le pouvoir d'annuler les actes d'exécution du contrat[1351], a été unanimement critiqué par la doctrine[1352]. L. Richer considère que cette interdiction est entachée d'une « absence de fondement rationnel[1353] » car la logique voudrait que le juge du contrat, en sa qualité de juge de plein contentieux, dispose de la plénitude de juridiction, donc du pouvoir d'annulation. Toujours est-il que le principe de l'absence de pouvoir d'annulation du juge de l'exécution du contrat prédomine le

1346. Pour une analyse plus détaillée sur le contentieux de la responsabilité, Voir, par exemple, Christophe Guettier, *Droit des contrats administratifs*, pp. 588 et s ; Marion Ubaud-Bergeron, *Droit des contrats administratifs*, préc. p. 396 et s.
1347. CE, 17 février 1978, Sté Compagnie française d'entreprises, Rec. p. 88.
1348. CE, Sect., 24 novembre 1972, Sté Ateliers de nettoyage de Fontainebleau, Rec. p. 753.
1349. CE, 22 février 1980, SA des Sablières d'Arressy, Rec. p. 109, DA, 1980, n°85 ; CE, 26 novembre 1969, Société civile Vincent, Rec. p. 539.
1350. CE, 9 janvier 1957, Daval, AJDA 1957, II, 9, concl. Laurent.
1351. Éveillard Gweltaz, *Les pouvoirs du juge de l'exécution du contrat*, préc. p. 80.
1352. Voir Chapus, *Droit du contentieux*, n°1108 ; Denys de Béchillon, Philippe Terneyre, *Contrats administratifs, Répertoire du contentieux administratif*, Dalloz, n°380-381.
1353. L. Richer, *Droit des contrats administratifs*, LGDJ, 8ème édition, 2012, p. 361.

contentieux contractuel. La jurisprudence, même la plus récente[1354], continue d'affirmer qu'il demeure un « principe fondamental[1355] » du droit des contrats administratifs, même si elle accepte quelques exceptions qui ont été actées par elle et d'autres qui se sont imposées en fonction des matières concernées. La première exception de la première catégorie, qui est tout aussi ancienne que le principe lui-même, a été soulevée dans une décision du Conseil d'État de 1905[1356] qui a jugé qu'il était possible d'obtenir l'annulation de la décision de résiliation d'un contrat de concession de services ou de travaux publics. Le Conseil d'État a ensuite étendu cette jurisprudence à tous les contrats de longue durée dont l'amortissement est effectué pendant toute la durée d'exploitation et comportant pour le cocontractant des garanties analogues à celles accordées aux concessionnaires de services publics ou de travaux publics[1357]. Enfin, le Conseil d'État a ajouté que le cocontractant pouvait être autorisé à demander l'annulation d'un contrat conclu entre personnes publiques pour les besoins du service public[1358]. Les autres exceptions sont celles relatives aux contrats dont la similitude était patente avec des actes administratifs unilatéraux. Il en va ainsi, par exemple, des actes d'exécution des contrats d'engagement d'agents publics[1359], des actes d'exécution des contrats conclus entre personnes publiques et ayant pour objet l'organisation du service public[1360].

Le juge de l'exécution apparaît, de ce point de vue, en retrait par rapport au juge de la formation du contrat qui, on l'a dit, peut résilier ou annuler un contrat, même après l'accomplissement dudit marché. Cependant, et fort heureusement, le contentieux de l'exécution du contrat a été remodelé par la jurisprudence administrative dite « Commune de Béziers I[1361] », celle-là même qui a également été à l'origine du développement du pouvoir du juge de passation du contrat, même si l'intensité des changements n'est pas la même. Le juge de l'exécution n'a, certes, toujours pas le pouvoir d'annuler les actes d'exécution, mais il a désormais la capacité d'apprécier la validité des actes du contrat ainsi que du contrat lui-même, mais « dans le cas seulement où il constate une irrégularité invoquée par une partie ou relevée d'office par lui, tenant au caractère illicite du contenu du contrat ou à un vice d'une particulière gravité relatif notamment aux conditions dans lesquelles les parties ont donné leur consentement ». Même dans ce cas, il faut le noter, le pouvoir du juge de l'exécution du contrat demeure en deçà de celui reconnu au juge de la passation du contrat. Lorsqu'il

1354. CAA Lyon 16 mars 2010, Communauté de communes du Pays de Gex, req.07LY02805
1355. Voir conclusions du commissaire du gouvernement Laurent, sous CE, 9 janvier 1957, Daval, AJDA 1957, II, 9.
1356. CE, 20 janvier 1905, Cie départementale des eaux, concl. Romieu.
1357. CE, 26 nov. 1971, SIMA, Rec. p. 723 ; AJDA 1971, p. 649 ; RDP 1972, p. 239, concl. Gentot.
1358. CE, 31 mars 1989, Dépt de la Moselle, Rec. p. 105 ; AJDA 1989, p. 315, chron. Honorat.
1359. CE, Sect., 8 avril 1961, Houille, Rec., p. 217.
1360. CE, Sect., 13 mai 1992, Commune d'Ivry-sur-Seine, Rec., p. 198, AJDA, 1992, p. 480, chron. C. Maugué et R. Schwartz, JCP, 1993, II, n°22014, note Haïm.
1361. CE, Ass., 28 décembre 2009, Commune de Béziers, préc.

constate la nullité d'un contrat[1362], il ne peut l'annuler[1363], il ne peut que l'écarter dans la résolution du litige.

c.2. Le pouvoir de réparation financière du préjudice

Le juge ne peut, on l'a vu, annuler les mesures d'exécution du contrat prises par l'administration, il ne peut qu'accorder réparation au cocontractant ayant subi le préjudice, sauf s'il décide, comme il lui est reconnu depuis peu dans certains cas bien précis par la jurisprudence dite « Commune de Béziers II »[1364] étudiée dans le paragraphe suivant, que la relation contractuelle mérite d'être reprise. Autrement, le juge de l'exécution recherche si l'acte d'exécution contesté est intervenu dans des conditions de nature à ouvrir droit à indemnités. Ces conditions sont en principe celles liées aux actions qui peuvent engager la responsabilité contractuelle des parties, car les parties liées par un contrat ne peuvent rechercher leurs responsabilités respectives que dans le cadre de ce contrat[1365].

La responsabilité contractuelle est en principe fondée sur la faute de l'une des parties. Elle doit être prouvée par la partie qui l'invoque. Le moyen de preuve souvent utilisé est l'expertise[1366]. La faute du maître de l'ouvrage procède de causes multiples et variées. Elle provient essentiellement de l'usage abusif de son pouvoir de direction[1367] ou de sanctions[1368], d'erreurs d'appréciation des travaux[1369] ou du manquement à ses obligations relatives à la rémunération du titulaire, notamment dans l'établissement du décompte général du marché[1370], ou du sous-traitant qui bénéficie d'un paiement direct[1371]. Sa responsabilité peut aussi être engagée, à condition bien évidemment que la preuve soit réellement apportée[1372], en cas de sous-traitance irrégulière, notamment dans l'hypothèse où il a eu connaissance de celle-ci et s'est abstenu de toute mesure propre à y mettre fin[1373].

Il faut, toutefois, préciser que la responsabilité de l'administration contractante peut être limitée, ou même refusée, si le titulaire lui-même a commis une faute. Le Conseil d'État, dans une jurisprudence constante, a

---

1362. CE, Sect. Avis du 10 juin 1996, Préfet de la Côte-d'Or, n°176873, 176874 et 176875, publié au Lebon.
1363. CE, 16 février 1996, SIMOTAP, DA, 1996, n°256.
1364. CE Sect., 21 mars 2011, Commune de Béziers, req. n°304806, concl. D'Emmanuelle Cortot-Boucher, rapporteur public.
1365. CE, 9 décembre 1987, Chambre d'agriculture des Deux-Sèvres, Rec. p. 404.
1366. Voir Catherine Bergeal, Frédéric Lenica, *Le contentieux des marchés publics*, 2e édition *op. cit.* pp. 213-252.
1367. CE, 7 février 1951, Ville de Paris, Rec. p. 76 (cas d'une prolongation excessive des travaux du fait de la personne publique) ; CE, 24 novembre 2008, M. Dulongcourty, n°289778 (cas où l'administration n'a pas tenu compte des mises en garde des architectes dans le choix des matériaux).
1368. CE, 11 décembre 1963, Fuardo, Rec. p. 613 (l'entreprise est sanctionnée sans avoir commis de faute) ; CE, 8 janvier 1958, Crouzat, Rec. p. 14 (une sanction disproportionnée).
1369. CE, 11 février 1983, Sté Entreprise Caroni, Rec. p. 60.
1370. CE, Sect., 6 avril 2007, Centre hospitalier général de Boulogne-sur-Mer, AJDA, 2007, p. 1011, chron. F. Lenica et J. Boucher ; CE, 7 juin 2010, Commune de Mantes-la-Jolie, n°313638.
1371. CE, 24 juin 2002, Département de la Seine-Maritime, req. n°240271 ; CE 3 mars 2010, Sté Presspali SPA, req. n°304604. CAA Douai 17 mai 2018, Sté Ysenbaert, req. n°16DA02390.
1372. CE, 6 novembre 1985, Cne de Checy, req. n°46587 ; CAA Paris, 25 mai 2010, Société France HSols, req. n°08PA00801.
1373. CAA, Paris, 25 mai 2010, Société France Sols, req. n°08PA00801 ; CAA Marseille 2 mai 2000, Sté d'activité métallière, req. n°97MA01648, Contrats-marchés publics 2000, comm.12, note F. Llorens.

toujours rappelé la règle selon laquelle les fautes commises par l'entrepreneur avaient des effets prohibitifs sur son droit à l'indemnisation. L'entrepreneur qui participe et accepte la conclusion d'un contrat dont il connaissait l'illégalité commet une faute. En cas de nullité dudit contrat, l'entrepreneur peut ne pas obtenir réparation de la perte de bénéfices qu'il pouvait attendre de son exécution et ce malgré la commission d'une faute par la personne publique[1374]. Il en est ainsi, même si le titulaire évoque le fait qu'il ignorait l'existence de l'illégalité[1375].

En revanche, la faute de l'entreprise titulaire du contrat, dont les causes sont tout aussi variées, réside par exemple dans le refus de se soumettre aux contraintes d'organisation du service public dont la charge lui est confiée[1376] ou dans la violation des obligations contractuelles contenues dans les clauses du marché et dans les documents techniques. Il s'agit généralement du retard dans l'exécution du marché, du non-respect de son obligation d'exécution personnelle ou d'une faute génératrice de malfaçons de l'ouvrage. Il revient souvent au juge d'en apprécier l'existence sur la base de l'analyse qu'il peut faire des clauses contractuelles ou de la commune intention des parties. Il peut arriver également que le juge vérifie si le titulaire a observé les règles de l'art et l'état de la technique[1377] et s'il a respecté ses devoirs professionnels comme par exemple le devoir de formuler des conseils[1378] ou des réserves lorsqu'elle constate des vices dans le programme élaboré par la personne publique[1379]. Le juge tient enfin compte des causes qui proviendraient du maître de l'ouvrage. Il s'agit, par exemple, de l'inertie du maître de l'ouvrage,[1380] du défaut de surveillance de celui-ci[1381] ou du fait de n'avoir pas signalé des ouvrages enterrés à l'entrepreneur qui, pour cette raison, les a endommagés[1382]. Dans de tels cas, le juge procède souvent au partage des responsabilités[1383].

Dans l'hypothèse de la faute de l'autorité contractante ou de celle du titulaire, le juge, comme dans tout régime de responsabilité, apprécie l'existence réelle du préjudice. Celui-ci doit en général être matériel, mais il peut aussi être moral. Il doit être né, actuel, prévisible et personnel. Il est aussi exigé qu'il y ait un lien de causalité suffisamment direct entre la faute et le dommage. C'est-à-dire que le préjudice doit avoir été causé par la faute contractuelle. De même, il doit y avoir un lien direct entre la faute et l'auteur.

1374. CE, 22 février 2008, Étienne Tête, Contrats marchés publics, 2008, n°65 ; AJDA 2008 p. 438, obs. M.C. de Montecler ; CE, 10 avril 2008, Sté Decaux, Département des Alpes-Maritimes, Contrats marchés publics, 2008, n°128, note J. Pietri ; DA, 2008, n°78, note F. Melleray ; AJDA 2008, 1092, AJDA 2008 p. 725 obs. J.M. Pastor.
1375. CE, 11 février 1972, OPHLM du Calvados, AJDA 1972 p. 245, conclusions Guillaume ; CAA Versailles, 5 juillet 2005, Commune de Ris-Orangis c/Sté Bureau d'études techniques Berim, Contrats marchés publics, n°14.
1376. CE, 27 octobre 2010, Syndicat intercommunal des transports publics de Cannes, n°318617.
1377. CE, 27 octobre 1972, Société des Établissements Quillery, RDP 1974, p. 1190.
1378. CAA Bordeaux, 5 mars 2009, Centre de gestion de la fonction territoriale de la Gironde, Contrats marchés publics, 2009, n°137, observations F. Llorens.
1379. CE, 24 mars 1971, Entreprise Martinot et fils et Entreprise Léonard et Cie, Rec. p. 249.
1380. CAA Lyon, 19 février 2009, CCI Clermont-Ferrand-Issoire, Contrats marchés publics, 2009, n°136, observations F. Llorens.
1381. CE, 20 janvier 1982, Jugla, CJEG 1982, p. 281, concl. Labetoulle.
1382. CAA Nancy, 3 avril 2008, Sarl Tripé-Fenard, Contrats marchés publics, 2008, n°137, observations F. Llorens.
1383. CAA Paris, 18 avril 1989, OPHLM de la Seine-Saint-Denis, Rec. t, p. 788.

Le juge instruit à charge et à décharge. À la décharge des parties, il recherche les causes d'exonération totale ou partielle de la faute. Tel est par exemple le cas de force majeure[1384] ou de la faute de l'autre partie sans laquelle l'exécution du marché se serait bien réalisée.

La responsabilité contractuelle peut être établie sans faute des parties. Cette responsabilité résulte par principe de l'intervention de l'autorité contractante. Elle peut provenir du pouvoir général de puissance publique inhérent à la fonction administrative. L'administration peut, en effet, prendre des décisions qui peuvent avoir un impact négatif sur le contrat, par exemple la rupture d'égalité devant les charges publiques. Il en est ainsi du « fait du prince[1385] » qui, semble-t-il, constitue l'hypothèse par excellence de la responsabilité sans faute de l'administration[1386]. Il consiste, par exemple, en une intervention de la personne publique partie au contrat aggravant les charges financières de l'entreprise titulaire du contrat[1387]. La responsabilité sans faute de l'administration peut aussi résulter de ses décisions unilatérales dans le cadre des pouvoirs qu'elle détient en qualité de partie contractante. Ainsi, l'administration peut être amenée, pour satisfaire l'intérêt général dont elle assure la défense, à modifier unilatéralement le contrat en raison d'aléas[1388] et de travaux supplémentaires indispensables[1389]. Ces événements, qui perturbent assurément l'exécution normale du marché et qui la rendent plus onéreuse, conduisent généralement le juge à donner droit à rémunération au cocontractant ayant subi le préjudice.

La responsabilité contractuelle ne peut raisonnablement être mise en œuvre, entre les parties, par un fondement extracontractuel, en dehors de quelques rares et résiduelles hypothèses d'origine prétorienne[1390], comme l'enrichissement sans cause, ainsi que le reconnaît la jurisprudence administrative[1391]. Celle-ci suggère que la personne qui a exécuté une obligation en dehors de tout contrat ou de toute obligation légale, et qui s'en trouve appauvrie, peut demander à être payée, à condition toutefois qu'elle démontre l'existence de l'enrichissement de l'autre partie et son appauvrissement ainsi que le lien entre les deux[1392]. La voie extracontractuelle est en principe fermée aux parties au contrat[1393], même dans le cas où la faute proviendrait d'un fait extérieur au contrat[1394]. Le contrat étant la loi des parties, celle qui s'estime lésée ne peut rechercher la responsabilité

1384. Supra p. 328 et s.
1385. Supra p. 277
1386. Voir Christophe Guettier, *Droit des contrats administratifs*, préc. p 622.
1387. Voir CAA Paris, 10 juin 2008, Sté Léon Grosse, Contrats publics, 2008, n°237, obs. F. Llorens.
1388. Supra p. 279 et s.
1389. Supra p. 278 et s.
1390. Cass. civ., 15 juin 1892, Boudier c/Patureau-Mirand.
1391. CE, 14 avril 1961, Min. Reconstruction et Logement c/Sté Sud-aviation, Rec., p. 236, RDP 1961, p. 655, concl. C. Heumann ; CE, Sect. 14 octobre 1966, Min. Construction c/Ville de Bordeaux, Rec., p. 537, RDP 1967, p. 159, concl. Y. Galmot, AJDA 1967, I, 160, chron. Lecat et Massot.
1392. CE, Sect., 14 octobre 1966, Min. Construction c/Ville de Bordeaux, Rec. p. 537, RDP 1967, p. 159, concl. Y. Galmot, AJDA 1967, I, 160, chron. Lecat et Massot.
1393. CE, 1er décembre 1976, Berezowski, D., 1978 p. 45, note L. Richer.
1394. CE, 22 décembre 1922, RDP, 1923, p. 428 ; CE, 7 mai 1982, Société du parking de la Concorde, Rec., tables, p. 669 ; CE, 30 mai 1986, Ministre des PTT c/Société SALEG, n°40002, AJDA, 1986, p. 466, note J.C.

de l'autre que sur le fondement contractuel, qui non seulement prime sur toute autre responsabilité mais ne peut être cumulée avec d'autres, notamment le fondement extracontractuel. Autrement dit, la responsabilité contractuelle annihile toute autre forme de responsabilité en vertu du principe que « la faute contractuelle absorbe la faute délictuelle[1395] ». Le juge administratif l'a très tôt consacré[1396] et s'y est tenu de façon constante[1397]. Il veille à ce que ce principe ne soit pris en défaut, en faisant que la responsabilité extracontractuelle ne soit jamais mise en œuvre en lieu et place de la responsabilité contractuelle[1398], même si cette dernière est souvent moins favorable pécuniairement au cocontractant[1399].

La responsabilité contractuelle ne peut pas non plus être actionnée par les tiers, qui ne peuvent en aucun cas s'en prévaloir[1400]. Ils ne peuvent intervenir en principe que dans le cadre de la responsabilité extracontractuelle, c'est-à-dire celle qui peut opposer les relations des intervenants agissant de manière périphérique au contrat. « Ces relations de fait sont tissées, dans les opérations de travaux, entre maîtres d'ouvrage et sous-traitants, entre entreprises et architectes, entre entreprises séparées, entre sous-traitants d'une même entreprise, entre sous-traitants d'entreprises différentes, entre sous-traitants au second degré et l'entreprise principale ou le maître de l'ouvrage[1401] ». Il s'agit le plus souvent d'une responsabilité délictuelle qui repose sur une faute intentionnelle ou de responsabilité quasi délictuelle qui résulte d'un fait dommageable non fautif[1402]. Il en est ainsi, par exemple, de l'acte du maître d'œuvre ou de l'architecte qui cause un dommage à l'entreprise[1403] du fait d'une faute de conception[1404] ou d'une mauvaise coordination des travaux[1405]. Il en est de même de la faute de l'entreprise envers le maître d'œuvre ou l'architecte[1406].

Il faut toutefois noter que le principe interdisant aux tiers d'engager la responsabilité des parties, notamment celle de l'administration, dans le cadre du contrat, donc d'obtenir une indemnisation, a été fortement atténué depuis l'arrêt SMPAT précité du 30 juin 2017[1407] qui leur a donné la faculté de former directement des recours dans le cadre du contentieux de la contestation de la

---

1395. CE, 22 décembre 1922, RDP, 1923, p. 428 ; CE, 30 juin 1999, Ministre délégué à la Jeunesse et aux Sports, req. n°180181.
1396. CE, 20 novembre 1891, Lefebvre, Rec., p. 685.
1397. CE, 5 janvier 1972, Unitchadienne, Rec., p. 4 ; CE, 13 décembre 1972, Cie d'Assurances maritimes, aériennes et terrestres, Rec., p. 805 ; CE, 1er décembre 1976, Berezowski, Rec., p. 521.
1398. CE, 1er décembre 1976, Berezowski, Rec., p. 521.
1399. CE, 5 janvier 1972, Sté Unitchadienne, Rec., p. 4.
1400. CE, 15 février 1961, Goumy, T., p. 1092 (Un tiers ne peut se prévaloir à l'encontre d'une commune de l'inexécution par l'entrepreneur chargé des travaux de viabilité de ce que celui-ci n'a pas respecté les obligations de délai d'exécution figurant au marché) ; CE, 5 février 1982, Dondel et autres, Rec., p. 53 ; CE, 30 décembre 1998, Société laitière de Bellevue, req. n°150297 (Un locataire ne peut poursuivre les constructeurs de l'ouvrage pour la faute commise dans l'exécution de leur contrat). Voir également M. Paillet, *Quelques réflexions sur les rapports entre responsabilité administrative contractuelle et extracontractuelle*, in Mélanges en l'honneur du Prof. Guibal, CREAM, t.1, 2006, p. 553.
1401. Christophe Lajoye, *Droit des Marchés publics*, 4e édition, *op. cit.*, p. 383.
1402. Voir Sur les responsabilités contractuelles et extra-contractuelles, Christophe Lajoye, *Droit des marchés publics*, 4e édition, *op. cit.* pp. 375 à 386 ; Catherine Bergeal, Frédéric Lenica, *Le contentieux des marchés publics*, 2e édition, Le Moniteur, pp. 181 à 211.
1403. CE, 5 novembre 1969, Sieur Martin, RDP 1971, p. 274 ; CE, 24 juillet 1981, Société générale d'entreprise, Rec. p. 136.
1404. CE, 10 février 1993, SA Spie-Batignolles et autres c/Port autonome de Nouméa, D. 1994, p. 86, obs. P. Terneyre.
1405. CE, 22 décembre 1976, Depusse, Rec. p. 175.
1406. CE, 16 décembre 1970, Sieur Teppe, RDP 1972, p. 489.
1407. CE, 30 juin 2017, Syndicat mixte de promotion de l'activité transmanche (SMPAT) c/Sté Dreyfus, n°398445.

validité du contrat sur le fondement de la responsabilité extracontractuelle ou délictuelle de l'administration contractante, c'est-à-dire pour des dommages ne se rattachant pas directement au contrat lui-même mais à des actes ou des faits extérieurs et ayant des effets négatifs sur celui-ci. Le Conseil d'État a jugé que la responsabilité de l'administration pouvait être engagée sur un fondement extracontractuel compte tenu de la gravité du vice ayant affecté le contrat. Il peut en être ainsi si l'administration contractante a commis une faute ou si elle a pris un acte illégal viciant l'exécution du contrat. Le Conseil d'État[1408] a toutefois rappelé que l'obtention de l'indemnisation ou de la réparation reste soumise aux conditions dans lesquelles était accordée celle-ci dans le cadre du recours pour excès de pouvoir.

La responsabilité contractuelle ne peut, en principe, être engagée à l'issue de la période contractuelle ainsi qu'il est communément admis tant par la doctrine[1409] que par une jurisprudence ancienne[1410] mais qui reste d'actualité[1411]. En tout cas, la responsabilité ainsi que l'a toujours soutenu la doctrine est duale, elle est soit contractuelle soit extracontractuelle[1412]. Cependant, à la lecture de la même doctrine, notamment celle relative au droit de la construction, on pense ici à la garantie décennale[1413]. Et de la même jurisprudence, il ressort que le principe susmentionné souffrirait de plusieurs exceptions, au point de faire penser qu'il constituerait finalement lui-même l'exception[1414] !

La fin de l'exécution du marché public n'entraîne pas *ipso facto* l'extinction des responsabilités des parties au contrat, notamment celle du titulaire du marché public. Ainsi, à l'exception des marchés de travaux dont la réception a été prononcée sans réserves[1415], la responsabilité contractuelle peut être invoquée, même à l'issue de la période contractuelle, pour tous les autres marchés. Il en est ainsi, par exemple, des marchés de travaux dont la réception est assortie de réserves, des marchés de fournitures et de services[1416], de maîtrise d'œuvre[1417], etc. Il en est de même lorsque le contrat prévoit lui-même que ses

1408. CE, 8 février 2010, Commune de la Rochelle, n°314075.
1409. Philippe Terneyre, *Responsabilité contractuelle des personnes publiques en droit administratif*, Économica, 1989 ; Jean-François Brisson, *Responsabilité contractuelle et extracontractuelle*, Jurisclasseur Administratif, fascicule 854, 2016.
1410. CE, 20 novembre 1891, Lefebvre, Rec., p. 685.
1411. CE, 7 mai 1982, Société du parking de la place de la Concorde, n°19464 ; CE, 9 décembre 1988, SA Berty ; CE, 24 juillet 2009, SCI Les blés d'or, n°293422.
1412. Voir Anne Daillant, *Centre droit et sociétés religieuses*, Université Paris-Saclay, et Benjamin Moron-Peuch, Laboratoire de Sociologie juridique, Université Panthéon-Assas, *Relecture de la distinction des responsabilités contractuelles et extracontractuelles*, www.hal.archives-ouvertes.fr.
1413. Supra p. 300.
1414. Sarah Boeut, *Responsabilité contractuelle et fin du contrat public : entre fausses certitudes et véritables ambiguïtés*, préc.
1415. CE, 8 mai 1968, Association syndicale de reconstruction de Dunkerque et a., Rec., 286 ; AJDA 1969, I, 456, note F. Moderne ; CE, 4 juillet 1980, SA Forrer et Cie, Rec., p. 307 ; AJDA 1981, 318, note F. Moderne ; CE, 29 avril 1987, Syndicat intercommunal d'études et de programmation pour l'aménagement de la région grenobloise, Rec., p. 163 ; CE, 23 février 1990, Duchon et a., req. n°83398, Rec., p. 1026 ; CJEG 1990, 401, note F. Moderne ; CE, 20 mai 1994, Cne de Condom, req. n°129405, Rec., p. 1224.
1416. CE, 9 avril 2010, Commune de Levallois-Perret, n°309662 ; CE, 11 juillet 2008, OPDHLM du Var et autres, n°285651.
1417. Voir Victor Haïm, *Les effets de la réception dans les marchés publics : la prétendue continuation des rapports contractuels*, AJDA 1998, p. 398 ; Franck Moderne, *La responsabilité contractuelle du maître d'œuvre*, RDI 2006, p. 387 ; Philippe Terneyre, *Responsabilité contractuelle du maître d'œuvre, Répertoire de la responsabilité de la puissance publique*, avril 2012 (actualisation, janvier 2017).

effets peuvent se prolonger au-delà de sa fin ou de son exécution, notamment dans le cas où les cocontractants conviennent que le titulaire doit souscrire des garanties post-contractuelles[1418] pour couvrir tout défaut pouvant être constaté après la réception définitive dudit marché.

La Cour d'appel administrative de Lyon[1419], dans un arrêt récent de 2018, a renforcé cette opinion en jugeant que « si l'exécution de l'obligation du débiteur d'une prestation d'étude prend normalement fin avec la remise de son rapport et le règlement par le maître d'ouvrage du prix convenu, sa responsabilité reste cependant engagée, en l'absence de toute disposition ou stipulation particulière applicable à ce contrat, à raison des erreurs ou des carences résultant d'un manquement aux diligences normales attendues d'un professionnel pour la mission qui lui était confiée, sous réserve des cas où, ces insuffisances étant manifestes, la personne publique aurait, en payant la prestation, nécessairement renoncé à se prévaloir des fautes commises ».

c.3. Le pouvoir d'ordonner la reprise des relations contractuelles

Le juge de l'exécution du contrat peut désormais, suivant la jurisprudence « Béziers II » du 21 mars 2011[1420], ordonner la reprise des relations contractuelles si le contrat a été illégalement résilié par l'administration contractante, y compris, selon la jurisprudence dite « Commune de Béziers III[1421] », les relations contractuelles entre personnes publiques. Le Conseil d'État a toutefois pris soin d'encadrer cette action en prévoyant un mode opératoire assez précis. Le recours doit être introduit dans un délai de deux mois à partir de la notification de la décision de résiliation. Dès sa saisine, le juge doit d'abord vérifier que la reprise des relations n'est pas devenue sans objet. Ensuite, il évalue l'importance ou l'intensité des vices susceptibles d'entacher la régularité de la décision de résiliation ou son bien-fondé. Enfin, il met en balance à la fois la gravité des vices constatés, les éventuels manquements du cocontractant, la motivation de la résiliation, l'intérêt général et, le cas échéant, les droits du titulaire du marché de substitution. La décision du juge dépend donc de l'appréciation qu'il fait de l'ensemble de ces critères. Si le juge ordonne la reprise des relations contractuelles, il doit fixer la date de reprise qui, en pratique, ne devrait être que rarement rétroactive, et allouer au requérant, le cas échéant, une indemnisation pour le préjudice que lui a causé l'inexécution du contrat entre la date de la résiliation et celle de la reprise du contrat.

Cette jurisprudence, qui a été confortée depuis lors par d'autres décisions du juge administratif[1422], a été considérée comme une avancée indéniable dans la sauvegarde des intérêts du cocontractant face à la toute-puissance de

1418. Supra p. 298
1419. CAA Lyon, 4e chambre, 21 juin 2018, n°16LY00914.
1420. préc.
1421. CE, 27 février 2015, Commune de Béziers, req. n°357028 ; AJDA 2015, p. 423.
1422. Ex. TA Lille, 20 février 2013, n°1005463 ; CE, 8 octobre 2014, Société Grenke Locations.

l'administration, surtout lorsqu'il s'agit d'un partenaire privé. En effet, ainsi que l'a énoncé Cortot-Boucher[1423] dans ses conclusions dans l'arrêt « Commune de Béziers » du 21 mars 2011 précité, l'ancienne jurisprudence pouvait permettre à l'administration de se défaire à sa convenance, même de manière irrégulière et pour des motifs illégaux, d'un cocontractant dont elle ne voulait plus, en étant prête à en payer le prix, puisque ledit cocontractant ne pouvait former qu'un recours indemnitaire[1424]. Le risque était effectivement grand, si l'on considérait l'étendue du pouvoir de résiliation dont disposait l'administration, et ce même sans texte[1425]. Il fallait nécessairement y remédier.

En revanche, en dépit de cette avancée, la jurisprudence « Béziers II », qui a fait évoluer véritablement l'office du juge de l'exécution, reste limitée. D'abord, on peut douter, au regard du mode opératoire de sa mise en œuvre, qu'elle puisse apporter de garanties suffisantes et réelles à la protection des intérêts du cocontractant et surtout qu'elle suffise à restreindre avec efficacité la marge décisionnelle de l'administration. Ce reproche est aussi valable pour le pouvoir du juge d'ordonner la reprise des relations contractuelles entre personnes publiques, ainsi que le reconnaît la jurisprudence « Béziers III », point culminant de la saga judiciaire qui a consacré la trilogie jurisprudentielle « Commune de Béziers[1426] ». De plus, cette dernière jurisprudence vient en fait préciser, ce qui était déjà affirmé dans l'arrêt « Commune d'Aubigny-les-Pothées » de 2014[1427], les conditions ou les limites de la résiliation pour motif d'intérêt général dans les contrats entre personnes publiques, la rendant ainsi exceptionnelle[1428].

Ensuite, les deux jurisprudences précitées ne concernent qu'une seule catégorie d'acte d'exécution, celle par laquelle l'autorité contractante procède à la résiliation unilatérale du contrat au motif de l'intérêt général, laissant de côté les autres mesures d'exécution[1429]. De ce point de vue, bien que d'un apport décisif dans le contentieux contractuel, « Béziers II » et « Béziers III » restent encore cantonnés et ne posent pas un principe général. Dans l'un ou l'autre cas, les moyens dont dispose le juge pour contraindre l'administration contractante à reprendre les relations contractuelles avec le cocontractant qu'elle a désavoué ne sont pas précisés. Elle peut donc refuser de s'y soumettre et d'orienter la résolution du litige sur un terrain indemnitaire, comme cela se vérifie très souvent en matière d'inexécution du contrat[1430]. Le moyen sans doute

1423. Conclusions sur Commune de Béziers, n°304806, site www.dalloz.fr.

1424. CE, 14 mars 1980, SA Compagnie industrielle de travaux électriques et mécaniques, n°03417.

1425. CE, 22 avril 1988, Société France 5 et Association des fournisseurs de la Cinq, n°86241, 86242, 88553.

1426. Mathias Nunes, *Il était une fois Béziers – Retour sur la trilogie jurisprudentielle*, Master 1 Droit public, Université de Bourgogne et Laure Mena et Mathilde Lemaire, Master 1 Droit public général, Université Paris 1 Panthéon-Sorbonne, www.lepetitjuriste.fr.

1427. CE, 4 juin 2014, n°368895, Lebon ; AJDA 2014, p. 1183 ; RTD com. 2014, p. 568, obs. G. Orsoni.

1428. Voir Jean-Marc Pastor, *Béziers III ou les limites à la résiliation unilatérale d'un contrat entre personnes publiques*, Dalloz Actualité, 5 mars 2015.

1429. Voir Alexandre Lallet, maître des requêtes au Conseil d'État, *Résilier n'est pas jouer : L'action en reprises des relations contractuelles*, AJDA 2011, p. 670.

1430. Voir L. Richer, *Les recours indemnitaires*, in Contentieux des contrats publics, AJDA 2011, dossier, p. 326.

le plus efficace aurait été de doter le juge de l'exécution d'un véritable pouvoir d'annulation de l'ensemble des actes d'exécution du contrat après constatation de leur illégalité, donc de leur nullité.

Il faut sans doute s'attendre à des prolongements jurisprudentiels allant dans le sens non seulement d'élargir la compétence du juge de l'exécution sur l'ensemble des actes d'exécution mais aussi et surtout de lui reconnaître le pouvoir d'annulation sur lesdits actes. Une telle évolution jurisprudentielle serait naturelle puisque, d'ores et déjà, il lui est reconnu la faculté d'ordonner la reprise de l'exécution du contrat ainsi que la possibilité, dans des cas bien précis[1431], de constater la nullité du contrat sans toutefois l'annuler. Dans le premier cas, le fait d'ordonner la reprise des relations contractuelles, tout comme l'annulation, a pour conséquence de priver d'effet la décision en cause. De même, dans le deuxième cas, la possibilité de se prononcer sur la nullité des actes d'exécution du contrat ou du contrat lui-même, pourrait conduire les cocontractants à se saisir de cette opportunité pour tenter, à chaque fois que cela est possible, d'obtenir plutôt la nullité des contrats ou de ses actes que de se contenter des réparations pécuniaires, ou même de la simple reprise des relations contractuelles. L'objectif étant de faire constater que le marché, en phase d'exécution, est en réalité frappé de nullité parce que n'ayant pas été valablement conclu et que, par conséquent, aucune relation contractuelle n'a pu éclore entre les parties[1432]. La nullité d'un contrat étant d'ordre public[1433], le juge est tenu de la relever d'office, y compris pour la première fois en appel[1434]. On voit bien que même si le juge de l'exécution n'est pas expressément autorisé à annuler le contrat, celui-ci, du fait d'être affecté par la nullité, ne pourra longtemps survivre. La reconnaissance au juge de l'exécution du pouvoir d'annulation des actes d'exécution du contrat ne serait qu'un juste retour des choses puisque telle était, ainsi qu'on l'a vu[1435], la jurisprudence avant 1957[1436].

Force est de reconnaître toutefois que l'évolution tant souhaitée vers la reconnaissance du pouvoir d'annulation du juge de l'exécution sur l'ensemble des actes d'exécution aura beaucoup de peine à se concrétiser aussi longtemps que la haute juridiction administrative en craindra les conséquences très négatives. Cette évolution, en effet, peut, en même temps, qu'elle garantit le respect par l'administration de la légalité de ses actes, notion chère au cocontractant, affaiblir une autre notion, tout aussi chère à l'administration, celle de la sécurité juridique des relations contractuelles de l'administration contractante, donc de la poursuite du service public. En effet, si le juge de l'exécution entre en capacité d'annuler les actes d'exécution du contrat, voire

1431. CE, Ass., 28 décembre 2009, Commune de Béziers, préc.
1432. Sur les conséquences de la nullité, Voir la thèse de doctorat de D. Pouyaud, *La nullité des contrats administratifs*, LGDJ 1991.
1433. CE Sect., 29 janvier 1982, Martin, Rec. p. 44.
1434. CE, 6 mai 1985, Association Eurolat Crédit foncier de France, Rec. p. 141.
1435. Gweltaz Éveillard, *Les pouvoirs du juge de l'exécution du contrat*, préc. p. 80.
1436. CE, 9 janvier 1957, Daval, préc.

le contrat lui-même, la capacité de l'administration à contracter risque de perdre son fondement et sa crédibilité. Elle peut aussi induire une autre conséquence, celle qui consisterait à régler certains litiges qui naîtraient du contrat sur des fondements extracontractuels. En effet, le contrat réputé nul n'ayant plus d'existence, il ne peut plus fonder une action en responsabilité contractuelle. Cette approche induit encore plus la fragilité des relations contractuelles. Elle n'est pas forcément et seulement au détriment de l'administration, elle peut l'être également à l'égard des titulaires des marchés publics, parce que l'administration peut se servir d'un tel argument pour demander au juge du contrat de reconnaître la nullité du marché, surtout si l'exécution de celui-ci prend un cours qui risque de lui échapper[1437].

C'est sans doute pour conjurer ces multiples risques que le Conseil d'État s'est abstenu jusque-là à reconnaître au juge de l'exécution un pouvoir d'annulation. Il a même décidé, tout en veillant à la légalité des contrats, d'élever le principe de la sécurité juridique au rang de principe général du droit[1438] et de garantir très fermement l'exigence de loyauté contractuelle[1439]. C'est pourquoi, même dans le cadre du contentieux de la passation, le juge saisi d'une demande de nullité d'un contrat a toute latitude pour apprécier la validité dudit contrat, avec pour objectif de ne plus prononcer sa nullité qu'en dernier ressort.

2. Le recours devant la juridiction pénale

La plupart des États membres de la CEMAC, dans le but d'assainir l'environnement économique et de donner une chance sérieuse à leur projet de développement intégral et durable, ont introduit, ainsi qu'on l'a vu[1440], dans leurs réglementations des marchés publics ou dans leurs législations économiques et commerciales des règles d'éthique et d'intégrité. Cette démarche a eu pour effet de faire monter en puissance, aux côtés du juge administratif, le juge pénal dans le règlement juridictionnel des litiges des marchés publics, en lui conférant des règles particulières et une certaine spécificité d'action. On peut, par exemple, noter que le juge pénal, contrairement aux autres juges, notamment le juge administratif, et les arbitres qui peuvent intervenir dans les marchés publics, s'exonère de la règle relative aux recours préalables.

L'évolution tendant à admettre un contentieux répressif spécifique dans les marchés publics, est également observée en France où, dans un mouvement de moralisation de la vie publique, a été votée la loi du 3 janvier 1991 relative à la transparence et à la régularité des procédures de marchés, complétée par la loi du 29 janvier 1993 relative à la prévention de la corruption et à la transparence

1437. Voir dans ce sens, CE, 29 avril 2002, Commune de Dunkerque, req. n°235708.
1438. Ass., 24 mars 2006, KPMG, req. n°288460, Rec. p. 154.
1439. Ass. contentieux, 28 décembre 2009, Commune de Béziers, req. n°304802.
1440. Supra p. 219 et s.

de la vie économique et des procédures publiques, et par celle du 8 février 1995 relative aux marchés publics et aux délégations de service public[1441].

Certains commentateurs ont critiqué la concurrence que le législateur établissait ainsi entre deux juges, le juge administratif et le juge pénal, « pour trancher des questions pratiquement semblables[1442] ». Il est fort possible que la manière d'appréhender les litiges relatifs aux marchés publics par le juge pénal diffère de celle du juge administratif et que cette différence peut créer des contrariétés de jugement. Mais l'intervention du juge pénal s'avère nécessaire dans la gestion des marchés publics. Les marchés publics prennent, en effet, de plus en plus de signification et de place dans le système économique en raison des investissements énormes qui y sont consentis. Parallèlement, comme par effet de vases communicants, se développent, de la part de certains acteurs économiques concernés, de plus en plus nombreux, des pratiques illicites tellement graves que l'aménagement d'un cadre particulier d'intervention du juge pénal est rendu nécessaire pour que ne soit pas compromis le développement harmonieux des affaires, donc de l'économie nationale. La menace de sanctions pénales ne peut être qu'une bonne incitation à se conformer au droit. Elle peut apparaître « comme l'ultime moyen de faire respecter le droit de la commande publique[1443] ».

Les parties au contentieux pénal des marchés publics sont, d'une part, le ministère public, dont le rôle est de défendre la société et de veiller à ses intérêts généraux, et, d'autre part, les prévenus, c'est-à-dire les auteurs des infractions pénales commises lors de la passation et de l'exécution des marchés. Il n'est évidemment pas question ici de développer le rôle du ministère public ou les conditions de sa saisine, ni celles de la mise en œuvre de la procédure pénale y relative. On peut pour cela se référer aux Codes pénaux des États de la CEMAC ou aux études traditionnelles sur le droit pénal général[1444], car l'intervention du ministère public dans les litiges des marchés publics ainsi que le déroulement de la procédure concernée s'opèrent dans les mêmes conditions de forme et de fond que dans les autres secteurs[1445]. En revanche, il paraît utile de consacrer quelques développements sur les autres parties, c'est-à-dire les personnes exposées au risque pénal, et sur les incriminations pénales qui sont véritablement concernées par le contentieux répressif des marchés publics.

1441.www.justice.gouv.fr.

1442. T. Dal Farra, *Un aspect du risque pénal dans la passation de la commande publique*, Gaz. Pal., 10 juin 1999.

1443. Laura Preud'Homme, *L'articulation des voies de droit dans le contentieux de la commande publique à l'initiative des tiers au contrat*, Thèse de doctorat en droit public, octobre 2013, Université de Paris I Panthéon-Sorbonne, p. 111, www.tel.archives-ouvertes.fr.

1444. Voir par exemple, Harald Renout, *Droit pénal général*, 18e édition, Collection Paradigme, éd. Larcier, Paris, 2013.

1445. Voir Frédéric Julien, *Guide pratique et juridique du contentieux des marchés publics*, 2e éd., *op. cit.*, p. 201 et s. ; Nicolas Charrel, *Marchés et délégations de service public, Le risque pénal*, Le Moniteur, Paris, 2001, p. 125 et s.

A. Les personnes exposées au risque pénal dans les marchés publics

Le risque pénal[1446] est l'exposition à des poursuites pénales, plus ou moins prévisible, inhérente à un comportement ou à une situation pouvant être source d'une infraction intentionnelle ou non intentionnelle. En d'autres termes, c'est le danger que court toute personne d'enfreindre les règles qu'elle est censée exécuter et faire respecter dans le cadre de sa fonction ou auxquelles elle doit obéir pour accomplir ses prestations. Les marchés publics sont, de ce point de vue, l'une des matières potentiellement porteuses du risque pénal. Un risque qui est encouru, aussi bien, par les personnes publiques contractantes que par les autres acteurs des marchés publics, tels que les soumissionnaires, les sous-traitants et les titulaires. Il sied de noter toutefois que le risque pénal, c'est-à-dire la possibilité d'enfreindre la loi, diffère de la responsabilité pénale, qui est la reconnaissance par le juge pénal de la culpabilité du prévenu conformément à une ou des infractions préalablement déterminées par la loi et punies par celle-ci. Car, selon le principe de la légalité des délits et des peines, *nullum crimen, nulla poena sine lege*, c'est-à-dire qu'il n'y a « aucun crime, aucune peine, sans loi ».

A.1. Les personnes publiques contractantes

Les autorités contractantes, on l'a dit, sont exposées à des poursuites pénales en cas de commission d'infractions pénales prévues par la législation ou la réglementation des marchés publics. Il faut préciser qu'en vertu du principe de la responsabilité personnelle, principe de rang constitutionnel[1447] largement et traditionnellement admis dans les États de la CEMAC, la responsabilité peut incomber directement aux personnes physiques qui agissent en leur nom et pour leur compte. Il s'agit des personnes responsables des marchés publics et les agents publics impliqués dans la gestion des marchés publics, lorsqu'ils sont les auteurs, co-auteurs ou complices des infractions commises. Car, nul n'est responsable que de son propre fait[1448]. Les autorités contractantes ne peuvent donc être sanctionnées pour les infractions qui relèvent du fait de ses dirigeants ou de ses préposés[1449].

A.1.1. Les personnes physiques

Il s'agit des personnes physiques investies d'une autorité et des agents publics impliqués dans la gestion des marchés publics.

1446. Pour des plus amples et pertinentes explications sur la notion de risque pénal, Voir, par exemple, P. Landreville, G. Trottier, *La notion de risque dans la gestion pénale*, Criminologie, vol.34, n°1, 2001.
1447. CC., 16 juin 1999 (JORF du 19 juin 1999).
1448. C. crim., 28 février 1956, Wiederkehr.
1449. Voir au sujet de la responsabilité pénale des dirigeants et des préposés, Simon, *Les personnes physiques responsables pénalement en droit du travail*, www.superprof.fr.

a. Les personnes physiques investies d'une autorité publique

Il s'agit essentiellement des personnes physiques responsables des marchés publics, des personnes physiques dépositaires de l'autorité publique, des personnes physiques chargées d'une mission de service public et des personnes physiques investies d'un mandat électif.

a.1. Les personnes physiques responsables des marchés publics

Les personnes morales de droit public, pour passer leurs marchés publics, désignent en leur sein des autorités chargées de le faire en leur nom. Il s'agit, en général, des chefs hiérarchiques ou des dirigeants des structures concernées assistés des agents publics affectés à cet effet. Ces personnes sont ainsi dépositaires de l'autorité publique nécessaire pour mener à bien leur mission. Les personnes morales de droit public peuvent aussi, pour les mêmes besoins, confier cette mission à des personnes privées auxquelles elles confient des privilèges d'autorité publique. On peut ajouter à la liste des personnes physiques pouvant passer les marchés publics au nom des personnes morales de droit public, les personnes investies d'un mandat électif. Ces différentes personnes physiques, à leurs divers titres, sont passibles de sanctions pénales si elles enfreignent les règles présidant leurs attributions.

a.2. Les personnes physiques dépositaires de l'autorité publique

Le sénateur français Masson, dans son rapport à la Commission des lois, définissait les personnes dépositaires de l'autorité publique comme celles qui sont investies d'un pouvoir de décision et de contrainte sur les individus et les choses par délégation de la puissance publique[1450]. La doctrine, de manière générale, reprend cette définition[1451]. La jurisprudence en cette matière est non seulement ancienne mais abondante[1452]. Elle a ainsi rangé dans cette catégorie, les secrétaires généraux de mairie[1453], les chefs de bureau de mairie[1454] et les secrétaires administratifs[1455].

Les dispositions pertinentes des États membres de la CEMAC admettent parfaitement cette notion. Il en est ainsi, par exemple, des lois congolaises précitées : article 21 de la loi n°5-2009 du 22 septembre 2009 sur la corruption et de la loi n°31-2012 du 11 octobre 2012 déterminant les infractions et les peines applicables en matière de passation et d'exécution des marchés publics,

---

1450. Rapport sur le titre IV du nouveau Code pénal, JO Sénat 3e session extraordinaire, 1991-1992, p. 77.

1451. Vitu J-CI pénal, Article 432-11 n°55 ; S. Frédéric, fascicule 10, *Corruption active d'agents publics nationaux et trafic d'influence actif ou passif commis par des particuliers*, Jurisclasseur pénal des affaires, 15 mai 2008, p. 12.

1452. Cour des Pairs, 17 juillet 1847, S.1847, 2, p. 513 ; C. Cass. Crim., 6 janvier 1922, Bull. n°7 ; C. Cass. Crim., 5 janvier 1933, Gaz. Pal. 1933, 1, p. 411 ; C. Cass. Crim., 16 octobre 1985, Gaz. Pal. 1986, 1, p. 152.

1453. CA. Grenoble, 17 novembre 1972, Gaz. Pal. 1973, 1. somm. P. 155.

1454. Cass. crim. 7 juillet 1949, Bull. crim. n°229.

1455. CA. Paris 16 décembre 1988, Juris.-Data n°027740.

qui indique à son article 6 que « toute personne dépositaire de l'autorité publique [...] qui aura usé de son influence réelle ou supposée pour obtenir ou tenter d'obtenir à son profit ou au profit d'une personne quelconque un marché public ou toute autre décision favorable à l'occasion de l'attribution d'un marché public sera punie des peines prévues [...] ». On peut aussi citer l'article 129 du Code pénal du Gabon qui punit « tout dépositaire de l'autorité de l'État de quelque état et grade qu'il soit » de sanctions pénales en cas de manquement à ses charges[1456], ou, dans le même objet, l'article 363 de la loi n°10.001 portant Code pénal centrafricain[1457].

a.3. Les personnes physiques chargées d'une mission de service public

Les personnes chargées d'une mission de service sont celles qui exercent une fonction ou accomplissent des actes dont la finalité est de servir l'intérêt général[1458]. Cette mission peut être confiée à une personne privée, par un contrat ou par un acte unilatéral, c'est-à-dire une loi, un décret ou plus généralement un acte réglementaire. C'est admis par une jurisprudence ancienne[1459]. Il sied toutefois de signaler que la mission confiée à une personne privée ne peut être qualifiée de mission de service public que lorsque cette mission cumule[1460] les trois critères suivants : la poursuite d'un intérêt général, l'exercice sous le contrôle de l'administration et la détention des prérogatives de puissance publique[1461]. Les personnes physiques, qu'elles soient publiques ou privées, agissent au nom de l'administration et disposent, par conséquent, d'un pouvoir d'ordre public énorme, notamment dans la gestion des marchés publics. Elles peuvent, si elles sont animées par une volonté effrénée d'enrichissement personnelle et illicite, faire usage de ce pouvoir pour s'adonner à des pratiques corruptrices et frauduleuses.

a.4. Les personnes physiques investies d'un mandat électif

Les personnes investies d'un mandat électif s'exposent également à des sanctions pénales si elles commettent des infractions lors de leurs interventions dans la gestion des marchés publics. On peut rappeler que dans l'ensemble des États membres de la CEMAC, les personnes investies de mandats électifs sont particulièrement le président de la République et les membres des assemblées délibérantes nationales et territoriales, et la question de leur responsabilité pénale n'est pas réglée de la même manière.

1456. Extrait du Code pénal du Gabon, www.laga-enforcement.org.
1457.www.wipolex.wipo.int.
1458. S. Frédéric., *ibid*, p. 13.
1459. CE, 13 mai 1938, Caisse primaire « aide et protection », GAJA 2011, n°51.
1460. CE, 21 mai 1976, GIE Brousse-Cardell, AJDA 1977, p. 42, concl. S. Grévisse.
1461. CE, 28 juin 1963, Narcy, Rec., p. 401, AJDA 1964, p. 91, note de Laubadère, RDP 1963, p. 118, note M. Waline.

Le président de la République est exonéré de responsabilité pénale. En effet, les dispositions constitutionnelles des États membres de la CEMAC, à l'instar de celles de la France[1462], comme le dit Christophe Guettier[1463] dans son commentaire sur la Constitution française, n'organisent « aucun régime de responsabilité pénale de droit commun, ou même seulement spécial, auquel serait assujetti le président de la République. Ni pour les actes qu'il accomplit dans l'exercice de ses fonctions, ni pour ceux qui sont antérieurs à son entrée en fonction ». La Constitution du Congo de 2015[1464], à son article 96, ajoute même qu'il est interdit d'entreprendre de poursuites contre lui après la cessation de ses fonctions. Le président de la République jouit ainsi d'une irresponsabilité pénale totale pour tous les actes qu'il commet en cette qualité. L'irresponsabilité ou l'immunité pénale du président de la République est une disposition très consensuelle qui trouve, semble-t-il, son inspiration dans une règle héritée de la monarchie française, selon l'adage qui dit : « Le roi ne peut mal faire[1465]. » Le président de la République ne peut donc faire l'objet de sanctions pénales en raison des actes qu'il pose lorsqu'il intervient, comme au Congo, dans le processus de passation des marchés publics, notamment en qualité d'autorité approbatrice[1466].

Une exception existe toutefois. Les dispositions constitutionnelles indiquent généralement que le président de la République peut être poursuivi pour les actes qui peuvent être qualifiés de haute trahison. Là aussi, rien n'est moins sûr. D'abord, la haute trahison étant de définition problématique et peu précise[1467], sa mise en œuvre peut se révéler tout aussi difficile. Ensuite, si l'on en croit la Constitution congolaise, le président de la République ne peut être poursuivi pour haute trahison que lorsqu'il est en fonction, et non après la cessation de ses fonctions. Cette hypothèse, en raison de fortes connotations politiques qu'elle porte, est difficilement réalisable. On peut donc convenir que la limite à la responsabilité pénale du président de la République que propose l'effet relatif à la haute trahison est sérieusement aléatoire. Elle n'offre aucune probabilité susceptible de rompre l'armure d'irresponsabilité du président de la République et de le faire retomber « dans la classe des citoyens[1468] » ordinaires.

En revanche, les membres des assemblées délibérantes sont fortement exposés au risque pénal. L'intensité de cette exposition est beaucoup plus forte à l'encontre des élus des collectivités locales que ceux des assemblées nationales. Cette différence réside essentiellement à deux niveaux.

1462. G. Carcassonne, *Le président de la République française et le juge pénal*, in Mélanges en l'honneur du président Ardant, LGDJ, 1999, p. 282 et s.
1463. Rapport introductif, colloque sur « La responsabilité pénale du président de la République », Centre de droit de la responsabilité de l'université du Maine (C.D.R.U.M.), 14 juin 2002, p. 13, www.livre.prologuenumerique.ca.
1464. JORC, 57e année, édition spéciale, n°8, 6 novembre 2015.
1465. Sur l'ensemble de la question, Voir, par exemple, Philippe Ardant, *Responsabilité politique et pénale des chefs d'État, des chefs de gouvernement et des ministres*, Revue internationale de droit comparé, 2002, pp. 465-485.
1466. Voir supra p. 186.
1467. L'article 95 de la Constitution du Congo définit la haute trahison du président de la République comme tout « manquement grave à ses devoirs, manifestement incompatible avec l'exercice de sa haute fonction ».
1468. Expression utilisée dans la Constitution de 1791, titre III, ch. II, art. 8.

D'abord, plus que les assemblées nationales, les collectivités locales ont une emprise très forte sur le système des marchés publics. En effet, dans leur rôle de promoteur du développement local, elles sont généralement les maîtres d'ouvrage des marchés publics locaux. Les élus territoriaux occupent, de ce fait, une place privilégiée dans le processus décisionnel d'attribution desdits marchés. Ils peuvent, ainsi, même lorsqu'ils n'ont aucun un rôle décisif dans la décision, avoir accès à des informations essentielles, qu'ils peuvent être amenés à divulguer inconsciemment ou à des fins de gains personnels. Ils peuvent aussi être très influents, s'ils sont en même temps désignés comme personnes responsables de marchés publics ou membres des commissions d'appel d'offres ou d'ouverture des plis.

Ensuite, la différence entre les deux catégories d'élus est fonction du système de mise en œuvre de leur responsabilité pénale. La responsabilité pénale des parlementaires nationaux, contrairement aux élus locaux, obéit à des règles particulières. Il est généralement admis qu'ils jouissent d'une immunité à deux branches, c'est-à-dire qu'ils sont totalement protégés pour les opinions qu'ils émettent et les votes qu'ils expriment dans l'exercice de leur mandat. De même, ils bénéficient d'une procédure qui garantit leur inviolabilité à l'occasion des poursuites en matière criminelle ou correctionnelle au titre des comportements détachables de leurs fonctions. En d'autres termes, sauf en cas de crime ou de délit flagrant, les poursuites engagées à leur encontre ne peuvent prospérer que si l'assemblée à laquelle ils appartiennent lève leur immunité, à la demande, généralement, du ministre de la Justice. Ces nombreuses précautions, qui sans doute constituent une condition élémentaire de protection de leur indépendance et de la séparation des pouvoirs, laissent planer malgré tout un scepticisme ambiant quant à la réalité de leur responsabilité pénale.

En effet, les dispositions relatives à la responsabilité pénale des élus ainsi que, par extrapolation, celle de l'ensemble des dirigeants sont considérées, à tort ou à raison, comme étant purement illusoires[1469]. L'opinion publique ainsi que la plupart des études sur l'indice de perception de la corruption et les infractions assimilées ne croient pas dur comme fer en cette responsabilité[1470]. La critique fondamentale est que, malgré les scandales économiques dans lesquels ils sont compromis, aucune condamnation significative n'est prononcée contre eux. Ces derniers semblent plutôt bénéficier d'une impunité et d'une protection à cause des considérations d'ordre politique. Comme on dit : les loups ne se mangent pas entre eux.

1469. Voir, par exemple, *Tchad/La responsabilité pénale des ministres : Des dispositions purement illusoires*, 10 février 2012, www.actutchad.over-blog.com.
1470. Voir, par exemple, Fiacre E. Kakpo, *Corruption : Transparency international dresse un tableau sombre pour l'Afrique*, février 2018, www.agenceecofin.com.

b. Les agents publics intervenant dans la gestion des marchés publics

Le terme « agents publics » désigne l'ensemble des personnels employés par l'administration[1471] que l'on ne doit pas confondre avec le terme « fonctionnaires » qui n'est en réalité qu'une sous-catégorie d'agents publics au même titre que d'autres, comme les magistrats, les agents de la force publique, les employés des assemblées, etc. Les agents publics se distinguent suivant leur régime. Ils sont titulaires ou non-titulaires.

Les agents publics titulaires se définissent par la permanence de leur emploi et leur titularisation dans un corps ou dans un grade. Ce sont des agents dits statutaires, régis par un statut particulier et non soumis à des contrats ou conventions collectives. On distingue les agents publics titulaires de l'État et les agents publics titulaires des collectivités locales et des établissements publics.

Les agents publics non-titulaires ne sont pas placés dans une position de permanence absolue. Ils sont recrutés dans des conditions plus souples pour des besoins spécifiques. Il existe plusieurs régimes d'agents publics non-titulaires : les agents auxiliaires, contractuels, vacataires ou intérimaires. Les agents non-titulaires sont soit de droit public, soit de droit privé. Les agents non-titulaires de droit public sont ceux qui travaillent pour le compte d'un service public à caractère administratif, quel que soit leur emploi[1472]. Les autres, par exemple, les agents des services industriels et commerciaux, sauf exception, relèvent du droit privé[1473].

Les agents publics, ainsi désignés, lorsqu'ils interviennent dans la gestion des marchés publics, tout comme les autorités publiques, notamment les responsables des marchés publics, sont exposés au risque pénal. Ils jouent, en effet, un rôle non négligeable dans la gestion des marchés publics, ne serait-ce que dans la préparation des décisions que doivent prendre les responsables. C'est généralement un moment propice à toute forme de tractation susceptible de se procurer un gain personnel illicite. Tel est le cas d'un agent public qui reçoit des prébendes de la part des opérateurs ou des fournisseurs en raison de sa position dans le processus décisionnel[1474]. C'est une violation grave des devoirs que lui impose sa charge[1475].

A.1.2. Les personnes morales

Les autorités contractantes, en tant que personnes morales, peuvent être tenues pénalement responsables lorsqu'elles commettent des infractions. Il faut

1471. Voir articles 7 à 11 de la loi n°021/89 du 14 novembre 1989 portant statut général de la fonction publique, secrétariat général du gouvernement de la République du Congo.
1472. TC, 25 mars 1996, Préfet de la région Rhône-Alpes c/Conseil de prud'hommes de Lyon (Berkani), n°03000.
1473. TC, 22 mai 2006, Préfet des Bouches-du-Rhône, n°C3486.
1474. C.A. Grenoble, 17 novembre 1972, Gaz. Pal. 1973, I, somm.155.
1475. R. Salomon, *La rigueur du droit pénal de la probité publique*, in Droit pénal n°1, janvier 2012, p. 11.

noter toutefois qu'il s'agit d'une évolution. Il a toujours été admis, selon une jurisprudence relativement ancienne[1476], que les personnes morales, qu'elles soient de droit privé ou de droit public, n'encouraient pas de risque pénal. La responsabilité pénale qui pouvait découler de leur action incombait à leurs dirigeants ou à leurs représentants. La jurisprudence justifiait cette opinion par le fait que « toute peine est personnelle, sauf les exceptions prévues par la loi ; elle ne peut donc être prononcée contre un être moral [...] lequel peut seulement être déclaré civilement responsable[1477] ». De même, indiquait-elle encore : « Il est de principe qu'une personne morale ne peut encourir une responsabilité pénale ; il n'en saurait être autrement qu'en vertu d'une disposition particulière de la loi[1478]. » Cette opinion est désormais révolue.

Les États membres de la CEMAC, après avoir pendant longtemps consacré le principe de l'irresponsabilité pénale des personnes morales, s'inscrivent désormais, à l'instar de la France où les principes classiques ont été rompus depuis l'entrée en vigueur du nouveau Code pénal[1479], dans un mouvement tendant à soumettre ces personnes au risque pénal. Tel est, par exemple, le cas de la Centrafrique[1480], du Tchad[1481] et du Cameroun[1482] où les nouveaux Codes pénaux disposent de manière identique que « les personnes morales, à l'exclusion de l'État, sont pénalement responsables dans les cas prévus par la loi ou le règlement, des infractions commises pour leur compte, par leurs organes ou représentants ». Le Code pénal du Congo en préparation s'inscrit dans cette logique[1483]. On peut déjà noter que les derniers textes pris par le législateur congolais confirment cette tendance. La loi n°5-2009 du 22 septembre 2009 sur la corruption, la concussion, la fraude et les infractions assimilées indique à son article 27 que « les personnes morales autres que l'État, pour le compte ou au bénéfice desquelles les infractions visées par la présente loi ont été commises par l'un de leurs organes ou représentant légal, verront leur responsabilité engagée et seront par conséquent punies d'une amende égale à dix fois celle prévue par les textes pour les personnes physiques ». Il en est de même de la loi n°31-2012 du 11 octobre 2012 déterminant les infractions et les peines applicables en matière de passation et d'exécution des marchés publics, qui reconnaît la possibilité d'engager la responsabilité des personnes morales en cas d'infractions en matière de passation et d'exécution des marchés publics.

1476. C. crim., 28 novembre 1973, Bull. crim. n°440 ; C. crim., 11 juin 1974, Bull. crim. n°212 ; C. crim., 6 février 1975, Bull. crim. n°43.

1477. C. crim., 10 janvier 1929, Bull. crim. n°14 ; C. crim, 6 juiller 1954, Bull. crim. n°250.

1478. C. crim., 17 mai 1930, Bull. crim. n°154 ; C. crim. n° 27 avril 1955, Bull. crim. n°210 ; C. crim., 6 février 1975, Bull. crim. n°43.

1479. Voir article 121-2 et commentaires de Harald Renout, *Droit pénal général*, 18e édition, Larcier, Bruxelles, 2013, p. 179 ; Michel Degoffe, *Droit administratif*, 2e éd., ellipses, Paris, 2012, p. 209.

1480.Article 10 de la loi n°10.001 du 6 janvier 2010 portant Code pénal centrafricain, JORCA, 2010, édition spéciale, p. 4, www.ilo.org.

1481. Article 81 de la loi n°2017-01 du 8 mai 2017 portant Code pénal, www.droit-afrique.com.

1482. Article 74-1 de la loi n°2016/007 du 12 juillet 2016, www.droit-afrique.com.

1483. Le projet de Code pénal congolais, actuellement en élaboration par le gouvernement avec l'appui de l'Union européenne dans le cadre du PAREDA, prévoit, en son article 23, une évolution dans le sens de la consécration de la responsabilité pénale des personnes morales.

Son article 8 indique : « la personne morale reconnue auteure ou complice des infractions en matière de marchés publics peut être punie des peines d'amende prévues à cet effet par la loi. »

Les États membres de la CEMAC ont tenu ainsi à aligner leurs droits nationaux aux standards internationaux tels qu'ils ressortent des textes internationaux. Il s'agit, par exemple, de la Convention des Nations unies de décembre 2003 sur la corruption qui dispose à son article 26 que « chaque État-partie adopte les mesures nécessaires, conformément à ses principes juridiques, pour établir la responsabilité des personnes morales qui participent aux infractions [...] ». Cette convention a été ratifiée par le Gabon en 2004[1484], le Congo en 2005, la Centrafrique en 2006[1485] et le Tchad en 2008[1486]. Toutefois, il faut le noter, le champ d'application de la responsabilité pénale des personnes morales demeure encore limité. La principale limite tient à la nature des personnes morales pénalement responsables. En effet, si cette responsabilité est générale pour les personnes morales de droit privé[1487], elle ne l'est pas pour toutes les personnes morales de droit public. Les dispositions précitées des États de la CEMAC, qui reconnaissent désormais la responsabilité pénale des personnes morales, excluent l'État de leur champ d'application. L'État ne peut encourir qu'une responsabilité civile[1488] ou administrative par le dédommagement du préjudice causé à autrui par les services publics[1489]. La notion de souveraineté attachée à l'essence même de l'État explique sans doute une telle immunité pénale, qui par extension profite également au chef de l'État. Et puis l'État ne peut se punir lui-même puisqu'il est seul détenteur de la force légale et légitime de sanction. Les personnes morales de droit public pénalement responsables sont donc les collectivités territoriales, les établissements et tout autre organe public disposant de la personnalité morale. Même dans ces hypothèses, il sied de préciser que la responsabilité pénale ne peut être mise en œuvre que pour les infractions commises dans l'exercice d'activités qui ne touchent pas aux prérogatives de puissance publique, donc celles qui relèvent du pouvoir de gestion[1490].

De manière générale, qu'il s'agisse des personnes morales de droit privé ou de droit public, leur responsabilité pénale n'est possible que par la faute imputable à leurs organes dirigeants ou à leurs représentants. Ce n'est, en effet, que par l'intermédiaire de ceux-ci, donc forcément des personnes physiques, que les personnes morales commettent des fautes et engagent leur responsabilité. En tout cas, c'est ce que l'article 8 de la loi congolaise de 2012 précitée prévoit. Il indique que lorsque la responsabilité pénale de la personne morale

1484.www.docstore.ohchr.org.
1485.www.lib.ohchr.org.
1486.www.unodc.org.
1487. Voir Harald Renout, *Droit pénal général*, 18e édition, préc., 182.
1488. C. crim., 10 janvier 1929, Bull. crim. n°14 ; C. crim, 6 juiller 1954, Bull. crim. n°250.
1489. TC, 8 février 1873, Blanco, 1er supplt, Rec., p. 61.
1490. Voir, Cass. Crim. 3 avril 2002, Bull. crim., n°77.

est engagée « [...] les poursuites sont dirigées contre son représentant légal ». Il en est ainsi aussi en droit français, tel que l'a affirmé la jurisprudence[1491]. Il est donc impératif, si la responsabilité pénale des personnes morales est engagée par la faute de ses dirigeants ou de ses représentants, que cette faute, intentionnelle[1492] ou non[1493], ait nécessairement un rapport avec l'activité desdites personnes morales et que les dirigeants ou les représentants soient clairement identifiés[1494]. Autrement dit, la personne morale n'est pénalement responsable que des infractions commises par ses organes, mais pour son compte ou dans son intérêt[1495]. Sa responsabilité est comprise en effet comme une responsabilité par « représentation[1496] ».

A.2. Les autres acteurs des marchés publics

Les soumissionnaires, c'est-à-dire les candidats aux marchés publics et les titulaires, c'est-à-dire les personnes à qui a été confiée l'exécution des marchés publics, sont, tout comme les autorités contractantes, exposés au risque pénal dans leurs activités liées aux contrats publics, notamment aux marchés publics. Et cela, lorsqu'ils interviennent aussi bien comme personnes physiques ou comme personnes morales. Il paraît intéressant de souligner ici la situation particulière des sous-traitants. On aurait pu penser que, comme dans le contentieux administratif où il échappe au juge administratif puisque le titulaire endosse la totale responsabilité vis-à-vis de l'autorité contractante, même si le tribunal des conflits entrouvre quelques hypothèses de sa responsabilité administrative[1497], les sous-traitants échapperaient pour la même raison au juge pénal. Il n'en est rien. Ils sont tout aussi exposés au risque pénal que les titulaires et sanctionnés dans les conditions que définit, à chaque fois, la jurisprudence. Il en est ainsi en cas de travail dissimulé, c'est-à-dire en l'absence de déclaration de sous-traitance par le titulaire. Dans cette hypothèse, la sanction est également prononcée à l'encontre du maître de l'ouvrage dès lors qu'il peut être établi que ce dernier savait ou ne pouvait ignorer que le titulaire recourait aux services d'une personne exerçant un travail dissimulé[1498]. Il en est également ainsi en cas de prêt de main-d'œuvre illicite, c'est-à-dire une « fausse sous-traitance ». Tel peut être le cas lorsque l'entreprise titulaire a recours à un sous-traitant dans le cadre d'une convention qui a pour objet exclusif la fourniture de main-d'œuvre moyennant rémunération, sans transmission d'un savoir-faire ou mise en œuvre

---

1491. Cass. Crim., 28 novembre 1973, Bull. crim. n°440 ; 11 juin 1974, Bull. crim. n°212 ; 6 février 1975, Bull. crim. n°43.
1492. Cass. Crim., 2 décembre 1997, Bull. crim. n°408.
1493. Cass. crim., 1er décembre 1998, Bull. crim. n°325 ; 14 décembre 1999, Bull. crim. n°306 ; 24 octobre 2000, Bull. crim. n°308.
1494. Cass. crim., 18 janvier 2000, Bull. crim. n°28 ; 23 mai 2006, Droit pénal, comm. n°128 ; 1er avril 2008, Droit pénal 2008, comm. n°140.
1495. Cass. crim., 7 juillet 1998, Bull. crim. n°216 ; 20 juin 2006, Bull. crim. n°188 ; 26 juin 2007, Droit penal 2007, comm. n°135 ; 25 juin 2008, Droit pénal 2008, comm. n°140.
1496. CA Lyon, 3 juin 1998, Droit pénal 1998, comm. n°118 ; 5 mai 1999, Droit pénal 1999, comm. n°119.
1497. Voir développements, supra p. 206.
1498. Cass. crim. 25 juin 2013, n°12-83-021.

d'une technicité qui relève de la spécificité propre du sous-traitant, et lorsque les salariés de celui-ci travaillent dans les conditions matérielles les assimilant à ceux du donneur d'ordre[1499]. Les États membres de la CEMAC, on l'a vu, sont très précautionneux sur la question de la sous-traitance afin d'éviter tout contournement de la réglementation des marchés publics[1500].

B. Les infractions dans les marchés publics

Les marchés publics sont un terrain propice à tous les types d'infractions que prévoient généralement les lois pénales. Il serait sans aucun doute fastidieux de les étudier dans leur ensemble, avec le risque de ne pas être complet. En outre, ces infractions sont généralement de détection très difficile. Elles résultent le plus souvent d'arrangements ou de pactes établis dans le plus grand secret. Aussi, le choix est-il fait de ne passer en revue que certaines infractions qui semblent être les plus répandues dans les marchés publics, même si leur manifestation, en raison de leur nature, est d'intensité beaucoup plus forte lors de la passation que de l'exécution desdits marchés. Il s'agit de la corruption, la concussion, la fraude, le trafic d'influence, le favoritisme et la prise illégale d'intérêts.

On peut aussi noter, pour être complet, que les nouvelles lois pénales que prennent les États membres de la CEMAC, au-delà du caractère général que revêtent ces infractions, c'est-à-dire leur capacité à s'appliquer dans tous les secteurs d'activité, en donnent un contenu spécifique en relation avec les marchés publics. Tel est le cas, par exemple, du Tchad[1501] et du Congo[1502] où des dispositifs particuliers en relation avec les marchés publics ont été prévus. Il sied enfin de signaler que les infractions commises dans les marchés publics sont pour la plupart des infractions intentionnelles. Ce qui sous-entend que, dans leur définition, l'élément moral n'est pas fondamentalement autonome de l'élément matériel.

B.1. La corruption

La corruption suppose un pacte corrupteur qui organise une collusion entre deux personnes[1503]. « L'une, le corrupteur, offre ou accepte de rémunérer l'autre personne, le corrompu, qui en échange promet d'accomplir ou de ne pas accomplir un acte de sa fonction[1504] » ou de sa « compétence[1505] ». La corruption, qu'elle soit active, c'est-à-dire à l'initiative du corrupteur, ou passive, c'est-

1499. Cass. soc. 3 mai 2012, n°10-27138.
1500. Supra p. 239.
1501. La loi n°001/PR/2017 du 8 mai 2017 portant Code pénal, consacre son chapitre 9 à la corruption dans les marchés publics, www.droit-afrique.com.
1502. Loi n°5-2009 du 22 septembre 2009 sur la corruption et les infractions assimilées.
1503. Voir Rose Djila Kouayi Kemajou, *Le droit pénal des affaires au Cameroun*, L'Harmattan 2015, Paris, p. 59 et s.
1504. M. Véron, *Droit pénal des affaires*, éd. A. Collin, collection Compact, 4e édition, 2001, p. 58 ;
1505. A. Lepage, P. Maistre du Chambon et Salomon, Dr. pénal des aff. Lexis, 2e éd., 2010, n°49.

à-dire à l'initiative du corrompu, est considérée comme l'une des principales entraves à la bonne gouvernance[1506]. Elle sape la démocratie et l'état de droit, entraîne des violations des droits de l'Homme, fausse le jeu des marchés, nuit à la qualité de la vie et crée un terrain propice à la criminalité organisée, au terrorisme et à d'autres phénomènes qui menacent l'humanité[1507]. C'est, en effet, un mal insidieux[1508] que les États de la CEMAC[1509] s'engagent, au moins sur le principe, à combattre avec volonté et fermeté.

L'infraction de corruption est consommée dès l'émission de la sollicitation par le coupable des dons, des promesses ou autres avantages. Il est sans importance que l'objet de la sollicitation ait été versé ou non[1510]. Il en est de même dès que le coupable accepte de recevoir ou agrée les dons ou avantages qu'on lui promet. L'échange de consentements suffit à établir l'infraction. Peu importe que l'accord des volontés s'accomplisse directement par les protagonistes eux-mêmes ou indirectement par personne interposée[1511]. En France, avant la loi n°2000-595 du 30 juin 2000 modifiant le Code pénal et le Code de procédure pénale relative à la lutte contre la corruption[1512], l'infraction de corruption ne pouvait être constituée que si la sollicitation était antérieure à l'acte de fonction[1513], sauf si les versements faits postérieurement étaient consécutifs de l'exécution d'une sollicitation faite antérieurement[1514]. Aujourd'hui, tel n'est plus le cas. L'infraction est constituée même si la sollicitation intervient postérieurement. Les dons, les promesses ou les avantages concernés sont généralement des choses matérielles. Il peut s'agir d'immeubles[1515], d'argent[1516], de l'acquittement de dettes de la personne corrompue[1517], de l'octroi du pourcentage d'une affaire[1518] ou de la remise de tout autre avantage[1519].

B.2. La concussion

La concussion est la pratique qui consiste à exiger ou à recevoir des sommes indues. La concussion est donc définie à partir de la notion « de ce qui est

1506. Voir Jean Didier Boukongou, *L'obligation de rendre compte de la gestion des affaires publiques*, in Gouvernance et lutte anticorruption en Afrique, PUCAC Yaoundé, juin 2015, p. 15.
1507. Kofi Annan, Avant-propos, Convention des NU sur la corruption, New York, 2004, p. iii.
1508. Au Congo, par exemple, l'ensemble des études commandées par le gouvernement à des cabinets internationaux a conclu que la corruption est l'un des défis le plus grave auquel le pays doit faire face. L'indice de perception de la corruption est effectivement très élevé. Il se situe, selon les cibles, entre 51,04 % et 72 %. Ces éléments ont ainsi conduit à une pénalisation de la corruption en République du Congo au travers de la loi n°5-2009 du 22 septembre 2009 sur la corruption, la concussion, la fraude et les infractions assimilées.
1509. Pour la stratégie de lutte contre la corruption au Congo, voir Laurent Tengo, *L'espoir raisonnable d'une gouvernance anticorruption au Congo*, in Gouvernance et lutte anticorruption en Afrique, PUJAC, Yaoundé, juin 2015, p. 31 à 60.
1510. C.Cass. crim., 9 novembre 1995, D. 1996, IR, p. 13.
1511. C.Cass. crim., 5 mai 1916, Bull. crim., n°12.
1512. JORF 1er juillet 2000.
1513. C.Cass. crim., 8 février 1966, Bull. crim., n°35.
1514. C.Cass. crim., 16 décembre 1997, Aff. Monate et Emmanuelli et autres, Bull. crim., n°428, Rev. Sociétés 1998, p. 402, note B. Bouloc.
1515. C.Cass. crim., 22 octobre 1997, Bull. crim., n°352.
1516. C.Cass. crim., 30 juin 1955, Bull. crim., n°330.
1517. C.Cass. crim., 7 septembre 1935, Gaz. Pal., 1935, 2, p. 694.
1518. C.Cass. crim., 30 juin 1999, Bull. crim., n°168.
1519. C.Cass. crim., 22 octobre 1997, Aff. Carignon, Bull. crim., n°352.

dû », c'est-à-dire de ce que la loi a prévu comme étant exigible. Autrement dit, les droits, taxes, contributions, salaires ou traitements qui sont exigibles sont ceux qui sont prévus par la loi. Toute autorité ou agent public qui exigerait le paiement de ce qui n'est pas prévu par la loi commettrait une concussion. La concussion en relation avec les marchés publics consisterait donc, pour une personne responsable des marchés publics ou intervenant dans le processus de gestion desdits marchés d'exiger ou solliciter des taxes ou des droits non prévus par la réglementation des marchés publics. La concussion peut également se réaliser, a contrario, par le fait de ne pas exiger ce qui est dû. Par exemple, le fait de ne pas appliquer ou requérir les taxes et droits prévus ou le fait d'accorder sous une forme quelconque et pour quelque motif que ce soit une exonération ou une franchise des droits, contributions, impôts ou taxes en violation des textes légaux ou réglementaires.

La jurisprudence a apporté un certain nombre de précisions pour établir effectivement la concussion. Elle considère que la concussion est établie si le coupable a agi délibérément ou de mauvaise foi[1520]. C'est ainsi qu'elle a jugé « qu'en qualité d'officier public, un maire ne pouvait se prévaloir de ce qu'il n'était pas juriste de profession mais médecin, pour tenter de démontrer qu'il ignorait le caractère illégal de la participation financière demandée à un lotisseur, dès lors que les pièces du dossier montraient que l'intéressé avait agi délibérément[1521] ». Néanmoins, le juge n'a pas retenu la concussion, notamment le caractère intentionnel du fait y relatif, parce que la perception a été faite ou exigée à la suite d'une erreur de fait commise par le dépositaire de l'autorité publique ou d'une interprétation erronée de la loi ou du règlement[1522]. La jurisprudence considère également que la concussion n'est constituée que si un ordre de percevoir a été donné, et non un ordre de paiement[1523]. Cela veut dire que compte dans la constitution de la concussion l'ordre qui exige le paiement et non l'acte qui constate le paiement[1524]. Le fait pour un maire de demander une taxe d'une certaine somme par logement construit, alors qu'elle n'est pas prévue par la loi, est constitutif d'une concussion[1525].

B.3. La fraude

La fraude est le fait pour toute personne qui, pour se procurer un avantage matériel ou moral indu, use de tromperie, d'artifices ou de moyens déloyaux, ou modifie les circonstances de fait d'un produit, denrée ou marchandise pour surprendre le consentement du consommateur. Il en est de même, lorsque par quelque ruse, la personne élude le paiement des droits imposés sur un

1520. C.Cass. crim., 3 mai 2012, n°11-81203 ; 13 mars 1995, n°94-82247.
1521. C. Cass. crim., 10 septembre 2008, n°07-88407.
1522. C.Cass. crim., 13 juin 2007, n°06-84618.
1523. C.Cass. crim., 27 juin 2001, n°00-83739.
1524. C.Cass. crim., 17 décembre 2014, n°13-87476.
1525. C. Cass., 16 mai 2011, n°97-80888.

produit, marchandise ou denrée en vue d'échapper à la loi ou aux règlements sur la fiscalité. La fraude est, à quelques égards près, de la même fibre que l'escroquerie, qui est l'usage d'un faux pour se procurer un avantage, et l'abus de confiance. Ainsi que le dit Rose Djila Kouayi Kemajou, ces infractions appartiennent à « cette catégorie d'infractions, où l'esprit humain donne sa pleine mesure au service d'une mauvaise cause, avec talent et ingéniosité[1526] ». Elles ont, en effet, la même finalité, celle de surprendre ou de corrompre la volonté de la victime par l'emploi de manœuvres frauduleuses en vue d'obtenir de celle-ci un bien ou un avantage indu. Dans le cas de l'escroquerie, la victime prise dans le piège de l'escroc, prend la décision de remettre elle-même à ce dernier l'objet ou l'avantage qu'il convoite, ou d'agir dans le sens qu'il souhaite. En somme, la victime se dépossède elle-même de son bien au profit du bonimenteur.

Les pratiques frauduleuses dans les marchés publics sont généralement l'œuvre des soumissionnaires. En effet, il peut arriver, par exemple, que pour emporter un marché public, que le soumissionnaire contourne la rigueur des textes relatifs à la recevabilité des candidatures par la production de documents non-sincères ou par la fourniture d'informations douteuses ou encore par l'usage de faux. Ces pratiques peuvent aussi provenir des agents publics qui, dans le but de s'enrichir illicitement, peuvent volontairement apposer leur signature sur les documents de passation de marchés alors qu'ils n'en ont pas la compétence, ou altérer les actes servant de supports audit marché. Ils peuvent aussi dénaturer la substance du marché public ou les circonstances de sa passation. Les pratiques frauduleuses faussent effectivement le jeu de la concurrence dans la mesure où elles peuvent conduire l'administration à retenir une offre qu'elle aurait dû rejeter. Il convient de signaler que ces pratiques, notamment le faux et l'usage de faux, sont réprimées de la même manière et qu'ils ne sont punissables que s'ils créent un droit. Par exemple, la falsification ou son usage est punissable si les documents concernés acquièrent force probatoire[1527]. Le faux doit aussi, pour constituer une infraction, être de nature à causer un préjudice. La jurisprudence se contente parfois d'un préjudice éventuel[1528].

B.4. Le trafic d'influence

Le trafic d'influence réside dans l'abus par une personne de son influence réelle ou supposée pour le compte d'une tierce personne, en vue d'obtenir pour cette personne ou pour autrui des avantages particuliers, notamment auprès de l'administration. Le trafic d'influence, comme la corruption, nécessite l'établissement d'un « pacte » criminel entre trois personnes : la personne abusant de son influence, la personne intermédiaire et la personne bénéficiaire.

1526. préc.
1527. C.Cass. crim., 16 novembre 1995, Bull. crim. n°354 ; Dr. Pénal 1996, comm.103.
1528. C.Cass. crim., 10 mai 1989, Dr. Pénal 1990, comm.84.

Il est également soit actif, soit passif. On parle de trafic d'influence actif lorsqu'un particulier qui, en prend l'initiative, demande à la personne disposant d'une influence réelle ou supposée d'en abuser à son profit ou à celui d'autrui. En France, l'infraction de trafic d'influence a été créée à la suite du scandale des décorations qui éclaboussa le président de la République Jules Grévy et le contraignit à la démission le 2 décembre 1887[1529]. On évoque aussi souvent, sans le confondre au premier, le trafic de décorations de 1926 ayant impliqué le fonctionnaire Marcel Ruotte[1530]. Le trafic d'influence est une infraction formelle parce qu'elle vise généralement des choses matérielles. Elle est consommée, donc punissable, lorsque les manœuvres constituant son existence sont réalisées. La question peut se poser de savoir si ces manœuvres doivent être totalement effectuées ou un début d'exécution suffit à la constitution de l'infraction de trafic d'influence ? Si l'on raisonne par analogie avec la corruption, les deux infractions étant souvent associées, on peut affirmer que la sanction est appliquée dès que le « pacte de trafic d'influence » est conclu entre les trois parties précitées.

Le trafic d'influence peut être confondu avec d'autres infractions, notamment avec la corruption et avec l'abus de fonction. Il partage avec ces derniers la même incrimination, qui consiste pour un agent public d'user de sa position pour se procurer un avantage indu. Toutefois, moins qu'avec la corruption, l'abus de fonction présente plus de différences avec le trafic d'influence. Par exemple, l'abus de fonction est le fait pour un agent public d'user de sa fonction, c'est-à-dire qu'il accomplit l'acte délictuel en usant de sa fonction ou dans l'exercice de ses fonctions pour obtenir un avantage indu, alors que le trafic d'influence consiste, pour l'agent public, d'abuser de sa qualité, donc de son influence réelle ou supposée, sans véritablement user de sa fonction. De plus, l'abus de fonction, contrairement au trafic d'influence, ne nécessite pas forcément l'intervention d'un intermédiaire. Le pacte d'abus de fonction est généralement établi directement entre l'agent public et le bénéficiaire, donc le corrupteur.

Le trafic d'influence peut aussi être rapproché du lobbying qui consiste pour une personne ou une catégorie de personnes à exercer ce travail de pression en vue d'obtenir des avantages ou de protéger leurs intérêts. Le lobbying, en dépit du fait qu'il est autorisé dans le cadre des professions libérales ou des activités associatives[1531], si certaines précautions en termes de probité ne sont pas observées, peut se confondre effectivement avec le trafic d'influence[1532].

1529. Jean-Marie Mayeur, *Les débuts de la Troisième République*, 1871-1898, Seuil, 1973, p. 171.
1530. André Bessière, *Il était une fois la Légion d'honneur : De la croix des braves au ruban rouge*, L'Harmattan, 2008, p. 207.
1531. Jean-Paul Charié, *Livre bleu du lobbying en France*, Assemblée nationale, Commission des affaires économiques. Pascal Deumier, *Reconnaissance du lobbying en France*, Revue trimestrielle de droit civil, 2010, p. 62. *Pour une chronologie des réglementations du lobbying en France et en Europe*, https://www.-adequations.org.
1532. Voir David Edy, *Existe-t-il une limite entre le trafic d'influence et le lobbying ?* 18 février 2013, www.leprtitjuriste.fr ; Jean-Christophe Adler, *Lobbying et rafic d'influence : quelles limites ?* revue l'exportateur.com, n°67.

B.5. Le favoritisme

Le favoritisme, plus que le gain financier ou tout autre avantage, tire son fondement du lien qu'il peut avoir avec l'expression de certains sentiments humains, souvent les plus intimes, par exemple l'affect ou l'envie de faire plaisir aux siens. Il peut aussi viser à satisfaire un sentiment d'orgueil ou de domination, le besoin de se réaliser aux yeux des concitoyens ou de créer des allégeances. C'est en cela que le favoritisme est souvent confondu avec le népotisme. Le favoritisme dans les marchés publics, quelle que soit sa motivation, peut rompre l'égalité d'accès des candidats à la procédure de passation. Les juges français ont souvent été amenés à se prononcer sur ce genre de problématiques. Nicolas Charrel en a rapporté quelques exemples[1533]. Le favoritisme peut ainsi conduire à d'autres infractions, comme le délit d'initié commis par les personnes qui, à l'occasion de l'exercice de leurs fonctions, disposent d'informations privilégiées ou soumises au secret professionnel et qui les utilisent pour se procurer ou procurer à autrui, un profit indu, ou les personnes qui détiennent avant les autres acteurs du marché des informations qui leur permettent de préciser leurs offres.

L'infraction de favoritisme n'est pas toujours facile à démontrer. C'est d'autant plus vrai en matière de marchés publics comme en témoigne G. Pancrazi[1534]. Cet auteur pense que le favoritisme, dont on n'a certainement pas fini de mesurer la portée, apparaît dans sa mise en œuvre comme étant original et complexe. « Original, car le délit de favoritisme réprime pénalement des acheteurs publics, pour l'essentiel élus ou fonctionnaires, qui ont le plus souvent mal géré une procédure administrative, sans qu'il soit nécessaire d'établir une quelconque atteinte à la morale, à l'intégrité ou à la sécurité des personnes. Complexe, par la multiplicité des manquements au droit de la commande publique susceptibles de constituer le délit et de lui donner des formes infinies à raison du nombre de prescriptions contenues dans les textes de plus en plus nombreux et de plus en plus difficiles à appréhender, parfois même par des professionnels. » Le fait que l'on ne soit pas obligé, comme on

1533. Marchés et délégations de service public, Le risque pénal, *op. cit.*, p. 40.
- Fractionnement artificiel des marchés publics pour se situer en deçà de certains seuils (TGI Douai, 5 décembre 1995).
- Recours abusif aux procédures de marchés négociés hors des cas énumérés par la loi. Exemple : la déclaration de situations « d'urgence impérieuse » sans motif sérieux (CA Rennes, 25 juillet 1996, n°1964/95).
- Insertion de clauses techniques « sur mesure » au cahier des charges. Clauses qui ne pourront être satisfaites que par une seule entreprise.
- Publicités réduites dans le but de réduire la concurrence (TGI Strasbourg, 19 janvier 1996, n°96/033 et CA Rennes 21 novembre 1996, n°1720/96).
- Composition irrégulière de la commission d'appel d'offres ou du jury afin d'en écarter les membres jugés indésirables dans la perspective d'un choix d'opportunité.
- Choix reposant sur des critères irréguliers (TGI Avranches, 16 mai 1995).
- Modification de l'objet du marché après appel public à la concurrence (TGI Strasbourg, 19 janvier 1996, n°96-033).
- Exécution du marché avant sa notification (TGI Stasbourg, 31 mai 1995).
- Utilisation de la sous-traitance pour octroyer à une entreprise déterminée une part du marché sans qu'elle apparaisse dans la consultation (CA Rennes, 21 novembre 1996, n°1720/96).

1534. Chef de la mission interministérielle d'enquête sur les marchés publics. Introduction au 6e rapport d'activités (année 1998), septembre 1999.

l'a indiqué plus haut, de prouver l'existence d'un quelconque avantage pour constituer le favoritisme, complique davantage les choses et « fait peser parfois une épée de Damoclès sur la tête d'agents ou d'élus qui sont parfois de bonne foi. De ce fait, le délit de favoritisme a été très décrié[1535] ».

B.6. La prise illégale d'intérêt

La prise illégale d'intérêt, que l'on a aussi présentée comme la participation à une affaire ou prise d'emploi injustifiée, est l'infraction qui vise toute personne investie d'une fonction publique ou chargée d'une mission de service public qui prend un avantage ou un intérêt quelconque dans une opération dont il a ou avait, en tout ou partie, la charge d'assurer le contrôle ou qui reçoit une participation dans une entreprise dans laquelle il exerce un mandat social ou qui est directement soumise à sa surveillance. L'infraction est constituée même si la personne n'est plus en activité ou n'est plus chargée de la mission de service public pendant un délai, généralement déterminé par chaque législation nationale, à compter de la cessation de sa fonction ou de ses activités. Il est tout à fait normal que cette personne puisse être passible de sanctions dès l'instant où elle met en concurrence son pouvoir de contrôle sur les opérations ou les entreprises dont elle a la charge ou la surveillance et les avantages personnels qu'elle peut tirer dans ces mêmes opérations ou entreprises en raison d'une activité parallèle rémunérée qu'elle exercerait au profit de celles-ci. Elle perd *ipso facto*, même contre son gré, toute objectivité dans le cadre de sa fonction de contrôle ou de surveillance et crée forcément un contexte de passe-droits ou de « magouilles ».

Le droit des marchés publics n'ignore pas ce genre de pratiques. Il n'est pas rare de constater que la personne publique placée dans cette posture agisse en faveur de l'entreprise au sein de laquelle il dispose d'un intérêt ou d'une participation à l'occasion des appels d'offres ou de la procédure d'exécution des marchés publics. La jurisprudence française en a donné un large écho. Elle a sanctionné la conservation d'intérêts[1536] dans le cas où une « personne se trouvait en relation d'affaires avec une collectivité publique et elle a continué ces relations alors qu'elle avait eu accès au sein de cette collectivité à une fonction lui donnant la qualité de dépositaire de l'autorité publique[1537] ». Il n'est pas nécessaire que la personne coupable en retire un avantage financier[1538] ni que la collectivité publique puisse souffrir d'un préjudice[1539]. En revanche, l'absence présumée de profit personnel, si elle n'est pas de nature à empêcher la réalisation de l'infraction, peut entraîner une atténuation de l'action répressive[1540]. À noter

1535. François Lichère, *Droit des contrats publics*, 2e édition, Dalloz, 2014, p. 138.
1536. C. Cass. crim., 23 février 1988, Petit.
1537. Voir Nicolas Charrel, *Marchés et délégations de service public*, Le risque pénal, *op. cit.*, p. 51.
1538. C. Cass. crim., 25 juin 1996, Fabien Jean-Jacques.
1539. CA Poitiers, 3 mai 1952, D. 1952, p. 501.
1540. TGI Poitiers, 19 mars 1980, JCP 1980, II. 19049.

aussi qu'un simple intérêt moral suffit à caractériser la prise illégale d'intérêt. Par exemple : la présence du fils d'un élu dans une société attributaire d'un marché public[1541].

II. LE RECOURS DEVANT LES INSTANCES ARBITRALES

Les Codes des marchés publics des États membres de la CEMAC indiquent que les parties aux marchés publics, lorsque les litiges qui les opposent n'ont pas été réglés par le biais des recours préalables peuvent recourir soit aux juridictions, soit aux instances arbitrales. Cela revient à dire que les personnes morales de droit public, parties aux marchés publics, peuvent choisir de régler par l'arbitrage les litiges nés de leurs marchés publics. En d'autres termes, elles peuvent confier le jugement de leur contestation à des particuliers et non à des juges officiels ou étatiques. L'introduction de l'arbitrage, comme mode de règlement des litiges qui naissent des contrats auxquels sont parties des personnes morales de droit public dans les États membres de la CEMAC, constitue, comme le dit Maurice Kamto, une véritable « révolution juridique[1542] ». Il convient, avant de dire un mot sur les instances arbitrales en charge de la mise en œuvre de ce type de règlement juridictionnel, d'évoquer la problématique nouvelle de l'arbitrabilité des marchés publics, en ce qu'elle constitue désormais le principe dans les États membres de la CEMAC.

1. L'arbitrabilité des marchés publics

L'arbitrage a toujours été défini comme le jugement des litiges par des particuliers choisis par d'autres particuliers au moyen d'une convention[1543], tantôt encore comme une convention par laquelle les parties soumettent leur différend au jugement des particuliers qu'elles choisissent[1544] et tantôt enfin comme une institution par laquelle un tiers règle le différend qui oppose deux ou plusieurs parties à travers la mission juridictionnelle que ces dernières lui ont confiée[1545]. Il a pendant longtemps, sous la plupart des cieux[1546], échappé à la sphère publique. Les États membres de la CEMAC n'échappaient pas à

1541. C. Cass. crim., 5 novembre 1998, Bull. crim. N°289 ; C. Cass. crim, 29 septembre 1999, n°5683.
1542. Maurice Kamto, *La participation des personnes morales africaines de droit public à l'arbitrage OHADA*, in OHADA et les perspectives de l'arbitrage en Afrique, Bruylant, Bruxelles, 2000, p. 89 ; P. Fouchard, G. Kenfack Douajni, J. M'Bosso, *Débats : la naissance d'un nouveau droit de l'arbitrage en Afrique représente-t-elle des opportunités de développement ?* in l'arbitrage OHADA, Rev. Camerounaise Arb., numéro spécial, Actes du colloque de Paris sur l'arbitrage OHADA, 2 février 2001, pp. 64 et s. ; Voir également Gaston Kenfack Douajni, L'arbitrage OHADA, PUPPA (Presses de l'université de Pau et des Pays de l'Adour) 2014, p. 17.
1543. Henry Motulsky, *Écrits, études et notes sur l'arbitrage*, Dalloz 1974, p. 5.
1544. Philippe Fouchard, *L'arbitrage commercial international*, Bibliothèque du droit international privé, Dalloz 1965, n°11.
1545. Charles Jarrosson, *La notion d'arbitrage*, Bibliothèque de droit privé, LGDJ 1987, n°785.
1546. Ouvrage collectif sous la direction de David Renders, Pierre Delvolvé et Thierry Tanquerel, *L'arbitrage en droit public*, LGDJ, Bruylant, Bruxelles 2010 ; J. B. Racine, *L'arbitrage commercial international et l'ordre public*, LGDJ, 1999, p. 201 et s. ; P. Level, *L'arbitrabilité*, Rev. Arb., 1992, p. 213 et s.

cette donne[1547]. En effet, comme le note A. Fénéon : « La pratique et la doctrine de ces pays avaient jusqu'alors tout à fait ignoré l'arbitrage, du moins dans l'ordonnancement juridique interne, et en tout état de cause, refusaient, ou tout au moins opposaient une forte réticence à l'insertion de clauses d'arbitrage dans les contrats conclus par les États ou leurs émanations[1548] ».

Depuis l'adhésion desdits États à l'Organisation pour l'harmonisation du droit des affaires en Afrique (OHADA)[1549], la situation a été fondamentalement modifiée. Cette organisation a érigé en principe l'arbitrabilité de tous les contrats, y compris les contrats publics. Ce principe signifie, d'une part, que les personnes morales de droit public ont le droit de compromettre et, d'autre part, ce qui est une conséquence de la première assertion, que les litiges qui peuvent naître de leurs relations contractuelles sont arbitrables.

Le premier type d'arbitrabilité, bien que reconnu et soutenu par certains auteurs[1550], est critiqué par d'autres[1551] qui pensent que la seule arbitrabilité à considérer est celle qui s'attache aux litiges publics, celle relative aux personnes publiques n'étant qu'un abus de langage. Au-delà de cette controverse, on observe que les obstacles ou les réticences à l'arbitrage en droit public tiennent cumulativement ou séparément aussi bien à la qualité de la personne capable de compromettre qu'à la qualité de l'objet du litige lui-même. Le recours à l'arbitrage peut être admis en fonction de l'arbitrabilité subjective ou organique, si la personne publique considérée s'y engage, et être rejeté en fonction de l'inarbitrabilité du litige ou inversement. D. C. Sossa, résumant cette problématique, dit justement que l'arbitrabilité « s'entend de la qualité de ce qui est arbitrable, c'est-à-dire ce qui peut être soumis à l'arbitrage, qu'il s'agisse des parties ou de la matière du litige[1552] ». Il n'est donc pas redondant de les étudier distinctement, même si elles peuvent au fond se confondre. En tout cas, le droit de l'OHADA, qui a cours dans les États membres de la CEMAC, a opté pour la reconnaissance de la dualité de l'arbitrabilité, aussi bien en ce qui concerne le droit des personnes morales de droit public de recourir à l'arbitrage que l'aptitude des litiges publics à être tranchés par voie d'arbitrage.

1547. A. Foko, *La rationalisation du domaine de l'arbitrage*, Penant, vol.124, n°889, p. 431 ; M. Kamto, *La participation des personnes morales de droit public à l'arbitrage*, *op. cit.*, p. 89.

1548. Alain Feneon, *Historique de l'habilitation des personnes de droit public à compromettre dans l'espace OHADA*, Revue camerounaise de l'Arbitrage, numéro spécial, février 2010, p. 105.

1549. L'OHADA est créée par un traité signé à Port-Louis le 17 octobre 1993 et entré en vigueur en 1995. Elle compte seize États : Bénin, Burkina Faso, Cameroun, Centrafrique, Comores, Congo, Côte d'Ivoire, Gabon, Guinée, Guinée-Bissau, Guinée équatoriale, Mali, Niger, Sénégal, Tchad et Togo.

1550. Marie-Noëlle Jobard-Bachellier, *Ordre public international*, Fasc. 534-2, J-CL éd. techniques 1992, p. 14 ; Abdel Moneem Zamzam, *Les lois de police dans la jurisprudence étatique et arbitrale : étude franco-égyptienne*, ANRT Thèse à la carte, 2003, pp. 311 et 312.

1551. Charles Jarrosson, *Arbitrabilité : Présentation méthodologique*, RJ. Com. 1996, n°1, p. 1 ; Jean-Baptiste Racine, *L'arbitrage commercial international et l'ordre public*, *op. cit.*, p. 201 ; Rathvisal Thara, *Ordre public et Arbitrage international en Droit international*, Mémoire, Master 1, Université Lumière Lyon 2, pp. 6 à 9.

1552. D.C. Sossa, *L'extension de l'arbitrabilité objective aux accords de développement économique dans l'espace OHADA*, www.ohad.com, ohadata D-10-50. Du même auteur : *L'aptitude des personnes morales de droit public à compromettre dans l'arbitrage OHADA : les modalités d'une telle option*, www.ohada.com, ohadata D-11_40, p. 1.

A. L'arbitrabilité des personnes morales de droit public dans les marchés publics

Les personnes morales de droit public, en leur qualité de maîtres d'ouvrage ou de titulaires de marchés publics, ont par principe le droit de compromettre dans le cadre des marchés publics. Ce principe a pour conséquence l'abandon des prérogatives de puissance publique[1553] traditionnellement attachées à leur statut, notamment les immunités juridictionnelles.

A.1. Le principe de l'arbitrabilité des personnes morales de droit public

Le principe de l'arbitrabilité des personnes morales de droit public dans les États membres de la CEMAC trouve son fondement dans l'article 2, alinéa 2, de l'Acte uniforme OHADA relatif à l'arbitrage[1554], qui dispose que « [...] les États et les autres collectivités publiques territoriales ainsi que les établissements publics peuvent également être parties à un arbitrage [...] ». Cet article ajoute que les États ne peuvent « invoquer leur propre droit pour contester l'arbitrabilité d'un litige, leur capacité à compromettre ou la validité de la convention d'arbitrage ». Cela revient à dire que les personnes morales de droit public ont la pleine capacité de recourir à l'arbitrage et, en principe, de s'y soumettre dès qu'elles ont pris l'option de résoudre leurs litiges par ce mécanisme. La question qui se pose est celle de savoir si le droit de compromettre est ouvert à l'ensemble des personnes publiques, puisque l'article 2, alinéa 2, de l'Acte uniforme précité en fait une énumération assez restrictive.

La réponse à cette question ne peut être que positive, si l'on considère les raisons essentiellement politiques et économiques[1555] qui ont prévalu à l'adoption et l'affirmation du principe du recours à l'arbitrage dans l'espace OHADA, y compris par les personnes publiques. En effet, les États membres, dans leur quête de développement durable et harmonieux[1556], se sont très vite rendu compte que l'inefficacité des systèmes judiciaires nationaux, n'offrant pas de sécurité juridique et judiciaire, constituait un frein aux investissements[1557], notamment étrangers, dont ils avaient tous besoin. L'arbitrage plus facile à mettre en place et plus équitable, parce que mise en œuvre par les parties, se présentait donc comme la solution idoine[1558], en attendant l'aboutissement du nécessaire projet de réforme des institutions judiciaires. Comme le dit René

1553. Issifou Agbam, *L'arbitrabilité des personnes morales de droit public en droit OHADA*, www.lex.com, 26 juillet 2018, Doctrine juridique.
1554. J.O. OHADA, 15 mai 1999. Un nouvel Acte, relativement de même teneur, a été pris le 23 novembre 2017.
1555. G. Kenfack-Ndouajni, L'arbitrage OHADA, *op. cit.*, p. 17 à 25.
1556. Roland Amoussou-Guenou, *Les investissements étrangers en Afrique et l'arbitrage international*, Rev. camerounaise Arb., n°2, juillet-septembre 1998, p. 7 et s.
1557. Keba-Mbaye, Interview in L'autre Afrique n°11 du 19 décembre 2001.
1558. Phanzu Nianga di Phanzu, *L'arbitrage dans le Code des investissements de l'Afrique noire francophone*, in revue juridique et politique ind. et coop. n°1, janvier-mars 1975, p. 112 et s.

Bourdin : « Tout se passe comme si les auteurs du traité OHADA entendaient demander à l'arbitrage une sorte d'intérim du judiciaire jusqu'à une réforme efficace de celui-ci[1559]. » Face à de tels objectifs, on peut considérer, comme le pensent plusieurs auteurs[1560], même si d'autres[1561] semblent dubitatifs, que l'article 2 de l'Acte uniforme relatif à l'arbitrage pose un principe général qui concerne l'ensemble des personnes publiques.

Les dispositions du droit OHADA relatives à l'arbitrage autorisent toutefois deux observations. D'abord, on peut considérer que ces dispositions s'appliqueront aussi aux États tiers[1562]. En effet, elles peuvent s'appliquer à tout État, même non-membres de l'OHADA, participant à un arbitrage régi par l'Acte uniforme africain, c'est-à-dire à un arbitrage dont le siège du tribunal arbitral est situé dans un État membre de l'OHADA. C'est précisément ce que dit l'article 1er de l'Acte uniforme relatif à l'arbitrage, lorsqu'il indique que cet acte « a vocation à s'appliquer à tout arbitrage lorsque le siège du tribunal arbitral se trouve dans l'un des États-parties ». Ensuite, l'Acte uniforme relatif au droit d'arbitrage n'opère aucune distinction entre l'arbitrage interne et l'arbitrage international. Il semble entendu que les règles qu'il décline couvrent à la fois ces deux notions. Le risque de conflit est donc quasiment nul. Le seul critère qui vaille pour l'application de l'Acte uniforme est le siège du tribunal arbitral qui doit se situer dans l'un des États-parties. Son application sera la même selon qu'il s'agira d'un litige interne ou d'un litige international. Il s'agit là, sans doute, d'une réelle volonté de s'affranchir des procédures arbitrales internationales auxquelles étaient amenés à souscrire les États membres de l'OHADA.

En effet, avant la signature du traité OHADA, ces États acceptaient que les litiges nés de leurs relations internationales fussent soumis à l'arbitrage international[1563]. Ils avaient tous adhéré, sans réserves, à l'exception de la République centrafricaine qui avait souscrit à la réserve de commercialité, à la convention de New York du 10 juin 1958 pour la reconnaissance et l'exécution des sentences arbitrales étrangères. Ces États ont été amenés, sur cette base, à signer avec des partenaires étrangers des conventions d'arbitrage, notamment dans les domaines économique et commercial, se privant ainsi de leur privilège de juridiction. En réalité, ces contrats d'arbitrage leur étaient imposés par les investisseurs étrangers. Ceux-ci estimaient que ces contrats constituaient l'unique garantie de leurs intérêts dans des États où régnait l'insécurité judiciaire. D'aucuns ont même affirmé que ce n'était ni plus ni moins que des conventions d'adhésion auxquels ces États devaient préalablement

1559. René Bourdin, *L'OHADA : Information à ce jour*, Doc. CCI n°420/405 du 30 mars 2000.
1560. P. Fouchard, G. Kenfack-Douajni, J. M'Bosso in *L'arbitrage OHADA, Actes du colloque de Paris du 2 février 2001*, Rev. camerounaise de l'arbitrage, n° spécial, octobre 2001, p. 65-66.
1561. J. Issa-Sayegh, *Réflexions dubitatives sur le droit de l'arbitrage OHADA*, Ibid., p. 25.
1562. Voir G. Pougoue, *Droit de l'arbitrage dans l'espace OHADA*, Yaoundé, Presses Universitaires d'Afrique, 2000, p. 48.
1563. Pour plus de détails, voir Bernard Hanotiau, *L'arbitrabilité*, Académie de droit international de la Haye, 2003, Cours magistral.

souscrire avant de prétendre accéder aux conventions d'investissements dont leur survie dépendait[1564]. Il est clair que l'arbitrage international ne procédait pas d'un élan naturel. Il était au contraire perçu dans ces pays comme une « institution judiciaire étrangère qui leur était imposée[1565] » dont les procédures étaient menées par des arbitres étrangers en dehors de l'Afrique, généralement en Europe ou en Amérique[1566]. C'est sans aucun doute pour réduire l'effet d'imposition et d'extranéité fortement attaché à l'arbitrage international et aussi pour permettre aux élites africaines[1567] de s'approprier ce mode de règlement des différends que des mécanismes particuliers ont été établis au sein de l'OHADA.

Le mouvement consistant à promouvoir l'arbitrage dans le règlement des litiges publics n'est pas propre aux États de la CEMAC. On constate, en effet, que la pénétration de l'arbitrage dans le domaine du droit public connaît un succès considérable dans la plupart des États du monde. « Le recours à l'arbitrage s'est étendu progressivement à l'Amérique du Nord, à l'Afrique et plus récemment à l'Amérique du Sud. L'Asie également rattrape son retard en la matière, à tout le moins dans certains pays tels que la Corée, la Chine ou Singapour où l'arbitrage a connu ces dernières années un développement exponentiel[1568]. »

Il faut noter, ce qui peut paraître paradoxal, qu'en Europe, le continent où ce mouvement a pris son essor, subsistent encore quelques réticences. Il en est ainsi notamment en Belgique[1569] et en France[1570]. La conséquence est que l'arbitrage, tel qu'il est conçu dans ces États, notamment en France qui a pendant longtemps servi de référentiel[1571], se distingue aujourd'hui fondamentalement de l'arbitrage désormais pratiqué dans les États membres de la CEMAC où il a connu une grande évolution. Par exemple, le droit public français a conservé le principe de l'inarbitrabilité interdisant aux personnes publiques de recourir à l'arbitrage[1572] pour régler les différends qui les opposent entre elles ou avec des personnes privées, y compris entre deux personnes privées agissant dans le cadre d'une mission de service public[1573]. Le juge administratif a toujours considéré que le principe de l'interdiction est au

1564.Keba-Mbaye, Cour d'arbitrage CCI, 60ème anniversaire, p. 309.
1565.Keba-Mbaye, Cour d'arbitrage CCI, *op. cit.*, p. 310.
1566. Voir Philippe Leboulanger, *L'arbitrage international nord-sud*, Études offertes à Pierre Bellet, Litec 1991, n°14, 21 et 22, p. 230 et 237.
1567. G. Kenfack-Douajni, *De la nécessité pour les arbitres originaires des pays en développement et en transition de participer à la mondialisation de l'arbitrage*, Revue camerounaise d'arbitrage, n°33, avril-mai-juin 2006, p. 3 et s.
1568. Bernard Hanotiau, *L'arbitrage en droit public* (Ouvrage collectif sous la direction de David Renders, Pierre Delvolte et Thierry Tanquerel), *op. cit.* Préface.
1569. Michel Leroy, *L'arbitrage en droit public* (Ouvrage collectif sous la direction de David Renders, Pierre Delvolte, et Thierry Tanquerel), *op. cit.*, p. 1 et s.
1570. Pierre Delvolve, *L'arbitrage en droit public* (Ouvrage collectif sous la direction de David Renders, Pierre Delvolve, et Thierry Tanquerel), Bruylant 2010, p. 189 et s.
1571. Alain Feneon, *Historique de l'habilitation des personnes de droit public à compromettre dans l'espace OHADA*, préc. ; D.C. Sossa, *L'aptitude des personnes morales à compromettre dans l'espace OHADA : les mobiles d'une telle option*, *op. cit.*, p. 1 et s.
1572. Ching-Lang Lin, *L'arbitrage en matière de contentieux des contrats administratifs*, Thèse de doctorat 30 juin 2014, Institut d'études politiques de Paris, pp. 13 à 43.
1573. CE, Sect., 3 mars 1989, Société des autoroutes de la région Rhône-Alpes, Rec. p. 69.

nombre des principes généraux du droit public[1574], au point d'avoir refusé, déjà à une époque ancienne, de déclarer « valables et obligatoires pour l'État » un compromis d'arbitrage et la sentence qui s'était ensuivie[1575]. Il est resté constant depuis toujours[1576], parfois en suscitant le tollé des spécialistes de l'arbitrage. Ce fut le cas lorsque, répondant à une question préjudicielle posée par la Cour d'appel de Paris, il en a profité pour annuler l'article du décret reconnaissant l'aptitude du président du conseil d'administration d'un établissement public à compromettre en raison de l'absence de dispositions légales l'autorisant, alors même que la loi donnait à cet établissement public le caractère commercial[1577]. Le Conseil constitutionnel a également affirmé le principe de l'interdiction de l'arbitrage par les personnes publiques, en précisant que ce principe était de valeur législative et non constitutionnelle[1578].

Le raisonnement à la base de cette opinion en France, autant qu'il a justifié la séparation de l'administration et des autorités judiciaires, se fonde sur le souci d'éviter que les intérêts des personnes publiques ne soient mal protégés par les arbitres que ne le feraient les juridictions officielles et aussi « d'empêcher qu'elles puissent apparaître comme se défiant de ces juridictions[1579] ». Laferrière écrivait déjà qu'il est de principe « que l'État ne peut pas soumettre ses procès à des arbitrages, tant à raison des conséquences aléatoires de l'arbitrage, que des considérations d'ordre juridique qui veulent que l'État ne soit jugé que par des juridictions instituées par la loi[1580] ». La méfiance « séculaire », puisqu'elle est vivace depuis le XIXe siècle, à l'égard de l'arbitrage public n'est pas près de s'estomper. « L'affaire Tapie[1581] », du nom de la sentence rendue le 11 juillet 2008 par le tribunal arbitral dans le conflit ayant opposé le Crédit Lyonnais à Bernard Tapie, a sans doute, renforcé les réticences de ceux qui se sont toujours opposés à soumettre les intérêts des personnes publiques à l'appréciation des juges occasionnels. Les révélations passablement nébuleuses qui ont entouré cette affaire, toujours en cours, ainsi que les sommes colossales accordées au plaignant au détriment de l'État français, ne pouvaient qu'écorner l'image des processus alternatifs de résolution des conflits, de l'arbitrage en particulier.

1574. CE, avis, 6 mars 1986, EDCE 1987, n°38, p. 178, Grands avis CE, Dalloz, 1997, p. 219.
1575. CE, 23 décembre 1887, Mgr de Dreux-Brézé, évêque de Moulins, Rec., p. 842, concl. Le Vavasseur de Précourt.
1576. CE, 29 octobre 2004, Sueur, Rec., p. 393, concl. Casas ; RFDA 2004, p. 1103, concl. Casas ; AJDA 2004, 2383, chr. Landais et Lenica.
1577. CE, Ass., 13 décembre 1957, Société nationale de vente des surplus, Rec., p. 677 ; D. 1958, p. 517, concl. Gazier, note L'Huillier ; J.C.P. , 1958, II, 10800, note Motulsky ; AJDA, 1958, p. 91, concl. Fournier et Braibant.
1578. CC, n°2004, 506, DC, 2 décembre 2004, Rec., p. 211 ; L.P. A., 20 décembre 2004, note Schott.
1579. René Chapus, *Droit du contentieux administratif*, 7e édition, Montchrestien, p. 219.
1580. *Traité de la juridiction administrative*, t. 1,1887, 2e édition, t.2, 1888, p. 146, réimprimé par LGDJ en 1989.
1581. Voir Le Monde du 10 septembre 2008 « Indemnisation de Bernard Tapie : ce qui s'est passé, ce qui fait débat ». Dans cette affaire les faits étaient les suivants : La Cour d'appel de Paris a condamné le 30 septembre 2005 le Consortium de réalisation (CDR), en sa qualité de gestionnaire du passif du Crédit Lyonnais relativement à la cession d'Adidas, à verser cent trente-cinq millions d'euros aux liquidateurs de l'ex-Groupe Tapie. En 2006, la Cour de cassation, constatant qu'aucune infraction caractérisée n'avait été commise par le Crédit Lyonnais lors de ladite cession, a cassé la décision d'appel et a renvoyé les parties devant la Cour d'appel. Le 26 octobre 2007, le consortium, en dépit de cette décision qui lui était favorable, a accepté de soumettre le litige à un tribunal arbitral. Le 11 juillet 2008, ledit tribunal a accordé des indemnités d'un total de trois cent quatre-vingt-dix millions d'euros, soit près de trois fois le montant accordé par la Cour d'appel en 2005.

L'interdiction des personnes publiques de recourir à l'arbitrage est ainsi, en France, un principe général de droit et qui s'impose comme tel. Ce principe connaît toutefois quelques exceptions. Il est en effet possible que l'interdiction de compromettre, étant un principe de valeur législative[1582], soit dérogée par le législateur lui-même ou par une convention internationale.

L'article L.311-6 du Code de justice administrative prévoit une liste non exhaustive des dérogations légales. On peut en citer notamment deux qui paraissent les plus fréquemment évoquées. La première porte sur la nature des contrats en cause et la deuxième sur la qualité des personnes morales de droit public susceptibles d'être autorisées à compromettre.

La première dérogation légale prise en fonction de la nature des contrats en cause est la plus ancienne. Elle remonte à la loi du 17 avril 1906[1583]. Elle énonce que « l'État, les collectivités locales territoriales ou les établissements publics locaux peuvent, pour la liquidation de leurs dépenses de travaux et de fournitures, recourir à l'arbitrage. » L'ensemble des textes ultérieurs pris en cette matière ont quasiment repris cette disposition, y compris dans la manière de l'exprimer. On peut citer, l'ordonnance du 17 juin 2004 sur les contrats de partenariat, qui a prévu une clause relative « aux conditions dans lesquelles il peut, le cas échéant, être fait recours à l'arbitrage », le Code des marchés publics français de 2006, qui a repris in extenso, à son article 128, les termes de la loi de 1906, et très récemment l'ordonnance n°2015-899 du 23 juillet 2015 sur la réforme des marchés publics. Cette dernière ordonnance, entrée en vigueur le 1er avril 2016 par la prise des textes d'application, a eu pour effet de transposer les directives n°2014/24/UE et 2014/25/UE relatives, respectivement, aux marchés publics et aux marchés des entités opérant dans les secteurs de l'eau, de l'énergie, des transports et des services postaux. Tous ces textes insistent toutefois sur le caractère exceptionnel du recours à l'arbitrage par les personnes publiques et veillent à ce que celui-ci soit encadré et autorisé par les organes hiérarchiques ou de tutelle compétents. Ainsi, pour l'État, le recours à l'arbitrage doit être autorisé par décret pris sur rapport du ministre concerné et du ministre chargé de l'économie ; pour les collectivités territoriales, il doit faire l'objet d'une délibération de l'organe compétent et approuvé par le ministre de l'Intérieur et pour les communes, par une délibération du conseil municipal et approuvé par le préfet.

La deuxième dérogation légale tient de la loi du 9 juillet 1975[1584] qui prévoit que certaines personnes publiques peuvent être autorisées par décret à compromettre. Cette dérogation, il faut le souligner, profite plus aux établissements publics à caractère industriel et commercial qu'à l'État, lui-même, ou aux collectivités territoriales et aux établissements publics à caractère administratif. On peut considérer que leur posture, plus en prise avec

1582. CC, n°2004, 506, DC, 2 décembre 2004, Rec., p. 211 ; L.P. A., 20 décembre 2004, note Schott.
1583. Catherine Bergeal et Frédéric Lenica, *Le contentieux des marchés publics*, *op. cit.*, p. 348.
1584. L'arbitrage des contrats administratifs, www.cours-de-droit.net.

le monde économique dans lequel ils évoluent comme des particuliers, favorise le choix de l'arbitrage dans le règlement de leurs différends.

On note, en effet, une prolifération d'exceptions qui peuvent laisser supposer une tendance à l'évolution du principe de l'inarbitrabilité des matières publiques, sinon à son atténuation[1585]. Pierre Delvolvé note, à cet effet, que « l'arbitrage en droit public français est en pleine évolution, pour ne pas dire en pleine ébullition[1586]. » L'intérêt de recourir à l'arbitrage en faveur des personnes publiques, notamment pour certaines d'entre elles, on l'a vu, est réel en droit public français. De nombreuses solutions tendant à reconnaître un statut cohérent de l'arbitrage en matière publique sont préconisées. On peut citer, par exemple, les suggestions faites en 1993 par le Conseil d'État en vue de régler autrement les différends que devant les tribunaux[1587], ou les propositions sur l'arbitrage en droit public présentées en 2007 par le groupe de travail présidé par Labetoulle qui a fortement conseillé l'établissement d'un statut de l'arbitrage en droit administratif[1588]. Ces propositions ont fait l'objet d'un rapport, assorti du texte d'un avant-projet de loi, déposé depuis le 27 mars 2007 sur le bureau du garde des Sceaux[1589]. Malheureusement, des doutes sérieux persistent sur l'aboutissement de cette réflexion[1590]. Le gouvernement, lui-même, a sollicité du Parlement, en 2007, une ordonnance l'habilitant à prendre, entre autres, des mesures relatives à l'arbitrage pour les personnes morales de droit public. Mais la disposition relative à l'arbitrage a été censurée par le Conseil constitutionnel, pour inadéquation avec les autres dispositions de l'ordonnance sollicitée[1591]. Tous ces tâtonnements montrent que le principe de l'interdiction de l'arbitrage public en droit interne français est encore loin de s'inverser.

En revanche, si l'arbitrage public est interdit en droit interne, il ne l'est pas en droit international. La France, conformément aux règles du droit international, a depuis fort longtemps admis la possibilité de résoudre par l'arbitrage les différends entre les États ou entre les États et les organisations internationales, voire entre les organisations internationales[1592]. Cette possibilité s'étend aujourd'hui au contentieux trans-étatique, c'est-à-dire entre les États et les investisseurs étrangers[1593]. Les intérêts du commerce international justifient, semble-t-il, cette posture.

1585. David Renders, Pierre Delvolvé et Thierry Tanquere, *L'arbitrage en droit public*, Bruylant 2010, pp. 189 et s. ; A. Patrikos, *L'arbitrage en matière administrative*, L.G.D.J., 1997 ; S. Braconnier, *Arbitrage et contrats publics d'affaires*, Mélanges Guibal, 2006, p. 319 ; C. Jarrosson, *L'arbitrage en droit public*, AJDA 1997, p. 16.

1586. Pierre Delvolvé, *L'arbitrage en droit public français*, in L'arbitrage en droit public, Bruylant Bruxelles 2010, p. 189.

1587. *Régler autrement les conflits. Conciliation, transaction, arbitrage en matière administrative*, La documentation française, 1993.

1588. D. Labetoulle, *Pour un statut de l'arbitrage en droit administratif*, Mélanges Lachaume, Dalloz 2007, p. 667.

1589. Voir le document in Bulletin juridique des contrats, avec une présentation de P. Terneyre ; également in Revue de l'arbitrage 2007, p. 651 ; Voir également A. Courrèges et C. Verot, *L'arbitrage des litiges intéressant les personnes publiques : quelques éclairages sur un rapport remis au garde des Sceaux*, RFDA 2007, p. 489.

1590. J.L. Delvolvé, *Une véritable révolution... inaboutie*, Remarques sur le projet de réforme de l'arbitrage en matière administrative, in Rev. Arbitrage 2007, p. 373.

1591. CC, n°2007-552 DC, 1er mars 2007, Rec., p. 90.

1592. Voir à ce sujet, C. Santulli, *Droit du contentieux international*, V°Arbitrage ; Répertoire Dalloz de Droit international, voir arbitrage G. Teboul, *Arbitrage international et personnes morales de droit public*, AJDA 1997, p. 25.

1593. Voir David Renders, Pierre Delvolvé et Thierry Tanquerel, *L'arbitrage en droit public*, *op. cit.*, p. 190. ; Arnaud de

La jurisprudence française a, à maintes reprises, reconnu l'aptitude des personnes morales de droit public à compromettre en matière internationale. La Cour de cassation a écarté la prohibition, qui est de mise en droit interne, dans « un contrat international [...] passé pour les besoins et dans les conditions conformes aux usages du commerce international[1594]. » Elle a affiné cette position dans l'affaire « Galakis », en indiquant que la prohibition de compromettre affectant les personnes morales de droit public en droit interne n'est pas admise en droit international[1595]. Dans cette lignée, la Cour d'appel de Paris a décidé, dans l'affaire « NIOC c/GATOIL », que « l'ordre public international interdit à la NIOC (National Iranian Oil Company) de se prévaloir des dispositions restrictives de son droit national pour se soustraire a posteriori à l'arbitrage convenu par les parties » et qu'en revanche, « GATOIL ne peut pas fonder sa contestation de la capacité et des pouvoirs de NIOC sur les dispositions du droit interne iranien alors que l'ordre public international n'est pas intéressé par les conditions fixées en ce domaine dans l'ordre interne[1596] ». La Cour d'appel de Paris a consolidé cette jurisprudence, en énonçant que « la prohibition pour un État de compromettre est limitée aux contrats d'ordre interne et n'est pas d'ordre public international [...] et que pour valider la clause compromissoire incluse dans un marché, il suffit de constater l'existence d'un contrat international passé pour les besoins et dans les conditions conformes aux usages du commerce international[1597]. »

A.2. La renonciation aux immunités juridictionnelles

Le recours à l'arbitrage suppose, pour les personnes morales de droit public, l'abandon des immunités juridictionnelles attachées à leur statut parce qu'elles décident de ce fait de se comporter comme des personnes privées devant être jugées par des juges privés. Ces immunités juridictionnelles sont généralement l'immunité de juridiction et l'immunité d'exécution forcée.

A.2.1. La renonciation à l'immunité de juridiction

Le principe de l'immunité de juridiction revêt deux sens. D'une part, il signifie qu'un État ne peut être soumis à la juridiction d'un État étranger. Cette immunité ne bénéficie par principe qu'aux États[1598], mais elle peut s'étendre à toutes les personnes publiques agissant dans le cadre d'actes de puissance publique ou d'une mission de service public[1599], sauf dans le cadre des actes

---

Nanteuil (Sous la direction scientifique), *L'accès de l'investisseur à la justice arbitrale*, Éditions A. Pedone, Paris 2013, somm.

1594. Cass. Civ. 14 avril 1964, San Carlo, JCP II. 14406, note P. Level ; JDI 1965, 646, note B. Goldman.

1595. Cass. Civ., 2 mai 1966, Galakis, D. 1966, p. 575, note J. Robert.

1596. CA Paris, 17 décembre 1991, Rev. Arb. 1993, p. 281, note H. Synvet.

1597. CA Paris, 24 février 1994, Société BEC, Rev. Arb. 1995, p. 227, note Gaudemet.

1598. TGI de Paris, 15 janvier 1969, Neger c/gouvernement du Land de Hesse.

1599. Cour de cassation, 19 février 1929, URSS c/Association France export ; C.C. Civ. 1re, 25 février 1969, Société Levant express Transport c/Chemins de fer du gouvernement iranien.

de gestion[1600]. Elle peut aussi profiter à des entités autres que les instances gouvernementales ou administratives agissant pour le compte d'un État étranger[1601]. Les règles prohibant la soumission des personnes publiques à la justice étrangère relèvent par essence du droit international, principalement des règles d'origine coutumière[1602] et, exceptionnellement, d'origine conventionnelle. On peut, par exemple, citer, dans cette dernière hypothèse, la convention des Nations unies sur les immunités juridictionnelles des États et de leurs biens[1603], signée à New York, en décembre 2004. Le principe de l'immunité de juridiction des personnes publiques, il faut le noter, n'a quasiment jamais été établi par des textes législatifs ou, encore moins, par des textes réglementaires. En France, par exemple, seule la jurisprudence s'y est essayée en précisant, au fond, l'application des règles internationales en la matière. La Cour de cassation a ainsi estimé qu'un « gouvernement ne peut être soumis, pour les engagements qu'il contracte, à la juridiction d'un État étranger[1604]. » Le Conseil d'État a ajouté que cette immunité ne pouvait être invoquée par un État que devant un tribunal étranger[1605]. En résumé, le principe de l'immunité de juridiction a pour vocation de participer, par sa nature ou sa finalité, à l'expression ou à l'exercice de la souveraineté des États ou de leurs émanations vis-à-vis des puissances étrangères.

Ce type d'immunité ne peut être évoqué dans le cadre de l'arbitrage des litiges des marchés publics des États membres de la CEMAC, lorsque l'arbitrage est mis en œuvre sous l'égide du droit de l'OHADA. En effet, le droit OHADA, étant un droit communautaire, relève plutôt, à quelques égards près, du droit interne[1606]. Le recours à l'arbitrage OHADA par les personnes publiques relevant de ces États ne peut donc être considéré comme la soumission de leurs litiges à un arbitrage étranger ou international. Au contraire, l'un des objectifs fondamentaux du traité de l'OHADA, affirmé tant dans son préambule que dans son corps, est d'endiguer la propension à l'arbitrage international dans l'espace OHADA, en raison de l'internationalisation sans cesse croissante des échanges économiques, financiers et commerciaux avec les États non-membres de l'OHADA, notamment les États occidentaux. Comme le dit si justement Jacqueline Lohoues-Oble : « L'institution de l'arbitrage par l'OHADA a pour objet de lutter contre le monopole actuel qui voit la plupart des procédures d'arbitrage se dérouler en Europe ou en Amérique, même lorsque les litiges

1600. Cour de cass., Chambre mixte, 20 juin 2003, n°00-45629 et n°00-45630.
1601. Cour de cassation, Civ. 1re, 19 mai 1976, AvichaBlagojeic c/Banque du Japon, n°74-11424.
1602. Voir préambule de la convention des Nations unies sur les immunités juridictionnelles des États et de leurs biens.
1603. DOC/A/59/508. Cette convention signée à ce jour (selon l'état fait le 1er décembre 2015) par vingt-huit États et ratifiée par dix-neuf États n'est pas encore entrée en vigueur, conformément à son article 30, alinéa 1, qui dispose que « La présente convention entrera en vigueur le trentième jour suivant la date de dépôt du trentième instrument de ratification, d'acceptation, d'approbation ou d'adhésion auprès du Secrétaire général de l'Organisation des Nations unies. » La République du Congo ne l'a encore ni signée ni ratifiée.
1604. Cour de cass., 22 janvier 1849, gouvernement espagnol, DP 1848-1, p. 5.
1605. CE, Ass., 15 octobre 1993, Royaume-Uni c/ministère des Affaires étrangères, n°142578.
1606. Voir Laurent Tengo, *Droit communautaire général de la CEMAC*, *op. cit.*

opposent un État africain à une entreprise étrangère au continent et qu'elles sont relatives à l'exécution d'un contrat soumis au droit dudit État[1607]. »

L'autre sens de l'immunité de juridiction est celui qui interdit que les personnes publiques soumettent leurs litiges à des juges non étatiques et occasionnels ou à des modes alternatifs de règlement des différends, notamment l'arbitrage. En effet, les personnes publiques respectueuses de l'ordre juridictionnel doivent être soumises, par principe, à des juges légalement institués, particulièrement au juge administratif, dont la création trouve sa source dans ce principe[1608]. Cette position, justifiée par des arguments doctrinaux liés à la notion même d'ordre public ou à un principe général de droit[1609], consacre la règle de la non-soumission des personnes publiques à des juridictions de droit commun.

Le traité de l'OHADA, et notamment l'Acte uniforme sur l'arbitrage, a profondément modifié la donne. Les États membres de l'OHADA, donc les États membres de la CEMAC, après avoir pendant longtemps requis l'interdiction aux personnes morales de droit public de recourir à l'arbitrage, sont désormais encouragés, ainsi que les autres personnes morales de droit public, à promouvoir l'arbitrage pour régler les litiges qui ressortent de leurs relations contractuelles. Les États membres de la CEMAC, en retenant désormais comme principe la possibilité pour les personnes morales de droit public de recourir à l'arbitrage, renoncent à une philosophie, sinon à une idéologie, celle qui, jusque-là, a toujours marqué la césure entre la puissance publique et les particuliers[1610]. Certains auteurs ont, à juste titre, considéré que « de toutes les réalisations de l'Organisation pour l'harmonisation en Afrique du droit des affaires (OHADA), celles qui portent sur l'arbitrage sont, à coup sûr, les plus originales et les plus audacieuses[1611] ». Il convient de noter toutefois que la renonciation par les personnes publiques aux privilèges et aux prérogatives qu'elles tirent de leur immunité de juridiction n'est pas une démarche propre aux États membres de l'OHADA. On observe, par exemple, qu'en France lorsque l'État décide de recourir à l'arbitrage, et donc de se comporter comme une personne privée, il ne peut invoquer l'immunité de juridiction. Tel est le cas en lorsqu'il signe un contrat assorti d'une clause compromissoire[1612] ou lorsqu'il accomplit simplement un acte de gestion relevant de ses engagements internationaux[1613].

1607. Commentaires du traité de l'OHADA, in OHADA, Traité et actes uniformes commentés et annotés, 2e éd., Juriscope, 2002, p. 48.
1608. Voir René Chapus, *Droit du contentieux administratif*, 7e édition, Montchrestien, Paris 1998, p. 35 et s.
1609. A. Patriakos, *L'arbitrage en matière administrative*, Paris, LGDJ 1997, pp. 27 et s.
1610. J. Chevalier, *Le droit administratif, droit de privilèges ?* Pouvoirs 1998, n°46, p. 57 ; F. Moderne, *Recherches sur la puissance publique et ses prérogatives*, Thèse de doctorat, Bordeau 1960.
1611. Fouchard, *L'arbitrage dans l'OHADA*, in International Law Forum, 2001, p. 180.
1612. Cour de cass., Civ., 18 novembre 1986, Société européenne d'études et d'entreprises, n°85-10912 ; n°85-12112.
1613. Cour de cass. Civ., 1re, 11 février 1997, M. Saignie c/Ambassade du Japon, n°94-41871.

A.2.2. La renonciation à l'immunité d'exécution forcée

La théorie générale du droit des obligations[1614] considère que la partie dont la sentence arbitrale a reconnu le droit ou la créance, à défaut d'une exécution volontaire de la partie qui a succombé, peut contraindre, ainsi que le prévoit l'article 28 de l'Acte uniforme de L'OHADA portant organisation des procédures simplifiées de recouvrement et des voies d'exécution[1615], celle-ci « à exécuter ses obligations à son égard ou pratiquer une mesure conservatoire pour assurer la sauvegarde de ses droits. Sauf s'il s'agit d'une créance hypothécaire ou privilégiée, l'exécution est poursuivie en premier lieu, sur les biens meubles et, en cas d'insuffisance de ceux-ci, sur les immeubles ». En effet, l'arbitrage, pour ne parler que de ce mode de règlement, n'est pas un simple arrangement contractuel. La sentence qui en découle est un jugement[1616] au même titre qu'un jugement rendu par un tribunal étatique et elle dispose, ainsi que l'affirme l'article 23 de l'Acte uniforme de l'OHADA sur l'arbitrage, de l'autorité de la chose jugée et de la force obligatoire. La question est de savoir si les personnes morales de droit public sont assujetties au principe de l'exécution forcée ou si elles peuvent renoncer à leur immunité, puisque tel est le principe.

La réponse à cette question, contrairement à l'immunité de juridiction, est très complexe. De prime abord, on peut être amené à répondre par la négative. L'article 30, alinéa 1, de l'Acte uniforme OHADA portant organisation des procédures simplifiées de recouvrement et des voies d'exécution prévoit que « l'exécution forcée et les mesures conservatoires ne sont pas applicables aux personnes qui bénéficient d'une immunité d'exécution ». Tel est le cas également en France, en vertu de l'article 1er de la loi française du 9 juillet 1991. La jurisprudence a toujours soutenu cette opinion[1617]. Or, les personnes pouvant bénéficier d'une telle immunité sont les personnes morales de droit public, d'où la question de savoir, puisque les bénéficiaires ne sont pas énoncés, si ce privilège profite à l'ensemble des personnes morales de droit public ou s'il est limité à certaines d'entre elles.

D'emblée, il faut souligner que la question ne se pose pas pour l'État, car dans sa conception primaire, l'immunité d'exécution forcée est un privilège essentiellement étatique. Il « soustrait tout État, national ou étranger, à une voie d'exécution sur ses biens lorsqu'un tribunal, national ou étranger a reconnu un droit à son encontre au profit d'une partie[1618] ». En réalité, la question ne se pose pas pour les autres personnes morales de droit public, notamment en

---

1614. P. Therry, *Saisissabilité et limites*, in Actes du colloque du 9 juillet 2001 sur le 10e anniversaire de la loi du 9 juillet 1991 sur la réforme des procédures civiles d'exécution, Paris, Éditions Juridiques et Techniques, 2002, p. 61-69.
1615. J.O. OHADA n° 6, 01/06/98.
1616. CE, 21 avril 1943, Société des ateliers de construction du nord de la France, Rec. p. 107 ; CE, Ass., 4 janvier 1957, Lamborot, Rec. p. 12.
1617. Voir par exemple, en droit français, Cour de cass., 1re Civ., 18 novembre 1986, Rev. crit. DIP 1987, note P. Mayer ; en droit anglais, State immunity Act 1978, s.9.
1618. Filiga Michel Sawadogo, *L'immunité d'exécution des personnes morales de droit public dans l'espace OHADA*, Revue camerounaise de l'arbitrage, Actes du colloque des 14 et 15 janvier 2008.

droit OHADA. La jurisprudence de la CCJA[1619] a reconnu le caractère général de l'immunité d'exécution qui profite à toutes les personnes morales de droit public. On considère, en droit OHADA, ainsi que dans nombre de systèmes juridiques, que si la conclusion d'une convention d'arbitrage par les personnes publiques vaut automatiquement renonciation à leur immunité de juridiction, ainsi qu'on l'a vu dans le paragraphe précédent, une telle conséquence est proscrite pour ce qui concerne l'immunité d'exécution forcée. Les raisons sont sans doute à rechercher dans les conséquences que comportent ces différentes immunités. La renonciation à l'immunité de juridiction, bien qu'entraînant l'affaiblissement de la souveraineté, n'a pour conséquence que le prononcé d'une décision juridictionnelle à l'égard de l'État par un juge étranger ou par un juge non-étatique, alors que la renonciation à l'immunité d'exécution forcée a des conséquences graves. Elle peut, par exemple, ouvrir la voie à des saisies des biens des personnes publiques par la force. Il est donc compréhensible, face à une question dont la charge idéologique et philosophique est très forte, que la discussion attise les passions et donne des conclusions divergentes.

Les rédacteurs des textes de l'OHADA, conscients des conséquences désastreuses sur le système de l'arbitrage, notamment son affaiblissement, que pouvait avoir le principe de l'interdiction de renoncer à l'immunité d'exécution forcée pour les personnes publiques, ont mis en place un système de compensation. L'article 30, alinéa 2, de l'Acte uniforme sur le recouvrement prévoit, à cet effet, que « les dettes certaines, liquides et exigibles des personnes morales de droit public ou des entreprises publiques, quelles qu'en soient la forme et la mission, donnent lieu à compensation avec les dettes également certaines et exigibles dont quiconque sera tenu envers elles, sous réserve de réciprocité. » Ce système est sans doute efficace, mais « son application posera des problèmes, notamment quant à la forme que devra revêtir la reconnaissance de ces dettes par les personnes morales[1620] ». Au-delà de cette difficulté particulière, l'affirmation, de manière absolue, du principe de l'immunité d'exécution forcée des personnes morales de droit public, telle que préconisée par le droit OHADA, peut, de manière générale, mettre en péril les objectifs même de l'OHADA, notamment ceux de la sécurité juridique des investissements[1621], de l'affermissement du climat des affaires et du développement des États membres. Dans ces conditions, si les personnes publiques doivent se soustraire à l'exécution forcée des sentences arbitrales, l'on peut se poser la question sur l'efficacité de l'arbitrage dont les avantages présumés, susceptibles de remédier à la faiblesse du système judiciaire, ont été à l'origine de son application aux personnes publiques. La compensation, qui

1619. CCJA, 7 juillet 2005, arrêt n°043/2005, aff. Aziablévi Yovo et consorts c/Sté Togo Télécom, in Recueil de jurisprudence de la CCJA, n°6, juillet-décembre 2005, p. 25-29.
1620. Anne-Marie Assi-Esso, *Commentaires sur l'article 30 de l'Acte uniforme portant organisation des procédures simplifiées de recouvrement et des voies d'exécution*, J.O OHADA, n°6, 1er janvier 1998, p. 714.
1621. A Laborgne, Rapport introductif, Acte du Colloque sur « Les obstacles à l'exécution forcée : permanence et évolutions », Paris, Éd. Juridiques et Techniques, 2009, n°4, p. 5. ; Brenner Cl., Voies d'exécution, Paris, Dalloz, 5e éd., 2009, n°59, p. 33.

d'ailleurs ne peut s'analyser que comme un tempérament au principe de cette immunité, ainsi que l'indique la CCJA[1622], ne suffira sans doute pas à favoriser la promotion de l'arbitrage OHADA en visant son efficacité, et donc son attrait.

Le débat est sans doute loin d'être clos. En dépit de la légalité et de la légitimité de l'opinion qui consacre l'intangibilité de l'immunité d'exécution forcée en faveur des personnes morales de droit public, une réflexion profonde mérite d'être menée aux fins d'expurger de l'édifice juridique OHADA les aspérités qui peuvent le fragiliser, en l'occurrence l'application dans toute sa rigueur de l'immunité d'exécution forcée des personnes morales de droit public. Certains auteurs d'Afrique francophone en font déjà le plaidoyer. Sourou Tinê Abdel-Kader Fadaz[1623] estime que le principe de « la renonciation au privilège d'immunité d'exécution en cas de stipulation d'une convention d'arbitrage repose sur l'idée selon laquelle l'immunité d'exécution étant la conséquence logique de l'immunité de juridiction, la renonciation à la première induit celle de la seconde. » Pour cet auteur, l'indissociabilité entre les deux principes est d'une cohérence imparable : « On ne saurait en effet concevoir qu'un État accepte de se soumettre à la justice pour ensuite en renier les conséquences. » Ulrich Armel Ibono[1624] conforte ce point de vue en disant que « d'un point de vue assez répandu l'on s'accorde à dire que l'acceptation, par les personnes publiques, du règlement arbitral de certains litiges dont elles sont parties prenantes vaut, de façon présomptive, renonciation à l'immunité d'exécution prévue par l'Acte uniforme sur les procédures simplifiées de recouvrement et voies d'exécution. » G. Kenfack-Douajni[1625] pense, lui aussi, que « la renonciation à l'immunité de juridiction vaut, sauf clause contraire, renonciation à l'immunité d'exécution. » Cependant, celle-ci ne saurait se présumer. Elle « doit résulter d'un engagement non-équivoque tant de l'État concerné que des autres entités qui sont habilitées à exercer les prérogatives de puissance publique ».

Les États membres de l'OHADA, eux-mêmes, devraient aussi favoriser, en interne, l'éclosion d'un environnement juridique qui prendrait en compte cette problématique. On sait que les personnes publiques, notamment l'État, peuvent renoncer à leur immunité d'exécution, soit parce qu'elle leur sert de protection, soit parce que cette immunité heurte certaines normes considérées comme fondamentales de protection des droits de l'Homme[1626]. Il est donc possible que les États membres de l'OHADA, en vertu des objectifs fondamentaux de cette organisation, envisagent une telle démarche. L'exemple du Tchad est encourageant, de ce point de vue. La loi tchadienne de 1998 prévoit, en

---

1622. CCJA, 7 juillet 2005, arrêt n°043/2005, aff. Aziablévi Yovo et consorts c/Sté Togo Télécom, in Recueil de jurisprudence de la CCJA, n°6, juillet-décembre 2005, p. 25-29.

1623. SourouTinê Abdel-Kader Fadaz, *Le régime de l'arbitrage commercial international*, mémoire DESS Droit des Affaires et Fiscalité, Université de Lomé (TOGO), 2008, 2e partie, Chapitre 2, §2, point A.

1624. *L'immunité d'exécution des personnes morales de droit public à l'épreuve de la pratique en droit OHADA*, Rev. de l'ERSUMA, Droit des affaires - Pratiques professionnelle, n°3, Septembre 2013, Doctrine, p. 7.

1625. *L'exécution forcée contre les personnes morales de droit public dans l'espace OHADA*, Revue camerounaise de l'Arbitrage n°18, juillet-août-septembre 2002, II, point B.

1626. Désiré-Casimir Kolongele Eberande, *Immunité d'exécution, obstacle à l'exécution forcée en droit OHADA contre les entreprises et personnes publiques ?* p. 14 et s., www.ohada.com.

effet, que « lorsque l'administration est condamnée au paiement d'une somme déterminée, elle est tenue de procéder à son mandatement dans les quatre mois qui suivent la date où l'arrêt est devenu définitif. Dans le cas contraire, le comptable concerné, au vu de la grosse de l'arrêt, en assure l'exécution forcée. »

On observe également cette tendance en France, où pourtant le principe est à l'interdiction de l'arbitrage public, sauf exceptions légales et conventionnelles. On peut, par exemple, citer la loi du 16 juillet 1980, même si elle ne concerne pas particulièrement l'arbitrage, qui permet le prononcé d'une astreinte contre toute administration ou établissement public qui n'exécute pas une décision rendue à son encontre par une juridiction administrative et la loi du 8 février 1995 qui accorde au juge administratif un pouvoir général d'injonction qu'il peut assortir d'une astreinte[1627].

La jurisprudence française, elle-même, après avoir pendant un moment rejeté le syllogisme : « renonciation de l'immunité de juridiction vaut renonciation de l'immunité d'exécution forcée », a fini par l'admettre. En effet, dans un premier temps, il n'a pas reconnu cette automaticité dans l'affaire « Société européenne d'études et d'entreprises S.A. c/État yougoslave ». En réponse aux sollicitudes de cette société qui voulait obtenir en France l'exécution de la sentence arbitrale rendue en sa faveur dans cette affaire, le tribunal de grande instance de Paris a estimé que la renonciation de la Yougoslavie à son immunité de juridiction du fait de son acceptation de l'arbitrage pour le règlement de ce différend n'entraînait pas automatiquement un abandon par cet État de son immunité d'exécution[1628]. Cette jurisprudence a bien évidemment suscité de vives réactions. Jean Flavien Lalive, par exemple, s'est insurgé contre la survivance de l'immunité d'exécution forcée dans les relations commerciales et économiques. Tout justiciable, disait-il, « devrait avoir le droit de soumettre une réclamation ou un litige, même contre un État, à une juridiction neutre et impartiale. Il faut ensuite qu'il soit en mesure d'obtenir l'exécution de la décision prise. Ces principes devraient prévaloir en tout cas lorsqu'il y a (une) clause arbitrale, et dans le domaine du commerce international[1629] ». Il fut sans doute entendu car la jurisprudence déniant l'automaticité entre arbitrage et renonciation de l'immunité d'exécution fut abandonnée.

Le juge de cassation français a véritablement imposé son empreinte dans ce revirement. Dans une affaire opposant Norbert Beyrard France à la République de Côte d'Ivoire, la Cour de cassation a soutenu que « le recours à l'arbitrage selon le règlement de la CCI implique de la part de l'État qui a accepté de s'y soumettre, engagement d'exécuter la sentence conformément à ce règlement[1630]. » La Cour d'Appel de Rouen a emboîté le pas en jugeant dans

---

1627. Voir E. Picard, note, *La loi du 8 février 1995, aspects administratifs*, JCP 1995. I.3840.
1628. Voir Jean Flavien Lalive, *Quelques observations sur l'immunité d'exécution des États et l'arbitrage international*, Kluwer Academic Publishers, 1989, p. 381, note 22.
1629. *Op. cit.*, p. 380.
1630. 9 juillet 1992, Rev. Arb. 1994. 133, note P. Théry.

ce sens dans une affaire « Société Bec Frères c/Office des céréales de Tunisie ». Elle a jugé, qu'« en souscrivant à des clauses compromissoires sans lesquelles, à l'évidence, les marchés n'auraient pas été conclus puis en s'y soumettant, l'État tunisien a ainsi accepté les règles du droit commun du commerce international ; qu'il a, par là même, renoncé à son immunité de juridiction et, les conventions devant s'exécuter de bonne foi, à son immunité d'exécution[1631]. »

La Cour de cassation a été encore plus claire en juillet 2000. Elle a indiqué dans l'affaire « État du Qatar c/Société Creighton » que « l'engagement pris par l'État signataire de la clause d'arbitrage d'exécuter la sentence dans les termes de l'article 24 du Règlement d'arbitrage de la Chambre de commerce internationale impliquait renonciation de cet État à l'immunité d'exécution[1632]. » Au fond, c'est l'interprétation qu'en a faite la Cour de cassation de l'article 24 du Règlement d'arbitrage de la Chambre de commerce internationale, devenu article 28 depuis le 1er janvier 1998, dans cet arrêt[1633] qui a semblé clore le débat en droit français. Cet article dispose que « par la soumission de leur différend au présent règlement, les parties s'engagent à exécuter sans délai la sentence à venir. » La Cour de cassation a effectivement dégagé de cet article une sorte de renonciation implicite de l'immunité d'exécution forcée de l'État dès l'instant où celui-ci s'engage dans une procédure d'arbitrage.

De nombreux auteurs ont soutenu ce point de vue qui trouve sa source dans un raisonnement déductif ou présomptif. Par exemple, Philippe Thery s'est demandé si l'heure du requiem de l'immunité d'exécution forcée n'était pas arrivée[1634]. J. Moury s'en est fortement réjoui[1635]. D'autres auteurs ont cependant réservé un accueil contrasté à cette jurisprudence. Tel semble être le cas d'E. Loquin[1636]. Car en général ce genre d'engagement, ajoute Dominique Carreau[1637], est matérialisé par les clauses compromissoires incluses dans les contrats ou les transactions commerciales ou économiques. Cette dernière conception est effectivement celle que la jurisprudence anglaise a retenue, divergeant ainsi avec la jurisprudence française. La décision « Orascom Telecom Holding de 2008 c/ République du Tchad[1638] » en donne un éclairage éloquent. Dans cette décision, à la question de savoir si l'État tchadien a pu implicitement renoncer à son immunité d'exécution du fait de son engagement d'exécuter la sentence dans les termes du Règlement d'arbitrage de la Chambre de commerce international, le juge anglais a répondu qu'une renonciation générale par l'État à son immunité d'exécution n'est possible que si elle est exprimée par écrit. Il est clairement entendu par-là que le juge anglais ne retient

---

1631. 20 juin 1996, Rev. Arb. , 1997. 263, note Emmanuel Gaillard.
1632. Cour de cass. Civ. 1re, 6 juillet 2000, Dalloz 2000, p. 209, chron. J. Moury.
1633. Préc.
1634. Voir Philippe Thery, *Feue l'immunité d'exécution ?* in GP 2001 n°163, p. 18.
1635. J. Moury, *L'incidence de la stipulation d'une clause compromissoire sur l'immunité d'exécution de l'État étranger*, Dalloz 2001, p. 2139.
1636. E. Loquin, *Immunité d'exécution*, RTD Com. 2001, p. 409.
1637. Dominique Carreau, *Droit international*, Pedone 1997, 5e édition, p. 363, n°927.
1638. Chambre commerciale de la Queen's Bench Division, 28 juillet 2008, Orascom Telecom Holding SAE c/République du Tchad, 1 All E.R. 2009, Comm.315.

pas l'hypothèse de la renonciation implicite de l'immunité d'exécution ainsi que l'a admis le juge français. C'est là une limite importante, au regard du droit anglais, du champ d'application de la théorie de la renonciation à l'immunité d'exécution des personnes publiques.

L'ensemble des auteurs précités ainsi que les systèmes juridiques français et anglais considèrent que le champ d'application de la renonciation à l'immunité d'exécution est limité aux biens à usage commercial et économique. Les biens des personnes publiques destinés à une activité de service public et relevant des prérogatives de puissance publique ne peuvent faire l'objet de renonciation. Seule une renonciation expresse pourra permettre des mesures d'exécution forcée sur ceux-ci. La précision a été notamment apportée par la Cour de Cassation française dans l'arrêt « Société Eurodif c/République islamique d'Iran[1639] ». Elle a considéré que la renonciation à l'immunité d'exécution ne s'appliquait qu'à l'égard des « biens affectés à une activité commerciale et économique relevant du droit privé qui donnent lieu à la demande en justice ». Le juge français est très attentif à cette distinction, au point de privilégier les intérêts de l'État en cas de doute. Il refuse d'écarter l'immunité d'exécution lorsqu'aucune « ventilation n'est immédiatement possible entre les fonds affectés à une activité de souveraineté ou de service public et ceux provenant d'une simple activité économique ou commerciale de droit privé[1640] ». Le juge anglais a également jugé que les biens de l'État dédiés à un usage commercial échappent au domaine de l'immunité d'exécution[1641], mais il a rejeté l'argument fondé sur la nécessaire ventilation des biens ou la difficulté d'y parvenir en raison de l'indivisibilité de ceux-ci au motif que l'usage auquel ils sont affectés est souvent unique. Il n'est point besoin de le décortiquer pour savoir quelle est la partie susceptible d'emporter ou non renonciation à l'immunité d'exécution. Le juge doit pouvoir l'établir de manière générique pour retenir ou non l'immunité d'exécution[1642].

En tout état de cause, il est à retenir que l'immunité d'exécution des personnes morales de droit public ne doit pas être absolue. Mais il faut aussi considérer, et c'est là le dilemme, que sa renonciation, même quand elle est hautement utile, dépend de la volonté des États. Car il est souvent difficile de les contraindre à une exécution forcée. Les États peuvent jouer sur la différence entre biens affectés à une activité commerciale et biens affectés au service public pour échapper à l'exécution forcée. Ils peuvent aussi, surtout pour les biens situés à l'intérieur de leur territoire, s'opposer à toute exécution forcée. Détenant la force légitime pour contraindre à l'exécution des décisions juridictionnelles, il serait tout à fait extraordinaire qu'ils la retournent contre

1639. Cour de cass., Civ 1re, 14 mars 1984, JCP 1984 II. 20205 ; Rev. arb. 1985, p. 69, note Couchez.

1640. TGI Paris, référé, 5 mars 1979, Procureur de la République et autres c/Sté Liamco et autres, JDI 1979, p. 857, note B. Oppetit.

1641. Chambre commerciale de la Queen's Bench Division, 28 juillet 2008, Orascom Telecom Holding SAE c/République du Tchad, 1 All E.R. 2009, Comm. 315.

1642. Décision Orascom Telecom Holding, préc.

eux-mêmes. Dans une telle hypothèse, l'exécution volontaire de leur part serait la démarche la plus sensée.

B. L'arbitrabilité des litiges des marchés publics

La doctrine propose plusieurs définitions de l'arbitrabilité des litiges. Pour M. Boucher[1643], l'arbitrabilité désigne l'aptitude d'un litige à faire l'objet d'un arbitrage. D'après M. Level, c'est la qualité d'un litige à être soumis au pouvoir juridictionnel des arbitres[1644]. Pour Charles Jarrosson, l'arbitrabilité est le fait pour un litige d'être arbitrable et est arbitrable ce qui est susceptible d'être arbitré[1645]. Au total, l'arbitrabilité des litiges signifie l'aptitude ou la capacité de ces litiges à relever de la compétence des arbitres. Cette notion porte en elle l'idée qu'il existe des litiges non arbitrables, c'est-à-dire des litiges qui ne peuvent être soumis à l'arbitrage. Si la question ne suscite pas de grands débats pour les litiges privés, il en va autrement pour les litiges publics. L'analyse du traité constitutif de l'OHADA permet de dire qu'il ne s'agit pas de tous les litiges publics. Ce traité qui vise, entre autres objectifs, de promouvoir l'arbitrage comme instrument de règlement des litiges, précise dans son préambule, qu'il s'agit des litiges contractuels. Comme on peut le constater, la question ne se pose donc pas, a priori, pour les litiges relatifs aux marchés publics qui ne peuvent être que des litiges contractuels.

B.1. Le principe de l'arbitrabilité des litiges des marchés publics

Les litiges des marchés publics dans les États membres de la CEMAC sont par principe arbitrables[1646]. Il convient de noter que, comme pour la capacité à compromettre des personnes morales de droit public, le droit français diverge du droit des États membres de la CEMAC sur l'arbitrabilité des litiges publics. En France, le principe est la non-arbitrabilité des litiges de droit public, qui ne peuvent être soustraits de la compétence des juges étatiques pour être confiés à des juges occasionnels, en l'occurrence à des arbitres. Ce principe trouve sa source principale, tout comme celui de l'interdiction des personnes morales de droit public à compromettre, dans l'article 2060 du Code civil. « On ne peut compromettre sur les contestations intéressant les collectivités publiques et les établissements publics et plus généralement dans toutes les matières qui intéressent l'ordre public. » De même, tout comme le principe de l'interdiction des personnes morales de droit public à compromettre, celui de l'inarbitrabilité

1643. A. Boucher, *Le nouvel arbitrage international en Suisse*, éd. Helbing&Lichtenhahn, Bâle et Francfort-sur-le-Main, Théorie et pratique du droit, 1988, p. 37.
1644. P. Level, *L'arbitrabilité*, Rev. Arb., 1992, 213.
1645. C. Jarrosson, *Arbitrabilité : Présentation méthodologique*, RJ. Com. 1996, n°1, p. 1et 2.
1646. Laurent Tengo, *Le contentieux des marchés publics en République du Congo*, Revue juridique et politique des États francophones, 69e année, n°3, juillet-septembre 2015, Éditions Juris Africa, Paris, pp 275-297.

des litiges publics connaît quelques exceptions, dont les fondements sont aussi divers que variés[1647]. Une analyse complète de ceux-ci déborderait le cadre de cette étude[1648]. On peut simplement résumer en disant que l'arbitrage peut être admis de manière dérogatoire[1649] dans les litiges qui concernent l'État et les autres personnes publiques. La principale cause d'une telle dérogation est celle qui tient à la nature des personnes morales de droit public dont l'action est à l'origine du litige. Ainsi, sont arbitrables, aux termes de l'article 2060 précité, les litiges auxquels les établissements publics à caractère industriel et commercial, autorisés par décret, sont parties », qu'ils soient d'ordre contractuel ou extracontractuel. Il en est de même des litiges auxquels sont parties les établissements publics à caractère scientifique et technique dont la faculté de compromettre est reconnue par la loi.

En revanche, l'arbitrabilité des litiges intéressant l'État, les collectivités territoriales et les établissements publics ne peut résulter que de l'action contractuelle ou conventionnelle des personnes publiques précitées. Il s'agit des litiges découlant essentiellement de trois types de contrats administratifs : les contrats conclus avec une personne étrangère pour la réalisation d'une opération d'intérêt national ou d'une mission de service public[1650], les contrats de partenariat[1651], dont la loi du 17 juin 2004 reconnaît expressément le caractère administratif, et les marchés de travaux et de fournitures passés en application et dans les limites prescrites par les dispositions de la loi du 17 avril 1906, reprises par le Code des marchés publics de 2006 et par l'ordonnance sur la réforme des marchés publics de juillet 2015.

En France, l'arbitrabilité des litiges relevant des marchés publics peut aussi être rendue possible par l'application du droit communautaire. La directive 89/665/CEE du 21 décembre 1989 portant coordination des dispositions législatives, réglementaires et administratives relatives à l'application des procédures de recours en matière de passation des marchés publics de fournitures et de travaux, ainsi que la directive 2007/66/CE du 11 décembre qui la modifie, sans particulièrement nommer l'arbitrage, laissent présumer son usage en cette matière, en observant toutefois qu'il se résume simplement à la passation des marchés et non à leur exécution. L'article 1er de cette directive prévoit que « les États membres doivent mettre sur pied des recours efficaces et rapides permettant aux entreprises de contester les décisions des pouvoirs adjudicateurs adoptées au stade de la passation du marché au motif qu'elles auraient violé le droit communautaire en matière de marchés publics ou les règles nationales transposant ce droit[1652]. »

1647. Pour un panorama des fondements de l'arbitrabilité des litiges publics, Voir David Renders et Thomas Bombois, L'arbitrage en droit public belge, in L'arbitrage en droit public, Bruylant/LGDJ, 2010, pp. 25 et s.
1648. *Op. cit.*, pp. 64 et s. (Le droit belge est sur cette matière similaire au droit français) ; Voir Pierre Delvolvé, *L'arbitrage en droit public français*, *op. cit.*, p. 201.
1649. CE, avis, 6 mars 1986, EDCE 1987, n°38, p. 178, Grands avis CE, Dalloz, 1997, p. 219.
1650. CE, 26 juin 1974, Société La Maison des isolants France, Rec., p. 365 ; RDP, 1974, p. 1486, note J.M. Auby.
1651. Voir Pierre Delvolvé, *L'arbitrage en droit public*, *op. cit.*, p. 203.
1652. Voir David Renders et Thomas Bombois, *L'arbitrage en droit public belge*, *op. cit.*, p. 83.

La Cour de justice européenne a estimé, comme l'a prévu la directive, que les États membres pouvaient choisir entre deux modes de recours contre les litiges nés de la passation des marchés publics en ces termes : « La première solution consiste à attribuer la compétence des recours à des instances de nature juridictionnelle. Selon la seconde, cette compétence est, dans un premier temps, attribuée à des organes qui ne constituent pas de telles instances. Dans ce dernier cas, les décisions prises par ces instances doivent pouvoir faire l'objet d'un recours juridictionnel ou [...] auprès d'une autre instance, laquelle doit répondre aux exigences particulières prévues à l'article 2, paragraphe 9, second alinéa, de la directive[1653]. » Il est clair que l'autre type de recours ne peut concerner que la catégorie des modes alternatifs de règlements des différends parmi lesquels compte l'arbitrage. Les litiges relatifs à l'exécution des marchés publics, même si les dispositions communautaires ne les citent pas directement, peuvent naturellement faire l'objet d'arbitrage. Les difficultés résultant de l'exécution des marchés se prêtent beaucoup plus facilement, contrairement à celles résultant de l'attribution, à l'arbitrage et aux autres modes de règlement alternatifs des différends.

La raison de cette divergence, comme l'indiquent Ann Lawrence Durviaux[1654], « provient avant tout du caractère triangulaire des conflits naissant dans le cadre de l'attribution (pouvoir adjudicateur/adjudicataire/tiers évincé) alors que ceux naissant de l'exécution n'opposent qu'un pouvoir adjudicateur et l'adjudicataire du marché ».

On a aussi longtemps considéré que l'article 2060 du Code civil écartait la soumission des litiges publics à l'arbitrage dès lors que des règles d'ordre public étaient applicables au fond. Les marchés publics, intervenant dans le domaine économique où beaucoup de règles sont d'ordre public, pouvaient, de ce fait, être également considérés comme inarbitrables. La situation a fortement évolué et la jurisprudence a largement contribué à cette évolution. La Cour de cassation, dans l'arrêt « Tissot » de 1950[1655], a jugé que l'arbitre pouvait connaître des questions dans lesquelles étaient applicables les règles d'ordre public, mais il n'avait pas le pouvoir de sanctionner la violation de ces règles. La Cour d'appel de Paris, dans une décision de principe de 1991[1656], a renforcé cette opinion en décidant que l'arbitre a compétence pour apprécier sa propre compétence quant à l'arbitrabilité du litige au regard de l'ordre public et qu'il dispose du pouvoir d'appliquer les principes et règles relevant de cet ordre public, ainsi que celui de sanctionner leur méconnaissance éventuelle, sous le contrôle du juge d'annulation. Cette jurisprudence a eu bonne fortune puisqu'elle a été reprise par de nombreuses décisions. On peut citer, par

1653. CJCE, 4 février 1999, Joseph KöllenspergerGmBH& Co. KG, C-103/97, p. 29.
1654. *L'expérience belge*, in L'arbitrage en droit public, *op. cit.*, p. 363.
1655. Cass. Com., 29 novembre 1950, Tissot, D. 1951, 170.
1656. C.A. Paris, 1re Chambre, 29 mars 1991, Ganz, Rev. Arb., 1991, 478, note L. Idot.

exemple, les arrêts « Beyrard » en janvier 1993[1657], « Labinal » en mai 1993[1658], « Matra-Hachette » en septembre 1995[1659] et « Faton » en juin 1998[1660] qui reconnurent que l'arbitre avait la possibilité d'appliquer lui-même une règle d'ordre public et d'en sanctionner les violations dans l'un des États-parties internationaux. Dès lors, l'arbitrabilité n'était plus exclue du seul fait qu'une règle d'ordre public était intervenue dans le contrat litigieux. La Cour de cassation a finalement entériné cette jurisprudence très récemment, dans l'arrêt « Toulousy » de 2002[1661]. Elle a énoncé qu'il « appartient à l'arbitre, en dehors des cas où la non-arbitrabilité relève de la matière, de mettre en œuvre les règles impératives du droit, sous le contrôle du juge de l'annulation ».

On peut considérer aujourd'hui que la jurisprudence, par l'interprétation qu'elle a faite de l'article 2060 du Code civil, a vidé de sa substance la notion d'ordre public qui y était contenue. Elle a mis fin au principe selon lequel la juridiction arbitrale ne pouvait sanctionner une violation des règles de l'ordre public, cette compétence étant réservée aux juridictions d'État[1662]. Cette jurisprudence a ainsi fait œuvre de réécriture de cet article, le rendant presque inutile et redondant[1663].

B.2. Les critères d'arbitrabilité des litiges des marchés publics

Les litiges des marchés publics relèvent, par nature, des matières qui entrent dans le champ d'application du traité de l'OHADA. En effet, l'article 1er de l'Acte uniforme OHADA relatif à l'arbitrage énonce que cet acte « a vocation à s'appliquer à tout arbitrage [...] ». Cette expression signifie que ce champ est sans limites[1664]. Tous les litiges peuvent être soumis à arbitrage. Peu importe que ces litiges soient civils, commerciaux ou publics, qu'ils soient de droit interne ou international ou que l'arbitrage préconisé pour les résoudre soit institutionnel ou ad hoc. Cependant, les litiges des marchés publics, au-delà d'appartenir au champ d'application du droit OHADA, ne sont arbitrables que parce que ce sont d'abord des litiges contractuels et qui, subsidiairement, sont nés dans l'espace OHADA et dont les parties ont la libre disposition des droits.

1657. CA, Paris, janvier 1993, Beyrard, Rev. Arb., 1994, p. 685, Com. P. Mayer, p. 615.
1658. CA Paris, 1re Chambre, 19 mai 1993, Sté Labinal c/Sté s Mors et Westland Aerospace, Rev. Arb., 1993, 645, note Jarrosson.
1659. CA, Paris 20 septembre 1995, Sté Matra-Hachette c/Sté Reteitalia, Rev. Arb. 1996, p. 87.
1660. CA Paris, 16 juin 1998, Faton, Rev. Arb., 1999, note L. Idot, p. 333.
1661. Cass., 9 avril 2002, Toulousy, Bull. civ. IV, 2002, n°69, p. 72.
1662. Jean-Michel Jacquet et Philippe Delebecque, *Droit du commerce international*, Dalloz, Cours, 3e éd., 2002, p. 387.
1663. Voir Laurence Idot, *L'arbitrabilité des litiges, l'exemple français*, RJ. Com. 1996, n°3, p. 7.
1664. Voir sur ce sujet Pierre Meyer, *Commentaires sous Acte uniforme du 11 mars 1999 relatif au droit de l'arbitrage*, in OHADA, Traité et actes uniformes commentés et annotés, 2e éd., Juriscope, 2002, p. 103 et s.

B.2.1. Le critère de principe du caractère contractuel des litiges des marchés publics

L'article 21 du traité de l'OHADA dispose que « [...], toute partie à un contrat [...] peut soumettre un différend d'ordre contractuel à la procédure d'arbitrage[1665] ». Cela signifie, ainsi qu'on l'a dit, que l'arbitrage OHADA est applicable seulement aux litiges contractuels. Il en est ainsi des litiges des marchés publics qui naissent de la passation ou de l'exécution des marchés publics. Ce critère, il faut le rappeler, constitue, en France, l'une des exceptions au principe de l'inarbitrabilité des litiges publics. Sur ce point, le droit français et le droit des États membres de la CEMAC ne sont donc pas éloignés l'un de l'autre.

B.2.2. Les critères subsidiaires d'arbitrabilité des litiges des marchés publics

Les autres critères d'arbitrabilité des litiges en droit OHADA sont la territorialité du litige et la libre disposition des droits par la partie requérante.

a. La territorialité des litiges des marchés publics

L'article 21 précité précise que l'une des parties au contrat doit avoir, soit son domicile ou sa résidence habituelle dans un des États-parties, soit que le contrat est exécuté ou doit être exécuté « en tout ou partie sur le territoire d'un ou plusieurs États-parties ». Cette disposition ajoute donc une double conditionnalité, non cumulative, qui suggère que le litige doit être né dans l'espace OHADA. Les litiges des marchés publics susceptibles d'être soumis à l'arbitrage sont donc ceux relevant des marchés publics passés et exécutés dans l'espace CEMAC. On peut ajouter à cet article, pour renforcer le critère de territorialité des litiges, les termes de l'article 1er de l'Acte uniforme OHADA relatif à l'arbitrage précité, selon lesquels cet acte « a vocation à s'appliquer à tout arbitrage lorsque le siège du tribunal arbitral se trouve dans l'un des États-parties ». Le critère de territorialité des litiges est très important parce qu'il détermine le champ spatial d'application de l'arbitrage OHADA. Il est à regretter toutefois, pour ce qui concerne la notion de « siège du tribunal arbitral », que l'Acte uniforme ne soit pas très précis, ce qui aurait pu éviter le débat soulevé par les auteurs[1666] qui se sont penchés sur la question du champ d'application de l'arbitrage dans l'espace OHADA. La question est de savoir si l'Acte uniforme adopte la conception territorialiste, considérant que le siège est nécessairement le lieu où se tiennent les audiences, ou la conception

1665. J.O. OHADA n°4, 1er novembre 1997, p. 1 et s.
1666. Voir Pierre Meyer, *Commentaires sous Acte uniforme du 11 mars 1999 relatif au droit de l'arbitrage*, in OHADA, traités et actes uniformes commentés et annotés, 2e édition, Juriscope 2002, p. 104.

volontariste, qui prend en compte le cadre global de l'environnement juridique, donc l'espace OHADA, choisi par les parties.

De toute manière, l'Acte uniforme étant une règle supplétive dont l'application dépend essentiellement de la volonté des parties, il n'est pas surprenant qu'on se retrouve dans le cadre d'une combinaison de ces deux conceptions. L'Acte uniforme pose le principe d'un lieu ou d'un siège territorialement situé dans l'un des État membre et cela n'empêche pas que soit pris en considération l'environnement juridique de l'arbitrage, faisant en sorte que le tribunal se réunisse en tous lieux, à l'intérieur de l'espace OHADA, qu'il juge opportun pour mener à bien ses activités. Au fond, là n'est pas l'essentiel. En revanche, il est une précision de fond qui mérite d'être donnée, même si elle paraît plutôt sémantique que juridique. On peut en effet considérer que l'utilisation de l'expression « A vocation à s'appliquer » signifie que l'arbitrage OHADA laisse toute latitude aux parties de choisir de régler leurs différends par l'arbitrage ou par une autre forme de procédure. L'Acte uniforme ne s'applique à une convention d'arbitrage que si les parties le veulent bien. C'est ce que précise son article 14, sans doute en complément de l'article 1er : « Les parties peuvent directement ou par référence à un Règlement d'arbitrage régler la procédure arbitrale ; elles peuvent aussi soumettre celle-ci à la loi de procédure de leur choix. » Dès lors, il est tout à fait compréhensible qu'un arbitrage puisse avoir lieu dans l'espace OHADA sans que ne s'applique l'Acte uniforme, le critère du siège du tribunal devenant ainsi inopérant.

b. La libre disposition des droits

L'article 2, alinéa 1, de l'Acte uniforme OHADA sur l'arbitrage dispose que : « Toute personne physique ou morale peut recourir à l'arbitrage sur les droits dont elle a la libre disposition. » Cet article, qui reprend, à quelques nuances près, la disposition de l'article 2059 du Code civil français, conditionne l'arbitrabilité des litiges à la libre disposition des droits de la partie qui souhaite recourir à l'arbitrage. Autrement dit, le litige n'est arbitrable que si la partie qui souhaite recourir à l'arbitrage dispose librement du droit qu'elle entend défendre ou revendiquer, c'est-à-dire qu'elle peut l'aliéner ou y renoncer. Il convient toutefois de signaler que la notion de « libre disposition des droits » n'est pas aisée à appréhender. Son prisme peut être déformé en raison des degrés qui peuvent apparaître dans l'appréciation de la disponibilité des droits[1667]. Pierre Meyer indique qu'il en est ainsi par exemple « des droits qui procèdent d'une situation indisponible mais qui deviennent disponibles dans certains de leurs effets. Il en est ainsi aussi des droits indisponibles à l'état de droits éventuels qui deviennent disponibles à l'état de droits nés et actuels. D'une manière générale, plus un droit sera envisagé comme un instrument de protection d'une

1667. Voir P. Level, L'arbitrabilité, in *Perspectives d'évolution du droit français de l'arbitrage*, Rev. Arb., 1992, p. 195 et s.

personne, plus il sera indisponible et, inversement, plus il sera tenu comme l'expression juridique de la volonté, plus il sera disponible[1668] ». La difficulté d'appréhender la notion de « libre disposition des droits » peut être accentuée dans le cadre d'une législation uniforme, comme c'est le cas en droit OHADA. En effet, les droits subjectifs considérés comme généralement indisponibles peuvent être définis de manière différente par les législations nationales, chaque État membre étant maître en la matière. Un droit évalué comme subjectif dans un État membre peut l'être ou pas dans un autre État membre. Le risque est de constater que le même droit est arbitrable dans un État membre alors qu'il ne l'est pas dans un autre.

La question peut aussi se poser pour la disponibilité des droits qui proviendraient des matières publiques. Ainsi que le dit Jacques Van Compernolle[1669], « par définition, les objets et la matière du droit public sont régis par des normes d'ordre public qui s'opposent par nature à la liberté contractuelle et à la libre disposition », donc à l'arbitrage, puisque les parties ne peuvent en avoir la libre disposition. Tel n'est absolument plus le cas dans les États de la CEMAC. Les droits relevant des matières publiques, dès l'instant qu'elles sont d'ordre contractuel, ne sont plus considérés comme indisponibles dans le droit OHADA et peuvent être soumis à l'arbitrage. Cette tendance, on l'a vu, est de plus en plus visible, même en droit français.

2. La mise en œuvre de l'arbitrage

L'arbitrage dans les marchés publics des États de la CEMAC est mis en œuvre selon les règles qui relèvent du droit de l'arbitrage l'OHADA[1670] et, dans une moindre mesure désormais[1671], des conventions internationales liant chacun de ces États. Les règles de l'arbitrage OHADA sont essentiellement celles prévues par le traité, à son titre IV, ainsi que par l'Acte uniforme relatif au droit de l'arbitrage[1672] et par le Règlement d'arbitrage de la Cour commune de justice et d'arbitrage[1673]. Ces différents textes instituent deux types d'arbitrage, un arbitrage institutionnel, autrement dit permanent et administré par les centres d'arbitrage, qui peuvent être créés dans les différents États membres[1674], et la

1668. Pierre Meyer, *Commentaires sous Acte uniforme du 11 mars 1999 relatif au droit de l'arbitrage*, in OHADA, traités et actes uniformes commentés et annotés, 2e édition, Juriscope 2002, p. 104.
1669. *L'arbitrage en droit public : réflexions conclusives*, in L'arbitrage en droit public, Bruylant/LGDJ, 2010, p. 2.
1670. Voir P. Leboulanger, *Présentation générale des actes sur l'arbitrage in l'OHADA et les perspectives de l'arbitrage en Afrique*, Travaux du Centre René-Jean Dupuy pour le droit et le développement, Vol. I, Bruxelles, Bruylant, 2000, p. 63 et s. ; P. Leboulanger, *L'arbitrage et l'harmonisation du droit des affaires en Afrique*, Rev. Arb., 1999, p. 541 et s. ; G. Pougoue, *Droit de l'arbitrage dans l'espace OHADA*, Yaoundé, Presses Universitaires d'Afrique, 2000 ; G. Kenfack-Douajni et C. Imhoos, *L'Acte uniforme relatif au droit de l'arbitrage dans le cadre du traité OHADA*, Rev. Camerounaise de l'arbitrage, 1999, n°5 p. 3 et s. ; P. Meyer, *L'Acte uniforme de l'OHADA sur le droit de l'arbitrage*, Rev. Dr. Aff. Int., 1999, p. 629 et s.
1671. L'un des objectifs de l'OHADA, ainsi que l'énonce le préambule du traité, est de promouvoir un arbitrage destiné à résoudre les litiges contractuels qui naissent dans les États membres.
1672. JO OHADA, 15 mai 1999, p. 2.
1673. JO OHADA, 15 mai 1999, p. 9.
1674. Voir par exemple, le Centre de médiation et d'arbitrage du Congo (CEMACO), créé le 14 octobre 2011, www.economie.gouv.cg, Centre d'arbitrage, de médiation et de conciliation de Centrafrique (CAMC-CA), créé le 9 juin 2012, www.ohada.com, Centre d'arbitrage du GICAM (CAG), du Cameroun, créé en 1999, www.legicam.cm, Centre d'arbitrage, de médiation

Cour commune de justice et d'arbitrage, le centre d'arbitrage communautaire, ainsi qu'un arbitrage dit « ad hoc » qui est mis en œuvre, au cas par cas, en fonction de la demande des parties dans le cadre de l'Acte uniforme relatif au droit de l'arbitrage. Ces deux types d'arbitrage, nonobstant l'existence de règles qui leur sont propres et qui assurent leur indépendance[1675], obéissent à un fondement commun : la prééminence de la volonté des parties exprimée à travers une convention d'arbitrage. Ces différentes questions sont en principe, pour ce qui concerne l'arbitrage institutionnel, préalablement établies dans le Règlement d'arbitrage du centre d'arbitrage.

A. La convention d'arbitrage

Les parties qui désirent recourir à l'arbitrage, que ce soit dans le cadre de l'arbitrage ad hoc[1676] ou de l'arbitrage institutionnel[1677], doivent, avant de saisir les instances arbitrales, consigner dans une convention d'arbitrage non seulement leurs consentements de compromettre mais aussi la manière dont doit être institué le tribunal arbitral ainsi que celle du déroulement de la procédure d'arbitrage et de l'exécution des décisions. La convention d'arbitrage[1678] peut être une clause compromissoire, qui est inclue dans le contrat principal en vue d'un éventuel litige futur, ou un compromis d'arbitrage, un contrat conclu pour un litige déjà né. La convention d'arbitrage, indifféremment du type qu'elle revêt, est l'acte fondateur de l'arbitrage. C'est en effet par l'entremise d'une convention et non par la loi, comme pour la justice étatique, que l'arbitrage trouve sa source. Elle est, selon l'expression de Thierry Tanquerel et Eleanor McGregor, « la pierre angulaire, la condition *sine qua non*[1679] » de l'arbitrage. La convention d'arbitrage doit être matérialisée par un acte formel et être indépendante du contrat initial générateur du litige.

A.1. La matérialisation de la convention d'arbitrage

L'article 3 de l'Acte uniforme OHADA relatif au droit de l'arbitrage dispose que : « La convention d'arbitrage doit être faite par écrit, ou par tout autre moyen permettant d'en administrer la preuve, notamment par la référence faite à un document la stipulant. » Pierre Meyer, commentant l'article 3 de l'Acte uniforme OHADA, notamment sur ce qui pourrait servir de preuve, indique que ce pourrait être « un document signé par les parties, ou encore un échange de lettres, télégrammes, télécopies, courriers électroniques, ainsi que des échanges

---

et de conciliation du Gabon (CAMC-GA), réorganisé en 2011, www.bluebiz.com, Centre d'arbitrage, de médiation et de conciliation de Ndjaména (CAMC-N).

1675. Voir Dr Alhousseini Mouloul, *L'arbitrage dans l'espace OHADA*, Conférence internationale sur le droit des affaires de l'OHADA, Maison du droit vietnamo-française, Hanoï, 28 janvier 2010, www.ohada.com, pp. 2 et 3.

1676. Articles 2, 3 et 4 de l'Acte uniforme relatif au droit de l'arbitrage OHADA, J.O. OHADA, 15 mai 1999, p. 2.

1677. Article 5, b du Règlement d'arbitrage de la Cour commune de justice et d'arbitrage, J.O. OHADA, 15mai 1999, p. 9.

1678. Voir *La convention d'arbitrage*, www.cours-de-droit.net.

1679. *L'arbitrage en droit public suisse*, in L'arbitrage en droit public, *op. cit.*, p. 230.

de conclusions entre parties dans lesquels l'existence d'une convention d'arbitrage, alléguée par l'une des parties n'est pas contestée par l'autre[1680] ». On observe que la disposition relative à la preuve de la matérialité de la convention d'arbitrage est à la fois exigeante et flexible. Elle est exigeante en ce qu'elle pose avec rigueur la règle selon laquelle l'arbitrage doit découler d'un contrat écrit. Mais, et c'est là la flexibilité, elle concède que l'échange de consentement entre les parties peut être prouvé par tout autre moyen qu'un contrat écrit. Cela montre non pas une contradiction mais révèle plutôt le caractère éminemment consensuel de l'arbitrage. En tout cas, l'arbitrage ne peut avoir lieu en cas d'absence de convention d'arbitrage ou de tout élément pouvant justifier l'accord des parties. En effet, l'article 9 du Règlement d'arbitrage de la CCJA dit : « Lorsque, *prima facie*, il n'existe pas entre les parties de convention d'arbitrage [...], si la défenderesse décline l'arbitrage de la Cour, ou ne répond pas dans le délai de quarante-cinq jours [...], la partie demanderesse est informée [...] que l'arbitrage ne peut avoir lieu. » La convention d'arbitrage produit ses pleins effets à compter de sa conclusion. Les parties et les arbitres sont liés par la procédure arbitrale engagée et les juridictions étatiques en sont automatiquement dessaisies. Si l'une des parties, après avoir approuvé la convention d'arbitrage, « refuse ou s'abstient de participer à l'arbitrage, celui-ci a lieu nonobstant ce refus ou cette abstention[1681] ». La convention d'arbitrage prend fin dans le délai prescrit ou lorsque la mission des arbitres est achevée ou encore lorsque les parties décident d'y mettre fin.

A.2. L'indépendance de la convention d'arbitrage

L'article 4, alinéa 1, de l'Acte uniforme OHADA relatif au droit de l'arbitrage ainsi que l'article 10, alinéa 4, du Règlement d'arbitrage de la CCJA posent le principe de l'indépendance de la convention d'arbitrage par rapport au contrat principal qui la contient et dont elle est censée régler les litiges qui en découlent. La validité de la convention d'arbitrage, comme l'indique l'alinéa 2 de l'article 4 de l'Acte uniforme précité, n'est pas appréciée par rapport au contrat principal mais en fonction de « [...] la commune volonté des parties », et même pas nécessairement en référence « [...] à un droit étatique ».

La règle de l'indépendance de la convention d'arbitrage confirme la primauté et la prépondérance des parties dans la procédure arbitrale. Elles sont libres de donner à l'arbitrage l'orientation qu'elles souhaitent. C'est ainsi, semble-t-il, qu'il faut comprendre le sens des alinéas 2 et 3 de l'article 4 de l'Acte uniforme OHADA relatif au droit de l'arbitrage. D'abord, la validité de la convention d'arbitrage ne peut être affectée par la nullité du contrat principal. Les causes susceptibles d'entraîner la nullité du contrat principal ne peuvent pas

1680. *Acte uniforme du 11 mars 1999*, in OHADA, traité et actes uniformes commentés et annotés, *op. cit.*, p. 106.
1681. Article 10 du Règlement d'arbitrage de la CCJA, *op. cit.*

gêner ni affecter la mise en œuvre de la convention d'arbitrage. La convention d'arbitrage survit à la nullité du contrat principal. Elle peut même, en cas de volonté commune des parties, servir de fondement au tribunal arbitral pour connaître les contestations portant sur la nullité du contrat principal. Ensuite, l'expression « Sans référence nécessaire à un droit étatique » peut vouloir dire que le tribunal arbitral peut faire recours à un droit a-national ou étranger à l'espace OHADA pour régler le litige qui lui est soumis.

On peut toutefois, dans l'optique d'une telle option, craindre le risque d'une dispersion jurisprudentielle ou s'inquiéter, comme Pierre Meyer, qu'une telle solution ne soit pas « apte à générer la sécurité juridique dont on affirme pourtant qu'elle constitue un des objectifs essentiels de l'OHADA[1682] ». Enfin, ainsi qu'ajoute le troisième alinéa, les parties peuvent à tout moment recourir à l'arbitrage, « même lorsqu'une instance a déjà été engagée devant une autre juridiction ». Les parties ne sont donc jamais définitivement liées par les procédures qu'elles sont censées mener devant d'autres juridictions. Jusqu'au dernier moment elles conservent « la faculté, d'un commun accord, de recourir à une convention d'arbitrage ». Il s'agit là non seulement de l'indépendance de la convention d'arbitrage mais également, et surtout, de sa primauté sur les autres modes de règlement des différends. Nous n'avons évidemment aucune difficulté à établir ici la volonté des États membres, traduite dans le préambule du traité OHADA, de « promouvoir l'arbitrage comme instrument [principal] de règlement des différends contractuels ».

B. La procédure arbitrale

La procédure arbitrale comprend les dispositions dont l'objet est de fixer le tribunal arbitral et de déterminer la conduite de l'arbitrage.

B.1. Le tribunal arbitral

La détermination du siège du tribunal arbitral et la définition de sa composition sont deux paramètres décisifs dans la réalisation d'un arbitrage abouti.

B.1.1. Le siège du tribunal arbitral

La détermination du siège du tribunal arbitral, en d'autres termes la définition du lieu où se déroule l'arbitrage, diffère suivant le type d'arbitrage.

Dans le cadre de l'arbitrage ad hoc, le siège doit se trouver, en principe, dans l'un des États-parties de l'OHADA. C'est le principe que pose l'article 21 du traité de l'OHADA, qui dispose qu'« en application d'une clause

1682. Acte uniforme du 11 mars 1999, in OHADA, traité et actes uniformes commentés et annotés, *op. cit.*, p. 109.

compromissoire ou d'un compromis d'arbitrage, toute partie à un contrat, soit que l'une des parties ait son domicile ou sa résidence habituelle dans un des États-parties, soit que le contrat soit exécuté ou à exécuter en tout ou partie sur le territoire d'un ou plusieurs États-parties peut soumettre un différend d'ordre contractuel à la procédure d'arbitrage OHADA ». L'article 1er de l'Acte uniforme relatif à l'arbitrage reprend cette disposition, en indiquant : « Le siège du tribunal arbitral se trouve dans l'un des États-parties. » L'arbitrage OHADA fait prévaloir la conception territorialiste ou géographique du siège, qui suggère que le tribunal arbitral tire sa compétence et sa légitimité de son implantation dans l'un des États membres de la CEMAC. Cette conception est évidemment contraire à la conception juridique « qui appréhende le siège par rapport à l'environnement juridique[1683] ». Il convient toutefois de noter que la conception territorialiste de l'arbitrage OHADA signifie également que le lieu de la commission du litige n'est pas forcément le lieu de l'arbitrage. En ce sens que le litige, voire le contrat principal et même la convention d'arbitrage, peut naître dans un État membre de l'OHADA et être arbitré dans un autre. Il est sans doute aussi vrai que les « opérations d'arbitrage (ne) doivent (pas) être situées dans un État pour que l'Acte uniforme sur le droit arbitral ait vocation à s'appliquer. En effet, la juridiction arbitrale doit pouvoir se réunir en tout lieu, (au sein de l'espace OHADA), qu'elle jugerait approprié pour ses consultations et auditions[1684] ».

Pour l'arbitrage institutionnel mis en œuvre par la CCJA, la fixation du siège du tribunal arbitral relève essentiellement de la volonté des parties. L'article 13 du Règlement d'arbitrage de la CCJA indique que le siège est défini soit dans la convention d'arbitrage, soit par un accord postérieur des parties. À défaut, il est fixé par une décision de la CCJA. Cette disposition, contrairement à celles évoquées dans le cadre de l'arbitrage ad hoc, n'exige pas que le siège de l'arbitrage soit fixé dans un État membre de l'OHADA, voire dans l'ensemble de l'espace OHADA. Il peut donc être envisagé dans un État tiers à l'OHADA. C'est possible mais difficile à concevoir dans la pratique, en « raison des attributions juridictionnelles confiées à la CCJA, [...], le choix d'un État tiers à l'OHADA comme siège d'un arbitrage CCJA peut se révéler dangereux du point de vue de l'efficacité de cet arbitrage[1685] ». En revanche, pour l'arbitrage institutionnel mis en œuvre par les centres d'arbitrage nationaux, le siège du tribunal ne peut être naturellement installé que sur le territoire de l'État membre concerné.

1683. Pour le détail de cette distinction, Voir Pierre Meyer, *Commentaires de l'article 1er de l'Acte uniforme relatif à l'arbitrage*, OHADA, Traité et actes uniformes commentés et annotés, 2e éd., Juriscope, 2002, p. 103.
1684. Pierre Meyer, idem, p. 103.
1685. Pierre Meyer, *Commentaires de l'article 13 du Règlement d'arbitrage de la CCJA*, OHADA, *Traité et actes uniformes commentés et annotés*, 2e éd., Juriscope, 2002, p. 159.

B.1.2. La composition du tribunal arbitral

Le tribunal arbitral, selon les termes de l'article 8 de l'Acte uniforme relatif au droit de l'arbitrage et de l'article 3.1 du Règlement d'arbitrage de la CCJA, est constitué soit d'un seul arbitre, soit de trois. Les arbitres sont nommés, révoqués ou remplacés selon les dispositions stipulées dans la convention d'arbitrage, autrement dit selon la volonté des parties qui doivent agir en parfaite égalité. Tel est le principe qui ressort des articles 5, alinéa 2, et 9 de l'Acte uniforme relatif à l'arbitrage ainsi que de l'article 3 du Règlement d'arbitrage CCJA. Aucune des parties, même les personnes morales de droit public, ne peut avoir plus de privilèges que l'autre. S'il s'agit d'un arbitrage à arbitre unique, les parties sont invitées à s'accorder sur sa désignation, sinon il est nommé, sur la demande de l'une des parties, par le juge compétent dans l'État-partie dans le cas de l'arbitrage ad hoc, et par la CCJA dans le cas de l'arbitrage institutionnel. S'il s'agit d'un arbitrage à trois arbitres, chaque partie en nomme un et le troisième est désigné soit par les deux premiers nommés, soit par accord de volonté des parties. Si, dans un délai de trente jours, le troisième arbitre n'est pas désigné, sa nomination est effectuée par le juge compétent dans l'État-partie du siège du tribunal arbitral, pour l'arbitrage ad hoc, ou par la CCJA, pour l'arbitrage institutionnel.

Il faut ajouter que suivant les articles 6 et 7 de l'Acte uniforme OHADA relatif au droit de l'arbitrage, et 4 du Règlement d'arbitrage de la CCJA, les arbitres doivent être des personnes physiques indépendantes, impartiales et ayant la pleine jouissance de leurs droits civils. Les personnes désignées, dans le cas où elles acceptent de conduire une telle mission, doivent le faire savoir aux parties par tout moyen laissant trace écrite. Si elles supposent en elles une cause de récusation, elles doivent en informer les parties et ne peuvent poursuivre leur mission que par accord unanime et écrit de ces dernières, sinon il revient au juge compétent dans l'État-partie de régler la question, ou à la CCJA, dans le cas de l'arbitrage institutionnel, sa décision étant insusceptible de recours. La récusation d'un arbitre n'est admise que pour une cause révélée après sa nomination. Lorsque la cause est connue avant la signature de la convention d'arbitrage et la désignation de l'arbitre, aucune des parties ne peut plus s'en prévaloir.

L'assistance du juge dans la constitution du tribunal arbitral est une excellente précaution, qui concourt sans aucun doute à la promotion de l'arbitrage. Elle permet de réduire et d'annihiler les blocages qui peuvent survenir dans la procédure arbitrale. Cette assistance judiciaire, participe non pas d'une immixtion dans la sphère de l'arbitrage mais d'une mission d'assistance et d'appui[1686] du juge du siège de l'arbitrage, c'est-à-dire « du juge compétent dans l'État-partie ». Ce juge est évidemment déterminé selon la

1686. Voir P. Fouchard, *La coopération du président du tribunal de grande instance à l'arbitrage*, Rev. Arb., 1985, p. 5 et s.

législation de chaque État membre. Cette précaution, il faut le souligner, est inhérente à l'arbitrage institutionnel, car elle est l'une de ses caractéristiques en raison des attributions confiées, à cet effet, à la CCJA.

B.1.3. La mission et les pouvoirs du tribunal arbitral

La mission du tribunal arbitral est de trancher le litige qui lui est confié par les parties dans les termes définis dans la convention d'arbitrage. Même si la procédure est placée sous le sceau des parties, cela lui donne des pouvoirs réels, notamment, ainsi qu'on le verra dans les développements qui suivent, dans l'appréciation des faits et dans l'application du droit. On peut déjà noter que la première prérogative dont dispose le tribunal arbitral est le pouvoir de statuer avant examen du litige sur sa propre compétence ou à tout moment lorsque celle-ci est contestée. Dans ce dernier cas, l'exception d'incompétence doit être soulevée avant toute défense au fond, sauf si les faits sur lesquels elle est fondée ont été révélés ultérieurement. Le principe de la « compétence des compétences » compte parmi les principes généraux du droit. Toute personne ou tout organisme chargé de régler des différends doit avant tout, et tout le temps, se prononcer sur sa propre compétence. C'est aussi vrai pour les juges étatiques que pour les arbitres, à la seule différence que les juges étatiques trouvent la source de leur compétence dans la loi de l'État, alors que les arbitres trouvent la leur dans la loi des parties, en l'occurrence la convention d'arbitrage.

Il faut toutefois noter que la nullité de la convention d'arbitrage, si cette hypothèse advenait au cours du processus d'arbitrage, n'entraîne pas *ipso facto* le retrait de la compétence des arbitres ou leur capacité de statuer sur leur propre compétence. L'article 11, alinéa 1, de l'Acte uniforme OHADA relatif à l'arbitrage a pris les précautions afin d'éviter que les arbitres ne soient placés dans une situation de précarité statutaire. Il dispose que « Le tribunal arbitral statue sur sa compétence, y compris sur toutes questions relatives à l'existence ou à la validité de la convention d'arbitrage. » L'article 13 du même acte renforce la protection de l'œuvre des arbitres en indiquant : « Lorsqu'un litige, dont un tribunal arbitral est saisi [même s'il ne l'est pas encore] en vertu d'une convention d'arbitrage, est porté devant une juridiction étatique, celle-ci doit, si l'une des parties en fait la demande, se déclarer incompétente [...]. » Cet article ajoute toutefois qu'en cas d'urgence ou lorsque la mesure doit s'exécuter dans un État non-membre de l'OHADA, une juridiction étatique sur demande d'une partie peut ordonner des mesures provisoires ou conservatoires ne touchant pas au fond du litige.

B.2. L'instance arbitrale

L'instance arbitrale couvre l'ensemble des actes qui organisent son introduction et son déroulement.

B.2.1. L'introduction et le déroulement de l'instance arbitrale

L'introduction et le déroulement de l'instance arbitrale se distinguent par la nature des règles qui leur sont applicables.

a. L'introduction de l'instance arbitrale

L'instance arbitrale s'ouvre, ainsi que l'indique l'article 10, alinéa 2, de l'Acte uniforme OHADA relatif à l'arbitrage, « dès le moment où l'une des parties saisit le ou les arbitres conformément à la convention d'arbitrage, ou, à défaut d'une telle désignation, dès que l'une des parties engage la procédure de constitution du tribunal arbitral ». L'article 8 du Règlement d'arbitrage de la CCJA établit un mécanisme similaire, en disposant que la procédure est ouverte lorsque le dossier est envoyé à l'arbitre constitué à cet effet et lorsque le paiement de la provision a été réalisé. L'article 15 du Règlement d'arbitrage précité prévoit cependant la convocation d'une réunion des parties aux fins de constater la saisine du tribunal et d'enclencher la procédure. Cette réunion doit se tenir le plus rapidement possible, sinon au plus tard dans les soixante jours de la réception du dossier d'arbitrage. Le Règlement d'arbitrage CCJA, contrairement à l'Acte uniforme relatif à l'arbitrage, est très explicite sur la saisine du tribunal arbitral. Il prévoit, à ses articles 5, 6, 7 et 8, que toute partie désirant avoir recours à l'arbitrage doit présenter un certain nombre de documents relatifs à l'affaire et faire un exposé des circonstances du litige ainsi que de ses prétentions. En revanche, dans l'un ou l'autre type d'arbitrage, aucun délai de cette saisine n'est prévu. Il faut croire, ainsi que le suggère Pierre Meyer[1687], que cette prérogative est laissée au tribunal arbitral qui peut, sans doute, déclarer la requête irrecevable en fonction du droit applicable au fond du litige.

b. Le déroulement de l'instance arbitrale

Le déroulement de l'instance soulève essentiellement deux problématiques : celle des délais qui sont impartis au tribunal arbitral et celle relative au secret des délibérations et de la confidentialité de la procédure arbitrale.

b.1. La durée de l'instance arbitrale

La durée de l'instance arbitrale est en principe déterminée par la convention d'arbitrage. Il peut arriver que cette durée ne soit pas prévue par la convention d'arbitrage ou nécessite une prorogation. Dans la première hypothèse, l'article 12 de l'Acte uniforme OHADA relatif à l'arbitrage prévoit que le délai

---

1687. *Op. cit.*, p. 154.

ne peut excéder six mois à compter du jour où le dernier arbitre a accepté la mission confiée par les parties. Dans la deuxième hypothèse, le délai ne peut être prorogé que, soit par accord des parties, soit à la demande de l'une des parties ou du tribunal arbitral, par le juge compétent dans l'État-partie. Ces dispositions sont assez semblables à celles retenues à l'article 15 du Règlement d'arbitrage de la CCJA. Dans tous les cas, l'instance arbitrale prend fin à l'expiration du délai imparti au tribunal arbitral. Elle peut aussi prendre fin en cas d'acquiescement ou de désistement des parties, ou lorsque les arbitres ont rendu leur décision définitive. Pour atteindre son objectif, dans les délais qui lui sont prescrits, le tribunal arbitral fixe à l'avance la date à laquelle l'affaire sera mise en « délibéré ». Au-delà de celle-ci, aucune demande ne peut être formée, ni aucun moyen ne peut être soulevé. Ce n'est possible que si c'est le tribunal lui-même qui le demande expressément et par écrit. Bien entendu, dans ce cas, la règle du contradictoire devra être respectée.

b.2. Le secret des délibérations et la confidentialité de la procédure arbitrale

L'instance arbitrale est couverte par le secret et la confidentialité. Ces deux notions sont différentes l'une de l'autre. D'abord, elles diffèrent du point de vue de leur définition. Le secret des délibérations interdit aux arbitres de divulguer aux tiers, y compris aux parties, le contenu des débats et les conclusions auxquelles ils parviennent, avant le rendu de leurs décisions. Rien de ce qui se dit au cours des délibérations ne doit être divulgué à l'extérieur. En revanche, la confidentialité des délibérations se caractérise par la discrétion dans laquelle doit se dérouler la procédure arbitrale. Elle signifie effectivement que la procédure arbitrale doit être menée à l'abri des regards des tiers. Les différends ne doivent pas être mis sur la place publique pour ne pas porter atteinte à la réputation et à l'image de marque des personnes concernées.

Ensuite, les délibérations diffèrent sur leur champ d'application. Leur secret, sur le plan *ratione personae*, ne concerne que les arbitres alors que la confidentialité place sous son emprise l'ensemble des acteurs de la procédure arbitrale : les arbitres, les parties, leurs représentants et leurs conseils, y compris les tiers qui, sur accord des parties, interviennent dans le procès. Sur le plan *ratione materiae*, la confidentialité, contrairement au secret qui ne couvre que le délibéré, concerne toutes les phases de la procédure arbitrale, en particulier toutes les informations écrites et orales échangées entre les parties, les arbitres et les tiers impliqués. Mais, l'arbitrage étant d'essence conventionnelle, les parties peuvent, si tel est leur volonté, déroger à ce que celui-ci soit placé sous le sceau de la confidentialité, contrairement au secret des délibérations qui est un principe général de droit inhérent à toute fonction juridictionnelle.

La règle de la confidentialité est perçue comme un atout majeur de l'arbitrage, elle constitue l'un de ses principaux attraits, mais elle n'est pas absolue. On vient de le voir, elle peut être écartée par les parties. Elle peut aussi l'être, comme on le verra plus loin, en raison d'un recours contre la sentence arbitrale devant une juridiction étatique, puisque dans ce cas la décision de cette juridiction peut donner lieu à publicité et à publication. Le tribunal fédéral suisse a jugé dans ce sens en 2006, lorsque des parties l'avaient saisi dans le cadre d'un recours contre une sentence arbitrale pour « trancher un litige en matière d'utilisation de données technologiques sensibles, tout en précisant que la procédure devait être strictement confidentielle[1688] ». Il a précisé que « La confidentialité caractéristique de la procédure arbitrale procède exclusivement de l'intérêt individuel des parties. Elle ne saurait justifier de faire exception au principe de la publicité de l'administration de la justice et notamment d'exclure la consultation publique et la publication de la décision du tribunal fédéral rendue sur recours contre une sentence arbitrale[1689]. » La règle de la confidentialité peut également connaître un infléchissement dans son application dans les matières de droit public. L'on peut se poser la question de savoir si la confidentialité peut être compatible avec la problématique de la transparence qui caractérise nécessairement l'activité administrative ou publique.

L'exigence de transparence de l'action publique implique, en effet, à l'exception des questions couvertes par le secret-défense[1690], le droit à l'information et à la communication entre les différents organes des collectivités publiques et à l'endroit des administrés, en requérant même que soient organisés des mécanismes de leur participation à cette action. Dans son rapport public de 1995[1691] consacré au thème de la transparence et du secret dans la vie publique et administrative, le Conseil d'État constatait que la transparence était désormais appréciée comme le signe d'une démocratie achevée, alors que le secret et l'opacité étaient regardés la marque des États peu ou pas démocratiques.

B.2.2. Les règles applicables à l'arbitrage

Les règles applicables à la procédure et au fond du litige sont celles définies par les parties dans la convention d'arbitrage. Cependant, même s'il est entendu que ces règles dépendent de la volonté des parties, il n'en demeure pas moins qu'elles doivent être, avant tout, conformes aux règles de droit positif, sauf si les parties autorisent le recours à l'amiable compositeur.

a. Les règles de droit positif

Les règles de droit positif applicables à l'arbitrage dépendent de la nature du litige. Elles sont de droit privé si les litiges sont eux-mêmes de droit privé

1688. Voir Guy Keutgen, *La confidentialité*, in L'arbitrage en droit public, Bruylant/LGDJ, Bruxelles, 2010, p. 309.
1689. TFS, 19 juin 2006, Rev. Arb., 2007, p. 869, note P. Y. Tschanz et I.F. Gazzini.
1690. CE, Ass., 11 mars 1955, secrétaire d'État à la Guerre c/Coulon, n°34036, Rec., p. 149.
1691. CE, *La transparence et le secret*, Rapport public 1995, et doc. n°7, Doc. française, 1996.

et, inversement, elles sont de droit public si les litiges sont de droit public. J. Stahl rappelle avec beaucoup de fermeté ce syllogisme dans ses conclusions sur l'arrêt du tribunal des conflits du 16 octobre 2006[1692]. Il a énoncé que « [...] le recours au mode particulier de règlement des litiges que constitue l'arbitrage n'a ni pour objet ni pour effet de modifier la nature des litiges, qui demeurent ce qu'ils sont et ne cessent d'être régis par les règles qui leur sont applicables. Ainsi, un litige de droit public ne devient pas un litige de droit privé au motif qu'il serait réglé non par les juridictions administratives de droit commun mais par la voie de l'arbitrage ». Il ajoute que « [...] lorsque le recours à l'arbitrage est autorisé pour un litige de droit public, le tribunal arbitral statue sur ce litige au vu des règles de droit public qui lui sont applicables au fond ; ce tribunal présente le caractère d'une juridiction administrative spéciale ; sa sentence, en termes de voies de recours, ressortit à la compétence du Conseil d'État et non à celle de la Cour de cassation ». On peut aussi noter, par déduction du raisonnement sus-évoqué et en dépit du fait que l'arbitrage OHADA ne distingue pas l'arbitrage interne de l'arbitrage international, que le droit applicable sur un litige ayant une connotation internationale doit être conforme, ainsi que le prévoit l'article 15, alinéa 1, de l'Acte uniforme, « aux usages du commerce international » et il aurait pu ajouter : conformément aux règles de l'arbitrage international. Certains auteurs ont tenu toutefois à modérer cette analyse. Pierre Meyer estime qu'il « paraît certain que l'article 15, alinéa 1, ne peut s'appliquer qu'à des seules situations privées internationales[1693] », et que son usage devrait être considérablement limité « en ce qu'il autorise le choix du droit applicable par les parties[1694] ».

Le déroulement de la procédure conduit à organiser des audiences et des réunions au cours desquelles les arbitres peuvent inviter les parties à leur fournir des explications et à leur présenter, par tout moyen légalement admissible, les preuves qu'ils estiment nécessaires à la solution du litige. Ces éléments doivent être débattus contradictoirement, y compris ceux que les arbitres auraient relevés d'office. La partie qui, en connaissance de cause, s'abstient d'invoquer une irrégularité et poursuit la procédure arbitrale, est réputée avoir renoncé à s'en prévaloir. Les arbitres règlent tout incident de vérification d'écriture ou de faux. Il se pose toutefois la question de l'applicabilité de la question préjudicielle dans la procédure arbitrale. Le tribunal arbitral dispose, on le sait, de la pleine compétence de régler le litige qui lui est soumis. Autrement dit, il doit tout mettre en œuvre pour résoudre l'ensemble du litige. Il doit pouvoir donner réponse à toutes les contestations opposant les parties dans le cadre de sa mission. La

1692. Caisse centrale de réassurance c/Mutuelle des architectes français, BJCP, 2006, p. 419 ; RJEP, 2007, p. 30, RFDA, 2007, p. 284, note Delaunay.
1693. Pierre Meyer, commentaires, *Acte uniforme du 11 mars 1999 relatif au droit de l'arbitrage*, *op. cit.*, p. 122 ; J.M. Jacquet, *Le droit applicable au fond du litige dans l'arbitrage OHADA*, in *L'OHADA et les perspectives de l'arbitrage en Afrique*, p. 197 ; P. G. Pougoue, *Droit de l'arbitrage dans l'espace OHADA*, Yaoundé, Presses Universitaires d'Afrique, 2000, p. 24-26 et 120 et s.
1694. Pierre Meyer, *op. cit.*, p. 123.

question se pose toutefois de savoir ce qui advient si la réponse à un point de droit déterminé ressort de la compétence d'une juridiction appropriée. Peut-il, dans cette hypothèse, recourir à cette juridiction sous forme de question préjudicielle ?

La réponse à cette question, en droit de l'arbitrage OHADA, ne semble pas très clairement tranchée. Cependant, l'Acte uniforme relatif à l'arbitrage donne quelques indications qui laissent supposer une réponse positive, notamment en arbitrage ad hoc. L'article 14, alinéa 7, dispose que « si l'aide des autorités judiciaires est nécessaire à l'administration de la preuve, le tribunal arbitral peut d'office ou sur requête requérir le concours du juge compétent dans l'État-partie. » Il est évident qu'en raison de son rôle éminemment juridictionnel, le tribunal arbitral doit s'assurer de ne pas trop s'éloigner des principes généraux du droit. L'article 15 du même Acte uniforme justifie ce point de vue lorsqu'il prévoit que « les arbitres tranchent le fond du litige conformément aux règles de droit. » On peut aisément accepter que parmi ces règles de droit, si les parties le souhaitent, peut figurer le recours à la question préjudicielle.

Telle n'est pas la réponse que donne la jurisprudence européenne[1695]. Celle-ci considère que le tribunal arbitral, n'étant pas une juridiction, ne peut valablement invoquer la règle de la question préjudicielle. Cela signifie que le tribunal arbitral, n'étant pas autorisé à poser des questions préjudicielles, tranche lui-même les questions dont les réponses dépendent habituellement de la compétence d'autres juridictions. Il a la plénitude de juridiction. Cette jurisprudence peut, évidemment, ne pas emporter l'assentiment de tous ceux qui, à juste titre, considèrent que l'arbitrage est un mode juridictionnel de règlement des différends et qu'à ce titre, les arbitres devraient avoir la possibilité de poser des questions préjudicielles aux juridictions compétentes. On ne peut interdire à l'arbitrage ce que l'on permet au juge. Ils plaident donc « en faveur de l'assimilation du tribunal arbitral à une juridiction investie du pouvoir de poser à la Cour de justice de l'Union européenne, comme à la Cour de cassation et à la Cour constitutionnelle, les questions préjudicielles qui viendraient à se poser dans le cadre du litige dont il serait saisi[1696] », à moins que les parties aient décidé de conclure leur arbitrage sur le fondement de l'amiable compositeur, ainsi qu'il est décliné dans le paragraphe suivant.

L'opinion favorable à la question préjudicielle dans l'arbitrage semble, en effet, en harmonie avec l'état du droit positif. Toute juridiction, ainsi que l'a toujours affirmé le tribunal des conflits[1697], peut poser une question préjudicielle si cette juridiction estime qu'une décision d'une autre juridiction sur ce point est nécessaire pour rendre sa décision. Par exemple, les juridictions judiciaires, lorsqu'elles sont face à une interrogation sur la légalité d'un acte administratif,

---

1695. CJUE, 23 mars 1982, affaire Nordsee n°102/81 ; CJUE, 27 avril 1994, affaire commune d'Almeno, C-393/92 ; CUJE, 1er juin 1999, affaire Eco Swiss n°C-126/97, JT 1999, p. 213 ; CJUE, 27 janvier 2005, affaire Denuit, n°C-125/04, JTDE 2005, p. 308.

1696. David Renders et Thomas Bombois, *L'arbitrage en droit public belge*, in L'arbitrage en droit public, Bruylant/LGDJ, 2010, p. 149.

1697. TC, 16 juin 1923, Sept fonds, Rec., p. 498.

doivent surseoir à statuer jusqu'à ce que la juridiction administrative ait apprécié la légalité de l'acte administratif dont l'application est en cause devant elles. De même, depuis la réforme constitutionnelle du 23 juillet 2008, la constitutionnalité d'une loi ne saurait être appréciée que par le Conseil constitutionnel. Le même principe est repris en droit européen. L'article 267 du Traité UE sur le fonctionnement de l'Union européenne prévoit expressément que les juridictions des États membres doivent saisir la Cour de justice européenne pour toute question préjudicielle relative à l'interprétation du traité ou à la validité et à l'interprétation des actes des institutions de l'Union[1698]. Cette possibilité devient un devoir lorsque la décision que la juridiction peut être amenée à prendre est insusceptible de recours en droit interne.

b. L'amiable compositeur

Les arbitres peuvent, si les parties le leur permettent, statuer en amiable compositeur. C'est ce que prévoient les articles 15, alinéa 2, de l'Acte uniforme et 17, alinéa 3, du Règlement d'arbitrage de la CCJA. L'amiable compositeur est assimilable à l'équité. Elle permet aux arbitres, sans les y contraindre, d'écarter ou d'adapter les règles de droit applicables au litige en fonction d'une exigence d'équité. La question que l'on peut se poser est de savoir si l'amiable compositeur, donc l'arbitrage en équité, est admissible pour régler les litiges de droit public ? Les principes généraux de droit public interdisent par principe aux personnes morales de droit public, même lorsque celles-ci bénéficient d'une large liberté d'appréciation, d'agir en équité et de toujours exercer leurs compétences conformément au droit, en particulier aux principes constitutionnels. Il paraît donc difficile d'admettre, à la lumière de ces principes généraux, que l'on puisse s'en remettre pour le règlement des litiges de droit public à l'équité d'un arbitre[1699]. Il en est ainsi en droit français où l'amiable compositeur n'est admis, conformément à l'article 1474 du Code civil, que pour les litiges de droit privé et non pour les litiges de droit public. La réponse en droit OHADA peut être nuancée. S'il peut être acceptable que l'amiable compositeur, donc le jugement en équité, que préconisent les dispositions du droit OHADA précitées ne peut pas, comme l'indique Pierre Meyer, « concerner les lois ayant un caractère d'ordre public que l'amiable composition ne permet, en effet, ni d'adapter, ni a fortiori d'écarter[1700] », en revanche, il est tout à fait raisonnable en fonction du principe de l'arbitrabilité des litiges publics, notamment des litiges contractuels, désormais acquis dans le droit OHADA, d'admettre que ce type de litiges, en l'occurrence les litiges des marchés publics, puissent être arbitrés en équité.

1698. Pour plus de détails, Voir J. Verhoeven, *Droit de la Communauté européenne*, Bruxelles, Larcier, 1996, pp. 293-323 ; G. Leval, *Éléments de procédure civile*, Bruxelles, Larcier, 2003, pp. 466-467.
1699. Voir Thierry Tanquerel et Eleanor McGregor, *L'arbitrage en droit public Suisse*, in L'arbitrage en droit public, *op. cit.*, p. 247.
1700. Pierre Meyer, commentaires, *Acte uniforme du 11 mars 1999 relatif au droit de l'arbitrage*, *op. cit.*, p. 123.

C. La sentence arbitrale

La sentence arbitrale est une décision de nature judiciaire. Elle est similaire, en tous points de vue, à une décision rendue par les juridictions étatiques. Toutefois, au-delà de cette similitude, la sentence arbitrale comporte des caractéristiques propres qui tiennent à sa forme, à ses effets, à ses mécanismes d'exécution et aux recours qui peuvent être portés à son encontre. Les articles 19 à 34 de l'Acte uniforme OHADA relatif à l'arbitrage, pour l'arbitrage ad hoc, ainsi que les articles 22 à 33 du Règlement d'arbitrage de la CCJA, pour l'arbitrage institutionnel, en dépit de quelques différences d'expression, en déclinent la quintessence de manière relativement similaire.

C.1. Les formes de la sentence arbitrale

La sentence arbitrale est rendue selon les formes convenues par les parties. En principe, elle doit être signée par tous les arbitres, sauf s'il est préalablement convenu que le président soit en mesure de la signer tout seul. En tout cas, la sentence étant prise à la majorité des voix lorsque le tribunal est constitué de trois arbitres, le refus de la signer par l'un d'entre eux ne peut affecter sa validité. Ce refus doit toutefois être mentionné dans le corps de la sentence. La sentence arbitrale doit être motivée. La motivation est essentielle dans la validité de la sentence arbitrale. Elle constitue l'un des facteurs pouvant ouvrir le recours en annulation de la sentence arbitrale, ainsi que l'indique l'article 26 de l'Acte uniforme sur l'arbitrage : « Le recours en annulation n'est recevable que [...] si la sentence n'est pas motivée. » La sentence arbitrale doit aussi être constituée de l'ensemble des éléments permettant d'identifier notamment, le ou les arbitres, les parties, l'objet du litige, le siège du tribunal ou le sens de la décision. Le défaut de ces caractéristiques ne semble toutefois pas compter parmi les griefs pouvant entraîner la nullité de la sentence arbitrale.

C.2. Les effets de la sentence arbitrale

La sentence arbitrale, une fois qu'elle a été rendue par le tribunal arbitral, est recouverte de l'autorité de la chose jugée et de la force décisoire relativement à la contestation qu'elle tranche.

C.2.1. L'autorité de la chose jugée

Le droit de l'arbitrage de l'OHADA, reprenant une jurisprudence ancienne et constante[1701], admet que le litige tranché par un tribunal arbitral, sous

1701.. CE, 21 avril 1943, Société des ateliers de construction du nord de la France, Rec. p. 107 ; CE, Ass., 4 janvier 1957, Lamborot, Rec. p. 12.

réserve de la triple identité, à savoir : même demande, même cause et mêmes parties, ne peut plus être rejugé par un autre tribunal arbitral ni par toute autre juridiction. Les faits constatés et les droits reconnus par la sentence arbitrale ne peuvent plus être remis en cause[1702]. L'autorité de la chose jugée confère à la sentence force obligatoire. Elle implique pour les parties, notamment la partie perdante[1703], l'engagement de s'y soumettre de bonne foi et de prendre toutes les mesures propres à en assurer la prise d'effet. En général, les parties mettent de la loyauté à exécuter volontairement les sentences arbitrales[1704]. Ce sentiment peut être interprété à travers l'article 20 du Règlement d'arbitrage CCJA qui dispose que les parties peuvent se mettre d'accord, au cours de la procédure arbitrale, pour demander à l'arbitre que leur accord soit constaté en la forme d'une sentence rendue d'accord-parties. C'est la preuve que les parties doivent être animées de la volonté de trouver une solution à leur litige et de l'exécuter volontairement. Il faut toutefois souligner que l'autorité de la chose jugée de la sentence arbitrale, en raison du fait que la sentence, elle-même, trouve son origine dans une convention entre les parties, ne peut être que relative. Si cette autorité a vocation à assurer entre les parties au litige l'immutabilité de la décision rendue, elle ne peut, en revanche, conférer des droits et imposer des obligations à une personne qui n'est pas partie à ladite convention[1705].

C.2.2. La force décisoire

La force décisoire, qui n'est pas à confondre avec la force exécutoire subordonnée à l'exequatur et même avec l'autorité de la chose jugée, est la caractéristique propre à toute décision de justice, celle de mettre fin au litige et, dans le cas spécifique de l'arbitrage, de dessaisir le tribunal arbitral, sauf s'il est appelé, sous la forme d'une demande de sentence additionnelle, à interpréter la sentence principale ou à réparer les erreurs et omissions matérielles qui l'affectent. Dans l'un ou l'autre cas, ainsi que l'indique l'alinéa 4 de l'article 22 précité : « La requête doit être formulée dans le délai de trente jours à compter de la notification de la sentence. Le tribunal dispose d'un délai de quarante-cinq jours pour statuer. » S'il ne peut le faire dans ce délai ou s'il ne peut à nouveau se réunir, ce pouvoir appartient au juge compétent dans l'État-partie. L'article 26 du Règlement d'arbitrage de la CCJA préconise un mécanisme semblable par l'entremise du secrétaire général de la cour qui est chargé de faire toutes les diligences, pratiquement dans des délais similaires que ceux de l'arbitrage ad hoc, en vue de la rectification ou de l'interprétation de la sentence arbitrale ; à la seule différence que si l'arbitre qui a statué ne peut être saisi,

1702. C. Rousseau, *Les rapports conflictuels*, t. V. Paris, Sirey 1983, p. 355.
1703. R. David, *L'arbitrage dans le commerce international*, Paris, Économica, 1982, p. 491.
1704. R. David, *L'arbitrage dans le commerce international*, *op. cit.*, p. 492.
1705. A. Redfern et M. Hunter, *Droit et pratique de l'arbitrage international*, 2e éd., Paris, LGDJ, p. 322.

pour un motif quelconque, la cour désigne, après observation des parties, un nouvel arbitre.

C.3. L'exécution de la sentence arbitrale

La sentence arbitrale, bien que revêtue de l'autorité de la chose jugée et de la force décisoire, n'acquière pas automatiquement force exécutoire dans les États-parties où elle est censée être exécutée, en particulier lorsqu'elle doit faire l'objet d'une exécution forcée. Elle n'est susceptible d'exécution qu'après avoir été reconnue et en vertu d'une décision d'exequatur, contrairement aux décisions de la justice étatique et de celles des autres modes alternatifs de règlement des litiges, notamment la transaction, qui « a entre les parties l'autorité de la chose jugée en dernier ressort », et qui « est exécutoire de plein droit[1706] ». Cela tient, comme le dit Pierre Delvolvé[1707], à ce que « les arbitres, s'ils ont la *juridictio*, n'ont pas l'*imperium.* »

C.3.1. La reconnaissance de la sentence arbitrale

La reconnaissance de la sentence arbitrale est la procédure qui consiste à établir son existence physique, notamment par la production de l'original de l'acte portant la décision du tribunal arbitral accompagné de la convention d'arbitrage ou des copies de ces documents réunissant les conditions requises pour leur authenticité. La sentence arbitrale est reconnue, dans le cadre de l'arbitrage ad hoc, par le juge compétent dans l'État-partie où devra avoir lieu son exécution, et dans le cadre de l'arbitrage institutionnel, par la CCJA. Il en est ainsi par le juge compétent dans l'État tiers où la sentence est appelée à s'exécuter. L'acte de reconnaître la sentence, au-delà de la reconnaissance physique de la sentence arbitrale, signifie que le juge reconnaît la force décisoire et l'autorité de la chose jugée de ladite sentence. En principe, la reconnaissance de la sentence arbitrale est accordée lorsque les éléments d'identification de la sentence arbitrale sont réunis. Il en est de même dans le droit français[1708]. Il faut noter toutefois que le juge peut la refuser, sans que cela ne s'inscrive dans le cadre de la contestation de sa validité, si elle est manifestement contraire à l'ordre public international. Cette option est tout à fait compréhensible dans la mesure où l'ordre public, c'est-à-dire l'ensemble des règles d'intérêt général qui régissent la vie en société, est obligatoire et ne peut donc être contourné

1706. CE, Ass., 6 décembre 2002, Rec., p. 433, concl. Le Chatelier ; RFDA, 2003, p. 291, concl., 302, note Pacteau ; AJDA, 2003, p. 280, chr. Donnat et Casas.
1707. *L'arbitrage en droit public français*, in L'arbitrage en droit public, *op. cit.*, p. 219.
1708. A. Huet, *Les procédures de reconnaissance et d'exécution des jugements étrangers et des sentences arbitrales en droit international privé français*, J.D.I. 1988, p. 22 ; François-Xavier Train, *Reconnaissance et exécution des sentences arbitrales étrangères : le droit français au prisme de la Convention de New York*, Revue internationale de droit comparé, Année 2014, 62-2, p. 259 et s.

par la clause d'un contrat, même si, par principe, celui-ci ne concerne que les parties.

En revanche, la référence au seul « ordre public international », en le distinguant de l'ordre public interne, peut susciter quelques interrogations. D'abord cela peut laisser supposer que seule la méconnaissance de l'ordre public international peut justifier le refus de la reconnaissance de la sentence arbitrale. Cette distinction peut effectivement étonner, lorsque l'on sait que l'ordre public, qu'il se réfère à l'ordre international ou à l'ordre interne, a le même fondement et bénéficie de la même protection. Ensuite, parler d'un « ordre public international des États-parties », ainsi que l'indique l'article 31 de l'Acte uniforme, laisse supposer, ainsi que s'interroge Pierre Meyer[1709], qu'il existe un ordre public international commun aux différents États de l'OHADA, une sorte d'ordre public régional. Cette vision, au stade actuel du développement du droit communautaire OHADA, semble effectivement très éloignée de la réalité.

C.3.2. L'exequatur de la sentence arbitrale

Le droit de l'arbitrage OHADA, en dépit du droit commun aux États-parties qu'il établit, exige que les sentences arbitrales rendues dans l'un des États-parties soient exequaturées pour produire leurs pleins effets dans un autre État-partie. Il en est de même dans les États tiers, c'est-à-dire ceux situés en dehors de l'espace OHADA, notamment pour les sentences arbitrales rendues dans le cadre de l'arbitrage CCJA. Dans cette hypothèse, ces sentences sont soumises à la législation nationale de l'État tiers applicable en matière d'exécution des sentences arbitrales étrangères ou internationales. La Cour d'appel de Paris a ainsi accordé l'exequatur à plusieurs sentences arbitrales CCJA[1710]. Il est à noter que l'exigence d'exequatur diffère selon qu'elle s'exerce dans le cadre de l'arbitrage ad hoc ou dans celui de l'arbitrage institutionnel. L'exequatur est exigé, dans le cadre de l'arbitrage ad hoc, chaque fois que l'exécution de la sentence est sollicitée dans chaque État-partie alors qu'il est délivré une seule fois dans le cadre de l'arbitrage institutionnel : l'exequatur obtenu dans un État-partie a un caractère exécutoire dans les autres États-parties. Il n'est donc point besoin d'un exequatur particulier pour chaque État partie. La décision d'exequatur est rendue par le juge compétent dans l'État-partie, pour ce qui concerne l'arbitrage ad hoc, et par la CCJA, pour l'arbitrage institutionnel. Dans les deux cas, cette décision ne souffre d'aucune conditionnalité particulière, sauf si, comme pour sa reconnaissance, la sentence arbitrale a enfreint à l'ordre public ou si elle fait l'objet d'une contestation de validité.

1709. Commentaires, Acte uniforme du 11 mars 1999 relatif au droit de l'arbitrage, *op. cit.*, p. 129.
1710. CA Paris, Pôle 1, ch. 1, 18 novembre 2011, République de Guinée équatoriale c/SA Commercial Bank Guinea Ecuatorial ; CA Paris, Pôle 1, Ch. 1, 4 décembre 2012, Planor Afrique c/SA Atlantique Telecom.

La procédure d'exequatur est clairement établie dans le cadre de l'arbitrage institutionnel. Elle est introduite par une requête adressée à la Cour, qui l'accorde par une ordonnance du président de la Cour ou du juge délégué. En revanche, elle ne l'est pas dans le cadre de l'arbitrage ad hoc. Il n'est indiqué ni la procédure ni la nature du juge compétent. Cet arbitrage renvoie, semble-t-il, le règlement de ces questions aux législations nationales. Une législation communautaire établissant un code de conduite uniforme à tous les États-parties aurait été préférable. Ce qui aurait sans doute facilité la circulation et l'exécution des sentences arbitrales à l'intérieur de l'espace OHADA. On pourra sans doute se référer aux dispositions de la convention générale de coopération en matière de justice[1711] à laquelle sont parties l'ensemble des États, ex-colonies françaises, tout aussi membres de l'OHADA et de la CEMAC, notamment à son article 32 qui dispose que « l'exequatur est accordé, quelle que soit la valeur du litige, par le président du tribunal de première instance ou de la juridiction correspondante du lieu où l'exécution doit être poursuivie. Le président du tribunal est saisi par voir de requête. La décision du président ne peut faire que l'objet d'un recours en cassation. »

La décision d'exequatur de la sentence arbitrale, comme celle relative à sa reconnaissance, notamment en cas de refus, peut être contestée devant la CCJA, quel que soit le type d'arbitrage. Il faut toutefois préciser que cette contestation, pour ce qui concerne l'arbitrage ad hoc, ne peut se faire que sous forme de pourvoi en cassation devant la CCJA dans un délai de deux mois selon son règlement de procédure[1712], tandis que les décisions favorables ne font l'objet d'aucun recours. En France, la procédure de l'exequatur dépend de la nature du litige. Pour les litiges de droit privé, l'article 1477 du Code civil indique que l'exequatur doit être demandé au « tribunal de grande instance dans le ressort duquel la sentence a été rendue. L'exequatur est ordonné par le juge de l'exécution du tribunal ». En revanche, la réponse n'est pas aussi assurée pour les litiges de droit public. La seule indication, à ce jour, est celle qu'offre un arrêt de la Cour d'appel de Lyon, qui prévoit qu'en matière d'exequatur la compétence relève du juge administratif[1713]. Il est sans doute utile que cette jurisprudence soit consolidée ou confirmée par des textes légaux.

C.4. Les recours contre la sentence arbitrale

La sentence arbitrale ne peut faire l'objet de recours ordinaires, à savoir : l'opposition, l'appel et le pourvoi en cassation. Ces recours, généralement ouverts aux parties, ne sont pas admis dans le cadre de l'arbitrage dont les

1711. Signée à Tananarive, le 12 septembre 1961, entre les gouvernements du Cameroun, de la République centrafricaine, du Congo-Brazzaville, de la Côte d'Ivoire, du Dahomey (actuel Bénin), de la République gabonaise, de Haute-Volta (actuel Burkina Faso), de la République Malgache, de la République Islamique de Mauritanie, du Niger, du Sénégal et du Tchad. Voir code d'audience de la République du Congo, p. 619 et s.
1712. Article 28.1.
1713. CAA Lyon, 27 décembre 2007, SA Lagarde et Meregnani, Rec., p. 582 ; BJCP, 2008, n°57, p. 128, concl. Besle.

décisions sont construites avec les parties, elles-mêmes, et parfois prises d'accord-parties. En revanche, il leur est autorisé de contester, tout comme les tiers, la sentence arbitrale par des recours particuliers.

C.4.1. Les voies de recours ouvertes aux parties

Les parties peuvent intenter contre la sentence arbitrale des recours en annulation ou en contestation de validité, et des recours en révision.

a. Le recours en annulation ou en contestation de validité

Le recours en annulation, préconisé dans le cadre de l'arbitrage ad hoc à l'article 25 de l'Acte uniforme relatif à l'arbitrage, et le recours en contestation de validité, institué par l'arbitrage institutionnel à l'article 29 du Règlement d'arbitrage de la CCJA, désignent, en réalité, le même mécanisme juridictionnel et poursuivent, au fond, la même finalité : l'annulation de la sentence. Le recours en annulation est porté devant le juge compétent dans l'État-partie. Comme pour l'exequatur, le droit OHADA relatif à l'arbitrage ad hoc, contrairement à l'arbitrage institutionnel où le juge compétent en matière de contestation de validité de la sentence arbitrale est la CCJA, ne détermine pas la nature du juge compétent dans l'État-partie pour connaître le recours en annulation.

La réponse est sans doute à rechercher dans chaque législation nationale. Mais de manière générale, même si la disposition communautaire ne distingue pas l'application de l'arbitrage selon les litiges de droit privé ou de droit public, la nature du juge de l'annulation des sentences arbitrales dans l'État-partie dépendra de la nature du litige. Le juge compétent sera de droit privé si le litige est de droit privé, et inversement, il sera de droit public si le litige est de droit public. Le recours à l'arbitrage ne peut modifier cet état de fait et de droit. Il peut être ainsi établi, en référence au droit commun en la matière dans les États de la CEMAC, que pour les litiges de droit public, comme ceux qui peuvent résulter de la gestion des marchés publics, le juge compétent est naturellement le juge administratif. On peut toutefois noter que si la disposition communautaire n'indique pas la nature du juge, elle donne tout au moins le degré ou la situation hiérarchique du juge compétent dans l'État-partie. Ce juge, ainsi que l'indique l'article 25, alinéa 3 de l'Acte uniforme, ne doit être que celui dont la décision est susceptible de pourvoi en cassation devant la Cour commune de justice et d'arbitrage. Cette disposition, en l'absence d'un minimum d'harmonisation des législations nationales sur l'arbitrage, peut connaître des difficultés d'application. Le degré du juge compétent pourra varier d'un État-partie à un autre. De plus, si l'on considère le cas des législations nationales, comme au Congo[1714], où le juge d'annulation est le juge suprême national, en l'occurrence

1714. Article 2, loi n°4-62 du 20 janvier 1962 portant création de la Cour suprême, www.cour-constitutionnelle.cg.

la Cour suprême. Il peut être difficilement admissible que les décisions de la Cour suprême, qui est la plus haute juridiction et qui par ce statut assure le rôle de juge de cassation, fassent l'objet de pourvoi en cassation devant la Cour commune de justice et d'arbitrage. Le pouvoir juridictionnel souverain dont est investie la Cour suprême ne saurait sans doute souffrir d'une telle entorse.

Le recours en annulation, tout comme le recours en contestation de validité, obéit à un certain nombre de conditions limitativement fixées. Il n'est recevable, si les parties n'y ont pas renoncé dans la convention d'arbitrage, qu'en l'absence de l'expiration ou la nullité de la convention d'arbitrage, en cas de non-respect par le tribunal de la mission qui lui a été confiée, de non-respect par le tribunal arbitral du principe du contradictoire et de violation par le tribunal arbitral de l'ordre public international. L'article 25 de l'Acte uniforme ajoute deux conditions : la composition irrégulière du tribunal arbitral ou la désignation irrégulière de l'arbitre unique et l'absence de motivation de la sentence arbitrale. Le recours en annulation, même si l'article 25 de l'Acte uniforme est muet, ainsi que le recours en contestation de validité doivent être intentés dans les deux mois du prononcé de la sentence arbitrale. En France, le Conseil d'État est le juge compétent pour connaître des recours contre les sentences arbitrales intervenant dans les matières publiques. Généralement, lorsque le Conseil d'État est saisi, il vérifie avant tout la légalité du recours à l'arbitrage[1715]. Il soulève la nullité d'office si l'arbitrage est intervenu dans un domaine où il n'est pas autorisé[1716]. Le Conseil d'État contrôle également la légalité des clauses de la convention d'arbitrage[1717], le respect par les arbitres de la convention d'arbitrage[1718], la prise en compte des règles de droit public dans la construction de la sentence arbitrale[1719]. Lorsque la sentence est rendue et qu'elle obéit à tous les critères de légalité, les décisions qui la méconnaissent sont illégales[1720].

b. La révision

La révision consiste à demander à l'arbitre de procéder à un nouvel examen de la requête en vue de corriger ou de modifier sa première décision. Elle est recevable suivant certaines conditions. D'abord, elle doit être demandée devant l'arbitre qui a rendu la sentence. Ensuite, elle n'est possible qu'en raison de la découverte d'un fait de nature à exercer une influence décisive sur le sens de la décision. Enfin, elle ne peut être ouverte que si le fait en cause était inconnu de l'arbitre et des parties, notamment de la partie qui demande la révision, avant le prononcé de la sentence. L'article 32 du Règlement d'arbitrage de

1715. CE, Sect., 3 mars 1989, Sté Area, Rec. p. 69, concl. Guillaume.
1716. CE, 8 juillet 1959, Houseaux, Rec.438.
1717. CE, 8 mars 1961, Sté Air Couzinet Transocéanique, Rec. p. 162.
1718. CE, 13 février 1959, Cie des Chemins de fer du Midi, Rec. p. 113.
1719. CE, 19 mars 1971, Mergui, Rec. p. 235, concl. Rougevin-Baville, AJDA, 1971, p. 274, RDP, 1992, p. 234, note Waline.
1720. CE, 21 avril 1943, Ateliers de construction du nord de la France, Rec. p. 107.

la CCJA est très précis sur le sujet. Il précise que la Cour peut subordonner l'ouverture de la procédure de révision à l'exécution préalable de la sentence et que celle-ci doit être contradictoire et être intenté dans les trois mois à compter de la connaissance du fait susceptible de fonder la révision. Ce délai ne peut excéder dix ans à compter du prononcé de la sentence. La longévité d'un tel délai, si elle peut être contenue dans le cadre de l'arbitrage institutionnel en raison de sa permanence, peut générer quelques inconvénients dans l'arbitrage ad hoc, notamment lorsqu'il n'est plus possible de réunir le tribunal arbitral. Pierre Meyer[1721] suggère, dans cette hypothèse, que le recours soit porté devant le juge étatique de l'État du siège de l'arbitrage, en respectant les délais prévus par la législation de procédure civile de cet État. On est tenté d'être d'accord avec lui si l'on ne veut pas risquer d'annihiler le droit des parties à recourir à la révision, surtout que le droit de l'arbitrage OHADA, particulièrement dans l'arbitrage institutionnel, ne permet pas que les parties y renoncent, même dans la convention d'arbitrage.

C.4.2. La voie de recours ouverte aux tiers, la tierce opposition

La tierce opposition est la faculté d'intervenir dans la procédure arbitrale offerte à des personnes autres que les parties au contrat. L'article 25, alinéa 4, de l'Acte uniforme et l'article 33 du Règlement d'arbitrage de la CCJA prévoient cette hypothèse. Ces dispositions affirment que la tierce opposition est ouverte « devant le tribunal arbitral à toute personne physique et morale qui n'a pas été appelée et lorsque cette sentence préjudicie à ses droits ». Le recours à la tierce opposition exige trois conditions. Premièrement, elle doit être portée devant le tribunal arbitral qui a rendu la sentence. Deuxièmement, la tierce opposition ne peut être ouverte qu'à la personne physique ou morale qui n'a pas été appelée dans la procédure arbitrale. Cela veut dire que la personne qui a été appelée, même si elle n'a pas pu répondre ou a refusé de se présenter, ne peut être admise. De manière générale, aucun délai n'est prescrit pour intenter une tierce opposition. La sentence arbitrale, elle-même, peut sans doute déterminer ce délai. Mais si tel n'est pas le cas, cette situation peut générer quelques difficultés, notamment dans le cadre de l'arbitrage ad hoc où le tribunal arbitral peut cesser d'exister et ne peut plus pouvoir se réunir pour examiner une demande de tierce opposition. On peut imaginer que, comme pour la révision, on devrait admettre que la tierce opposition pourrait être portée devant la juridiction étatique compétente du siège du tribunal arbitral. Troisièmement, la sentence arbitrale doit porter préjudice aux droits du tiers qui désire exercer la tierce opposition. En effet, comme son état[1722], qui peut lui autoriser ou non à

1721. Commentaires, *Acte uniforme du 11 mars 1999 relatif au droit de l'arbitrage*, *op. cit.*, p. 127.
1722. Par exemple, les mineurs non émancipés, ainsi que les majeurs placés « sous la sauvegarde de la justice » sont dits « incapables » d'agir en justice, selon la loi du 3 janvier 1968 et l'article 491 et suivants du Code civil.

ester en justice, la personne qui désire intenter une tierce opposition peut être empêchée de le faire parce que ne justifiant pas d'un intérêt à agir ou à contester la décision ou la sentence. La décision ou la sentence doit lui faire grief ou lui porter préjudice, c'est-à-dire lui occasionner un manque à gagner ou une perte de gains, ou encore lui imposer une charge dont elle n'avait pas à assumer. L'intérêt, qui peut être purement moral[1723] et individuel[1724], est apprécié à la date de l'exercice du recours[1725].

1723. CE Ass., 13 mai 1949, Bourgoin, p. 214.
1724. CE Sect., 24 juillet 1981, Syndicat national des Impôts CFDT, p. 320 ; CE, 14 décembre 1981, Sarl European Homes, p. 467.
1725. CE, 6 octobre 1965, Marcy, p. 493 ; CE, 5 octobre 1977, Secrétaire d'État à la Culture, AJDA 1978, p. 106.

CONCLUSION GÉNÉRALE

Les règles applicables aux marchés publics dans les différents États membres de la CEMAC, en dehors de quelques divergences qui tiennent du fond, mais surtout de la forme ou de la manière d'exposer les dispositions, présentent des similitudes. Ces règles, pour peu qu'une œuvre d'harmonisation soit entreprise, sont susceptibles de constituer l'assise d'un droit communautaire des marchés publics en zone CEMAC. Une telle œuvre peut, en effet, avoir un impact significatif et bénéfique sur la construction du marché commun tant espéré. Les flux financiers considérables générés par les marchés publics, ainsi qu'on l'a indiqué en introduction générale, et surtout les enjeux qu'ils impliquent, notamment sur la vie économique, sociale et politique des États membres, justifient pleinement ce volontarisme juridique.

L'avènement de ce droit aurait pour rôle d'instaurer et de réguler le système des marchés publics en zone CEMAC en structurant, tout en les accentuant, les ambitions dont sont déjà porteurs les différents Codes des marchés publics des États membres. On peut en citer notamment deux. Il s'agira d'abord de consolider l'orientation stratégique, qui doit consister à placer les systèmes des marchés publics des États de la CEMAC dans un environnement démocratique et libéral. En effet, ces systèmes doivent être de nature à assurer pleinement la concurrence, la liberté et la transparence dans la passation des marchés publics, sans permettre que les règles qu'ils comportent soient écartées par la seule volonté des pouvoirs publics de surcroît dans des conditions non élucidées préalablement. Ils doivent aussi contenir des règles d'une qualité significative, à la fois sur le plan matériel et organique, répondant ainsi aux standards internationaux. Il s'agira ensuite de mettre en place des mécanismes susceptibles d'assurer, notamment par un système de règlement des différends fiable et efficace, la sécurité juridique des investissements relatifs aux marchés publics, en particulier ceux ayant pour objet la construction des grands ouvrages publics, qui généralement font appel à des financements privés et/ou extérieurs.

Il faudra toutefois, sur la nécessité d'attirer les financements privés extérieurs, veiller à ce que la règle de la concurrence ne soit pas par ce biais remise en cause et ne devienne, par conséquent, qu'une coquille vide. En effet, il n'est pas rare d'observer que les marchés publics, notamment les marchés de grands travaux, en raison des financements extérieurs importants que ces travaux exigent, n'obéissent que très faiblement à la concurrence. Le choix des entreprises titulaires repose très souvent non seulement sur leur savoir-faire mais surtout sur leur capacité d'apporter sous forme de préfinancement, donc de dettes, les capitaux nécessaires à la réalisation de telles infrastructures. Les entreprises choisies, même si elles constituent souvent des filiales placées sous le droit de l'État emprunteur, sont systématiquement de la nationalité de l'État prêteur. De plus, l'endettement souvent excessif que ces préfinancements génèrent handicape le développement de ces États plutôt qu'il ne le favorise.

La Chine fait preuve, en cette matière, de leadership sur le continent africain. Stéphane Ballong[1726] rapporte qu'elle a, en effet, effectué ces dernières années une pénétration spectaculaire dans les États africains, reléguant ainsi au second plan les opérateurs traditionnels que sont notamment les entreprises françaises qui ne tentent de s'y maintenir qu'en postulant aux marchés dont les financements dépendent des bailleurs de fonds traditionnels comme le FMI, la Banque mondiale et l'Union européenne. Dans la construction d'infrastructures énergétiques ou de transport, les entreprises chinoises sont devenues incontournables. Elles détenaient, déjà en 2009, près de quarante pour cent de parts de marché d'un secteur estimé à près de vingt milliards d'euros. Ces entreprises, bénéficient de la forte capacité d'intervention et de l'appui de la China Exim Bank, le bras financier de la politique internationale Pékin. Les États africains, semble-t-il, apprécient, au grand dam de la règle de concurrence, le pragmatisme de cette coopération, en ce qu'il réduit notamment la longueur et la lenteur des procédures d'accès aux financements. Pour ces États, où tout est urgent et prioritaire, le gain de temps et l'accès à des financements immédiats sont une véritable gageure. Peut-on, pour autant, affirmer que ces États sont véritablement gagnants ? Ou évoluent-ils dans un contexte de coopération gagnant/gagnant ?

D'aucuns en doutent et pointent du doigt ce leadership chinois[1727]. Ils expliquent que « les Chinois proposent des tarifs de trente à quarante pour cent inférieurs à ceux de la concurrence pour remporter les appels d'offres, puis, une fois qu'ils entrent sur un marché, ils négocient d'autres contrats de gré à gré qui, eux, sont nettement plus chers. » De même, ils dénoncent l'usage par la Chine d'une forme de coopération appelée la « modalité angolaise », dans les États riches en ressources naturelles. Il s'agit d'une approche qui consiste à financer des projets d'infrastructures en échange d'une garantie d'accès aux matières premières. Cette forme de coopération, bien que décriée, fera, à n'en point douter, des émules, notamment de la part des autres puissances émergentes, en quête des matières premières.

1726. Stéphane Ballong, *Marchés publics africains : le leadership chinois pointé du doigt*, article tiré du dossier « BTP : les projets qui transforment le continent », mai 2012, www.jeuneafrique.com.
1727. Stéphane Ballong, *Marchés publics africains*, *op. cit.*

BIBLIOGRAPHIE GÉNÉRALE

F. Allaire, *L'essentiel du droit des marchés publics*, Gualino, coll. Les Carrés, 5e *édition, 2012.*

M. Berbari, *Vade-Mecum des marchés publics*, 2e *éd.*, Éditions du Moniteur, 1999, coll. Guides juridiques.

M. Berbari, F.C. Bernard, A. Lemière, M. Mbouhou, S. Palmier, *La pratique des référés contractuels*, Éditions du Moniteur, 2004.

C. Bergeal et F. Lenica, *Le contentieux des marchés publics*, Le Moniteur, 2e *éd., 2010.*

X. Bezançon, L. Deruy et Alii, *Les nouveaux contrats de partenariat public/ privé*, Éditions du Moniteur, 2010.

X. Bezançon, P. Cossalter et C. Cucchiarini, *Le Guide de la commande publique*, Le Moniteur, coll. Guides juridiques,3e *éd., 2012.*

J. Biakan, *Droit des marchés publics au cameroun*, L'Harmattan, 2011.

B.M. Bloch, *Code des marchés publics commenté 2012*, Berger-Levrault, 12e *éd., 2012.*

S. Braconnier, *Précis du droit des marchés publics*, Le Moniteur, coll. Essentiels Experts, 4e *éd., 2012.*

J.F. Brisson, *Les fondements juridiques du droit des marchés publics*, Imprimerie nationale, 2004, coll. Essentiels Express /Marchés publics locaux.

J. Carbonnier, *Droit civil, les obligations*, t. IV, PUF, 22e *éd., 2000.*

D. Carreau, *Droit international*, 5e *éd., Pedone, 1997.*

D. Chabonal, J.P. Jouguelet et F. Bourrachot, *Le régime juridique des marchés publics : Droits et obligations des signataires des marchés de travaux*, Le Moniteur, 5e *éd., 2007.*

R. Chapus, *Droit du contentieux administratif*, 7e *éd., Montchrestien, Paris, 1998.*

N. Charrel, *Marchés et délégations de service public, Le risque pénal*, éd. Le Moniteur, Paris, 2001.

J. Chevalier, *Le droit administratif, droit des privilèges ?* Pouvoirs, 1998, n°46.

Ching Lang Lin, *L'arbitrage en matière de contentieux des contrats administratifs*, Thèse de doctorat, 2014.

P. Conte, P. Maistre du Chambon, *Procédure pénale*, éd., A. Colin, coll. U, 3e *éd.,* 2001.

M. Degoffe, *Droit administratif,* 2e *éd., Ellipses,* Paris, 2012.

Rose Djila Kouayi Kemajou, *Le droit pénal des affaires au Cameroun*, L'Harmattan, 2015.

J.C. Duval, *L'essentiel du droit des marchés publics*, Ellipses, 2e *éd., 2012.*

C. Emery, *Passer un marché public*, 2e *éd.,* Éditions du Moniteur et Encyclopédie Delmas, avril 2004.

P. Fenech, P. Petit, *La moralisation des marchés publics*, Coll. Que sais-je ?, PUF, 1998.

Philippe Fouchard, *L'arbitrage commercial international*, Bibliothèque du droit international privé, Dalloz 1965, n°11.

B. Gosselin, *Les marchés publics*, LGDJ / CLF, 1998, coll. Politiques locales.

C. Guettier, *Droit des contrats administratifs*, PUF, coll. Thémis, 3e *éd.,* 2011.

O. Guézou et F. Lichère, (dir.), *Droit des marchés publics et contrats publics spéciaux*, Le Moniteur.

M. Guibal, *Mémento des marchés publics*, 3e *éd.,* Éditions du Moniteur, 2001.

Julien Frédéric, *Guide pratique et juridique du contentieux des marchés publics*, 2e *éd., Édition du Puits fleuri, 2018, Héricy France.*

G. Kenfack-Douajni, *L'arbitrage OHADA*, Presses de l'université de Pau et des pays de l'Adour, 2014.

C. Lajoye, *Droit des marchés publics*, 5e *éd.,* Gualino, 2012, coll. Mémentos.

P. Leboulanger, *L'arbitrage international Nord-Sud*, Études offertes à Pierre Bellet, Litec, 1991.

A. Lepage., P. Maistre du Chambon, R. Salomon, *Droit pénal des affaires*, Lexis net, 2e *éd., 2010.*

F. Lichère, *Le nouveau droit des marchés publics*, L'Hermès, 2004.

F. Lichère, *Droit des contrats publics*, 2e *éd., Dalloz, Paris, 2014.*

P. Lignères, *Partenariats publics privés*, 2e *éd., Litec, 2005.*

F. Linditch (dir.), *Guide de l'achat public*, Lexis Nexis, 2012.

F. Linditch, *Le Droit des marchés publics*, Dalloz, coll. Connaissance du droit, 5e *éd., 2009.*

F. Llorens, *Cadre général de la commande publique*, Contrats marchés publics, n°2/2004, p.25, - *Contrat d'entreprise et marchés de travaux publics*, LGDJ, 1981.

D. Mabin, *Marchés publics, la notion, les procédures, les contrôles et voies de recours*, Groupe Studyrama, 2013.

A. Ménéménis et J.P. Jouguelet, *Code des marchés publics et autres contrats*, Dalloz, 5e *éd., 2012.*

A. Ménéménis, P. Flamme, C. Dardenne, *Les marchés publics européens et belges*, Larcier, 2005.

J. Michon, *Les marchés publics en 100 questions – Guide pratique à l'usage des acheteurs et des partenaires*, Le Moniteur, coll. Guides juridiques, 5e *éd.*, 2012.

Ministère de l'Économie et des Finances, *Vade-mecum des marchés publics*, Édition 2013, La documentation française, Paris, 2013.

Élisabeth Moisson, *Guide des marchés publics*, Groupe Studyrama, 2014.

H. Motulsky, *Écrits, études et notes sur l'arbitrage*, Dalloz, 1974.

S. Nicinsky, *Droit public des affaires*, Montchrestien, coll Domat, 3e *éd., 2012.*

A. Patriakos, *L'arbitrage en matière administrative*, Paris, LGDJ, 1997.

G. Pougoue, *Droit de l'arbitrage dans l'espace OHADA*, Yaoundé, Presses Universitaires d'Afrique, 2000.

J.-B. Racine, *L'arbitrage commercial international et l'ordre public*, LGDJ, 1999.

D. Renders, P. Delvolvé, T. Tanquerel, *L'arbitrage en droit public*, Bruylant, LGDJ, Bruxelles, 2010.

L. Rapp et P. Terneyre (dir.), *Droit public des affaires 2012*, Lamy, 2012.

H. Renout, *Droit pénal général*, 18e *éd., Larcier, Bruxelles,* 2013.

L. Richer, *Droit des contrats administratif*, LGDJ, 9e *éd., 2014.*

P. Schultz, *Éléments du droit des marchés publics*, 2e *éd., LGDJ,* 2002, coll. Manuels.

Laurent Tengo, *Droit communautaire général de la CEMAC*, Coll. Sambela, éd. Ccinia Communication, Paris, 2013.

Marion Ubaud-Bergeron, *Droit des contrats administratifs*, LexisNexis, 2005.

M. Véron, *Droit pénal des affaires*, éd. A. Collin, collection compacte, 4e *éd.,* 2001.

P. Sokoloff, *Marchés publics, délégations de service et autres contrats de partenariat public-privé des collectivités locales*, 2e *éd.,* Technique et documentation, 2004.

R. Ziegler, *Les marchés publics dans les pays en voie de développement*, Paris, Institut international d'administration publique, éd. Armand Colin.

TABLE DES MATIÈRES

Dépôt légal : janvier 2022

Made in the USA
Monee, IL
05 November 2026

67807959R10214